国家出版基金项目
NATIONAL PUBLICATION FOUNDATION

"十四五"时期国家重点出版物出版专项规划项目

中国黄河文化大典

河工技术（古代部分）

古近代部分

《中国黄河文化大典》编委会 编

·北京·

图书在版编目（CIP）数据

中国黄河文化大典. 古近代部分. 河工技术. 古代部分 /《中国黄河文化大典》编委会编. -- 北京：中国水利水电出版社，2023.11
ISBN 978-7-5226-1940-8

Ⅰ.①中… Ⅱ.①中… Ⅲ.①黄河流域－文化史②河工学③黄河－水利史－近代 Ⅳ.①K29②TV882.1

中国国家版本馆CIP数据核字(2023)第217554号

项目负责人：营幼峰　王厚军　陈玉秋
选题策划：马爱梅　宋建娜　戴甫青

书　　名	**中国黄河文化大典（古近代部分）** ZHONGGUO HUANG HE WENHUA DADIAN (GU-JINDAI BUFEN)
卷　　名	**河工技术（古代部分）** HEGONG JISHU (GUDAI BUFEN)
作　　者	《中国黄河文化大典》编委会　编
出版发行	中国水利水电出版社 （北京市海淀区玉渊潭南路1号D座　100038） 网址：www.waterpub.com.cn E-mail：sales@mwr.gov.cn 电话：(010) 68545888（营销中心）
经　　售	北京科水图书销售有限公司 电话：(010) 68545874、63202643 全国各地新华书店和相关出版物销售网点
排　　版	中国水利水电出版社微机排版中心
印　　刷	涿州市星河印刷有限公司
规　　格	184mm×260mm　16开本　63.75印张　841千字
版　　次	2023年11月第1版　2023年11月第1次印刷
印　　数	001—800册
定　　价	**498.00元**

凡购买我社图书，如有缺页、倒页、脱页的，本社营销中心负责调换

版权所有·侵权必究

《中国黄河文化大典》编委会

主　任　李国英　水利部部长

副主任　田学斌　水利部副部长
　　　　　饶　权　文化和旅游部副部长
　　　　　祖雷鸣　水利部黄河水利委员会主任

委　员（以姓氏笔画为序）

于琪洋	王厚军	王胜万	牛　军	卢胜芳
申季维	生效友	朱　云	乔建华	刘泽军
刘祥峰	关晓武	汤鑫华	许文海	阮利民
李　勇	李国隆	李国强	杨　锋	沈凤生
张　程	张文洁	张志清	张祥伟	陈　楚
陈大勇	陈东明	陈茂山	陈明忠	林祚顶
罗湘成	金　海	郑维国	郝振省	祝东力
姚文广	郭亨孝	郭海华	唐　亮	涂曙明
黄红光	营幼峰	龚孟建	彭　静	蒋牧宸
程晓冰	蒲朝勇			

《中国黄河文化大典》编委会办公室

主　任　李晓琳

副主任　马爱梅　刁莉莉　霍瑞娟

成　员　王浩宇　胡　邈　骆秧秧　李　亮
　　　　宋建娜　戴甫青　杨春霞　李慧君
　　　　罗　汐　郭卫平　黄勇忠　肖　莉
　　　　蔡晓洁　张小思

《中国黄河文化大典》
学术顾问及专家委员会

学术顾问

葛剑雄　周魁一

专家委员会（以姓氏笔画为序）

万金红	王志庚	王爱国	王　浩	王　超
王　博	王震中	王　耀	王　巍	牛志奇
牛建强	邓正刚	邓永标	卢仁龙	申晓娟
田志光	冯立昇	司毅兵	吕　娟	朱　军
任　慧	庄立臻	刘文锴	刘建勇	刘洪才
江　林	苏茂林	李云鹏	李孝聪	李志江
李宏峰	李建国	李建顺	李晓明	李乾太
李续德	李新贵	吴朋飞	吴浓娣	吴　强
张卫东	张伟兵	张建云	张柏春	张俊峰
张景平	陈　丹	陈红彦	陈银太	邵权熙
武　强	苗长虹	和卫国	岳德军	郑小惠
郑连第	郑朝纲	赵　新	胡一三	侯全亮
姜舜源	耿　涛	耿明全	贾小明	顾　华
顾　青	顾　洪	席会东	唐　震	谈林明
康绍忠	蒋　超	韩菊红	喻　静	童庆钧
谢祥林	靳怀堾	蔡　蕃	翟家瑞	鞠茂森

序　　一

　　5000多年前，中华大地形成了裴李岗文化、仰韶文化、良渚文化、红山文化、马家窑文化、大汶口文化、龙山文化等众多的文明雏形，考古学家形象地比喻为满天星斗。但最终能延续并发展成为中华文明主体的都集中在黄河中下游地区，绝不是偶然的。

　　黄河中下游绝大部分属于黄土高原和黄土冲积平原，地形平坦，土壤疏松，大多为稀树草原地貌，是对早期农业开发极其有利的条件。在尚未拥有金属农具的条件下，先民用简单的石器、木器就能完成开垦荒地、平整土地、松土、播种、覆土、除草、排水、收获。

　　黄土高原和黄土冲积的平原地处北温带，总体上适合人类的生活、生产和生存。5000年前，这一带的气候正经历一个温暖期，3000年前后有过一个短暂的寒冷期，然后又重新进入温暖期，直到公元前1世纪才转入持续的寒冷。因此在5000多年前，这一带气候温暖，降水充沛，农作物能获得更多热量和水分，物种丰富，成为当时东亚大陆最适宜的成片农业区。

　　这片土地是当时北半球面积最大的宜农土地，足以满足不断扩大的农业生产和持续增长的人口的需要。在这片土地中间，没有太大的地理障碍，函谷关、太行山以东更是连成一片的大平原。黄河及其支流、独立入海的河流、与河流相通的湖泊，形成天然的水上交通网。交通便利，人流、物流和行政管理的成本较低。这样的地理环境，使一些杰出人物萌发统一的理念，逐步形成大一统观念，由政治家付诸实行。这一片土地成为大一统观念的实践和基础，"中国"的概念由此产生，并逐步扩大到整个中国。

中华文明的起源和早期发展阶段，呈现出多元格局，并在长期交流互动中相互促进、取长补短、兼收并蓄，最终融汇凝聚出以二里头文化为代表的文明核心，开启了夏商周三代文明。黄河文明是早期中华文明的核心和基础，黄河中下游地区是中华文明的摇篮，黄河是中华民族的母亲河。

中国历史上的统一时期，政治中心都在黄河流域（包括历史时期黄河改道形成的流域）。宋代以前，全国的经济中心和大多数区域经济中心都处于黄河流域。春秋战国时的黄河流域是当时文化最发达的地区。儒家学说的创始人孔子是鲁国陬邑（今山东曲阜）人。他曾周游列国，晚年回到家乡，致力于儒家典籍的整理和教学；他的众多学生主要来自鲁、卫、齐、宋等国；他的主要传承人孟子、曾子等也都在这一带。齐鲁地区是儒家文化的中心。春秋战国时百家争鸣，几种主要学派的创始人和主要传播地区也集中在黄河流域。墨子（墨翟），道家学派的创始人老子，道家学派代表人物杨朱、宋钘、尹文、田骈、庄子，从道家分化出来的法家慎到，战国中期产生的黄老学派，法家商鞅，荀子（荀况），法家韩非等，以及其他各家的代表人物，都不出黄河流域的范围。

秦汉时代，黄河中游已是名副其实的全国性政治中心，其影响还远及亚洲腹地。黄河下游是全国的经济中心，是最主要的农业区、手工业区和商业区。黄河流域的优势地位由于政治中心的存在而更加强。两汉时期见于记载的各类知识分子、各种书籍、各个学派、私家教授、官方选拔的博士和孝廉等的分布，绝大多数跨黄河流域。"关东出相，关西出将"的说法反映了当时人才分布高度集中的实际状况。

从公元589年隋朝统一至755年安史之乱爆发，黄河流域又经历一个繁荣时期。隋唐先后在长安和洛阳建都，关中平原和伊洛平原再次成为全国的政治中心。唐朝的开疆拓土和富裕强盛还使长安的影响远及西亚、朝鲜、日本，成为当时世界上最大最繁荣的城市。尽管长江流域和其他地区已有了很大的发展，但黄河流域在农业、手工业、商业以及国家财政收入中还占着更多的份额。唐朝这一阶段的诗人和进士主要分布在黄河流域，显示出文化重心所在。

从河源到出海口，亿万中华各族人民在黄河流域生活，生产，生存。他们或农，或牧，或工，或商，或狩，或采；或住通都大邑，或居茅屋土房，或凿窑洞，或栖帐篷，或依山傍水，或逐水草而居。他们的方言、饮食、服饰、民居、婚丧节庆、崇拜信仰，形成丰富多彩的地域文化。

总之，中华文明的源头就是黄河文明，就是中华民族的先人在黄河流域创造的；中华民族最早的生活方式、生产方式、行为规范、审美情趣、礼乐仪式、伦理道德、价值观念、意识形态、思想流派、文学艺术、崇拜信仰，都是在黄河流域形成的，或者是以黄河流域所形成的为主体，为规范，然后才传播到其他地区。

黄河，不愧为中华民族的魂。

大量历史事实足以证明，黄河曾经哺育了华夏民族的主体，曾经哺育了中华民族的大部分先民。她的儿女子孙遍布于中华大地，并已走向世界各地。

夏朝的建立和长期存在形成了由各个部族融合成的夏人，又称诸夏。在商、周时代，人口的主体是夏、诸夏，他们被美誉为华夏（华的本义是花，象征美丽、高尚、伟大），以后常被简称为夏或华。华夏聚居于黄河流域，通过周朝的分封和迁移，扩散到更大的地域范围，并不断融合残留的戎、狄、蛮、夷人口。到秦始皇统一六国时，长城之内的黄河流域，非华夏族都已被融合在华夏之中。

秦汉期间，华夏人口从中原迁入河套地区、阴山南麓、河西走廊、长江两岸、巴蜀岭南、辽东朝鲜。在两汉之际、东汉末年至三国期间、西晋永嘉之乱后至南北朝后期、安史之乱至唐朝末年、靖康之乱至宋元之际，一次次大规模的人口南迁使华夏人口遍布于南方各地。一部分人口主动或被动迁入匈奴、乌桓、鲜卑、高句丽、突厥、吐蕃、南诏、回鹘、契丹、渤海、党项、女真、蒙古、满族的聚居区，在与这些民族融合的同时，传播了华夏的制度、礼仪、文化、技艺、习俗、器物，扩大了中华文明的影响范围，促进了中华民族大家庭的逐渐形成。到了近代，成百万上千万的内地移民闯关东，走西口，渡台湾，迁新疆，开发和巩固了祖国的边疆。至20世纪初，从黄河流域迁出的人口与他们的后裔，已经遍布中国大地。

在向各地输出移民的同时，黄河流域也在大量吸收其他地区的移民，特别是来自周边地区的非华夏移民。匈奴、东瓯、闽越、乌桓、鲜卑、西域诸族、昭武九姓、突厥、粟特、吐谷浑、吐蕃、党项、高句丽、百济、契丹、奚、女真、蒙古等先后迁入黄河流域，这些民族的整体或大部分人口在这里融合于中华民族的主体之中。

尽管今天全国各地的汉族人口并非都来自黄河流域，在南方一些地区和边疆地区其实是世代土生土长的人口占了多数，但绝大多数汉族家族，甚至一些少数民族家族都将中原视为祖先的根基所在。显然他们所认同的不仅是血统之根，更是文化之根，而这个根就在黄河之滨、黄河流域。

黄河，不愧为中华民族的根。

黄河流域有世界上黄土覆盖面积最大、覆盖最厚的黄土高原，本身植被稀少，经农业开发和人为破坏，加剧了水土流失。黄河中游降水往往集中在夏秋之际，在局部时间和地点会将大量泥沙冲入黄河，使河水含沙量达到世界之最。泥沙淤积在下游河床，形成高于两岸地表的"悬河"，一遇洪水就泛滥成灾，决溢改道。黄河成为世界大河中改道最频繁、波及范围最大的河流。

这条哺育了中华民族的母亲河，也曾经使她的儿女子孙历经磨难，黄河的安危历来是国运民瘼所系。"海晏河清""黄河清，圣人出"，是从帝王到庶民的千古期盼；但面对现实，多少人不得不发出"俟河之清，人寿几何"的浩叹。大禹治水的成果奠定了华夏立国的根基，历代治黄的成功保障了中华民族的繁衍。从《尚书·禹贡》到历代《河渠志》、各地的水利志，从《水经注》到《水道提纲》，从贾让的"治河三策"到潘季驯的"束水攻沙"，从"导河积石"到《河源纪略》，从金匮石室的秘籍档案到野老村夫的私人记录，历代治黄留下皇皇经典和浩如烟海的史料。

黄河作为一条饱经忧患的河，凝聚了中华民族的苦难和与苦难的奋争。"黄河宁，天下平。"历朝历代都将治理黄河作为兴邦安民的大事。特别是1946年以来，中国共产党领导人民开展了波澜壮阔的治黄实践，取得了举世瞩目的伟大成就。黄河文化经久不息、历久弥新，是中华文明的重要组成部分，是中华民族的根和魂。习近平总书记强调，要深入挖掘黄河文化蕴涵的时代价值，讲好"黄河故事"，延续历史文脉，坚定文化自信，为实现中华民族伟大复兴的中国梦凝聚精神力量。

水利部领导有鉴于此，成立以党组书记、部长李国英为主任的编纂委员会，组织专家学者、水利部门领导和专业人士编纂《中国黄河文化大典》，举凡河流与人类文明之关系，黄河文明与其他河流文明之异同，黄河及其流域之自然地理和人文地理，黄河何以为中华民族之魂与根，黄河文化之内涵、外延、特色和变迁，历代治黄之实录、经验和教训，新中国治黄之巨大成就与未来展望，黄河流域生态保护和高质量发展的理念与实践，黄河文化之传播与弘扬，史籍文献、档案资料、旧典新篇、巨著零札，无不广搜博引，严选精编。

盛世修典，功在千秋。我忝为编纂委员会学术顾问，得参与其事，躬逢其盛，曷其幸哉！是为序。

2021年10月

序 二

　　黄河流域文明源远流长，首先表达为中国新石器时代的仰韶文化（公元前 5000 年—前 3000 年）、大汶口文化（公元前 4300 年—前 2400 年）、龙山文化（公元前 2400 年—前 1900 年）。至于中国水利文明的开始，则是妇孺皆知的距今 4000 年前的大禹治水的传说。有人说当时的大暴雨是全球性的，因为一些民族的神话传说都流露出一些痕迹。大禹治水主要发生于黄河流域，在中华民族形成过程中是有着强大凝聚力的伟大事件。黄河流域也在此后几千年间成为中华民族政治、经济、文化的重心地带。

　　文化是民族的血脉，是人民的精神家园。在我国 5000 年文明发展历程中，各族人民共同创造出源远流长、博大精深的中华文化。它凝聚着中华民族自强不息的精神追求，为中华民族的发展提供了强大的精神支撑。回顾历史为的是着眼于未来。人类文明发展史证明，先进的文化筑就国家强盛之基。从文艺复兴的历史来看，它曾开创人文主义的思想解放运动。当年一些思想家挣脱欧洲中世纪宗教神权的精神枷锁和封建君主专制，在古希腊和古罗马的优秀思想中寻求智慧，从而开创了欧洲社会发展的新纪元，促成了 18 世纪末由英国开始又很快传播到欧洲的第一次工业革命，成为人类思想史辉煌的一页。然而以优胜劣汰为指针的西方文化，在以"大同世界""天下为公"为目标的中华传统文化面前，却难掩其不足。当年辜鸿铭就曾当面责备翻译《天演论》的严复说，"自严复译出《天演论》，国人只知物竞天择，而不知有公理，于是兵连祸结"，直指只讲自由竞争的西方价值观的缺憾。真正的大国强国，不仅取决于它的经济和军事实力，也取决于它的精神文化的感召力。历史经验提示，文化是社会政治、经济、技术发展的原动力。在前人的基础上，我们应该探寻优秀传统文化的时代内涵和新的发展理念，走出一条新的道路。如今编纂的《中国黄河文化大典》系统总结黄河流域的文化演进，是水利部党组落实习近平总书记关于黄河流域生态保护和高质量发展讲话精神的重要部署，是保护、传承、弘扬黄河文化的重大出版工程，是服务于当代水利实践的重要文化建设。

如何理解前人沉淀在众多文化典籍中的古老智慧，青蒿素的发现就是有说服力的例证。从20世纪60年代开始，由屠呦呦领衔的研究者从众多古代医药书中筛选出有研究前景的几种治疗疟疾的中药。从大约1900年前晋代葛洪著《肘后备急方》记载的"绞汁"获得灵感，发现青蒿素，获得诺贝尔奖。后来又从其他典籍和民间验方中发现黄花蒿等几种高效抗疟药物，进一步打开传统医学研究服务当代的成功之路。

在前沿科学创新中也不乏传统文化的身影。2001年数学家吴文俊指出，他发现并因此获得国家最高科学技术奖的"几何定理证明的机械化问题，从思维到方法，至少在宋元时代就有蛛丝马迹可寻"。他在《东方数学的使命》中再次强调，现代计算机数学和我国古代数学算法的思维方式相一致，"从这个意义上讲，我们最古老的数学，也是计算机时代最适合、最现代化的数学"。既然现代基础科学尚可以从传统文化的继承中推陈出新，在经验性很强的以大自然为背景的科学领域，尤其要进行综合研究。

科学发展史说明，在古代文明中，科学是一个统一的体系。直至15世纪下半叶，在文艺复兴运动推动下，科学才逐渐分化为自然科学与人文科学两大部类，而每一部类又逐渐分化为各门学科。正是由于学科的分解才有力地促进了科学的深入发展，生产力大为提高。在科学不断分化的同时，近百年来科学的融合也在悄然兴起。自然科学内部的有关学科之间加强了交叉联系，进而自然科学也开始注重与历史、管理等社会科学的相互渗透。尤其是像水科学这样以大自然为背景的科学领域，边界条件十分复杂，还不可能分析一切自然界的影响因素，何况其间还加入了人类大规模改造自然所产生的对水环境的影响。而水科学与历史的交叉研究恰恰在构建一个包括人类活动在内的自然界的统一景象，并由此在增进对自然的理解方面显现出自己的优势。

例如，以往的防洪方针主要是控制自然态洪水。水利规划就是根据算水账来进行工程布置，认为控制了洪水也就控制了灾害。但多年来的实践却未能尽如人意，灾害损失大幅度提高，主要江河都发生了不利于防洪的变化。但这些防洪形势的不利变化并非由于水利工程不足，也不是自然洪水显著变异所致，而主要是社会无序发展所产生的负面效果。然而直到20世纪末，世界各国都仍将水灾只称作自然灾害，其实2000年前汉代贾让"治水上策"早就强调：水灾与过度的社会开发有关。自此之后，在2000年的治河史上，当出现单纯运用工程防洪走投无路时，几乎无例外地提出了人类发展要主动适应洪水客观规律的类似见解。世界各主要国家在20世纪中叶以来所普遍推行的工程与非工程相结合的防洪措施的精神实质也相类似。由此我们在自然科学和社会科学交叉研究的基础上，通过历史模型方法提出："灾害具有自然属性和社会属性，双重属性全面概括了灾害的本质属性，缺一不成其为灾害。"灾害双重属性不是防灾减灾政策制定的依据，也不是工程与非工程减灾措施的另一种表达方式，而是对灾害本质属性的哲学概括。在双重属性当中，二者缺一就不能构成灾害。没有人类活动，就算天崩地裂也无所谓灾害。水利部原部长汪恕诚在2003年发表署名文章，认为"灾害双重属性进一步阐明了灾害的本质属性，这是一种哲学思维方面的进步，也是中国政府在1998年长江发生大洪水后对洪水问题进行深刻思考得出的结论"。他还进一步指出：这些基础理论成果在2002年修订的《中华人民共和国水法》中得到了体现。古代治水思想研究为当代防洪减灾方针提供了有益借鉴。

在高科技时代，为什么还能够从传统哲学中寻求借鉴？古代生产力低下，自然力对人类社会处于支配地位，人们不得不怀着敬畏的心情，更多地关心和记录自然变异对人类社会的影响，注重天文、地理与人事之间的综合思考。虽然前人对自然规律的认识不及今人深刻，但这种综合思考的原始自然观和世界观，反映的却是和现代相似的客观事实。可见，科学与人文的分割，曾经妨碍了我们的视野。"灾害双重属性"的提出是在许多水利及相关历史典籍的整理中，在1991年淮河、长江和太湖大水灾的实地调查中得到的启示，继而将视野扩展至世界防洪减灾现实，终于有所感悟。

近年来，基于传统水利典籍的搜集整理，在水科学和水文化上做出重要贡献的还有许多。例如中国大运河申请世界文化遗产的基础论证；世界灌溉工程遗产的研究与申报；水利风景区规划；古代水利典籍汇编；以及向社会推介12位历史治水名人，无不借重于传统水利及文化典籍的学习和研究。从事这些工作的心得，是期待更广泛、更系统地搜罗宏富的系统文献。如今《中国黄河文化大典》率先启动，邀约部内精英和社会贤达共襄盛举，汇编流域内水科学水文化典籍，规模巨大，蔚为大观。此外还安排有和黄河治水文化有关的专题研究。在流域范围里产出如此大体量系统的文献整理和研究成果，彰显出组织者促进水科学与水文化融合的深邃思考。

被喻为"中华民族的摇篮"的黄河，既造就了广大的华北平原，提供了民族生存和发展的基础环境，又是一条"善淤、善决、善徙"的多灾多难的河流。2000多年来，它曾北夺海河，自天津入渤海；又南夺淮河，从云梯关入黄海。它在华北平原上往复摆动，频繁决溢，对面积达25万平方千米的国家腹心经济区构成重大的威胁。黄河之所以如此不安定，主要是由于河水挟带的大量泥沙淤积在下游，将河床年复一年抬升的缘故。以往黄河每年从中游带下约16亿吨泥沙，除12亿吨可以直接输送入海外，其余4亿吨堆积在下游河床里。下游河床越淤越高，形成高于两岸地平面的"悬河"。黄河也因此成为"中国之忧患"。黄河下游地区历来是国家的重要经济区，因而历代王朝都把治理黄河，减轻黄河洪水灾害，作为国家的大政方针。

黄河的根本出路何在，是古往今来人们关注的重大宏观研究课题。今天的宏观研究应不同于古代。为了科学地制定黄河防洪战略，对于它的高含沙量以及由此带来的种种后果和问题，都应有准确科学的答案。也就是说，宏观研究必须以一系列的微观研究做基础。因此，为了把黄河治理纳入科学的轨道，为防止和减轻黄河水灾，基础科研亟待加强。近百年来曾经用过模型方法，试图求得解决之道。在模型运用上首先是物理模型和数学模型，这是运用最多的两种方法。加上上面提到的历史模型，三种模型都有着共同的特点，即无论哪种模型，都是中介物。模型方法都是通过对中介物的研究来认识原型。区别则在于它们模拟原型的方法和形态各有不同。近百年间通过对黄河下游的水沙调节，谋求防洪安澜的努力，就曾结合我国古代治河经验，开展了以上三种模型方法的试验。

黄河上第一次物理模型试验，是在20世纪30年代进行的，那是由李仪祉先生推动，委托德国水工模型实验创始人恩格斯教授主持，在瓦痕湖试验场开展，共进行了两次。第二次试验采用平面比尺1∶165，垂直向比尺1∶110的变态模型，河床质采用从国内带去的黄土。验证试验肯定了明代治河专家潘季驯"束水攻沙"理论和他所设计的系统堤防。然而限于当时的条件，模型比尺小，悬移质模拟困难，因而只得出了定性结论，没有取得定量成果。

在20世纪60年代，也曾直接依据历史文献说明黄河下游河床演变规律，首见于钱宁和周文浩所著《黄河下游河床演变》。这是国内研究黄河泥沙和河床演变的力作。在该书绪论中，作者就详细说明："研究河床演变不可能离开河道的历史背景……这些丰富的历史遗产使我们有条件重温河道的历史演变过程",历史治水文献"是造床科学中一份最宝贵的历史遗产"。他们还在该书的许多章节中大段引用历代先贤治理河道状况和水力输沙的创造性见解,如欧阳修、苏辙、万恭、潘季驯、陈潢等一众先贤的认识。而在写到黄河游荡性河段特性时,还记录了沿河群众"一弯变,弯弯变"和"一枝动,百枝摇"的民谚,生动地说明了由于险工挑溜角度的改变,或滩岸河势变化,河床左右摆动会向下游传播的游荡性河道特征。可见,汇编整理治黄历史典籍和民间谚语等智慧,对于了解和研究黄河科技和文化,对于社会可持续发展有重要的意义。

当然,历史研究能再现实在的历史过程,但历史与现实只具有一定程度的相似性。历史研究不可能穷尽对研究对象的所有认识,并且主要在宏观问题上具有显著的优势。黄河含沙量居于世界诸大河之冠,带来了黄河治理的复杂性。1949年后,我们曾对黄河下游防洪做了许多工作,主要依靠堤防和险工,取得50年无决口的历史纪录;也曾在中游河道建设系列水库滞蓄洪水和泥沙,并提出黄河水沙同是宝贵资源的新理念。但黄河安定的最终出路何在,仍是国家关注的重大课题。直到21世纪初,开始了旷古未有且极具魄力的黄河下游河道治理的全新探索,相较于模型研究,它是在1∶1的黄河下游原型上的"模型"实验。于是,调水调沙应运而生。其主要目标是,在黄河下游河道堤防现状下,运用现代化高新技术以及万家寨、三门峡、小浪底等水库对水沙的调配,使黄河进入健康发展阶段。

调水调沙试验在2002年开展,通过水库调蓄泄放,形成人造洪峰,加大了对下游河床的冲刷。20年来黄河调水调沙取得的成果是：黄河主槽不断萎缩的状况得到初步遏制；下游河道主槽平均降低 2.6 米，主河槽过流能力（水不上滩流量）由 2002 年汛前的 1800 立方米每秒，提升到 2021 年汛前的 5000 立方米每秒左右。调水调沙以来，黄河累计入海总沙量达 28.8 亿吨，防洪减淤效果明显。得益于调水调沙，黄河下游河道沿线以及河口三角洲生态状况好转，取得了显著的社会效益，在适应自然规律的基础上，助推了黄河的健康发展。调水调沙实践将成为科学技术史上的重要篇章。

如今，社会以前所未有的速度在前进，物质层面的新技术新产品令人炫目且极具诱惑，科学技术也因此走上圣殿，被公认为社会发展的动力。而孕育科学发展原动力的文化，却一度被冷落。然而看似柔软的文化，却是人类社会持续发展的内在动力，对传统文化的重新整理研究，也应成为科学创新的源泉之一，为科学带来灵感和想象力。可见，科学的发展非但不应该排斥文化，相反，提炼文化中的历史经验和信息，并与之相融合，正是科学所要完成的重要课题。为了大力加强黄河水文化建设，为水利科学发展提供精神营养，我们期待着《中国黄河文化大典》的早日问世。

周魁一

2021 年 11 月

编 纂 说 明

《中国黄河文化大典》全面记录了我国历代黄河治理的辉煌成就，系统展现了历代黄河治理的理论与实践，传承了经典典籍中蕴含的思想观念、人文精神和道德规范。《中国黄河文化大典》是胸怀国之大者、保护传承弘扬黄河文化的具体体现，是坚定文化自信、延续历史文脉的重大出版工程，对中华优秀传统文化创造性转化、创新性发展意义重大。

《中国黄河文化大典》编纂出版原则是：句读合理，标点正确，校雠细致，校勘有据。

一、为方便阅读，将底本的繁体竖排改为简体横排，原文中表示前后关系的"如左""如右"等予以保留，实际表达的含义为"如下""如上"，只在每个编纂单元首次出现时统一注释说明。

二、底本中的异体字、俗字等原则上改为简体字，不出校。"粘""爬"等用字因字词的义项发生变化，虽然已经不适用于现在的字词义项，但仍保持原貌不予修改，只在每个编纂单元首次出现时统一注释说明。

三、原文中的数字用法仍依底本不改；人名、地名易生歧义者，不予简化；底本中的双行小字注释改为单行小字注释。

四、对原文献分段，逐句加标点，标点遵循 GB/T

15834—2011《标点符号用法》。

五、文献正文以及文中引文部分，除校改明显错误外，一般不作不同版本的校注。对原文献进行校勘，凡有可能影响理解的文字差异和讹误（脱、衍、倒、误）都标出并改正。如有必要再以校勘记进行说明，校勘记置于页下，文中校码紧附于原文附近。正文改字在正文中标注增删符号，拟删文字用圆括号标记，正确文字用六角括号标记，如把拟删的"下"改成"卜"，格式为"（下）〔卜〕"。

六、对于史实记载过于简略，明显谬误之处，以及古代水利技术专有术语、专业管理机构、工程专有名称及名词等，进行必要的简单注释。

七、每个编纂单元前，有文献整理人撰写的"整理说明"，其主要内容包括文献的时代背景，作者简介及其主要学术成就，文献的基本内容、特点和价值，文献的创作、成书情况和社会影响，整理所依据的版本及其他需要说明的问题。

八、每分册前设有"前言"，其主要内容包括本分册涵盖的典籍内容、文献价值、出版意义和版本特色，本分册典籍入选原则以及与编纂有关的需要特别说明的情况等。

九、为保持文献历史原貌，本次整理不对插图进行技术处理。

《中国黄河文化大典》的编纂出版得到了水利行业及社会各界的广泛关注和大力支持，中共中央宣传部、中央政策研究室、文化和旅游部、中国科学院、中国社会科学院、中国工程院、清华大学、北京大学、复旦大学等部门及单位给予了大力支持，不少院士、专家、学者担任编委会及专家委员会委员，指导编纂工作。本书的点校专家、审稿专家、编纂工作组织者亦付出了巨大努力，在此诚表谢意。

由于工程浩大、编校繁难，编纂过程中难免存在疏漏，欢迎广大读者、专家批评指正。

《中国黄河文化大典》编委会办公室

《中国黄河文化大典》
河工技术（古代部分）

主　　编 吕　娟

副 主 编 马爱梅　蒋　超

参编人员 蒋　超　吴小伦　闵祥鹏　徐　清
　　　　　　吴朋飞　童庆钧　宋福利　姬明明
　　　　　　鲁华峰　武　强

审稿专家（以姓氏笔画为序）
　　　　　　冯立昇　刘志鹏　李晓杰　张景平
　　　　　　赵　新

前　　言

　　《中国黄河文化大典》是一部汇聚黄河文化精粹、展现黄河文明源远流长、博大精深的鸿篇巨著。在这部大典中，河工技术作为不可或缺的一部分，为我们揭示了古代黄河治理的艰辛历程和卓越成就。

　　在古代，黄河被称为"河"或"大河"，是中华民族的重要发源地。作为中国的母亲河，黄河孕育了璀璨的中华文明。然而，黄河泛滥也给沿岸人民带来了巨大的灾难。在漫长的历史进程中，黄河治理成为一项至关重要的任务，同时促使我们的祖先不断探索治理之策，形成了独特的河工技术。

　　在先秦至南北朝时期，黄河河工技术处于起步阶段，主要采取了堤防、分洪、疏浚等措施。隋唐时期，中国进入了繁荣的时期，黄河河工技术也在这个阶段得到了进一步的发展，出现了很多重要的水利工程，比如隋朝的通济渠和唐朝的永济渠等。这些工程都是利用黄河作为水源，通过挖掘渠道来灌溉农田，同时，在这个时期，黄河堤防技术也得到了进一步的发展，出现了"埽工"等先进的堤防技术。明清时期，中国进入了封建社会的末期，黄河河工技术也在这个阶段趋于成熟，在这个时期，黄河堤防技术已经非常完善，各种治河思想、堤防、闸坝技术得到了广泛的应用。同时，在治理黄河方面，也出现了很多具有代表性的水利工程，比如明朝的引黄济卫工程和清朝的引黄济运工程等。

修筑堤防是古代黄河河工技术中最基本的手段之一。自春秋战国时期开始，人们逐步使用土堤、石堤和砖堤等不同的材料来修建堤防。在修建堤防的过程中，人们会使用各种技术和手段来提高堤防的稳定性，比如在堤基中设置桩基、在堤身上设置防渗层等。分洪是古代黄河河工技术中常用的方法之一。人们会在河流的下游或者沿岸地区修建分洪道或者分洪水库，将洪水引入这些区域，以减轻主河道的水压力，同时，在分洪道或分洪水库中，人们还会修建各种建筑物和设施来调节水流和防止洪水溢出。疏浚也是古代黄河河工技术中常用的方法之一。人们会使用各种工具和方法来挖掘河道和清除河床中的泥沙和杂物，以保持河道的畅通，比如使用铁锹、镐头等简单的工具进行挖掘，或者使用炸药爆破等方法清除大型的障碍物，同时，在疏浚的过程中，人们还会使用各种手段来防止河道再次淤积和堵塞。

古代黄河河工技术的发展和完善，对于中国古代社会的发展产生了重要的影响和成就。首先，这些技术措施有效地减轻了黄河水患的影响，保护了人民的生命财产安全。其次，这些技术措施促进了中国古代农业和手工业的发展，为经济的繁荣奠定了基础。最后，这些技术措施对于中国古代水利工程的发展起到了重要的推动作用，为后世的水利工程技术进步提供了宝贵的经验和借鉴。

本册共收录了11部古代治河专著，都是由明清两代治河名家所著，内容包括他们的治黄思想和治河方略，河道的测量、特性分析以及整治方法，堤防、水闸等水利工程设计、施工，工程管理等方面。这些技术成果，既体现了古代水利工程的建设水平和科学内涵，也彰显了中华民族的智慧和勇气。

《中国黄河文化大典·河工技术（古代部分）》的出版，旨在全面展示古代黄河河工技术的成就和影响。通过深入挖掘和研究历史文献、考古资料以及口耳相传的故事传说，我们得以一窥古代黄河治理的辉煌历程。在这部大典中，我们将带领读者穿越时空，领略古代黄河治理的壮丽场景和卓越成就。通过这一部分的阅读，读者将了解到古代黄河河工技术的丰富内涵和独特魅力，感受到中华民族在治理黄河过程中所展现出的自强不息的民族品格和团结奋进的精神力量。

在此，我们要感谢所有为这部作品付出辛勤努力和无私奉献的专家学者们。正是他们的努力和付出，使得这部鸿篇巨著得以顺利出版，为后人留下了宝贵的文化遗产。同时，也要感谢社会各界的大力支持和关心帮助，为这部著作的出版提供了良好的环境和条件。

希望这部作品能够为传承和弘扬黄河文化、推动现代水利事业发展发挥积极作用。通过深入研究和了解古代黄河河工技术，我们将吸收宝贵的经验，汲取其中的教训，守正创新，为应对当今世界面临的水问题提供有益的借鉴和参考。

愿《中国黄河文化大典·河工技术（古代部分）》成为我们传承历史、开创未来的重要基石！

2023 年 11 月

目 录

序一
序二
编纂说明
前言

治水筌蹄 ·· 1
河防刍议 ·· 71
防河奏议 ·· 225
河工蠡测 ·· 449
河干问答 ·· 497
定斋河工书牍 ·· 537
木龙书 ·· 569
治河前策 ·· 613
治河后策 ·· 693
黄淮安澜编 ·· 775
河工器具图说 ·· 807

〔明〕万恭 撰
蒋超 整理

治水筌蹄

整理说明

《治水筌蹄》是 16 世纪治理黄河、运河的一部水利专著。它记述了明代隆庆、万历之交及以前的黄河（西起潼关，东迄海口）、运河（北起通州❶，南达杭州）的河道、水势演变概况；搜集总结了历代治河防洪与漕运的勘测、规划、施工以及组织管理等方面的具体业绩，包括若干治水思想、方法、措施和经验教训，对于后来黄、运两河的治理有着深远的影响。

《治水筌蹄》，著者万恭（1515—1592）❷，字肃卿，别号两溪，晚年自号洞阳子，江西南昌人。嘉靖二十三年（1544 年）考中进士，开始做官，历任南京文选主事、考功郎中、光禄寺少卿、太仆寺少卿、鸿胪寺卿、北京大理寺少卿等职。嘉靖四十二年（1563 年），因防守北京城有功，升任兵部右侍郎。嘉靖四十三年（1564 年），调任兵部左侍郎兼右佥都御史巡抚山西，在防御鞑靼族入侵战争中树立功绩。嘉靖四十四年（1565 年），因母丧回籍，家居达八年之久。隆庆六年（1572 年）正月，被任命为兵部左侍郎兼右佥都御史，总理河道，提督军务。具体负责治黄、治运，确保南粮北调。万历二年（1574 年）四月，被劾罢职，"回籍听用"。从此家居十七年，直至万历十九年

---

❶ 当时运河的最北段通惠河淤塞不通，因此漕粮到达通州后要陆运到北京。
❷ 万恭卒于万历十九年（1591 年）十一月二十一日，公元纪年为 1592 年 1 月 5 日。

(1591年）去世，再未起用。其生平著述除《治水筌蹄》外，还有《京营奏议》《三关奏议》《漕河奏议》和《洞阳子集》《续集》等著作，但流传极少，有的甚至失传。

万恭任总理河道不过28个月，但此间其在治黄、治运实践中的贡献及其对后世的影响和作用很大。这段经历在其一生中最有成就、最有代表意义。

万恭曾至南旺祭祀明初修浚会通河、复兴漕运的工部尚书宋礼，盛赞宋礼的贡献为"万世之计"。看到当年的报功祠垣颓楹圮，残破不堪，而一代名臣宋礼不仅未加封爵、荫叙子孙，甚至连谥号也没有，于是上疏请求加宋礼谥号曰康惠，同时重修报功祠，修后祠、前庭、二碑亭及垣、门，筑石堤以固之，刻石记其事。万历元年（1573年），万恭找到白英的后裔，"令充冠带老人，量管河夫，世守坎河之滩，修戴村之坝"。白英后人成为世袭的"白老人"，并很快改称为"汶上世役义官"。不久万恭奏请将宋礼的嫡长子孙从其原籍河南永宁县迁到南旺专驻，授予管河的世袭职衔，"以备任使"。至此，宋礼、白英的后裔就在南旺繁衍生息了。

万恭在总理河道期间，深入治水工地的具体实践。而比这些实践更为重要，留给后世贡献更大的成就，就是《治水筌蹄》这部书。他在《自序》中说："取治水见诸行事、存案牍者，括而纪诸《筌蹄》。"强调针对实际，切合当时当地存在的事实和问题，著书立说，"非以燕说郢者也，殆郢书而郢说者也"的求实态度。

"筌蹄"出自《庄子·外物》："筌者所以在鱼，得鱼而忘筌。蹄者所以在兔，得兔而忘蹄。"筌和蹄都是先秦时代竹制的捕捉器具。庄子常用寓言做譬喻，所说筌、鱼、蹄、兔，是在

比喻人们要获致目的物和必须使用工具、手段、方法、措施的密切关系。万恭采用"筌蹄"作为书名,领会并继承了《庄子》寓言的涵义,表明犹如捕捉鱼兔离不开使用工具一样,治水也离不开必要的工具书。《治水筌蹄》就是治水的工具书。只是字面很含蓄,耐人寻味。

《治水筌蹄》成书及刊刻年月未见具体记载。从该书内容和《自序》,以及邓以赞所撰《万公墓志铭》"是岁❶,漕入都独早,且无害。公又念浊河迁变无常,穷极利害,为《治水筌蹄》以贻后来。会南台摘公它端,寻谢事归里"等记载看来,初刻本的刊行,最晚不超过万历二年四月万恭离任以前,很可能是在万历元年年内。约在万历五年至七年间,张文奇在南旺分司任内❷又进行重刊,即现存的这部《治水筌蹄》,书末刊有"后学长洲张文奇重刊于南旺公署"。此书在几年之间一再刊刻,并由水利官署重刊,也正反映它为客观所需要。这部水利专著不仅受到水利部门的重视,而且很快被当时的一部号称"巨帙"的类书——《图书编》(原名《论世编》,后改《图书编》)所摘引。

《治水筌蹄》对后世的影响和作用很大,在万历初年到清光绪末年三百多年来治黄、治运的大量历史文献中经常有所反映,大体可以看出《治水筌蹄》所述若干治水方针、论点、经验和方法,除个别问题(如开泇河等)外,基本上得到继承和发展,乃至备受推崇,有的甚至被当作规范遵循。例如:朱之锡《河防疏略》直接称《治水筌蹄》为"治河书",《行水金鉴·略例》推崇其治水"诸法俱堪不朽",等等。在张伯行《居济一得》、

---

❶ 是岁,指万历元年。
❷ 参见《山东全河备考·职制志》。

傅泽洪《行水金鉴》、陆耀《山东运河备览》等水利专著中分别转录了其中若干内容，《行水金鉴》征引最多，将近原书的五分之三。此外还有一些专著，如潘季驯《河防一览》以不提出处的方式，引用了《治水筌蹄》的不少内容，并且继承和发展了它的主要论点和经验。

《治水筌蹄》的特有内容和主要经验有以下几方面：

一、治黄方面，他抓住了黄河的根本问题——泥沙。在深入勘察和工程实践的基础上，充分论证黄河水沙运行冲淤关系，指出"水专则急，分则缓；河急则通，缓则淤"。"浊者尽沙泥，水急则滚，沙泥昼夜不得停息而入于海，而后黄河常深、常通而不决"。万恭采纳虞城秀才"以河治河"的建议，总结前人经验，成功地解决了茶城附近黄河倒灌淤浅阻运问题。其在书中写道："余为之束大堤半里许，一则顺河之性，逼阻浊流径直南下，不致倒灌；一则紧束清水，猛力冲出，刷出东岸，且敌黄流。久之，则东岸河渐冲渐深，是以河开河；而西岸堤渐淤渐厚，是以堤而拥堤，茶黄并驰南行，淤浅不治自治矣。"这一利用黄河水控制泥沙的理论与实践，现在看来虽不能根本解决下游河道淤塞和黄河泛滥问题，但在当时的历史条件下可以说是个划时代的进步，对防洪固堤具有巨大的作用。此后，经过潘季驯等人的不断发展和推广，"束水攻沙"这一著名的治河理论成为后来几百年治河的基本方略。作为这一理论的最早提出者和实践者，万恭在古代治河理论发展史上无疑占有重要的地位。

二、对于黄河防洪的另一重大贡献是，总结出汛前在河滩预筑牢固矮堤，汛涨期间用来滞洪拦沙，从而缓流落淤淤高滩地，稳定河槽的经验。提出"为之固堤，令涨可得而逾也，涨冲之不去，而又逾其顶；涨落，则堤复障急流使之别出，而堤外水皆缓，固堤之外悉淤为洲"的经验和方法。

三、《治水筌蹄》明确地指出掌握汛情的重要性与必要性。认为："凡患害急缓，堤防善败，声息消长，总督者必先知之，然后血脉通贯可从而理。"在这样认识的基础上，创造性地建立了上起潼关、下达宿迁的飞马报汛制度。黄河报汛制度的建立，是黄河防洪史上的一项重大事件。

四、对于黄河暴涨暴落特性有了进一步的了解与分析。认为"黄河，非持久之水也！与江水异。每年发不过五六次，每次发不过三四日"，指出"河以伏秋迅烈，消长叵测，守之不固，则堤岸横冲"，并认识到洪水"暴猛虽有其时，而衰弱亦有其候"，从而总结出"防河者，吃紧止在五、六、七月，余月小涨不足虑也"的防洪经验。

五、《治水筌蹄》记载了运河通航上的成功的经验，如：创造性地总结出一套因时、因地制宜的航运管理与水量调节的操作规程，较为顺利地解决了水源缺乏、流量微弱和运输量庞大而期限迫促等具体困难。巧妙地运用单式船闸抬蓄水量，提出"填槽""乘水""审浅"等有效措施，满足了当时航运的要求。

六、书中关于河道水势演变、整治规划思想和施工经验等方面的资料，可供后人参考利用的极为广泛。

七、明代把京杭运河整个运道分为六段，称为"六漕"，这也是万恭的创造。他对六漕作了逐一分析，提出了治理各段运河的基本方法："自潞河，顺天津，为白漕，不宜治；自天津，逆临清，为卫漕，不必治；自临清，逆南旺，又自南旺，顺出茶城，为闸漕，宜少治；自茶城，顺流淮扬，为河漕，宜数治；自淮扬逾高、宝，连瓜、仪，为湖漕，宜亟治；自瓜洲渡长江，入京口，以入于杭，为浙漕，宜间治。"

《治水筌蹄》由148篇单篇短文结集而成，各篇之间无明确的逻辑关系。《治水筌蹄》成书及初次刊刻时间约在万恭任期以内。清华大学图书馆珍藏的《治水筌蹄》系上下两卷书，仅存正本，脱去序跋，末页刻有"后学长洲张文奇重刊于南旺公署"字样。馆藏此书卷之上首页盖有"丰华堂书库宝藏印"，可知此书曾为杭州杨见心所收藏。1929年由清华大学收购入藏。清华大学藏本很有可能是孤本。

本次整理即以清华大学藏本为底本。对于原书所缺的序言，则从清华大学图书馆珍藏的《当代台阁精华》中辑出。

水利电力出版社曾于1985年出版了由朱更翎先生点校整理的《治水筌蹄》，打乱了原书的顺序，代之以水利分类的方法进行分析整理，实际等于是朱更翎先生的一个研究成果，令后辈受益不少。近年来中国水利水电出版社出版的《中国水利史典》中也收录了这部重要的水利文献。本次整理则遵循了原书的体例，只是对148篇文章增加了编号，以便于读者理解。不当之处，敬请批评指正。

整理者

目　录

整理说明 ………………………………………………………… 3

治水筌蹄自序 …………………………………………………… 10

卷之上 …………………………………………………………… 13

卷之下 …………………………………………………………… 42

治水筌蹄自序

两溪公　万恭　兵部侍郎

隆庆辛未秋，漕、河不利。明年，上召左司马臣恭，综水土之役于济之阳。

余乃窥三门，睇七津，浮千里达于秦沟；又檄治水使廿人者，循白河，出天津，逆卫河，达于临清❶；余又治临清，逆（柝）〔溯〕诸南旺，又导南旺顺捷于茶城，与黄河会；又导茶城历徐、吕底于淮之北；阃❷天妃，泛高、宝，遂闸瓜（州）〔洲〕，逾京口，溯姑苏，荡太湖，顺流而达于杭。

又从济、漯，登泰山，望青、齐，并洸、汶，滩坎河，西系汶、洸全流驶南旺，以其七北入天津之海，而以其三南入淮、（杨）〔扬〕之海，饷始利。

盖中国万里之疆，皆有帆樯之影、辙马之迹焉。未尝不击楫拊辔，叹饷道之便、王会之盛之至于斯也。

综之为六漕：

自潞河，顺天津，为白漕，不宜治。

自天津，逆临清，为卫漕，不必治。

---

❶ 原书书眉评语：经营南北数千里水道，若指诸掌，绝似《禹贡》之文。奇哉！

❷ 阃　应作"闸"。

自临清，逆南旺，又自南旺，顺出茶城，为闸漕，宜少治❶。

自茶城，顺流淮、（杨）〔扬〕，为河漕，宜数治。

〔自〕淮、（杨）〔扬〕逾高、宝，连瓜、仪，为湖漕，宜亟治。

自瓜州渡长江，入京口，以入于杭，为浙漕，宜间治。

夫白漕，从密云而南下，霁十日，则平沙弥河，雨溢则泛，运（辛）〔卒〕急则挽舟，又急则直易舟耳。其节短，不并运，故其法治之以"不宜治"也。

卫漕，渠甚敛而流甚深，渠敛则流专，流深则渠利，故其法治之以"不必治"也。

闸漕，强半籍汶，万历前，汶乘势东而下于青海，即西注者微，西注微，则不能七灌北、三灌南，二百年春夏水竭，往往闸漕斩焉，弱不能续数里之流。万历以后，坎河既滩，乃驱汶全流于春夏之交，闸道遂溢，直时启闭耳。故其法治之以"少治"也。❷

河漕，有源之水也，崇堤约之以专其流，随流堤之以若其性，运毕则修以清漕，漕毕则静以待运，岁相循环也。故其法治之以"数治"也。

湖漕，无源之水也，夏秋多雨，则胀闷而决堤，冬春多旱，则涸竭而胶舟，胀之既不可，涸之又不可。夫养生者，虚其腹，则神耗而液干，实其腹，则肠急而腹溃，虚其实，实其虚，此岂能一日忘备哉！故其法治之以"亟治"也。

---

❶ 原书书眉评语：熟看此篇即坐而谈漕运可也。经生目不涉四方，则此文可以发醯鸡之益矣。大是有用□字。

❷ 原书书眉评语：波及河运江运而水利全览矣。

浙漕，治或在润，或在常，或在姑苏，或在崇德，直逾年一深通之耳。故其法治之以"间治"也。

若孟津而下，河，运之昆仑也，运所不经，若勿治可也，然修身者能不修昆仑乎？法反宜急治。

襄、汉而下，江，运之头颅也，运所必经，若急治可也，然药病者能先药头颅乎？法反宜勿治。

夫理饷道者，其犹理气血乎！闸漕、浙漕，患在血气之不足，补之使赢；卫漕、河漕，患在血气之有余，宜泻之使缩；白漕、湖漕，则有余、不足，无定形，故补泻无定势，赢缩无定衡。

余故取治水见诸行事、存案牍者，括而纪诸《筌蹄》，非以燕说郢者也，殆郢书而郢说之也。庶驰饷道、佹王会者，知我明直轶唐、虞而上之，三代而下皆无取焉。❶

——《当代台阁精华》

---

❶ 原书书眉评语：总结处又是一议。

卷之上

1. 汉、唐以前至春秋、战国，大江由六合溯邗沟，取道于高邮、宝应诸湖之西，北达长淮。❶

江南之漕，俱由邗沟❷，而苦浅阻。陈平江乃堤扬州以及于淮，西遏诸湖之水，遂汇为一，湖港相通，三百七十里达于黄河，饷道大通。邗沟遂绝❸。

今不必泥古，妄图恢复，唯浚之泄淮则可。

2. 高邮诸湖，西受七十二河之水，岁苦溢。乃于东堤建减水闸数十，泄水东注，闸下为支河，总汇于射阳湖、盐城入海，岁久悉湮。

弘治中❹，乃开仪真闸，苦不得泄。治水者，岁高长堤，而

---

❶ 此说有误。邗沟最早记载是《春秋·左传》："（鲁）哀公九年秋，吴城邗，沟通江、淮"。晋代杜预《集解》："于邗江筑城穿沟，东北通射阳湖，西北至末口入淮，通粮道也。今广陵韩江是。"按邗沟故道的南端，约在今扬州市南（当时江岸距扬州城南不远），引长江北流，经扬州、高邮、东北流，入射阳湖，转向西北，至淮安城北入淮河。与六合无关。亦不经过高邮、宝应诸湖之西北。

❷ 春秋以后，邗沟故道屡有变迁。汉、魏以后的记载，已渐不用邗沟之名。这里当系指仪征、淮阴间运河而言，仍沿用邗沟旧名。

❸ "邗沟遂绝"此说亦误。

❹ 弘治中 弘治元年、十四年、十八年，仪征运河诸闸屡有兴废。参见《天下郡国利病书》卷二十九。

湖水岁溢。

隆庆初，水高于高、宝城中者数尺，每决堤，即高、宝、兴化悉成广渊。

隆庆六年，万历元年，建平水闸二十一于长堤，又加建瓜洲闸，并仪闸为二十三，湖水大平，淮涨不能过宝应。又复浅船、浅夫，但许深湖、不许高堤旧制。

初，建瓜洲花园港通惠闸，得故（今）〔金〕焚❶韩世忠船板；改广惠闸，又得故闸基桩石，桩大四围，基因之；则花园港故闸道也。

而或恐二十三闸泄高、宝八百里七十二河之水，欲闭瓜、仪，蓄诸湖，利饷道，误哉！

3. 各湖水南注者，仪河窄而浅，瓜河广而深。余惧瓜之夺仪也，乃于三汊河建洋子桥❷，桥口如闸制，以节束之，仪河不病浅矣。

而瓜闸，江潮近六十里则早至而迟落，更便于仪闸。镇江截流官舫，径趋江都，真州省续食征夫之役，又利仪闸云。

4. 高邮湖，弘治三年，白公❸以七十余万金成康济河。商诚便也。第不当东绕围民田一万八千亩。

康济与湖通，水如城，田若盂。不得已于月河❹之底，沉❺三涵洞，穿月河而东泄，船行洞之上方。

未七十年，松板洞室，不复能穿月河，水汇田中。是老堤之东又益一万八千亩之田湖也。左哉！左哉！

---

❶ 得故今焚 "今"误，应作"金"。指挖到前代金人所烧毁的韩世忠船板等。
❷ 洋子桥 即扬子桥。
❸ 白公 即白昂。
❹ 月河 即康济河。
❺ 沉 埋设。

老堤如线，浸万顷中，八面受敌而大堤坏；中堤故卑薄，大湖拥田，湖风涛击之而中堤坏；二堤俱坏，则康济东堤直弱缯当万石之弩耳。岂不危哉！

今议：固老堤，塞金门，决康济❶，涸湖田。乃循老堤之东，去十丈为之东堤，一护老堤，一成月河，岁加修筑，则运与民、与商舶，万世之利也。

5. 宝应湖，堤袤三十里，军、民舶由湖中，西风大作，岁溺湖中以数千人，运之险道也。

今为东护堤，如议高邮新月河之制。东堤成则月河成，一举两得之计，了此不过十万金耳。省中堤故也。视白公缩费❷六十万金。岁加修筑，可保数百年无事，谋国者各有见乎！

6. 天妃口，自陈平江开清江浦❸六十里，由此入黄河，官民便之。

嘉靖中❹，黄水泛入，清江淤。河臣费十万开新河以北接于淮，其说以为接清流勿接浊流，可不淤。

不知黄河非安流之水也！伏秋水盛，则西拥淮流，并灌新开河。夫天妃口，一黄水之淤耳。若淮、黄会于新开口，是二淤也。乃岁役千夫，浚淮、黄交会之浅，而患愈博矣！

余于天妃口建石闸直出黄河，黄水盛，则闭闸谢绝黄水以杜淤；黄水落，又启闸以利官民。新开口勿浚可也，新河焉用哉！

7. 高山大川，灵异攸钟。每岁，春初运始，宜祈；夏末运

---

❶ 决康济　排泄康济河的洪水。
❷ 视白公缩费　和白昂开高邮康济河相比，节省费用。
❸ 陈平江即陈瑄。陈瑄开清江浦事在永乐十三年。详见《明太宗实录》。
❹ 嘉靖中　嘉靖三十年及三十二年事。参见《明世宗实录》《天下郡国利病书》《读史方舆纪要》等。

毕，宜报。岁行若例。

8. 夏、秋，高、宝诸湖水溢，瓜、仪二闸宜洞开之。

9. 高、宝诸湖，今建平水闸，俱引支流入射阳湖，注于海，正道也。

而盐城范公堤，有入海五道，今堙其四。下流不疏，此高、宝、兴、盐之多水患乎！

10. 宿迁以下，去海渐近，水趋若奔，且河广崖高，不必深治之。

11. 黄河自清河迄茶城五百四十里，全河经徐、邳则二洪平，舟以不败。是黄河决堤之害有限，而济运之利无穷。

今恶其害也而欲去之河南，是河南岁治黄河，徐、邳岁治运河，滋多事耳。

今以五百四十里治运河，即所以治黄河，治黄河，即所以治运河，知行合一，不亦便哉。

12. 黄河自宿迁而下，河博而流迅，治法宜纵之，必勿堤。宿迁而上，河窄而流舒，治法宜束之，亟堤可也。

又徐、邳，水高而岸平，泛溢之患在上，宜筑堤以制其上。河南，水平而岸高，冲刷之患在下，宜卷埽以制其下。

不知者，河南以堤治，是灭趾崇顶者也；徐、邳以埽治，是摩顶拥踵者也。其失策，均也。

13. 筑堤，余以唐张仁愿抢筑三受降❶之法，筑邳、宿三百七十里。不用翻工旧制，即布五万夫，联络于三百七十里之中，分为信地，编定字号，万杵齐鸣，分之则为各段，合之则成长

---

❶ 张仁愿抢筑三受降　唐代景龙二年，张仁愿以兵工抢筑受降城，有中、东、西三城，在今内蒙古自治区河套境内。详见《唐书·张仁愿传》及《嘉庆重修一统志》。

堤。火爨蓬居，不移而具❶，迟速勤惰，不令而严。始以十万金计，终三万成之，便法也。

14. 河运约近万艘，旧以帮次序行，一艘不移，万艘皆滞。是惰者不能速，勇者又阻之使不得速。故黄河越帮，闸河序帮，乃倍速矣。

15. 筑堤三夫：差役编设曰徭夫，库银召雇曰募夫，郡县借派曰白夫。

徭夫出于民，募夫出于官，有名也。白夫，额外之征，不堪命矣！罢之。即有大役，募夫永不可变。宁损上，勿损下也。

16. 漕河，十月征税，十一月兑军，十二月开帮，次年二月过淮，三月、四月过徐州洪入闸❷。今之令，万全之策也。黄河中河道助夫挽运，以二旬而渡河，则粒米皆太仓有矣。

17. 筑堤有三禁：毋掘房基，毋乞古冢，毋划膏腴。

18. 河工委官：府佐日给银一钱二分，州县佐首领六分，省祭等官四分，属有司者给库银，属杂委者给河银，旧例也。

19. 攒运之法，莫善于格单。舟入瓜、仪，每帮于瓜、仪主事给一纸，以《千文》❸编号，以月为纲，以日为目，每月之下，系以方寸三十格，填云：几十里至某处湾泊，如属阻风、剥浅、挨帮事故，则实注格内。舟过济宁，按目稽查，一览可见。回空，则从通惠河郎中改给，亦如之。皆总督河道预发南北二分司。此攒运之上驷也。

---

❶ 火爨蓬居，不移而具　工地的食住，准备周到。
❷ 闸　指山东闸河。
❸ 《千文》　《千字文》的一种非正规叫法。明末清初学者孙承泽《庚子消夏记》："徽宗千文，书法怀素。"

20. 防护粮运，分布官兵，若守边，宜更番，宜节短。入清河，则徐州参将营布兵至夏镇，济宁、曹濮二兵备布兵至东昌，临清兵备布兵至沧州，天津兵备布兵至白河，霸州兵备布兵至张家湾，皆五里一伍，每伍五人，永无劫夺轻赍之患矣。

21. 淮安，隆庆中❶，水；万历壬申❷，又水。或云："海口淤，宜浚之。"

郡有司为探海口，则广三十里，望之无际，冬中洲渚微见，海中潮长，则烟雾波涛极目耳。舟从何系，人从何依，工从何施？

且清河之流甚驶，海口即淤，清河当上行矣。古无浚海者，有由然哉！而怨淮水、罪海口者，谬矣。

22. 淮水，昔不病淮安，今病淮、扬。

盖黄河正流，往经河南，或出颍川，或出寿春，汇淮入于海。其入小浮桥，经徐、邳入海者，支流也。势故卑且弱。河、淮合，则为一家，直涌而东奔，是淮以河利也，安能害淮安！

今全河舍河南之故道，并流徐、邳，经清河，而淮水自西来会，是二家也，不相统一。故河落则淮乘高而凌之，淮安以燥。秋水灌河，河恃势而骄，亘淮安之东北，若大行❸焉。而淮水方挟颍川、寿春诸平陆之水势，与强河斗于清河，不能冲中坚则气丧，而溃散淮安之郊，暂为憩息，俟河之消锐，乃假道会弱河，始入海。淮安安得不病淮河哉！

若导黄河经河南会淮水于颍川、寿春，势既不能；若任

---

❶ 隆庆中　隆庆三年、四年，淮水涨溢，淮安等地被淹。详见《明穆宗实录》。
❷ 万历壬申　壬申为隆庆六年，此时万历皇帝已登基，次年改元万历。
❸ 若大行　好像"太行山脉"一样。古汉语中，"大行""太行"通用。

淮水之灌淮安，势又不可。唯朝廷定策，固高、宝诸湖之老堤，建诸平水闸，大落高、宝诸湖之巨浸，广引支河归射阳湖入海之洪流，乃引淮河上流一支入高、宝诸湖。如黄河平，则淮水会清河故道，从淮城之北同入于海；如黄河长，则淮水会高、宝湖新道，由射阳湖，从淮城之南同入于海。则淮安全得平土而居之乎！然非朝廷定策，则首议者不免为晁生以说❶耳。

23. 夏镇新河，马家桥之左，吕孟、微山诸湖，夏水泛涨，外伤漕堤，内淹民田者，徐州七分，滕县二分，峄县一分，公私未便也。

余自（比）〔北〕堤渐家坝至铁河止，开水口，建石闸，宣泄湖水，以左出民田，右济漕河。而夫役以履亩出之，二年乃成。

24. 泇口河，从马家桥入微山诸湖，穿梁城、侯家湾，取道于利国监，经蟃蛤、柳诸湖，出邳州直河入黄河，有六难焉！

微山诸湖，水中不可堤，一也；梁城、侯家湾、葛墟岭，皆数十里顽石，不可凿，二也；礓石水中随撒随合，金火不可施，三也；岭南去徐、吕二洪一舍❷耳，二洪高下相等，避徐、吕二洪险，葛墟洪险复生，四也；假令治泇河即不治徐、邳河，（尤）〔犹〕可，万一泇河成，岁治之，百万不可，视今治徐、邳河五百年之费也，况未必成！六也。

治泇河策，宜永罢之。

25. 河堤之法有二，有截水之堤，有缕水之堤。截水者，遏

---

❶ 晁生以说　晁生即晁错。"以说"下疑缺"诛"字，或"说"为"诛"之误。事详《汉书·晁错传》及《景帝纪》。

❷ 一舍　约三十里。

黄河之性而乱流阻之者也，治水者忌之。缕水者，因河之势而顺流束之者也，治水者便之。

夫水之为性也，专则急，分则缓。而河之为势也，急则通，缓则淤。若能顺其势之所趋而堤以束之，河安得败！

唯河欲南，而截之使北，河欲合，而截之使分，以逆天地之气化，而反天地之血脉❶，河始多事也已。

26. 神禹疏、瀹、排、决❷之法，今不讲久矣！即朱晦翁❸亦云："瀹者，亦疏通之意。"考之《正字》❹：疏者，水密为患，则纲举以疏之；瀹者，水散为患，则合水以瀹之；排者，水侵为患，则拒堵以排之；决者，迟回为患，则搜剔以决之。

晦翁又云："汝、泗皆入淮，而淮自入海。"夫淮之入海，此三代以后事也。禹治水，先审中国大势，（比）〔北〕水之大唯河，南水之大唯江，而四渎特姑以淮、汉配耳。岂真可敌江、河哉！故导汝、泗入于淮，又导淮入于江，东北注海。

邗沟，淮入江故道也。今失之，而淮自入海。盖失禹决、排之法，而淮之南北始多水患矣。

27. 今之治河者，难于禹焉！

夫三代以上，或都冀，或都秦、雍，或都陈，贡道皆溯黄河，水击数千里直达耳。而江南之贡赋犹未入中国也。且王畿自以公田之入，足上供、祭祀、宴享、军国之需，故饷道不经

---

❶ 以逆天地之气化，而反天地之血脉　违反河流的自然规律。
❷ 神禹疏、瀹、排、决　《孟子·滕文公上》："禹疏九河，瀹济、漯，而注诸海；决汝、汉，排淮、泗，而注之江"。
❸ 朱晦翁　宋代朱熹。曾为《孟子》等书籍作注释。
❹ 《正字》　似为《正字通》之类的字书。

见。禹特治河之患,播大(坯)〔伾〕❶,析九河,至今天津入于海,事毕矣。彼一时也,河利于北而不利于南徙。

今则饷事大半仰给江南,而江南之舟,泛长江,历扬、淮而北,非河以济之,则五百四十里当陆运耳!京师若何?故治水者,必不可使北行由禹之故道,必约之使由徐、邳,以救五百四十里饷道之缺。是不徒去河之害,而又欲资河之利者也。不亦难乎!

若不为饷道计,而徒欲去河之害,以复禹故道,则从河南铜瓦厢一决之,使东趋东海,则河南、徐、邳永绝河患,是居高建瓴水也,而可乎?

故九河故道必不可复者,为饷道也,而非难复也。

28. 徐、邳顺水之堤,其始役也,众哗,以谓黄河必不可堤,笑之;其中也,堤成三百七十里,以谓河堤必不可守,疑之;其终也,堤铺星列,堤夫珠贯❷,历隆庆六年、万历元年,运艘行(漕)〔槽〕❸中若平地。河涨,则三百里之堤,内束河流,外捍民地,邳、睢之间,波涛之地,悉秋稼成云,此堤之余❹也。民大悦,众乃翕然定矣。智者睹效于未然,众人定议于睹效,谅哉!

29. 旧说:"徐、吕二洪,宜险,宜有声。"以是占河之善败❺。固哉!

夫洪,水露石则险,激石则有声。今全河假道,徐洪水丈

---

❶ 播大坯　坯,应作"伾"。大伾山,又称九曲山,在今河南荥阳市汜水镇西北。播大伾,即导河经大伾东北流之意。

❷ 堤铺星列,堤夫珠贯　划段分工,全面防守。

❸ 漕　应作"槽",指河槽。

❹ 余　按上下文意思可理解为"效益"。

❺ 以是占河之善败　用来衡量黄河的安流与否。

余,吕梁之水几二丈,漕舟日可渡四五百艘,视昔"险、有声"者十倍焉。洪力大纾,是漕之大利也。

治饷道者,乃恶夷而欲险,忌无声而幸有声,是不欲与河、漕相安于无事,而斗之以有事。得无为河伯所笑乎!

30. 徐州城北小浮桥之正河,复,可也;不复,亦可也。

(天)〔夫〕上流从河南新集,或郭贯楼经丁家道口、赵家圈、九里沟,以入于小浮桥,洵便矣。

而今北行,历秦沟,趋吕梁,界萧、砀县治于河之南,少迁道,且武家坝告急,膏腴为河。役夫卷埽,自五月既望,以至于九月望,扰扰不得息,洵不便矣。

然武家坝之患急,而郭贯楼以下之患纾,河北之膏腴为黄河,而河南之黄河又为膏腴,是利害固相当也。而又重以复河之役,又不能必河之趋而南,故小浮桥之复与不复,付之河伯可也。

31. 黄河由小浮桥会徐洪,自小浮桥之上,皆闸河❶也。故汶水出高家闸与小浮桥大河会,是汶与河交会在高家闸。

嘉靖末❷,水北徙,由秦沟,则自小浮桥以上逆四十里至茶城悉为大河,高闸沉河中不复见,则汶与河交会在茶城矣。

32. 黄河北徙,其北岸,西自曹县原有缕水堤一道,长四十里。逾(丰)〔丰〕、砀界,历徐州卫地界,亦有缕水堤。唯曹、单之交,缺八十八里余。为之联堤,复联堤砀山界东引之,延袤二百余里,若"常山之蛇"。以北护泰黄堤,南遏漫河。自是,河北绝水患,泰黄若崇墉矣。余刻石华山之巅以纪之。

---

❶ 闸河 即山东境内的运河。该河水量系用若干座闸来调节,故有此名。
❷ 嘉靖末 嘉靖四十四年。

33. 沿河夫役，出之农家，彻骨矣！犹冀商贾助之也。有司者，复迫之铺行官价，市且散矣。滨河萧条。奉旨：厉禁四省❶之苦铺行者，追其牌册而焚之。商贾乃安，关镇渐复弘、正之风❷焉。而河夫始有里粮、有宁宇矣。

34. 粮运盛行，运舟过尽，次则贡舟，官舟次之，民舟又次之，闸乃肃。

35. 河南属河上源，地势南高北下，南岸多强，北岸多弱。夫水，趋其所下而攻其所弱。近有倡南堤之议者，是逼河使北也。北不能胜，必攻河南之铜瓦厢，则径决张秋；攻武家坝，则径决鱼台，此覆辙也！若南攻，不过溺民田一季耳。是逼之南决之祸小而北决之患深。

36. 治漕有八因：

因河之未泛而北运；因河之未冻而南还；因风之南北为运期；因河之顺流为运道；因河安则修堤以固本；因河危则塞决以治标；因冬春则沿堤以修；因夏秋则据堤以守——是谓八因。

有三策：

四月方终，舟悉入闸❸，夏秋之际，河复安流，上策也；运艘入闸，国计无虞，黄水啮堤，随缺随补，中策也；夏秋水发，运舠度河，漕既愆期，河无全算，斯无策矣——是谓三策。

37. 今河，有三无患：

徐、吕二洪，往患淤浅，今乃水〔深〕二丈余，二洪无患。

---

❶ 四省　指南直隶（今江苏、安徽）、河南、山东、北直隶（今北京、天津、河北）。
❷ 弘、正之风　弘治、正德年间的集市景象。
❸ 闸　指山东闸河。

南行一百八十里，隆庆末❶，悉为平陆，今水由地中，水深二丈，岸高一丈，邳河无患。

邳河下至清河，水深不得其底，且近海而流迅，宿、清之河无患。

38. 嘉靖六年以前，黄河分为六道，其两道由河南、凤、泗入淮；其四道由小浮桥，飞云桥，大、小溜沟入河时则开、归、徐、沛利害相当。

今开、归、沛诸流俱堙，全河悉经徐州一道，则开、归、沛之患纾，而徐、邳之患博。其不两利亦不能两害者，势也。

39. 汶水微，而南旺析七分北济张秋、东昌、临清；三分南注济宁、南阳、夏镇。是北济者道近、分数多；南济者道远、分数少，则恃吕孟、昭阳等湖也。

故运盛行，则济宁而上，发蜀山湖；南阳而下，左发吕孟诸湖，右发昭阳湖，以济黄家闸，势不得不汲汲矣。

40. 茶、黄交会之浅，盖黄河水落之候，高下不相接，则相失而相倾，是以有茶城浅、鱼脊梁浅、黄家闸浅、夹沟浅。

旧有境山闸，没泥淖中丈余，而基故在。余累石足之，既可以留黄家闸外二十里之上流，又可以接茶城内十里之下流，而又挟二十里之水势冲十里之（挟）〔狭〕❷流，蔑不胜矣。茶城可不治淤。

41. 茶城口之浅，十年患之。盖闸河之口，逆接河流，河涨，直灌入召淤耳，而北崖悉洲沙。

余为大南堤以逼之，南堤急则北沙悉溃，水渐徙而北，茶城之口以逼而益深，且顺而东，与黄河夹流半里而后会。既令

---

❶ 隆庆末 隆庆五年。
❷ 挟 应作"狭"。据万恭《创复诸闸以保运道疏》改。

茶城深，又不令逆接河流召淤，善之善者也。

42. 有堤无夫，与无堤同，有夫无铺，与无夫同。邳、徐之堤，为每里三铺，每铺三夫。南岸自徐州青田浅起至宿迁小河口而止，北岸自吕梁洪城起至邳州直河而止。为总管府佐者二，为分管信地❶州县佐者六。

南铺以《千文》编号，北铺以《百家姓》编号，按信地修补堤岸，浇灌树株。遇水发，各守信地；遇水决，则管四铺老人振锣而呼，左老以左夫帅而至，右老以右夫帅而至，筑塞之。不胜，则二总管以游夫五百驰而至，助之。此"常山蛇"势之役也。

43. 黄河之骤，急如风雨，智者失其谋，勇者失其力，唯有桑土之彻而已！故势亟重也。

语夫，则以千计，语料，则以万计，乃有备无患，与防边同，而防河又腹心，与防边四肢之患异。

今防边，大司农岁发数百万，而防河则否。故堤防稍缓者，一年备一年，可也。

若河南陶家店、铜瓦厢、炼成口、𣳾泥河、荣花树，山东武家坝，徐州曲头集、房村口，则桩、草、苘麻、柳梢，宜两年之备，可也。

44. 滨河之民，敝民也！而以官堤困之。

今占用民地者，履亩❷与之价，税粮通派州县，名曰"堤米"。为新河所占者，亦如之，名曰"河米"。

吕孟诸湖原属膏腴，以运河水不得泄，汇而成者，改鱼课焉，名曰"湖米"。

---

❶ 信地　汛段。
❷ 履亩　按亩。

45. 夏镇新河，属❶民田而成，以沽头、谷亭各旧河偿之。昔河流，今膏腴，昔禾黍，今楼橹矣。桑田沧海，岂自远求哉！

46. 黄河多穿漕渠以杀水势者，泄其自内出，治于已然者也。支开上流，不入黄河助之为虐者，禁其自外入，治于未然者也。治于未然者易为力，治于已然者难为功。

河以南，水之大者莫如淮，河以北，水之大者莫如卫。若使伊、洛、瀍、涧自右助黄河者，导之悉南归于淮，入安东之海；丹、汾❷、沁河自左助黄河者，导之悉北归于卫，入天津之海。则黄河得全经由秦、晋本来之面目，何患哉！

然伊水自禹开伊阙，北流及洛、瀍、涧，北汇于河。而南道则多崇冈间之，入淮之道绝。

唯丹、汾❸俱入沁，为流颇巨，可抵黄河四分之一。若从木兰店开大樊口，直下卫河，乘高而趋去之，黄河去此大助，可以安流。顾卫辉甚下，宜自大樊口而下，辟卫河之身二百丈，经卫辉、德、沧入天津，令沁不为暴，可也。

古有迁王都避河患者，而况运道命脉，可以数州县坐视沁水助河为虐，坏运道，而不之顾乎！故去河患者，以分沁为本。

47. 往，治河者，以刻削工料为能，以文移往返为事。不知惜小费者妨大计，操散权者无专功。涓涓不塞，遂成江河。坏也久矣！

善治者，二言以蔽之曰：毋惜费，毋掣肘。

---

❶ 属 似为劀、剧或钁之省写，义为开挖。
❷ 汾 疑误。汾河为黄河著名支流之一，在山西万荣县境入黄，不可能导归卫河。
❸ 汾 疑误。不与沁通。

48. 夏镇新河❶，万世之计也。往，闸〔河〕由南阳、谷亭、沽头、沛县出留城，地势太卑，视南阳以上高下相悬，各闸水峻，故多浅。又昭阳湖在其东，黄水每逾漕❷趋昭阳，故闸河多淤。

隆庆初，朱少保❸开南阳至留城一百四十里，地故耸，与南阳等，置新闸焉，旧闸多沉水中，漕水大平，不患诸浅。

第三河口受沙、薛二河之水，夏秋水发，流沙入漕为梗。乃于二河上源，为皇甫、东邵诸坝，遏二河入微山诸湖，即沙入湖中，若石投水，新河无沙患矣。

石堤累累如墉，柳阴依依若茨，楼船月夜，箫鼓中流，百里湖光，万顷金碧，盖不让西湖苏堤焉。

49. 徐州参将营，属总河。而总理督两直隶、山东、河南四省军务，皆始于隆庆四年。一为护运，一为联络中原也。

先是四省多盗，一省擒之，则逃散三省，兵权不一，以故中原多盗。且劫掠运艘（经）〔轻〕赍。岁饥，则杀越而夺之粮，往往见告矣。乃以总河兼制之。盗发，则檄四省十二兵备会擒之。隆庆末、万历初，盗亡得脱者，自是衰息。

而又以山东管河副使兼济宁兵备，属兵一千。徐州参将，正、二、三、四月，运盛行，则提徐州军壮八百名驻于徐以护运，为左哨；五、六、七、八月，提归德卒一千驻于商丘，以备高秋之匿盗者，为右哨；九、十、十一、十二月，提宿州卒七百驻于宿，以右控河南，左制江北，为中军。盗小发，则分

---

❶ 夏镇新河　即南阳新河。嘉靖七年，盛应期倡议开浚，半途而废。其后，朱衡等继续开浚。详见《明实录》。

❷ 逾漕　横冲运河。

❸ 朱少保　即朱衡。

营三擒之，大发，则合营总擒之。而十二兵备之兵，睢、颍翼于西，徐、扬振于南，济、沂犄于东，济、曹、临、天、大名之兵角于北，数千里响应，盖朝廷有深意矣。

50. 总理经费，岁约六百余金，并舆皂、门快、金鼓、军民诸役饩食，旧偏累济宁。

万历元年，如各边军门例，派之四省。济宁民力纾矣。

51. 军民赏格：捕官获强盗一名至五名给花红，六名以上者加奖励牌匾，十名以上并获巨盗、窝主者，奖如前，仍纪录超擢；捕役及民间强有力擒真盗一名者，赏银四两，阵上斩获者六两，获巨盗、窝主者八两，俱于盗赃入官数内支给。每招详照出之后，计开：斩罪几名，供明几名，应奖赏官几员，有功人役几名，以风❶。饷道遂宁。

52. 清查河道钱粮三事：侵欺❷，那借❸，拖欠。

53. 运官降级尽矣，运卒疾苦至矣，法网至密也。北运、南还，搜刮而夺之私货，而军日困，运日艰，敝舟破帆，殆不可运！

今令：北运者，带酒米竹木弗禁，入茶城，属酒米者自为剥，属竹木者自为筏，浮于舟末。南还，则令易商货，半载之。除搜括之禁，罢入官之罚，是官军以饷舟市也，舟善而卒腾，饷务倍利。

54. 南旺分水河，每年汶水大发则流沙。及新河，三河口，沙、薛二河水发则流沙。

旧制：三年二挑，俱正月兴工，三月竣事。是治本年之河

---

❶ 以风　形成气势。
❷ 侵欺　贪污。
❸ 那借　挪用。

为本年之运者也，仓卒周张！

今运期早，盖二月有过南旺者矣。则挑期亦宜早。故隆庆六年，改期大挑，是治头年九月之河为次年二月之运者也，饷道遂大利焉。

故粮务：旧以冬兑而夏开帮，两年事也。今则冬兑而冬开帮，合之而为一。河务：旧以春挑而夏行舟，一年事也。今则秋挑而春行舟，分之而为二。或合或分，百世不能易矣。

55. 五行之性，金圆，木直，水曲，火锐，土方。水之不可使直，犹木之不可使曲也。

黄河九折而入中国，每折千里，此西域之河耳，亦折之大者耳。若自三门、七津而下，由安东入海，仅仅二千里而强，不知几百十折也。故能盘旋、停蓄而不泄。若人之肠胃然，丹田以上多直遂，丹田以下多盘曲，然后停蓄而注于膀胱，否则径泄气射，毙也久矣。

黄河之在西域，丹田而上者也，流入潼关，丹田而下者也。故入西域，折以千里计，入潼关，折以数十里计，是注膀胱之势也。每折必扫湾，在河南，制之以埽，在徐、邳，制之以堤，吾谨备之耳。

若恶其扫湾，必导之使直，是欲直肠胃从管达膀胱也。岂徒人力不胜之，倾宕急泻，是谓敝河。故大智能制河曲，不能制河直者，势也。

56. 张秋，固运道一大襟带也。控汶上、阳谷、寿张，鼎足之中，而西为梁山，故宋江盗薮。阛阓万家，富商大贾万集，跨运河东西居之。

正统中❶，河决张秋，五载弗绩。役丁夫十八万塞之，当决

---

❶ 正统中　正统十三年。

河为戊己山，盖以土制水之义，若东坡徐州之黄楼❶；弘治中❷，刘东山❸之泰黄堤者云。

众流之所交也，货财之所萃也，岂直中原一大县，而不城，则胡以护运，亦胡以控群盗？余料之，此丁夫六千，匝二月之役耳。城中可籍也。

57. 两河❹大挑，有五不便，有五便：

旧以正月兴工，二月竣事，则新运踵至，停积河流，既虑风涛，复稽程限，一不便。

夫役，年终徭役更换，旧役已满，新役未来，二不便。

春事方兴，民无暇力，迫之工作，田野不安，三不便。

未接青黄，室而悬罄，头会箕敛，工食难窘，四不便。

坚冰初解，时尚严凝，驱之泥淖之中，责以疏凿之力，五不便。

若改期九月兴工，十月竣事，则回空❺已尽，筑坝绝流，疏浚甫完，籍冰封闭，春融冻解，河即有待，是新运之便也。

旧夫未更，按册可集，正役者不劳于再籍，雇役者无事于更张，是征夫之便也。

秋事告成，农多暇日，既无私虑，自急公家，是民力之便也。

新秋丰稔，民多盖藏，闾阎利以供输，夫役易于征敛，是

---

❶ 东坡徐州之黄楼　宋代熙宁十年，黄河决澶州曹村（今河南濮阳市西南），分为二派，南派冲抵徐州。时苏轼为徐州太守，尽力抢护，于城东门筑黄楼，取以土胜水之意。次年（元丰元年），堵塞决口，河复故道后，苏轼有《河复》诗，其弟苏辙有《黄楼赋》。详见《宋史·苏轼传》及《苏东坡全集》《栾城集》等书。

❷ 弘治中　弘治六年。

❸ 刘东山　即刘大夏。

❹ 两河　指南旺分水河和三河口。

❺ 回空　漕运空船南返。

工食之便也。

天霁秋高，气候清爽，河鲜沮洳，镢锸易施，是用工之便也。

58. 河事毕，八月，禋❶泰山，报成绩也。

秦碑之北，为泰山之巅，擅东鲁诸山之尊，不知何许年铟玉皇殿压之，山泽不通气矣。

隆庆冬，余乃出石，顶耸三尺，厚十有四尺，博十有六尺，斯上界之绝顶，青帝之玄冠也。易玉皇殿为天宫，退居巅石之后方，秦碑拥正笏前，石如插群圭，而泰山始全其尊，返其真。后有刻芜词，戕泰巅者，是辱岱宗也。明神殛之！每岁黄河如带，则泰巅若砺矣。

59. 天津逆入白河，至张家湾，源出密云山后诸流。五、六月水涨则流沙，三、四月行舟辄胶。非无水也，盖头年涨漫，沙平、河阔，则浅耳。

余复夫老，如大挑故事。岁浚之，以待次年春夏之运。运毕，水溢流沙，复平，九月复浚以待，盖岁工也。

60. 三年两挑，南旺丁夫五万，三河口三千。

61. 创瓜洲上下二闸，及开花园港六里，买石雇夫，费河道银万金有奇，亦万世之利也。焉论费！

62. 行水之法：治有余，先下流；治不足，先上源。

63. 国家饷道延袤几三千里。黄河之水，每患其太盈，有法以制其盈，令不溢，闸河之水，每患其太缩，有法以济其缩，令不竭。盖有玄运存焉，未可以言而尽也。

---

❶ 禋　泛指祭祀。

64. 瓜洲，上曰通惠闸，下曰广惠闸❶，青石市诸苏州，麻石市诸上元，闸匠取诸夏镇，丁夫募诸江北，经三月而后成，排万口而始定，议百年而方兴，难矣哉！

65. 谚云："胸有全河而后能治河。"又云："以图御者，不尽马之情。"夫图，犹不尽矣，况无图乎！

余故令善图者乘傅❷，一自孟津二千里达于瓜、仪❸，图之，命曰《黄河图》❹；一自张家湾二千八百里达于瓜、仪，命曰《漕河图》；皆州载而县纪之，渠识而湾书之。且布沿革之故于上端。勒石于总河之四思堂。

后来者按之，其以为"全河"乎，其以为"图御"乎！

66. 黄河会计预备河患，皆以十月至来年十月止。在山东，兖州、东昌，在河南，开封、归德，在直隶，大名、凤阳、徐州、邳州、泗州，俱系黄河先年及即今经行正道，皆预料之。

有八埽：曰靠山，曰箱边，曰牛尾，曰鱼鳞，曰龙口，曰土牛，曰截河，曰逼水。

有四堤：曰遥，曰逼，曰曲，曰直。

67. 岁报二：曰黄河，曰漕河。凡一岁中修理闸座、堤岸、空缺❺、淤浅、泉源，物料、丁夫，并皆书之，疏以闻。

68. 黄河，若河南铜瓦厢、陶家店、练城口、判官村、乞泥

---

❶ 上曰通惠闸，下曰广惠闸　据《河防一览·两河图说》（万历十八年成书）所绘通惠闸临近江口，应为下闸，广惠闸应为上闸。

❷ 傅　应作"传"。乘传，原意是乘坐驿车出使，这里指沿黄河、运河考察。

❸ 瓜、仪　据《行水金鉴》卷二十七引《治水筌蹄》应改作"海口"。

❹ 《黄河图》　该图及下文《漕河图》似均已失传，但从下文"勒石于总河之四思堂"看来，既已刻石，即使原石已毁，总该有少数拓本留传下来，待访。再据潘季驯万历十八年成书的《河防一览·两河图说》，对照《治水筌蹄》所叙有关内容，大体上可以看出潘图是依据本条所述之图加以补充而成的。

❺ 空缺　决口。

河、荣花树、刘兽医口，若山东武家坝、瓦堽口，皆要害也。以头年下埽为次年之防，一年积料为两年之用，则桑土早备，阴雨无虞矣。慎之哉！

69. 山东、河南，夏秋税粮岁派皆定仓口，如密云、京、通，道远而费多，天津、德州，道近而费少。旧例：坐派之，吏书得而上下焉。不均甚矣！

余檄有司通融之，如粮一石：本色者，则派密云几斗，京、通几斗，天津几斗，德州几斗；折色者，则派起运几钱，存留几钱。重则皆重，轻则皆轻，沿河之民，始无不均之叹矣。

70. 济宁城南，古墓一区，石室二间，皆方丈巨石为之，中亡有也。传云：任康王之墓。按：任在春秋、战国，小国也，未称王，属兖境。终鲁之世，鲁亦未称王。或者齐康王乎？又按：齐僭王时，无谥康者。或齐康公之墓乎？余未暇究详。夫人之墓人掩之，余以浚河土为之墎❶。

71. 南旺大挑，旧制：坝南、北而绝之流，舟楫弗通。

余先为之南坝，逼汶尽北流而挑其南，北舟悉舣南旺而待。南挑毕，余又为之北坝，逼汶尽南流而挑其北。乃决南坝，舟顺流而趋于黄河。此浚浅、行舟两利之策也。

72. 治漕河以治生灵为本，安生灵以安死者为先。闸河数百里，皆齐、鲁、邹、滕、任、郳故都。古人葬法甚备而固，大者石墩数室，小者一室，以大石长七尺，博四寸有奇，高二尺有咫，四具合之，首尾锢之方石，如内棺之制。华者为花藻、云气、海马之状。河堤及民庐墙阶遍用之。嗟此非王侯公卿之掩乎！余盖不忍视履之矣。而士民不是意也！

余与东人约，曰："若发古人之墓，夺之石，后之人又发若

---

❶ 墎　同"郭"，物体的外壳。这里指为古墓培土加高一层。

墓，夺若石，若且奈何哉！"厉禁之。

俄有宁阳习发古冢市石，弃男女二骸骨节七十四事者，此奸以铁锥得之平土中，亦不知何代何许人。余令有司理其首足肢体棺葬之，而男女不可辨矣，然必夫妻焉。不辨可也，悲夫！亟以犯者抵死。约以禁之于先，刑以齐之于后，古王侯公卿士庶人，或者保骨乎！河神当释然安矣。

73．植柳固堤，"六柳之法"❶尽之矣。然必立春前所植，交春后则生气动，多虫啮之患。

旧制：不活者罚银钱。余念贫夫安所得银钱，第一株罚栽五株耳❷，而柳益众。自张家湾以及于瓜、仪，循河二千余里，万历初，植至七十余万株。后来者踵行之，则柳巷二千里，卷埽者有余材，挽运者有余荫矣。

74．曾子墓，在嘉祥县，去漕河七十里，荒落不治，风水亦大不佳。然先贤之遗体在焉，中未必有也。博士欲徙置善藏，余止之。第令有司葺墓，而禁人之牧樵及践履者。

75．余读《元史》，至竭民事河❸，又尝历高平驿，室堂殊异今制，则贾鲁故宅也。壁刻元人诗云："贾鲁治黄河，功多怨亦

---

❶ 六柳之法　一卧柳，二低柳，三编柳，四深柳，五漫柳，六高柳。详见明刘天和著《问水集》。《河防一览》《治河方略》《行水金鉴》等书均转载。

❷ 第一株罚栽五株耳　指改定规章，一棵不成活，罚补栽五棵。

❸ 余读《元史》，至竭民事河　此说有问题。《元史·顺帝纪》《河渠志》《贾鲁传》及与贾鲁治河有关的《脱脱传》《成遵传》《欧阳玄传》等都没有"竭民事河"的记载。在专记贾鲁治河事迹的《至正河防记》及其作者欧阳玄的《圭斋文集》中亦无记载。万恭所据何书，尚待查考。又按《元史》系明代官修，所谓"余读《元史》"，应即指宋濂等所修之《元史》。再从下文"夫鲁为元竭民事河"至"哀哉"一段看来，所谓"竭民事河"，当系万恭个人的偏见。

多！万年千载后，功在怨消磨。"❶ 余未尝不悲之。

夫鲁为元竭民事河，元人不悟，纪为万年之勋。河未成，而石人之患作❷，民竭，河亦竭，鲁族❸而元亡，是国与家俱竭矣。哀哉！

余治河必先治民，宁敝河不忍敝民。山东民力半竭于河矣！余为之差役条鞭之法七章：

其一，以通州之人丁，供通州之徭役，官自雇募，民出总银，官免岁编之劳，民亡月扰之累，一定规则，十年循行。

其二，以一县之均徭、里甲、食盐，俵马四差总征之，粮外唯差，差外唯粮，不复为多名色之纷纷也。

其三，约九则之丁而定拟之，某也上，某也下，某也多科，某也鲜科，十年一成而不可变，耳目专定，吏不得岁缘为奸。

---

❶ 又尝历高平驿……怨消磨　按《行水金鉴》卷十七引明蒋一葵《尧山堂外纪》："山西高平县长平驿，为贾鲁故宅，中庭古松十余株，皆当时物也。天朝平定山西，宅没入官，以其壮丽，不忍毁，即以为驿。壁间题诗云：'贾鲁修黄河，恩多怨亦多。百年千载后，恩在怨消磨。'"所记诗句微有不同，似以作"功在"较妥。

❷ 河未成，而石人之患作　指至正十一年颍州刘福通等起义反元事。《元史·河渠志》："先是，岁庚寅（至正十年），河南、北童谣云：'石人一双眼，挑动黄河天下反。'及（贾）鲁治河，果于黄陵冈（掘）得石人一眼"。据《草木子》记载，起义军'韩山童等因挟诈凿石人，止一眼，预当开河道埋之。'而汝、颍之妖寇乘时而起。"贾鲁治河于至正十一年"四月二十二日"开工，"五月辛亥"，刘福通等起义，当时河工尚未完成。贾鲁治河堵口确于当年十一月告成，参见《元史·河渠志》。

❸ 鲁族　族，指族诛。一人获罪，亲族株连被杀。终元之世（至正二十八年），贾鲁故乡山西高平县从未发生过农民起义，一直处于元统治之下，贾鲁的亲族未被诛杀。从《尧山堂外纪》"天朝平定山西，宅没入官"看来，可能是明灭元后，接管高平，追究贾鲁生前在凤阳地区镇压过包括朱元璋等在内的农民起义，因而没收"贾鲁故宅"，改为驿站，当时有可能发生过诛杀灭族事件。

其三❶，革去大户转解。若催征，里长则督粮，见年，里长则督差，自相属也。转解，则县佐解诸州，州佐解诸府，府佐解诸藩司，藩司类委所属职官解诸京师，州、府、司、部，与民不相见也。

其四，夫役分为二，河夫终岁赴工者曰长夫，有司驿递送迎者曰短夫。长夫工食以岁计，短夫以日计，短夫用则临期厚给之值，不用则否，愚民利日给厚值，若趋市耳，焉用岁支！而官府亦大省矣。

其五，乡宦、举人、监生、生员、吏承优免丁差，悉如钦例。

其六，贫民不能全纳者，季输之，逾季者罪民，官于力役亦季给之，逾季者亦罪官，听全纳不听全给。

其七，官有闰俸，夫奈何无闰饩乎？三年带征之，乃均。

夫以七章令百姓安，百姓安，河孰与不安！

76. 山东滨东海，水尽东注海者，势也。逆水而之西，以济会通河，始于元❷。然其时主海运，海运为寇所扼，则治贾鲁河，而元因以亡。是元人不得会通河之利也。

宋少保礼，于永乐九年，因元旧，始开会通河五百里，然非述者，盖作者也。

夫元人引山东之泉悉入汶河，又以汶河杂洸，洸并泗，不能胜，东注。则为堽城坝截汶会洸、泗，西南流，以会于济宁州之天井闸而分水焉。盖以济宁以南，捷诸❸淮安入海，济宁以北，捷诸天津入海云耳。

---

❶ 其三 排列次序重复，似应为"其四"。以下类推。又按本文前后均确称"七章"，而实有八条，可能是"其一""其二"（或"其五""其六"）本为一条，误分为二。

❷ 始于元 元至元二十六年，开会通河成，正式引汶济运。

❸ 捷诸 相接续之意。

不知阳谷、寿张之交，地势耸于济宁数丈，而可倒使北注，如尉迟敬德武德七年之讹事乎❶！夫建德为卢龙节度使❷，一镇之饷耳，尝试为之也。而元以全运饷上都，而又可袭讹尝试乎！

宋康惠❸弗之是也。乃坝戴村，遏汶西南流，入于南旺，据阳谷之脊而分水，得之矣。

然并诸泉而归诸汶，是也。汶水盛发，势不能攻戴村坝，则从戴村之东、龙山之西攻开，名曰坎河口，注盐河，以复归于青州故道❹，而山东水复东倾。盖九分东注，特一分析入南之安东，北之天津饷道，频年奈何不乏绝！

隆庆六年，余以主事张克文言，循南旺百里而上，历戴村坝，坝故坚，汶不可破也。又东数里，为坎河口，东北注若驶。余顾张水部曰："何纵汶？"曰："岁堤坎河口，岁败，亡益也。"余顾东，龙山彼有乱石，盍取石，滩坎河之口里许，若天成平水焉。汶溢，则纵之，令还东注面目。汶平，则留之，令全汶西南注，以其七北灌，入天津之海；又以其三南灌，入淮安之海。是因势而鼎足分之者，以坎河滩故也。遂滩坎河口。万历

---

❶ 如尉迟敬德武德七年之讹事乎　此说有误。武德七年，秦王李世民带领大军在豳州（今陕西彬州市）一带防御突厥族入侵。尉迟当时是李世民的警卫部队的带兵官，职务是"秦王府左二副护军"，不可能到山东兴办水运。详见《唐书》《新唐书》的《高祖本纪》《太宗本纪》及《尉迟敬德传》。

❷ 建德为卢龙节度使　建，应作"敬"。此说亦误，尉迟敬德终身未做卢龙节度使。唐代设置节度使，始于景云元年。幽州（包括卢龙）设节度使，在先天二年。武德时无此建制。详见《唐书·职官志》及《唐方镇年表》（《二十五史补编》版）。

❸ 宋康惠　即宋礼。

❹ 注盐河，以复归于青州故道　在永乐九年未筑戴村坝前，汶水原由宁阳县西北经东平县北流（该河段亦名盐河），北汇大清河（即黄河现道，清咸丰五年，黄河夺大清河入海），东北流经平阴、历城等县至利津县入海。所谓"青州故道"指此。青州指《禹贡》青州，不是指明代青州府辖境。

元年，漕大利。

嗟后之人！使会通河可废，则坎河口请勿滩。如不可废，治水者，尚慎旃哉！尚慎旃哉！

77. 宋少保礼，河南永宁人。永乐初❶，治会通河。

先是，国朝都金陵，饷道悉仰给于南，江右、湖广之粟，江而至；两浙、吴会之粟，浙河而至；凤、泗之粟，淮而至；河南、山东之粟，黄河而至；而金陵据舟楫之会而灌输焉。置饷道弗讲。

永乐中，治北京，上供、百官、六军悉待哺于江南之稻粱。

永乐初，治海运。运艘，两浙自浙入于海、吴会自三江❷入于海，湖广、江西自洋子江❸入于海，淮北、河南自河、淮入于海，山东各以滨海州县入于海，皆会直沽达于天津；而怀庆、卫辉，以其舟顺卫河入天津来会，俱溯白河，逆于张家湾，输上都，而舟溺亡算。计臣曰："海道险，不可运。"

乃令江南之运，皆入高、宝诸湖，渡淮，达黄河，陆运百七十里入卫河，指天津，输上都。而车费亡算。计臣❹曰："陆道费，不可运。"

少保乃请治会通故道。顾元末鼎沸，不暇治饷事，故道废，自汶上至临清五百里，悉为平沙。公乃究尉迟公之旧迹及元人之遗则，自汶之上流，唐、元为堽城坝❺，遏汶入洸河，会泗

---

❶ 永乐初 永乐九年。
❷ 三江 指太湖流域的吴淞江、娄江（即浏河，明代叫作刘家港）、东江。明代苏州一带粮食经海运北上，系从刘家港进长江入海。详见《明会典》。
❸ 洋子江 即扬子江。唐宋以来，专指镇江、仪征间的这段江道。明代文献（如《河防一览》等）常作洋子江。
❹ 计臣 管理国家财政收支的大臣。即户部。
❺ 唐、元为堽城坝 "唐"误。堽城坝遏汶济运工程，创始于元宪宗七年。详见《山东全河备考》载元至元五年李惟明《改建东大闸记》。

水，东南注济宁。今天井闸，尉迟建也❶。以天井之南注淮安，以天井之北注天津，而南旺地特耸，济宁水上行。终元之世，第舟载上供数十〔万〕石❷耳，海运若故。少保公患之。

适有戴村老人白英者，献策曰："南旺地耸，盍分水焉！第勿令汶南注洸河、北倾坎河，导使趋南旺，南，九十里流于天井；北，百八十里流于张秋，楼船可济也。"

少保乃造梁，窒汶之入洸者；大坝戴村，遏汶之入坎河者；开新渠百十有余里，抵南旺，而分注之。九年❸，道大通。浅船约万艘，载约四百石，粮约四百万石，浮闸，从徐州至临清，几九百里，直涉虚然。为罢海运。

河成，会北京建宫殿，五敕公采大木，六十四卒于蜀。乃以饷道统属平江公。平江居河上三十年，功多在淮南，而会通河则仍少保之旧。平江以帝姻，且久河工，昭景铄❹。而少保自蜀葬于永宁，曾学士棨表墓，又不著河工。子孙皆微为庶人，又不克扬先人之烈。弘治中❺，仅仅庙食公南旺足矣。白英，尤泯不闻。悲夫！

隆庆末，余治水，历戴村，遂滩坎河口。披楚茨，涉流沙，竭白老人之庙，则栋挠、像颓，冠平定巾老人已尔。返谒宋公祠，则凄凉古舍中，工部尚书已尔，亡有赠谥荫叙。余以闻。

---

❶ 今天井闸，尉迟建也　此说不可靠。按《唐书》《新唐书》的《地理志》和《尉迟敬德传》等，均无尉迟敬德和任城（济宁）发生过关系的记载。济宁建闸，创始于元至元二十一年。详见《山东全河备考》载有元至元二十一年俞时中《修任城东闸记》、至治二年揭傒斯《修济宁会源闸记》。

❷ 数十石　误。应作"数十万石"。详见《元史·本纪》。

❸ 九年　永乐九年。

❹ 昭景铄　声望显著。

❺ 弘治中　倡议在弘治十七年，实现于正德十一年。详见《山东运河备览》载明正德十一年李鐩《创建宋尚书祠堂记》。

庙堂悲之，乃赠公太子少保，谥康惠，荫一孙入监读书。而英，亦给冠服，英之后世，冠带老人。而国家所以报开河元勋者备矣。无已，则必如平江例，乃同勋同赏乎！而况少保有明堂之功，亡献舟之过也。

78. 闸之启闭，宜以水为则，不宜以日为则。水盈板而不启，则溢，不及板而启之，则泄，视水而疏数焉可也。

79. 兖州府，有泗水穿城而过之，西注于报功祠，自济宁左而会；汶水由长沟东注于报功祠，自济宁右而会；而任城固一都会也，故建国最久。

泗水故道多堙，水溢，则经兖府，东溃金口堰，而南出鲁桥。岂徒少济六十里之运，且导泄兖城之气而绝任城之青龙水，又不利于商舶之泛兖府者。

万历〔元年〕春，余筑金口，导泗流，一贯城，一绕城北濠，而皆会于天井焉。

80. 闸有三：

丛石为之，有龙门，有雁翅，有龙骨，有燕尾，曰石闸。

（漕）〔槽〕长，恐水之泄也，则木板为之，视（漕）〔槽〕之广狭而多寡焉，中留龙门十有八尺，遇浅则施，深则否，可导而上下者也，曰活闸。

闸水出口，与河❶上下相悬，为之坝，以留水与河接也，龙门如制，曰土闸。皆济石闸之不及也。

81. 闸漕与河接，若河下而易倾，则萃漕船塞闸河之口数重，闸水为船所扼，不得急奔，则停回即深。留一口牵而上，递相为塞障而拥水也，命曰"船堤"。是以船治船者也。

---

❶ 河 指卫河。

82. 闸漕下流通河❶者，必留一浅，长数丈，戒勿浚。以蓄上流，以一浅省多浅。若去之，与启闸等，而上流诸浅见矣。此以浅治浅也。

83. 闸漕一里籍令舟满（漕）〔槽〕可容九十艘。旧制：鱼贯三十艘而过之。余令之九十艘，盈（漕）〔槽〕焉。（漕）〔槽〕盈则水溢，且上闸之水不得直遂也，而善停蓄，水可逆灌上闸矣。每启，逾九十艘，闸人夫❷骇。此以漕治漕者也。

84. 白河，天津至通州，凡五十九❸浅，有浅夫以浚浅，有堤夫以筑堤。百（八）〔七〕十年，堤夫犹故也，而浅夫为引舟夫者，误。余为之复旧制云。

---

❶ 河　指临清闸外的卫河。
❷ 夫　疑应作"大"。
❸ 五十九　误，应作"九十五"。

卷之下

1. 国朝黄河入运。洪武元年，河决曹州，从双河口入鱼台。大将军徐达开塌场口入于泗以通运。时戴村未坝，汶由坎河注海——运阻，故引河入塌场以济之。

二十四年，河决阳武，东南由陈、（颖）〔颍〕入淮。而故元会通河悉淤。

永乐九年，以济宁州同知潘叔正言，命尚书宋礼役丁夫一十六万五千，浚会通河。乃开新河，自汶上县袁家口左徙二十里至寿张之沙湾接旧河。九阅月而成绩。侍郎金纯，从汴城、金龙口〔开浚故道〕❶，下达塌场口，经二洪，南入淮。漕事定，为罢海运。

正统十三年，河决荥（阳）〔泽〕、冲张秋❷。尚书石璞、侍郎王永和、都御史王文相继塞之。弗绩。

---

❶ 金龙口 其下疑缺"开浚故道"四字，据嘉靖十一年总河戴时宗奏疏增补。戴疏原载吴山《治河通考》，此据《行水金鉴》卷一五七转引。

❷ 河决荥阳、冲张秋 系同年两个决口。荥阳，应作"荥泽"。据《明景帝实录》载："巡抚河南右都御史王暹奏，黄河旧从开封北转流东南入淮，不为害。自正统十三年，改流为二：一（北决）自新乡八柳树决，由故道东经延津、封丘，入沙湾；一（南决）决荥泽，漫流原武，抵开封……项城、太康等处。"又载："太仆寺少卿黄仕奏，臣经过河南，见黄河一派自荥泽南流入项城县界；一派自新乡县八柳树北流入张秋会通河。"张秋、沙湾均在山东阳谷县境内，相距极近，为运河要冲。

景泰四年，都御史徐有贞役丁夫五万八千，作九堰、八闸以制水势，塞之。凡十有八月而成。

弘治（三）〔二〕年❶，河决原武，支流为三：一决封丘金龙口，漫祥符，下曹、濮，冲张秋长堤；一出中牟，下尉氏；一泛滥仪封、考城、归德，入于宿。以布政使徐恪言，命侍郎白昂役丁夫二十五万，塞之。

弘治五年，复决金龙口，溃黄陵冈，再犯张秋。侍郎陈政治之。弗绩。

六年，讹言沸腾，有云："河不可治，宜复海运。"有云："陆运虽费，饷事亦办。"朝议弗之是也。乃命都御史刘大夏、平江伯陈锐，役丁夫十二万有奇，一浚孙家渡口，开新河导水南行，由中牟至颍川，东入于淮；一浚四府营淤河，由陈留至归德，分为二派，一由宿迁小河口入淮，一由亳州涡河入淮。分土命工，始塞张秋。二年告成。自是，河南岁计河工矣。

正德四年，河东决曹县杨家口，趋沛县之飞云桥入运，患之。工部侍郎崔岩役丁夫四万二千有奇，塞垂成，暴涨，溃之。岩以忧去。侍郎李鐩代之，四月弗绩，盗起而罢。

七年，都御史刘恺筑大堤，自魏家湾起至双堌集，亘八十余里。都御史赵璜又堤三十里续之。

嘉靖六年，河决曹、单、城武杨家口、梁靖口、吴士举庄，冲鸡鸣台。

七年，淤庙道口三十里。都御史盛应期开赵皮寨、白河诸支流杀水势，役丁夫五万八千，三月而成。乃议开夏村新河，役夫九万八千，四阅月，朝议不一，罢之。

---

❶ 弘治三年　三，应作"二"。据《明孝宗实录》及《明会典》，堵口为"三年"事。

八年，飞云桥之水北徙鱼台谷亭，舟行闸面。

九年，由单县侯家林决塌场口，冲谷亭。

十一年、十二年，水竟不耗。

十三年，庙道口淤，都御史刘天和役丁夫一十四万三千九百九十四，浚之，四月始成。而忽由赵皮寨向亳、泗，俄骤溢。而东向梁靖口渐奔岔河口东出谷亭之流遂绝。运河淤，二洪阻涸。秋，冬，忽自河南夏邑县（太丘）〔大邱〕、（四村）〔回村〕❶诸集攻开数口，转向东北流，经萧县城之南，仍出徐州小浮桥，下济二洪。赵皮寨俄塞。

十九年，决野鸡冈，由涡河经亳州入淮。二洪大涸。兵部侍郎王以旗开李景高支河一道，引水出徐济洪，役丁夫亡万有奇，八月而成。寻淤。

二十六年，决曹县，冲谷亭，运河不淤。

三十（二）〔一〕年，决房村❷，约淤三十里。都御史曾钧役丁夫五万六千有奇，浚之。二月而成。

三十七年，新集淤。七月，忽向东北冲成大河，而新集河由曹县循夏邑丁家道、司家道出萧县蓟门，由小浮桥入洪，七月淤，凡二百五十余里。趋东北段家口，析为六股，曰大溜沟、小溜沟、秦沟、浊河、胭脂沟、飞云桥，俱由运河至徐洪。又分一股，由砀山坚城集下郭贯楼，又析五小股，为龙沟、母河、梁楼沟、杨氏沟、胡店沟，亦由小浮桥会徐洪。河分为十一流，遂不淤。然分多则水力弱，水力弱则并淤之几也。

---

❶ 太丘、四村　《河防一览·历代河决考》作"大邱、回村"，《读史方舆纪要》亦同。《淮系年表》注："大邱集在夏邑东北三十里，又西，即回村集"。

❷ 三十二年，决房村　徐州房村决口，系嘉靖三十一年八月事。据《明世宗实录》及《明会典》改。

四十四年七月，河果大淤。郭贯楼淤平，全河逆行，自沙河至徐州俱入北股，至曹县崇朴集而下，北向分二股，内南之一绕沛县戚山、徐州杨家集入秦沟至徐州；北一绕丰县华山；北又分二股，南之一自华山东马村集漫入秦沟，接大、小溜沟，泛滥入运河达徐；北一大股自华山向东北，由三教堂出飞云桥，而又分十三股，或横截，或逆流，入漕河，至胡陵城口漫散湖❶坡达徐。从沙河至二洪，浩渺无际，而河变极矣！八月，少保尚书朱衡乃请开盛应期新河。浚留城旧河，同都御史潘季驯开新河，自南阳达留城一百四十一里有奇；浚旧河，自留城达境山五十三里有奇，役丁夫九万一千，八阅月而成。七月，河复决沛县，冲运河，而运河亦由胡陵城口入湖坡。九月，马家桥堤成，水始南趋秦沟。冬，沛流遂断❷。

隆庆元年正月，河南冲浊河、鸡爪沟入洪。

二年，专由秦沟入洪，而河南北诸支流悉并流秦沟。

三年、四年，河大涨，徐州上下悉为巨浸，舟行梁山之麓。而茶城至吕梁，两崖为山所束，不得下又不得决。

五年，乃自双沟以下，北决油房口、曹家口、青羊口，南决关家口、曲头集口、马家浅口、阎家口、张摆渡口、王家口、房家口、白浪浅口，凡十一口。枝流既散，干流遂微，乃淤自匙头湾八十里，而河变又极矣！议者欲弃干河而行舟于曲头集大枝间，冬初水落，则干已平沙，而枝复阻浅，损漕舟千有奇。则又议弃黄河运；而胶河；泇河；海运；纷沓焉莫可归一。都御史潘季驯乃役丁夫五万开匙头湾，仅仅一沟，遂塞十一口，

---

❶ 湖　指微山等湖。

❷ 浚留城旧河……沛流遂断　均系嘉靖四十五年事，据《明世宗实录》《河防一览》《行水金鉴》等。

并冲沟，沟大疏导，而八十里之故道渐复。明年，议大堤两崖，北堤起磨脐沟迄邳州之直河，南堤起离林铺迄宿迁之小河口。

六年，少保尚书朱衡、兵部侍郎万恭至，悉罢胶、泇之议，而一意事徐、邳河，役丁夫五万有奇，分工画地而筑之。夏四月，两堤成，各延袤三百七十里。始列铺布夫、议修守，如河南、山东例。河乃安。运通。

万历元年，运又大通。议始定。

夫黄河有干有枝，嘉靖四十四年以前，析十一枝，上流，而复归于徐州之干河，故干通而枝淤，隆庆五年以前，析十一枝，上决，而不归于邳州之干河，故枝通而干淤。若植木焉，枝荣则干瘁，干荣则枝瘁。与其瘁干，孰若瘁枝？治河者与其枝通，孰若干通？故黄河合流，防守为难，然运之利也。国家全借河运，往事镜之，何尝一年废修守哉！

或者欲分河以苟免修守之劳，而不欲事堤以永图饷道之利；又不虞河分之易淤，堤废之易决。其未达祖宗之所以事河与河之所以利运者！余故备著于篇，大智者采择焉。

2. 高、宝湖堤间，民盗制涵洞，旱则启之溉田。然夏、秋水溢，则决堤者多以涵洞也。湖水东注，悉为巨浸，是涵洞之利民也少，而害民也多！且败堤、伤运，禁之。愿改平水小闸者，听。

3. 瓜、仪未建闸之时，商舶悉盘坝出入，民甚苦之。

今恣之出入如织也，民利甚矣。而税舟以资河道修浚之用，官亦有所利焉。或欲禁之以利坝民，是防川也！

4. 花园港，自广惠闸以至通惠闸，隆庆六年冬，开新河，凡六里有奇，尽民膏腴也。

余令售民值，而以两崖归诸官，列店而征之。民不愿值也，自为之店而收之利。

5. 河道夫役，以类从焉：

一曰堤夫，若高、宝、邳、徐闸崖❶，从事笆镢修筑者是也。

二曰浅夫，若高、宝湖之用船览，闸漕之用五齿爬、杏叶杓、木刮板者是也。

三曰闸夫，若诸闸之启闭、支篙、执靠、打火者是也。

四曰溜夫，若河洪之拽溜、牵洪，诸闸之绞关，执缆者是也。

五曰坝夫，若奔牛之勒舟，淮安之绞坝者是也。

而今白河以浅夫改为引夫，高、宝以浅夫并为堤夫，失制久矣。今悉改正之。

6. 淮南建闸，旧取石江南纲运❷，殊为劳费不赀。

万历元年，高、宝诸闸，余令石工凿徐州山，第给匠氏之饩耳，而令回空粮船顺载之。每岁约回空八千余艘，每艘载石者三，则每岁当得石二万四千，可建二十闸矣。勿劳舟费，勿扰商舶，便计也。而何苦江南之官民为！

7. 国家造"黄册"之法，苦奇零不可穷诘，且滋弊薮也。为之法曰："逢三丢，逢七收。"盖如以分计者，如遇三（廛）〔厘〕，则损之为一分，如遇七（廛）〔厘〕，则益之亦为一分，善数也。今乃推之以至于不可尽之数，吏缘为奸。

余令估河工：堤，如百丈者止于尺，千丈者止于丈，万丈者止于十丈；银，如百两者止于钱，千两者止于两，万两者止于十两；粮，如百石者止于斗，千石者止于石，万石者止于十

---

❶ 闸崖　闸坝和堤岸。

❷ 纲运　古代一种运输制度，集中交通工具，成批运输，并严加管理。纲运自唐代开始施行，若干车辆或船只编为一组，称为一纲。

石；苘、灰，如百斤者止于两，千斤者止于斤，万斤者止于十斤。假令不尽奇零，则三丢而七收之。分数明，吏弊绝。

8. 瓜、仪、天妃各闸，启闭不定期限，惟以江、河消长为候。如江、河消，则启板以通舟，悉令由闸，使商者省盘剥之艰；如江、河长，则闭板以障流，悉令由坝，使居者得挑盘之利。若水长闸闭，愿候水落由闸者，不强之使由坝；水消闸启，自愿过坝者，亦不强之使由闸。则闸、坝俱安，商、民兼利。

9. 黄河四堤，今治水者，多重遥、直，而轻逼、曲。不知：遥者，利于守堤而不利于深河；逼者，利于深河而不利于守堤；曲者，多费而束河则便；直者，省费而束河则不便。故太遥，则水漫流而河身必垫；太直，则水溢洲而河身必淤。四者之用，有权存焉，变而通之，存乎人也。

10. 三代之下，力役之征，莫善于雇役。黄河千里若带，堤铺千里若星，力役者守，非便也。

令近堤之民，各居铺而代之守，远堤之民，各输直而续之食❶。役者庐其庐，食其食，长子孙❷焉。鸡犬相闻，彼非守堤也，自守其居也。役者永利其利，征者永乐其乐，其益百世。

今边人世于军焉以守，内人世于输焉以供，孰谓雇役也而不善乎！

11. 河民之不安也，其起于征艺❸之无算，名额之滋繁乎！夫民可使由之，不可使知之。差、税之名，科、派之则，至有萧、曹之所不能计，容、鬼❹之所不能推，民何可得知也？猾胥

---

❶ 输直而续之食　摊派捐款，提供食粮。
❷ 庐其庐，食其食，长子孙　安家落户，世代相传。
❸ 征艺　征税、徭役等。
❹ 容、鬼　容成、鬼臾区，古代传说中精通历法和术数的代表人物。

轮指而算之，愚民仰面而视之，若陆人之语海，粤人之谈燕。胥左之多则多，左之鲜则鲜，亡谁何者。

余为之条鞭之法。粮：则总本、折之数而输之官，官析焉，本几何，折几何，而民不知也。命曰"粮条鞭"。差：则总徭役之银而输之官，官析焉，某给某，某雇某，而民不知也。命曰"差条鞭"。市井：则总门摊之出而输之官，官析焉，某所供亿，某所器皿，而民不知也。命曰"市井条鞭"。盖民知其一不知其九，官析其九复归于一，易简而民定矣。

12. 闸河水柜❶凡八：

一曰马场湖，隶济宁，周四十里有奇，俱水占，可柜不可田。

二曰南旺湖，隶汶上，周七十九里有奇，可田者三百七十四顷六十亩，可柜者一千六百七顷八十亩。

三曰蜀山湖，隶汶上，周长五十九里有奇，可田者一百七十二顷，可柜者一千五百三十九顷五十亩。

四曰马踏湖，隶汶上，隆庆元年，均地踏丈升科❷者，为官占；不经升科者，为民占，可柜者无几，方稽核而未报也。

五曰大昭阳湖，隶沛县，原额五百顷，可田者三百九十七顷，可柜者一百三顷。

六曰小昭阳湖，隶沛县，原额二百一十八顷有奇，可田者一百八顷，可柜者一百一十顷。

七曰安山湖，不可柜。

八曰沙湾河，可柜。

夫可柜者，湖高于河，不可柜者，河高于湖故也。然而昭

---

❶ 闸河水柜　山东运河的蓄水湖泊。

❷ 均地踏丈升科　实地丈量，按亩征税。

阳可柜，不能大济，盖洪沟之出涓涓耳，无足恃也。若独山、赤山、微山、吕孟，原非柜也，新河障田成湖，而马家桥诸口决之大济运，无柜之名，有柜之实，盍捐田税，毋病民，而柜焉以益运乎！余盖尝请之，不报。

13. 运河之存也以堤，堤之固也以民。自张家湾南迄瓜、仪，延袤二千四百余里。河臣鄙，惧民居之毁堤也，而逐之。

余大召民之居堤者，与约法三章耳：商贾辐辏者，为上堤，岁输地租如例；民集而商贾不停者，为中堤，三载量征之；若野旷民稀者，为下堤，直令世业也，永勿征。盖半稔而来者三千庐焉。

循是行之，则二千四百里间，童叟往来，木树掩映，舟行两堤之中，亦天下之至安至适也已。是全堤也，焉用逐！

14. 管河道不兼兵备，有司者路人视之耳。法令安得行！故徐州、淮扬以兵备兼管河，而山东、河南宜以管河兼兵备。山东已铸印云。河南亟循此，庶令行禁止，饷道可恃也。

15. 通州至天津，为浅铺者九十五❶，铺设浅夫十名，小甲老人一名。每岁水溢、沙平，则浚之，是岁工也。

百七十年❷，河臣以浅夫为引夫，有司革浅役为民役，白河之不治也久矣。万历元年，复之。

16. 国朝操军之制，其宽严得中乎！每年二、三、四月为春操，八、九、十月为秋操。而又为操三歇五之法，以年计之，每年止得六月，是为年空；以操三计之，每月止得十日，是为

---

❶ 九十五　据《明会典》载：通州、天津间运河，划归十三个单位分段管理，浅铺总数为九十六处（原为九十五处，万历四年，即万恭去任后的第二年，增为九十六处）。"浅夫""小甲"名额，均与本条符合。

❷ 百七十年　指永乐元年至万历元年。

月空；以寅入操、辰散操计之，仍放闲半日，是为日空。通计实操占役一年，止当三十日耳！是恩、法并行而不悖矣。

17. 仪真至淮安，河不浚也久矣！止务高堤，不务深河，势拥诸湖，安所纪极！

万历元年，治之，乃测江都县三汊河起至扬子桥止，计半里，旧水深四尺；测宝应县大潭起至三官殿嘴止，湖心旧水深四尺五寸；测白马湖口起至钱家直止，河心旧水深四尺二寸；测山阳县化骨亭起至赵家庄止，一里，旧水深四尺二寸；是三百七十里运道中，浅者止此耳；总之不逾五里，余皆五尺至一丈，极深有至一丈八尺而止。浅夫、浅船治之，月计之工也。

凡四尺者可浚至七尺而止，则以运舟用水三尺乘之，高、宝诸湖从平水二十余闸中，尚可泄去四尺。夫水落四尺，则湖岸视旧可高四尺，一以固堤，一以利田，此祖宗但令深（湖）〔河〕，不令高堤之微意也。余故痛复之。

百余年来，乃不为浚浅之易，而为高堤之难，未之思也夫！

18. 治水之器十有三：曰铁篾箕，曰五齿爬，曰杏叶杓，曰搅江龙，曰方船，曰水车，曰戽斗，曰泥槐，曰泥筐，曰铁锨，曰竹篾，皆旧制也；曰活闸，曰刮板，余新制也。然皆可深闸河耳，而深黄河之法，可以器胜之乎！

铁篾箕，重艰不可用；五齿爬，可搜泥根；杏叶杓，可捞淤泥；搅江龙，急水可偶一为之，多弗效；方船，利于载石、捞泥；水车，大利于干（漕）〔槽〕，北人不能用；戽斗，利于挹水，南人不能用；泥槐，以布为之，二人共（异）〔舁〕，烦难可厌；泥筐，以担贯之，一人独举，用人少而盛土多，利器也，恨北人不习；铁锨，利器也，南北通习之；竹篾，水中夹泥，唯高、宝湖中能用之；活闸，以板为之，遇闸河浅，则施，有石闸之用，可移而置也；刮板，施于淤沙之浅，一刮可去沙数斗，二器大利闸漕云。

19. 治闸漕之淤有二法：遇泥淤之浅，利用爬、杓，不利于刮板；遇沙淤之浅，利用刮板，不利于爬、杓。

20. 治黄河之浅者，旧制：列方舟数百如墙，而以五齿爬、杏叶杓疏底淤，乘急流冲去之，效莫睹也。上疏则下积，此深则彼淤，奈何以人力胜黄河哉！

虞城生员❶献策为余言："以人治河，不若以河治河也。夫河性急，借其性而役其力，则可浅可深，治在吾掌耳。法曰：如欲深北，则南其堤，而北自深；如欲深南，则北其堤，而南自深；如欲深中，则南北堤两束之，冲中坚焉，而中自深。此借其性而役其力也，功当万之于人。又，其始也，假堤以使河之深；其终也，河深而任堤之毁。"

余曰："此深河之法也。欲浅河以为洲，法若何？"

曰："反用之耳。其法：为之固堤，令涨可得而逾也，涨冲之不去，而又逾其顶，涨落，则堤复障急流使之别出，而堤外水皆缓，固堤之外悉淤为洲矣。"

余试之，为茶城之洲，为徐、邳之河，无弗效者。故曰：以人治人，以事处事，以将选将，以兵练兵。

21. 瓜、仪滨江，闸外春运，江潮未盛，潮至则通，潮落则滞。司河者为浚渠焉，愈深愈滞。盖潮带漕水同落故也。

余止浚渠。独令闸外与江相接之所置坝焉，以留旧潮而接

---

❶ 虞城生员　虞城县的一位秀才，姓名失传。是明代治河"束水攻沙"理论的首创人。其理论经万恭采纳，实施于河工，效果显著。其后潘季驯又加以发展，并在所著《河防一览》等书中作了详尽的论述。在潘以后，凡提到"束水攻沙"，都以潘季驯为代表，而"虞城生员"和万恭，反而湮没无闻。

新潮，且令渠之不直泄也，而又免浚渠之劳费，漕舟乃利。

22. 山东、河南，黄河之北，大堤若阜，起修武迄沛县之窑子头，绵亘五百余里，曰泰黄堤，河人呼曰"南老堤"。

夫堤迄黄河北十余里，不呼北堤而呼南堤，盖先年河行泰黄堤之北、始皇堤之南，则泰黄固南堤也。今河循铜瓦厢、武家坝，则又籍泰黄为障矣。

隆庆末，复循曹、单、丰、沛，跨戚山、华山，为之缕水堤二百里，是泰黄以缕水为肤，缕水以泰黄为骨，南北相峙，掎角之势也。而又续窑子头之大堤，培戚、华山之缕水，则鱼、沛可安枕，而南阳至黄家闸，永无黄河侵陵之患矣。

23. 始皇堤二，屹寿张、范县之中，南北相距数里，厚可三十丈，崇可五六丈，始皇筑，以象天之二河。

东人言：起咸阳迄登、莱，一以障河之南徙；一以为驰道，从咸阳至东海，求神佺❶，辇驰南堤，属车驰北堤——子路问津河，亦堙之为堤焉。余视之，皆粉土所成。东人呼始皇堤，又云万里堤，盖万古雄堤也。

《传》曰：为驰道之盛，至于如此，后世子孙曾不得蓬累而托足焉。❷

今黄河乃穿堤南行三百里，岂徒子孙不得托足，盖河伯亦不得托身也已。

24. 境山闸者，闸漕❸之外户也。年远变迁，沉泥中丈有咫❹。弃焉不治，是外户不闭者也。境山上下多浅，固宜。

---

❶ 佺　应作"仙"。据《行水金鉴》卷二十七引《治水筌蹄》。
❷ 该句引自《汉书·贾山传》，略有改动。
❸ 闸漕　闸河，即山东运河。
❹ 咫　周代计量长度的单位，八寸为一咫。

万历初，锥之❶不得，乃更为之，而黄家闸始有重关矣。外阻黄流，内束漕流，两利之策也。

25. 坎河口者，其运漕之橐籥❷乎！旱则止汶以济漕，涝则泄汶以全漕。石滩，天壤俱弊❸可也。后来者，时为橐，时为籥，有权存焉，酌而用之，存乎人耳。

26. 茶城善淤，漕盛行，河臣置夫四百，助牵淤。余去之。而令运舟为之队，队百艘，艘括军四人，百艘即得四百人。而牵一舟，一舟行，四人者随以去。队尾复益一舟，军如之，而四百人者终日故在也。往过而来续之，循环无端，是以舟牵舟，以运济运者也。安所得河夫为舟夫用之乎！

27. 闸河，水平，率数十里而置一闸；水峻，则一里或数里一闸焉。

旧制：（漕）〔槽〕浅即浚。夫数十里浚深一尺，劳费则何！益一板焉，则数十里水深尺半（饷）〔晌〕❹耳。故救急莫如加板。

28. 理闸如理财，惜水如惜金。粮艘入水，深不逾三尺五寸，浚至四尺则水从下过，广不逾一丈五尺，浚至四丈则水从旁过，皆非惜水之道也。

故法曰：凡浚法，深不得过四尺，博不得过四丈。务令舟底仅余浮舟之水，船旁绝无闲旷之渠。所谓"以少浅治多浅，以下水束上水"，非观其深者，孰能知之！

29. 启闭诸闸法，若潮信焉！如启上闸，即闭下闸；启下

---

❶ 锥之　钻探。
❷ 橐籥　枢纽。
❸ 天壤俱弊　利害关键所系。
❹ 水深尺半饷　"饷"应作"晌"。水深增加一尺，只需"半晌"（很短的时间）。

闸，即闭上闸，节缩之道也。不然，将恐竭。

又启板时，上下水舟俱泊五十步之外，每启一板，辄停半（饷）〔晌〕，命曰"晾板"，则水势杀，舟乃不败。

若通闸，若顶闸，是竭河毁舟之道也，漕大忌之！

30. 花园港新闸二，上曰广惠，下曰通惠，为公厅，为龙王祠。古通江水道，规制特甲诸闸云。

31. 沂、泗之水，经兖府自北而南，由金口坝南出鲁桥，其流颇顺。故古建金口坝以遏南奔。特分一派，由黑风口西流，穿兖城，出天井闸，其流颇细。

余浚黑风，由兖城至济宁，深广可舟，而固金口，西趋者盛则南奔者微。多济运道；商舶直达兖府；两岸膏腴无淹没之患；一举三利之也。

32. 闸河，北自临清，南至境山，绵长七百余里，只恃泉流接济，故曰"闸河无源"。

入春水竭，若以走派粮船往来交错于闸口一丈八尺之中，既欲放空❶，又欲打重❷，限定板数，则磕损、稽迟可虞；通闸而行，则天旱泉流有限，而河漕困矣！

宜头年坐派粮船，俱以本处之船兑本处之粮，如粮多船少，或船多粮少，方以附近若省、若州、若县补之，法一成而不变。

春间，闸漕盛运，悉皆❸重船，自南而北，不令一空舟杂扰于其间，则船无相抵，漕若鱼贯焉，完计也。故兑舟莫善于坐派，莫不善于走派。

---

❶ 放空　放行南下的空船。
❷ 打重　打发北上的重载船只。
❸ 运，悉皆　此三字原书缺印半边。

33. 闸板，长二丈有奇。西木❶下龙门，丈断之，不及数也。市之甚艰。

令于仪真市南松，省费十之五。卒不可办，则柳、榆、樫皆可代之。

若以旧板续新木，铁裹而用之，亦救急之策也。

34. 运道废闸甚多，至如前朝沉水底、匿泥中者，往往而有。锥而取之，不可胜穷焉。

余复境山闸则锥谢沟，创天妃闸则卸移风，古石大且整，盖胜于今闸云。济宁、濮州、寿张、鱼台、徐、沛间，多有之。

35. 火夫、灯夫，盖夜役也。官故给半值。今官府昼役而值倍之，民与夫两困矣！

36. 沿河市民之不安也，由于借办！如按临驻扎宴享，则卮盂、屏几、帐幔、盘杓，高之为金为银，次之为锡〔为〕铜，卑之为瓦为木，一物不具，捕地方若星火焉！彼固匮民也，安所得措办而用之？则质诸巨室，巨室持之，往往器之费十倍于供，官勿问也。

余为之官制诸金银锡铜瓦木，无不毕具。官自取诸宫中而用之，民亦勿问也。河市大安。

37. 南阳石堤，亘河、湖之中三十里，累石而成，厚二丈，高八尺有奇，绝无灰泥塞其罅隙。诸湖水溢，则水通贯石堤间，既不蔽水❷，又不腐中❸，堤得不溃。盖堤之变制云。

38. 河臣水行乘舟，顾河道周回五百余里，宜各省悉具一舟，随所往而用之。

---

❶ 西木　西北出产的木料。
❷ 蔽水　阻碍水流。
❸ 腐中　掏空中心。

旧制：一舟敝，则橇有司造一舟。顾无所取直❶，官民弗便也。

余橇一舟敝，辄纵水手一年，官收之工饩，岁可得百四十金，造一舟裕如矣。舟得常继，且不烦官民，循环无端，斯百年之业也。

39. 山东水惟汶最大，伏秋暴涨，出南旺南奔济宁者，势盛则衡遏沂、泗之水，天井闸咽不得下，而济宁东偏数万顷膏腴，悉为广川。溢南阳则断诸堤，且左逼独山诸湖，不得疏泄；右奔入昭阳二湖，鱼、沛、滕成渊。东南射茶城，则黄河得汶十之一，助为虐也。

万历元年，谨备❷南旺。七月，淫雨连旬，汶暴发丈余。余亟闭柳林、寺前二闸，断南流，而令全汶上源多北归盐河，入青州❸之海；下悉北归张秋，入天津之海。

其流于济宁、南阳，出茶城者，特沂、泗二水耳。流细而力薄，通天井闸，咽之裕如也。东全膏腴数万顷。南阳诸堤，其若常山之蛇焉。独山诸湖，徐徐入新河❹，而新河特涓涓者入昭阳。鱼、滕、沛畴昔之为湖者，今皆膏腴，秋大稔矣。而射茶城、入黄河者，一衣带之多，黄河亦少失所助乎！

其枢在南旺，其机在柳林、寺前二闸。盖南旺地耸，制之，固形便势利也。汶平，则柳林、寺前复开，汶发，复闭。不言所利，大矣哉！

40. 南阳新河堤——三空减水闸，湖水盛，则从空中冲对岸

---

❶ 顾无所取直　但没有专款可以开销。
❷ 谨备　防汛。
❸ 青州　指《禹贡》青州，不是明朝青州府。
❹ 新河　南阳新河，亦名夏镇新河。

之堤，堤多毁；河水盛，则从空中奔沿堤之湖，运舟吸入空中，多败。

余益之小闸十数，口仅仅六尺许。夫闸多，则水势大杀；口狭，则水力大弱，亡吸舟、决堤之患矣。

41. 闸河八百里，大湖之中多产芦苇，长堤之间多长草蒿，弃于地也。

余令九月刈之，芦苇可以代柳梢，蒿草可以代谷藁，卷埽之资，诚取之无禁，用之不竭者矣！

省令夫之征本色者改折色贮库，以备不虞，不亦公私两利乎！

42. 闸河无源，非真无源也！盖合徂徕诸山二百八十泉者，尺疏而丈导❶之，合则流，散则否，有似于无源耳。故闸河之水，以深三尺为制。

43. 祖宗法：运舟，载不得过四百石，入水深不得过六拿❷。六拿者，三尺也。故船力胜米力，水力胜船力。若不务足船，而徒搭运以省船，河力安能运船！而漕大困矣。归罪无源之河，何益哉！

44. 制闸❸三法：

一曰填（漕）〔槽〕，凡开闸，粮船预满闸（漕）〔槽〕，以免水势从旁奔泄，如甘蔗置酒杯中，半杯可成满杯，下漕水可使逆流入上漕。

二曰乘水，打闸时，船皆衔尾，其间不能以尺，如前船拽过上闸口七分，即付运军为牵之，溜夫急回拽后船，循前船水

---

❶ 尺疏而丈导　不拘渠道长短，逐段勤加疏浚。
❷ 拿　指拇指和食指撑直的长度，约为五寸。
❸ 制闸　控制船闸。

（漕）〔槽〕而上，使后船毋与水头斗，闸夫省路一半，过船快利一倍。

三曰审浅，凡下活闸蓄水，如系上水浅，则于船头将临浅处安闸；如系下水浅，则于浅尾下流水深之处安闸；故活闸必从深浅相交之界，则浅者深，若骑浅安之，则一半浅者深，一半浅者愈浅矣。

45. 茶、黄交会之间，黄水逆灌，每患淤浅。余为之东大堤半里许，一则顺河之性，逼阻浊流径直南下，不致倒拥；一则紧束清水，猛力冲出，刷开东岸，且敌黄流。久之，则东岸河渐冲渐深，是以河而开河；西岸堤渐淤渐厚，是以堤而拥堤。茶、黄并驱南行，淤浅不治而自治矣。

46. 南旺，脊水也。闭诸北闸则南流，闭诸南闸则北流，水如人意者，莫如汶。故命之左则左灌济宁，命之右则右灌临清。

万历元年，临清稍滞运，余以尾帮入南旺，闭之南闸，令全汶趋临清，一日而出板闸者七百，十日而出运艘六千有奇。此所谓"役水"者也。

47. 河防十四要：

其一，河南原武县胡村铺、崔家庄，封丘县于家店，祥符县刘兽医口、陶家店、马家口，兰阳县铜瓦厢，仪封县氼泥河、炼城口、荣花树，考城县芝麻庄、李秀敞，荥泽县小院村贾鲁河堤，俱属要害。而陶家店、铜瓦厢，更为吃紧。开、归府佐总管，而州县管河官分治之。

其二，山东曹县武家坝，曹、单北岸缕水堤，俱要害，而武家坝尤为吃紧。兖州府佐总管，而二县管河官分治之。

其三❶，汶河新创坎河石滩，夏秋（之）〔水〕发，任其滩

---

❶ 其三　此条专指山东运河调节水量。

上漫流，以杀其势，或损或增，抽添诸石。汶上管河官兼管，白老人❶分理之。

其四，南直隶徐、邳之间新堤——曲头集、梨林铺、房村、双沟、闫家口、王家口、白浪浅，俱要害，而曲头集扫湾直射，内有旧决河身，尤吃紧焉。司河者，宜役全神于此。

其五，南岸天字铺起，列字止，北岸赵字铺起，郑字止，徐州判官分守，委官协之。

其六，南岸张字铺起，成字止，北岸王字铺起，沈字止，灵璧主簿分守，委官协之。

其七，南岸岁字铺起，金字止，北岸韩字铺起，严字止，睢宁主簿分守，委官协之。

其八，南岸生字铺起，果字止，北岸华字铺起，窦字止，邳州同知分守，委官协之。

其九，南岸珍字铺起，火字止，宿迁主簿分守，然离河稍远，且北岸无堤，原不当冲，水发之候，宜令总巡。直河以上至境山，属淮安同知总管，直河以下，通判总管。然直河以下，河宽水平，防守为易，直河以上，河势陡峻，防守为难，水发之候，宜令协而守之。

其十，境山赤龙潭大坝、茶城大坝并缕水堤，徐州管河官掌之。

其十一，丰、沛、砀黄河北岸，地势卑下，新缕水堤属要害。三县典史，平时则分而理，有警则共守之。

其十二，丰、沛、萧、砀黄河南岸，地形高仰，水发出岸无忧，不必堵遏。盖上流少漫，须臾则暴怒之性渐消，东注之势渐缓，徐、邳下流可无虞也。须权利害、重轻、急缓，图之。

---

❶ 白老人　指白英老人的后代。

其十三❶，淮安通济闸外，淮、黄交会易淤。万历元年，建天妃闸，春运五日而过四千艘，出河之捷径也。新河及通济闸，可勿用之矣。

其十四❷，高、宝诸湖，山阳黄浦、平河间，伏秋浩渺，无从宣泄，官堤、民庐苦之。司河者有二十三平水闸以待，而又以瓜、仪二闸通漕入于江，夫泄之者多，则蓄之者薄，湖水不能使之灾矣。

48. 诸闸漕以汶为主，而以诸湖辅之。若蜀山、马踏、南旺、安山、沙湾诸湖，皆辅汶北流者也；独山、微山、昭阳、吕孟诸湖，皆辅汶南流者也。

汶水微于春夏之交，而灌输方盛，湖水溢于夏秋之交，而运事已竣。要在节宣诸湖，秋终，则悉闭之以待运；春终，则悉发之以济运，则得之矣。

49. 黄河上源支河一道，自归德饮马池历虞城、夏邑、永城、宿州、灵璧、睢宁，出宿州小河口。

弘治中❸，侍郎白昂浚之，一杀河势，一利商船。今淤。若河趋，则因势利道之，而丰、沛、萧、砀、徐、邳之患纾矣。

50. 闸河，身博不逾六丈，故水束而深。唯自留城以下，往年为黄水所荡，（漕）〔槽〕博至有数十丈者。夫以半汶南流而铺数十丈，浅固宜然。

今立小河之法，于秋尽水落之候，因势创筑缕水小堤，以小（漕）〔槽〕身。如平浅，则两旁夹缕之；如偏浅，则于一旁浅处偏缕之，延袤以浅为度。大都漕博止六丈，堤高止五尺，

---

❶ 其十三　此条专指淮安运道。
❷ 其十四　此条专指高邮、淮安间运河和诸湖的蓄泄问题。
❸ 弘治中　弘治三年。

根四尺,顶二尺,拦以小桩、草,夏秋水涨则任其败,水落复修。每千夫,日可小二三里。漕立小则水立深,浮舟俄顷耳。此岁工也。

51. 黄河盛发,照飞报边情,摆设塘马,上自潼关,下至宿迁,每三十里为一节,一日夜驰五百里,其行速于水汛。凡患害急缓,堤防善败,声息消长,总督者必先知之,而后血脉通贯,可从而理也。

52. 凡黄水消长,必有先几,如水先泡,则方盛,泡先水,则将衰。及占初候而知一年之长消,观始势而知全河之高下。旧日识水高手者,唯黄河之滨有之。

53. 江南运道,自万历元年,始属总理。自杭州以达于镇江,凡八百余里。

溯杭及常之七墅堰❶,大势地卑且多湖荡,即崇德、吴江、长洲之间,浅不甚也。

唯自常之白家桥,以至镇之京口,地势渐耸,河止一经,更无支流可引,每旱干,秋、冬水涸,辄浅滞不可舟。而洋子江复下丈许,此京口所以冬筑春开。今建瓜洲二闸,大挑常、镇诸河。遂使腊月初旬,京口可开,千艘并入,诚二百年仅见,江南百世之利也。

顾自白家桥抵京口,仅三百里,浚之以渐而下,引七墅堰以南之水注之北流,如南旺北河故事,则京口永无患矣。

常州以北,三十里为奔牛闸,又二十里为吕城闸,官夫故在,唯作新❷而用之,此事半功倍者也。

每岁奔牛筑坝,两浙回空,皆由江阴下江口,历青阳,出

---

❶ 七墅堰 即戚墅堰。
❷ 唯作新 只要翻修。

无锡之高桥，抵苏、杭，此其捷径也。但青阳一带，河身狭浅阻塞，商贾不通。今浚之，不惟江阴运舟径可抵城，而每〔届〕京口大挑，此其间道也。

经略江南三策：

一曰处工费以备修浚。江南河道，宜两年大挑，如北河故事。为费甚巨，取之属邑，是以杯水救车火也，则病官；取之丁田，是以公家累私室也，则病民；取之导河银，是〔以〕漕渠废水利也，则病农；取之商贾，是以水累陆也，则病商；取之协济，是欲舍己田，耘人田也，则病邻。今查苏、松、常、镇、杭、嘉、湖漕粮二百万石，每石雇船抵瓜坝，脚米七升。瓜洲闸成，浅船悉抵江南水次交兑，而悉蠲雇船米。余请于七升之内免去六升以利民，量征一升以利河，名曰运河银，分贮各府，镇江河工独多，贮亦宜多，常次之，苏次之，嘉又次之，杭又次之，大挑雇役、办料诸费，悉资于此，一切亡累也。夫民免六升，省二百年额内之旧派，修河一升，亡八百里额外之偏累，以瓜闸所省江南之费，为江南运道通融之用，便计也。

二曰设江渚以避风涛。七郡运五千余艘，俱出京口渡江，以入瓜洲闸河。风涛不利，则舣于大江之滨，后舟鳞集，欲进不得，欲退不能，至危事也！则于京闸之外藏风处，浚而深之，可容五六百艘，固桩筑堤，若湖荡焉，而以一口通出入，南北渡江者乃即安矣。

三曰改闸座以免阻塞。奔牛、吕城二闸，底石颇高，而运河深七尺以平江水，则闸底限之。故深河宜深闸底，乃利涉尔！

54. 夏春❶运盛之时，正汶水微弱之候，南北分流之则不足，并流之则有余。特为番休之法：如运舸浅于济宁之间，则闭南

---

❶ 夏春　应作"春夏"。意指春末夏初。

旺北闸令汶尽南流灌茶城,逆舟❶屯于汶之上源,以待北决❷;如运舸浅于东昌之间,则闭南旺南闸令汶尽北流灌临清,此役汶全力者也。万历元年,始用此法,漕大利。

55. 徒役在在有之,而各用不同。如:在京则役运灰、炒铁,在边则役开垦、筑城,在腹里❸则役拽船、抬扛。罪固一也,而莫苦于腹里!驿递鱼烂,多(敝)〔毙〕❹缧绁,死者什玖,役者什一。谚云"徒重戍轻"❺者,此也。

万历元年,乃以沿河无力徒役悉改河工,工之限如其徒之限。若能鸠工并限者,即准日月并论。是役一有罪者以徒,可免一无罪者以夫,全活甚众,三利之策也。

56. 防河,请以战喻。夫虏❻以秋高跋扈,出没无常,防之不严,则内地荼毒。河以伏秋迅烈,消长叵测,守之不固,则堤岸横冲。

然暴猛虽有其时,而衰弱亦有其候。防河者,伏秋战守数合,以防其锐。逮至秋深气降,河势自倦,不战而屈之矣。故防虏者,吃紧止在八、九、十月,余月零贼不足虑也。防河者,吃紧止在五、六、七月,余月小涨不足虑也。而三月之中,又止战守数合,来则厉兵跃马,去则解甲息兵。是在我者执常胜之枢,在彼者无必胜之势。

夫黄河,非持久之水也!与江水异。每年,发不过五六次,每次,发不过三四日。故五、六月,是其一鼓作气之时也;七

---

❶ 逆舟　以全汶南灌,迎船北上。
❷ 北决　引水北流。
❸ 腹里　内地。元代以山东、山西、河北为腹里。明代沿用。
❹ 敝　似应作"毙"。
❺ 徒重戍轻　劳役的处罚重,充军戍边反较轻。
❻ 虏　指当时经常内侵的鞑靼族人。

月,则再鼓而盛;八月,则三鼓而竭且衰矣。

万一河势虚骄,锐不可当,我且避其锐气,固守要害,如河南之铜瓦厢、山东之武家坝、徐州之曲头集,布阵严整,二(字)〔守〕、四防❶以待。而姑以不要害之堤,委而尝之以分弱其势,以全吾要害。持至水势渐落,却将所委之堤,随缺而随补之,刻期高厚,勿令后水再由,渐成河身,致垫旧河。如此,则河之攻我者有限,我之守河也无穷,以无穷防有限,蔑不胜矣!校之而索其情,河事毕矣。

余往杀俺答于雁门关外,无他长也,不过审盛衰之机,委之,持之而已矣!故善委,则敌易疲,善持,则敌易竭,是我常为主,彼常为客,复有不可守之河,不可破之虏哉!

故善战者,莫妙于持,莫尤妙于委。

57. 四防中,风防尤宜慎之!房村决,风涛鼓击不已,黄吕梁以巨舟数十,障于决口,风涛遽净,亦奇事。然河堤千里,舟不及也。

古有黄河风防之法:如遇水涨,涛击下风堤岸,则以秋秸、粟藁及树枝、草蒿之类,束成捆把,遍浮下风之岸,而系以绳,随风高下,巨浪止能排击捆把,且以柔物,坚涛遇之,足杀其势。堤且晏然于内,排击弗及,丁夫却于堤外帮工,此风防之要诀也。捆把仍可贮为卷埽之需,盖有所备而无所费云。

58. 守边之法,驻信地者曰正兵,参将、守备掌之;战守无定,随贼向往者曰(进)〔游〕兵❷,游击、将军掌之。

---

❶ 二字、四防 "字"误,应作"守"。二守:官守,民守。四防:昼防,夜防,风防,雨防。详见《河防一览》卷四。

❷ 进兵 "进"误,应作"游"。《明史·兵志》载:"边政……游击分领三千(人),往来防御为游兵。"下文"游击、将军"亦可证。

余守河于徐、邳之间，亦按其法。正夫信地之外，各设游夫一枝五百名。五十名为一伍，有伍长；五百名为一队，有队长；而总管贰府佐，各督其队。无事，则驻定如山，协正夫以修。有警，则巡逻如风，协正夫以守。每岁五月十五日上堤，九月十五日下堤，以募力充之。着为例。

59.河决口之患二，如土有所决，下无所泄者，曰隘决，不必斗水抢筑，俟涨落水出，直塞之耳。若上决而下泄者，曰通决，此不可少需，抢筑可也！否则，流冲势泄，恐成河身，则正河流缓而淤矣。

余于房村，以抢筑法施之，正河即安。

60.吕梁上至徐州，两岸山接冈连，水无他泄；直河下至清河，两岸崖高河阔，水鲜旁趋。此两段，纵被冲决，未为大害。

惟黄钟集、下房村、双沟、曲头、新安、王家、曹家等口，青洋、白浪等浅，八九十里之间，两岸皆低。北堤决，则水出沂武、直河，南堤决，则水出小河口。故（比）〔北〕岸：嘉靖末，决房村，由鲤鱼山出直河，则辛安四十里尽淤。南岸：隆庆末，决曲头，下睢宁，出小河，则匙头湾八十里皆垫。旁流既急而盛，则正河必缓而微。微则停，盛则溢，势使然也。

故决，下有所泄，能分正河之势，其害大；下无所泄，水落复由本决归正河者，其害小。而筑法之缓、急因之。

往，治河者不审利害，倡言："留口泄水、通舟，坐待水消塞决。"不知水未泄而横流，舟竟不可通，河未消而垫淤，决竟不可塞。此其失策者一也。

又言："正堤单薄，宜筑月堤犄之。"近日房村正堤一决，月堤如穿缟褯。盖二堤各力则薄，而分御之力微。若以筑月堤之工而帮正堤则厚，而合御之力大。古云："散指之轮弹，不如合拳之一击。"竟尔承讹！此其失策者二也。

余故于房村，宁抢筑，勿候筑。于要害，宁帮正堤，勿创月堤。而患顿息。

61. 抢筑法，先以桩草固里两头，以保其已有。却卷三丈围大埽，丁头而下之，则一埽可塞深一丈、广一丈，以复其未有，易易耳。

若施顺埽制之，则滚，是以珠投盘者也；若运土下之，则化，是以盐落水者也。

彼塞瓠子，塞张秋，动以岁年弗绩者，其未知此法乎！

62. 筑决，如水落者，急画信地，摆工为之。水平，合口，切戒逐段高厚，恐口未合，而后水复至，是留口待水，并前功弃之矣。

如老土难得，则先于滨河半堤实老土，急取常土培其内之半。盖常土得老土以为皮肤，老土得常土以为腠理，二者，救急之法也。

63. 自潼关以下，南北分散旁流，不使助河为虐，有二便焉！

夫以河南、北之细流，分泄于河南、北之郡县，既免巨浸之患，又得通舟之利，则郡县便。

南北之水自归南北，黄河之水自为黄河，在郡县不以河为壑，在黄（房）〔河〕不引贼入室，则黄河便。

视古人多穿漕渠，遣水病民，及工费、劳力、利害、轻重、难易，何如也！

64. 黄河为中国患，久矣。神禹以来，或言于三代，或言于汉、唐、宋，时固不同；或言于秦、晋，或言于宋、郑、徐、淮，地固不同。今治河者，动泥古说，则以三代治河之法用之汉、唐、宋，可乎？又以秦、晋治河之法用之宋、郑、徐、淮，可乎？特以数事——拘儒❶牢不可破者列于下：

一、"多穿漕渠以杀水势"——此汉人之言也。特可言之秦、晋峡中之河耳。若入河南，水汇土疏，大穿，则全河由渠而旧河淤；小穿，则水性不趋，水过即平陆耳。夫水专则急，分则缓；河急则通，缓则淤。治正河，可使分而缓之，道之使淤哉？今治河者，第幸其合，势急如奔马，吾从而顺其势堤防之，约束之，范我驰驱，以入于海。淤安可得停？淤不得停则河深，河深则永不溢，亦不舍其下而趋其高，河乃不决。故曰：黄河合流，国家之福也。

一、"我朝之运不赖黄河"——此先臣之言也。盖欲黄河由禹故道，而以为山东汶水三分流入徐、吕二洪，为可以济运，遂倡为"不赖黄河"之说耳。夫徐、吕至清河入淮，五百四十里。嘉靖中，河身直趋河南孙家渡、赵皮寨，或南会于淮，或出小河口，而二洪几断，漕事大困，则以失黄河之助也。今欲不赖之而欲由禹故道，则弱汶三分之水，曾不足以湿徐、吕二洪之沙，是覆杯水于积灰之上者也。焉能荡舟！二洪而下，经徐、邳，历宿、桃，河身皆广百余丈，皆深二丈有奇，汶河勺水，能流若是之远乎，能济运否乎？故曰：我朝之运，半赖黄河也。

一、"黄河北徙，国家之利"——此先臣之言，堪舆家者流之说也。不知三代以上都冀州，黄河若张弓。然其时大江以南多未贡赋，故山东之运东而至，西秦之运西而至，原不借南运也。若河南徙，则东运既不便，而黄河之水，从太行而望之，势若反而挑，王气乃微。方今贡赋全给于江南，而又都燕，据

---

❶ 拘儒　固执守旧、目光短浅的儒生。

上游以临南服。黄河南徙，则万艘度长江，穿淮、扬，入黄河，而直达于闸河，浮卫，贯白河，抵于京。且王会万国，其便若是。苟北徙，则徐、邳五百里之运道绝矣。故曰：黄河南徙，国家之福也。

一、"黄河不能复禹故道，必使复河南故道"——此近臣之议也。盖惩徐、邳连岁河害，激而云然耳。不知徐、邳之患由邳河之淤，邳河之淤，又由先年河行房村口，近年曲头集口，旁流既急而盛，正流必缓而淤，而徐、邳之水患博矣。然河患不在徐、邳，必在河南，不在河南，必在徐、邳。嘉靖以前，河经河南，河南大患。九重拊膺，百工蹙额，思与河南图一旦之命，策力毕举，竟莫支吾。而河南适有天幸，河并行徐、邳，而后河南息二百年之大患，居平土者仅二十余年。今若复河南之故道，岂惟人力不胜，即胜之，是又移徐、邳之患于河南，而又生二洪干涸阻运之患也。第堤徐、邳三百里有奇，河不泛滥，而徐、邳之患消。故河由徐、邳，则民稍患而运利；由河南，则民与运两患之。姑毋论"王土王民""邻国为壑"之大义也。又况堤固水深，即砀、徐之患直河，秋一季耳，利害岂不章章明甚。故曰：河南故道不必复也。

一、"黄河清，圣人生"——此史臣之言也。彼盖谓"五百年王者兴"说也，非河渠说也。夫"王者兴"，非臣所当言。而今拘儒每以黄河清为上瑞，误哉！夫黄河——浊者，常也；清者，变也，欲其常浊而不清。彼浊者尽沙泥，水急则滚，沙泥昼夜不得停息而入于海，而后黄河常深、常通而不决。清则水澄，水泥不复行，不能入海，徒积垫河身，与岸平耳。夫身与岸平，河乃益弱，欲冲泥沙，则势不得去，欲入于海，则积滞不得疏，饱闷逼迫，然后择下地一决以快其势。此岂待上智而

治水筌蹄

后知哉！夫河决矣，饷道败矣，犹贺曰"上瑞"，非迂则愚。故河清，则治河者当被发缨冠而救之，不尔，忧方大耳。故曰：黄河清，变也，非常也；灾也，非瑞也。

后学长洲张文奇重刊于南旺公署

整理人：蒋超，先后担任水利部科技教育司副处长、科技司处长、水利部信息研究所副所长、国际泥沙研究培训中心副主任。曾兼任中国水利学会副秘书长、中国水利学会水利史研究会副会长兼秘书长、《中国大百科全书》第二版水利学科副主编、《中国水利百科全书》第二版水利史分支副主编。曾担任《中国水利史典》专家委员会副主任，世界灌溉遗产评审专家。现为中国水利水电科学研究院水利史研究所特聘专家。

〔清〕崔维雅 撰
吴小伦 整理

河防刍议

整理说明

清初,由于长期战争,政局、社会秩序未稳,黄河缺失系统有效的治理,决溢徙道尤其频繁。譬如河南,"比岁以黄河为患"(毕沅《灵岩山人诗集》卷三五《豫州纪》)。近河之民,或葬身鱼腹,或荡析离居,耕艺无依,生计维艰,危害至重且深者矣。幸康熙帝深忧时艰,以河工为亟务,夙夜廑念,"书而悬之宫中柱上"(《清圣祖实录》卷一五四)。在其影响下,国家日重黄河治理,治河能臣遂得以擢用,治河言论亦得以付梓。本书即脱胎于这一时代背景之下。

《河防刍议》之著者崔维雅(?—1662),字大醇,直隶新安人,顺治三年(1646年)举人。初授浚县教谕,寻迁仪封知县。遇北岸三家庄处当水冲,岸溃五里有余。乃疏上游故流,使水东行,北岸始安,又塞封丘大王庙决口。以功赢得总河朱之锡推荐,擢开封府南河同知。复以防河有功,授浙江宁波府知府。后又因总河王光裕疏请,擢河南河道副使。其时,沿河千余里,险工迭出,崔维雅常以预防为先,成效显著,阳武潭口寺堤、虞城河堤两工即可堪称道。至若桃源七里沟,河屡塞屡决,总河王光裕檄其往勘,并悉用其议,卒获成功。崔维雅治河,力主疏导引河,使水有所归,势有所杀,故历河工二十余载,屡有著绩。后再迁河南按察使,湖南、广西布政使,内召为大理寺卿。另著有《两河刍议》一书。

《河防刍议》共六卷，前三卷为图与图说，其中卷一为《黄河总图》《淮扬运河全图》《黄运两河说》，卷二、卷三为沿黄二十六处之《河患图》与《治河说》。崔维雅尤重河图之重要性，云："今按图立说，因病立方。河图即河患，如人之抱病。立说即立法，如方剂之救人。"后三卷为文字表述，其中卷四、卷五为《条议》五十则，卷六仿潘季驯《河防一览》，置《或问》二十五则，另附其所上之《初上疏筑事宜》《再上紧要事宜》《三上紧要事宜》，总河之《题补河厅疏》《题补河道疏》及《督抚荐语》。书前有李霨、姚文然《序》与《自序》。崔维雅认为，治河盖有七法，即引河、遥堤、月堤、缕堤、格堤、护埽及截坝。潘季驯仅详于堤坝而未言引河，崔维雅尤重引河，盖有弥补缺略之意焉。书中将黄河大势与主要河防工程绘制为图，线条起伏各有侧重，沿河自然山水、植被及城邑、村镇、桥梁等多有收入，并力行"长图"与"短图"之配合运用，翔实地勾勒出当时的河患形势与治河概貌，具有非常重要的借鉴价值。同时，本书也可视为顺治、康熙时期具有代表性的治河水利专著。

《河防刍议》成书于康熙年间，其写作源于崔维雅长期治河之经历与心得，在当时产生了一定的社会影响。清人薛凤祚曾将本书之卷六《或问》与明潘季驯《河防一览》之卷二《河议辩惑》共同辑录在《两河清汇》卷七中，足见本书在当时之重要地位。然此书亦非完善，时治河专家、河道总督靳辅就曾找出书中之不足。康熙二十一年（1682年），在事关萧家渡决河治理的廷辩中，面对靳辅的侃侃具陈，崔维雅无言以对，终以靳辅之策而息河患，从中不难看出，崔维雅之治河说亦多出于一己之见，不可视为定论。

《河防刍议》流传不广，现有存素堂藏清刻本、《续修四库全书》影印清康熙刻本、《四库全书存目丛书》影印清抄本等。本次系以《续修四库全书》本《河防刍议》为底本，并参照其他相关文献进行整理。

本单元由吴小伦整理，不当之处，敬请批评指正。

整理者

目　录

整理说明 …………………………………………………… 73

李蔚序 ……………………………………………………… 82

姚文然序 …………………………………………………… 84

自序 ………………………………………………………… 86

卷一 ………………………………………………………… 88
 黄河总图 ………………………………………………… 88
 淮扬运河全图 …………………………………………… 118
 黄运两河说 ……………………………………………… 123

卷二　图说 ………………………………………………… 124
 河南淮扬图说小序 ……………………………………… 124
 郑州南岸王家桥河患图 ………………………………… 125
 郑州南岸王家桥治河说 ………………………………… 126
 原武县南岸小潭溪河患图 ……………………………… 127
 原武县南岸小潭溪治河说 ……………………………… 127
 中牟县南岸黄练集河患图 ……………………………… 128
 中牟县南岸黄练集治河说 ……………………………… 128
 阳武县北岸潭口寺上下河患图 ………………………… 129
 阳武县北岸潭口寺上下治河说 ………………………… 130

封丘县北岸西大王庙河患图	131
封丘县北岸西大王庙治河说	131
封丘县北岸东大王庙河患图	132
封丘县北岸东大王庙治河说	133
祥符县南岸黑堽河患图	133
祥符县南岸黑堽治河说	134
祥符县南岸时和驿河患图	135
祥符县南岸时和驿治河说	135
祥符县南岸槐疙疸河患图	136
祥符县南岸槐疙疸治河说	136
祥符县南岸埽头集河患图	137
祥符县南岸埽头集治河说	138
祥符县北岸贯台河患图	138
祥符县北岸贯台治河说	139
陈留县南岸孟家埠口河患图	140
陈留县南岸孟家埠口治河说	140

卷三 图说 ······ 142

仪封县北岸三家庄西河患图	142
仪封县北岸三家庄西治河说	143
仪封县北岸三家庄东河患图	143
仪封县北岸三家庄东治河说	144
仪封县北岸蔡家楼河患图	145
仪封县北岸蔡家楼治河说	145
考城县南岸石家楼河患图	146
考城县南岸石家楼治河说	146
考城县北岸芝麻庄河患图	147

考城县北岸芝麻庄治河说 ·················· 148
虞城县南岸黄里寺等工河患图 ·············· 149
虞城县南岸黄里寺等工治河说 ·············· 150
曹县北岸石香炉河患图 ···················· 151
曹县北岸石香炉治河说 ···················· 151
徐州南岸贾家楼河患图 ···················· 152
徐州南岸贾家楼治河说 ···················· 152
桃源县北岸九里埂河患图 ·················· 153
桃源县北岸九里埂治河说 ·················· 154
桃源县北岸徐升坝河患图 ·················· 154
桃源县北岸徐升坝治河说 ·················· 155
桃源县南岸龙窝河患图 ···················· 155
桃源县南岸龙窝治河说 ···················· 156
桃源县北岸七里沟河患图 ·················· 156
桃源县北岸七里沟治河说 ·················· 157
高邮漕堤西岸清水潭河患图 ················ 158
高邮漕堤西岸清水潭治河说 ················ 158
周桥闸翟坝河患图 ························ 160
周桥闸翟坝治河说 ························ 160

卷四 条议 ·································· 162

酌淮扬疏筑之宜议 ························ 162
筑桃清南岸大堤议 ························ 163
挑桃源七里沟上源引河议 ·················· 164
筑古城至清河北岸遥堤议 ·················· 165
岁防高加堰议 ···························· 166
修护归仁堤议 ···························· 167

寝浚海议	167
谨闸禁之启闭议	168
建减水石坝议	169
寝导沁入卫议	170
寝开宿迁议	171
开赎罪之例议	172
修筑堡房议	173
堤夫宜加抚绥议	173
预备埽料议	174
复场厂旧制议	175
严防守以备伏秋议	176
申盗决之罚议	177
估岁修工程议	178
稽查夫役议	178
严核物料议	179
剔报逃积弊议	180
饬沿河种柳议	180
北河宜遵成议	182
息浮议以专事权议	182

卷五　条议 …… 184

首冲宜行疏导议	184
塞决口以挽正流议	185
挑河事宜议	186
开河估计工程议	186
疏凿工烦议	187
挑浚河形议	187

筑堤宜审地势议 ······ 188
筑堤尚宜护埽议 ······ 188
筑土宜核生熟议 ······ 189
用土宜辨淤沙议 ······ 189
挑筑宜避坟墓议 ······ 189
饬兴水田议 ······ 190
革门头派柳议 ······ 191
豁免坍塌钱粮议 ······ 191
酌动正项钱粮议 ······ 192
酌土筐之制议 ······ 193
专久任以重责成议 ······ 193
责印官亲防抢救议 ······ 194
河官宜驻河滨议 ······ 195
河官不许委署议 ······ 196
酌叙岁修防守之官议 ······ 196
复每岁举劾之例议 ······ 197
改司为道议 ······ 197
要地印官宜择议 ······ 199
治河以得人为要议 ······ 200

卷六 或问辩惑 ······ 201

治河治漕辩 ······ 201
河决运道无阻辩 ······ 201
高宝迤带闸河辩 ······ 202
引河未之前闻辩 ······ 204
中州埽多蛰陷辩 ······ 204
徐淮埽不蛰辩 ······ 204

顶冲外堤下埽辩	205
扫湾不下埽辩	205
引河不易成辩	205
徐州以下分流辩	206
中州何以分流辩	206
黄河邳宿水缓辩	206
翟坝不宜筑辩	207
翟坝有害泗州辩	207
周桥不宜开辩	208
云梯关入海宜浚辩	209
黄家嘴决口不塞辩	209
引沁入卫辩	210
骆马湖开新河辩	211
运河不用黄河辩	212
黄河穿支河辩	212
治河能保不决辩	213
治河不出三策辩	213
神河辩	214
张福王简口堤辩	215
初上疏筑事宜	215
再上紧要事宜	217
三上紧要事宜	219
总河题补河厅疏	220
总河题补河道疏	221
督抚荐语	222

李霨序

　　自子舆氏称大禹之治水曰"行所无事",而后世论者遂曰:"治水之法,古今异宜。古也唯避其害,今则兼资其利。古也委之天事,今则纯任人功。是以三代以后无善策,而四载奏绩之难也。"余窃以为不然。《禹贡》所纪浮济达河诸贡道,即(浚)〔后〕世转漕之始。汉、唐都关中,经费、粟、帛亦皆仰给东南,其于输挽之难易、道里之远近,未尝不博谘广揽,岁有讲求,非竟漫焉置之也。兹读江南观察惕庵崔君《河防》一编,盖深有会焉。惕庵之言曰:"治河之法,莫善于因禹之治水也,顺水之性。顺之者,因之之谓也。其要有二,曰因时制宜、因势利导。"於戏!何其与孟子之言相发明也。君擅经济才,而深以学问释褐为令。所治濒河干,羡溢时儆,遂日与阳侯从事,躬亲畚锸,不翅胥靡,杂作河堤,奏绩为诸邑最。于是,总河制府特疏荐于朝,擢淮郡丞,改理河务。所在辄效,一如其为令时。已而迁守四明以去。阅数载,后之使者睹其成绩后,特举为管河监司,所隶益广,任益重。深心大力,益得所展拓。长河数千里,南北险工诸要害,相度疏塞,繄君一人是赖。承檄而行,不避劳怨。岁方再浃,诸大工以次告成,论功加秩,人咸荣之。会江南廉使缺,妙选难其人,廷推无出君右者,遂进今官。君虽辞兖豫，领三吴，谢版筑，司奏谳，顾念治河一事，生平精力所寓，犹廉颇之思用赵人，汉文之不忘钜鹿也。乃辑成斯编，首以《图说》，列形势，详方略也。次以《条议》，度事会，择便宜也。又次以《或问》，折浮议，坚委任也。终之以桃源诸工事宜，又其所心目俱到，手口卒瘏，已试之成效也。其摘论扼要，擘画周详。或抒独得之见，或荟众说之长，或引伸前人之所已言，或抉摘昔贤之所未发。一时良吏任事之苦心与修防之急着，盖包举无遗矣。至其所谓神而明之，存乎其人者，则君之匠心独运，非楮墨之所得陈也。然余更有进焉。

天子圣神，知人善任，不日将以旄节畀君，俾驾轻就熟。君必能殚其伟略，建一劳永逸之计，为国家万世利，而不仅区区自安于贾让之下策，则徐积《大河》一章，尚当为君诵之。

康熙甲寅阳月下浣，高阳李霨拜手题。

姚文然序

黄河,天下之险,自古记之。昔人言:"胸有全河,而后可以治河。"愚谓:"足遍全河,而后可以治河。"盖信耳不如信目,坐论不如起行之实也。自古有治人无治法,法以人行,而人亦以法显。有明三百年,治河如陈平江、刘忠宣辈,指不胜屈,而潘尚书季驯名独著,以书存也。今考《河防榷书》❶ 所载,崔镇、高堰、黄浦口上下数百里间,筑堤固防之策较详,而于全河疏浚大势或多未备,以其书但纪一时之成功,非立百世之大法。所谓长河数千里,总河足迹所不能到者也。今从学士玉阶处得读观察崔公《河防刍议》一书,而后知有治人即有治法,始涣然无遗憾也已。观察材识敏绝,过目不忘,起家仪封令,目睹怀襄之害,视若己溺,所至经营,丕著成绩,书不胜书。先后浒历郡佐副宪十余年,所自荥泽、阳武、中牟、仪封,凡中州河患最剧之地,以逮淮、扬两岸,无不躬亲荒度,其险阻要害,条分缕晰,因列为《图说》,佐以《(确)〔条〕❷

---

❶ 《河防榷书》或即《河防榷》,乃潘大复以其父潘季驯《河防一览》为基础,取其精要纂写而成。据《明史》卷九十七《艺文二》载:潘季驯,《河防一览》十四卷、《宸断大工录》十卷。潘大复,《河防榷》十二卷。

❷ "确"当作"条",据卷四、卷五"条议"改。

议》《辨惑》，使人开卷了然于河之南北、高下、疾徐、险易。如秦越人之视病，肺腑经络无不见也。于河之堤岸、埽坝、疏导、筑塞，如庖丁之解牛，批郤导窾，无不中也。其综理缜密，部署精详，如黄霸之治郡，烦碎米盐无不举，谢康乐之用材，履屐之间，无不得其任也。真可补前贤之阙略，作后代之津梁。金简不必探奇于禹穴，欧阳不必致憾于河渠矣。频岁淮、扬、桃、宿、高、宝阳侯为灾，漕艘咽喉，剧工浩繁，公私困绌。杞人蒿目维桑，天庾民命攸系。愧无以仰佐宵旰，诚以是书为拜献先资，不徒托之空言，将必见诸实效。其所以厝昏垫于平成，而臻允犹翕河之治者，功岂在潘尚书下哉？余不胜拭目引领，而泚笔序之如此。

康熙十三年十月，都察院掌院事左都御史、前兵部督捕左右侍郎、奉命江南察审刑部左侍郎、癸丑会试总裁、刑部右侍郎、都察院右副都御史、内升以正四品顶带食俸仍管户科掌印给事中、兵科都给事中、礼工二科左右给事中、戊子山东典试、内翰林国史院庶吉士、皖桐治年家弟姚文然顿首拜撰。

自序

尝少读《河渠书》《沟洫志》，每叹汉司马迁、班固不著治河方略，使后无所考。长而服官，起家仪封令，日夕河干，目击黄流奔突，百姓沈灾之苦，深切疴瘝。躬亲畚锸，不避劳暑。凡诸要害险工，惨淡经营，试辄有效。以此，总河朱公之锡、王公光裕前后择补道厅，三任河官。其于河政不独耳目濡染，实神明寄之矣。窃尝谓："耕当问奴，织当问婢，服药者必用耆医，操舟者必讯三老。"谚曰："巧者不过习者之门。"雅之于河，非敢曰"习之"，亦庶几比于耕之奴、织之婢、折肱之良医、久涉风涛之三老矣。

曩在中州，身历河患，疏筑告竣。以暨屡阅淮、扬，周视博访险工二十余处，皆授简绘图，复附以说。图载河患情形，如病者之患症，必察其源，而顶冲、扫湾、上提、下坐诸河势尽此矣。说载治河事宜，如医者之立方，而引河、遥堤、月堤、缕堤、格堤、护埽、筑坝诸治法尽此矣。考潘（季驯）〔大复〕《河防权书》❶，有总图而无分图，言筑堤而不言引河。然顶冲激汛，堤不

---

❶ 本书卷二"中牟县南岸黄练集治河说"条有《河防一览》的书名与引文，说明作者崔维雅参阅了《河防权》和《河防一览》。本书另有几处《河防书》记述，或是作者有统称潘季驯河防著作之意。

能塞。法有时而穷，非疏导不足以分其势而杀其怒。故长图不能尽，而分图以晰之。图不能载，而为说以明之。堤不能塞，而引河以济之。所以济《河防权书》之穷，而益补其所未备。《至正河防记》言："治河不出疏、浚、塞三法。"疏与浚无异，其实止疏、塞二法。图、说并明，疏、塞互用，后有作者未能舍此二法而别有奇谋秘计者也。但疏、塞之法不一方，疏、塞之工不一事。黄、淮之强弱异形、清浊异性，浚筑之浅深异宜、远近异势，大而张官置吏，小而备料鸠工，官府之责成不可不专也，夫役之劳苦不可不恤也。钱粮日忧匮乏，何法以济之？灾黎靡有孑遗，何术以起之？种种未易枚举，皆悉心筹画。有在任条议，已见施行，亦有未及敷陈，藏诸箧笥者。合条议五十则，而河工先后缓急，官民勤惰劝惩，国计民生，人工物料，条分缕悉，尽此矣。至于治河之家，言人人殊。聚讼盈庭，道旁筑舍；或旁观袖手，而止资谈柄；或心切时艰，而但凭耳食。总之，身未亲历，目未及睹，议论虽多，而成功者少，最足以挠国是而灰任事者之心。设为《或问》二十五条，而众议之纷纭，群言之折衷，又尽此矣。

窃不自揣妄，谓十年服政，尽瘁河官，止此一获之愚。上报朝廷，下苏民瘼，庶几仰佐高深，可几刍荛之治，不敢隐默，辄付梓人，亦犹野人，炙背负暄欲献之。当宁其人虽愚，其心则诚也。今日河患能为漕梗者，桃、清迤带，剧工危急。尝奉调三次勘工，具有末议，猥蒙当事采择。并前此历任县厅以暨监司，皆以河绩，受知督抚，谬蒙优诩，谨将桃源勘工刍议、督抚荐剡褒语附录于后，以见一时大臣实心任事，虚怀下问，不遗葑菲之意云尔。

时康熙十三年，岁次甲寅仲秋月，江南江宁、苏、松、常、镇、淮、扬、徐等处提刑按察使司按察使，前巡理河南通省河道按察司副使崔维雅谨识。

卷一

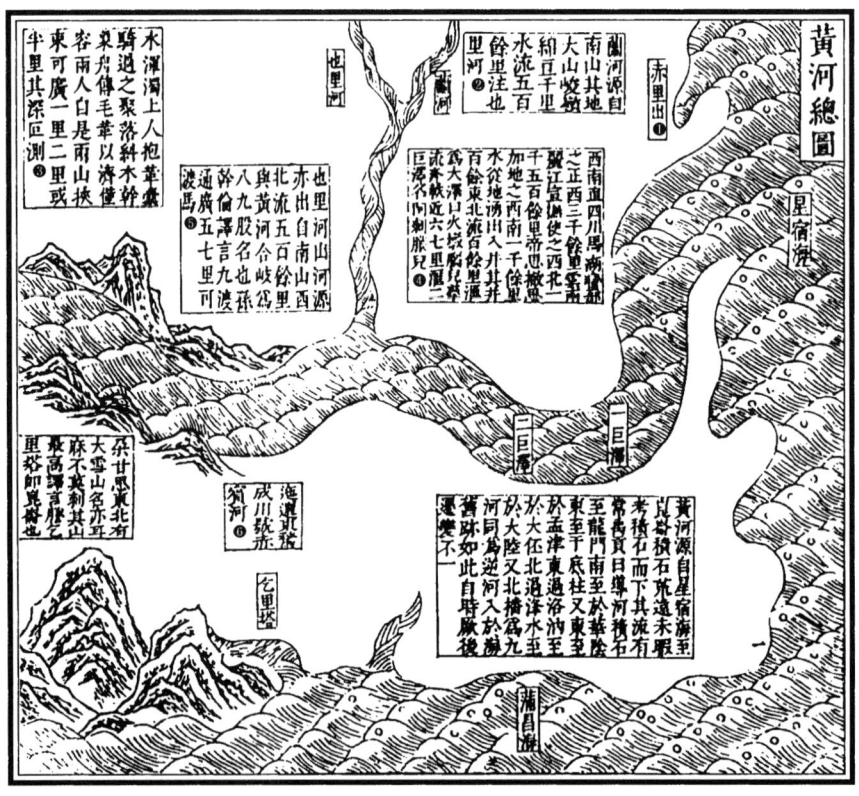

❶ 赤里出 《元史》卷六十三《河源附录》作"亦里出"。

❷ "阑"即"忽阑"。《元史》卷六十三《河源附录》载："水南来，名忽阑。又水东南来，名也里术。"《文章辨体》卷二十四《治河议》载："又东流为赤宾河，而赤里出之水由西合忽阑之水，从南会也里术之水。"下同。

"也里河"《元史》卷六十三《河源附录》作"也里术"。

❸ "上人" 当作"土人"。据《元史》卷六十三《河源附录》。

据《元史》卷六十三《河源附录》，"舟"上为"象"字。

"毛"，《元史》卷六十三《河源附录》作"髦"。

❹ "马湖"下当作"蛮部"。据《治河奏绩书》卷一《川泽考》载："西南四川马湖蛮部三千余里。"

"宣抚使"当作"宣抚司"。据《治河奏绩书》卷一《川泽考》载："云南丽江宣抚司西北一千五百余里。"

"帝思撒思"当作"帝师撒思"，"一千余里"当作"二千余里"。《禹贡锥指》卷十三上及《元史纪事本末》卷二载："帝师撒思加地之西南二千余里。"

"入"，《禹贡锥指》卷十三上及《元史纪事本末》卷二作"如"。

"近"上为"群流奔辏"。

"六七里"，《禹贡锥指》卷十三上及《元史纪事本末》卷二作"五七里"。

❺ "伦"，《元史》卷六十三《河源附录》作"论"。

"渡"，《元史》卷六十三《河源附录》作"度"。

❻ "成"上为"迤逦东骛"。据《禹贡会笺》卷十一载："迤逦东骛成川，号赤宾河。"

----

❶ "正"上脱"水"字。《元史》卷六十三《河源附录》载："怀里火秃河源自南山，水正北偏西流八百余里，与黄河合。"

❷ 据《元史》卷六十三《河源附录》，"麓"上脱"山"字。

❸ "纳"下为"邻"。此图下方文曰："纳邻哈剌，译言细黄河。"

❹ 据国家图书馆藏刻本《河防刍议》，首字当为"阔"。

"即"字脱。《元史》卷六十三《河源附录》载："又四五日，至地名阔即及阔提，二地相属。"

❺ 据《元史》卷六十三《河源附录》，"入"当作"八"，"思"下脱"今"，"河"下脱"合"。原文"源自铁豹岭之北，正北流入黄河"脱字较多。据《元史》卷六十三《河源附录》载："河过阔提，与亦西八思今河合。亦西八思今河源自铁豹岭之北，正北流凡五百余里，而与黄河合。"

❻ 人少，《元史》卷六十三《河源附录》作"人简少"。

山多南，《元史》卷六十三《河源附录》作"多处山南"。

"其山东益高"，《元史》卷六十三《河源附录》作"其东，山益高"。

益，《元史》卷六十三《河源附录》作"亦"。

《元史》卷六十三《河源附录》无"渐"字。

❼ 包，《禹贡锥指》卷十三上及《两河清汇》卷五《黄河》作"乞"。

乞儿马，《元史》卷六十三《河源附录》作"乞里马出"。

---

❶ 山 《元史》卷六十三《河源附录》作"岭"。
❷ 塞 《元史》卷六十三《河源附录》作"札塞"。
❸ 鹏梭河 《元史》卷六十三《河源附录》作"鹏抄河"。
❹ 巳 《元史》卷六十三《河源附录》作"巴"。
❺ 一百里,《元史》卷六十三《河源附录》载为"又东北流一百余里"。
据《元史》卷六十三《河源附录》,"黄水"当作"湟水","垒"当作"亶"。
山丹州,《元史》卷六十三《河源附录》作"删丹州"。

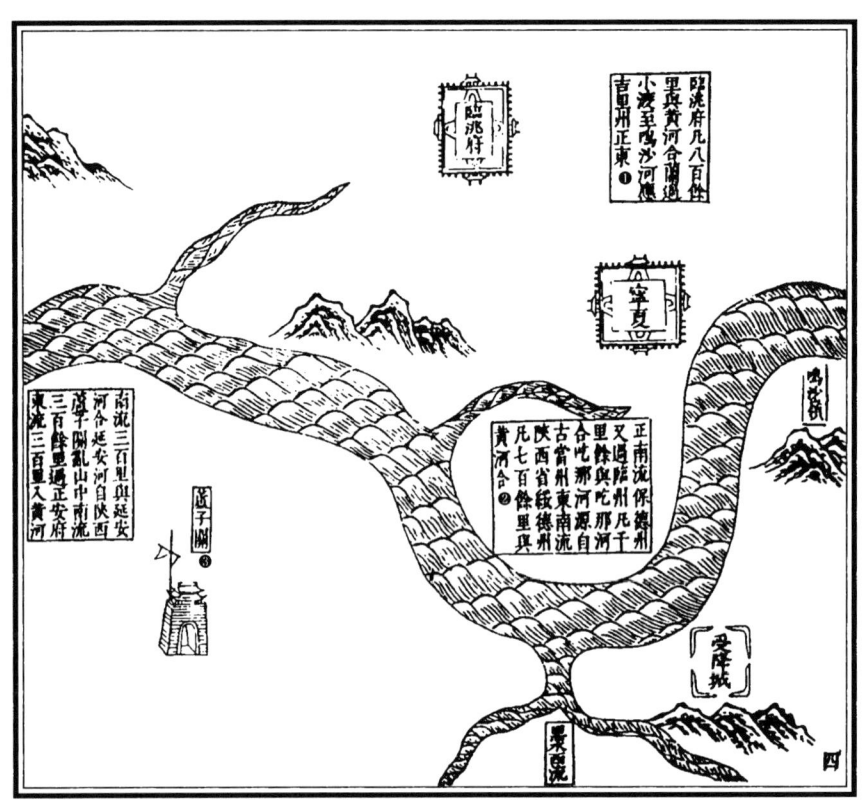

---

❶ "临洮"前当脱"过"。据《元史》卷六十三《河源附录》载:"洮河源自羊撒岭北,东北流,过临洮府凡八百余里,与黄河合。"

兰,《元史》卷六十三《河源附录》作"至兰州"。

据《元史》卷六十三《河源附录》载,"小渡"即"北卜渡"。

鸣沙河,《元史》卷六十三《河源附录》作"鸣沙州"。

❷ "保德州"句脱字较多。据《元史》卷六十三《河源附录》载:"又正南流,过保德州、葭州及兴州境。"

当州,《元史》卷六十三《河源附录》作"宥州"。

❸ 据国家图书馆藏刻本《河防刍议》,当作"芦子关"。

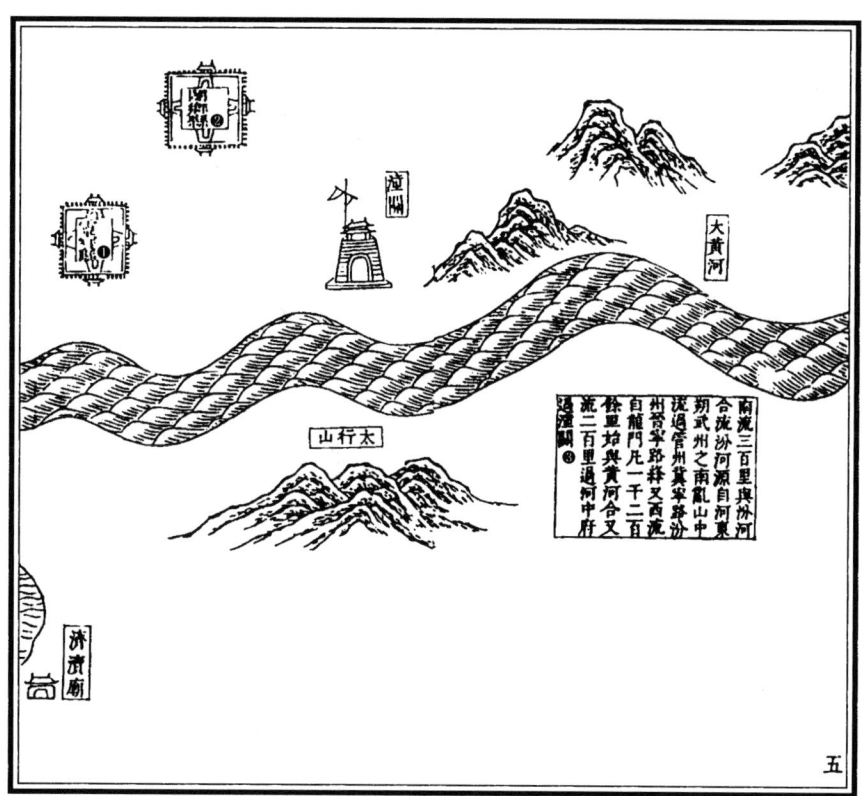

❶ 当作"灵宝县"。据乾隆《大清一统志》卷一百七十五《陕州》载,阌乡县"东至灵宝县界二十五里,西至陕西潼关厅界六十里"。《禹贡锥指》卷十三中载:"河自潼关卫北折而东,径阌乡县北,又东径灵宝县北。"

❷ 当作"阌乡县"。据同上。

❸ 流,《元史》卷六十三《河源附录》作"西南流"。

《元史》卷六十三《河源附录》"汾州"下有"霍州"。

据《元史》卷六十三《河源附录》,"晋宁路绛"下脱"州"。

自龙门,《元史》卷六十三《河源附录》作"至龙门"。

又流,《元史》卷六十三《河源附录》作"又南流"。

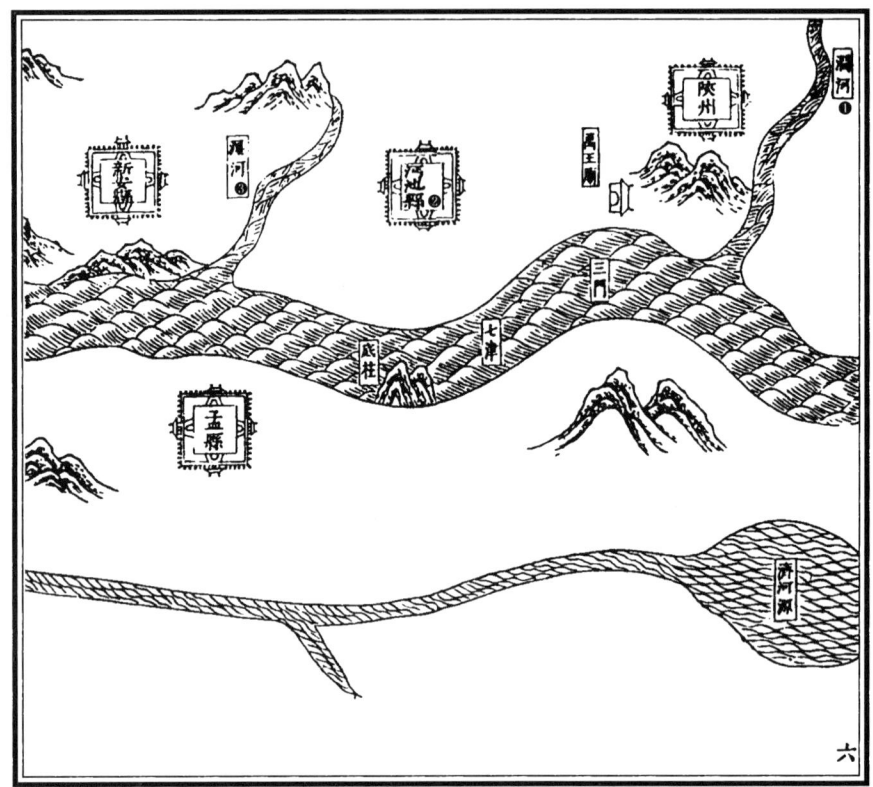

---

❶ 据国家图书馆藏刻本《河防刍议》，当作"涧河"。
❷ 沔　乾隆《大清一统志》卷一百六十二《河南府》作"渑"。
❸ 据国家图书馆藏刻本《河防刍议》，当作"瀍河"。

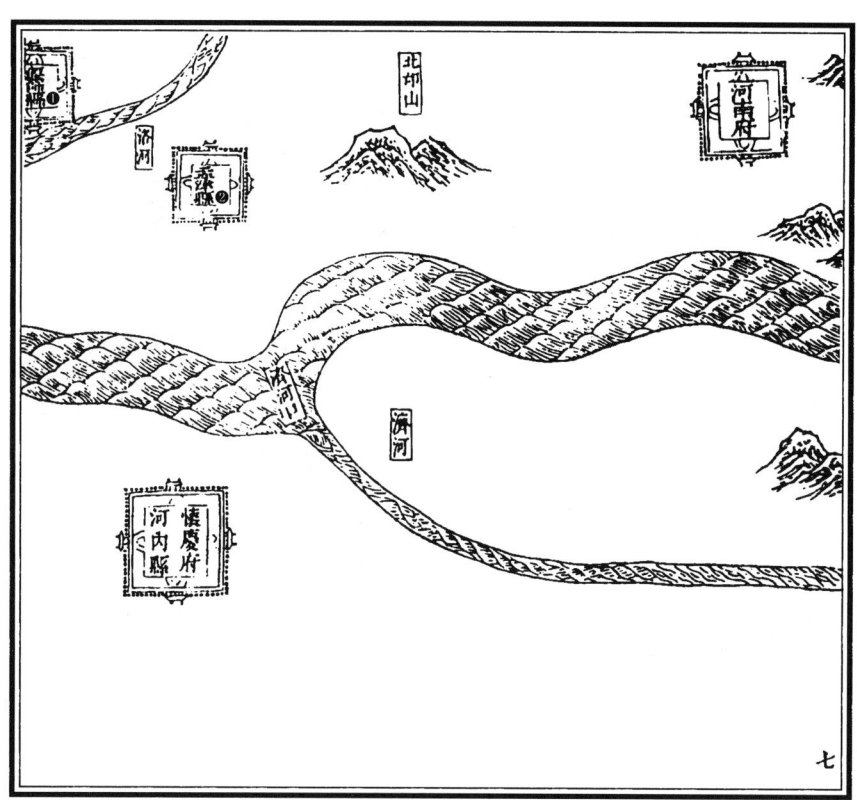

----

❶ 当作"偃师县"。据《水道提纲》卷五《黄河》载:"(黄河)又东至汜水县西北界,有洛水合伊、涧、瀍诸水,西南自河南府,东经孟津、偃师、巩县之南,而东北流注之(即黄河)。"

❷ 当作"孟津县"。据同上。

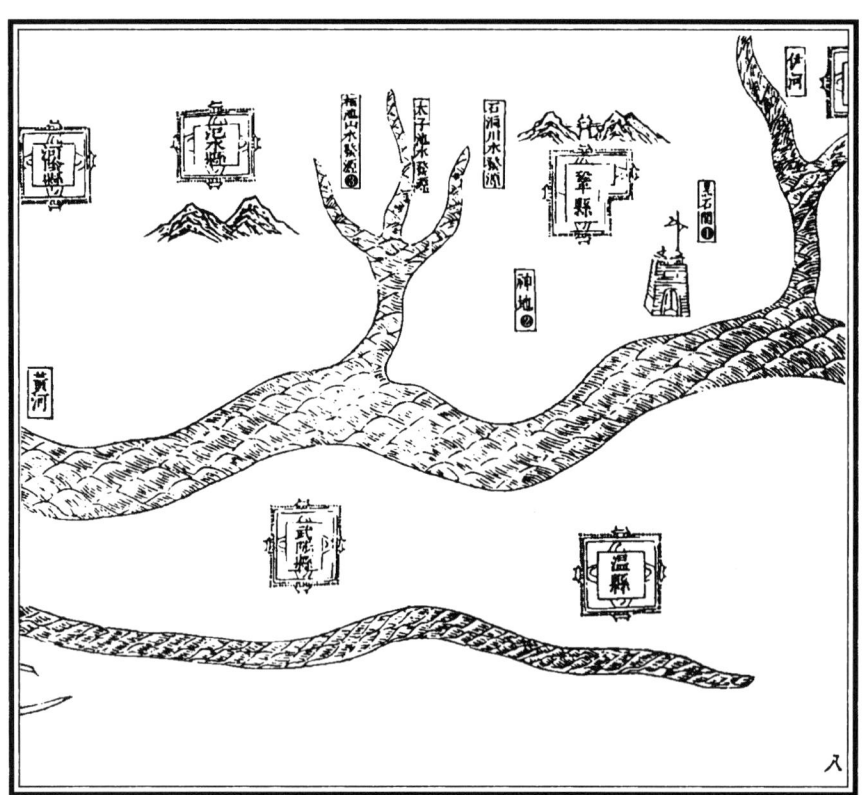

---

❶ 当作"黑石关"。据《两河清汇》卷五《黄河》载:"洛水出陕西冢岭山,伊水出陕西熊耳山,相合入黄河黑石关,至巩县,北岸温县。"

❷ 地 当作"堤"。据乾隆《巩县志》卷三《建置》载:"神堤,在县北五里。"

❸ 当作"柏池山"。据乾隆《氾水县志》卷三《地理》载:"柏池,在环翠峪。"国家图书馆藏刻本《河防刍议》亦作"柏池山"。

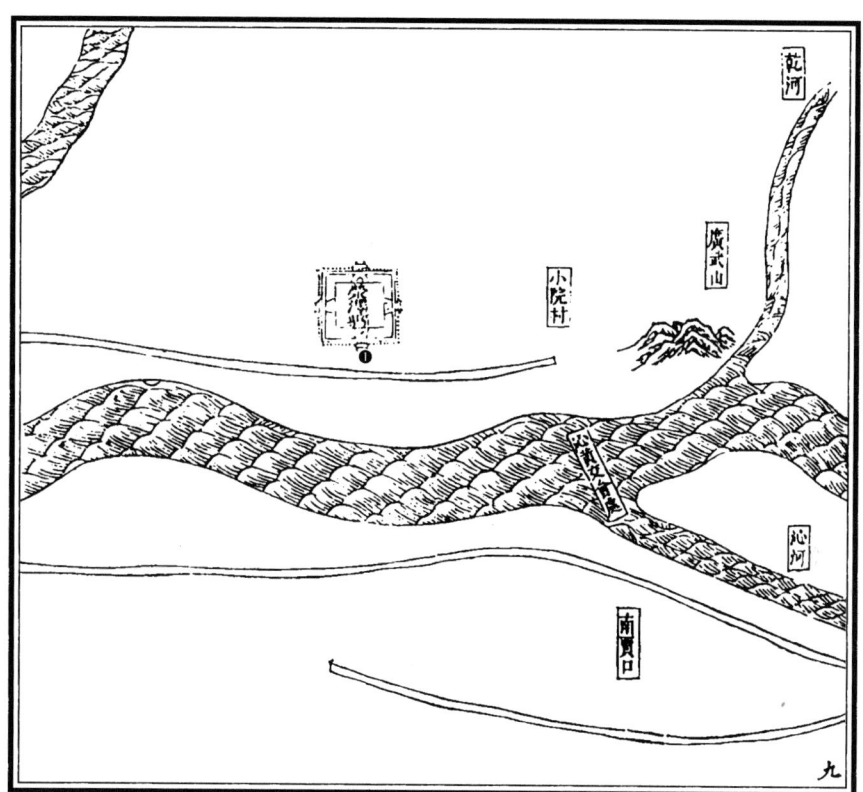

❶ 据国家图书馆藏刻本《河防刍议》，当作"荥泽县"。

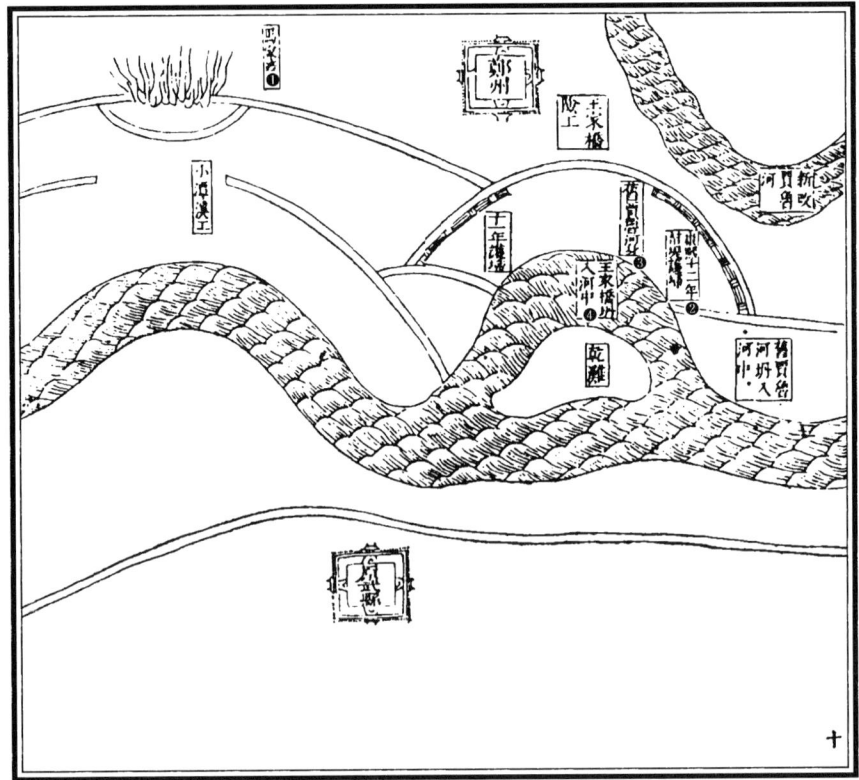

❶ 据国家图书馆藏刻本《河防刍议》，当作"马家渡"。
❷ 当作"帮堤护埽"，据同上。
❸ 当作"旧贾鲁河身"，据同上。
❹ 当作"坍入"，据同上。

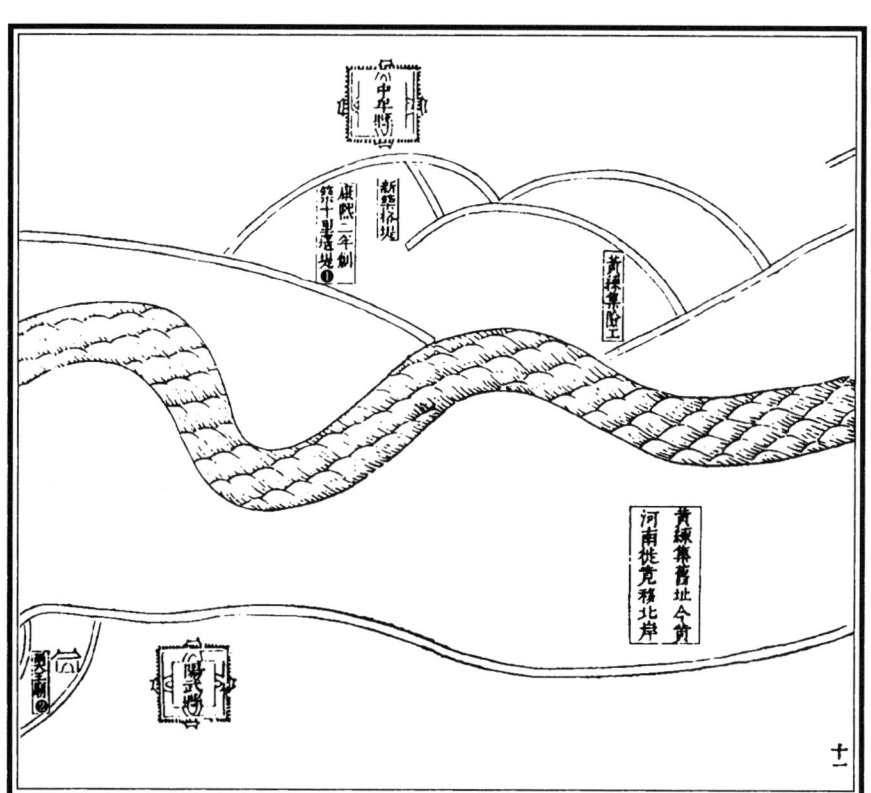

---

❶ 据国家图书馆藏刻本《河防刍议》，当作"遥堤"。
❷ 当作"西大王庙"，据同上。

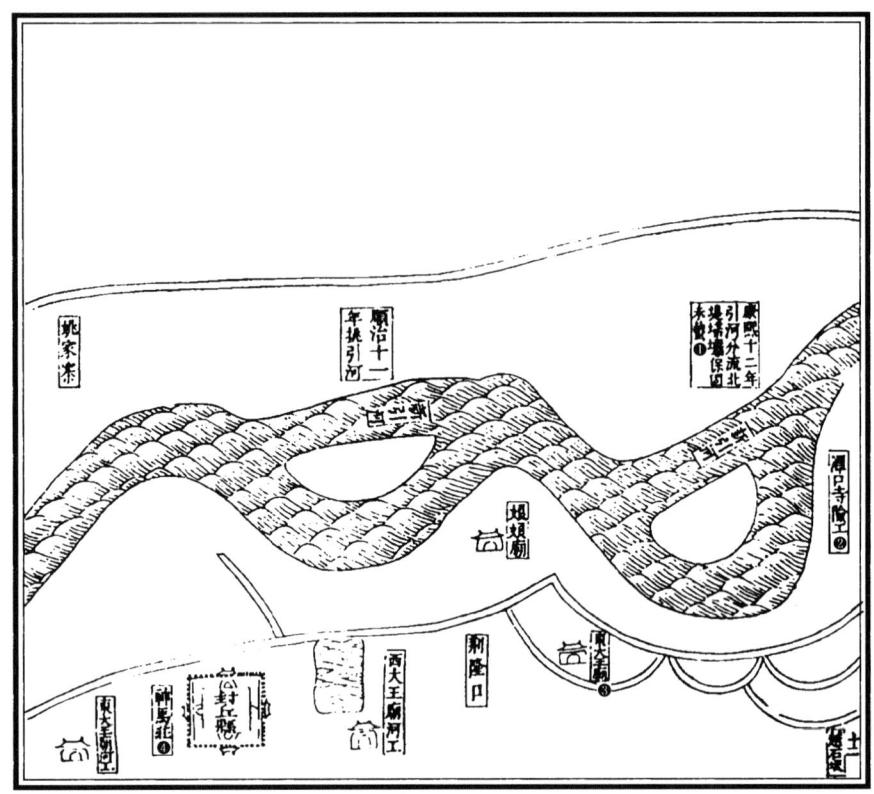

---

❶ "北堤"下当为"埽坝"。据《四库全书存目丛书》本《河防刍议》载:"北堤埽坝保固未蛰。"

❷ 当作"潭口寺"。据《河南通志》卷十五《河防考》载:"顺治十二年,筑……阳武潭口寺堤。"本书卷二亦有阳武县北岸潭口寺上下河患图与治河说。

❸ 据国家图书馆藏刻本《河防刍议》,当作"东大王庙"。

❹ 当作"神马庄"。据顺治《封丘县志》卷二《建置》载:"西大王庙二,一在县西南二十里中滦镇……一在神马村。"

河防刍议

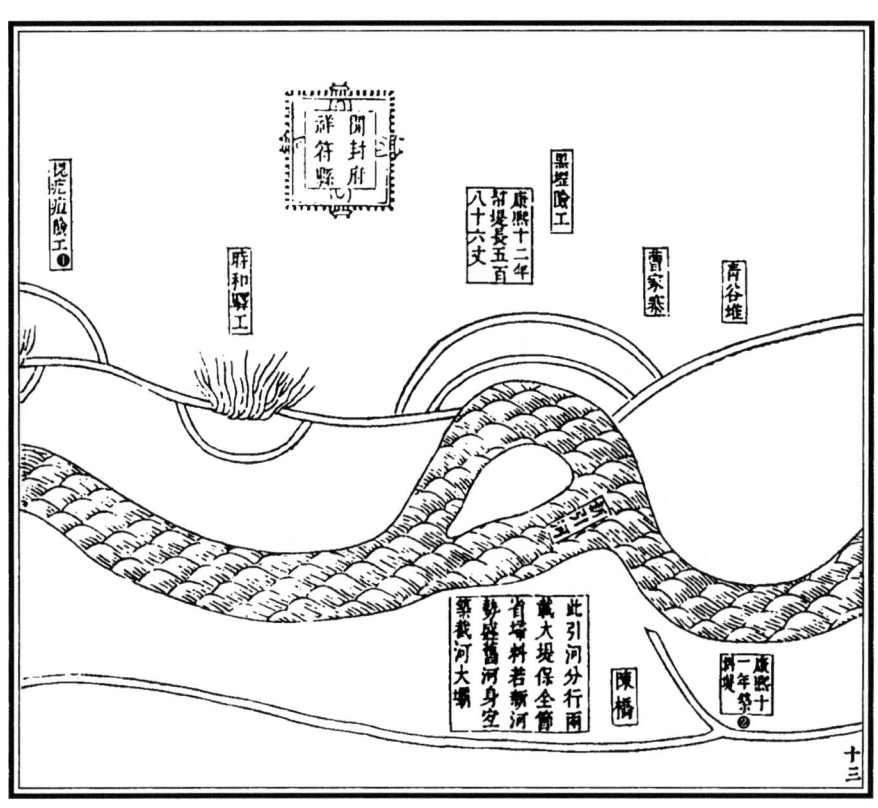

① 当作"槐疙疸"。目录有"祥符县南岸槐疙疸河患图"条。
② 据国家图书馆藏刻本《河防刍议》，当作"斜堤"。

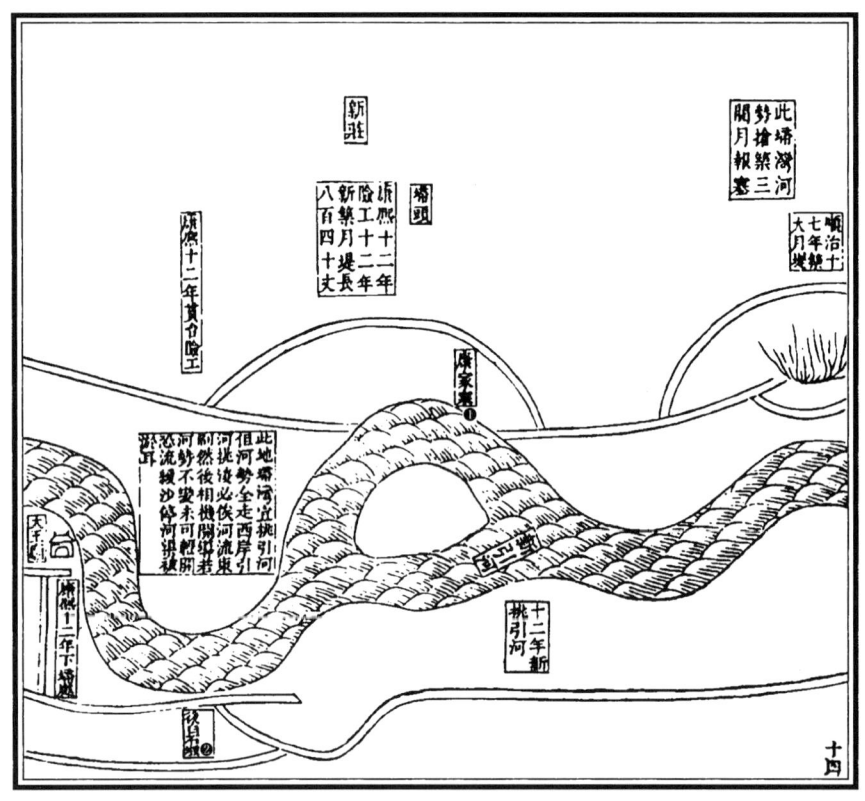

---

❶ 据《四库全书存目丛书》本《河防刍议》及本书卷二《祥符县北岸贯台河患图》之"后白石堽",当作"后白石堽"。

❷ 据国家图书馆藏刻本《河防刍议》,当作"康家寨"。

河防刍议

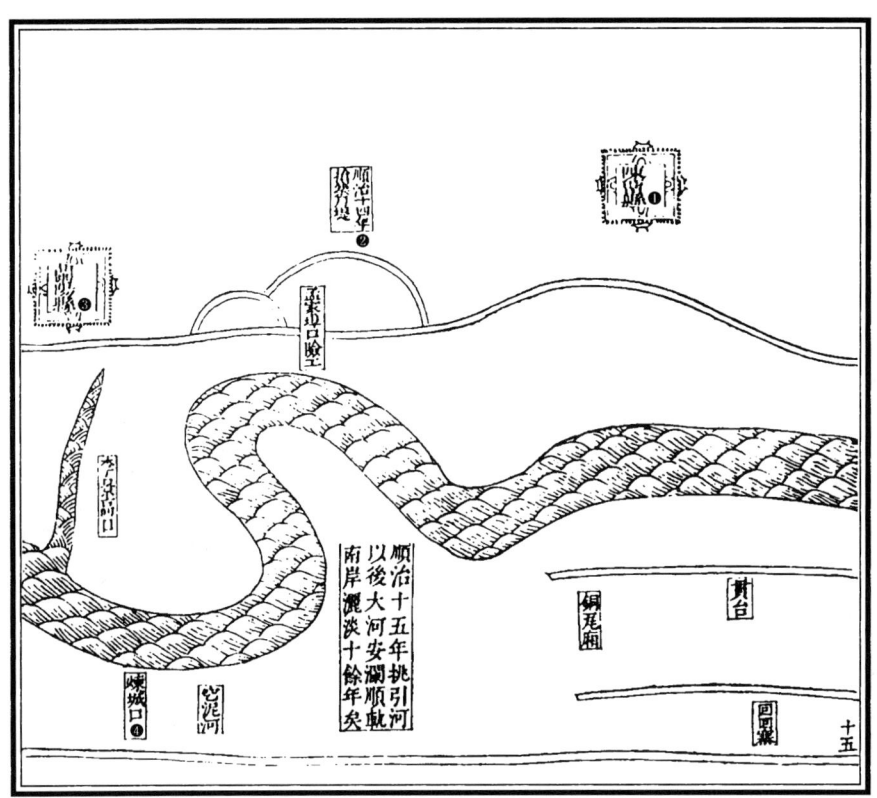

---

❶ 据乾隆《大清一统志》卷一百四十九《开封府》，当作"陈留县"。
❷ 据国家图书馆藏刻本《河防刍议》，当作"抢筑月堤"。
❸ 据乾隆《大清一统志》卷一百四十九《开封府》，当作"兰阳县"。
❹ 当作"炼城口"。《行水金鉴》卷二十八《河水》即有"仪封县乞泥河、炼城口、荣华树"之载。

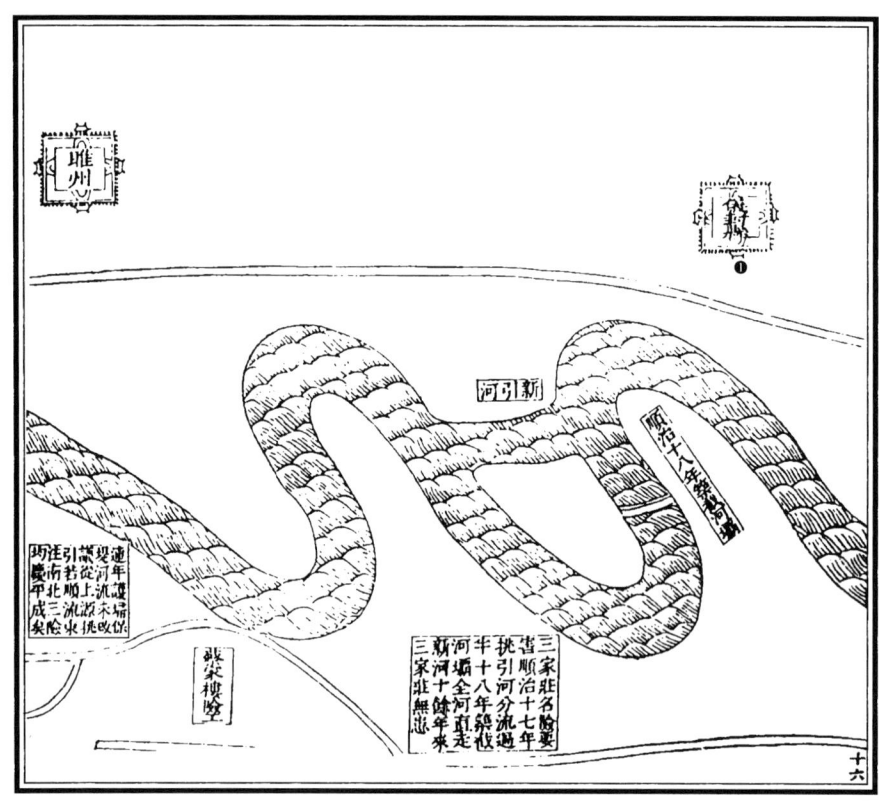

① 据乾隆《大清一统志》卷一百四十九《开封府》，当作"仪封县"。

河防刍议

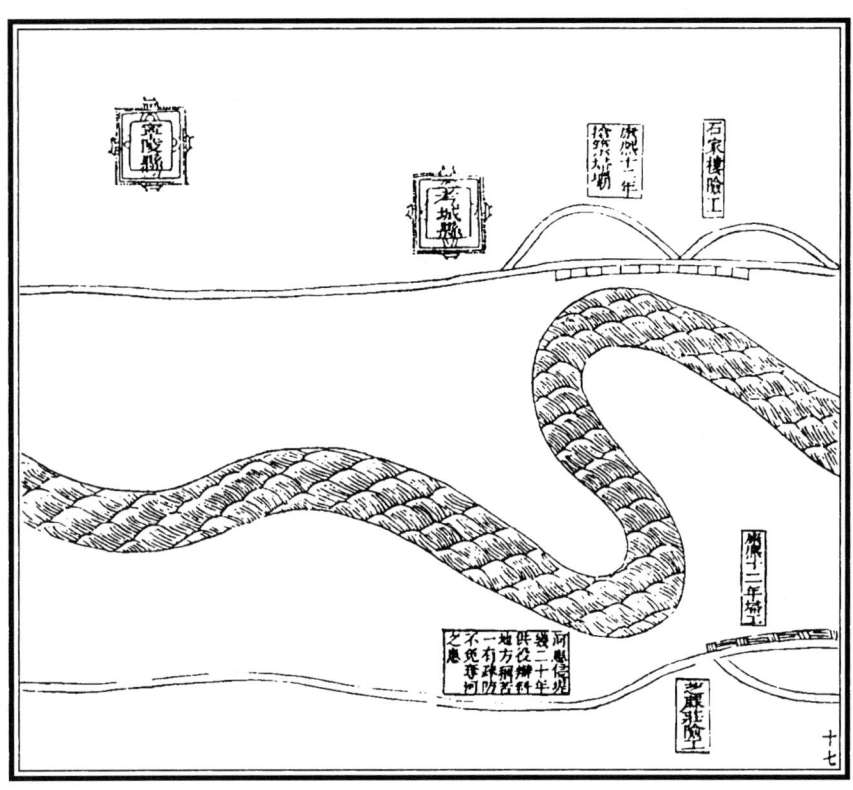

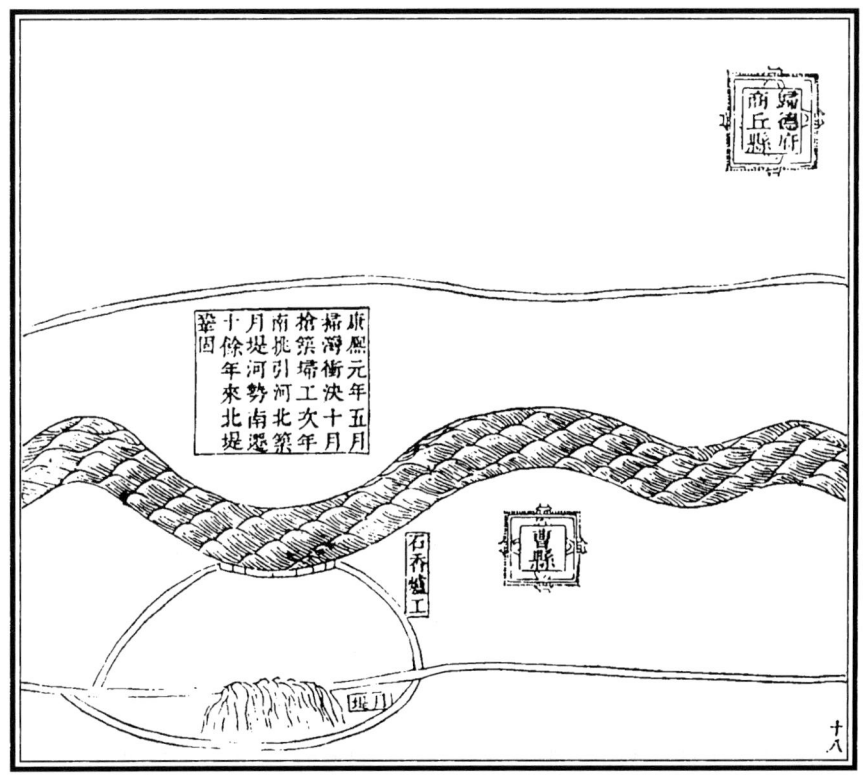

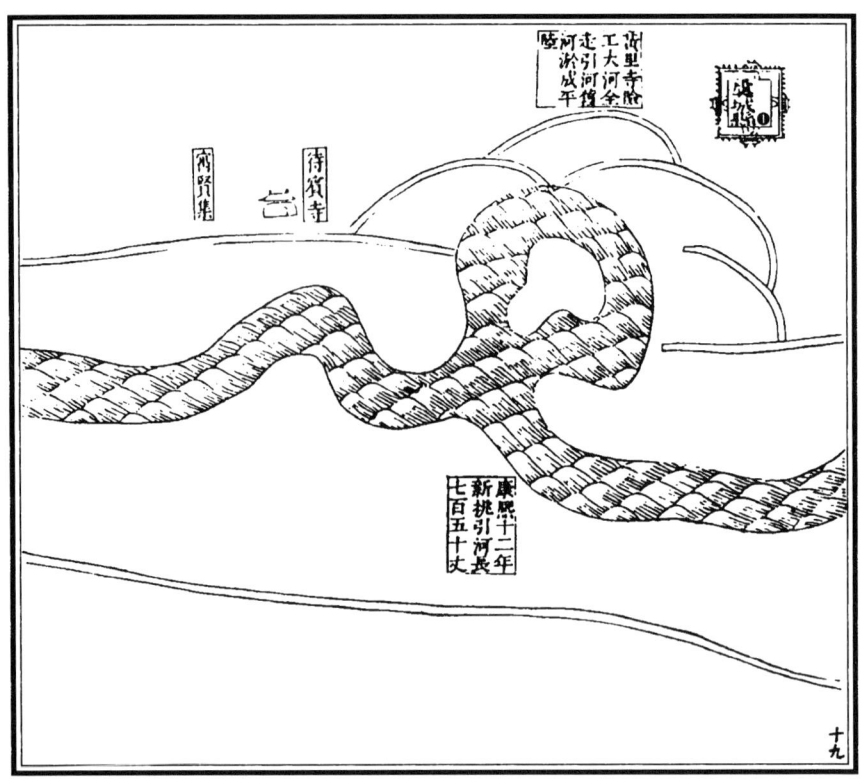

---

❶ 据乾隆《大清一统志》卷一百五十四《归德府》，当作"虞城县"。

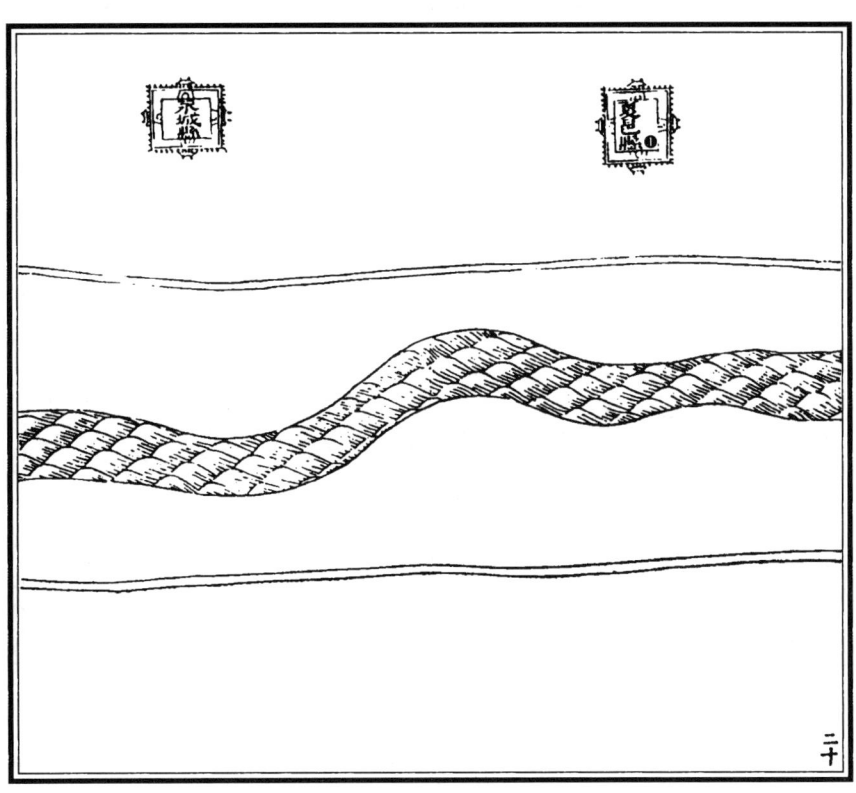

① 据乾隆《大清一统志》卷一百五十四《归德府》，当作"夏邑县"。

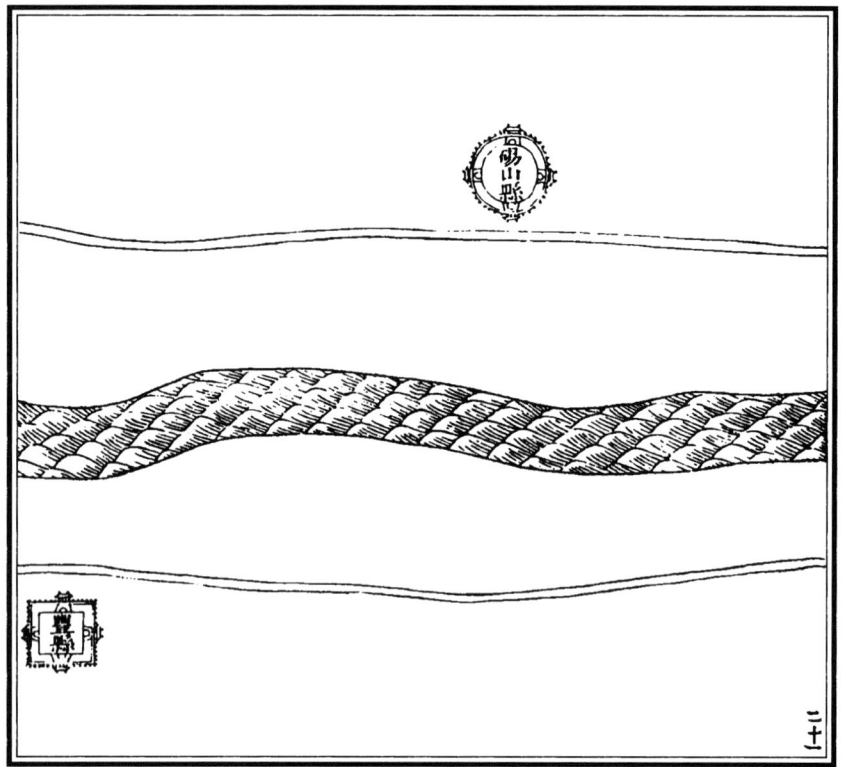

河防刍议

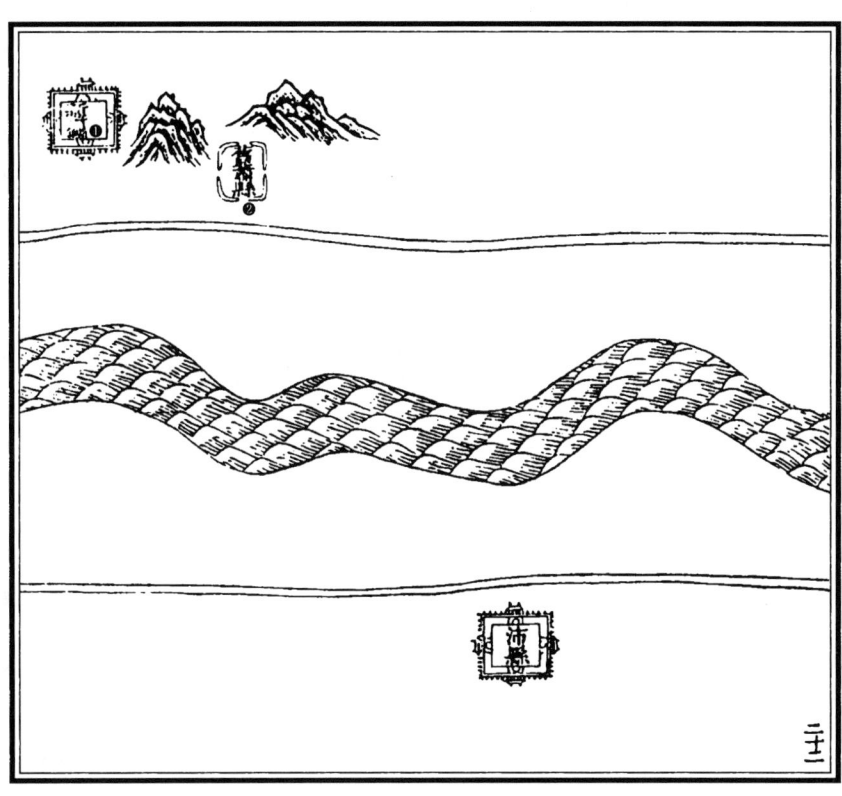

---

❶ 据国家图书馆藏刻本《河防刍议》，当作"新萧县"。
❷ 当作"旧萧县"。据同上。

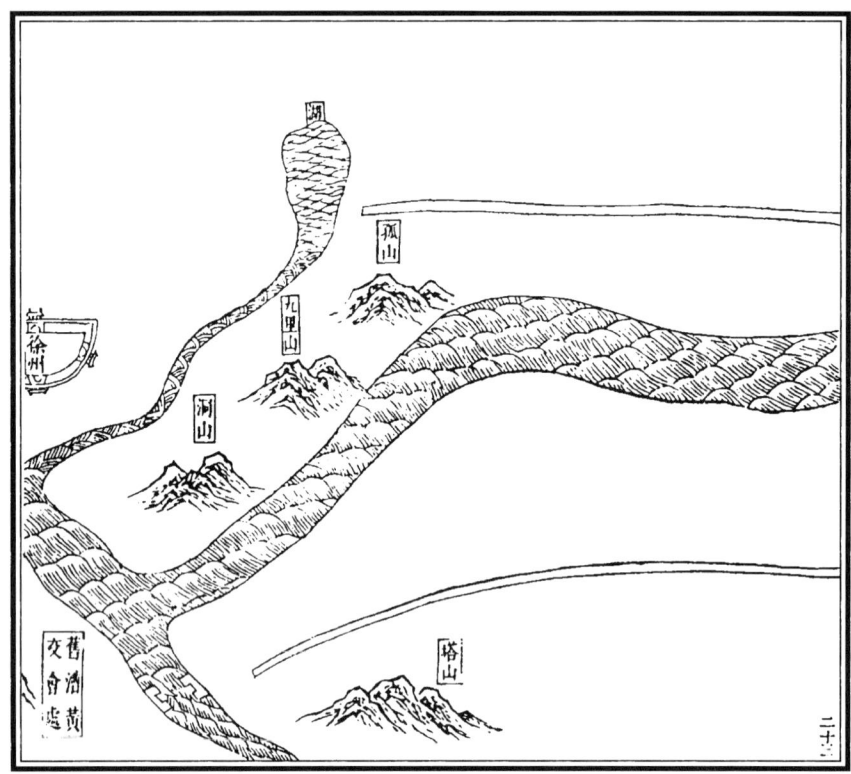

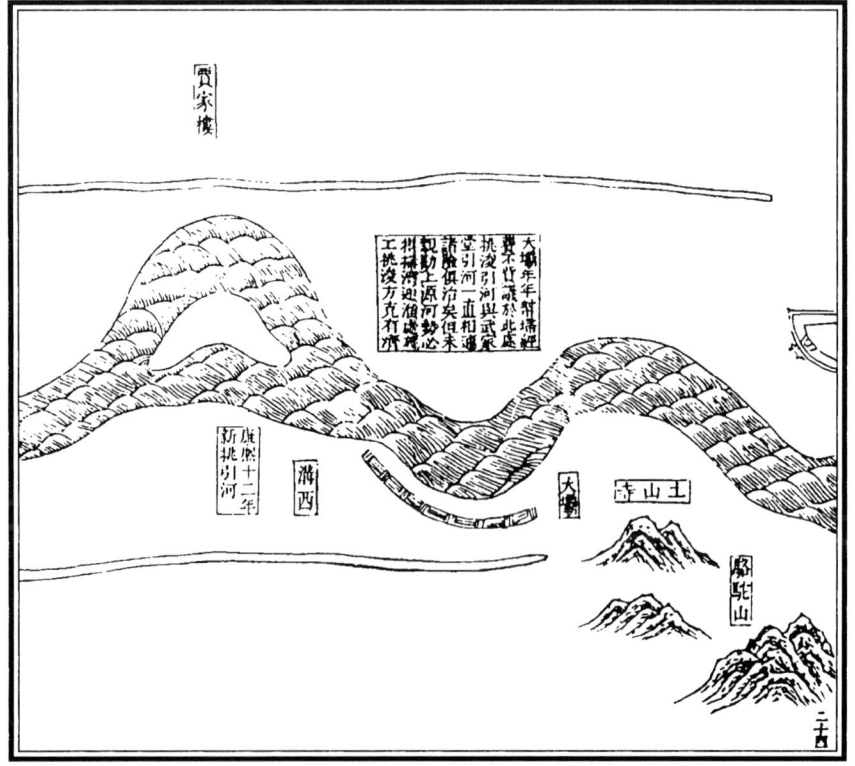

河防刍议

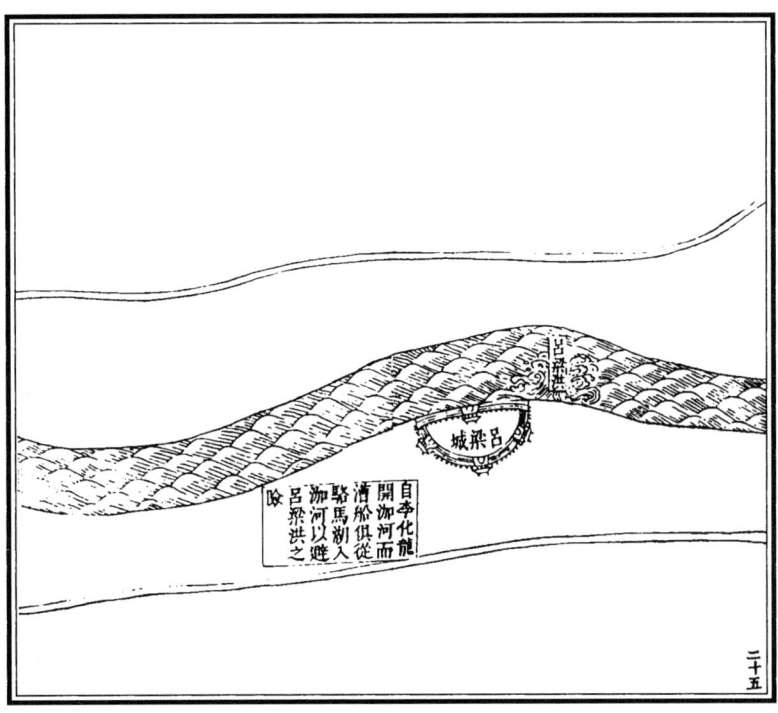

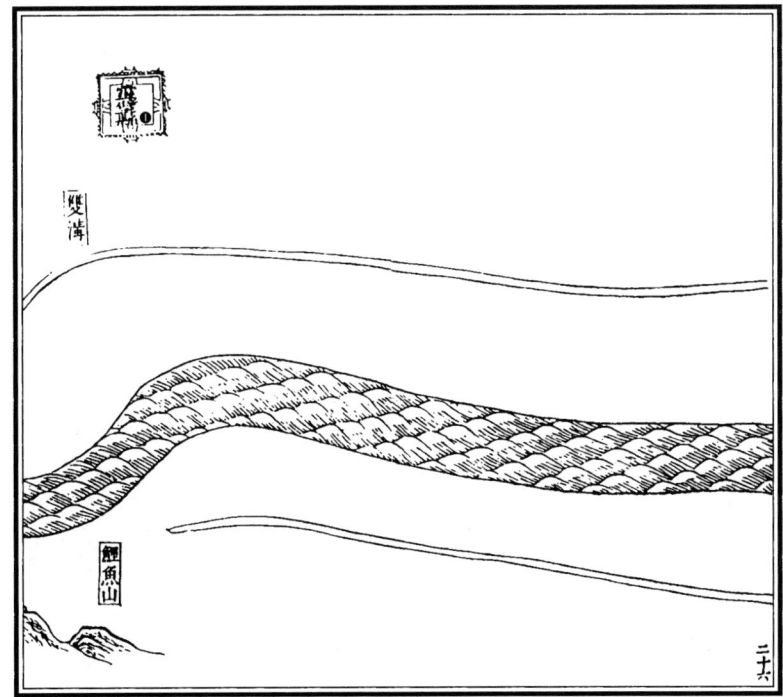

① 据乾隆《大清一统志》卷八十七《凤阳府》，当作"灵璧县"。

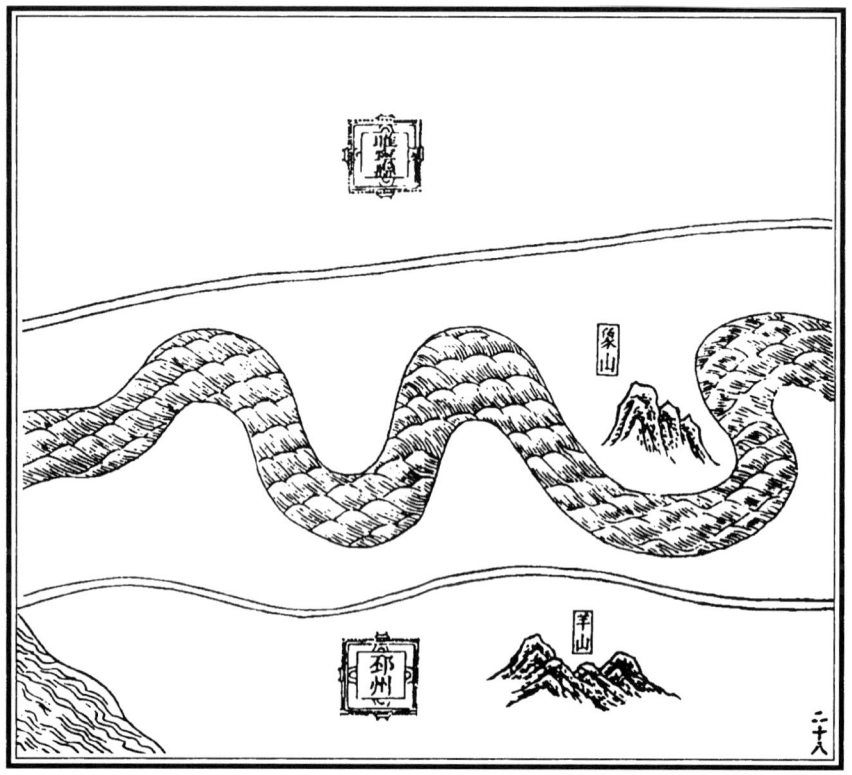

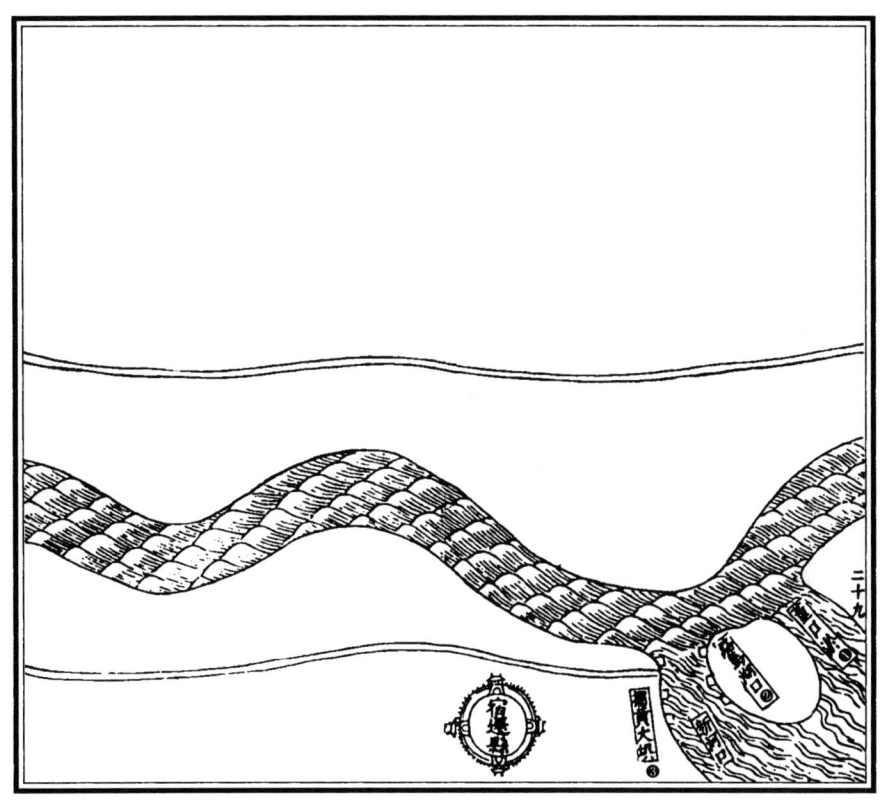

---

❶ 当作"董口淤"。《行水金鉴》卷一百三十三《运河水》载:"康熙七年,董口淤,运道改由骆马湖。"
❷ 当作"骆马湖口"。据同上。
❸ 据国家图书馆藏刻本《河防刍议》,当作"拦黄大坝"。

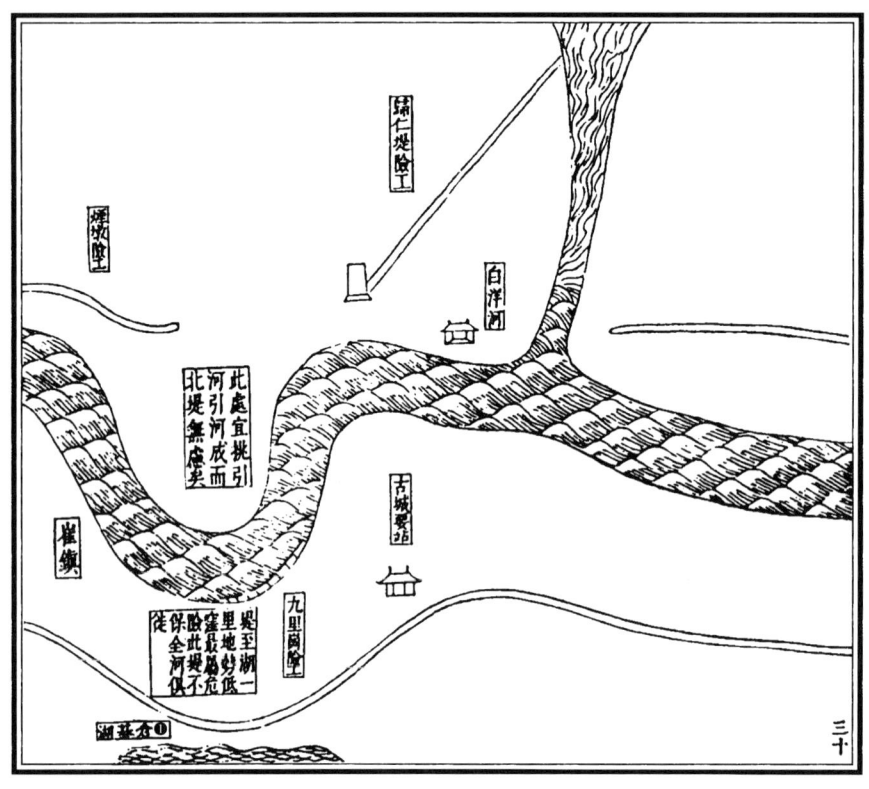

---

❶ 当作"仓基湖"。乾隆《大清一统志》卷六十九《徐州府》载："仓基湖，在宿迁县东南三十里，周四十五里。"

河防刍议

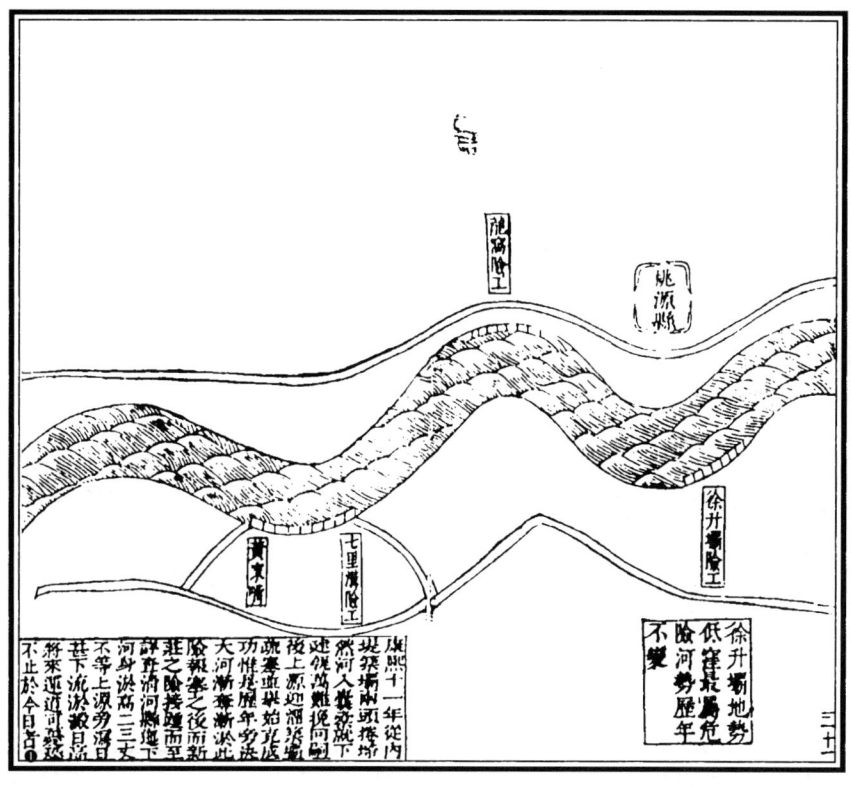

---

❶ 据国家图书馆藏刻本《河防刍议》，"上源迎溜"下当作"筑坝疏塞并举"，"将来运道"下当作"可忧恐"。

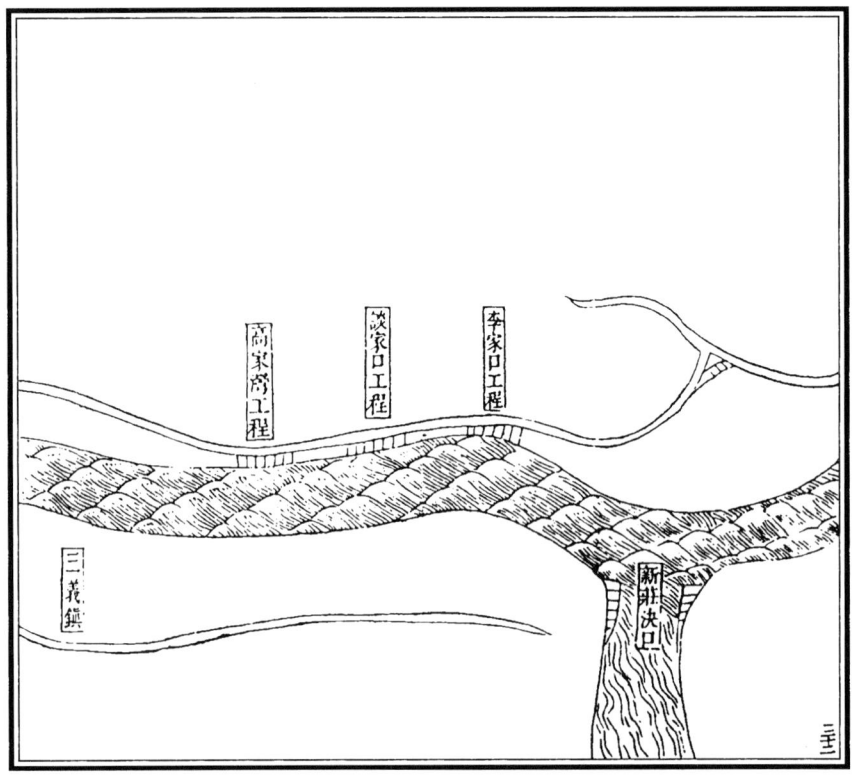

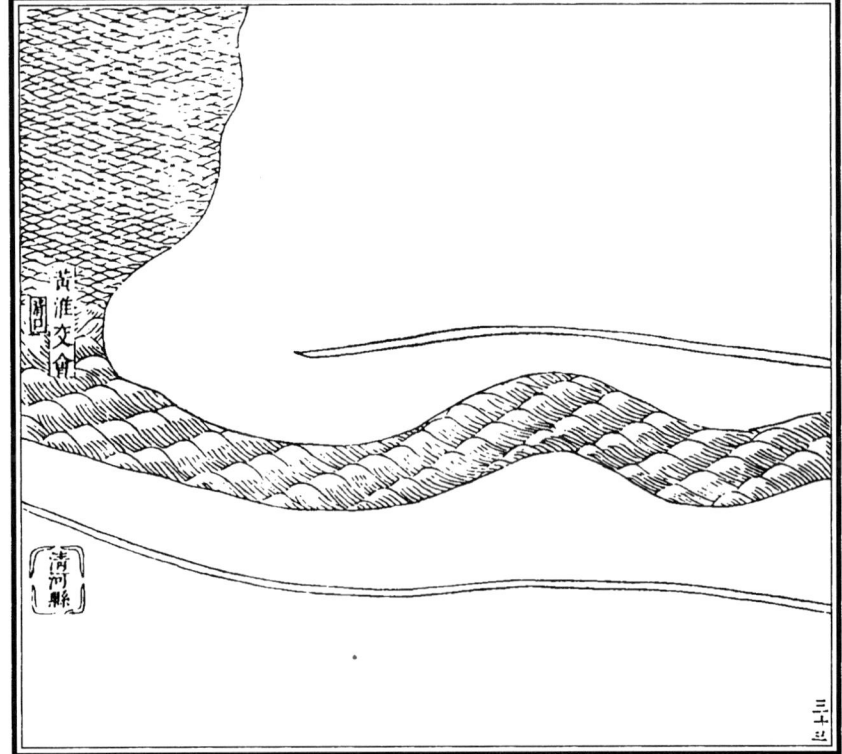

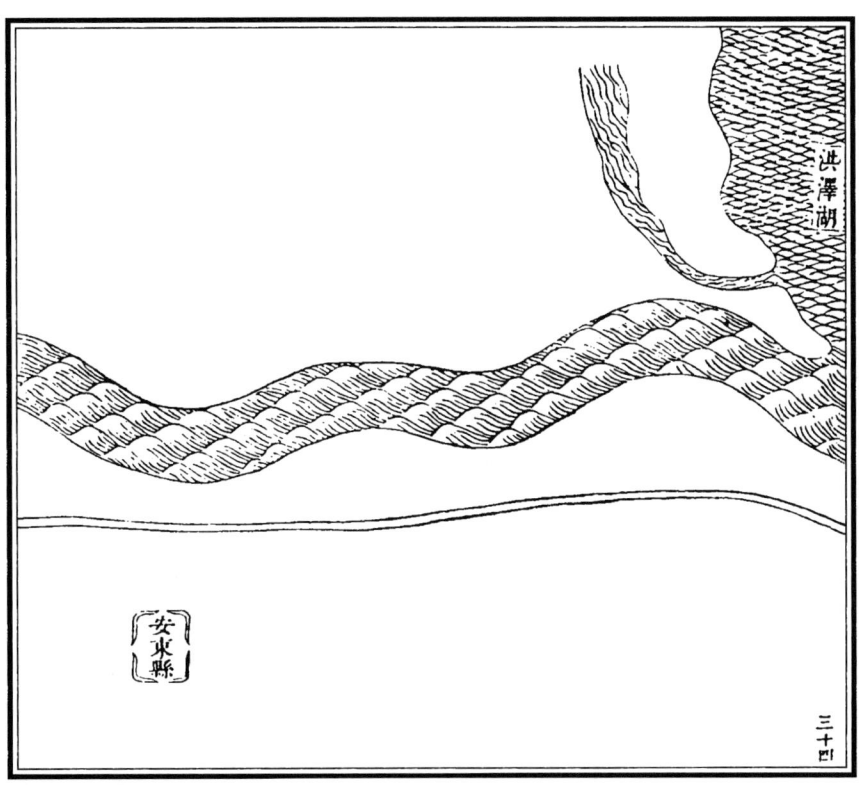

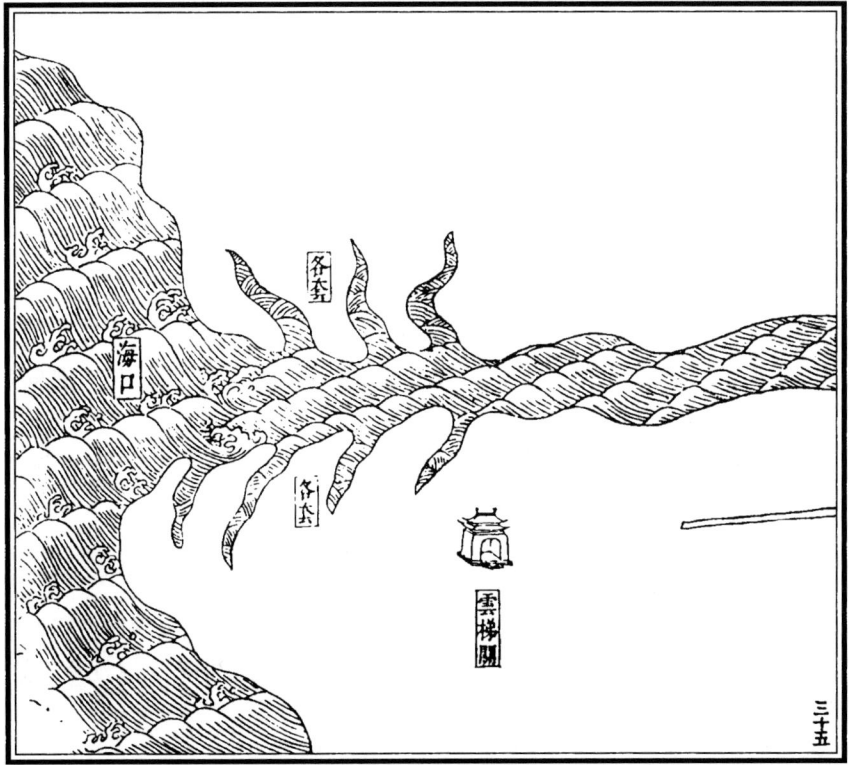

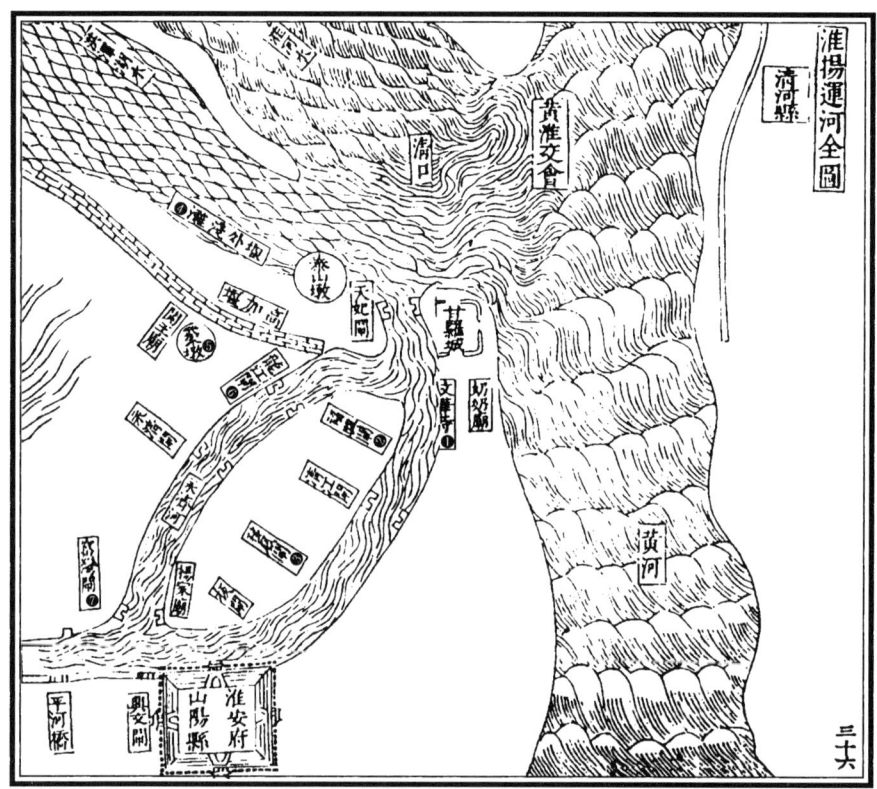

---

❶ "文华寺"下脱"闸"字。乾隆《大清一统志》卷六十五《淮安府》载："文华寺闸,在清河县西南,旧永济河口。"

❷ 当作"福兴闸"。乾隆《大清一统志》卷六十五《淮安府》载："福兴闸,在清河县清江闸西五里。"

❸ 据《两河清汇》卷四《运河》,当作"移凤闸"。

❹ 据国家图书馆藏刻本《河防刍议》,当作"堰外浅滩"。

❺ 当作"武家墩"。《行水金鉴》卷六十四《淮水》载："武家墩南去高堰十五里。"

❻ "龙江闸",《行水金鉴》与《治河奏绩书》作"龙汪闸"。《江南通志》卷六十作"龙汪闸",卷五十九与卷一百八作"龙江闸"。

❼ 据《明史》卷八四《黄河下》,当作"窑湾闸"。

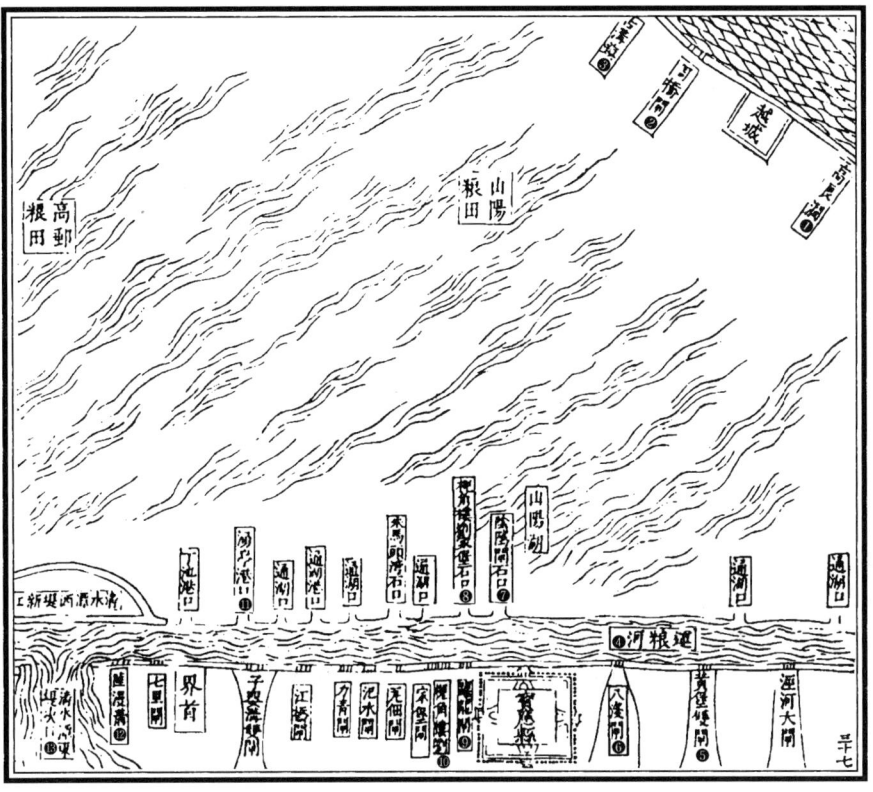

❶ 当作"高良涧"。《行水金鉴》卷四十八《河水》载:"而下自清口武家墩,历高家堰、高良涧以至周桥闸一带残缺之堤。"

❷ 当作"周桥闸"。据同上。

❸ 据《两河清汇》卷四《运河》,当作"古沟镇"。

❹ 据下图之"运粮河",此处当作"运粮河"。

❺ "堡"当作"浦"。《钦定南巡盛典》卷八十《程途》载:"大营起……七里,泾河闸。五里,系扬州府宝应县界。一里,黄浦闸。"《两河清汇》卷四《运河》载:"黄浦双闸,山阳南五十里,为扬州府宝应界,南至宝应三十里。"

❻ 当作"八浅闸"。《钦定南巡盛典》卷八十《程途》载:"大营起……一里,黄浦闸;四里,刘家潭;四里,八浅镇;七里,三里沟;二里,宝应县。"

❼ 当作"阴鸷闸石口"。《江南通志》卷十四《舆地志》有"阴鸷河在宝应县氾光湖西"之载。

❽ 当作"槐角楼刘家堡石口"。《行水金鉴》卷一百二十四《运河水》载:"宝应氾光一湖,浩荡无际,槐角楼一带,据湖之中,其形如兜,两翼向为运道梗。"《行水金鉴》卷一百五与卷一百三十三均有"刘家堡"之名。

❾ 当作"跃龙闸"。《行水金鉴》卷一百五十一《运河水》载,宝应县有"跃龙关"。道光《重修宝应县志》卷二《山川》载:"宋泾河在城中受跃龙关所入之水。"

❿ 据国家图书馆藏刻本《河防刍议》,当作"槐角楼刘家堡闸"。

⓫ 当作"涌亭港口"。据同上。

⓬ 当作"陆漫沟"。《行水金鉴》卷一三五《运河水》有"随即崩溃高邮之清水潭、陆漫沟"之载。另,"沟"疑当作"闸"。本书《黄河全图》之三十七"陆漫沟"之前除"界首""宝应县"外,为诸闸之标识。《行水金鉴》卷六十五《淮水》与《两河清汇》卷四《运河》均有"陆漫闸"之载。

⓭ 据卷三《高邮漕堤西岸清水潭治河说》之图说,"堤"下当作"决口"。

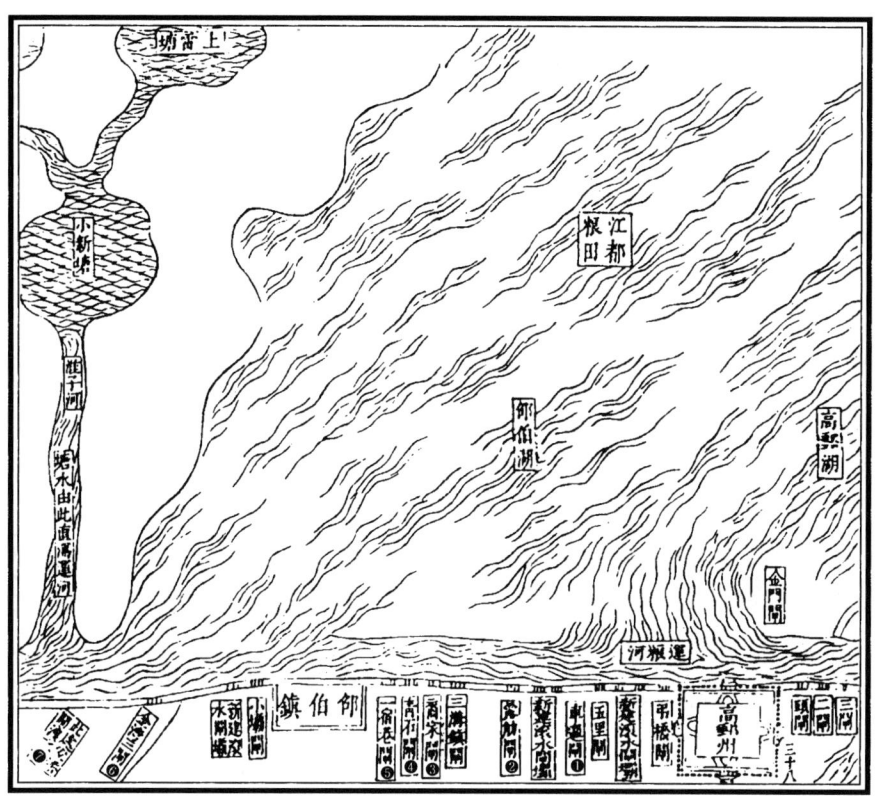

---

❶ 据《两河清汇》卷四《运河》,当作"车逻闸"。
❷ 据同上,当作"露斤闸"。
❸ 据同上,当作"裔家闸"。
❹ "青石闸",《两河清汇》卷四《运河》作"青石港闸"。
❺ "一宿巷闸",《两河清汇》卷四《运河》作"二宿闸"。
❻ 当作"金湾三闸"。《两河清汇》卷四《运河》载:"复于江都县邵伯镇之南,凿开漕堤,造金湾三闸,引水径入芒稻河。"《治河奏绩书》卷二《职官考》载:"江都县运河东岸,上自高邮州界起,下至金湾三闸。"
❼ 据国家图书馆藏刻本《河防刍议》,当作"此处宜添闸泄水"。

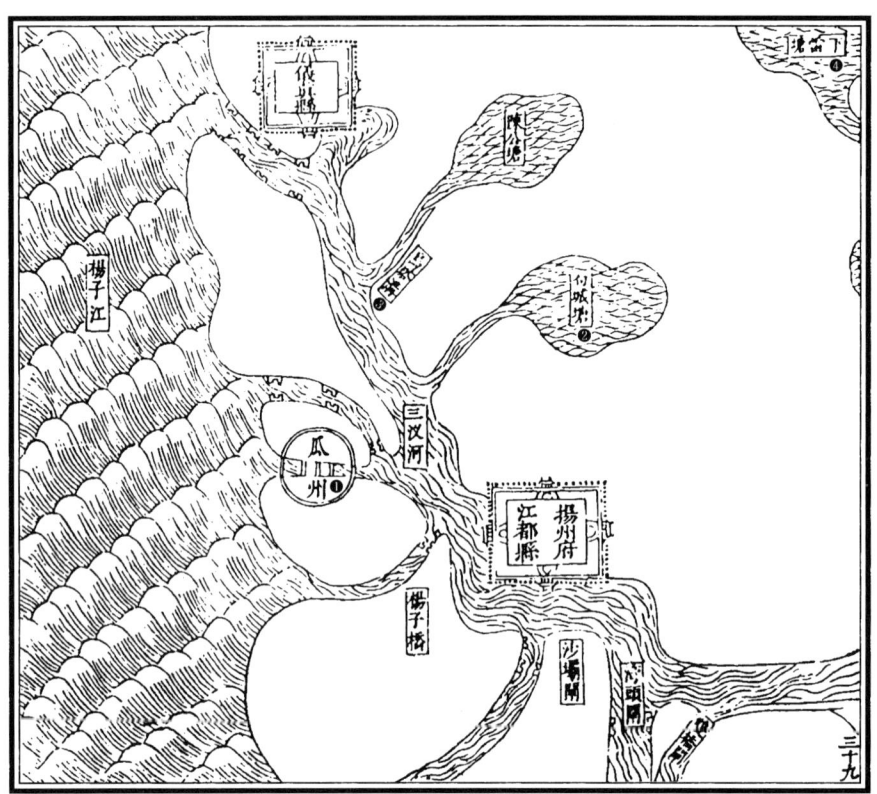

❶ "州"当作"洲"。乾隆《大清一统志》卷六十七《扬州府》载:"瓜洲镇,在江都县南四十里江滨。"

❷ 当作"句城塘"。嘉庆《重修扬州府志》卷八《山川》载:"句城塘,在城西三十五里,东西阔三百四十六丈,南北长一千一百六十丈。其水由乌塔沟南流入官河"。

❸ 当作"乌塔沟"。据同上。位置疑有误,似应在连接句城塘处。顾祖禹《读史方舆纪要》卷二十三《南直五》亦载:"勾(句)城塘,在府西南三十五里……明嘉靖中开浚。其水南流至乌塔沟南入于漕河,寻复废。"

❹ 据国家图书馆藏刻本《河防刍议》,当作"下雷塘"。

黄运两河说

黄河发源，无关中原利害，今尽载全图，备博览也。按：河源始于星宿海，凡屈曲九千余里，而后历秦、晋、豫，合泾、渭、漆、沮、丹、沁、伊、洛、瀍、涧诸名川之水，肆溢于中原旷衍之地，经丰、砀、徐、邳下宿迁，始为运道。蟺蜿及至清口，会淮入于海。其详具悉旧史及原图中，不能备述。但河自开封、荥泽而下，变徙无常。如近日黄练集等处，南北桑海，倏然改观。今图并志河患徙处及筑塞剧工，以纪变也。运河自邳、宿以北，资洸、汶、沂、泗、山东诸泉，及卫河、潞河诸水，蓄水不深，捞浚为易，故不具载全图，止绘淮、扬迤带要害险工，盖今日治漕所急，在此不在彼尔。

卷二　图说

河南淮扬图说小序

　　国家岁漕四百万石，自清河以北数百里，则资黄以济运；清河至仪〔真〕数百里，则资淮以济运。是黄与淮之大，有利于漕者也。然黄决于北，而运道有沙垫之虞；淮决于东，而漕堤有冲溃之患。是黄与淮之大，有害于漕者也。治河者欲祛其害，而又欲资其利，岂不难哉！

　　雅初任仪封令，于一邑之河虽悉，未及全郡也。继任管河郡，倅于一郡之河虽悉，未及全省也。及任监司，于河南全省之河势悉之矣，犹未及淮、扬也。至节奉总河专檄，委勘荒度桃源上下大工，于是淮、黄南北两岸情形，靡不目击足遍，广讯博访，其于河性之变迁、河势之险阻，益得熟悉周知。譬如行路者，历一步，知一步之艰，非同揣摩臆度者。大抵治淮视治漕为难，治黄视治淮为难，治中流视滨河为难，治决口视中流为难，治北岸视南岸为难，治北岸决口视南岸决口尤难。治之之法，莫善于因。因者何？因其时以制宜，因其势而利导之而已矣。禹之治水也，顺水之性，顺之者，因之之谓也。淮清而黄浊，贵治之使合，而后清可以刷浊，因其清浊而合之也。

淮弱而黄强，贵治之使均，而后弱可以敌强，因其强弱而均之也。中州之河趋下，桃、清之河趋上，下者宜埽，而上者宜堤，因其上下而埽之、堤之也。南岸之势昂，而北岸之势低，昂者犹可修于事后，而低者必先防于未然，因其昂与低而修之、防之也。夏秋水涨走滩，冬春水落趋湾，其湾也可以堤塞，其滩也可以挑引，因其滩与湾而塞之、引之也。故曰"三代所宝莫如因"，此以水治水、行所无事之智也。

从来河患，河南为甚。而近日河为漕患，惟桃、清、淮、扬最急。谨将河南经验、河患险工并淮、扬亲阅要害、治法分图立说如左。虽曰"以图御者，不能尽马之情"，然使按图而治，亦思过半矣。若神而明之，存乎其人，此又贵乎因时制宜、因势利导，而非图说之所能罄也。

郑州南岸王家桥河患图 康熙十一、十二年

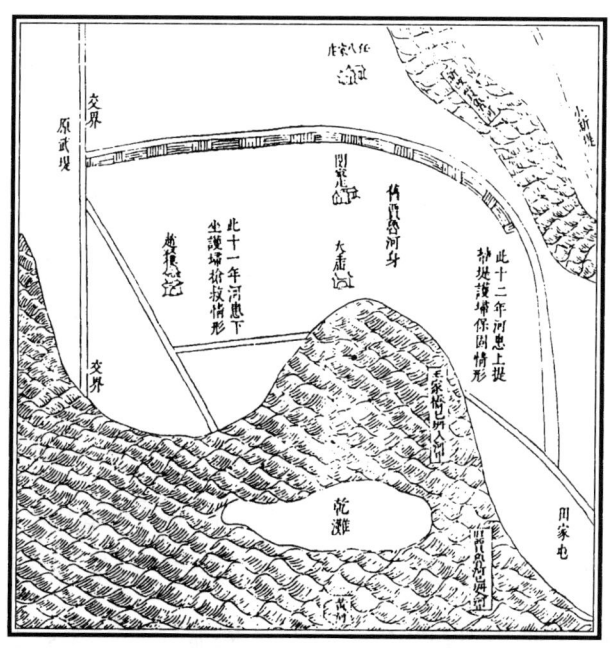

郑州南岸王家桥治河说

按：中州黄河，南北两堤岸阔者相距十有余里，而窄者亦有八九里不等。大抵河势从中流衍，自西而东，乃河之正位也。考黄河自秦、晋入豫境，经怀、河两府，地势高阜，土脉坚固，又多山岭约拦，所以河流受束，冲决常少。行至荥泽仁奠山以东，两岸山尽，地阔土松，加以伊、洛、沁河诸水，河势建瓴而下，汛溜冲激。如水汛向东南，则河势直向东南趋射；如水汛向东北，则河势直向东北冲刷。每当埽湾迎溜处所，兼之夏秋淫潦涨发，势不能无冲溃，往往曲折坍塌至四五里、六七里不等。坍塌所至，逼近堤岸，堤岸一溃，蚁穴不塞，便成滔天，则议筑议挑，相机防御，自不容已。由是年年坍塌，岁岁修防，劳费无已时。此就中州黄河之大势而总言之也。

今按图立说，因病立方。河图即河患，如人之抱病。立说即立法，如方剂之救人。图图如是，说说如是。此就郑州河图而论河势。自荥泽以东二十里许，如田家屯，北距大河数里，康熙十一年春月，上源河势倒射，东南渐次坍塌，逼近田家庄、蓝家庄迤带，直冲王家庄旧大堤，并贾鲁河坍透，内无重堤可恃，河势岌岌。雅任河道监司，相度河流，迤南约四里许，议筑大月堤一道，约一千余丈，集夫抢筑，勒限竣工。而大河南徙不停，势如倒峡，新堤万难捍御，随下护堤边埽，上下二层，而河势浸淫不已。又复多集人夫，昼夜抢救。十二年春夏，此处河势上提，随加帮〔堤〕。十一年所筑迤西月堤、护埽，防危两年，要害始得保固无虞。是役也，若非加倍筑堤，遥远收摄，又兼护埽层层，则大河南射，滔滔莫御，恐开、归、凤、扬一带竟成巨浸,大河将为平陆,忧在漕运矣。此当日惨淡经营堤防成绩,具在披图阅说,一目了然者也。

原武县南岸小潭溪河患图 康熙元年

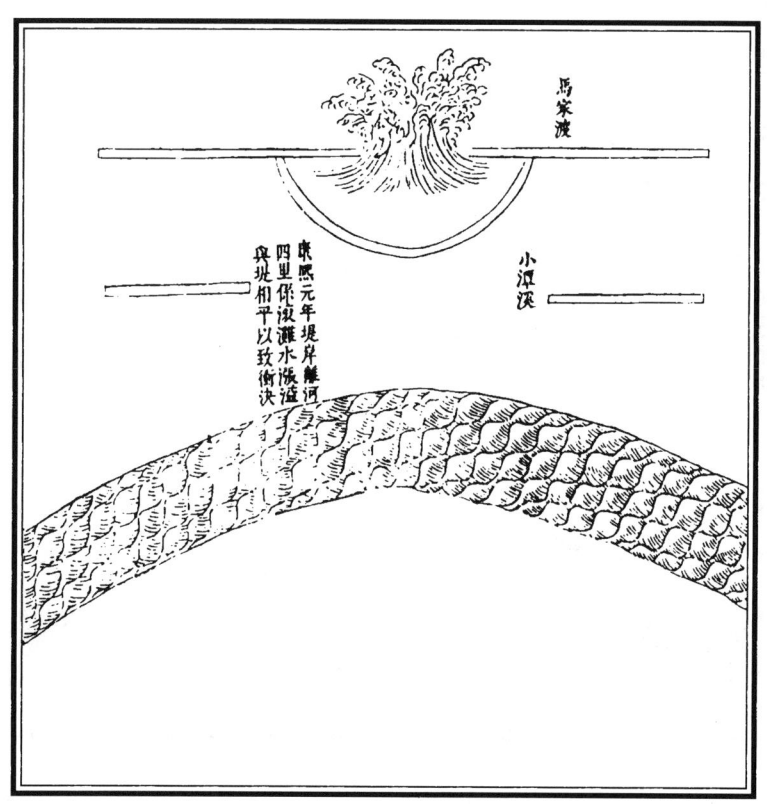

原武县南岸小潭溪治河说

河流距南北两堤远近不等,而河患有轻重不同。大抵河行堤下者为甚,近于堤者次之,远于堤者又次之。按:原武南岸小潭溪。康熙元年,河患非常,河堤内外相平,小潭溪溃决,距大河四里之遥,而河势正行,不属旁射,不过滚滩河患耳。埽料凑手,十日之内可必报塞竣工。披图立说,后值河患似此者，不必过为张皇，可计日而定者也。

中牟县南岸黄练集河患图 康熙元、二年

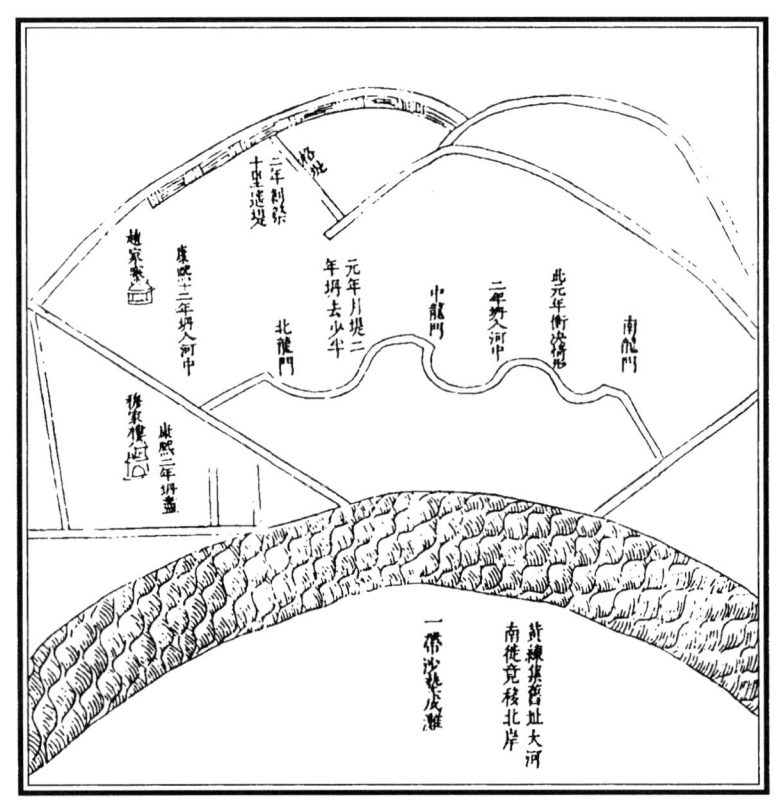

中牟县南岸黄练集治河说

《河防一览》载，中牟之黄练集，乃河南一大要害也。今按：黄练集南岸河图，系康熙元年河患，由上源直射东南，坍塌不止，将黄练集冲刷殆尽，变为大河，河势汛激不停，迁徙东南，日甚一日。不一年间，南岸村庄坍入河中者凡四处，而黄练集南岸沙垫竟移为北岸矣。前此数年，屡次筑堤五道，俱经奔溃无遗。因相机抢筑，遥堤延长十里，外护边埽。康熙二

年伏秋，飞涨冲突，岌岌节防，保固无虞，计当年所筑遥堤基址，距黄练集十里有余。若使近河筑堤，则规模逼隘，水势虽容，决裂之患，必所不免。惟是堤岸延长，包括全河，故不独本年之河患可轻，迄今十有余年，赵家寨迤北堤身坍透成河，而西南迤带屹然如故。正潘季驯所云"堤欲远，远则（水）有容，而〔水〕不能溢"❶者也。披阅此图，见黄流迁徙，须臾桑田变成沧海，水之崩腾澎湃，为害于人，亦可畏矣哉。

阳武县北岸潭口寺上下河患图_{康熙十一、十二年}

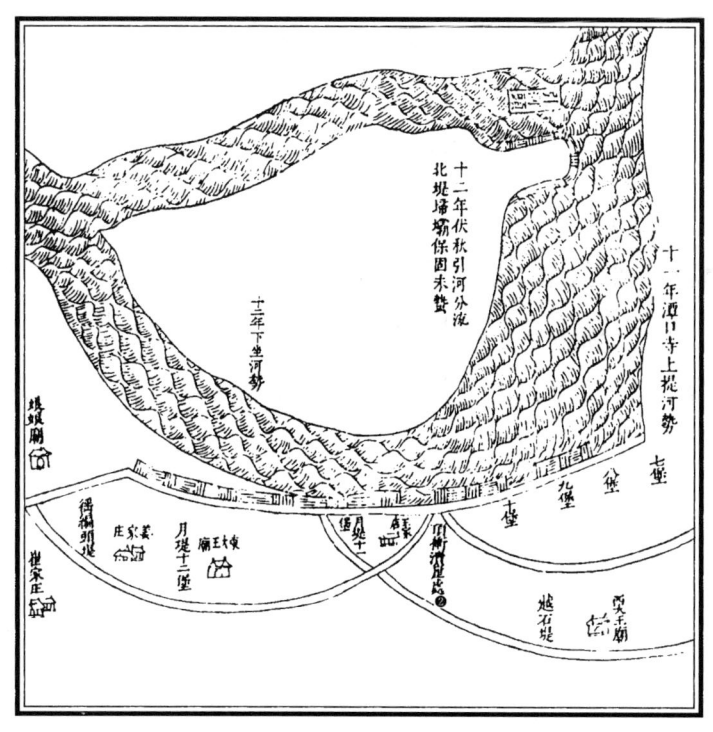

---

❶ "水"当在"而"后。据《河防一览》卷七《两河经略疏》载："堤欲远，远则有容，而水不能溢。"

❷ 据国家图书馆藏刻本《河防刍议》，当作"顶冲溃崖处"。

阳武县北岸潭口寺上下治河说

按：阳武县河图，河势迁徙，自南而北冲射北堤，此过颡在山之水，非其本性，或上提，或下坐，或从中冲激，年年帮筑护埽不停。如康熙十一年，河势上提，潭口寺一带直当其冲。河势猛刷堤根，下埽随蛰随套，又随套随蛰。原估埽个三层，因蛰陷无已，费至六七埽，才得出水，堤身始免坍塌。所用物料，原估不敷，又需官柳、民柳，采办抢救，幸保无虞。至十二年，河势东徙，冲刷张家庄、王家庄、姜家庄一带，冲激靡定，处处防危，需埽不赀，岌岌有噬脐无及之患。所幸者，十一年八月，雅先事而筹议，从上源南岸挑疏引河一道，亘长一千五百余丈。十二年四月竣工，六月河水滔涨，西南烈风飙起，河势汛溜，冲刷引河，并东北一带沙麓刷去一百余丈。引河既得分流，而引河东北又得狂风冲刷，河势东徙，故北堤上下，冲激少平，埽个免蛰，又幸保伏秋无虞耳。但十三年岁修北岸，保堤犹不容已，而南岸引河头南沙北徙，尤须相机开导，庶前功可永，后效可期者也。

封丘县北岸西大王庙河患图顺治十一、十二年

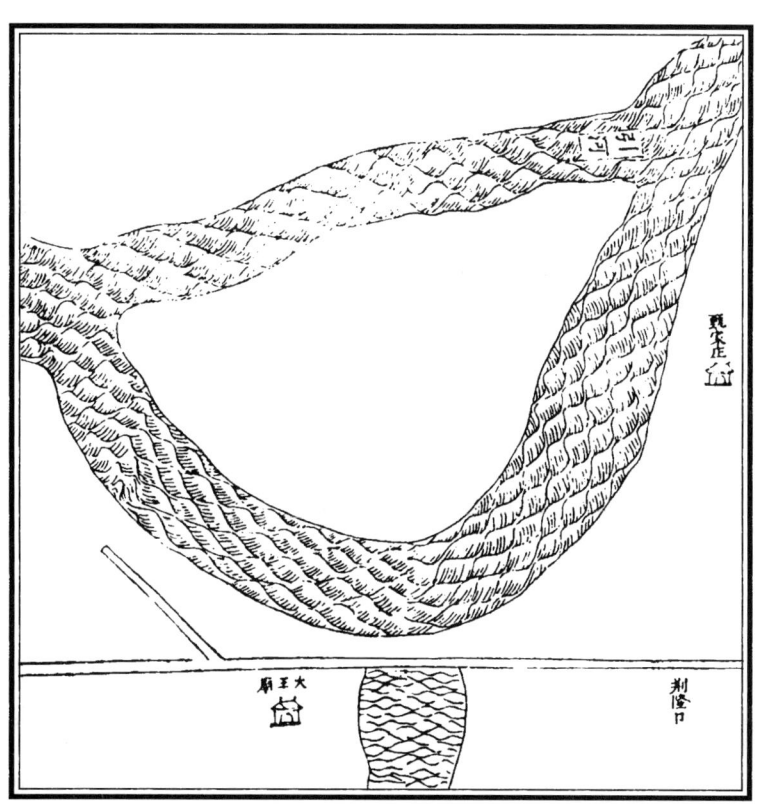

封丘县北岸西大王庙治河说

中州河患，自我朝三十余年来，惟封丘县神马大王庙决工难塞，塞后复溃，此第一河患也。详考历年河患，征夫办料，公私困惫，盖以上源河流趋射东南，自顺治七、八年间，河势一变，趋射东北，大王庙一带正当顶冲，上源既无转折，下流又无故道，壅滞荡激，北堤受伤，历年河患，全坐于此。当时非不极力堵塞，只以决口迤南无下流分泻之路，随塞随决，莫能底绩。迟至乙未年间，从决口迤南相度顶冲湾刷之处，开挑

引河，河势渐次分行，决工两坝卷埽。引河既有所分，则决口之势少杀，埽坝不至仍前冲淘，由是决口堵护渐窄，则南河流动渐深渐阔。南河既渐深阔，庶决口日见功效，合尖报竣矣。

查决工累年未塞之由，徒恃护埽砥柱狂澜，不能济事。惟是引河分而收效捷，因势利导，反败为功，此往事之明效大验也。迩年，河势渐近堤根，防御之法，宜从大堤外坝之南迎水护埽，不使河汛冲刷堤根。所以然者，大堤之下，埽料累积，年久朽烂，倘河汛浸透，陡然冲动，全堤俱摇，而又内堤深潭，有建瓴之势，一泻汪洋。当年覆辙，可不鉴耶？愚以为，先事之防，不可不熟为之计也。

封丘县北岸东大王庙河患图 康熙十一年

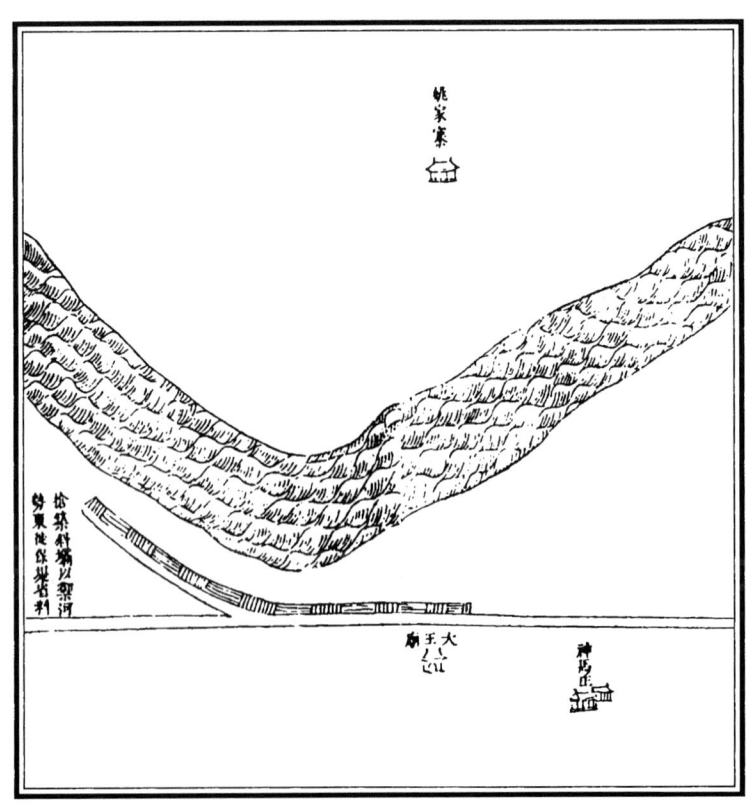

封丘县北岸东大王庙治河说

按：康熙十一年，封丘东大王庙河势系大扫湾，由上源西南直射东北，东大王庙迤东大堤直当冲激，汕刷不停，亟须护埽。但顺堤而东，渐次汕溃，随相机斜筑大坝一道，护下边埽，力资挡御，使河势不至东刷，而大河汛溜，斜趋东南而下，此本年夏末秋初之情形也。至八、九月间，河势陡变上提，东大王庙迤西全河冲堤，昼夜下埽，始免溃决，此十一年封丘东大王庙河势先自西而东，复自东而西之情形也。至十二年夏月以后，河势又变下坐，距堤一二百丈不等。本年虽估计钱粮，并未动支，不知十三年后，河流迁徙又作何变态也。

祥符县南岸黑堽河患图 康熙十一年

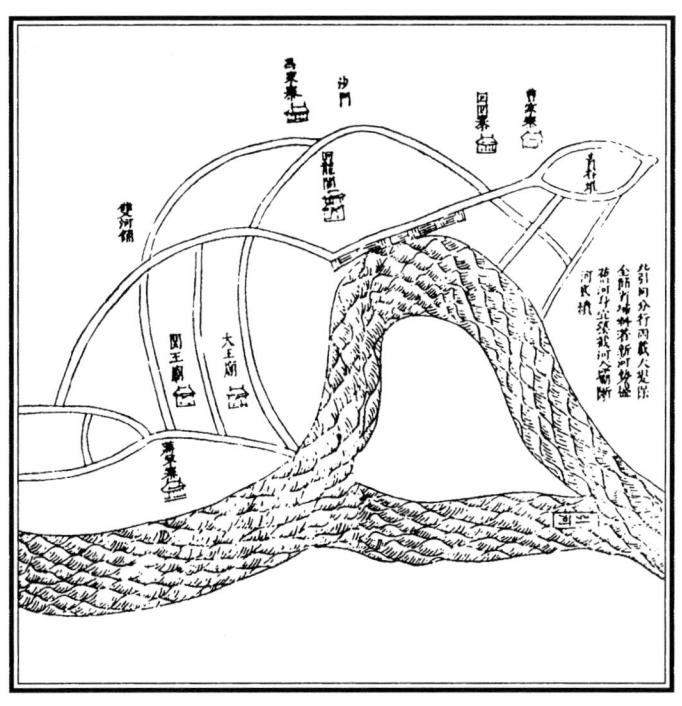

祥符县南岸黑堽治河说

黄河不两行,自古记之,故明总河潘季驯不议支河,谓旧河流急,而新河流缓,流缓必至沙停,沙停则河渠垫高,新河无用,此不过就淮属上下一带言之,而于豫属地势河情未尽亲身阅历,所以挑河杀势之法,尚未谙悉曲尽其妙耳。

今按:祥符南岸黑堽一险,阅历十载,全河大势直冲大堤,有排山倒岳之猛,惊心怵目,下埽防危,不遑宁处。且大堤坐落省城正西,相距不过三十里,一有不虞,则省城受冲,亿万生灵,沉灶产蛙,大可寒心。康熙十年,议从上源曲折之处挑挖引河。十一、十二两年,得借引河,分流过半,不独埽料节省甚多,而长堤亦得保固,此正顺水之性,因势利导,所谓运用之妙,存乎一心。刘大夏谓下流不可治,先治上流,正得此意。若必执河不两行之说,则刻舟而求剑矣。但引河既开之后,大河淤浅,必筑截河大坝断流,使势趋新河,否则水行故道,而新河复将淤塞,此引河之法,又不可不知也。

祥符县南岸时和驿河患图 康熙元年

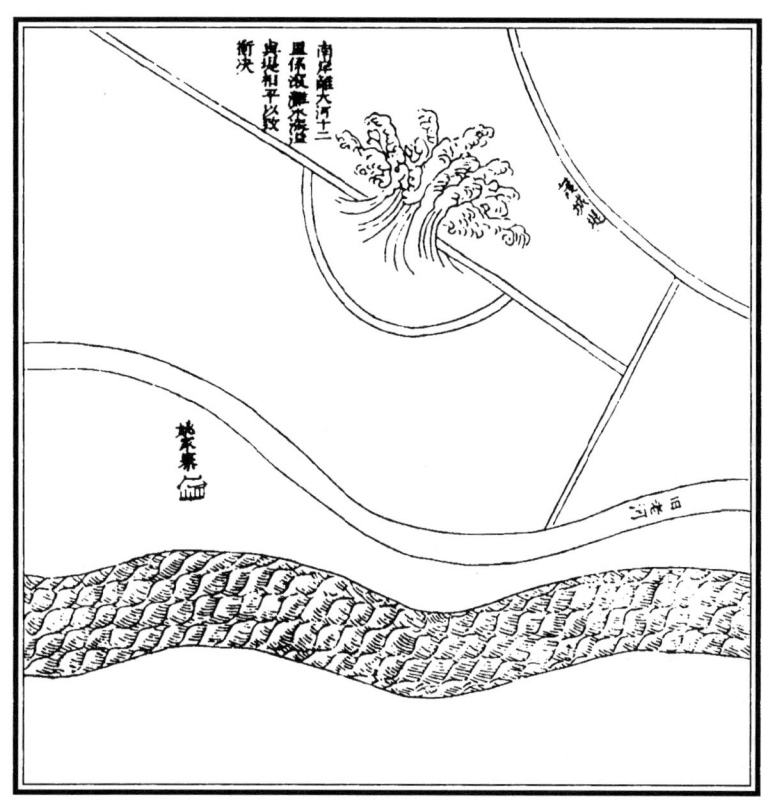

祥符县南岸时和驿治河说

黄河迁徙不常，倏而南行，倏而北衍。虽河流移北，而南河旧渠尚存，突值涨发，出（漕）〔槽〕溢岸，洪波滔荡，南北两堤在在慎防，万难缓视者也。如康熙元年，祥符时和驿堤岸溃决，驿距大河十里余，系滚滩，水暴冲旧河，加以北风狂逞，凡堤势少有曲折处，冲激易伤，致滋河患。披图立说，勿以大河距远为可忽，而旧河淤垫不足虑也。然备料抢筑，半月以内可以竣工耳。

祥符县南岸槐疙疸河患图 顺治十七年

祥符县南岸槐疙疸治河说

祥符南岸槐疙疸，《河防书》所载，亦名险要害也。顺治十七年六月间，河流暴涨，因河势扫湾迅猛冲溃❶。七月中旬，河流一半分行，人力骤难争胜。至八月初旬，两头筑坝、卷埽齐下。九月初三日报塞。适又值河水涨溢，埽坝平蛰，昼夜抢护，始保无虞。复为绸缪善后之计，从堤外议筑小月堤，增高加厚，

---

❶ 此句疑为："因河势迅猛，扫湾冲溃。"

外护边埽，庶几门户锁钥，而堂奥晏然。缘此处临河扫湾，历来屡罹河患，虽增筑月堤可以重门御暴，而头堤为当冲捍患之门户，一有浮涨，壅溃撞啮，势必引贼入室，内堤溃决，亦不能保矣。司河者勿以重堤数道为足恃，而遂置外堤于膜外也。

祥符县南岸埽头集河患图 康熙十二年

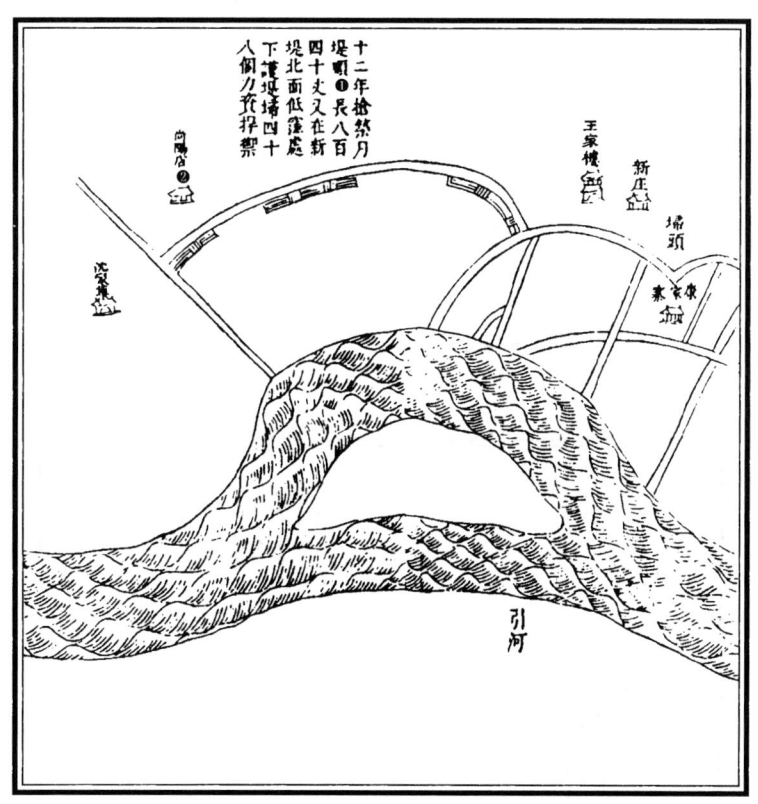

---

❶ "堤"下当作"顺"。《河南通志》卷十二《河防一》载："荥泽南岸沿河大堤，自旧县迤南堤头起，至郑州堤界止，顺长十一里一百七十丈五尺。"

❷ 当作"尚阳"。乾隆《祥符县志》卷六《建置》载："尚阳店所管庄村，自尚阳店至兰阳寨，共一十五处。"

祥符县南岸埽头集治河说

按：祥符县南岸埽头河图，康熙十二年春夏，全河之势从西北冲射东南，直抵堤根。七、八月间，河势荡激，上提下坐，延长数里，坍近大堤，情形不测，未敢轻议埽工。周视详度，自埽头迤东，止有大堤一道，并无内堤可恃，既无锁钥之局，又乏重门之闭，坍塌不停，御暴无术。随在内议估月堤一道，多集人夫，昼夜抢筑，又恐新堤水浸，不堪捍御，复下护堤边埽，以防浸汕。此时大堤坍透，而在内堤埽巩固，卒保无虞。未几，十三年春月，河势又变，南北两股分流，摇摇靡定，杞人鳃鳃过计，非相机预防，恐忧方大耳。

祥符县北岸贯台河患图 康熙十二年

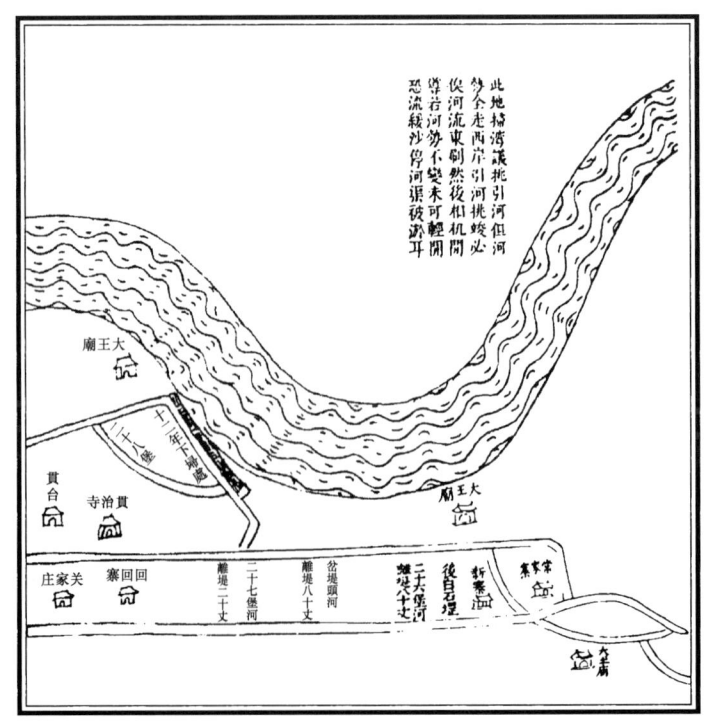

祥符县北岸贯台治河说

〔凡河势要害，南北顶冲为甚，大埽湾次之，漫埽湾次之。按：祥符县北岸贯台河图，上源自南而北，东北迤带堤岸正当首冲。康熙十二年，护埽蛰陷，极力救援，奈东北两堤冲击，河无转折倒流之势，未可轻议疏导，惟有慎守河堤，加帮护埽。但河势一日不变，则河患一日可忧。倘堤岸一溃，全河俱夺，直冲济宁上下运道，关系非常。窃计欲治此患，宜〕❶ 相度上源东岸曲折迎溜处所，大辟河渠，深一丈二尺，中阔十五丈，上河头阔二十五丈，下尾阔十三丈。一丈二尺之下，再挑多坑多沟。上河头下唇挑漕，下埽三层，以约拦河势。如法挑竣，须俟紧溜迅行东岸之时，河流暴涨，相机开导，滔滔东注，冲刷渐阔渐深，北岸河势分杀，埽不蛰而河堤可恃以无恐矣。此挑河、开河机宜，必须一一中窾，若一经生手未谙之人，则引河难成，而开导乖错，毫厘千里，真有未可易言者矣。

---

❶ 原缺，据《四库全书存目丛书》本《河防刍议》补。两个版本之文字稍有出入，故"宜"以下文字仍保留《续修四库全书》本《河防刍议》原貌。

陈留县南岸孟家埠口河患图顺治十四年

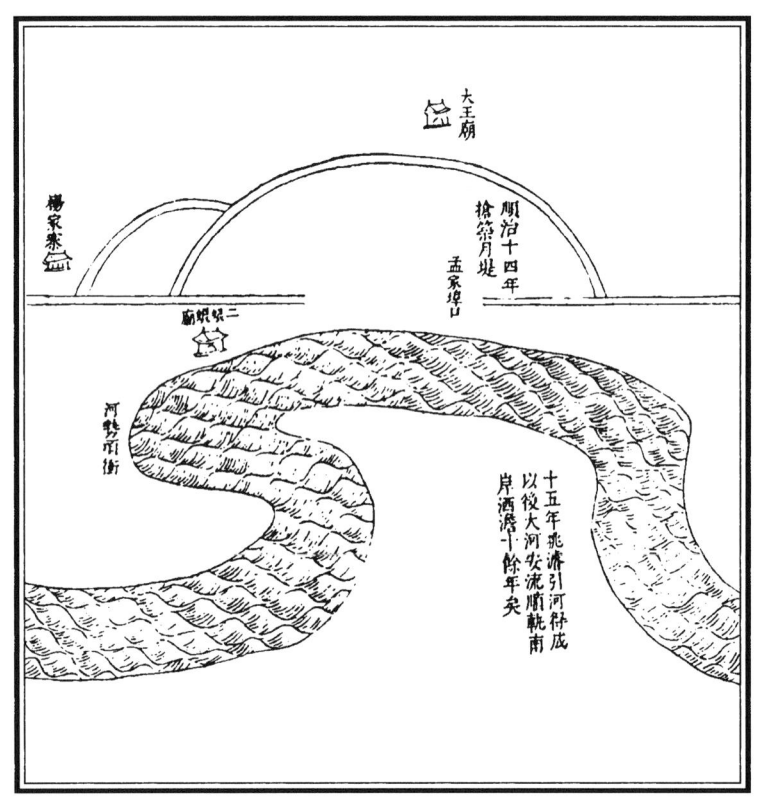

陈留县南岸孟家埠口治河说

此顺治十四年陈留县南岸孟家埠口河图也。从上源圈河冲刷，西岸坍塌临河，此为扫湾河势。当年，监司误议埽工，办料抢下护堤，糜费无功，则河工之成败，贵于虚怀博访耳。从来河势果系顶冲，方议下埽，所下之埽正迎其溜，虽水汛日猛，而埽个安然如故。若河系扫湾，埽不迎河，则埽随水淌，埽既淌泻，土堤何以御冲？计此一昼一夜，坍塌立尽，况值河流飞涨之时，一望汪洋，陈留、杞县等邑汇为巨浸矣。大抵扫湾河患，头堤难固，必须内议月堤。如在内地势高亢，须加风埽，以护新堤，使免坍刷。倘在内地势低洼，头堤坍透，河汛涨猛，建瓴而下，月堤亦难抵挡，必从月堤护沿边埽，高六七尺不等，庶迅涌河势不得肆其冲啮矣。此扫湾河势与顶冲不同，而治之，失法则败，得法则成，断然不爽者也。

卷三 图说

仪封县北岸三家庄西河患图 顺治十七、十八年

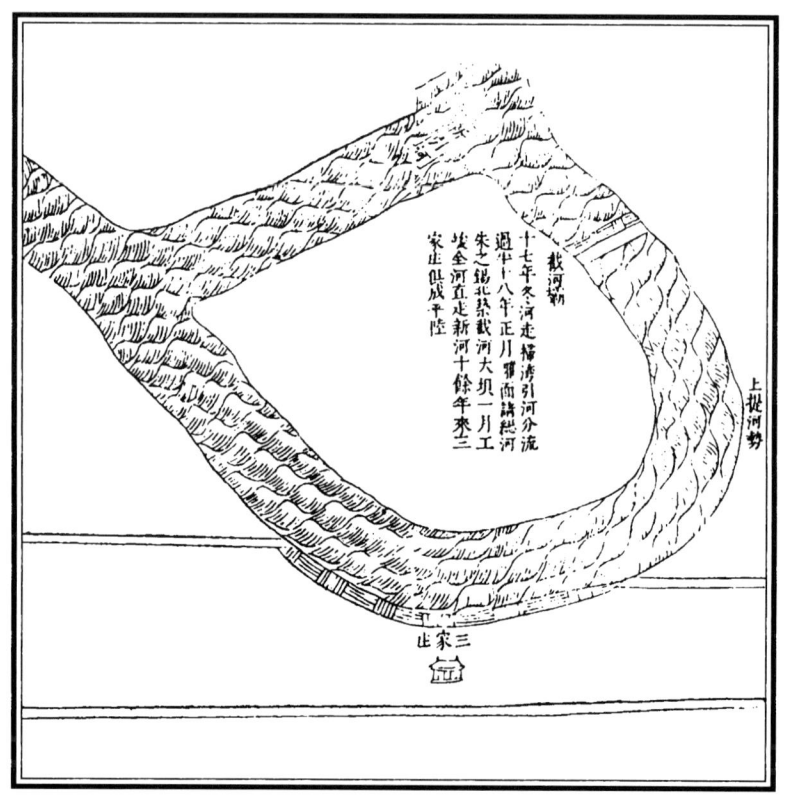

仪封县北岸三家庄西治河说

顺治十八年、康熙元年，河势渐徙北岸，三家庄迤西冲刷为甚。又从上源大扫湾处挑河导引，从来黄河夏月走滩，冬月行湾，三冬从扫湾流刷引河，直夺大河十分之七。雅陈于总河朱之锡，从中流抢筑截河大堤，护埽御冲，全河归引，北河淤高，迄今一望平陆。

仪封县北岸三家庄东河患图 顺治十四年

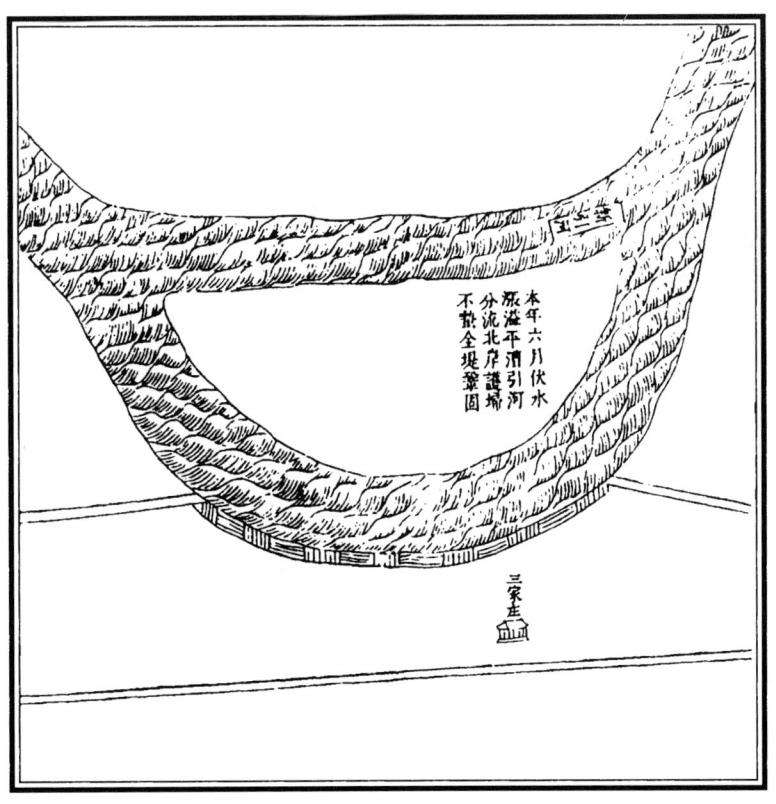

仪封县北岸三家庄东治河说

按：顺治十四年，仪封县北岸三家庄，河势迁变，自南北冲，直射堤根。考三家庄河防所载，从古要害之地。今北射坍塌，自春迄秋，崩汕五里有余。奔迅汹涌，势若摧枯拉朽，可为寒心。且堤北迤带，又系曹县旧沟，倘有疏防，建瓴莫御，全河归于决口。大河沙淤，日垫日高。大河必至断流，而运道阻塞，民生昏垫，不可问矣。治之法，照堤加帮高厚，外随护埽层层，恐湍悍之势，不可遏御。从上源十里扫湾受冲处所，即当年行河之地，后来日徙日淤，河渠全塞。然实自西而东，河流归宿必经之所。于此确勘施工，挑疏引河，亘长一千丈。六月，河水大涨，开导东行，竟分河流一半，所以北堤巩固，埽个无蛰，此三事并举之工。雅作令时，责成一身，任无旁贷，而能惨澹经营，幸有成功者也。本年，巡抚亢得时荐举考语以"明辨通敏之器，著规画拮据之能，三家庄河工尤其显绩"。按图立说，因谨记之。

仪封县北岸蔡家楼河患图 康熙十二年

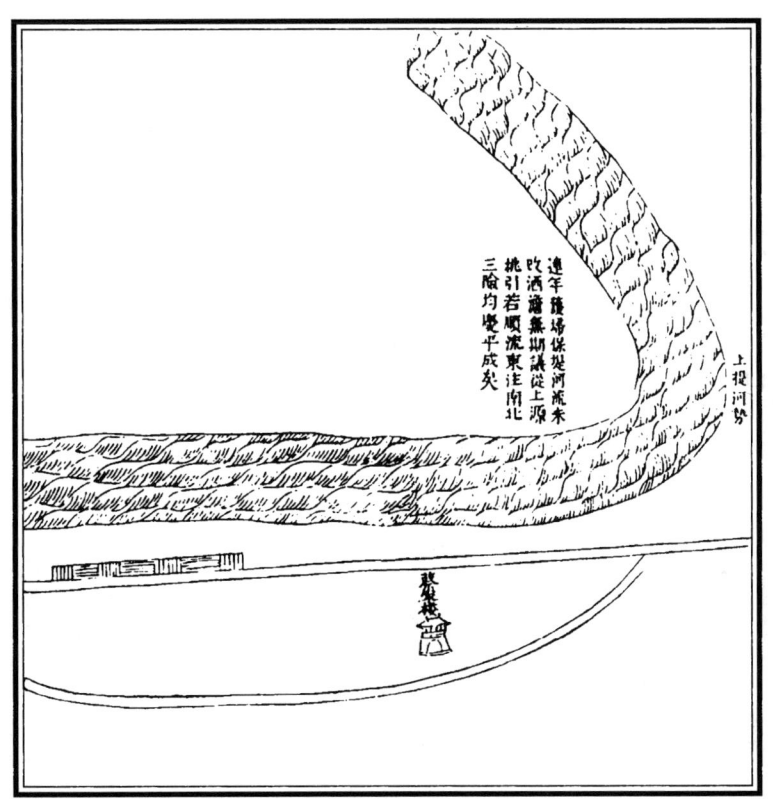

仪封县北岸蔡家楼治河说

按：仪封县北岸蔡家楼河图，由上源东南而下，直冲西北，激射汹涌，堤岸护埽，随套随蛰，以河势趋下，迅若建瓴，故难抵御耳。溯其河患之由，则蔡家楼与考城之芝麻庄，犬牙相错，势若连鸡。考二十年来，芝麻庄岁苦河患，直射堤根，并无迁转。比年河身上提，蔡家楼迤带，一同受害，集夫办料，月无停日，官民困惫，伊胡底止，引河分导，万不容已。分导之法，详具《芝麻图说》中，事同一体者也。

考城县南岸石家楼河患图 康熙十二年

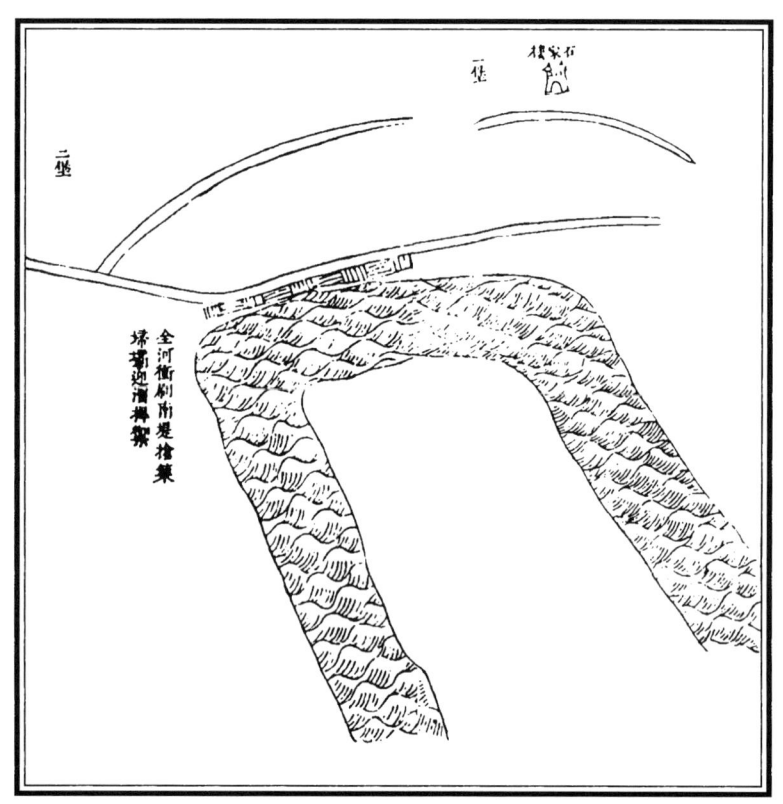

考城县南岸石家楼治河说

考城南岸石家楼东，康熙拾贰年春夏之交，黄河上源陡然趋向东南，昼夜坍塌，势若骏马奔腾，河汛冲堤，倒流斜射，头堤坍尽。相度形势，从内堤第二层下迎水埽，以御其冲。又于内筑月堤，为重门御暴之计。幸堤岸保固，而河势又渐离堤根，差可无虞。但河患仍在，倏离倏侵，未可忘戒备也。

按：河图，考城南北两险，亟宜并治。若专恃埽工，年年办料，所需不赀，未免有难继之忧。且恐河患又不止于今日者，

是两工为考邑切肤之痛。再四筹维，筑塞可（恃）❶〔用〕而不可恃，则疏导难行，宜在必行者也。所议《芝麻庄图说》中，挑浚引河之举，不专为芝麻庄计长久，并为石家楼、蔡家楼计万全。总之，新河得成，不但北岸洒淡，深庆平成，而上源既已掣入新河，将南河之势亦可夺，沙垫日高，河不他徙，南北总汇中流矣。此治法似属新创，实属因势利导，以捍剧工不易之良策，非臆说也。

考城县北岸芝麻庄河患图康熙十一、十二年

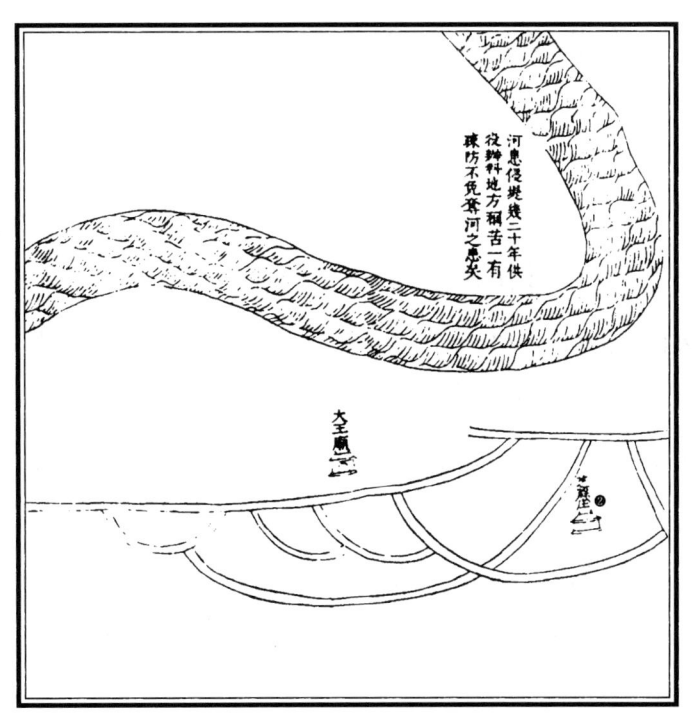

---

❶ "恃"当作"用"。"筑塞可恃而不可恃"之语不通。《行水金鉴》卷二十四《河水》载："近时滚江龙之法，皆不可用。""筑塞"与"滚江龙"皆为河工之法。据改。

❷ 据国家图书馆藏刻本《河防刍议》与本条"考城县北岸芝麻庄河患图"，当作"芝麻庄"。

考城县北岸芝麻庄治河说

宋任伯雨之言曰："河流混浊，泥沙半之，久淤淀而决，或北而东，或东而北，此岂可以人力制哉！"❶故黄河大势，未有数年不变者。但因其所向，拦约利导之，使不至涌流横溢而已。

按：考城北岸芝麻庄河图，河流逼刷堤根，上提下坐，并适中冲激几二十年，此河患首冲，最为要害。岁月既久，从前估用经费既已不赀，长此安极？年来，相度南北上下河势，南岸一带地势高亢，并无洼下之处，而河势自南而北久失正位，恐将来北堤一有疏虞，全河俱徙，济宁上下迤带直当其冲，运道必淤，漕艘中阻，深切杞忧。治之之法，自北堤距南五六里许，现有大扫湾形势处所，从此勘确，挑浚引河一道，自西而东，计长不过二千丈，必须疏导得法，勒期竣工，俟伏秋洪涛飞涨之时，河头下唇挑漕下埽，以约拦水势，河渠之内挑坑挑沟，任其跌荡冲刷，新河自然渐夺过半，则引河以北大河身渐次流缓，随相机抢筑截河大堤，务使河流全归新河，滔滔东荡，庶北岸可保无虞，此亦因其所向，利导而约拦之已耳。若谓工大费烦，艰于创举，不知因循日久，为费更大。诚有见于河势之利害，而权其轻重，则费数年估计之钱粮，而可以弭数十年之河患，孰少孰多，孰得孰失，其较然可见者矣。

---

❶ 据《宋史》卷九十三《河渠三》任伯雨之言为："河流混浊，泥沙相半，流行既久，迤逦淤淀，则久而必决者，势不能变也。或北而东，或东而北，亦安可以人力制哉！"

虞城县南岸黄里寺等工河患图 康熙十一、十二年

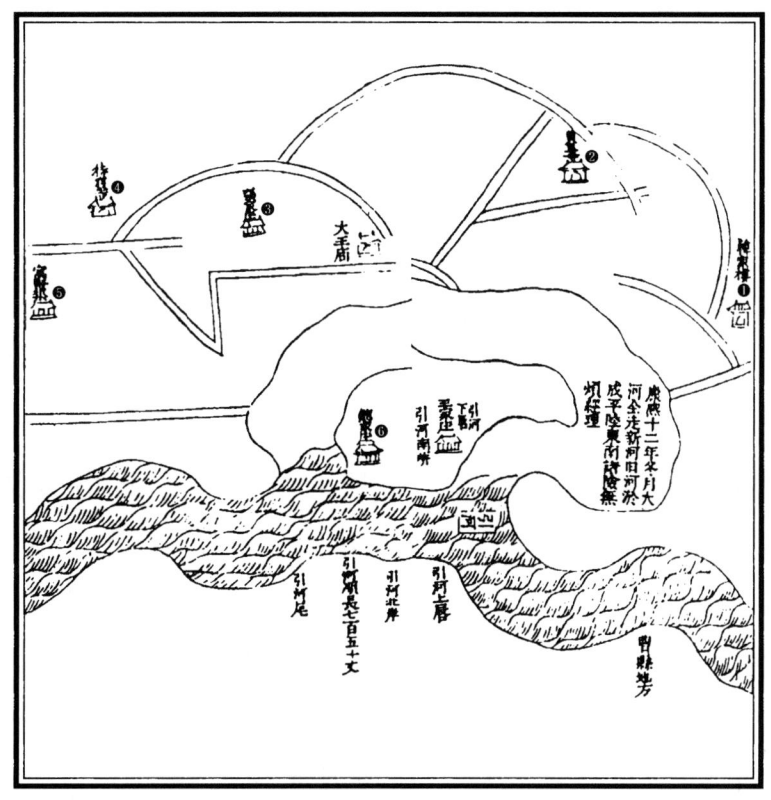

    ❶   当作"韩家楼"。《行水金鉴》卷五十七《河水》引张鹏翮《治河全书》载，虞城县临河堤"第二段自土楼起，至韩家楼止，长三千一十五丈。……第三段自韩家楼起，至大王庙止，长一千二百二十丈。康熙二十四年帮修，坐落韩家楼东"。
    ❷   据国家图书馆藏刻本《河防刍议》，当作"黄里寺"。
    ❸   当作"张家庄"。据同上。
    ❹   据下文"治河说"之"若待宾寺河刷东南扫湾，曲折沸涨之势，患切剥肤"，当作"待宾寺"。
    ❺   据卷一《黄河全图》之十九，当作"寓贤集"。
    ❻   据国家图书馆藏刻本《河防刍议》，当作"鲍家庄"。

虞城县南岸黄里寺等工治河说

虞城县治距临河堤岸仅五六里,康熙拾一年,河流全走南岸,黄里寺大堤坍透,内系月堤,昼夜筑竣,幸地势颇高,月堤无溃。若待宾寺河刷东南扫湾,曲折沸涨之势,患切剥肤。幸上源引河开放,分流杀势,南岸两工获保无虞耳。但河势分行,南岸两险绸缪难缓。十二年春月,确勘引河上源,水汛上提,引河口门冲刷不利,恐流缓沙停,新河淤高,大河仍走故道,则南岸两工一有疏防,冲县治而害民生,深切杞忧矣。议从水汛上提之处,迎溜挑挖,一一如法。伏秋大涨之时,汹涌建瓴之势,滔滔东下,则新河日刷日深,两岸日坍日阔,大河迤南河流渐缓,流缓沙停,大河垫高,新河上下汇为巨津矣。此上源引河既成,而东南两工俱成平陆,不但修防节省繁费,而县治屹然无患矣。引河之成,历经两岁,非因势利导,相度中窾,底绩未可易言也。惟是善后之计,已有成画,地方惮于修举,以目前清晏便谓无事,司河者尤须远计之。

曹县北岸石香炉河患图 康熙元年

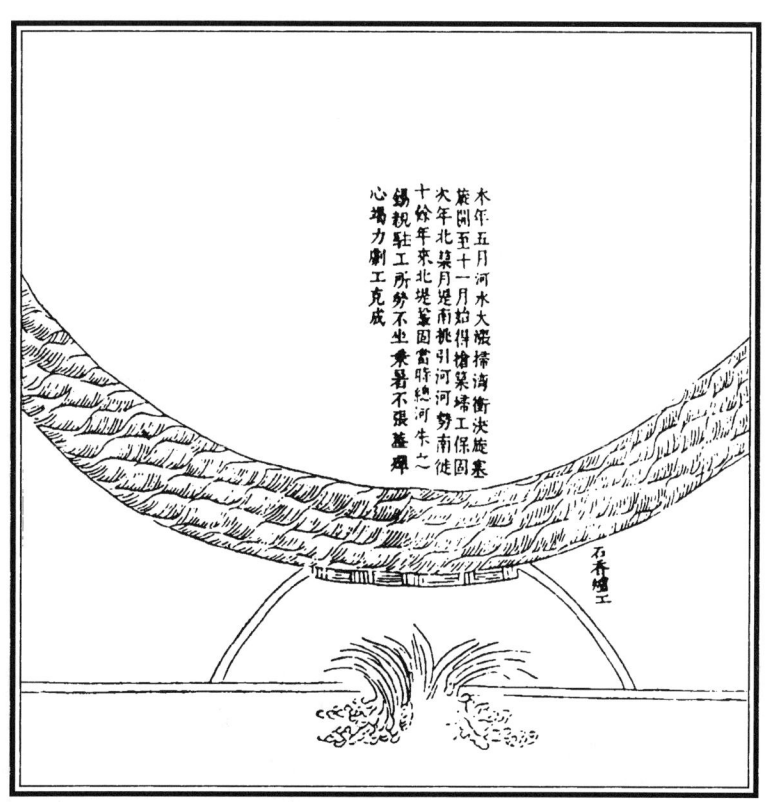

本年五月河水大溜搪衡决旋塞筑开至十一月始得抢筑埽工保固次年北梁月堤南挑引河势南徙之十余年来北堤鞏固当时总河朱之锡祝驻工所势不坐乘暑不张盖伞心堵力剔工克成

曹县北岸石香炉治河说

此曹县石香炉大埽湾河图也。从来扫湾河势，遇有溃决，紧溜奔刷，筑塞之功，难以骤施，须待时而兴。若河流正值盛涨，非人力可以争衡，一旦轻举，鲜不偾辕者。此河决于五月，一时绅衿百姓因夏禾未登，秋麦未种，恨不即时堵塞，以救耕畎。采运物料，咄嗟立办，专待兴举。雅奉调至工，确勘上下情形，伏秋盛涨，不宜轻筑，即幸筑塞，亦必壅决。彼中绅士，力争抢筑。迨决口合尖之时，外河壅涨，内堤处处倾危，果从新筑坝工溃决数十丈。众方信服前言，始议停工。然物料荡费，已尽如许，金钱皆付之水滨矣。直至冬月，凌块壅挤，昼夜抢埽，方克报塞。雅又于十一月亲勘确议，北筑重堤护埽，南挑引河分杀，然后河流南徙，北岸河患渐收平成。故必上识天时，俯察河势，缓急迟速，皆合机宜，始获奏绩，非可以卤莽灭裂，侥幸从事者也。

徐州南岸贾家楼河患图 康熙十二年

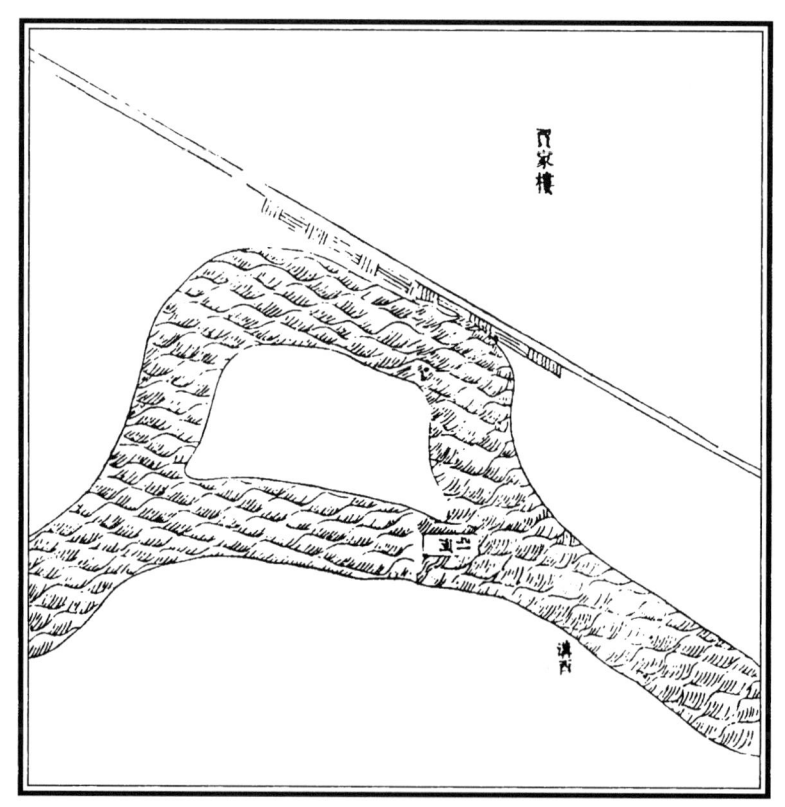

徐州南岸贾家楼治河说

康熙十二年十一月，雅奉调会勘淮属北岸工程，事竣，由徐州贾家楼南岸一带，周阅上下。河势倒射东南，旧堤已坍，新堤虽已筑竣，将来河患叵测，势益南徙，不可捍御。今虽从上源新挑引河，诚未雨绸缪之至计。但工竣之后，下唇之扃键须周，河渠之坑沟宜浚，而开导之时候更不可不审。若非时至伏秋，即平时河势涨发，不过随涨随消，河头岂可轻放？一不留心审察，卤莽误开，则偶涨之水未久即消，河汛无力，不能冲刷河身。力既不能冲刷，则流缓沙停，沙停河饱，新挑之河身深不过一丈一二尺，有不为沙垫，尽弃前功者乎？司河者念工力之维艰，思浚导之匪易，毋后事而失时，亦毋欲速而偾绩，斯河患可平，而剧工不误矣。

桃源县北岸九里埝河患图 历年河势不变

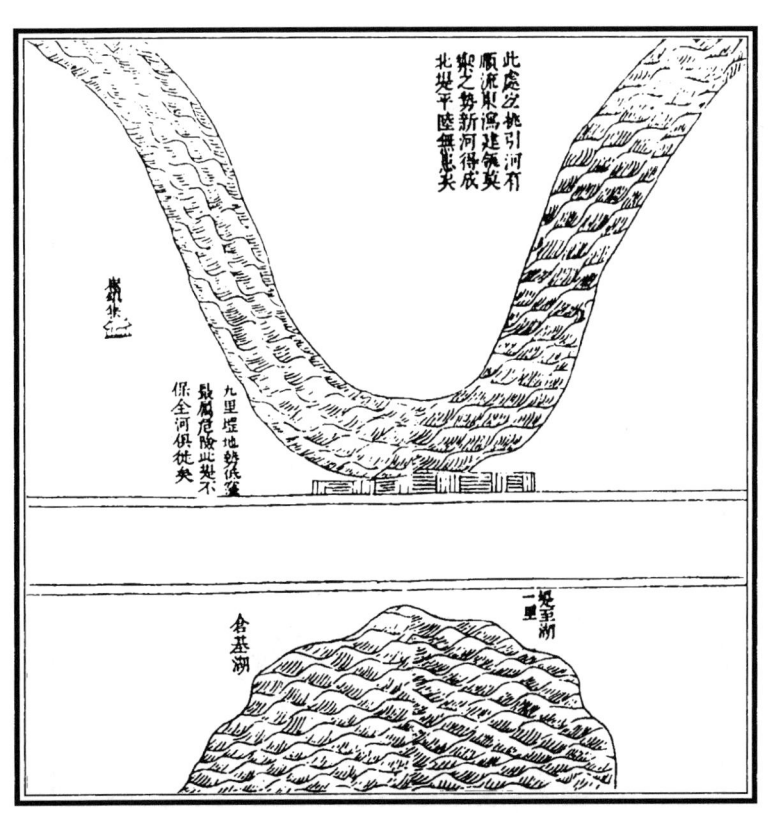

桃源县北岸九里堽治河说

河流自西东行,水之性也。今崔镇西九里堽河势一变自南而北,再变自北而南,倒行逆流,决裂已极,长此不治,北堤冲激日甚,倘埽个不固,堤岸壅溃,断所不免。且堤内地势低洼,外河迴高数尺,建瓴危险,殊切惊心。况南堤距仓基湖不过一里,一有疏防,全河射湖,汪洋澎湃,莫可收拾,桃清遂涸,断流淤垫,竟成平陆矣。治之之法,相度上源曲折之处,可以挑浚施工,须深广如法,待时开导。此河一成,不但九里堽一带就下之势保危为安,且崔镇集冲刷渐轻,庶免坍塌,而东南迤带可无横射之患,此工阅视最确图真而说不泛也。

桃源县北岸徐升坝河患图 历年河势不变

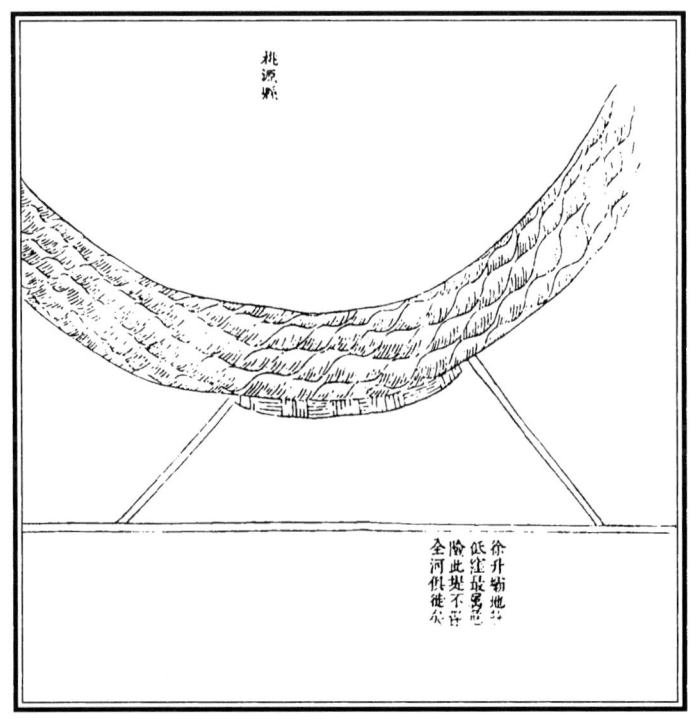

桃源县北岸徐升坝治河说

凡两岸临河，地势高亢，即有冲决，未易夺河。若滨河地势低洼，河水平流之日，内外相较，河形已高，况当暴涨之候，河与堤平，则在外河形较堤以内之形势高至七八尺，在在报险，防守为难。如徐升坝地势低洼，形似盆底，目前所恃，护埽御堤。倘河势下趋，埽陷不固，一线之堤，安能御全河冲击之势。且使决口成河，建瓴冲射，则旧河淤垫，可立而待矣。相度上源，并无曲折，不便轻易挑浚。为今之计，惟于原堤增高加厚，备料充足有余，可以无患，此下策也。若将来河势迁徙，因势疏筑，又存乎其人耳。

桃源县南岸龙窝河患图 历年河势不变

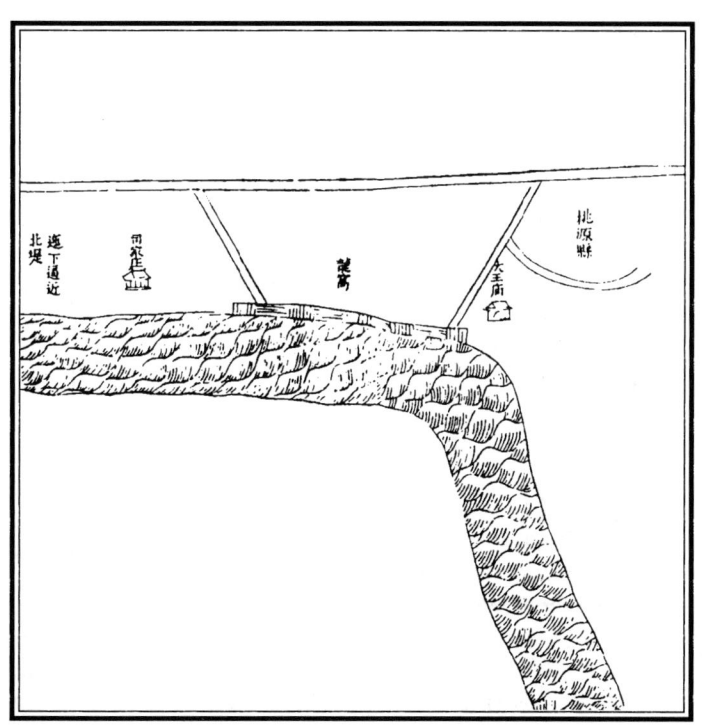

桃源县南岸龙窝治河说

桃源迤东扫湾,河势往反经过,阅历已熟。大河直走南岸,势难迁徙,年年护埽,洒淡无期。且下流七里沟、黄家嘴、新庄迤带北堤河患,皆此(倒)〔扫〕❶湾。河势为厉之阶,总因河势北徙,离堤逼近,而又河岸卑洼,每值涨溢,孤堤易伤。在今日治之之法,欲保北堤,须改河势,欲改河势,惟有相度上源曲折冲刷之处,因势利导,以挽狂澜。不然,河势一日不变,则北岸一带岁岁堤防,并无息肩之期矣。所谓治河,宜治其源。犹之除病,宜除其根。病根不除,虽暂愈而仍发。河源不治,虽暂塞而仍危。司河者其早计之,勿令噬脐靡及也。

桃源县北岸七里沟河患图 康熙十一、十二年

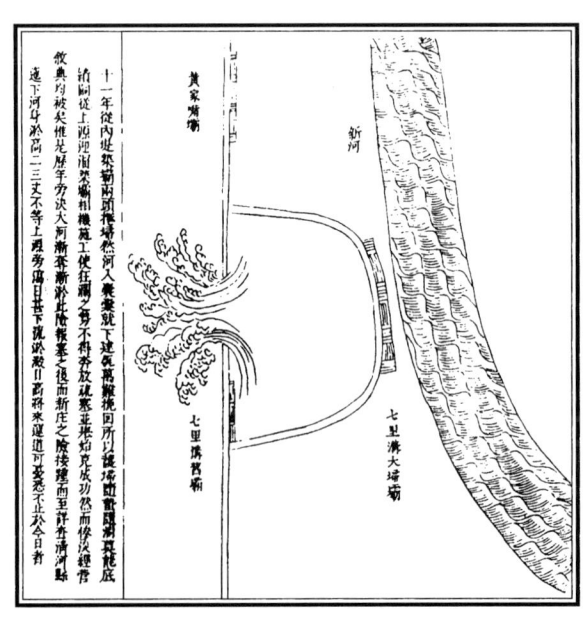

---

❶ "倒"当作"扫"。据前文"桃源迤东扫湾"改。

桃源县北岸七里沟治河说

　　阅桃源七里沟图中河势。雅于康熙十一年春、夏暨冬月，三次诣工阅视。既熟治法，备陈末议中矣。今述其始末大略。此工扫湾河患与别工扫湾不同，盖以河头深入囊橐之中，势难挽回。雅向总河王光裕婉陈停工之议，时值粮艘正行，帆樯鳞集，当事恐埽工一停，则河道浅阻，故毅然催督两坝护埽。不知夏月全河泛涨，狂澜怒奔，势如倒峡，人力万难争衡，徒资淌泻。直至冬月，弃旧坝基，从外迎筑，力避囊橐之险。坝基既得其势，又虑全河灌注决口，乃从上源南挑引河，分杀水势，使归旧（漕）〔槽〕，然后囊橐之深潭渐浅渐缩，决口之冲势渐缓渐淤，两坝抢筑，埽免蛰淌，工始报竣。是役也，总河蒿目焦心，拮据两载，寝食俱废，脱非筹画万全，舍下流艰剧之地，争上流迎溜之功，挑引得宜，疏塞并用，乌能奏此肤功，底于有绩者乎！一时在事多员，概蒙叙典，雅以碌碌无能，重蒙总河特叙，过赐奖许，因图说而并识于后，以见当事虚怀求治之切云。

高邮漕堤西岸清水潭河患图

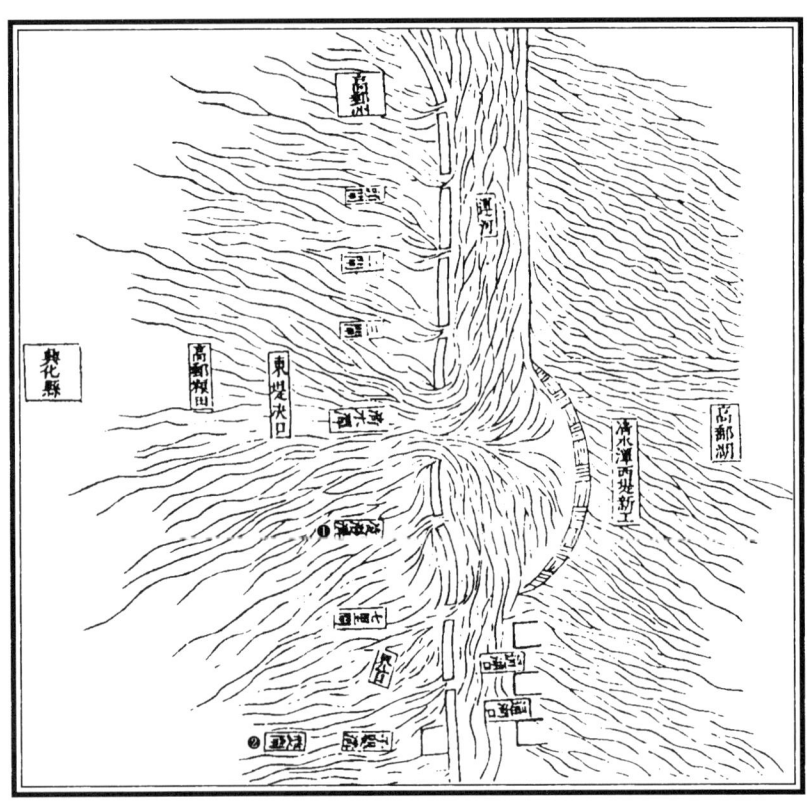

高邮漕堤西岸清水潭治河说

高邮清水潭系漕堤要害之地,诚名险也。昔年,此堤有溃,随决随塞。迩年,清水潭一工屡塞屡决,劳费无已。上竭公帑,下困民力,七邑淹没,竟成水国,向所谓财赋膏腴之产,皆变

---

❶ 据国家图书馆藏刻本《河防刍议》,当作"陆漫沟"。
❷ 当作"双闸"。据同上。

为鱼鳖昏垫之乡矣。雅几次临工,周视一带情形,田庐之沦溺,鸿雁之哀号,真有郑图难绘者。又于十三年三月间,舣舟清水潭,再三审勘。西堤新坝,筑塞断流,实已底绩。其迤西上下,湖波浩瀚,一派汪洋,浸渍坝根,令人目骇心骇。且见埽工苇柳,累积成岸,但苇草深入泥淖,不久浥烂。浥烂之后,新筑之埽坝必复垫淤,罅隙浸灌,涓涓不息,便成江河,怀襄排决之害,势所必致,而前功废于一旦,岂不可虑哉!善后绸缪之策,总河久已远虑及此。但以新工甫竣,若复骤议兴举,估费不赀,度支告匮,惟有仰屋攒眉而已。然此工因循不举,后必噬脐无及,其费将有数倍于今日者。为今要计,宜亟于新坝内增筑石矶,以防外坝之坍塌,庶石工巩固,而漕河免其汕刷。其运石远近,矶砌高下,丈尺广袤,工费多少,《河防书》成法具在,损益而变通之,是在司河者耳。

探清水潭频决之由,实因淮水东泄,汇合五湖七十二河之水,以冲一线之漕堤,夫焉得不溃!故欲漕堤不决,必先塞上流之堰坝,使淮水不东,则全淮出清口,会黄入海,且其势足以敌黄,而淮湖不从腰股分流,则漕堤之患渐轻,此治本之上策也。更有过计者,漕堤两岸倍宜绸缪。拟于漕堤一带要害多造石闸,每岁当淮水未涨之时,预行开放,使湖水先泻,虽淮水骤至,亦不能为害矣。再查原设闸座,如金湾、湾头、芒稻等大小闸座,或照原闸宜阔宜深,或原闸不足,宜添宜建,务使水泄疏通,启闭得时,力(保)〔避〕漕堤崩决,此尤永赖之长计也。今总河王光裕确酌机宜,渐次施工矣。

周桥闸翟坝河患图

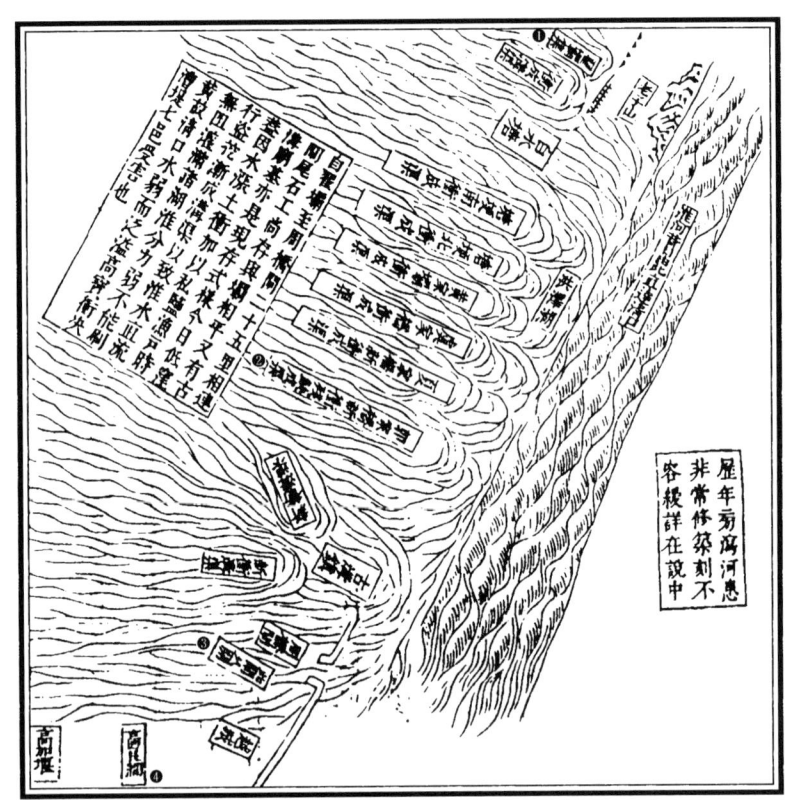

周桥闸翟坝治河说

治病者急，则治其标而不察其受病之本，虽目前小效，而病终不可得而愈也。治河者急，则治其决而不察其受决之由，

---

① 据国家图书馆藏刻本《河防刍议》，当作"翟坝集"。
② 当作"郭家桥新冲残缺成渠"。据同上。
③ 当作"越城"。据同上。
④ 当作"高良涧"。据同上。

虽一时报塞，而决终不可得而止也。今日淮、扬一带，岁患水灾，溃决漕堤，冲荡田庐，上廑睿虑，议赈议蠲，屈指六七年来，糜费金钱何啻数百万。前后河臣劳瘁亦极矣，然河工屡塞屡决，平成无期，为忧方大，则治其标而未治其本之故也。

考淮水由凤、泗汇入洪泽湖，全势皆出清口，此淮湖之故道也。湖东高加堰一带，长堤捍御淮湖之狂澜，使不东泻，无非欲拦约淮水，全注清口，使免黄强淮弱之忧。淮、黄会合，刷沙入海，不独保障淮城，护卫漕堤，而高、宝、兴、盐七邑永无沦胥之患矣。年来，淮水泄于翟坝、古沟、周桥闸等处，淮从腰股分流，其会黄之力微弱，故黄水倒灌，淮湖沙壅水滞，清口淤塞。而伏秋淮水骤发，会五湖七十二河之水，以冲漕堤，而横溢于高、宝、兴、盐之七邑，迅如奔马，高若建瓴，漕堤焉得不溃，高、宝七邑之民几何其不为鱼鳖哉！为治本之计，必修筑翟坝一带坝基，严禁周桥闸启闭，使淮足敌黄，会黄归海，则上源治而下流自无不治，此因势利导而行所无事之智也。雅数年悉心博访，矢志澄清，详考舆图，周度地势，翟坝一带，估工修筑，万难刻缓，虽曰工大费烦，度支匮绌，而水患频仍，公帑民财委之逝波者，不知几百万，何如一劳永逸，以纾国计而奠民生，所裨岂小补哉！

卷四　条议

酌淮扬疏筑之宜议

　　酌淮、扬上下疏筑之宜，以利运道，以救民生也。淮、扬地势，西高东下，江、海环其东南，淮、黄经其西北，而漕运行乎其中，田赋、盐课出于其内，诚咽喉重地也。善治淮、扬之水者，在上流则塞之，使归故道，不致中溃而来。在下流则浚之，使归故道，得以顺流而去，则水无不治矣。盖黄河自西北而来，至清口出云梯关入海。淮水自西南而来，至清口出云梯关入海。二水并行，清以刷浊，水行河底，海口自深，则黄河南北两岸自无溃决。此故道也，亦旧制也。

　　今淮水自高堰迤南翟坝、周桥闸一带二十五里，溃泄高、宝诸湖，不惟不能冲射清口，且难免黄河倒灌，云梯关上下淤垫，几成平陆，遂使黄河上溃于邳、宿、桃、清，有黄家嘴、七里沟、新庄诸处之决，淮河下溃于高、宝、兴、盐，而有清水潭之决，以致一线漕堤，被其冲激，七邑民灶，听其漂沉，国计民生，胥受其害，此上流宜塞而不塞之故也。

　　山、宝、高、江诸州邑，地兼上下两河，在漕堤西者为上河，在漕堤东者为下河，周遭数百里，西受天长七十余河之水，秋水灌湖，减水小闸宣泄不及，所恃以疏导之者，上河则有泾河、黄浦、子婴沟三大闸泄水，由广洋、射阳湖入海，又有金湾闸泄水，由芒稻河入江。下河则有石硊、天妃、草偃、白驹各闸口，从盐场入海。后因泾河诸闸门改小，闸底增高，且又全不开放，以致水势涌溢。芒稻河乃淮、扬之尾闾，下江最便，今闸口不过十丈，安能泄二三十里泛涨之水？石硊诸闸久闭，涓滴不通，上口鲸吸不止，必患腹胀之病，溃漕堤而坏田舍，且以高、宝七邑为壑矣。此下流当开而不开之故也。

今日欲疏塞并行，次第修举，但恐经费不足，未能全复旧制。为淮、扬计久安长治之策，则必筑翟坝，闭周桥，展泾河、金湾诸闸，而又尽浚支河海口之旧路，使上流不开，下流不塞，而后可也。闻迩年总河王光裕于高邮迤南东堤新建滚水坝三座，宣泄有方，赖以济运，兼以保堤，民甚利之。疏通之议，已有成效大验，一切机宜，次第施行矣。

筑桃清南岸大堤议

接筑清口、桃源南岸大堤，以外捍黄流、内保淮水也。清口为黄、淮交会之所，外系黄河旧身，内系淮湖故道，乃运道必经之处，最为紧要。自淮湖南泻，黄强躐淮，淤沙倒灌，清口内外俱成平陆。目今虽挑浚淮渠，使通流以拒黄水，但虑黄河涨溢，清口迤西全无堤岸，势必黄流漫入淮湖，清口仍然淤塞，则其患在黄。且淮水涨漫，无堤挡护，亦必漫入黄河，仍然不归清口正道，则其患又在淮，而清口之塞如故也。宜急于清口迤西议筑长堤一道，与桃源筑成之堤接连一体，堤岸内外要害之处，或加桩板，或议石工，以防汕刷，庶黄不得漫溢以淤淮，淮不得外溢以旁流，淮、黄二水，各安其所，会入清口下海，而运道通行无阻矣。此康熙十一年正月躬亲阅视之末议也。

挑桃源七里沟上源引河议

挑桃源七里沟上源引河，以巩北堤全河之势也。黄流迅溜迁变不常，冲刷所及，或向东南则南堤受射，或向东北则北堤受侵。桃源迤东七里沟、黄家嘴上下数十里间，比年以来，冲决数次，堵塞未几，旋即壅溃，总因河势北徙，离堤逼近，而又河岸卑洼，每值涨溢，孤堤易伤，年来溃决之患全坐于此，而保固善后之策正不容缓。

为今之计，欲保北堤，须杀河势，欲杀河势，须改引河。惟将引河相度上源龙窝扫湾之处，施工挑挖，则与北堤相离路远，又与大河直接顺流。流顺则河水易泻，堤远则河水难冲，易泻难冲，形势得所矣。至所挑引河，口阔二十五丈，渠阔十五丈，深一丈二尺。又与一丈二尺下再挑多沟多坑，于冬春施工挑竣。俟伏秋河势大涨之时，于河头下唇下埽数个，以约拦水势，相机开导，有此层层坑沟，则就下之势建瓴冲刷，怒涛跌荡，日阔日深。引河阔深，则旧河必夺东北一带，河势自然淤浅，南河盛而北河衰。于是临时酌度，抢筑截河大坝，则北岸可以无事。倘大坝未便遽筑，然南河既得分流，而北岸渐轻，河势渐变，从此相机疏筑，善后之机当得其宜矣。

昔大禹治河，惟以决排疏瀹，底平成之绩。今欲黄流安澜，舍大禹之法，其将安从？若曰"现今决口已塞，安事再辟引河"，不知治水犹之治病也。治病者必绝其根，病根未除，虽愈而仍发。治水必清其源，水源未减，虽塞而仍危。今北岸水势趋射如故，一遇伏秋滔涨,岂得安然?前辙屡覆,昭然可鉴,不得不为善后之良图矣。此康熙十二年二月七里沟报塞之后末议也。

筑古城至清河北岸遥堤议

筑古城至清河北岸遥堤,以御河流顺轨也。切惟筑堤御河之制,近河者名曰缕堤,远河者名曰遥堤。当河流之小发也,缕堤束之,可以无虞。及河流之大发也,缕堤不足以遏其势,必赖遥堤以优容而节制之。盖缕堤去河不远,能束常流,而不能当狂澜之涌溢。遥堤去河数里,河水盛涨,得以宽衍容蓄,不致激迫而冲溃。自古河流虽溃,终得保其安澜者,以有此重堤故也。

今清河、桃源迤带只有单堤一道,而又逼近河涯,此不过缕堤规制耳。堤单则力量既孤,逼河则冲激特甚。以孤力而当激冲,每遇伏秋水涨,溃决在所不免,此黄家嘴上下历年屡决数次,盖坐此也。御之之法,除见在堤岸酌行帮加外,急宜增筑遥堤。向经总河估计,南北两岸遥堤,自宿迁至清河止,工费浩大,议寝不行。今酌量紧要剧工,自古城至清河止,先筑北岸遥堤,计地较近,计堤较少,工费可省过半。而黄家嘴迤带险要,可恃以无恐。虽洪流大涨,缕堤不足恃,而遥堤可保无虞,此重门御暴之至计,亦优容节制之良法。否则,专借一线逼水之孤堤,而谓可侥幸无患,诚不能不鳃鳃虑其将来也。昔汉人贾让有勿与河争地❶,使"左右游波,宽缓不迫"❷之言。

---

❶ "勿与河争地",据《汉书》卷二十九《沟洫志》载,其原语为:"且以大汉方制万里,岂其与水争咫尺之地哉?"

❷ "左右游波,宽缓不迫",据《汉书》卷二十九《沟洫志》载,其原语为:"使秋水多,得有所休息,左右游波,宽缓而不迫。"

明总河潘季驯亦云："堤欲远,远则(水)有容,而〔水〕不能溢。夹河束水,窄狭尤甚,是速之使决耳。"❶ 二人之言,信而有征,则筑堤所以杜决,而筑遥堤又所以固堤,诚治河之要著,万不容缓矣。

岁防高加堰议

岁防高加堰,以固淮、扬也。高堰为淮南之门户,昔人比之室家之有墙垣。以地势言之,堰之地高数倍于宝应、高邮,而高、宝之地又高于兴、泰。前人于此处筑堰障水而北,使淮不南下,亦因势利导,不得不尔。不然,淮一南下,以数丈之地势灌千里之平原,则高、宝一带俱成泽国,而淮南尽付波臣矣。按《郡志》,高堰为汉陈登所筑,明平江伯陈瑄复大葺之,实淮南之屏蔽,防固不可不严。但泗州巨商私贩,北自河南,南至瓜、仪,取道清浦运河,有稽留税榷之苦,利于高堰直达,故往往造谤阻挠,谓高堰筑则泗州水涨,不知泗州之地与淮南数州县之地形相同,皆所谓釜底也。惟高堰筑而淮出清口,会黄入海,然后泗州不倒灌,淮南无决堤。若高堰一决,则淮趋而东,黄蹑其后,故清口塞而泗州水益聚。《河防一览》言之极详。昔潘季驯塞高堰,而泗水自落,是塞高堰而刷清口,正所以泄泗水也。此高堰岁修断不可缓。

查康熙九年,御史徐越为高堰关系最重一疏。内称高堰年深日久,各处俱有朽坏,若不亟议修筑,雨水涨发,窃虑此堰

---

❶ 据《河防一览》卷七《两河经略疏》载,潘季驯原语为:"堤欲远,远则有容,而水不能溢。累年事堤防者,既无真土,类多卑薄,已非制矣,且夹河束水,窄狭尤甚,是速之使决耳。"

难保。堰若失守，淮、扬数十州县城郭庐舍，百万生灵，俱属波臣。运道梗废，京师岁漕数百万石，何道转输？诚防患于未然。今总河王光裕亟请估修石工，可以永赖。与末议岁修高堰，断不可缓之意，俱先后同揆者也。

修护归仁堤议

修护归仁堤，以防淮北也。淮西南要地，在于高堰、翟坝、周桥一带，而淮西北要害，则以归仁堤为最。盖归仁一堤，所以捍御黄水、睢水、湖水，使不得南射泗州，并攻高堰，而又遏睢水、湖水，使之并入黄河，益助冲刷。若此堤不守，则黄水挟白鹿、邳家二湖之水灌入洪泽湖，淮、黄并涨，天长、盱、泗、高、宝诸湖皆成巨浸，高堰且不可恃，运道亦忧倒灌，又岂能刷沙出清口，由云梯关入海哉？潘季驯《河防书》谓，岁宜拨夫修护，所筑石堤旧垒尚存。今现在议修，诚淮西北第一险要，不可忽视者也。

寝浚海议

寝浚海之议，以节劳费也。自清口沙垫，淮、扬郡县岁患胥溺。议者不察其本由于淮水东泄之故，以致淮弱黄强，清水不能刷沙，故清口淤塞，而归咎于云梯关海口弗浚，于是浚海之说纷纷矣。不知海水茫茫，一日两潮，凭何挑浚？海无可浚之理，惟当导河以归之海，则以水治水，即浚海之策也。然河又非可以人力导也。欲顺其性，先惧其溢，缮治堤防，俾无旁决，则水由地中，沙随水去，即导河之策也。故浚海之急务，必先塞决以导河，尤当固堤以导决。而欲堤之不决者，必真土而勿杂浮沙，高厚而勿惜巨费，让远而勿与争地，斯堤于是乎可固也。考之《河防书》，潘季驯受事之日，桃源上下决口二十余处，黄流旁泄，正河淤塞，清口、云梯关上下俱成平陆。季驯躬亲咨度相视，先塞决口，然后缮治诸堤，束河使归故道，不久而沙刷河深，两河复故，海口自辟，岂非塞决、固堤、浚河，即以浚海之明效大验也乎！

谨闸禁之启闭议

谨闸禁之启闭，以防淤浅。故明平江伯陈瑄疏浚清江浦里河，虑黄河灌入泥沙易淤，故设三闸以慎启闭。后潘季驯《查复旧规》一疏，请修举平江伯故事，复建清江、福兴、新庄等闸，递互启闭，锁钥掌之漕抚，开放属之分司。又虑水发之时，湍急难于启闭，于闸外暂筑土坝，以遏水头，水退即去坝，用闸如故。每年三月初，运毕即行闭闸。惟遇鲜贡船只，启一闭二，官民船只照旧车盘。至六月初旬始行筑坝，此旧例也。盖运渠卑隘，最易沙淤，淮地低洼，最易盈溢。惟节宣有度，则外河之水不得突入，运河之水不得盈（漕）〔槽〕，非惟清江板闸一带堤岸易守，而宝应诸湖亦无冲决之虞。

今诸闸多圮废不修，船只往来，启闭不时。惟亟仿陈瑄、潘季驯之旧制，启一闭二，单日放进，双日放出，满槽方放，放后即闭。时将入伏，即于通济闸外填筑软坝，秋杪方启，仍行申请。如当日势豪阻挠、拿问枷号、职官参奏之例，始可严禁无阻。庶河身不致壅垫，田庐得免沮洳，其有裨于河漕非小也。

建减水石坝议

建减水石坝，以杀水势，兼收水利也。大抵河患抢救机宜，其上着莫如从上源分挑引河，使决口水分势弱，筑塞可施，此一定之事理也。但上源须有迎溜顶冲之处，方可挑渠引河，一泻滔滔。如上源无迎溜顶冲之处，挑浚难施，唯有建减水石坝，分决口之全流，两坝抢筑，可计日而竣，此亦一定之事理也。

考《河防书》所载，桃源、清河上下，设立崔镇、徐升、季太等坝，盖因下流清口相距三四十里，特筑此坝，分杀涨溢之流，一使堤岸不致伤决，可以束水归槽，迅利冲刷；一使下流少轻，庶免黄强淮弱，清口不致喷沙。其立法最善，遗意可师。若凡有决工处所难挑引河者，诚仿而推广行之。将见石坝既设，遇有滔涨，即开放分流，以之祛害竣工，全漕济民，省夫省料，利赖匪细，且不独此也。查中州以迄淮、徐沿河两岸沙咸不毛之地，所在皆有。若于其地相度，或数十顷，或数百顷，共建石坝一座，俟至伏水大涨，泥多水少之时，放水使行，不过数日之间，溢流减落，田土之沙者、咸者，一经淤泥，肥润至二三尺，遂使薄瘠之土变为膏腴之田，民生有济，国税可充，其为利赖亦非细也。但坝基须高于平地二尺有余，以便分泄异涨之水。不宜与平地一般高下，反致减平槽之水也。其尺寸载在《河防书》，可考。而坝外须筑小月堤一道，以便开塞。此皆相因事宜，不可忽略者。至于基址宜择其地，河流宜相其势，开引宜当其时，则又存乎料理之人，非其人则措置乖方，反或贻害。得其人则规画精当，其始虽撄黎民之惧，其后终收非常之功，有利无害，断断不诬者也。

寝导沁入卫议

停导沁入卫,以息浮议也。凡创举一端,必须谋酌万全,有利无害,方可不惜小费,以成大功,不辞一劳,以图永逸。若但摭浮议而遽欲劳民,规己便而委邻于壑,则事之拂经难行者也。

据阳武县详称,开掘一河,引沁入卫,直达天津,可以分杀黄河上源水势,豫省无决防之虑,淮、徐减长河之纳。且谓清流非同浊淤,疏浚至易。果如此言,诚天下之大利也,何惮六十里之挑挖,而不为之兴举哉?唯是职周诣相度,有以见其大不然者。沁非清流,乃沙土至浊之流也。卫则涟漪而清矣。以清纳浊,流缓沙停,必致淤淀,其不宜者一也。卫水安澜性驯,沁水激荡性悍,以悍入驯,必致冲溃,其不宜者二也。卫流两岸相去不逾数丈,沁流面阔有一里之余,以小受大,势不能容,必且泛滥,其不宜者三也。沁河身高,卫河身低,故明嘉靖初年曾下水平线,其高下相悬远甚,以高泻下,势猛力雄,必难收摄,其不宜者四也。设使猝然开通,非此告横溃,即彼告壅塞,将见未减黄河之毒,而卫河已受其殃,未苏豫土、淮、徐之忧,而临、德、张秋先蒙其害,湮没田庐,阻梗漕运,不过移南就北耳。初未见其有益无损也。

或云故明本欲开通两河,特阻于卫藩封植之私而止。考之卫辉封藩,近在万历年间,其议开不便而寝。先在嘉靖初年,非由于卫藩阻之也。

又云丘文庄、刘天和曾有此议。考其说见于《〈大学衍义〉补》及《问水集》。此但文人纸上之空言,非任事亲阅之确见。

当时潘季驯已曾訾之于《河防榷书》❶中矣。况当亲勘之时，新乡绅衿百姓仓惶迫切，连名具控，唯恐不保身家，又岂能以一人之独见，拂亿兆之群情，则遽有事于非常之举？相应仍其旧贯，行所无事可也。此任监司请停改沁之详文也。

寝开宿迁议

寝开宿迁县北新河，以固堤防也。天下创始之事，必权其利害，而计其始终。若有利而无害，或利多而害少，不妨舍其旧而新是图。若利少而害多，或有害而无利，则不如仍旧贯之为愈也。国家数百万漕粮，资黄河济运，由清口至宿迁董家口，曲折二百里许，是以修筑两堤，不惮劳费，以固堤防，其来久矣。但年来河势变迁无常，河患频仍不已。幸总河经年劳瘁，悉心博访，议于宿迁自马陵山以东，即系骆马、县东峙丘等湖，接连不断，近湖之处旧有河形，若于此处开挑新河，修筑纤道，由清河县涉黄入海，不惟漕艘可免风波之险，而运道亦无冲决浅阻之虞。所以为国计民生虑者，至周且至也。

雅奉委会勘，自宿迁县骆马湖、姜儿庄、砂礓嘴、马陵山、县东峙丘等湖至七里沟、九里岗、仓基湖、三义镇等处。以上宿、桃、清三县地方通共长二万三千一百四十余丈，挑河筑堤，约估计银六十余万两。但此挑河筑堤之处，南系黄流，北临湖水，诚恐变徙无常，工程难以预料。雅上下荒度，反覆筹画，有数端难以轻举者。工大费烦，竣事无期，目前漕运急需河路，难言挑筑者，一也。开河迤带，逼近黄河，外堤溃决，势必横冲运堤，漕艘必阻，难言挑筑者，二也。山水暴发，湖水盈溢，

---

❶ 统观上下文义，此处宜作《河防书》。

北堤被侵，狂风巨浪，汕刷不免，难言挑筑者，三也。相勘地势，南昂北低，一有疏防，建瓴莫御，新堤莫保，运道必伤，难言挑筑者，四也。黄河济运，治黄为急，则力有所分，势难并举，难言挑筑者，五也。似此创新河，恐有难成之悔。工大而费繁，何如仍旧河力施帮筑之工，事半而功倍耶？窃见桃、清上下迤带，如新庄、七里沟、徐升坝、九里堽诸险要，有决口虽塞，尚宜防护者；有旧堤单薄，急宜帮筑者。大抵岸低则水涨易溢，堤近则水势易浸，堤身卑矮单薄，又复浮沙不坚，则孤堤易伤。年来河患全在于此。

为今之计，惟宜加帮固堤保运。盖御黄全凭堤岸，其筑之之法，堤身欲高以厚，堤基欲离河远，而夯杵欲坚，用土宜取真淤。堤身高厚，始足以拦湍悍之流；堤基让远，始足以容浩瀚之势。而且真土不浮，夯杵既实，则坚固足资挡御。潘季驯谓"治河舍筑堤无以者"，此也。故开新河不如固堤防之为愈也。此康熙十三年冬月勘明议停之详。

开赎罪之例议

暂开赎罪之例，以济剧工也。黄、淮两河屡决屡塞，需费不赀，险要工程，宜浚宜筑，方兴未已，岁修河银不足。朝廷特开事例助工，尚不敷用。目下军兴孔亟，正项钱粮拨济军饷，正苦匮乏，岂能接济河工！但运道民生，关系重大，河工一日不完，则河患一日不息。除见在事例照旧援纳外，合无暂开赎罪之条，如犯流徙、徒配以下诸罪，部议作何裁酌，分别官民多寡，出银若干两，或量力帮助修筑大小河工一处，准令赎罪，免其流徒等罪，事平后不为例，是亦权宜济急之一策也。

修筑堡房议

修复堡房以慎防御也。防河之要，全在于堤。有堤而无夫以守之，犹无堤也。有夫而无房以居之，犹无夫也。按《河防书》旧制，黄河两岸长、月等堤并埽坝之处，先年每二里建堡房一间，佥堡老各地方一名，统领火夫十名巡守，以防河患，意甚周密，日久废弛。堡房倾倒，人民星散，平时既不能先事预防，有事又不能即刻抢救。河患疏虞，亦坐此也。

据顺治十七年部覆总河朱之锡疏称，河南堡夫一项仅有八百余名，止供瞭望，焉能卷埽筑堤？以河南一省推之，恐山东、江南各省堡夫亦复寥寥。虽近来节年增补，亦未能复旧额。合无于河南、山东、江南各省河道两岸新旧长、月等堤，查照旧制，如现有堡房者，修葺勿坏，其未有堡房或原有今坏者，仍旧二里建立堡房一间。每堡佥邻近堡夫二名，每五堡佥勤能堡老一名。每年夏秋水涨之时，令堡老督率堡夫，昼夜往来巡守，管河官不时查点。遇有紧急冲刷，本堡鸣锣，各堡老督率各夫前来接济，并力堵塞，彼此应援，不得互相推诿。其堡老必择乡民中老成精勤者充役，仍免其差徭，其工食照例动支河工银两，按名给散。如此则防守有人，居止有地，而河堤可以永赖。纵有不虞，而即时修补，亦不至于大坏矣。

堤夫宜加抚绥议

守堤夫役宜加意抚绥也。堡夫住宿堤上，昼夜守瞭，苦役也。向例原有额设工食，并免本身杂差。优恤既加，方可责其防守。今各州县沿河堡夫，较昔倍苦，既有风、雨、昼、夜防守之辛勤，又有芟、缆、柳、麻课程之岁办。且复搭盖窝铺、茅房，置备各项器具，所领工食无几，不足充其应用。更有指名花费侵吞，或指上司过往，或称上差酒饭，或经承需索常例，或衙官借题津送。种种科派，一年工食几何，数端刮削已尽。且既赔补课程，草栖露宿于堤上，又复供应杂泛，左支右吾于门庭。倚工食则入手全无，应追呼则剥啄踵至。一身数役，劳惫不堪，若不抛产逃亡，必至弃堤不守，闻之真可痛心，言之真堪发指者也。乞行严饬厘革，以后仍有此等前弊，官则揭参，吏则杖毙，庶堡夫得蒙优恤，而瞭望不至失守矣。此任监司详请禁饬在案者。

预备埽料议

预积埽料，以备工作也。治河于既决之后，则难为功。治之于未事之前，则易为力。故治河不当在伏秋水涨之时，而当在十月秋防之后。盖河流变迁无定，一遇河势滔涨，堤岸安危争在呼吸之际。抢救防护，全赖卷埽，而卷埽物料，全资于稍草、桩、麻、芟、缆也。平日物料充备，此时立救立护，随取随足，可以即时堵塞，不使冲决，（母）〔毋〕论运道民生，保全甚大。即以工程而言，绸缪未雨，弭患无形，其为节省钱粮，亦不可胜计。若平日埽料不行预备，临时危急，然后办料，耽延时日，险急之工，必致误事，涓涓不塞，已成江河，运道民生，胥受其害。而工程浩大，收拾艰难，役夫则动经数年，糜帑则辄至巨万。如清水潭、七里沟两处决口，其始决之时，工程微小，若埽料有余，何难勒限告竣？只因埽料缺少，不得不停工以竣，所以迟之又久，而日甚一日也。

向来定例，办料责之印官，不许迟误工用，立法甚严。但必须河工动作，方行买办，与其河势临危，张皇于题请办料，而莫保其工，何如预贮在先，从容于缓急有备，而坐收其效。所宜亟请题允，每岁于十月间，必当踏勘明白两河要害，自某处起至某处止，分别三等，何者为首冲、次冲、又次冲，何者宜大修、小修、添修，合用人夫若干名，银若干两，桩、茼麻、草等项若干数，于各险要处所设厂堆贮，务使头年下埽为次年之防，一年积料为两年之用。每岁十月办料，正月兴工。又于秋末冬初修守闲暇之日，督令堤夫采草，每日限以束数，每束限以斤数。大约每日可采五六十束，运至近堤高阜之处，盖垫如法，勿为雨淋，以致朽烂。设有急工，应手挡护，立时堵塞，其视急取远求而停工束手以待者，不啻天壤矣。倘估定后突遇河患，勘工备料，不在此例也。

复场厂旧制议

复场厂旧制，以存惜物料也。凡物料堆积之处，必登记有人，则出入始无侵盗，看守有人，则储备不致朽坏。查明时濒河州县，凡柳场、草厂及芰、缆、芦、麻堆贮处所，额设厂书以司登记，厂夫以备看守，法至善也。近因裁扣工食，遂致废役，不设场厂，徒有其名，典守并无其人，则侵盗耗蠹之弊，何由究诘？惜小费而玩大工，岂所以预蓄储备，为巩固堤防之至计乎？以后凡有紧要险工，厂中堆贮物料，必设厂书、厂夫各一名，令其登记看守。其工食每名每岁给银七两二钱，着落有工该州县设处给发。其或数目不清，责在厂书；诸料毁坏，责在厂夫。如此则物料有备，缓急可资，以无患矣。

或曰堡夫可拨守也。讵知堡夫有汛防之责，未免顾此失彼。又曰衙役可拨管也。讵知衙役乃狡猾之徒，未免猫鼠同眠，皆属不便。必系佥选身家之人，充此专役，方可专责成而杜诸弊耳。

严防守以备伏秋议

严防守之法，以备伏秋也。黄河伏秋涨漫，必处处防守，时时保固，始得无虞。旧例有"二守""四防"之法：曰"官守"，曰"民守"；曰"昼防"，曰"夜防"，曰"风防"，曰"雨防"。

沿河堤岸，每遇水发之时，管河官一人不能周巡两岸，必设官协守，分岸督巡。每堤三里一铺，每铺夫三十名，每夫分守堤一十八丈。每夫二名，于堤上共搭一窝铺，仍立灯笼旗竿，以便传递巡视。管河官并协守职官不时稽查，督夫修理。恐各夫调用无常，每铺三十名不足，再于附近邻堤乡村，每铺添派乡夫十名，水发上堤，水落省放，既可助工，又不妨农，是为"官守""民守"。

一　秋水涨发，急溜扫湾处所，堤岸未免刷损，若不即加修补，必致溃决。宜督守堤人夫，每日卷土牛、小埽听用。但有刷损者，随刷随补，毋使崩卸。少暇则督令取土堆积堤上，以备不时之需，是为"昼防"。

一　守堤人夫修补刷损，尽日不休，夜则劳倦，未免偷安，若不设法巡视，恐有失事。须立更牌，挨发传递，按铺稽查，以免迟误，是为"夜防"。

一　水发之时，多有大风猛浪，堤岸难免撞损，须督堤夫捆扎小埽备用，如遇风浪，用埽护卫，是为"风防"。

一　守堤人夫每遇骤雨淋漓，若无雨具，必难存立，未免躲避人家，堤岸倘有刷扫，何人看视？须督各夫豫置斗笠蓑衣御雨之具，庶免疏虞，是为"雨防"。

按：四者之中，"风防"尤所当慎。昔房村之决，风涛鼓击不已。当时以巨舟数十障于决口，风涛遂静，然河堤千里，舟不及也。古有黄河"风防"之法，如遇水涨涛击，下风堤岸，则以秫秸、粟藁及树枝、草藁之类，束成捆把，浮下风之岸，而系以绳，随风高下，巨浪止能排击捆把，且以柔物坚涛遇之，足杀其势，堤且晏然，于内排击弗及，丁夫却于堤外帮工，此"风防"之要诀也。

申盗决之罚议

申盗决之罚，以固堤防也。守堤之法，防盗决最为紧要。盖盗决有数端：有因坡水积聚，决以泄之者；有因地土硗瘠，决以淤之者；或仇家相倾，决而灌之者；或因水涨，危急邻堤，官老伺便阴决以便防守者。至于渔利垄断之人，或决以取鱼，或盗以行舟。如高堰、清口一带，河南、凤、泗商贩利于直达，往往由此避税。若不严为禁防，则人夫风雨劳倦之际，最易疏虞。查《问刑条例》一款，凡故决、盗决山东南旺湖、沛县昭阳湖、蜀山湖、安山积水湖各堤岸，为首之人发附近卫所，系军调，发边卫各充军。宜申明此例，凡河堤、湖堤有私自盗行者，悉照盗决之例，一体治罪，庶奸人知警，而堤防可固矣。

估岁修工程议

估岁修工程，以节财用也。河工岁修，必预先估计险工要害，用工多少，而后可以从事。昔任监司时，曾覆勘开封南北两岸。十一年岁修各工，缓急不一，前据估计，应用河夫九千七百二十四名。雅亲勘相阅各工缓急情形，（如）❶南岸紧工〔如〕郑州王家桥，缓工如祥符黑岗、回回寨、槐疙疸，中牟辛家庄，陈留郝家寨，兰阳韦家楼，仪封王家楼、钟家庄，停估工程如中牟王家庄，陈留杨家桥、杨家庄，兰阳蔡家楼。北岸紧工如祥符白石岗，阳武潭口寺，仪封石家楼，封丘大王庙，缓工如仪封蔡家楼、小宋状元堤，祥符白石岗，封丘大王庙、于家店，停估工程如仪封黄甫寺，祥符李七寨。各等工分别缓急，应减者酌减，应帮者加帮，逐细查勘，核减妥确，共计减估夫五千四百三十名。先于紧工处所分发修筑，报竣再发修筑缓工，俟后相其河势缓急，再有可减，另行酌减。以一岁计之，五千四百余名，以一省推之，各省如此。每岁可省数万，是日计不足岁计有余者也。故计工贵在核实，以汰浮冒、祛弊窦为要务也。

稽查夫役议

在工夫役宜立稽查之法，以清盗源，以绝逃人也。河夫向系派之地亩，近始给银雇募。但雇觅之夫，多系四方流民，兼有积棍包揽，既无身家之计，又无里甲可查，逃人窜迹，最易

---

❶ "如"当在"紧工"之后，据下文"北岸紧工如"改。

藏身。且一受雇役之资，无过群饮朋赌，顷刻花费。大工人夫动集数千，既多无赖之徒，愈生剽窃之计，所以临河州县屡有失事，揆厥所由，皆因河官但受夫数，不暇问其来历，遂使沿河力役之区竟为藏逃匿盗之所也。雅以为，包揽流弊，关系盗源逃薮，剔弊厘夫，岂无深计长策？亟宜通行严饬所属州县，自后雇夫，俱雇本处里民应募赴工，不容棍徒兜揽顶替。如有本处里民不足必须雇觅者，须令差役、歇家各具甘结，一投管河厅，一发该州县存案。又每夫给一小腰牌，牌上填写姓名、年貌、住寓、现在某州某县某里，以便稽查。仍令夫头十名一结，一人为非，众人连坐，将见立法既严，则奸民知畏，稽查既密，则盗逃之源自清，而临河地方官民皆得安堵矣。此任监司详请饬禁在案者。

严核物料议

河工物料宜立法严核也。河防岁修，全在物料预备。而物料充足，又在稽核有方。往见印河等官视岁修为奇货，估计既定，冒银入己，括取里递草束，堡夫芟、缆、柳梢以充额数，因而书役舞弊作奸，至有贱开贵价，虚出实收，种种不一，皆由该印河官通同一体，无凭发觉故也。今议于岁修埽工钱粮繁重者，特委廉能官一二员，专管收支。工完之日，将卷筑过埽坝收支、过物料数目，仍委府佐亲赴工所，查验明白，听候司道彻底查核，造册呈送各衙门再加综核，庶几钱粮可免冒破，物料不忧缺乏，而题销亦确有实据矣。

剔报逃积弊议

严剔报逃积弊，以重河防也。河夫报逃之弊，积久相沿。查各属河夫，上工有数日即逃者，有半月、一月而逃者。一经报逃，途路远近不同，或十日、半月、二十余日始据申解，耽延月日，迟误工程，一也。做半月之工，索一月之银，工半银全，二也。解役通同揽头，蔑法打逃折银，三也。甚有官吏包揽，因其报逃，重入轻给，四也。管工员役私卖，轻夫众夫偏苦，以致逃避，五也。有此五弊，此报逃所以接踵不休，河夫到迟，工程旷缺。以后州县河夫赴工之时，必须经承同赴工所督查。果有逃夫，随时雇补。其揽头、解役串通为弊，印官严查，痛惩申究。若印官抗不遵行，经承不到工，解役、揽头不严治，致使报逃之弊酝酿日甚，立将印官揭报。庶官役、夫头皆凛然于法令之中，而报逃之弊自止矣。此康熙十一年条议详行也。

饬沿河种柳议

饬行沿河种柳之法，以专责成，以收实效也。黄河变迁，冲荡靡定，卷埽护堤，需柳不赀，则栽柳关系重大，实为河政要务。昔人种柳六法，详载河书，兹不赘外。惟是种柳之令，申饬虽严，而奉行不力，止有中州一带堤柳、园柳栽种成林，遇有大工，远近取用足济。但淮、扬、徐、兖等处黄运两河堤旁宽阔，尽可栽植，而地方官全不留心，堤岸左右，一望濯濯。每遇大工，转派河南采买运柳，在本地无柳卷埽，势必需延时日，迟一日则河患益甚一日，决裂难以成功。而河南以本地之柳，供他省之用，既苦转运之劳，又有脚价之费，是以种柳为地方苦累，不如他省不种之为愈也。揆厥所由，皆因申饬不力，责成不严，为数过多，劝劳太缓，所以怠玩成习。切虑河患频仍，用柳浩繁，不得不急为变通，力行鼓劝。

旧例栽柳成活至三万株者，三年纪录，合无再加。酌议如府、厅、州县各官，岁前自十二月中旬栽植，本年九月中旬饬委道官查验。成活足一万五千株者，准纪录一次；成活至三万株者，纪录二次；成活至六万株者，加一级，每岁年终题报。如此所定额数较前倍减，所拟题请较前更速。此例一行，鼓劝有法，人心莫不乐于趋事。倘仍因循怠玩，每年九月道官查核，或成活不足额，或全不奉行者，立行揭报，分别参处。如此则沿河各官既凛于功令，敢不黾勉急公，慕于甄叙，自然踊跃任事。庶几数年之内，到处成林。无论工程大小，附近采办装运甚便，不至耽延月日，决裂难收，省朝廷无限金钱，惜民间无穷力役，又无烦采买邻封，俾民力不至重困，而运道不忧浅阻，地方得免昏垫，用力甚简而收效极大，无过于种柳。故明万历年间，沿河种柳七十余万株，潘季驯查报种柳亦八十万株。踵而行之，愈多愈善。柳最易生之物，不数年内即成大树。若悠忽视之，日复一日，所谓"（七）〔三〕❶年之艾，苟为不畜，终身不得"者也。

---

❶ "七"当作"三"。《松阳讲义》卷二《鬼神之为德章》载："所谓七年之病，求三年之艾，苟为不畜，终身不得矣。"《陆子馀集》卷七《拟上备边状》亦载："夫七年之病，求三年之艾，苟为不畜，终身不得及。"据改。

北河宜遵成议

北河宜遵成议，以守画一也。黄河自开封以南迁徙靡常，淮河受黄水之全，强弱不敌，国储民命，皆系于此。故治河者，两河为最急，亦惟两河为最难，以势变不测，人力难施，相机观变，非可以成法拘执者也。故《治河图说》惟黄、淮两河为详。若里河人力易于捞浚，而山东运河一带止用洸、汶、沂、泗诸泉之水足以济之，无黄河澎湃横溃之势，惟在守古人之成法，以时节宣，疏而导之，自可不劳而治。

按：《世法录》载，潘季驯《北河十议》曰：一守戴村坝、一守坎河口、一守冯何二坝、一挑浚汶河淤沙、一巡守五湖堤岸、一因时分合汶流、一先期挑浚月河、一筑土坝以利接济、一疏卫济运、一疏浚泉源。北河治法尽备其中，详载《河防书》，兹不具赘。使后之人遵而守之，可以勿失。若另作聪明，欲为奇巧之计，则凿矣。

息浮议以专事权议

息浮议，以一事权也。从来言事易而任事难，故议论多而成功少。矧河势迁徙靡定，虽熟习其事者，犹恐朝夕之异，宜措置之殊方，而可以道旁之谋，揣摩遥度者乎？但人情不一，是非未必尽出于公。所见不同，议论未必皆得其当。如一堰也，淮人以为当筑，泗人以为当废。一坝也，磋贾利于通行，民间利于闭塞，各执己见，互相是非，发言盈庭，谁执其咎？于是议事者喜同恶异，坐观成败而有余，当局者任怨任劳，竭蹶胼胝而不足。故曰："排河、淮非难，而排天下之异议为难；合河、淮非难，而合天下之人情为难。"昔晋富平津河桥成，武帝谓杜预曰："非卿此桥不立。"预曰："非陛下圣明不成。"潘季驯高家堰、崔镇之役，屡有异议危言，以委任之专，故能成功，是在圣君贤相，择材而委任之，毋为浮言所阻，则事权一而平成可奏矣。

卷五　条议

首冲宜行疏导议

　　河流首冲宜行疏导之策也。凡治河之策，莫先于察地利、审水性，二者既明，然后趁天时、尽人事以治之，罔有不底绩者。考河流自孟津、汜水而西，水势受束，惟东自荥泽以下，河流渐肆，故冲激奔放之势，在开属州县为尤甚。但水之性顺而导之则易为力，逆而塞之则难为功。大概河流当初冬以迄春三月之时，皆扫湾回溜，侵刷堤根，其水势缓行之处，必淤淀沙滩。如水射北，则滩在南，射南，则滩在北，此一定之形势也。及至夏秋水发，河势滔涨，从前侵刷之处竟成顶冲。当此之时，即筑堤数道，断不能免于冲决之患矣。治之之法，惟在责成道厅各官谙晓河势者，相度时势，凡当冬春水涸之时，估工集夫，先于滩洲壅垫之区挑挖引河一道，待夏秋水发，乘河流飞涨之势，便可引流入渠，使首冲之势稍减，随于首冲之处就堤帮筑，加埽挡护，自可免于溃决。雅前任仪封时，值三家庄河患，顶冲北堤，患切剥肤。因详请饬举，于北岸下埽筑堤，于南岸十里挖河，随幸得免于患。嗣是祥符之陈桥、陈留之孟家埠等处皆因仪封成效，处处挑河分流，以杀其势，各于本年估计节省壹万余金，其后此之节省更不胜算，此已试之验也。

塞决口以挽正流议

塞决口以挽正河之流也。黄河发源载在前史，自宁夏至延绥、山西两戒之间，两岸皆高山大麓，石厚土坚，故无冲决之患。及过潼关，一入开封荥泽境内，两岸无山，地衍沙多，河流渐肆，兼之沁河、伊、洛诸水皆趋于河，而河势悍迅，冲塞淤决之患，在所不免。昔人谓"黄河无十年不变之局"，其势然也。论黄河者，见其澎湃之势，迁徙不常，遂谓"神水"。有谓河不可治者，有欲另开支河者，议论不一，不知黄河水少沙多，流急则泥沙并行，流缓则泥沙淤积，旁决则流缓，流缓则沙高，而有夺河之患，其势至于阻运道而害民生，河决乌可不塞也。

尝考古今河决之患，汉瓠子最甚。当时丞相田蚡谓："河决乃天事，未可以人力强塞。"❶ 二十余年治之不效。后武帝亲临，沉璧投马，令将军以下亲负薪土，卒塞瓠子，是河未有不可塞者矣。但治之之法，或先疏而后塞，或先塞而后疏。昔刘大夏治张秋，决口阔九十余丈，大夏行视之曰："是下流未可治，（先）〔当〕❷治上流。"发丁夫数万，浚贾鲁旧河、孙家渡诸河，导使南行，以杀其势，而后沿河张秋两岸筑台立表，实土下埽，决口既塞，缭以石堤，是以浚为塞者也。潘季驯塞高家堰、黄浦口及崔镇口大小二十九决，而沙刷水深，两河归正，海口大

---

❶ 据《史记》卷二十九《河渠书》载，田蚡之原语为："江河之决皆天事，未易以人力为强塞，塞之未必应天。"

❷ "先"当作"当"。《明史》卷八十三《黄河上》载："大夏行视之曰：'是下流未可治，当治上流。'"

阔，是以塞为浚者也。雅前后经历险工，或先事预防，引河以分其势，或临时抢筑，堤埽以塞其冲，屡有成效，详具图说。而要之，决口不可不塞，此断断不易之理也。

挑河事宜议

挑河事宜不可不详也。从来河势顶冲，离去故槽，过颡在山之水，原非本性。治之之法，唯是相度上流迎溜之处，预先挑挖引河，俟伏秋河流暴涨，急施开导，就下建瓴之势，可以冲刷成河。新河既成，则河归故道。彼下流顶冲之处，自将渐缓渐淤，而河患可息。前议中业抒大略，唯是就中机宜，仍须备细申饬。如河渠既成，河身之内又须另挑大坑五六个，阔三四丈，长四五丈，深五六尺。其河头处所及河半中间，又须各挑横沟一道，并阔十丈，长三四丈，深五六尺。有此层层坑沟，则河水入渠之后，跌荡冲激，有其壮往之力矣。再于新开河头放水进口去处，用埽三四个，底埽高一丈，次埽八尺，再次六七尺，各长十丈。如河从西北向东南注射者，于河头南岸下之，有此埽垛迎溜冲刷，则河流不至旁溢，而势自约束，入于新渠矣。河势入槽，而又有多坑多沟之冲跌，则河渠滔溜日深，两岸开刷日阔，而何虑新河之不成，大河顶冲之不渐就淤平乎？新河得成，而所弭地方之大患，所省公家之帑金与民间之物力，不知几许。此今日治河要着，攸赖诚不浅也。

开河估计工程议

开河宜估计定数，以核工程也。凡平地创开一河，若不预度河身深浅广狭之丈尺，与每夫每工约该浚若干之数目，则夫数之多寡与时日之久近茫无成算，冒滥延捱之弊，必所不免。今大略估算，每方广一丈，用夫一日二工，可以开深一尺，挑浚泥水相半者，减十之五，全系水中捞取者，减十之七八。其或取土登岸，就而筑堤者，亦以半折算焉。如此估定，按夫计日，按日课功，冒滥、延捱二弊俱不能施矣。

疏凿工烦议

疏凿工烦，宜相度力行，以趣急工也。尝读贾让治河三策，莫善于疏导，乃后人习用。其下策以堵塞为岁修，而置挑河于不讲者，凡以凿河一着言之，似易而行之实难也。何以言之？河势情形朝更夕变，目前所见，茫然莫定，一难也。一人独任，众议纷然，聚讼盈庭，道旁筑舍，二难也。幸而众议佥同，勒期挑竣，但河流转于俄顷淤淀，争在须臾，前工莫追，当局沮气，三难也。全估则多费国帑，不估则贻累小民，公私交病，劳怨莫辞，四难也。所以治河者不敢轻议疏凿，盖为此也。然以实际言之，河患当顶冲之时，河流难转，非疏凿无以杀其势，故欲施堵塞，必借疏凿开之于先，堵塞之功小，疏凿之功大，堵塞可以救目前之急，而疏凿可以贻永久之利，此挑疏之功，所以断不可已，攸赖匪浅鲜矣。

挑浚河形议

挑浚河形须深浅得宜也。凡挑河之法，岸峭狭者易于崩堕，底平浅者易于淤垫。宜面阔底深，形如锅样，庶中流常得浚刷，而两岸不致坍塌。所挑之土，大约用以筑堤，如不用堤，须运土于百余丈外，庶免雨淋，转入河内也。

筑堤宜审地势议

筑堤之法，高低宜因地势也。以地面言之，大约逼水者水势迫隘，易致冲啮，远水者水有容蓄，可免崩溃。须离河岸或四五里，或六七里，许定基施工，庶可挡御泛涨洪流。以堤形言之，堤之高卑务因地之低昂，但取顶面齐平为准，毋徒概以丈尺若干为量。盖水性避高而趋下，平满则溢，若使洼地之堤与高堤均其丈尺，则堤与地俱卑，而水至平满之时，必从卑处溃溢矣。筑堤者取平于顶，不取量于丈尺也。其取土之处，切忌傍堤挖取，致成河路，积水刷伤堤根。须去堤址三十步之外取之，乃无妨碍。若淤泥汀淖者，取其土晒，使稍干用之，不宜弃而不用，亦不宜混加堤上，致夯杵无可施工也。

筑堤尚宜护埽议

抢筑新堤，尚宜护埽也。黄流迁徙无常，曲折冲刷，每有离去旧河至七八里、十余里者。河势既迁，则原旧堤岸渐次临河。傥内无旧筑等堤，水势稍溢，遂成泛滥，则估计修筑，势不容缓。然修筑之法，必须详勘河流大势，若距河太近，水势冲激，易于毁坏，务期去河宽远，以防侵刷，此其一也。至所筑新堤，果其外尚有旧堤，坚固深厚，可以无用风埽。若旧堤不坚，且晚坍透，则内所筑之月堤，新土浮松，遇水即散，殊未可恃。故筑堤之时，必须相河度势，估埽护堤，乃克保全。

凡埽长十丈，高不过六七尺，相地势之高下，以为埽料大小，如此则距河既远，筑堤又坚，即使外堤刷透，而在内新堤有埽护根，可以抵挡，不致侵溃矣。

筑土宜核生熟议

计工宜核筑土之生熟，以别坚否也。常见河官庸劣，验堤不计土方。众夫抬土，厚积浮面，纵加夯杵，势必面实中松，精密之工不施，坚牢之效不著，无怪乎随筑而随坏也。宜饬管河官，凡筑土每厚一方，应分二层，每层五寸，加碾二遍，加杵二遍。湿土原润，加以层层固筑，堤工必坚，自此虽有河患，可恃以为捍御矣。

用土宜辨淤沙议

筑堤用土宜辨淤沙也。凡沙土与淤土不同，沙土虚浮，遇水即散，遇风即飞；淤土沉实胶润，筑之即固。常见人夫取土，只图就近省力，多取浮沙充数，以致所筑之堤殊不坚实。倘遇河患，难可凭恃。宜饬管河官，凡取土须用淤土为上，倘淤土附近难觅，或用两和土，或黄土、黑土，二者虽次于淤土，然犹胜于浮沙。用土得当，加以夯杵，堤岸可恃以永固矣。

挑筑宜避坟墓议

挑筑宜避坟墓，以示泽枯之仁也。筑堤有三禁：毋掘房基、毋划膏腴、毋挖古冢。三者之中，古冢尤重。盖房屋可以改造，膏腴尚可补偿，独古冢一动，将数千百年之骸骨一旦委诸泥沙，此神人之所愤怒，而仁人君子之所恻然不忍者也。善哉！万恭之言曰："治河以安生灵为本，而安生灵以安死者为先。"观其所记，济宁城南古墓一区，石室二间，巨石为之，疑为齐康公之墓，命以浚河土为之郭。又有宁阳习发古冢市石，弃男女二骸骨节七十四事者，令有司理其首足肢骸，棺葬之，而以犯者抵死，可谓仁者之用心矣。尝读《大业开河记》，中以掘古冢致祸，可为永鉴。故凡挑河筑堤，皆宜严禁坟墓并樵采墓上树木，皆当置之于法，治河者不可不留心也。

饬兴水田议

饬兴水田，以利民固本也。中州地方，患在黄河岁修无已。至于河南、河北内地之河，其名甚繁，为害亦剧。若得人经理修筑，不独可以除害，抑且可以兴利，庶民力饶裕，河工诸务亦将藉之有裨。如怀、卫有太行沁、济诸水，开、归有汝、颍、洧、溧诸水，南、汝有㵐、泌、蔡、息诸水。每到伏秋，霪霖涛涨，一望巨津，淹损禾苗，漂没庐舍，民生既在阽危，河工派料征夫岂能有济乎？若使饬督修筑，可以克消水患，反收水利。昔魏史起为邺令，引漳水溉田，民咏乐利。汉召信臣为南阳太守，设法灌田，每岁至二万顷。

雅常经阅郑州、荥泽、祥符、中牟等处，见贾鲁一河两岸田亩广博，可作水田，由此推之，其为可兴之利，当不止此。似宜通饬监司，确查各属内河故道，或系本地受害，或系邻封受害，呈详确估，照地出夫，动工修筑。至于平洼近水之乡，并可穿渠引灌，以收水田利赖，将见高下皆成沃壤，水旱不能

为灾，民享利用。厚生之益，则趋事赴功，悦而忘劳矣。

革门头派柳议

永革门头派柳，以苏穷民之累也。查沿河埽工不准估计者，州县相沿弊政。往往门头派柳，以应急需。虽均系公家之役，而就中实有不均之叹。盖仅以门论，有田连阡陌而止称一门者，有数椽栖身而亦称一门者。若一概摊派，富者尚可勉办，贫者万难支撑。况乎采取之后，又须运送，富者车牛载拽，贫者肩背负挑，其迟速劳逸又复天渊。追呼孔急，竟有卖妻鬻子、弃土逃亡者。无怪河工之地致为劳民之怨薮，伤财之厉阶也。昔年叨任仪封，曾经将此弊详请革除。但此一事也，贫民得苏其苦，豪富或挠其成，恐有掣州县之肘，而不得竟其法者。伏乞严行申饬，以后沿河埽工除准题估者，照规发价买柳外，其不准估计者，照地亩之多寡以计征派之柳束。有地应差，虽或劳费，亦无甚怨。至于无地贫民，照门派柳之事，严加禁革，以苏偏苦，庶贫者得以安身，河工不为怨厉之所矣。此康熙十一年叨任监司条议详行也。

豁免坍塌钱粮议

豁免河决坍塌地方钱粮，以恤灾伤也。黄河水性汹涌，迁变靡常，沿河地土一付波臣者，便成永荒，此何以故？盖以河势南徙则北出沙滩，北徙则南露沙麓，民实无可耕之地，而有包荒之累。前总河罗多备悉灾民坍塌包荒之苦，曾经题请，部覆但准于退出滩地，补还在案，不知黄流退出滩地，与别处河流退出滩地者不同。别处河流间有坍塌，淤泥尚可布种，若黄河退出滩地，则皆一片流沙，与石田不毛者无异。况所坍之处，地方分属不同，人民里甲各别。有此县之坍地而长在隔县者，岂能异地而受廛？有此甲之坍地而长在别甲者，岂宜桃僵而李代？彼之故产已付洪流，而正粮犹挂名下，此剜肉医疮之苦，真有郑图难绘者。

查各直省荒残地土，有经督抚题请者，朝廷尚且允蠲。又查开垦荒地者，初议三年起科，后议六年，今奉上谕，又宽至十年矣。是朝廷于待垦之荒地，尚邀破格之弘仁，而此永不得种之河滩，反受无穷之赔累。况沿河筑堤、挑土、浚河，地方皆蒙蠲免正杂差粮，而河冲灾民，受害维均，独不得邀一视之仁，此所以有向隅之哭也。合无行地方官亲身踏勘，自河南至徐、兖、淮、扬等处，凡沿河地方实在坍塌现在纳粮者，题请豁免，实浩荡之弘恩也。如恐坍塌地方大亏国赋，或将坍地钱粮（滩）〔摊〕派本州县均纳，或量免三分之一，或有退出滩地果堪承种者，照垦荒之例召人耕种，十年后起科，亦可少苏民困，而灾黎渐有起色矣。

酌动正项钱粮议

酌动正项钱粮，以佐剧工也。河工全赖人夫，人夫必资工食。向来河南夫役，皆系派之田亩，后因巡抚佟凤彩题准，动河银正项钱粮给发，真浩荡之仁也。况有钱粮以为工食，则小民自有子来之趋。有工食以时给发，则间里可无科派之扰。民既免其咨怨，工亦易于督成。此从前河南动银雇夫明验也。今淮、扬地方，水患频仍，在在告决，其工作更急于河南。淮、扬百姓，流离载道，岁岁罹灾，其劳苦更甚于他省。比年屡邀皇仁，赐赈赐蠲，其颠连穷困之状，已久在睿慈鉴照中矣。惟是雇役钱粮不足，则大工底绩无期，河工一日不完，则民害一日不息。嗟此有限之孑遗，必至于或死或逃，而有限之金钱，又岂能常蠲常赈乎？目前荡平，指日可期。合无俟王师底定之日，恳将淮、扬河夫工食仍准照河南之例，动用正项钱粮给发，使勒期竣工，则河患早平一日，即百姓早受一日之赐，而运道民生胥有攸赖矣。

酌土筐之制议

酌土筐适中之制，以惜民力也。河工之事多端，其中有最为琐细，而里民因之滋累，流棍缘以为奸，不可不急为酌定者。如筑堤挑河，必须用筐抬土，但筐有大、小、中等不同。如河南地方，上号大筐抬土至二百四五十斤，二号筐抬土一百六七十斤，三号筐抬土一百一二十斤。大筐抬土，去工或一里余，或半里余，不过一日而力已竭矣。二号抬土，去工或一里之外，不过三日而力已竭矣。乡民力不能胜，往往至于脱逃，既苦累民，亦且误工。惟有酌用三号之筐，虽盛土比之大筐较寡，不知筐小则往来必频，举轻则筋力不乏，计筐虽少而计日转多。推之江南各处，虽筐制大小不同，总以最轻者为则，使里民肩运，人人可胜，将见赴工者众而逃亡者少。其事虽微，亦体恤民隐，爱惜民力之一节也。

专久任以重责成议

专久任以重责成也。事必亲历而后明，尤必久习而后谙，

凡事莫不皆然,而况治河之难与他事不同,非阅历之久,足遍而目击,未可以聪明臆见,悬揣而遥度者也。盖河势之迁徙无常,而防御之工程不一。其间地势有高卑,河身有险易,或扫湾顶冲之异形,或伏涨落槽之异候,以至遥堤、月堤、格堤、埽坝不一制,桩、草、绳、縴、芟、缆、灰石不一用。故必上明天时,下悉地利,近稽人工,远察物料,事事综核,而后能胜任也。若按簿铨除,循资升转,则规避者视为畏途,即任事者亦视为传舍。来者未必能知,知者又将复去。如此望其底绩难矣。昔大禹治水,尚且十三年而后成,故明潘季驯三为都御史,二十余年,年七十余而后竣事,诚重之也,诚难之也。欲治河工,必行久任之法。凡管河司道及同知、通判等官,果有谙悉机宜,著有劳绩者,遇应升之日,先与加衔,管事日久,破格超迁。其有升转离任者,亦于就近遴补,取其濡染习熟,临行新旧交代,令其传告精详。至于待异等者,一如待边臣之例,由道而抚,由抚而督,由督而本兵不吝焉。如此则升转近而官日就于轻熟,超迁异而人益勇于功名。此《河防一览》所载潘季驯及给事尹瑾疏中皆谆谆以久任,破格超迁为言,乃古人之成议,不可不仿而行者也。

责印官亲防抢救议

责印官亲防抢救,以备伏秋也。濒河各工分派河厅佐贰之官,率夫修防,已有专汛,不容旁诿。唯是伏秋水涨之时,怒涛汹涌,安危叵测,每有蚁穴之隙,而顷刻溃裂,至于滔天者。此时若徒委之河汛各官,而其地或非河汛各官驻扎之所,一时鞭长,呼应无及,将必坐待领溃,而莫之收拾矣。尝考《河防》

一书，责之印官防守，极为严切。目今大雨时行，河流滔涨，万宜急防，请饬各属该掌印官，如非道厅驻扎地方，倘值河势紧急，险工可虞，该印官径自拨派乡夫，协同堡夫，动支物料，昼夜多方防御，不必拘泥常例，关白道院而后行事，庶几防守迅密，则堤岸巩固，呼吸安危之际，可恃以无恐矣。倘曰印官自有土地、人民、赋税诸事，与夫集夫办料专责，无暇更顾堤工。讵知河堤一有疏虞，土地、人民俱付洪流，赋税从何催征？夫料从何办集？正属印官切己之忧，且参处定例，复与河官一体相联，又非可视为膜外者。而况所防，不过伏秋暴涨之候，为时无几，颇与平日政事无相妨碍。各印官断不得借为口实，致滋怠玩失守者也。此康熙十一年监司条议，详请饬行。

河官宜驻河滨议

管河官宜移驻滨河要地，以重责成也。河官专以管河为职，则行住坐卧，皆宜不离河岸。诸凡河工事机，触目经心，随时料理，方克尽其职掌。如黄河两岸当春夏兴工之时，督催力役，稽查影冒，此固必躬必亲，不可假手之事。至伏秋水涨之时，诸如迎溜扫湾及逼近堤岸之区，呼吸变态，顷刻不测，尤当不论昼夜，率夫防守，则此官有事河工，实朝夕不可离河者。乃其衙舍仍驻郡县城中，身既远离河岸，闻见指麾，必有不周。在工夫役，既莫辨其勤惰虚实，稽误工程所不待言。倪其汛地河决堤伤，而始往报于官，官即星言趋赴，而一线之裂，将有俄顷溃溢，而缓不及事者。此其关系尤非小可，是河官不宜轻去堤岸，较然著明者也。请饬行各管河官，照原分汛地，择于要害处所，建立衙舍，常川驻扎，躬率人夫力行"二守""四防"之法。本官不得偷惰宴安，上司亦不得别项差委。庶稽察严明，修救迅速，要害工程自可未雨绸缪，及时修筑，而官职无旷，河工有赖矣。所建衙舍，或拆用临河古寺废庙，或暂采苇茅搭盖亦可。此任监司条议也。

河官不许委署议

河官不许委署他务，以专责成也。凡河工之坏，皆由平时疏忽，以致积渐侵颓。河流之势，每有顷刻变迁，必须呼吸抢救，唯在管河官员专其职掌，寒暑昼夜，督率瞭视，靡有空隙，方克保其无虞，此当日专设河官之意，盖有故也。乃有河官视己职为闲曹，羡郡县之热闹，多方营署，致使身分事冗，意不在工，往往料缺夫逃，堤圮水啮，全然不顾，一旦洪流溃决，贻害无穷。此皆委署他务，职掌不专之所致也。乞饬以后河任各官，止许专营本职，不许别图他委，该司道府亦不得将河官别有详委，分其职掌，庶本职专而河工自有责成矣。此任监司条议详行也。

酌叙岁修防守之官议

酌议优叙岁修防守之官，以示鼓励也。有劳而不奖，则人不知劝。有过而不罚，则人不知儆。河官定例，修筑黄河堤岸，如一年内冲决者，参处修筑之官。二年后冲决者，参处防守之官。修筑运河堤岸，三年内冲决者，参处修筑之官。如过三年冲决者，参处防守之官。其处分之罚可谓严矣。黄河堵塞决口大工告成，加级优叙，其酬庸之典可谓厚矣。独有一等勤劳职业之官，躬亲版筑，未雨绸缪，预先防守，使河无决，有决即塞，使决不为灾，其劳绩较之于决后疏塞之大工，费省而功倍。但以形迹未彰，优叙不及。夫治之于事后者，加级优叙，而治之于事先者，纪录无闻乎！除临河不系险要地方不议外，其管辖境内有险工要害，从来扫湾迎溜等处，管河官若能先事预防，保固无虞，节省钱粮者，亦比照冲决处分年分之例，自一年、二年至三年，河不冲决者，作何分别优叙，庶劝惩有法，而地方官争为先事之防，河患亦可少息矣。

复每岁举劾之例议

复每岁举劾之例，以饬河防也。定例，直省督抚衙门统辖全省事务，所属官员二年一次举劾。康熙十二年，总河会同总漕具疏，陈请部院议覆，照督抚事例，二年一次举劾在案。独是总河衙门与直省督抚不同，其举劾之贤否，专论河工之勤惰。每年岁修，其间一岁之内，堤防有无修筑，河流有无溃决，以至栽柳有无成活，皆须按年稽察，以定劝惩。若一岁工竣，一年举劾不行，必待来年，则兹一岁之工程，各官之贤否，无所分别，人心何由思奋？河防何由振饬？且虑其日踵月接，玩愒成习，不独将来河务恐有疏虞，而漕运窃忧浅阻。总河衙门原无盗案逃人之参罚，又无刑名吏治之考成。职掌止此一事，劝惩俱有成规，似宜查照旧例，仍复每年举劾一次，庶一年有一年之考核，成迹分明，而岁修不误，其有裨于河政、漕运、民生非小也。

改司为道议

议改司为道，以专地方责成也。窃惟军国大计，在河与漕。

而干理河漕者，有司与道。查南河分司管理淮、扬漕河工程，中河分司管理邳、宿、桃、清黄河工程，兼收税课。昨康熙十一年，经总河题准，画地责成，似乎责有攸归，成功可期矣。但历稽南河地方十余年来，分司数官往往屡经参处，河工有误。如清水潭溃决数载，淹没两郡，桃、清上下堤岸冲决数次，阻运病民，岂尽司官人不称职？亦以地方之责不专，迁代之期太速故也。

今两河剧工告竣无期，而为经久善后之计，惟在改司为道，以责成功而已。何以言之？道员挨俸升迁，积年在任，分司差满轮换，计日即更，其久暂不同也。道员有统辖州县之权，呼之即应。分司无钳束有司之柄，呼应不灵。其事任不同也。夫河、漕二者非他事可比，其误与不误，所争止在俄顷之间。趋赴稍迟，酿害莫救。而实与不实，所验又在数年以后。责成不久，补苴皆虚，当其工程紧急，必呼地方之有司，使其争先而恐后，此惟道官能之，司官不能也。必呼地方之居民，使其子来而趋事，此惟道官能之，司官不能也。况乎道官在任年久，利害切身，其为工也，必图坚牢。司官差竣即回，视同传舍，其为工也，未必巩固。即事相较，种种悬殊。

今淮属有道，而扬属无道。邳、宿、桃、清南岸有道，而北岸无道。譬之人身两手，一手无力，则半体偏废，彼有力之一手，安能提挈全身，而运动如意耶？是责成虽专，而欲功之全收，尚未可必也。合无并将南河分司、中河分司俱改道员，庶几事权并重，而呼应皆灵。在任俱久，而责成皆实。以之趱漕，则逐步有人，而飞挽必捷。以之防河，则各堤有人，而修筑自坚。较之用暂差之分司孑处河干，旋至即去者，其事功相去不同远矣。或曰事戒纷更，法宜循旧。不知以一官易一官非纷更也，改前辙而期后效，何拘拘于循旧为也？司铨政者其赐采择焉。

要地印官宜择议

沿河要害地方，正印官宜选择也。朝廷设官，职掌虽分，而其为地方为百姓，则未有不同者也。向来管河，虽设有府、州、县佐贰等官，分任佐理。而州县正印官为一方之长，漕运利害，民生休戚，尤其职掌所关，况河患冲决，常在俄顷呼吸之间，修筑抢救，间不容发，有迟之片刻，而蚁穴便成江河者。佐贰官虽有管河之责，而威令不行，召集人夫，或多阻挠，动用钱粮，非其经管，全赖正印官悉心料理，咄嗟可办。盖印官职掌守土，比闾之民，皆其抚驭，一号召间，即夫役也。帑藏之财，皆其典守，一措置间，即物料也。事权所在，呼应最灵。故沿河正印官视管河官关系尤重。若非慎选贤良敏干之人，则彼视民瘼，全不关心，将河工置之膜外，又或材力不及，庸懦无能，烦剧非其所长，均之无补地方，有误河政。

查管河道厅及州县管河佐贰管官，俱准坐名题补，久有成例矣。而临河要地州县印官，亟须材能，责任匪轻。从来河工举劾之例，虽印官与河官一体责成，而印官未与河官一例题补。往往人地相违，或至于溃工毁绩，而后以弹章从事。去者辙覆于前车，来者未卜其胜任。虽河官竭力奔驰，而地方之民或呼应不灵，仓猝之间，办料不及，安望有绸缪未雨之备，巩金堤无恙之防乎？合无将淮、扬、开、归等处，所属有要害险工地方，遇有员缺，准令总河照例选补，庶剧工印官得人，而道厅各官亦得收臂指之效，其有补于河政非细故也。

治河以得人为要议

治河以得人为要也。自古有治人无治法，其人存则其政举，天下无事不以得人为难，而治河之人则尤难之难者也。盖必有天下已溺之仁，而后可以举民同患。有聪明特达之智，而后可以应变无方。有鞠躬尽瘁之忠，而后可以任劳不避。有一介不取之廉，而后可以临财不苟。有独立不惧之勇，而后可以众非不顾。数者有一不备，未能胜任而愉快，故曰难也。

昔唐虞之世，工虞礼乐各有专司，而治水独推神禹。且以神禹之智，尤必迟之十三年而后成功。人材各有所长，而事必以久练而后谙也。故明二百余年间，治河独推潘季驯。观其历事三朝，四奉玺书，周巡河上二十余年，凡耳目之所狎，精神之所寄，俱若与河相忘者，如是而后成功。当日人材岂无出季驯右者？而诏起田间，谓其谙习河道，素有才望，特兹重任。诚以治河非谙习不可耳。今朝廷特命总河于所属大小官员，果能尽心河务，即指实荐举，下部核实，以备异日超迁之用，庶将来平成可奏，而治河收得人之效矣。

卷六　或问辩惑

治河治漕辩

或曰："国家所重在漕，今图说中详于淮、黄，而略于漕，何也？"应之曰："治黄、淮所以治漕也。盖自清河以北，桃、宿数百里间，所资以运漕者惟黄。清河以南，山、宝数百里间，所资以运漕者惟淮。其间冲决淤阻，能为运道梗塞者，亦惟淮与黄。年来黄决七里沟迤带，淮决清水潭迤带，为害最急，故去其为漕害者，则黄、淮治而漕亦无不治矣。若治运河之法与黄河异，黄河浊水随挑随淤，故人力难施，里河清水愈浚愈深，故功效易见。但守前人捞浚之法，自可不患浅阻。今现在节年挑浚，故不必别言治漕也。"

"然则直隶、山东迤带，河可不治乎？"曰："畿辅辇毂之地，防守挑浚，人自不敢缓。从来河患，惟中州最多。若中州黄河疏筑得法，河流顺轨，自可不为山左患。至临清、汶、济诸闸，河则有潘季驯'北河十议'。在此里河旧制成法不变，但守而勿失可矣。"

河决运道无阻辩

或曰："治河以济漕，今桃、清迤带，河虽屡决，而运道无阻，何必鳃鳃过计，欲开引河、筑遥堤，若是忧之深而虑之远耶？"应之曰："此真眉睫之见，不顾其后，何能及远者也。夫智者睹于未形，患至而为之防，不若患未至而防之之为愈也。况河患溃决，非属未形，其势岂容待其忧何容已乎？七八年以来，桃、宿上下告决频仍，东冲西溃，旋塞旋决。幸三四年来，总河焦心劳思，躬阅鸠工，总漕饬漕护河，殚力共济，运道始免阻塞，漕艘得以无误。盖卷埽、塞决为救急之良法，莫善于此。然而为经久之长图，则未可恃。尝屡奉总河委勘桃、清大工，周视相度。屡经桃、宿两岸，稔知清口、云梯关上下数百里，河身沙垫高至二丈、三丈不等，河渠全没。夫下壅则上溃，势必横溢于桃、宿，上源不至。如故明万历年间，崔镇决口数十处不止，黄既全夺，则清河以下竟成平陆，运道梗塞，尚可言哉？故今日黄决桃源诸处，淮决清水潭，与潘季驯当日形势相类。二年之内，恐更有甚于今日者。非如季驯大创兴举，不足以弭患。或恐工程浩大，经费不支，不知国家一日不可废漕，则一日不可废黄，一日不可不治漕，则一日不可不治黄。及今为之，犹可预备节省，若待临渴掘井，则工不容已，而费更不亿。杞人之忧，不得不为漕运、民生鳃鳃过计也。"

高宝迤带闸河辩

或曰："昔高加堰黄浦口之决，潘季驯但筑高堰、塞黄浦口，而淮已会黄，由清口入海，淮、扬一带田庐如故，禾黍尽登。今者既议筑翟坝，闭周桥闸，塞清水潭，而又欲尽复泾河、子婴沟、范公堤、石硅、白驹诸闸以入海，浚芒稻河以入江，不重费矣乎？"

应之曰："筑高堰、塞翟坝者，所以遏淮水之东行，使不中泄。开泾河诸闸、浚芒稻河者，所以防湖水之秋涨，使得下流。昔陈平江伯瑄虑五湖七十二河之水岁为长堤患，故置数十减水闸于长堤之间，令丁夫时启闭。湖溢则泻之以利堤，湖落则闭之以利漕，法至善也。但减水闸止可以泄寻常盈溢之水，至伏秋霪潦，与天长、六合诸山之水陡发入湖，宣泄不及，故后人于兴化建白驹、丁溪诸闸入海，江都开金湾、芒稻河入江，节宣有法，旱涝有备，斯漕运无阻而民田不至淹没。后因鹾司虑私贩出入，禁闸勿启，而邻闸居民不利于开，致各州县官民人执一见，闸口日堙日塞，河路淤阻不行。一遇秋涨，湖水泛溢，涓滴注之支河，溯其出口，不过一二湖港，上口鲸吸不止，不得不患腹胀之病，溃漕堤而坏田舍，高、宝七邑且为壑矣。故必考求前人置堤之意，只许浚深，不许增高。复陈恭襄平水闸之制，听其宣泄，不待其羡溢而又浚海口及支河，使入海达江，此疏湖水之下流与塞淮水之上流并行而不可缓者也。如谓季驯当日何以不浚海口，考当日季驯议复五塘，谓民间承佃，必须偿贷，及筑堤建闸，所费不赀，又虑田高之民欲蓄，田洼之民欲泄，筑堤之后，盗决必多，添官设夫，种种皆难措办，故谓可缓亦非谓可已也。且当日盐院条议，不欲开支河、浚海口。乃为盐场起见，似有阻格难行者。况其时议浚宝应月河，议守八浅堤，议岁防湖堤，并开芒稻、白塔二河，盖鳃鳃以霪潦弥月，山水并发为虑矣。为政者苟利漕运、利民生则毅然举行，岂能每人而悦之哉？今总河业将黄浦等闸，责成司道重建宽阔，芒稻河闸亦俱改建通江，泾河现议挑挖。惟邵伯至清江绵长三百余里，建造石工，所费不赀，白驹等场，年久淤浅，工须有待。"

引河未之前闻辩

或曰:"引河之说,未之前闻,今行之而屡效,信独得之秘,可谓发前人所未发矣,亦有行之而不效者乎?"应之曰:"有之。凡引河必相其势之转湾急溜之处,始放河头,又必河势迅激不变,始可以冲刷淤沙,引归新河。若河势迁徙不定,或自西而忽东,或自南而忽北,忽自西南而东北,忽自西北而东南。倘挑浚之时,骤值其变迁,则河流既缓,而沙停河饱,故引河亦有成、有不成,相机应变,存乎其人,此又权不可以预设者也。"

中州埽多蛰陷辩

或曰:"中州一带,遇有河患,下埽护堤,埽多蛰陷,何也?"应之曰:"无他,流急故也。黄河自昆仑转折数千里,始自积石至龙门、抵潼关,至河南则伊、洛、渭、沁诸水合焉。水愈多,势愈盛。三门(枮)〔析〕津以下,地皆浮沙,最易汕刷,奔放平壤,无崇山巨矶以防闲之,旁激奔溃,东冲西决,自汉迄今,河患未有不始自河南者,建瓴之势则然也。遇有河患冲刷堤根,下埽护堤,水汛下趋,掏刷泥沙,愈刷愈深,而埽个不固,自随水淌泻矣。此中州水势湍急下趋、埽多蛰陷之故也。"

徐淮埽不蛰辩

或曰:"徐淮一带,遇有河患,下埽护堤,而埽个无蛰,与中州不同，何也？"应之曰："河在中州，其汛溜最急，急则水势下趋。河至徐淮，其汛溜较平，平则水势上行。惟水势上行，遇有河患，而水不下掏泥沙，下埽护堤，则埽个有所凭丽，自无蛰陷矣。此徐淮河势与中州不同，而埽个不蛰，故与中州异也。"

顶冲外堤下埽辩

或曰："顶冲河患，即有内堤重障，而必于外堤下埽，何也？"应之曰："河汛直射堤根，坍刷莫御，此顶冲之势也。倘徒恃内堤重障，而不急防外堤，一时外堤坍尽，则水入堤内，两堤夹束，而水势难容，怒涛撞激，更难抵挡，内堤亦必溃决，滔滔之势，必至于大溃而不可收拾矣。惟外堤护埽，以迎其溜，水汛不得冲刷堤根，则外堤既免坍刷，而内堤始得保固无虞耳。"

扫湾不下埽辩

或曰："扫湾河势不下埽护堤者，何也？"应之曰："扫湾之势，河汛自外行正溜，去堤根尚远，即或水势涨发，溢于堤内，盈至二三尺，迨一时水消，堤岸如故。纵有溃决，正河不得遽夺，则一月之余可塞，迟亦不过两月、三月可塞。倘不审河势，下埽护堤，则埽不迎溜，必随水淌泻，徒费无益也。"

引河不易成辩

或曰："引河之工，宜于中州，然每见引河已成，后竟报淤，何也？"应之曰："挑引之工，后有被淤者，以善后之计未得也。即如河势自西南而来，则引河下唇，直当其冲，汹涌之势渐分，但下唇塌刷，无约拦水势之力，河流走大河易，走引河难，走大河溜，走引河缓。流缓则沙停，沙停则河饱，不免淤垫矣。若使护埽下唇，约拦河势，则河之入引也迅，迅则刷深，而沙不得停，日渐深广，可以成河。故曰引河不易成，成河宜善后也。"

徐州以下分流辩

或曰："徐州以下河患频仍，阻运病民，则支河分流，以杀水势，保固堤防，何如？"应之曰："徐州以下遇有顶冲，堤岸溃决，特从上流扫湾处引河分导，庶决工易施则可耳。若因河患频仍，议主分黄，则河不两行，且土性坚劲，此通彼塞，此浅彼深，大河被淤，殊于运道有碍，是河势分行断乎不可也。"

中州何以分流辩

或曰："徐州以下，不宜分流，然则中州引河，往往得成，何也？"应之曰："中州土松，直从上源倒湾处挑引，建瓴之势，日刷日深，日冲日阔。新河既已分流，大河既已淤浅，力筑截河大坝，护埽御冲，新河合流，以分之者合之也。"

黄河邳宿水缓辩

或曰："黄河在河南水急，故决，至邳、宿以下，则水缓而亦屡报决，何也？"应之曰："黄河湍悍之性，建瓴而下，其在邳、宿、桃、清与中州无异。且合睢水、白洋诸湖水,同会于淮,其流焉得缓?但河在中州,其势下趋,故急在下。水至邳、宿,其势平行,故急在上。急在下所以蛰埽,而埽费者多。急在上所以冲堤,而堤易至于溃。此河势在邳、宿与河南但有下趋、平行之分,而无缓急之异也。"

翟坝不宜筑辩

或曰:"明季河臣潘季驯《河防》所记,翟坝一带不宜高筑,听其河涨溢流,分杀水势,以保高堰。"应之曰:"西南原坝高亢,不宜增筑,此当年之地势如是。数年以来,淮水旁泄,旧坝冲刷计阔二十余里,浅深一二丈不等。自古沟至谷家桥、夏家桥、黄家坝一路,多有冲决,或为沟渠,或成河路,既深且广,非复旧日地势。若复因循不塞,则高、宝一带必至田产人民尽付波臣,而且清口无全淮之势砥柱黄流,运道俱成平陆矣。翟坝等处,今昔地势之不同,读河书而不知变通,犹胶柱而鼓瑟,欲收底绩之效,难矣。"

翟坝有害泗州辩

或曰:"翟坝一带果行修筑,则全淮未免壅涨,泗州、盱眙等处一望波涛,不几以邻国为壑哉?"应之曰:"泗之有淮患,犹黄之为中州、邳、宿患,其势一也。淮自桐柏挟汝、(颖)〔颍〕❶、肥、濠等处七十二溪之水,至泗州下流龟山横截河中。

---

❶ "颖"当作"颍"。乾隆《大清一统志》卷八十九《颍州府》载:"颍水,自河南陈州府沈丘县东流,入经阜阳县北,又东南经颍上县东南流入淮。"

譬之咽喉之间，汤饮骤下，吞吐不及，一时呃塞，故淮至泗州则涌，每岁伏秋皆然，自古及今无异。《河防书》载，宋臣欧阳修《先春亭记》云'暴莫大于淮'，盖淮之为暴于泗久矣，非因翟坝、周桥、高堰之开塞也。且康熙元年以前，翟坝、周桥未开，不闻泗州、盱眙之民尽付波流，况翟坝、周桥修而清口通，不惟不为泗人之害，而反为泗人之利乎？近年泗州、盱眙一带之人，阻夫修筑，乃奸民黠商之尤者，宜以盗决河防之律治之。"

"然则修筑增高何如？"曰："翟坝一带，系天然减水坝，今日之成河虽不可不筑也，而当年之原坝仍不可不复。若照高堰一带平高，则束水过紧，恐高堰壅溃，滔滔东下，势必淤清口而阻漕艘。此坝之修，砖石灰砌照高堰之堤量低一尺有余，使涨水有所溢，以还天然之坝基而可矣。"

周桥不宜开辩

或曰："周闸之设，其来已久，宜开而不宜闭，由是下流以济漕，高堰一带可免溃决。"应之曰："古人设立闸座，以备宣泄。其闸底以石为梁，闸上止留四尺水头，如滚水坝之制，是以水大则泄，水小则止，因时启闭。潘季驯重修，仍有石限其上，不许过船。后奸民利通客船漏税，夤谋建议将闸开深数倍，改石限为闸板，以便私开私放，私收船税。继因泗州大水当道，议开周桥泄之，衿民具呈到官。工部黄日谨有《辩开周桥》一疏，事遂寝。当时谣云：'东去只宜开海口，西来切莫放周桥。若非当道仁人力，十万生灵丧巨涛。'自是周桥不复轻开。近日翟坝既决，而周桥商贾船只通行，遂将淮水东泄，而以二十余里汪洋之水直冲漕河一线之长堤。清水潭之决，所自来也。夫高堰之与周桥一堤耳，特堰迤北而桥迤南者也。堰以内之水与桥以内之水相联一淮耳，特堰地稍低而桥地稍高者也。若周桥可开，则高堰可不守。高堰必守，而周桥独可开乎？无周桥是无高堰也。昔泗州之民尝请于潘季驯，欲于周家桥至古沟数十里凿渠通湖。季驯谓：'如（此）〔欲〕开凿成河，淮水从此长流，〔则〕非特淮、（杨）〔扬〕被害，而清口亦（将）〔必〕复淤。'❶ 正今日之左券也。"

云梯关入海宜浚辩

或曰："云梯关为入海之路，向来宽阔约叁贰百丈不等，今为黄河沙淤，仅五六丈余，可不浚乎？"应之曰："海无可浚之理，前议已详之矣。但须急塞上流决口，约束两河，复归正道，使水由地中，沙随水刷，以水治水，海口不浚而自通。若以人力施之，诚未见其可也。"

曰："上流几处当治？"曰："上流无处不当治，稍有一处旁溢，则水从中泄，沙必淤淀，河不顺轨，不能冲刷入海矣。清口以上桃、宿诸决口，修筑自不必言，其在安东境内则邢家口、二铺口，皆云梯关要道，所当急为修筑，以束河流，而疏海口者也。"

黄家嘴决口不塞辩

或曰："黄家嘴屡次报决，七里沟、新庄口诸处此塞彼决，

---

❶ "此"当作"欲"，"流"下脱"则"，"杨"当作"扬"，"将"当作"必"。据《河防一览》卷九《高堰请勘疏》改。

徒费金钱，塞之无益，不如就决口开之，顺水之性，则可不致他溃，何如？"应之曰："此即万历年间崔镇诸口之决，议者欲留决口之意也。不知决口不塞，则正河必夺桃、清之间，沙淤浅阻，将何以资运？若决可不塞，前人早已行之，潘季驯何以纷纷致辩？共塞决口大小一百三十余而后成功也。"

"然则不开决口，亦复不治，任之何如？"曰："汉李寻曾为此言，欲因河自决，可勿塞，以观其水势所居，俟稍定自成川，然后因天心而图之，必有成功。此专言治河不必治漕犹可耳。今每岁四百万粮艘，命脉所系，可任其所之冲决淤塞，付之不治而已乎？昔万历二十五年，河决黄〔堌〕口，总河杨一魁以河虽决，淹没民田无几，而河水一半足以济运，议不治。又二年，一魁入掌部事，尚书刘东星代之，亦守旧议。如此者三年，河益南徙，运道褰裳可涉，漕艘至京，往往后期，乃往事之明鉴，此皆浮议之当息者也。"

引沁入卫辩

或曰："沁水分流六十里即通卫河，若导沁入卫，直达天津，使河有所分，其势自杀，则豫省无决防之患，淮、徐减长河之纳，可省岁修巨万金钱，不亦善乎？"应之曰："沁河经行怀庆府河内县，出武涉下合黄河，与卫河相去甚远，原无支流相通。先年沁水冲开木栾店等处，漂流民舍，淹没民田、为害甚大。议者欲因冲决之道，而遂引之以入卫，不知沁大而卫小，势既难容，沁浊而卫清，流必淤淀。且沁高而卫下，伏秋水涨，必致冲溃。当年沁河一决，临清、东昌迤带俱致浅涩，是不减黄河之害，而反为运道之梗，未受沁水之益，而先为卫河之灾，城郭人民，俱患胥溺矣。凡举事须有利而无害，利多害少，犹不为之，况有害而无利乎？前议已悉，兹不再赘。"

骆马湖开新河辩

或曰："骆马湖为泇河运道咽喉，当日泇河之议，即潘季驯亦以为不可开。至故明万历二十九年，李化龙三疏，始决开泇之计。以内河二百六十里之捷，避外河三百六十里之险，至今赖之。今欲于骆马湖县东峙丘等湖接连之处，别开新河，以利运道，可避黄河之险，岂非踵泇河之故事，一劳而永逸乎？"应之曰："清河以北数百里，非黄不资运，常居敬所谓闸河出口，无处不与黄会，则无处不为黄淤，虽欲避而不得也。❶ 自化龙开泇之后，徐州运道已废，二洪之险可避。故明崇祯八年，东河水浅，运复由徐。参议徐标于徐洪上流创开月河，与运河相连，运得无滞。国朝漕运因之。然运道虽东，而徐之治河仍无虚日者，盖徐吕而下，济运必赖于黄，故虽曰避黄，而其实岁岁治黄、岁岁治徐如故也。当时化龙亦自言：'河堤处处宜防。'御史骆骎曾亦言：'泇、黄兼济，而泇不可常恃，且开泇之后，河何尝不决？又何尝不治黄，而谓可一劳永逸乎？'然则即使骆马湖新河可开，亦仍不免治黄，已属重费，而况新河未必可成，恐费且无益，故不如筑堤治黄，仍旧贯之为愈也。详见前议中。"

---

❶ 据《河防一览》卷十四《钦奉敕谕查理河漕疏》载，常居敬所云之原文为："闸河出口，无往而不会黄，则无往而不受淤，岂从浊河则淤，而出小浮桥则否耶？"

运河不用黄河辩

或曰:"运河不用黄河之水,惟赖洸、汶、沂、泗足以济之,此先儒之言也。其说谓自会通河至淮,一路堤防,只恐黄河之水冲入,为漕河之害,今反欲用黄河之水而引之使来,是引贼入室,而以病为药也。今曷不决黄入海,而必欲资之为用乎?"应之曰:"先儒此言,盖欲黄河由禹故道,而谓山东汶水三分足以济运,故为不赖黄河之说耳。不知今日黄河日徙而南,禹之故道已不可复。闸水无源,泉流易散,而弱汶三分之水,焉能历数百里之远。且宿迁、桃源河身皆广数百丈,深二三丈不等,汶河弱水能济之乎?向来运道半赖黄河,潘季驯所谓'岁漕四百万石,非借黄不能浮舟',此天所以默相,而预辟此河以助之者也。故漕运一岁不可废,则黄河不可一岁不来。黄河不可一岁不来,则不可一岁不治。但资其利而避其害可耳。"

黄河穿支河辩

或曰:"曩时河自入海,犹为濒河州邑之害。今黄、淮合一,而黄自秦晋两戒,如泾、渭、沁、汴大小诸水复合焉,其溃也必矣。昔人欲分支河以杀其势,譬如百人为队则力全,分而为十则顿损,又分而为一则全屈矣。何如?"应之曰:"黄河之性,合则力专而流急,故沙随水刷而河日深。分则力散而流缓,故水滞沙停而河日浅。所以然者,黄流最浊,以斗计之,沙居其六,若至伏秋,则水居其二。以二升之水载八升之沙,非极迅溜必致停滞。若水分则势缓,势缓则沙停河饱。支河一开，正河必夺，河不两行，自古记之矣。"

"然则引河何以可分乎？"曰："引河者，因河决顶冲而为之也。顶冲河决，乃过颡在山之势，非其本性，故因其急溜，而利导以分杀之，使复归于正而已矣。是分之乃所以合之也。"

治河能保不决辩

或曰："河为中原患久矣，岁岁修塞，所费无算。今如图说，议引河，议筑堤，事事如法，能保其不决乎？"应之曰："河至开、荥以下，地旷土松，无洞庭、彭蠡以为之汇，而伊、雒、渭、沁诸水复合之，其奔腾冲决，势所不免。所谓黄河无十年不变之理也。御河如御寇，善治兵者不能必寇之不来，而恃我有以待之。善治水者不能必河之不决，而恃我有以防之。是故宽立堤防，拦约水势，而又因势疏导，使不至于横溢，则河可以无决。即使偶决，而有备无患，旋决旋塞，可以刻期竣事，而束水归漕，范我驰驱，亦不为灾矣。自宋迄明，河决之患历历可考。虽以潘季驯之治绩，亦不能保河之不变。但岁修不废，自可久而勿坏。故语治河于今日，但有补偏救（敝）〔弊〕之法，而无一劳永逸之功。如必好奇喜新，则宋人回河之议可为永鉴矣。"

治河不出三策辩

或曰："古今治河者，不出贾让三策。其上策欲徙冀州之民当水冲者，放河使北入海；中策欲多穿漕渠，分杀水怒，开建水门，以资灌溉；若缮完故堤，增卑培薄，劳费无已，此最下策。今皆不出其上、中二策，而独取其下策，何也？"应之曰："时不同也。汉之时，专治河不治漕，且河去故道未远，故放河之说尚可行。然数千年以来，终无有行者，地广人繁，重迁民也。况今日河自西而东而南，已非当日之故道。即使故道可复，将越数省郡县之人民、庐舍、田亩、坟墓而尽徙之乎？是河且泛滥于中国，而为亿万生灵害也，其能之乎？或谓从河南铜瓦箱决之，使趋东海，势若建瓴，则河南、徐、邳永绝河患。然而国家数百万之漕粮赖之以转输，可令其中断乎？或谓京畿濒海，地多沃壤，西北水利一开，则漕运可省。即使漕运可省，而南北二千余里河道血脉可以不通，上用织造、进贡船只、邮传往来、商贾贸易可尽废乎？故昔日之河徙而北，今日之河徙而南，昔日之河惟欲去其害，今日之河兼欲资其利，此今昔时势之不同也。至多穿漕渠之说，止可行之秦晋峡中上源河清之地。若河南则水少沙多，一灌田中，禾为沙压，尽成沮洳，何可耕乎？惟有宽立堤防，拦约水势，使不至横流肆溢，水由地中行，则防之乃所以宣之也。考之《禹贡》云：'九泽既陂，四海会同。'《传》曰：'九州之泽，已有陂障而无决溃。'障即堤也。则禹之导水，亦用堤矣。贾让之下策，乃今日之上策也。"

神河辩

或曰："神河之说，信有之乎？"曰："四渎视诸侯，凡风雨山川，莫不有神以司之。汉武投璧，宋用太牢，国有常典，何可诬也？但君相之责，必尽人事，不可诿其事于天，而听之于神。如汉瓠子之决，田蚡以为天数，迟至二十年，武帝躬临筑塞，卒以成功。尧有九年之水，虽曰天数，非大禹乘四载，疏九河，八年于外，岂能地平天成？故治河者专言人事，不言天与神。盖修筑堤防，勤劬浚导，人谋即是神谋，尽人事即所以合天心也。《诗》曰：'怀柔百神，及河乔岳。'天子圣神有道，于神且怀柔之，惟是以死勤事，能御大灾，能捍大患，则祀之。此酬庸报功之典，有其举之不可废耳。"

张福王简口堤辩

或曰："高堰筑而清口可通，张福、王简口任其疏泄，何如？"应之曰："清口为黄、淮交会之所，须令全淮之水尽从此出，然后力能敌黄，不为沙垫。昔人虑淮水从张福、王简二口泄出，则淮水之势分而力微，且黄强淮弱，则黄可以蹑淮之后，而倒灌以病漕，故又筑张、福二堤以防其决，使淮不外出，黄不内入，而清口之力始专。当日黄曰谨《辨开周桥》疏内亦有欲弛张福口堤者，曰谨辩之甚悉。但欲于张福堤极洼处所，建减水闸二座，黄涨，则下板以遏黄之内浸；淮涨，则起板以纵淮之外出；黄、淮并涨，则坚守数日，俟其消而节宣之。则淮水渐消，而泗水亦不患涨，其议可采也。"

桃源七里沟大工，关系漕运民生，事机重大。雍康熙十一年十二月奉总河委勘于工次，先上疏塞事宜八款，后又两上紧要事宜，至再至三，总为国储民命，深切杞忧。幸荷总河虚怀信任，邀有成绩，今并录于后。

初上疏筑事宜

一　曰广备物料。决口剧工，需料殷繁，宜多方积储，庶免临渴掘井之患。查决口尚阔四十余丈，除桩、葥、芟、缆等项，计工另备外，柳束须五十万，芦苇须三十万，草须六七十万，始克有济。倘所备不如其数，工至合尖之时，卷埽套压，停工待料，前工徒费，时去莫追矣。关系不小，急宜广备，以收万全之功。

一　曰酌用物料。办运柳束，千万艰难。若不设法撙节，无论工程缓急，一概铺用，将来合口紧工之处，需柳反缺，误工匪轻。目今决口尚宽，除底埽用柳外，其余套埽尽可柳七苇三。如埽牛填垫埽眼，还可均用苇草，待进工至口门，仅宽二十余丈之时，不但底埽用柳，套埽亦必需柳，然后将前此所省之柳，用之于此，庶闭口之工不至乏柳，捍御有赖矣。

一　曰坚固堤坝。查新筑埽工在外边埽，仅止一层，力量单薄，不堪捍御。须傍埽工，里面创筑戗堤一道，底阔八丈，高先做八尺。即外河水势不免浸透，而内有戗堤保障，堤坚埽固，较之外加边埽，功必倍之矣。

一　曰善挑浚之宜。所挑引河，规模狭浅，水势难于建瓴，流缓沙停，断断不免，河流不分，势必全河仍冲，决工无论，合尖甚难。即侥幸闭合，转瞬涨发，冲激特甚，岂得无虞，殊切杞忧。急将引河之身挑阔一十五丈，深一丈二尺，庶乎河流可以分行，而筑工乃得保固矣。

一　曰筹河头之势。河头系河流进口之处，必口门倍加宽阔，方能引纳河流。阔须二十丈，长十五丈，深一丈二尺，始为得势。狭则拒河于口外矣。再查河从西北向东南注射，须于河头南岸下截河埽三四个，使河流不至旁溢，而势得约束，入于新河。河势入漕，冲刷有力，决口之势自弱矣。

一　曰挑坑沟以引冲刷。河渠既宽既深，似可通流矣。但

恐河流平衍，冲刷不迅，难免沙停水缓之虞。必须于渠身内另挑大坑五个，阔三丈，长三丈，深五尺。又挑横沟五道，并阔十丈，长三丈，深五尺。一沟一坑，相间施工，有此层层坑沟，则河水入渠，自然跌荡冲激，河渠滔溜日深，两岸开刷日阔，新河既成，则决口必然淤浅，得免蛰陷复溃之患矣。但坑沟内泥水难挑，须分筑上埂，用戽淘运，便于挑掘。查挑过渠身宽十二丈，深五六尺矣。此时增阔三丈，以足十五丈之数，再挑深六尺，以足一丈二尺之数，约长不过一百丈。此一百丈之工，而有全渠之用，必照议力行，无惜小费，断断成河，决口闭合，可保无虞矣。

一曰慎开导以乘时候。引河之开导有时，不宜早，亦不宜迟，必俟决口将闭，河水陡涨，新坝受敌，岌岌难保之际，即将新河头立时开放，则河势正在盛溢，其就下建瓴，自然滔滔莫御，新河可一日而成，则筑工可一劳永固，此乘时施工，因势利导，间不容发者也。

一曰杜旁泻以归正流。南坝正当迎溜。查埽坝迤南，有旧沟一道，龙门将闭之时，壅水澎涨，则河势直射临坝，旧渠崩溃可虞。此处须严加巩固，宜加护边埽，厚筑堤坝，以遏冲激旁溃，庶河势得以全力注于新河，堤坝坚牢，得免意外之患矣。

以上八款，康熙十一年十二月初十日工次勘视确议。

再上紧要事宜

昨议引河河头开阔二十丈，河身阔十五丈，深一丈二尺，于一丈二尺完工外，仍掘沟坑数道矣。但计此河其长不过百丈耳。查东南一带河身淤成平陆者，约长数十余里。今仅以百丈之河头引纳全河，节短势蹙，犹虑河头开放，所淤之旧河冲刷不动，如之奈何？乃或谓旧河淤平，尚属新淤土嫩，可以冲刷似矣。所虑河头开放太早，则全河大势仍走决口，其势极顺，何以言之？盖决口河身深二、三、四丈不等，而新挑引河，其深不敌决口一半，水性就下，岂有弃深而就浅者？将引河一开，而数十里之平淤端然如故，势所必有。倘一淤浅，前工尽费，而决口新坝之冲激，何以抵挡？其前车不可鉴乎？

雅前条议中，于开放事宜极言万不宜早，又复切切面陈宪台，业已了然。今为万全之计，除一百丈急请照雅所议，刻日完工外，再于百丈外东南一带，接挑二百丈，宽三丈，深六七尺，其二百丈内如前法再掘坑沟十四五个，以补接河身冲刷之势，使之长往莫御。及其开放时候，仍必采雅末议，俟决口不过四五丈，河流涨溢之时，然后开放引河，庶免淤浅之虞。若决口未到四五丈，万不可先开，反引淤淀也。至将开口之际，必须先下截河埽三四个，约拦水势，亦属最为紧要，皆宜预备。

又杜旁泻一款，关系甚重，若不及时照议绸缪，则决口渐窄，全河仍冲南坝，万一所虑旁泻之旧沟突然冲动，不但南坝冲激可虑，并取土地方，亦成河身矣。春月南坝之覆辙，昭昭可鉴也。此坝宜筑高一丈二尺，宽十丈，外下边埽，随蛰随套，庶可免于旁泻之患耳。

查北坝之西，地势颇低，计长不过十有余丈，宜筑一堤，底阔七丈，高八尺，顶阔二丈五尺，以补低洼，以防叵测。

前议大坝之内筑戗堤一道，目今宜专在北坝施工。盖因北坝之内河水不深，易于建工。若南坝之内回溜水深，戗堤不宜骤举也。又查南坝边埽，不过一层，力量单薄，急宜再加一层，以防冲激，此皆万不可缓者也。

以上数款，十二月二十日途次再呈。

三上紧要事宜

前详勘两坝，北坝外护边埽，内筑戗堤，前已陈悉。但所筑之埽坝，急须加高六七尺，坝之北头专用土筑，而北坝之近龙门者，尤宜加埽。但所铺之埽，止宜用苇草卷下，其柳梢不宜滥用耳。若使目前埽坝未蛰，漫不加工，及工至合尖之时，河势荡激，埽坝必至蛰陷，一时抢筑无及，则豫先绸缪施工，不容刻缓。

再思南坝所筑，较之北坝渐高，目前可恃。唯是河势冲射南坝，较之北坝尤甚，绸缪捍御，倍宜周详。坝之南半宜加土筑，而近龙门合口之处，宜加套埽，亦如北坝，总用苇草卷护，上面再加土筑可也。至于外加沿边大埽，须并峙两层，庶几坝身巩固，所费物料虽奢，然全河迎溜要害紧关，不可不万分加意施工者耳。

前议引河头挑阔二十丈，而河身阔深一切事宜，业已备陈矣。但河头开放之机宜，尚有未尽者。切以临时开掘河头，口门宜在西北，上头开掘十五丈，而临截河埽四五丈不必开掘，何以言之？从二十丈之上头开放，则河流入口有倒泻之势，湍悍冲刷，自阔自深，可以成河。倘从河头截河埽处轻率错开，则全河直冲截河埽坝，所虑旁泻之旧沟难免冲透，将挑成之沟渠反不得全河直泻之势矣。是开放之机宜不可不审度慎重者也。

前议河头东南下截河埽三四个，以约拦水势矣。然下埽之法，尚未详悉也。今思将开引河数日之前，先须掘槽长十四五丈，深一丈五尺，阔一丈四尺，铺埽高一丈二尺。先将此埽推入槽内，打桩六七株，又铺第二埽，高一丈，长与底埽同。铺完推入槽内，正压底埽，打桩五六株。若截河埽下，或河势冲刷，埽个蛰陷，再急急铺埽套压。

又思截河埽个临河头，宜向西北，不宜向东北，何以言之？盖埽头向西北者，迎着河势，使全河入于引河之内，冲荡有力。倘埽头反向东北，如人之下唇反垂，不得收约拦水势之功矣。此中机宜，毫厘千里，万不可错也。

又思两坝进埽，昼夜无停，则正月二十间决口不过宽十余丈耳。决口渐窄，则河势必渐射引河河头，并南坝所虑杜旁泻旧沟河头。两处河头，河势皆在冲激，则引河头之截河埽与杜旁泻之护边埽，俱宜于正月二十前掘槽下埽，万不可迟，恐迟则河势冲射，坍塌不止，仓猝难以施工，致误大事，不可不鳃鳃过计，预先拮据者也。

以上前后刍议，雅亲勘真确，切实敷陈，非同泛泛揣摹条议者比也。但从来有治人，无治法，所虑在工员役意见不同，阅历生熟有别，或议论互异，在宪台当自有特鉴，不为浮说所摇，则河工幸甚，运道民生幸甚矣。

康熙十二年正月初八日三上事宜。

总河题补河厅疏

总督河道、提督军务、兵部尚书兼都察院右副都御史臣朱之锡题为请补河官，以重河防事。

该臣看得治河一官，贵于谙习。臣前《慎重河工职守》一疏已经题明，伏奉俞旨，钦遵在案。况历来河患，中州为甚，乃临省管河道、北河同知俱系新任，归德通判亦伏经臣参处。臣正切杞忧，移会抚臣贾汉复从长酌议，而南河同知赵汝斌又以积劳病故矣。一道三厅悉更生手，无论来者果否勤敏，总未可知。即使凡百究心，亦必需之月日。河工水汛节序相催，事几之来，间不容发，是何可以尝试侥幸为也？查原任仪封县知县崔维雅，任内修防，历著成绩，且新升淮安府同知，以之改补南河同知，衔亦相当。臣恐所见不确，又经咨会抚臣，移伏佥同，合无请敕吏部，将维雅改补赵汝斌员缺。一转移间，而素所通晓，较之茫无头绪者，得失不啻径庭矣。谨会同抚臣贾汉复合词具题，伏乞敕部议覆施行。

顺治十六年十月内具题奉旨："吏部议奏。"

总河题补河道疏

总督河道、提督军务、兵部右侍郎兼都察院右副都御史加一级臣王光裕题为循例请补河南管河道员，以重紧急河防事。

切照河南为黄河上游，而管河道司全省河务。先事不周，则终年贻害。临期失着，则补救弥难。臣于四月间履任，念切黄河止以淮、扬水患工程为急，随即南出勘工，然寸心无刻忘豫州也。臣于本年七月十三日，据河南按察使李士祯呈报，管河道佥事邵灯病故，于十八日准河南抚臣郎廷相会稿会题邵灯病故。除行河南布、按二司作速遴官署理，并查取邵灯病故印结及有无经手钱粮另报外，惟是河道一官，为上原修防机宜关系，非得练习周详，而又能挺身任事，熟谙河防者，未易胜任。臣于奉旨安辑浙海时，目击宁波府知府崔维雅当兵马云屯之地，而调剂得宜，其历任由仪封知县、开封府南河同知而升方面者。

臣心识其才，今河南河道员缺，正值伏秋黄涨之会，臣忧心如焚，不能飞越亲督。因崔维雅两任河南修防，历著成效，若以之就近升补相应职衔，诚为驾轻就熟，则用素所谙练，较之初历生手，茫无头绪者，得失不啻天渊矣。臣从河道紧急修防起见，谨会同河抚臣郎廷相，循例合词具题，伏乞敕部议覆施行。

奉旨："该部议奏。"

督抚荐语

顺治十二年十二月内，总河杨方兴题为请定督抚举劾之例等事：

荐得仪封县知县崔维雅，夫柳独能早完，钱粮绝无加耗，严明而积胥，知畏均平，而灾黎顿苏。

顺治十四年八月内，巡抚河南亢得时题为请定督抚举劾之例等事：

荐得仪封县知县崔维雅，以明辨通敏之器，著规画拮据之能，三家庄河工尤其显绩。

顺治十四年冬月内，总河杨方兴题为封丘县大王庙大工告成：

叙得仪封县知县崔维雅刻意捍黄，夫柳立办。

部覆："奉旨加一级。"

顺治十六年八月内，总河朱之锡题为请定督抚举劾之例等事：

荐得仪封县知县崔维雅，剸裁无滞，鼓励有方，挑引河而回将倒之澜，广植柳而储不时之用。

顺治十八年〔十二〕❶月内，总河朱之锡题为请定督抚举劾之例等事：

荐得开封府南河同知崔维雅，沿河之荒度必周，征派之怨尤不避，至于抢救槐疙疸，露宿竣工，勤劳尤为难泯。

康熙三年二月内，总河朱之锡题为请定督抚举劾之例等事：

荐得开封府南河同知崔维雅，沿河三百余里，奔驰风雨，不费丝毫之帑，克平泛滥之灾，劳绩难泯。

康熙十二年八月内，总河王光裕题为桃源七里沟大工告成：

特叙得分司季满、张有杰、骊汉、纳锡，管河道副使崔维雅、戴圣聪等，或出入于荒山险峻之地，采柳运料，心手俱瘁；或奔走于豫东、淮、徐之间，督柳催船，风雨忘劳；或终始在工，督催无懈，此皆材干敏卓，劳苦倍常者。

部覆："奉旨各加一级。"

整理人：吴小伦，历史学博士，河南科技大学副教授，已发表论文二十余篇，整理点校出版《河防通议》《治河图略》《绥远河套治要》等文献。

---

❶ 月份缺，当作"十二"。据《四库全书存目丛书》本《河防刍议》补。

〔清〕嵇曾筠 撰
闵祥鹏 徐清 整理

防河奏议

# 整理说明

《防河奏议》是清雍正年间河南山东河道总督嵇曾筠的治河名著,成书于雍正十一年,收录了其治理黄河的章奏共十卷。《清史稿·艺文志》记载《防河奏议》为十二卷,因目前未见别的版本,推测可能把序、跋也各算为一卷。《防河奏议》序言为嵇曾筠本人撰写,书后附有范昌治、徐志严写的跋文。

嵇曾筠(1670—1738),字松友,号礼斋,江苏无锡人,清代著名的水利专家。他曾踏勘黄河大堤,具有丰富的治河实践经验。据《清史稿》记载:"曾筠,康熙四十五年进士,选庶吉士,授编修。累迁侍讲。雍正元年,直南书房,兼上书房。擢左佥都御史,署河南巡抚,即充乡试考官。迁兵部侍郎。河决中牟刘家庄、十里店诸地。诏往督筑。逾数月,工竣。"嵇曾筠为《防河奏议》撰写的序中亦有陈述:"皇上御极之元年六月,命臣曾筠以兵部左侍郎堵筑河南中牟县堤工漫口。……于是年冬月告竣。"雍正二年,嵇曾筠因治理中牟河患成功,得授河南副总河,驻武陟。序中提及:"凡豫省黄河两岸堤防,一切修守事宜,俱有专责。"雍正五年,兼管山东黄河堤工,转吏部侍郎,仍留副总河任。雍正六年,擢兵部尚书,调吏部,仍管副总河事。雍正七年,授河南山东河道总督。

《防河奏议》是嵇曾筠十年治河实践的总结,即作者所言

"就章奏所存有关于河防之大者，裒而辑之，使普天薄海共晓"，是作者重要的水利著作，也体现了这一时期治河方法的发展。尤其是奏议中多次提到的开河导水、排除险情的"引河杀险法"，成为嵇曾筠及后世治理黄河水患的重要手段之一。嵇曾筠在奏议中多次提到以此方法消弭黄河险情。雍正二年春，奏言："黄、沁并涨，漫溢姚其营、秦家厂、马营口诸堤。循流审视，穷致患之由。见北岸长沙滩，逼水南趋，至仓头口，绕广武山根，逶迤屈曲而下。官庄峪又有山嘴外伸，河流由西南直注东北，秦家厂诸地顶冲受险。请于仓头口对面横滩开引河，俾水势由西北而东南，毋令激射东北；并培钉船帮大坝，更于上下增筑减水坝，秦家厂诸地险势可减。"雍正六年，疏言："仪封北岸因水势冲急，雷家寺上首滩崖刷成支河。请将旧堤加帮，接筑土坝，跨断支河，以防掣溜侵堤。青龙冈水势萦纡，将上湾淘作深兜，与下湾相对。请乘势开引河，导水东行。"雍正七年，授河南山东河道总督，疏请开荆隆口引河。《清史稿》给予嵇曾筠高度评价："曾筠在官，视国事如家事。知人善任，恭慎廉明，治河尤著绩。用引河杀险法，前后省库帑甚巨。"

本次整理以雍正十一年刻本为底本，由闵祥鹏、徐清完成，同时为国家社科基金重大招标项目：海外黄河文献的搜集整理与数据库建设研究（22ZD&241）阶段性成果。不当之处，敬请批评指正。

整理者

目 录

整理说明	227
序	236
卷一	238
堵筑十里店漫口合龙	238
会议豫省河工保固事宜	238
请挑仓头口引河	241
豫备岁抢修料物	243
会估豫省黄河两岸堤工	244
增设分防厅员汛弁	246
委用协理道员	248
请建石家桥一带埽坝等工	249
条陈河工应行事宜	250
预拨岁抢修银两	252
议留堡夫并建堡房	253
请修月格等堤	255
留工效力人员	257
卷二	259
增修两岸险工	259

增修埽坝防风	262
改估临河增卑培薄工程	265
条陈河工善后事宜	267
清查东省黄河额夫工食	270
题明免报查工日期	272
抢筑兰阳南岸埽坝等工	273
估帮曹单二县大堤	275
芝麻庄添设弁兵	276
挑挖雷家寺引河	277
续留效力人员	280
修建耿家寨埽坝等工	281

卷三 283
恭报起程到任日期	283
续留效力人员	284
建筑诸望坝埽工	285
恭报秋汛平稳	285
兰阳南岸天然自开引河	287
酌定运河夫役工食	288
添设豫省河营守备	290
孟县主簿应归河缺	292
堡房造入交代	293
开挑荆隆口对岸引河	294
帮筑祥陈二汛临河月堤	295
加修程家寨埽工	296

卷四 299
| 恭报接印到任日期 | 299 |

恭报堵竣漫工	300
预备各工岁抢修并上游料物	304
估筑山盱束水堤工	305
厅员分管黄运工程	306
估计高堰山盱土工	309
建筑清口挑水埽坝	311
挑浚骆马湖下游六塘河	314
修浚文华寺闸下河堤	317
停止荆山口水道工程	319
估计高堰山盱石工	322
岁加五寸堤工	323

卷五 … 325

题署淮扬道员缺	325
建筑禹王台竹络石坝	326
开挑正人洲引河建筑夹江大坝	330
留工效力人员	333
设立堡房堡夫	335
预拨盐课银两	336
黄运两河善后堤工	337
淮徐道员移驻宿迁	340
添设标营将弁整饬营制事宜	341
遵例自陈	345
添设河库道俸工	347
建筑四套月堤	348
挑浚盐河	349
移建天妃石闸	351

卷六	353
高堰山盱石工告成	353
开垦版荒柳地	356
修建刘老涧减坝等工	357
覆部驳堰盱戗工	360
恭请御制高堰碑文	362
修建湖神各庙	363
石工人员补用沿河州县	364
稽查工料条例	366
建筑龚家营徐家庄月堤	368
恭报秋汛水势平稳	369
增定苇营柴束	370
兵夫积土章程	371
卷七	374
恭贺日月合璧五星联珠	374
恭贺黄河澄清	375
恭贺万寿节云南呈现庆云	376
恭贺景陵瑞芝	377
恭贺黔省庆云	378
恭贺万蚕瑞茧	380
恭贺阙里庆云	381
恭贺登莱彩云	382
恭贺晋省保德卿云	382
恭贺遵化凤凰翔集都匀石芝挺生	384
恭贺临晋卿云丽日文水河渠自成	385
恭贺景陵产瑞芝三本	386

恭贺瑞谷	388
恭贺河州河清	389
恭贺景陵产石芝一本彩芝四本	390
恭贺阙里庆云再见	391

卷八 393

恭谢特授副总河	393
恭谢钦赐《陆贽奏议》	393
恭谢钦赐《朋党论》	394
恭谢秋汛议叙加级	395
恭谢钦赐上谕清、汉书二本	396
恭谢免赔兰仪二县漫工并免参疏防	396
恭谢兼管山东黄河工程	398
恭谢河清加级	399
恭谢转补吏部左侍郎	402
恭谢授兵部尚书	403
恭谢钦赐《子史精华》	403
恭谢补授吏部尚书	404
恭谢钦赐《古今图书集成》	405
恭谢钦赐《音韵阐微》	406
恭谢钦赐《人臣儆心录》	406
恭谢管理河南山东河道总督	407
恭谢钦赐律例	409
恭谢秋汛议叙	410

卷九 412

| 恭谢调任南河总督 | 412 |
| 恭谢臣子嵇璜钦点庶常 | 413 |

恭谢免参疏防并免分赔修复各堤钱粮 …… 414
恭谢秋汛议叙 …… 415
恭谢钦赐《书经传说汇纂》 …… 416
恭谢照旧供职 …… 417
恭谢高堰山盱石工告成 …… 418
恭谢钦赐上谕 …… 420
恭谢特加宫保衔 …… 421
恭谢特授大学士 …… 422
恭谢臣子嵇璜授职编修 …… 423
恭谢钦赐《大清会典》 …… 424
恭谢钦赐《孝经》《小学》 …… 425
恭谢秋汛议叙加级 …… 425
恭谢一品诰封 …… 426

卷十 …… 428

挑挖引河说 …… 428
堵塞支河说 …… 431
堤工说 …… 432
堤工走漏说 …… 433
石工说 …… 435
减水滚水闸坝说 …… 437
顺水挑水坝说 …… 438
堵塞决口说 …… 439
盘坝进埽说 …… 440
签桩压土说 …… 441
钉橛绊缆说 …… 442

探埽听桩说 ………………………………………………… 442

埽工走漏说 ………………………………………………… 443

合龙闭气说 ………………………………………………… 444

后跋 ……………………………………………………………… 445

序

皇上御极之元年六月,命臣曾筠以兵部左侍郎堵筑河南中牟县堤工漫口,奉上谕:"河南居天下之中,为腹心要地,尔宜恪勤将事,俾黄流循轨,居民安堵,速竣厥工,毋负兹任。"

臣即钦遵,衔命星驰,克期攒筑,于是年冬月告竣。阅明年,上念河臣驻扎淮浦,远莫能驭,简曾筠为司河之副。凡豫省黄河两岸堤防,一切修守事宜,俱有专责。猥以簪笔词臣,未娴治水之道,仰蒙皇上训谕谆详,敬谨遵奉,竭蹶办理。受事以后,每鼓棹于洪波巨浪之中,周览于高原平隰之壤,风雨寒暑勤加巡历。毋论绅士僚属以及田夫野老,凡有单词片语关系河防者,靡不采择,以期益国利民。仰赖皇上德福攸隆,敬诚感格,河定民安,岁登丰稔,四年冬,上天垂象,黄河澄清二千余里,实千古罕觏之上瑞也。继而督理河东,迁任江南,统计趋走河干转瞬十有一年矣。窃惟河有呼吸变迁形势攸分,水有清浊强弱性情迥别,所以障其狂而束其流,祛其害而资其利者,所关綦重。仰惟圣祖仁皇帝念切运道民生,翠华屡幸河工,治河方略备集大成。我皇上丕显丕承,善继善述,沛如天之仁,运如神之智,指示修防,图维善后。其间因地制宜,随机应变,或患在下而先治其上源,或患在上而先理其下游,或

导之而使朝宗，或潴之而使利运，或事似平易而其机不可须臾缓，或势处危难而其效可以旦夕奏者，平险疾徐，因时操纵。凡臣知识心思之所未谙，缮折奏请，蒙皇上披图览说，批示精详，抉要指微，几先洞鉴，是以异命频颁，遵循罔后。在河南则修筑黄河两岸之大堤，除泛滥而奏安澜；在山东则清厘运河夫役之积弊，去浮冒以收实效；在江南则禹王台坝工成而沭水归墟，六塘河故道辟而骆湖向若；黄运两河加筑善后堤工，以及保护江滨瓜洲城郭，而民安衽席，漕利挽输。至如高堰石工尤属全河关键，我皇上发百万帑金谋兆姓奠安之计，立千年巩固之基，蓄清抵黄，永垂利赖。凡此江、淮、河、济，为疏为浚，为修为守，皆仰荷宸谟之广运，睿算之靡遗，是以条分缕晰，纲举目张，因势利导，动合机宜。今者黄运河湖安流底定，堤埽闸坝固于金汤，岁省度支亿万计，而庀材之富，屹若崇墉，宣防之事，骎骎乎有成矣。方愧忝窃宠光，迄无寸补，乃沐温纶叠贲，旋历宫阶。予参几务劳未宣而赏已懋，恩愈渥而报益难，受此殊荣，弥深儆励，不亟举数年来之仰承训示者昭著于天下后世，则人但知享平成之福，而不知皆由皇上启臣之愚，策臣之懦，鉴臣之诚，信臣之专，始克收此成效，而谓樗材浅识，敢膺重任而希底绩欤！爰就章奏所存有关于河防之大者，裒而辑之，使普天薄海共晓。然于曾筦所以经理河工者，悉禀宸衷之筹画，且以征上下之间一心一德，圣主畴咨臣工，宣力其难其慎有如斯也。若夫皇猷巍焕，上媲禹功，史臣自有载笔书之者，奚敢以不文之辞，颂扬天子之弘烈于万一，谨为拜手稽首，恭纪始末，弁之简端。

雍正十一年九月十八日

卷一

堵筑十里店漫口合龙

题为飞报漫口合龙日期，恭慰圣怀事。窃臣等于本年六月内钦承谕旨，堵筑中牟县十里店大堤漫口，除西口合龙已于七月十四日奏报在案，其十里店东口水涌溜急，施功匪易。蒙皇上指示机宜，臣等凛遵圣训，详加审慎，相度地势情形，于上下堤头盘筑坝台，接连进埽，率领奉旨敕发各官，并拣选河工谙练人员分投任事，俱各奋力争先，风雨无懈，昼夜攒堵，自入冬以来天气晴和，仰赖圣主敬诚昭格，神人协应，于十一月初十日申时合龙断流。现于埽坝背后建筑靠坝月堤，以资巩固，所有合龙日期相应会疏题报，伏乞皇上睿鉴施行。

雍正元年十一月十一日题。奉旨："先闻中牟县堤口漫决，朕念民生深为轸怀，览奏中牟县十里店东口已经堵筑合龙断流，知道了。但系隆冬所筑工程，仍加意防守保固，该部知道。钦此。"

会议豫省河工保固事宜

题为钦奉上谕事。雍正元年七月初七日，廷臣、怡亲王等

传旨："河南巡抚石文焯奏称,黄河、沁河之水六月二十二日长发,漫溢姚其营无堤之处,冲决詹家店马营口堤三十丈。着派出大学士张鹏翮前往河南,会同总河齐苏勒、巡抚石文焯、侍郎嵇曾筠将乘秋水减退永远保固之处,详加议定,张鹏翮亲身持来具奏。钦此。"钦遵。

臣等齐集河南马营工所,周览黄、沁交会形势,南岸广武山高峙,北岸系属平地,沁河之水自西来会黄于此。伏汛时,沁、黄二水先后迭长,则循流而逝;若遇二水并涨,南高北卑,易致汹涌,必竭尽人力以资堤防,其势然也。臣等遵奉谕旨,会议河南黄河马营等处保固工程事宜。仰见我皇上轸念河道民生,务期安澜,以资永赖至意,幸荷圣主敬诚昭格,感召神庥,水势消落,马营等处渐次堵筑成功。所有豫省河工应行保固事宜,谨据臣等一得之愚,详具条议,是否可行,伏候圣裁。再照条议事宜,字多逾格,贴黄难尽,伏乞皇上全览施行。

一、秦家厂系捍御沁、黄交会之关键,修防保固最为紧要。大坝靠堤并月堤应再加帮宽厚,均至底宽十丈,顶宽四丈,高一丈至一丈五尺不等,应照南河例岁修,每年听河南抚臣估计题销,仍派本管厅员驻工防守,协同千总带领河兵、桩埽手人等,不分雨夜住工修防。如三年著有劳绩,听抚臣会同河臣具题以应升之缺即用。如或怠玩不时,查参严加治罪。其修工夫役仍照例着地方官雇募,不可迟误,如有迟误,照例参处。

一、秦家厂大坝北尾堤应筑堤一道,接连遥堤,底宽十二丈,顶宽五丈,高一丈二尺,加镶埽工以护其冲,庶溢出之水不致下注。詹家店有顶冲之险,但遥堤尚属卑薄,应再加帮底宽四丈,顶宽一丈,与旧堤相平,再于顶上加高三尺。

一、秦家厂南尾堤应接至（荣）〔荥〕泽县所管临河大堤，底宽十丈，顶宽四丈，高一丈，以资捍御。

一、马营旧有河形，且地处洼下，一遇泛涨，保固最难。应将坝后土堤加帮宽厚，均至底宽十五丈，顶宽六丈，高一丈至一丈七尺不等。

一、詹家店旧堤捍御沁、黄交会之水，亦关紧要，应再加帮宽厚，均至底宽十二丈，前面于卑洼之处加添埽工，以资防护。

一、沁、黄交会之处长有沙滩，沁水会黄不畅，今冬水落之后，该督抚带领管河道、厅及地方官亲往查看，审度形势，如系老滩则挑挖引河，俟水长风顺开放。若系淤泥，人力难施，则乘长水半淹之际，用南河铁篦子操舟疏刷，沙随水去。如此，则沁水畅流，不致泛滥于姚其营一带，即秦家厂、马营等工亦可资保固矣。

一、北岸太行堤，自武（涉）〔陟〕县木栾店起，至直隶长垣县止，系奉圣祖仁皇帝指示修筑之工，关系黄沁并卫河运道。重门保障，应令河南抚臣严催承修各官作速修筑，务期坚固，一律全完。如有迟延，听其指参。

一、堤工既经修筑坚固，而防守必须能员。临河各堤，仍令管河厅汛官驻扎本汛近堤之处，早晚巡防，不许仍前远驻府县城内衙署，以致水发抢护，鞭长莫及。自今河南厅汛官员，应令总河、巡抚不拘资格，拣选熟谙能员题补。保固工程三年限满，该督抚具题，准其应升之缺即用。如有怠误，不时查参。其太行堤，应令州县官照所管之地不时巡防，遇风雨水涨之时，严加防护，不许奸民盗决堤工。如有盗决者，将奸民严加治罪，其失于巡防之地方官，并隐匿不报之道厅等官，俱照例严加议处。

一、河南黄河两岸临河大堤修筑年久，风雨淋漓致有卑薄之处。应令河臣于冬间会同抚臣亲往逐一查看，将卑者加高，薄者加厚，如有顶冲之处，修筑月堤。其应用钱粮，听其估计会题，工完之日，该抚查明，核实报销。至河南州县官原有兼管河务之责，如有水发抢修之际，应令地方官协同雇夫办料，如有推诿膜视者，照例严参。

一、黄河南岸中牟漫口二处，堵筑工完之后，应令中牟县管河县丞移驻工所，加谨防护。遇汛水涨发，该厅汛官协同该地方官尽心保固，如地方官推诿膜视，照例严参。臣等谨合词会题。

奉旨："交与总理事务王大臣会议具奏。钦此。"

请挑仓头口引河

奏为钦奉上谕事。窃臣钦承谕旨，会议秦家厂堤工事宜。仰见我皇上注念河道民生，务期安澜永庆。臣受恩深重，勉竭驽钝，悉心筹画，伏思河工须审度形势，以定疏筑之宜。查沁、黄交会姚其营、秦家厂一带，皆属顶冲，但此系下流受患，其上流必有致患之由。臣因于本月初六日由武陟县至孟县渡口，雇觅小舟，顺流东下，详勘情形，见北岸孟县、温县所属河道长有沙滩，将大溜逼趋南岸至仓头口、广武山根，以致崖岸汕刷，民居坍卸。至官庄峪，大溜又为山嘴所挑，直注东北，于是姚其营、秦家厂一带遂为顶冲。沁、黄并涨之时，堤工危险，端由于此。臣愚以为下流固须堵筑，上流尤贵疏通，应于仓头对面所长横滩挑开引河一道，直接中泓，俾水势顺流，由西北径达东南，不致激射东北，则姚其营、秦家厂一带可免顶冲之患。再查钉船帮大坝挑水南行，甚属有益，但孤立水滨，须镶建雁翅以资帮护。再于大坝上下相度地势，添建挑水埽坝二座，庶秦家厂冲激之势可减，堤工赖以保固。此臣一得之愚，谨绘图贴说，缮折奏闻，恭请皇上训示遵行，伏祈睿鉴。

雍正元年十一月十九日奏。奉旨："发总理事务王大臣议定，另有部谕。钦此。"议覆准行。雍正元年十二月初二日奉旨："依议，钦此。"

附纪

雍正元年六月，豫省黄河南岸中牟县之十里店堤工漫溢。臣曾筠奉命堵筑，选员随带，驰驿前往，会同河臣、抚臣并力抢筑，旋庆安澜。因思豫河之患，全由于北岸武陟秦家厂之决口，遂致河心淤高，水行两岸，东冲西突，其性难驯。是则治豫河者必将使武陟上游水势条顺，而后振裘挈领，始可徐图下游，以次第施功。查上游水势自三门七津建瓴而下，历孟县、温县，北岸长有沙滩逼水南趋，至仓头口绕广武山根逶迤屈曲而下，已成兜湾之势，及至官庄峪则有山嘴外伸，形如挑水，又由西南直注东北沁、黄交汇之区。秦家厂一带顶冲受险，以故旋堵旋决，频年为患。圣天子宵旰忧勤，多方指示，务期永远保固。曾筠躬承谕旨，敢不悉心筹画，以期仰副皇上慎重河防至意。谨为之巡历上源，沿流审视，露处小舢，越宿晨兴，凭高远望，灼见于致患之由，端在仓头口对面横亘之沙滩，若不及早疏浚，则滩形日长，山嘴之挑水益急，自南而北注之势愈甚，虽于下游竭蹶堵筑，终属无益。今议就仓头口以上之沙滩开挑引河一道，直接中泓，准对官庄峪下游之水口越过山嘴，俾水由西而径达于东，则利导其势，而就下之性已顺，既顺其性而直行东向矣，岂复有漩洄北折之理乎！审视既定，据实奏请。奉旨廷臣会议，准如所请。曾筠凛慎将事，遴委朱藻、杨守知、范昌治等鸠夫，择吉开挑引河。工长六百三十丈，该地民人咸知卫其田庐，踊跃应募，畚锸趋事，费帑无几，成功甚易而速。伏汛届临，乘水长风，顺挑开引河头，顷刻掣溜奔腾，上源黄流涌注东下，官庄峪山嘴不能挑水北向，大溜全走中泓，而引河大成矣。引河成则北岸秦家厂一带安于盘石，向之横流激湍至难抵御者，乃今尽入中泓安流无恙。而武陟沿河地方桑麻遍野，信乎治其本则费省功倍，不得其要虽徒劳无益也。夫下游受患，其上游必有致患之由，曾筠仰承圣主永远保固之明训，惟有早夜图维，审理度势，循流溯源，以冀效奔走愚诚。至于防河要指，实未尝窥见万一也。

豫备岁抢修料物

奏为钦奉上谕事。臣窃查黄河两岸土性虚松，凡顶冲扫湾，回溜侵刷堤根，全赖秋草、桩麻、卷埽镶垫。若无预备料物，每遇水长工危，辄至束手无措。即当时发价购买，未免青黄不接，价值既昂，运送需时，缓不济事。今蒙我皇上俯念河工料物关系紧要，谕令动用司库钱粮，仰见保固河工、安全黎庶至意。臣愚以为应用料物与其采办于后，毋宁预备于先。查江南各厅员，每岁于冬月请领银两，购买料物，随时应用。豫省黄河两岸似应照依南工，每岁冬间该厅员具详，抚臣酌拨司库钱粮分发沿河州县，预为采买，堆贮险要工所，以备临时动用，工完核实估销。如滨河出产有限，其近河百里内外州县亦发银两办买，量给车脚以资运送。庶料物应手，修筑有资，虽有险工，不致临时遗误。臣不揣冒昧，是否可行，恭候圣裁，谨具折奏闻，伏祈睿鉴。

雍正元年十一月十九日奏。奉旨："着总理事务王大臣会议具奏。钦此。"议覆准行。雍正元年十二月初二日奉旨："依议。钦此。"

会估豫省黄河两岸堤工

题为阳武大堤危险，亟宜修防，以资巩固事。该臣等会看得，前因阳武大堤危险，应添遥堤以资重障，并自豫省至徐州一带临河大堤，因年久废弛，应需修筑之处甚多，臣等恐工费不赀，不敢轻举。前经具疏题请，奉旨动库银修筑，仰见我皇上轸念河工重大，筹画万全之至意。臣等遵即率同道厅印汛等官，逐细查勘，豫省南北两岸堤工历年久远，未经加帮，雨淋风刮，日渐胶削。兼因迩年河心淤垫，两岸积高，向河一面，地势卑洼者仅余二、三、四、五、六尺不等，一经汛涨，水无容受，出（漕）〔槽〕浸漫，随湾汕刷，在在堪虞。亟应加帮高宽，方资捍御。其北岸堤工自荥泽县起，至山东曹县交界止，南岸堤工自荥泽县起，至江南砀山县交界止，绵亘迢递，两岸共约计千有余里，其中有应行帮筑遥堤、月堤、格堤，均关紧要，应一例加筑以资重障。但因中牟漫溢之后，河底垫高，水流散漫，而大溜扫湾提上移下之势靡定，俟过桃、伏、秋汛，水往下刷，河有定轨时，再为量势确估，另行具题外，今择其大堤最险要紧之处，按照形势分别段落，或加帮南面，或加帮北面，因地随宜，酌量估计。其北岸应行加帮堤工长四万七千三百四十丈，除旧土一百九十三万七千五百三十九方零，应添新土一百七十六万四千五百四十六方零，共需土方银二十二万九千五百六十两六钱一分零；南岸应行加帮堤工长七万六千四百五十六丈，除旧土三百七万七千五十三方零，应添新土二百六万七千五十方零，共需土方银二十六万八千七百四十六两一钱八分零，通共需银四十九万八千三百六两八钱零。查其中之郑州、中牟、阳武所属，有顶冲危险万难刻缓之处，业经动用司库银两分给，疾攒修筑。兹据署河南管河道杨守知造册估报前来，臣等覆加亲勘，核明无异，除原册送部查核，俟覆准之日，令河南布政司动库银给发各州县一例攒修外，理合具疏会题，伏乞皇上睿鉴，敕部议覆施行。再照归德府所属堤工，今估帮于临河北，而现在均属旱地，可以节省土方，但此处河崖卑矮，倘遇汛水出（漕）〔槽〕漫至堤根，难以取土之时，临期相机改帮南面可也。至豫省虞城以下以至徐州一带，卑矮堤工属江南地方，其应行加帮之处，现在详勘丈量，俟确估完日，另行具题，合并声明。

雍正二年三月初八日题。奉旨："该部速议具奏。钦此。"部议准行。雍正二年四月初二日奉旨："依议速行。钦此。"

附纪

豫省堤工因修治之需向无额设，而经理乏人，遂致卑薄残缺，日久废弛。曾筠自代匮豫抚，即鳃鳃为虑，洎奉命堵筑中牟决口，兢惕于前车之鉴，绸缪于未雨之防，益知修治两堤急不容缓，不揣冒昧，据实奏请。仰赖皇上智炳几先，图维善后，于曾筠未经陈奏之前，已谕令大学士臣张鹏翮前诣河南，会同河臣、抚臣，暨臣曾筠详加定议，钦遵异命，条晰备陈，两岸堤工得亟为修举。维时阳武大堤最称险要，河臣齐苏勒题请先为抢筑，其余应行加修之处，恐工费不赀，蒙我皇上廑念河防紧要，不惜帑金，大加兴筑，复命臣曾筠为副总河，专管豫省河务。仔肩重大，惴惴小心，仰体皇仁，沿堤勘估，溽暑严寒，必亲必慎，卑薄者议增培，残缺者议帮补，准地形以定崇卑，酌水势而分缓急，周行审视，相度会计，约费四十九万八千三百两有奇，当与河臣、抚臣会疏题估。及分任印河各官给帑承筑，又复分别稽查，量取土之远近，定工程之难易，于原估数内核实减省，计实用银四十二万三千四百两有奇。由是豫省堤工长虹绵亘，屹若金汤矣。窃又念夫有堤而无人，犹无堤也；有人而无其具，犹无人也，乃为之建官司、设兵夫，而董理有人矣；请岁修制浚船，而修防有具矣。至于顶冲危险之区，或增筑遥、月、格堤以为重障，或加修埽坝防风以资捍御，靡不次第经画，先事预防，束水归（漕）〔槽〕，河心愈刷愈深，不复有漫滩旁溢之患。今者千里长堤崇墉屹峙，万家妇子尽庆盈宁，皆由我皇上睿虑精详，河流底定，岂非千万世之利哉！

增设分防厅员汛弁

奏为请增豫省河员汛弁，并改设河兵以重修防事。窃查河南黄河两岸堤工，绵亘千有余里，地方辽阔，旧设道、厅汛员甚少，往往不能兼顾，以致误事。至防守堤工，虽有额设堡夫，俱系乡民，每遇汛险抢救之事，缓急失宜，徒费钱粮，难收实效。查江南黄淮河务，设立淮徐、淮扬二道，分任统辖，其沿河厅员，并河营兵弁，量地远近，画界分防，修守有法，工赖其利。今豫省河工，臣等详加酌议，北岸关系运道民生最为紧要，旧设管河道一员，应令驻扎北岸，专管彰德、卫辉、怀庆三府河务；再于南岸添设巡道一员，专管开封、归德、河南三府河务。查现在开归道管理粮储、驿站、盐法，复令兼理地方事务，似属太繁，应止令管理粮驿、盐法，其整饬地方，归两岸河道管理，庶几呼应得灵。至沿河厅员，除归德府属已有通判一员，毋庸议增外，查开封府属南北两岸堤长工险，止有管河同知二员，怀庆府属六县皆系滨河，连年水势漫溢，工程险要，止有管河通判一员，顾此失彼，鞭长莫及。应于开封府南北两岸各添设管河同知一员，怀庆府添设管河同知一员，分辖防守，兼司捕务，其不系沿河州县，仍听旧设清军同知管理。再请于大州县添设千总一员，中小州县添设把总一员，每一里分设河兵二名，巡守防护。所有千把总员缺，即于南工熟谙河务，效力弁目并桩埽手内选补，令其董率修防，练习桩埽，庶有堤有人，可免废弛。其千把总、河兵，仍听本汛该管厅员统辖调遣。倘一县之堤有分属南北岸者，每遇汛水长发，隔河防险势难周顾，应令接壤汛弁南归南汛，北归北汛，就近管理。其厅汛员弁，俱各驻扎险要工所，如有疏防，河弁与汛官一并照例严加议处，则耳目近而防守周矣。其原设堡夫，选壮健者改充河兵，余俱裁去。至新募兵丁，恐不习河务、不谙桩埽做法，应于江南十河营内酌量抽拨，拨充头目，教习新兵。如果著有成效，即行拔补把总，以示奖励。所需俸饷等银，除裁存堡夫工食之项动支给发外，倘有不敷，统于藩库内拨给。再怀庆府属之武陟县险工甚多，武陟县丞令其专管黄河，并请添设主簿一员，专管沁河，庶修防各有专司，堤工借以巩固矣。臣等一得之愚，是否允协，谨会折请旨，伏乞皇上睿鉴，训示施行。

雍正二年正月初六日奏。奉旨："吏、户、兵三部，确议具奏。钦此。"部议同知、主簿等官应如所奏添设，其添设巡道及千把总、河兵之处，均毋庸议。本年三月二十七日奉上谕："嵇曾筠所请开封府南北两岸各添设同知一员，怀庆府添设同知一员，武陟县添设主簿一员，俱依所奏添设。今伏汛伊迩，着交与总河齐苏勒，一面将熟谙河务人员作速拣选补授赴任办事，一面具题保奏，着先行文谕知。钦此。"

又于本年四月初三日，怡亲王、大臣等面奉上谕："嵇曾筠已授副总河职衔，伊奏请添设河兵一事，尔等所议毋庸添设，但总河驻扎南河兼管运河，于河南黄河相去甚远，猝有紧要工程，实难相顾。故将河南黄河另着副总河管理，若无标下官兵，难供驱使，总河标下十河营兵数甚多，或令齐苏勒酌拨分给，务期永远可行，尔等详议具奏。钦此。"王大臣等议覆"应就近于河南抚标拨守备一员，千总一员，把总二员，马兵一百名听副总河差遣。至总河标下十河营弁兵，应令齐苏勒酌拨分给听副总河就近使用"等因。

本年四月二十三日奉旨："依议。钦此。"

委用协理道员

奏为钱粮关系重大，稽察须有贤员，恭请训示，仰祈睿鉴事。窃惟黄河两岸堤工，荷蒙圣主轸念有关运道民生，特敕加帮修理，预备岁抢料物，所费不下数十万金，皆动用正项钱粮，仰见我皇上慎重河防之至意。查钱粮俱由管河道转发各州县募夫办料，款项繁多，支应纷杂。该署道杨守知在工年久，亦明

晰河务，但值此大工兴举之时，钱粮关系尤重，必得贤员协理，方可慎出入而重稽查。上年蒙皇上敕发礼部堂主事朱藻，操守谨饬，办事勘敏，自到工至今，殊见劳绩。臣拟委令稽察河工钱粮，凡一应收发俱同该署道协理，庶将来核算易清，于工程亦有裨益。是否可行，伏乞皇上指示，谨具折请旨，仰祈睿鉴。谨奏。

雍正二年闰四月十三日奏。奉旨："好。已谕部存案矣。钦此。"

请建石家桥一带埽坝等工

题为亟请建筑埽坝，加镶防风以固堤工，以卫民生事。该臣等会看得，郑州大堤石家桥迤东一带，上年水势平缓，未经估入岁抢修册内，自入伏以来，大溜南趋，直射堤根，甚属危险，应于迎溜处所下埽、签桩，加镶高厚，复于扫湾之处接镶防风，并筑矶嘴坝工，挑溜开行，以资捍御。又中牟县拉牌寨一带工程，近缘河面宽阔，水势浩瀚，黄流逼射，冲刷堪虞，必须下护崖顺埽，镶垫防风，仍建矶嘴挑水坝二座，挑溜开行，再将断堤一道加帮高厚，接至大堤，以资巩固。又穆家楼堤工，全黄大溜建瓴奔注，坐当顶冲，危险异常，亟应下埽加镶，签桩坚实，方资保护。

查郑州石家桥迤东堡房起至牛角湾迤下止，计长一千二百三十丈，内石家桥工长二十丈，车道埠口工长四十丈，牛角湾迤西工长三十丈，牛角湾工长三十丈，四共埽工长一百二十丈，其余接镶防风长一千一百一十丈，并下水头接筑矶嘴坝一座，共估工料银六千二百九十五两一钱六分。中牟县黄河南岸拉牌寨镶垫工长二百五十丈，护崖埽工二段共长一百六十丈，并矶嘴挑水坝工二座，以及加帮断堤工长二十五丈，共估工料、土方银四千三百一十九两五钱六分。又穆家楼埽工长二百七十六丈，估银二千三百四十八两四钱九分。据署管河道杨守知确估册详前来，臣等逐一亲勘覆核无异，因系紧要工程，除一面檄行布政司先行拨帑，给发各该印官乘时办料，募夫攒筑，署管河道杨守知监工督催，并原册送部查核外，理合会疏具题，伏乞皇上睿鉴，敕部议覆施行。

雍正二年七月初七日题。奉旨："该部速议具奏。钦此。"部议准行，雍正二年七月二十二日奉旨："依议速行。钦此。"

条陈河工应行事宜

奏为谨陈管见，仰祈睿鉴事。窃臣一介寒微，受恩深重，虽竭尽犬马，莫报涓埃。自奉命管理豫省堤工，更加惕励，矢公矢慎，冰蘖自持，凡有裨于国计民生者，悉心咨访，有所见闻，不敢隐匿，前恭请陛见，原拟据实口奏，面请圣训。只缘钦承谕旨，未敢擅离，谨将紧要事宜具折奏明，伏祈皇上睿鉴施行。

一、修筑堤工定例，每土一方给银一钱二分，内除加一节省外，实给银一钱零八厘。臣恪遵定例，批令管河道照数给发在案，但细加采访，平易工程每方九分六厘可以敷用。恭逢皇上圣明，内外并无杂费，似应于扣存加一节省之外，再扣加一节省，留存河库，作正项支销，以裕国帑。倘有难做之工，及取土甚远并买土抢险者，责令管河道亲加察核，酌量加增。庶帑项不致虚糜，而工程亦免误累矣。

一、河工钱粮不比州县，黄流泛涨呼吸变迁，有昔险今平今平忽险者，有突遇危急所用银两浮于原估之数者，亦有不及题估而急需攒做难缓时刻者，事当仓猝，势若救焚，不得不多用料物金钱，移缓就急，竭力抢护，以保运道民生。若执一而不变通，则该管各官恐有赔累，或致临事畏缩，贻误非小。如今年伏秋两汛，水势异涨，处处告险，备费周章，仰赖圣主轸念河防，先几指示，俾得凛慎钦遵，幸保无虞。臣愚以为：凡一切工程，或有昔险今平者，据实扣除；或有今平忽险，及水势汹涌抢救银两浮于原估者，据实题销；如有紧急险工难缓时刻者，一面题估，一面通融接应。惟在临时相机修防，管河道严加察核，毋许冒破，庶紧急工程不致坐失机宜矣。

一、柳枝荻苇为河工第一要料。豫省堤园柳株岁久瘦枯，更兼连年险工，取用采伐殆尽。至荻苇一项，原非中州土产，旧例俱以谷草秫秸代用，入水即腐，不能经久。臣查黄河两岸滨河处所多有新淤滩地，地方官逐一清查，其未经升科之滩地，或有种荻一顷，或有种柳千枝，实能成活济工者，验实详报咨部，官则给予纪录，民则给予顶带荣身，则人皆踊跃，二三年间荻柳蕃盛，而岁修购料银两可以渐减矣。至现今一切堤占地亩，并取土挖废坑塘，合无仰请圣恩，俯赐循照江南之例，俟堤工告成之后，行令地方官逐细查丈，蠲除钱粮，仍留充栽柳种荻，则所产愈广，在朝廷普宽大之恩，小民免虚粮之累，而物料之所出，当不减于正供之所入矣。

一、豫省原额堡夫。因臣上年奉差到工，往来堤上，见其踪迹寥寥，有名无实，且不谙签桩、下埽，是以议请裁去，循照江南之例，添设河兵驻工防护，庶为有济。荷蒙皇上圣明，特谕调拨江南河兵来豫修守，随经河臣齐苏勒抽调十河营兵一千名，千把总六员赴豫，当同臣等择其险要之处，分派安插讫。

但归德府属考城、商邱、虞城三县不敷分拨,原未安兵。今值冬季,裁去堡夫,则兵夫俱缺,乏人防守。况水势上游既经收束,则下游自渐湍激,尤宜加意防范,似应再于南工调兵二百名分令驻防,庶工程大有裨益矣。

以上各条,臣从慎帑急公起见,于查工之际细加咨访,所有一得之愚不揣冒昧,谨具折奏闻,是否可行,恭候皇上训示。为此具奏,伏祈睿鉴。

雍正二年十一月初三日奏。奉旨:"九卿速议具奏,前议裁去堡夫之议似属未妥,不可固执,再详悉斟酌,确议奏闻。钦此。"

预拨岁抢修银两

题为遵例题明,仰祈睿鉴事。雍正二年十一月二十八日准工部咨:为遵旨议覆事内开该臣等会议得,嗣后岁修工程应于本年十月内题估,次年四月内题销,如逾限不行题销,将所用钱粮着落授受之员赔还等因。奉旨:"依议通行。"钦遵在案。伏查江南岁修工程,俱系上年冬间发银备料,经过本年桃、伏、秋汛之后,于水落工平之际,河臣核实题估,次年造册题销,成例已久。但豫省从前原无岁抢工程,因近年黄河水势泛涨,两岸堤工大溜顶冲,险汛林立。钦蒙皇上允臣所请,持敕总理事务王大臣会议,照依江南岁抢修之例,按年估修,以资巩固。因事属创始,并无额设办料银两,是以河臣齐苏勒将雍正二年岁抢修工程,先于雍正元年十二月内相度河势情形,酌量险要处所,共题估银五万九千余两,于司库拨解购料,以备临时应用。并声明黄河大溜趋向无常,有初险今平、今平后险之处,

未可预定。虽以现在情形购料分贮，嗣后遇有此平彼险之处，应令该管各官就近于平缓工内通融拨用，以资抢护在案。今雍正二年分岁抢工程，经臣等揆其缓急，因时通融，拨给料物以济修防，获保无虞。除将做过丈尺工段，现在查核，遵例于次年四月内题销外，其雍正三年岁抢各工钱粮，仰祈皇上俯照江南估修发帑之例，敕部于司库内先行拨银五万两移解河道，及时分发备料，统俟经过桃、伏、秋汛之后，将用过料物银两核定实数，照例于本年十月内题估，次年四月内题销。如有余剩料物，仍令加谨收贮，以充下年修防之用；倘有不敷，再行题明拨给，庶工程有裨而帑项不致虚糜矣。臣谨会同河臣齐苏勒、抚臣田文镜合词具题，伏乞皇上敕部议覆施行。

雍正二年十二月二十一日题。奉旨："该部速议具奏。钦此。"部议准行，雍正三年二月初八日奉旨："依议。钦此。"

议留堡夫并建堡房

奏为遵旨确议，仰祈睿鉴事。雍正二年十一月二十二日，臣于武陟工次跪接皇上朱批臣谨陈管见等事奏折，奉旨："九卿速议具奏，前议裁去堡夫之议似属未妥，不可固执，再详悉斟酌，确议奏闻。钦此。"钦遵。臣跪读圣训，仰见我皇上至圣至明，慎重河防，睿虑周详，无微不照，洵非臣等愚昧所能窥见万一者也。

伏查豫省堤工紧要，荷蒙皇上指示方略，得以遵循修筑。又奉特旨，调拨江南河兵来豫防守，签桩、下埽俱能合法，是以今年伏秋水势异涨，获保平稳。兹以裁去堡夫之议未妥，上廑圣怀，敕令不可固执，再详悉斟酌确议奏闻。臣惶悚无地，谨悉心筹画，再陈管见，恭候圣裁。

窃思豫省两岸堤长一千三百余里，加以近年新建埽坝，并岁抢各工不下数十处，在在需人防守。今以调来河兵一千名而裁去九百余名之堡夫，自难免顾此失彼之虑。况河兵生长江南，远离乡井，千里防河，未免人怀归志。虽经臣等会议一年一换，而往返道途不无旷工废事，似宜兵夫兼用，协力修防，庶收实效。今蒙皇上洞鉴及此，诚堤工万世之利。臣愚以为老弱无用之堡夫可裁，精壮有用之堡夫不可裁，相应将堡夫名数照旧仍留。严饬厅印各官选择年力精壮者充当，所给工食亦照给发兵饷之例包封唱给，务使均沾实惠。是设一名堡夫即得一名之用，而可免有名无实之弊矣。

再查，堡夫工食每名月给银五钱，守兵饷米除朋扣外，每名月给银一两一钱九分。若堡夫中有能跟随河兵习学桩埽工程，诸练明白者，该印汛官验实出结保详，即拔作河兵，照例给饷。于年终造册报部，每年计拔堡夫若干名，即将调来河兵发回若干名，其所缺堡夫另择年力精壮者充补。二三年间若可得谙练桩埽土著河兵五百名，以帮堡夫之不逮，则既有河兵签桩下埽，又有堡夫负土担薪，修防有赖，而南工之兵俱可发回，豫省之堡夫亦人人踊跃于工程，实有裨益。

至于堤上旧制，每二里设立堡房以便栖身修守。因年久坍毁，十无一二，前南工兵到，无地容身，臣令各印官捐搭窝篷，暂为栖息，伏秋连雨，颇受其益，合无仰恳圣恩，仍照旧制，行令地方官每二里建堡房一座，每座约银三两，即于节省项内动支报销。则一应兵夫住足有所，风雨不离长堤，蜿蜒灯火相照，声息相闻，纵遇险工，一呼即应，则抢护不致失时矣。缘系奉旨详悉斟酌，确议事理，不揣冒昧，谨抒管见，是否可行，伏候皇上训示。为此具奏，伏祈睿鉴。

雍正二年十二月初九日奏。奉旨："嵇曾筠从前会奏请将堡夫裁去，今复以堡夫照旧仍留，具折奏请，这所奏近是。但折内称将堡夫内选拔充补河兵，照例给饷，将从前江南调来河兵发回等语，今若将堡夫拔补河兵，其调来河兵发回作何着落之处，并未议及。着将本并折交与九卿详阅，如照嵇曾筠所奏可行，即议准行。如有未尽处，九卿各抒所见，详议具奏。钦此。"议覆准行。

雍正三年三月二十六日奉旨："依议。钦此。"

请修月格等堤

题为阳武大堤危险，急宜修防以资巩固事。该臣等会看得，豫省南北两岸遥、月、格堤，案准部覆，俟桃、伏、秋汛后确估具题等因。奉旨："依议。"钦遵。转行遵照在案。只因上年秋冬，南北两岸堤工千有余里，同时并举，势难兼顾，是以未敢遽为题估。今加帮工程竭力严催，已据各州县陆续呈报，皆已完工。所有应筑遥、月、格堤，最紧要之处，上年秋汛水长，竭力抢护，幸保平稳。今亟宜乘时择险帮筑，以资巩固。臣谨会同河臣齐苏勒亲诣该工，逐细确勘，如兰阳县北岸雷家新庄、耿家寨、四门堂等处，旧有月堤二道，仪封县埂阳集前旧子堤一道，皆因年久失修，残缺卑矮，一遇汛水长发，由堤顶漫溢直达大堤，汕刷冲激，危险堪虞，亟应加帮高宽，以为外卫。又祥符县南岸一览台等处，大堤切近省城，堤工单薄，亟应帮筑贴堤以为内戗。又姜家庄、程家寨旧有月堤二道，格堤一段，单薄卑矮，一经水长，漫及堤根，甚属危险，亟应加筑高厚，以为捍御。又考城县南岸胡家道口、石家庄旧坝月堤一道，商邱县南岸蔚家洼大堤一段，外月土坝一道，虞城县南岸待宾寺月堤一道，俱因年久未修，卑矮单薄，上年秋汛水发，溜逼堤根，甚属危险，亟应加帮高宽，并筑子堰以为重障。

查兰阳县雷家新庄、耿家寨月堤工长一千八百零一丈，估加新土五万八千八百七十五方，该实银五千六百五十二两；四门堂月堤工长四百六十六丈，估加新土一万四千四百六十八方五分，该实银一千三百八十八两九钱七分零。查仪封县埧阳集前子堤工长一千五百五十八丈，估加新土六万四千八百二十九方八分，该实银六千二百二十三两六钱六分零。以上兰、仪二县堤工共估新土一十三万八千一百七十三方三分，每方银九分六厘，共该实银一万三千二百六十四两六钱三分零。

查祥符县一览台帮筑贴堤工长一千九十一丈，共估新土一万五千二百七十四方，该实银一千四百六十六两三钱零。又姜家庄月堤工长一千五百七十丈，估加新土四万一百七十方，该实银三千八百五十六两三钱零。又程家寨月堤工长一千一百八十九丈，估加新土三万一百二方八分，该实银二千八百八十九两八钱六分零。又旧格堤一段工长一百九十五丈，空缺一段应接筑格堤与月堤相连，工长五十丈，共工长二百四十五丈，估加新土七千九百六十方，该实银七百六十四两一钱六分。以上祥符县堤工共估新土九万三千五百六方八分，每方银九分六厘，共该实银八千九百七十六两六钱五分零。

查考城县胡家道口、石家庄旧坝月堤长四百八十五丈，估加新土一万五千五百七十七方三分，该实银一千四百九十五两四钱二分零。又商邱县蔚家洼大堤工长二百九十三丈五尺，估加新土六千九百五十五方九分，该实银六百六十七两七钱七分零。又外月土坝上加子堰工长二百七十丈，估加新土一千五百六十八方，该实银一百五十两五钱二分零。又虞城县待宾寺月堤工长一千二百一丈，估加新土二万六千九百二十一方七分，该实银二千五百八十四两四钱八分零。以上考、商、虞三县堤工共估新土五万一千二十三方，每方银九分六厘，共该实银四千八百九十八两二钱零。

前据详估，经臣等严批核减去后，今又据管河道副使佟镇详称，委系据实确估，并无丝毫浮冒。详请一面具题，一面拨帑募夫疾攒完固，庶重门有赖等情。册详前来，臣等复加亲核无异，除将原册送部查核，一面将奉旨拨交臣嵇曾筠银五万两内，檄令管河道动支给发，募夫兴修，务于伏汛前乘时攒筑，以资巩固。臣谨会同河臣齐苏勒、抚臣田文镜合词具题，伏乞皇上睿鉴，敕部议覆施行。再照两岸应行估修遥、月等堤之处，因伏汛将临，未能克期并举，谨将亟应修筑首险各工先为题估，合并声明。

雍正三年五月初十日题。奉旨："该部速议具奏。钦此。"部议准行。雍正三年六月初五日奉旨："依议。钦此。"

留工效力人员

题为遵旨具题事。窃惟河工以用人为本，用人以谙练为先。查豫省南北两岸堤长一千三百余里，其间工程遥远，河务浩繁，一应奔走往来，不得不收效力人员以供驱使、以资防护。臣自到工以来，见有佐杂生监各员范昌治等，纷纷具呈请愿河工效力。臣逐一考验，除不堪委用者不准外，择其精明强干可供驱策者，共有五十六人，即委令分任督工防险诸事，俱能自备鞍马，出力行走，卧雨餐风，共襄厥事。且各尽心习练，颇见勤劳，若令留工一二年，则皆成谙练之才。窃思伊等不辞辛苦，原为功名起见，臣亦不敢遽为代请议叙，惟求皇上洪恩，容臣将伊等功绩履历造具册结，咨部存档，准其留工效力学习，俾伊等知进身有阶，自能人人奋勉，而臣亦可收臂指之效矣。理合恭疏具题，伏祈皇上睿鉴，敕部议覆施行。

雍正三年九月二十六日题。奉旨："该部议奏。钦此。"

卷二

增修两岸险工

题为钦奉上谕事。雍正三年八月初五日准工部咨开，奉上谕："今岁入夏以来雨水过多，朕心念黄、淮，伏秋雨汛必然水势浩瀚，甚以为忧。所以从前批嵇曾筠奏折有无日不神驰黄、淮两岸之语，今据田文镜奏称，仪封县南岸大寨，兰阳县北岸板厂后两处，冲开决口各十余丈，此皆朕躬不德，或用人行政有缺失之所致。返躬惕励，夙夜不安，其冲决堤工可星速会同副总河嵇曾筠率各属河员并力抢筑，务期永久坚固。其一带危险工程，亦当增卑培薄，预为之防。至被灾人民，着速委能员实心确查，应赈恤者即动正项钱粮，冲没田地详细勘估，应豁免者题请豁免。朕从前会命将河属官员分别议叙，今仪封、兰阳两处既被冲决，例应参处。但朕自念不德，其疏防各官吏止停其议叙，不必参处，赔修亦着宽免。特谕。钦此。相应行文副总河可也。"为此合咨前去，查照施行等因到臣。准此。除仪封之大寨，并兰阳之板厂后漫口，俱各克日堵筑完竣，其完竣日期当经题报在案。所有应估增卑培薄堤工，随行各道厅钦遵去后，今据造册详请会核题估等情到臣。据此，该臣等会看得，豫省黄河两岸土埽工程，荷蒙圣恩，估计加帮，并增岁抢二修，业已绸缪未雨。缘上年秋水泛涨，将仪封大寨、兰阳板厂二处漫溢，又蒙特沛恩纶，将一带危险工程亦当增卑培薄，预为之防。臣等钦承之下，仰见皇恩浩荡，慎重周详，随经行令管河道厅逐细查勘，确估帮筑。臣等复加亲勘，两岸堤工原有暂缓加帮之大堤，并有未经估计加修之遥、月等堤，又有虽经加帮，或因地本洼下未能与两头一律平高者，更有两岸堤根被沙淤垫，堤身卑矮亟应加高培厚者。

今据该道详称，查得开封府上南河厅属郑州应增高培厚大堤共工长一千四百六十二丈，估加新土四万六千二百七十七方二分，共实银五千四百八十一两九钱七分零。又来童寨旧断堤工长二百四十丈，估加新土一万二千八百三十五方五分，共实银一千二百三十二两二钱零。中牟县应增高培厚大堤共工长一千四百五十五丈五尺，估加新土七万七十九方四分，共实银六千七百二十七两六钱二分零；月堤共工长三百六十五丈五尺，估加新土一万七千一百六十八方六分，共实银一千六百四十八两一钱九分零。

开封府下南河厅属祥符县南岸应增高培厚大堤共工长七千七百九十八丈五尺，估加新土三十一万四百六十方九分零，又拦土埽工长十三丈，以上土埽二工共实银三万九百六十五两一钱八分零；月堤共工长五千二百六十三丈二尺，估加新土十八万六千三百五十方七分零，共实银一万八千六百七十二两五钱零。陈留县南岸应增高培厚大堤共工长一千八百八十八丈，估加新土三万五千四百六十一方六分，共实银三千六百七十一两八钱八分零。兰阳县南岸应增高培厚大堤共工长七百五十丈，估加新土一万九千二百八十二方，共实银一千八百五十一两七分零。仪封县南岸应增高培厚大堤共工长四千一百六丈，估加新土十二万一千四十九方三分，共实银一万二千七百八十七两三钱一分；月堤工长二千六百四十九丈，估加新土十五万六百四方六分，共实银一万四千六百二十二两二钱三分零。

归河厅属考城县应增高培厚大堤共工长二百三十丈，估加新土一千九百一十方，共实银二百七十五两四分。商邱县应增高培厚大堤共工长二千三百四十四丈，估加新土八万七千八十三方五分，共实银八千四百一十七两六钱二分零。虞城县应增高培厚大堤共工长二千五百二十丈三尺，估加新土一十二万三千七百四十六方四分，共实银一万三千五百四十四两八钱七分零。

怀庆府黄河厅属武陟县应增高培厚大堤工长二千三百九丈，又填实钉船帮大坝后有牙池周围长一百四十四丈，共估新土十一万四千二百二十方七分，共实银一万一千二百七十六两九钱五分零。

开封府上北河厅属原武县应增高培厚大堤共工长一千二百六丈，估加新土二万三千三百四十四方，共实银二千八百九两七钱二分零。阳武县应增高培厚大堤共工长三千七十五丈，估加新土八万八千八十九方九分，共实银一万二千六百八十四两九钱四分零。月堤工长三百四十丈，估加新土一万二千六百方，共实银一千二百九两六钱。封邱县应增高培厚大堤工长四百六十丈，估加新土二万六百七十方，共实银二千九百二十二两七钱二分。

开封府下北河厅属祥符县北岸应增高培厚大堤工长四十五丈，估加新土二千三百八十二方七分，共实银二百二十八两七钱四分。子堤工长一千四十三丈，估加新土四万三千一百二十六方，共实银四千一百四十两九分零。兰阳县北岸应增高培厚大堤工长四千一十四丈五尺，估加新土一十六万八千六百九十九方六分，共实银一万八千八百六十七两二钱五分零。月堤工长一千九百四十三丈，估加新土一十二万七百八十四方一分，共实银一万一千五百九十五两二钱七分零。仪封县北岸应增高培厚大堤工长一千七百五十一丈，估加新土十万四千五百三十八方七分，共实银一万二千五百四十五两六钱零。格堤工长四千五百三十丈，估加新土二十八万八千二百七十方一分，共实银二万七千六百七十三两九钱三分零。

又山东黄河厅属刘家口曹县外月堤工长七百五十七丈五尺，估加新土四万六千五百九十九方七分，共实银五千三百五两一钱八分零。

以上各厅所属豫省大堤通共估用土方银一十四万五千五十八两五钱四分零，月格堤工通共估用土方银八万七百九十四两四分零，二共银二十二万五千八百五十二两五钱九分零。俱系据实估报，委无浮开等情，册详前来。臣等复加亲核无异，因系紧要工程，照例行令布政司拨发帑银，择险先修，业经遴委干员分段攒筑，以御汛水。一面移咨山东抚臣，饬令黄河厅将刘家口曹县堤工一例动帑兴筑，除原册送部查核外，臣谨会同河臣齐苏勒、抚臣田文镜合词具题，伏乞皇上睿鉴，敕部议覆施行。

雍正四年三月十三日题。奉旨："该部速议具奏。钦此。"部议准行，雍正四年四月初九日奉旨："依议速行。钦此。"

增修埽坝防风

题为亟请增修埽坝，加镶防风，以保堤工，以资捍御事。

该臣等会看得，豫省土脉虚松，一切堤工必须相机修守，保护万全。仰蒙我皇上洞悉河防，特颁谕旨将危险工程增卑培薄，豫为之防，当经转饬钦遵，现在另册估报。但连年黄水泛涨，致将两岸堤根沙停淤垫，堤身多有卑矮，兼以堤内地势甚洼，一遇汛水长发，大溜顶冲，甚属危险。亟应择其险要处所增修埽坝，镶做防风，保护堤工，方克有裨。

今据管河道副使佟镇详称，查上南河厅属郑州汛内薛家寨上下一带险工长七百六十丈，应镶防风，实估用工料银五千一百五十三两九钱六分。又来童寨险工长二百四十丈，应下埽包裹堤头接镶防风，实估用工料银一千六百三十七两五钱八分零。以上共估工料银六千七百九十一两五钱四分零。

下南河厅属祥符县南岸程家寨险工长二百三十丈，应下埽加镶，实估用工料银六千六百三十二两六银八分零。兰阳县南岸河渠险工长一百二十丈，应镶防风，实估用工料银六百六十三两六钱。又韩陵寺险工长一百丈，应镶防风，实估用工料银五百五十三两。仪封县南岸马家店险工长六十丈，应镶防风，实估用工料银三百九十八两一钱六分。又亓家庄险工长一百丈，应下埽加镶，实估用工料银八百六十七两八分零。又周家庄险工长八十丈，应下埽加镶，实估用工料银七百九十五两八钱四分。又鹿家口月堤东坝险工长六十丈，应下埽加镶，实估用工料银五百六十两六分零。又鹿家口月堤北坝险工长一百丈，应下埽加镶，实估用工料银九百四十九两七钱一分零。以上祥、兰、仪三县南岸共估工料银一万一千四百二十两一钱五分零。

归河厅属考城县汛内自司家道口起至王家道口止，险工长六百二十一丈，内应建矶嘴坝三座，顺长共二十一丈，接镶防风六百丈，实估用工料银五千一百八十一两四钱六分零。又十四堡险工长二十六丈，内应建矶嘴坝一座，顺长六丈，接镶防风二十丈，实估用工料银六百一十三两三钱四分零。商邱县汛内自考商交界起至杨家堂止，工长七百七十丈，内择险应做防风二百丈，实估用工料银一千六十一两七钱六分。又杨家堂小月堤险工长七十二丈，应下埽加镶，接镶防风，实估工料银三百二十九两五钱四分零。虞城县汛内张家潭险工长二十七丈五尺，应下埽加镶，接镶防风，实估工料银五百一十九两六分零。以上考、商、虞三县共估工料银七千七百五两一钱六分零。

上北河厅属原武县北岸胡唐庄险工长六十丈，应镶防风，实估用工料银三百一十九两二钱。又朱家庄后大堤兜湾险工长六十五丈，应镶防风，实估用工料银三百六十五两七钱五分。又柳园村前险工长七十丈，应镶防风，实估用工料银三百七十二两三钱。又刘务村后险工长二百丈，应镶防风，实估用工料银一千六十三两九钱七分。以上共估工料银二千一百二十一两二钱二分。

下北河厅属兰阳县北岸管李寨撑堤、横堤共长四百八十四丈，应下埽加镶，接镶防风，实估用工料银三千七百一十三两五钱六分零。又管李寨圈堤内险工长六百八十丈，应镶防风，实估用工料银三千六百九两九钱八分零。又耿家寨险工长一百六十丈，应下埽加镶，实估用工料银三千五百六十九两二钱八分。仪封县北岸雷家寺迤西险工长一百二十丈，应镶防风，并下裹头埽，实估用工料银九百一十两四钱一分零。又宋家营一带险工长六十六丈，应下埽加镶，实估用工料银三百九十二两五钱四分零。又十九堡月堤险工长五百二十二丈，应下防风，实估用工料银二千八百八十六两六钱六分。以上兰、仪二县北岸共估工料银一万五千八十二两四钱四分零。通共估用工料实银四万三千一百两五钱三分零。委无浮冒，造具估册，详请会

核题估，发帑兴修。统俟本年十月内，将用过工料汇册题报，次年四月题销等情，册详前来。臣等亲勘复核无异，因系紧要工程，除照例行令布政司先行拨帑，乘时办料兴修，并原册送部查核外，相应会同河臣齐苏勒、抚臣田文镜合词具题，伏乞皇上睿览，敕部议覆施行。

雍正四年三月十三日题。奉旨："该部速议具奏。钦此。"部议准行，雍正四年四月初九日奉旨："依议速行。钦此。"

改估临河增卑培薄工程

题为亟请改筑月堤，并添建戗堤、贴堤以保险工，以节帑项事。雍正四年九月十一日准工部咨开，都水清吏司案呈，查得副总河嵇曾筠咨称，黄河水性变迁靡常，惟在审时度势，相机修筑。豫省临河增卑培薄工程，奉部覆准在案。但前项工程皆在去冬，今春水势未长以前约照上年之情形勘估，现今河流长发，又有变迁，若不相机改估，诚恐轻重失宜，缓急倒置，相应咨请改筑，俟工完之日逐款声明，造册汇销。除一面发帑委员星夜攒筑外，拟合咨明等因前来。查豫省临河增卑培薄工程，前据副总河疏称关系紧要，业经本部覆准修筑在案。今虽据称河流变迁，应相机改筑，不便据咨遽议，应行副总河具题到日再议可也。为此合咨前去，查照施行等因到臣。准此。当经转行遵照去后，今据河南管河道副使佟镇详请，仍照前册会核具题，准其改筑，俟工完汇册奏销，则节帑保工，实有裨益等因到臣。据此，该臣等会看得，豫省临河堤工，蒙我皇上睿谟广运，筹画周详，敕令增卑培薄，豫为修防，前经臣等钦遵，确勘会核题估，奉部覆准，一切紧要堤工俱经遴员分筑，竭力攒催在案。但前项工程皆在去冬，今春水势未长以前，约照上年之情形勘估，现今河流长发忽有变迁。伏查河工先估后做，工程有临修之时形势更改化险为平，原应移平就险。若不因时相机改估，诚恐轻重失宜，缓急倒置。

今查下南河厅属应停修仪封县南岸大寨北面残缺旧月堤一道，工长二千九十七丈，撑堤一道工长一百二丈，共原估银一万二千六百六十三两八钱三分零。今移于南面改筑月堤一道，工长七百一十四丈，夹坝后帮筑戗堤一道，工长一百零一丈。又李家庄堤湾起至五堡迤南止，帮筑贴堤工长七百零七丈。又自十六堡迤东起至十八堡迤西止，帮筑贴堤工长四百丈。又兰阳大堤自陈留交界起至管家水口止，帮筑贴堤工长六百丈。共工长二千五百二十二丈，共估银一万二千五百五十四两七钱二分零，计节减银一百九两一钱零。

又仪封县南岸大堤自十三堡东起至大王庙止，加帮工长三百一十丈之内应停修工长一百丈，计原估银二百四十八两八钱八分，今移于三十三堡起至赵家埠口东止，改帮大堤工长一百丈，共估银二百二十三两八钱，计节减银二十五两八分。

又归河厅属应停修虞城县黄堌坝东自下坝尾起至裴家庄废堤头止工长五百九十二丈五尺，共原估银二千八百七十六两九钱七分零，今移于商邱县自考城县交界起至杨家堂止，并李江庄河夫营天齐庙等处添筑贴堤四段，共工长一千四百六十丈。又虞城县待宾寺一带添筑贴堤工长二百三十五丈五尺，共估银二千七百九十一两九钱九分零。计节减银八十四两九钱八分零。

以上各工均应相机因时改筑，前据该道造册改估前来，当经臣等会核，将工段丈尺银数一面咨明工部，俟工完逐款声明汇册题销。一面发帑委员星夜攒筑，以资保护在案。今准部覆

行,令具题到日再议等因。行据管河道副使佟镇详覆前来,相应会同河臣齐苏勒、抚臣田文镜合词具题,伏乞皇上睿鉴,敕部议覆施行。

雍正四年九月二十六日题。奉旨:"该部议奏。钦此。"部(义)〔议〕准行,雍正四年十一月十六日奉旨:"依议。钦此。"

条陈河工善后事宜

奏为大工初竣,善后宜详,谨陈末议,仰祈睿鉴事。窃照豫省黄河两岸堤防废弛年久,蒙皇上拯溺鸿仁,发帑兴修,宸谟指示,底绩安澜。今南北大堤加帮完竣,岁、抢二修,因地制宜,一切遥、月、格堤,兼修并举,而增卑培薄,又复预为防范,皆荷我皇上睿虑精详,所以无微不到,从兹递年修守,自可永庆平成矣。臣以菲材,谬膺简任,隆恩叠被,圣训频加,弟愧知识短浅,寸长未效,扪心夙夜,感悚交并,唯有殚竭愚诚,以冀仰报涓埃,所有刍荛末议,敬为我皇上陈之。

一、岁修埽料宜节减清厘也。查豫省大工以及抢修埽料所需秫秸,俱系临时济急,购运艰难,每百斤实销银九分,无容置议外。惟题定岁修一项,不比从前创始,今定于秋成后即发银各厅及早购办,每百斤七分便可置买,务于八月内道库发银,勒限十月内照额办足,即令管河道查验,如有短少,即以办料迟延参处。除谷草桩麻,臣逐年体访,额价万难议减,其秫秸一项请于雍正五年承办,六年岁修,每百斤即照七分报销,则每年亿千万束之秫秸,所节帑金便可积零成巨,而仍于工程无误。再查河工埽料,柳束为重,河南柳园无多,采用殆尽,且园临滩地,每年河水汕塌,以致园额愈少,柳束无出,秫秸代

柳，费帑愈多。伏查民间滩地，凡有坍塌即将新淤之地抵补，相沿已久，独至柳园，此地一经坍损，彼地虽有新淤，官无界址，民多隐占，亟应清厘，以乘永久。合无仰恳皇上敕下抚臣，行令沿河州县，检查地册，会同厅汛将现存之柳园丈勘立界，已坍之柳园此坍彼淤，厘剔清查，拨补完额，则无害于民而有益于公。园额无亏，严督河员广为栽植，庶柳束繁多，埽料钱粮可以渐次节省矣。

一、印河各官宜通融调补也。查豫省管河道以下设有厅汛河员，以协佐府州县印官。但向来定例，印官专司民事，系抚臣题授；河员专理河工，系河臣题授。不特循资升调分为两途，即办事同城，亦不无岐视。合无仰恳皇上天恩，准于定例之外通融调补。如沿河府州县有才娴河务者，准其升调河工道厅；而河工厅汛有才守兼优者，准其升调沿河府州县。一转移间，彼此均有裨益，庶印、河各官益励寅恭，而河防吏治互相讲究学习，俱当协力同心，为地方保障矣。

一、防河兵弁宜酌增专设也。查豫省堤工，蒙我皇上乾纲独断，调拨江南河兵一千名分派防守。嗣因更番远涉，往返需时，经臣条奏，请将两岸堡夫仍留学习桩埽，如果熟谙，拔充河兵。二三年间，若得土著河兵五百名，则南兵一千名俱可发回。已奉部议，覆准在案。今查堤工初竣，桩埽繁多，汛险工长，不敷应用，河兵汛弁自应随时筹画。伏恳圣恩，仍照一千名之数，敕部再行议覆，于堡夫内逐渐拔补足额，即将南兵逐渐扣除发回原汛。则豫省兵皆土著，以千名之兵守千里之堤，庶桩埽娴熟而工程巩固。再查河兵散处工所无人管押，恐其偷安多事，是以江南拨来千把总六员，用资约束，若南兵发回，该弁等原各有专汛，非可久留豫省者，请专设千总二员，把总

四员，分隶开封府两岸河厅管辖。至归德府通判汛内，应将原设武陟千总二员内调往一员，分拨河兵一百名移驻归德各工，交与该弁管领，则豫工兵弁整饬而修防无误矣。

一、月堤防守宜增设抽拨也。查豫省大堤，每隔二里额设堡房一座，分驻堡夫，令其修垫水沟浪窝，巡查獾洞、鼠穴。但重门保障，实倚月堤以资捍卫。今岁钦奉谕旨，增卑培薄，案内临河月堤居其大半，而堡房未设，防守无人，风雨损伤，河水涨漫，不无意外。伏乞皇上敕下部议，遵照大堤之例，每隔二里增设堡房一座，给价三两，着令地方官建造速完。至堡夫一项，若再议增，恐钱粮过费。合无于臣奏请，仍设河兵一千名内酌量调拨月堤防守，则无容增设堡夫，而临河险工堤埽兼有倚赖矣。

一、汛地辽阔宜添设微员也。查开封府南岸地方祥符县堤长八十六里，止有县丞一员，工长汛远，策应维艰。况近日险汛下移，祥符一带工程更为险要，似应添设祥符南岸主簿一员，分段管理。再开封府北岸地方印捕各官俱在南岸，且与直隶长垣、山东曹县等处犬牙相错，民俗刁顽。祥符、兰阳、仪封北岸虽有主簿，俱专管河务，不理民事，且堤埽绵长，奔走窎远，募夫办料呼应不灵。合无添设巡检二员，一驻祥符、陈留适中之地，一驻兰阳、仪封适中之地。如遇工程告险，即着协同厅汛募夫办料，竭力抢护；所有一切逃盗事宜，令其盘查稽察，仍听该县督率管辖。再查祥、陈等处北岸，旧有汰黄堤一道以为后障，例系民修，应责令该员督率附近庄民勤加修垫，则宁谧地方而于河务工程俱有裨益矣。

一、拨料浚船宜循例添设也。查江南黄运两河，凡有岁、抢修工程之处，即设浚柳船只以资拨运料物，所以一呼即应，往来如织，料物凑手。今豫省上至武陟，下至虞城，俱有岁、抢二修，而拨运无船，每每此工贮料，彼工告险，不能立时济急。且当汛水长发之际，一望汪洋，堤外被水，居民望救甚迫，莫能往援。是豫省浚船不但运料，兼可济人，更甚于江南也。伏乞皇上天恩，敕部查照南工浚船则例，宽长丈尺，需用工料银数，即于节省项下给发各厅，令其每汛造船五只，坚固如式，即拨河兵运驾看守，照例按年修理，勿使朽坏，则工程民命均有攸赖矣。

以上六条，臣亲历河干，目击情形，敬抒臆见，上渎宸聪，是否有当，伏乞皇上训示遵行。

雍正五年正月初四日奏。奉旨："着怡亲王、顺承郡王、大学士富宁安、九卿会议具奏。钦此。"议覆准行，雍正五年二月初六日奉旨："依议。钦此。"

清查东省黄河额夫工食

题为清查东省黄河额夫工食之积弊，仰请圣裁，杜虚冒以收实效事。窃查东省黄河厅属之曹州、曹县、单县、金乡、定陶、城武等六州县额设徭夫一千三百零八名，每岁十二个月，共工食银一万五千六百九十六两，汇解黄河厅转给该管各官为帮堤之用，定制相沿，其来已久。嗣后将正、十一、十二三个月共工食银三千九百二十四两拨解运河厅库，其黄河厅止解自二月至十月九个月，共工食银一万一千七百七十二两。向例每岁额定加土十一万七千七百二十方，年终造册报部销算。此外又有帮贴徭夫银钱，合计六州县共帮贴银七千二百一十七两八钱一分。因系历年成例，会经河臣檄饬解厅，转发临河州县存贮备用在案。

今臣细加访查，徭夫工食一项虽有额设名数，而做工多系总甲承揽，临时雇募，其间不无影射虚縻。至历年岁修报销，虽系按银计土，然未将新旧土方先行确估，无凭查考，而帮贴银钱尤属有名无实，半系印河各官之陋规，半系胥役甲长之侵蚀，其于工程夫役两无裨益。伏思除弊务绝其根，而课工贵核其实，凡加帮工程必先将旧堤顶底高宽若干，共计旧工若干量估明确，然后将加至顶底高宽若干，应用新土若干，应给方价若干，一一分晰估算，方无浮冒。况堤工段落各有长短之不齐，土方因之增减；而取土又有难易之不同，给价遂有多寡。今按银计土，断不能岁岁相同，若不计短长，不论难易，不分新旧，悬定土方以符银数，每岁加增如出一辙，其中岂无牵混？且钱粮款项理应画一，各归各款，庶日后便于奏销。今以黄河厅属之徭夫工食而拨入运河厅库，月稽年考一款两销，甚非厘剔之良法，犹恐将来修工不敷应用，另行请拨，转滋烦扰。合无仰恳圣恩，请自雍正五年为始，将黄河厅属之全年工食并帮贴银两，饬令各该州县汇解该厅转交曹县贮库。查明堤工有应行加帮之处，照例按段确估旧堤高宽若干，加至高宽若干，除旧土若干应加新土若干，旱工每方给银九分六厘，水工每方给银一钱四分四厘，水旱攸分，方价又可节省。每年先期勘明造册题估，遴选谙练各官分段修筑，务期坚固如式，以资抵御。倘该厅发银扣克，承修官有丈尺短少及潦草虚松等弊，即行指名题参，从重治罪。年终统算，共加过新土若干，共用银若干，仍照旧例报部核销。如工程平稳有可停修之处，即将存剩银两留为下年加帮之用。如此则上不侵帑，下不冒工，堤工尺寸皆有着落，钱粮丝毫皆归实用，而夫役总甲墨吏奸胥不得上下其手矣。臣从清核钱粮、保守工程起见，且桃汛在即，亟应择险确估兴工，不敢因循贻误，相应据实上陈，是否允协，臣未敢擅便。理合恭疏具题，伏乞皇上睿鉴，敕部议覆施行。

雍正五年二月十三日题。奉旨："该部议奏。钦此。"部议会同总河、山东巡抚画一妥议具题等因。奉旨："依议。钦此。"钦遵。会同河臣齐苏勒、山东抚臣塞楞额合词具题。奉旨："该部议奏。钦此。"部议准行，雍正五年十二月初十日奉旨："依议。钦此。"

题明免报查工日期

题为题明事。窃臣奉命兼管山东黄河工程，臣接准部咨，随即遵旨前赴东省，将曹、单等县临河堤埽工程逐细查勘，所有应修应筑之处，并一切应行事宜，臣一面审量缓急，上紧料理。应动帑者即行题请，应备料者飞饬趱办，应察核者现在清查，应估计者按段确估。容臣分别先后，次第入告，请旨遵行外。但查各省督抚出境回署，例应具疏题报，臣在豫四载，原无一定衙舍，惟视水势工程之平险，上下迁移防护，不敢坐守安居。因上年险势下移，兰阳、仪封、考城等县堤工均须加紧修守，臣已经题明，移驻兰考适中之仪封县滨河处所，往来策应在案。今蒙圣恩，命臣兼管两省堤工，查滨河埽坝，如豫省之三家庄，东省之芝麻庄，均属最为险要。二工界连接壤，即遇汛水长发，臣驻扎适中，两头策应，可以朝往夕还，其兰阳等处险工相距亦不甚远，俱可随时查阅，非若他省督抚经年一再出者可比。合无仰恳圣慈，嗣后臣往来东、豫两省工次，免其题报，既可省案牍之烦，而亦不致以微臣出入细故屡渎宸聪矣。

相应恭疏题明，伏乞皇上睿鉴施行。

雍正五年二月十三日题。奉旨："该部知道。钦此。"

抢筑兰阳南岸埽坝等工

题为亟请抢筑埽坝防风，并创建月堤，加帮戗隔等堤工程，以资重障，以卫民生事。该臣等会看得，兰阳县南岸管、梁、蔡、耿四水口一带堤工，系远年漫口，南临深潭，北靠支河，且地处洼下，河势南趋，崖岸日渐坍塌，堤根相距大河仅止里许，一遇水长，全河大溜直入支河，冲射堤根，危险至极。今相度情形，亟须将梁、蔡、耿三水口迎溜处所，迈下长桩大埽，丁镶防风，上下接做护崖顺埽，一律加镶坚固。再于四水口大堤南面帮戗加高，并于堤南创筑鱼鳞月堤四道，以作重门之障，方保万全。

又二堡迤东起至三堡迤西止大堤一段，原于阳武大堤案内加帮，但该工堤北旧有河形，地处洼下，上年水发沿堤走溜，势甚汹涌，兼之堤南积水浸泡，实属堪虞，亟须帮筑贴堤，以资巩固。又祥符县南岸自李盘寨后起至马头北埠口止月堤一道，近因黄河大溜日渐南趋，该工单薄卑矮，一遇汛水长发，涌注堤根，危险尤甚，亟应加帮高厚，以资抵御。

又程家寨月堤一道，前于阳武大堤等事案内，虽经加帮，但该工逼近黄河，上年汛水长发，沿堤走溜，汹涌湍激，危险异常，亟应再行加帮高厚，方保无虞。

又祥陈二县旧有民堤一道，年远失修，向因伏秋水长，将欧家潭、盖家庄等处漫溢缺口，以致上下间断，一遇汛水，全河之势直注口门，祥陈一带村庄多有被淹，下游一带堤根顶冲汕刷，为害甚巨，亟须将欧家潭缺口下埽镶填，并帮筑里戗，接至民堤两头，仍将王家楼、郭家寨等处卑薄民堤一律加帮高厚，以资捍卫。

又陈留县七、八、九堡大堤地势洼下，每遇汛水长发直射堤根，沿堤拖溜，风浪撞击，甚属危险；堤北旧有隔堤一道，年久失修，卑矮残缺，一经水长漫堤过水，虽有重门之名，并无捍御之实，必须加帮高厚，接至两头老堤，并将老堤一律增培，庶大堤得收外卫之固，而迤下一带堤根可免冲刷之虑。

查兰阳县梁、蔡、耿三水口迈埽加镶，并上下护崖、顺埽、防风共工长四百三十丈，实估料物夫工银一万一千八百一十二两四钱九分。又四水口大堤帮戗加高共工十一段，长一千三百五十七丈，堤南创筑鱼鳞月堤四道，共工长一千七十二丈，共需土一十六万五千八百八十六方六分，分别远近、水旱方价，实估银一万九千二百六十五两二钱八分。又二堡迤东起至三堡迤西止大堤长三百二十丈，加帮贴堤需土六千七百二十方，分别水旱方价，实估银八百六两四钱。又祥符县李盘寨后月堤加帮工长一千四百五十丈，需土五万一千二百四十五方，实估银四千九百一十九两五银二分。又程家寨月堤两面加帮贴戗工长一千二百八十九丈，需土四万二千六百三十方，分别水旱方价，实估银五千二百六十两六钱零。又欧家潭缺口下埽加镶，并上下雁翅共工长一百二十丈，实估料物夫工银一千三百九十八两二钱六分零。又王家楼加帮民堤，并欧家潭填垫河形接筑堤工长一千一百九十丈，郭家寨接帮民堤长一千一百一十九丈，共需土二万四千八百六十一方四分，实估银二千三百八十六两六钱九分零。又陈留县七、八、九堡大堤北首加帮隔堤，并接帮两头老堤，共工长七百七丈，需土一万七千三百五方二分，实估银一千六百六十一两二钱九分零。俱系确核至再，据实估计，毫无浮冒。今据管河道祝兆鹏造册详请，会核题估，先行发帑，乘时兴工攒筑前来。臣等亲勘复核，俱系相机紧要工程，务于汛水未长之前及时兴工，方克有济。除一面檄饬管河道先于河库银内借发该厅办料募夫，遴委谙练河员上紧督催攒筑，一面照例行令布政司拨帑给发还项，并原册送部查核外，臣谨会同河臣齐苏勒、抚臣田文镜合词具题，伏乞皇上睿鉴，敕部议覆施行。

雍正五年四月二十日题。奉旨："该部速议具奏。钦此。"部议准行，雍正五年五月十六日奉旨："依议速行。钦此。"

估帮曹单二县大堤

题为亟请加帮大堤，并镶护防风以资捍御事。该臣等会看得，东省曹、单二县临河大堤绵长二百三十余里，乃全河之屏障，密迩运道，最关紧要。近年以来因险势下移，顶冲扫湾处所更加湍激，水长则出（漕）〔槽〕泛溢，沿堤走溜，堤工叠受冲刷，其地势低洼之处水落则积水停蓄，终年不干，每遇风浪，堤身屡被撞击，多有卑薄残缺，实属堪虞，亟须先行择险确估加帮一律高厚。再险要之工所筑新土，若不镶护防风，一遇水长溜逼堤根，势难捍御。今相度情形，必须一面加帮，一面相机镶护防风，方免汕刷之患。伏查东省止有芝麻庄埽工一处，经臣题明拨帑办料岁修，其余堤工向无额设办料银两，今芝麻庄所备料物止足防护该工之用，不克分济别工。合无仰恳圣恩，先行拨帑乘时攒筑堤工，并预备料物，俟加帮工程告竣，即行相机镶做防风，以保万全。

查曹、单二县应行加帮堤工共长八千九百五十一丈四尺，除旧土外应加新土三十三万三千九百六十九方，据实分别方价，共该土方银三万六千六百二十四两二钱九分零。又陈家楼前黄奶奶庙等处，应行加镶防风工程二段，共长九百九十六丈五尺，共估银五千三百三十六两三钱一分零。以上堤埽等工共需银四万一千九百六十两六钱零。弟查曹州等六州县额设黄河修堤徭夫工食并帮贴银两，现准工部咨覆令臣会同河、抚二臣虚公画一妥议，尚未议覆。且此项银两不特不敷所估之数，又兼征解不时，难以济急。请于山东藩库内动拨银四万一千九百六十两六钱零，移解充宁道库转给该厅，遴员攒筑堤工，并令曹、单二县预购料物贮工备用。所有动用银两，容臣等将黄河修堤徭夫工食一项公同议定，具题部覆。至日在于本年徭夫工食等银抵至次险堤工。臣等酌量情形陆续相机估计具题，则堤工捍卫有资，修防得免贻误，运道民生大有攸赖矣。今据充宁道傅泽洪确估造册详请具题前来，臣等复核无异，相应会同河臣齐苏勒合词恭疏具题，伏乞皇上睿鉴，敕部议覆施行。

雍正五年四月二十七日题。奉旨："该部速议具奏。钦此。"部议准行。雍正五年五月二十六日奉旨："依议。钦此。"

芝麻庄添设弁兵

题为循例题请添设弁兵，以重修防事。窃照东省芝麻庄埽坝工程，前经河臣齐苏勒于《请开引河以保运道事》一疏内称"山东、河南堤工平时岁修系用堡夫、徭夫，遇有大工拨用民夫，其桩埽抢救事宜茫然不晓，猝遇紧要工程，率多观望不前。今曹县黄河大溜北徙之处，共有四工，此地切近运道，关系紧要，请照河南之例,将江南熟谙桩埽河兵选拨二百名,遴委千总一员,把总二员,带领驻守修防。其山东堡夫应责令调去,河兵教习桩埽事宜,令该管厅员时加考验,如遇兵丁缺出,挑选补额,至二三年后,堡夫娴习,即可充作河兵,将江南之兵掣回"等因。具题经部议覆,奉旨:"依议速行。钦此。"钦遵在案。

今查东省芝麻庄工程,前经南工拨来河兵二百名驻工修防,并教习堡夫,已经二载,迩来东省堡夫内多有熟悉桩埽事宜,堪以充作河兵者。应照原题,于此熟谙堡夫内拣选二百名充补河兵,将从前江南调来之兵尽行掣回本汛修防。至该处千、把各弁,亦请照例于熟谙弁目内拣选拔补千总一员、把总一员,仍隶黄河厅管辖。其芝麻庄工程应派千总一员,目兵一百二十名驻工修守。曹、单二县临河大堤工程应派把总一员,目兵八十名驻工修守。一应修防事宜,协同额设铺堡夫往来巡查,遇有险要工程,仍行一体齐集抢护。其江南拨来千总一员、把总二员,应一并发回原汛。庶兵弁俱得专力修守,而于运道民生均有攸赖矣。臣谨会同河臣齐苏勒合词循例具题,伏乞皇上睿鉴,敕部议覆施行。

雍正五年九月二十六日题。奉旨:"该部议奏。钦此。"部议准行,雍正五年十一月初五日奉旨:"依议。钦此。"

挑挖雷家寺引河

题为亟请开挖引河,堵截支河,以保堤工事。该臣等会看得,仪封县北岸黄河水势自南岸之青龙冈迤下,由西南扫成大湾,河溜直趋北岸,致将北岸雷家寺上首之滩崖刷成支河一道,沿堤走溜,经宋家营、刁家楼、徐家堂、曲家楼、状元口、杨家桥等处，直至三家庄出口，五十余里之堤工胥受其害。每至水势泛涨，激流汕刷，势如奔马，上下抢护，救应不遑，甚属险要。今查勘形势，必须于雷家寺上首废堤头加帮高宽，接筑土坝一道，内外下埽并镶垫防风，将支河跨断，不使掣溜侵堤。再查南岸青龙冈迤下水势潆洄纡折，将上湾淘作深兜，与下湾相对，止隔四百一十丈，上水河头有吸川之形，下水河尾有建瓴之势，亟宜乘机因势开挖引河一道，导水东行，则河身顺直，水不纡回，大河之流既畅，支河之势自缓，不特坝工可以经久捍御，而黄流全归正河，自当愈刷愈深，河滩亦能渐次淤高，俾雷家寺迤东五十余里堤埽工程得免汕刷之虞，实于运道民生大有裨益。查加帮废堤头接筑土坝共需土四千九百九十八方五分，每方实给银九分六厘，共银四百七十九两八钱五分零。又内外卷下埽个并镶垫防风，计用工料银一千七百九十两二钱一分零。又开挖引河工长四百一十丈，计土六万一千六百七十方，每方实给银八分一厘，共银四千九百九十五两二钱七分。通共银七千二百六十五两三钱三分零。据管河道祝兆鹏、河北守道朱藻造册详请会核题估前来。臣等亲勘，覆核无异。一面檄令管河道，先于河库银内动支给发该厅，上紧兴工攒挑堵筑，遴委谙练河员监工督催，一面照例在于藩库内拨帑还项，除原册送部查核外，相应会同河臣齐苏勒、督臣田文镜合词具题，伏乞皇上睿鉴，敕部议覆施行。

雍正五年十二月十七日题。奉旨："该部议奏。钦此。"部议准行。雍正六年二月十三日奉旨："依议，钦此。"

附纪

治水者之开引河，乃顺其性而导之，以水治水之良法也。

然非慎重详审,真知确见,而率意举行,往往什不成一二。以故司河者于此每徘徊瞻顾,不敢轻以建议。苟能分别地形之高下,详觇大溜之趋向,乘机因势而果断行之,则无不有明效大验者。雍正四年秋汛平稳,曾筠恭进《黄沁安澜图》上呈御览。仰蒙圣鉴,就图指示,将湾处取直,堤工即可化险为平。谕令查勘具奏。大哉王猷,诚得治河之三昧,而洞悉乎因利乘便行所无事之大指也。维时仪封北岸雷家寺一工,因上游青龙冈水势兜湾,刷开支河一道,掣溜侵堤,直注三家庄,致成五十余里之险工。该汛员弁筑坝拦截,水力盛大,殊难抵御。曾筠凛遵圣训,奉有谕旨,亲赴青龙冈,率同河员之谙练者范昌治等为之准定形势,立竿标记,就形导引,顺势开挑,是日工程将竣,天色初暝,风雨骤至,河头一开,浪涌波腾,势如奔马,大溜掣入,陡刷深通,沛然浩然,一往莫御。回视旧日河身,顷刻沙淤并无,行溜兵夫百姓靡不称奇。曾筠与在工诸员额手欢呼,恭颂圣天子爱民之念上格苍穹,如神之知洞中机宜,成功之速一至于此。向非睿虑周详,按图指示,则雷家寺一带五十余里之堤工,支流冲啮,抢救不遑,欲其化险为平而安流底定也,何可得哉?盖黄河之水其性多曲,每遇埽湾转溜,非斜趋而北即直注而南,以致两岸堤工,或当大河顶冲,或被支河汕刷,危险堪虞;多方抢救,试于湾曲之处乘机迎溜,利以导之,则河身顺直,水不纡回,畅达深通,自无旁射,此诚以水治水,行所无事之大指也。然同此黄河,江南土性坚凝,难于刷动,豫地则土性浮松,易于奏效,引河之法施之于豫省黄河,尤得地势之利便者也。谨于该工之成,志其原委如此。若夫测地形之高下,以定浚河之浅深,或一律开挑顺流直下,或间设坑塘跌荡取势,至新河既成,仍将旧河首尾筑坝拦截,不使大溜复趋故道，变态难齐，事宜不一，随机应变则又神而明之，视乎其时与地，而斟酌补救，引溜入河，务在必成而已矣。

续留效力人员

题为循例题明，仰祈睿鉴事。窃照河工务在得人，多得一人学习，将来即多得一谙练之人。今查东、豫二省，黄河南北两岸堤工绵长千有余里，钦蒙皇上不惜帑金，指示方略，将一切堤埽工程修筑坚固，两岸黎庶固已咸安衽席，永庆平成。第堤工虽经告竣，每遇大汛，经临修防吃紧之后，除专管厅汛等官之外，必得效力人员分投防险，奔走赞襄，方无贻误。是以臣于雍正二年九月遵旨具题事案内题明，奉旨收录候补州同范昌治等五十六人留工效力在案。今查四年以来，效力五十六员之中，有已经题补及委署试用，并缘事咨斥、患病回籍等员共二十九人，现今在工效力止有二十七人。每遇汛水长发，各处险工需员防守，除黄堌坝、贾鲁河二处，系河臣齐苏勒差委南工效力官二员分防外，其余两岸工长汛险，差委之处甚多，实不敷用，因又陆续收有候选州同王定成等二十五人。臣细加拣选，俱系年力强干，堪供驱策。随即行文各原籍，查其家道是否殷实，去后今俱取到原籍印结前来，臣复查无异。合无仰恳圣恩，俯照江南河工效力人员遇有题补缘事等项，续收补用之例，将续收人员亦准留工效力，俾各分险巡防，庶河工均收得人之效，而臣亦得臂指之助矣。除将现今在工新旧效力人员，造具履历功绩清册，并取到原籍印结送部存案外，臣谨循例恭疏具题，伏乞皇上睿鉴，敕部议覆施行。

雍正六年七月二十八日题。奉旨："该部议奏。钦此。"

修建耿家寨埽坝等工

题为详请建筑埽坝，镶垫防风，并帮筑内戗坝台，增培里月堤工，以御顶冲，以卫民生事。该臣等会看得，兰阳县北岸耿家寨临河月堤一道，实为大堤外护，因南岸长出沙滩，河势北趋，全黄大溜直注该工，是以本年二月内有漂走埽个、塌卸堤工之患。经臣亲驻工所，昼夜设法抢护，幸保平稳。其下埽失宜之原任同知张近光，业经会疏题参，照例议处。并将漂走埽料、土方，行文确查照数追赔在案。但查该工内临积水深潭，外当全黄倒注大溜直射，势如奔马，怒涛冲刷堤根，水深二丈八九尺至三丈七八尺不等，加以汛水踵临，汹涌倍常，实属危险堪虞。必须于临河上水裹头、下水搂崖外迈沉水大埽，层层镶垫，签钉长桩，坚筑高宽大坝，逼溜开行。再于堤内积水之中密钉排桩，卷扎埽由填实底土，上面加帮，内戗建筑坝台，俾有卷埽之基，兼得内靠之固。仍须将坝工东西两头堤身再加高宽，以御上下回溜埽湾汕刷之患。更宜计图善后，将坝后里月堤工一律增培高厚，以资重障。并将里月堤南坦估下埽个防风，庶外堤借有倚赖，得以预保万全。

查内戗坝台并排桩埽由工长一百五丈，共估银一千九百五十三两五钱四分零，内除张近光应赔补旧土银三十八两一分六厘外，实需土方料物银一千九百一十五两五钱三分零。又临河大坝加镶埽工长九十丈，实估埽料夫工银一万二千四百八十六两九钱七分零，内除应追张近光赔补埽料银四百四十二两七钱七分零归入该工应用外，实需银一万二千四十四两二钱零。又坝后里月堤工一道长二百六十丈，实估工方需银一千五百一十两八钱八分零。又里月堤南坦下埽加镶工长二百六十丈，实估料物夫工共需银四千三百二十三两二分。又临河堤工坝台西首加帮工长一百二十七丈，实估土方需银三百二十五两一钱二分。又坝台东首加帮工长一百二十六丈，实估土方需银六百四十五两九钱二分零。以上土埽各工共估银二万一千二百四十五两四钱七分零，内除张近光应赔埽料银四百八十两七钱九分零追入该工应用外，实需土方埽料银二万七百六十四两六钱八分零。今据河北守道朱藻确勘造册详请题估修筑前来，臣等确勘覆核无异。因系紧要工程，除一面先行动支河库银两办料攒筑保护，并将原册送部查核外，相应会同河臣齐苏勒、督臣田文镜合词恭疏题估，伏乞皇上睿鉴，敕部议覆施行。

再照里月堤南坦，虽据该道厅计图善后，预估埽料银四千三百二十三两零，但水势变迁靡定，如临河坝工秋汛后大溜南行，工程稳固，臣等再行相机减省，以节钱粮，合并声明。

雍正六年八月初四日题。奉旨："该部速议具奏。钦此。"部议准行，雍正六年九月初一日奉旨："依议速行。钦此。"

卷三

恭报起程到任日期

题为恭报微臣到任日期，仰祈睿鉴事。窃臣于雍正七年三月初二日准吏部咨，钦蒙皇上洪恩，授臣为总督河南、山东河道，提督军务。钦此。臣随具疏恭谢天恩讫。又于本月二十二日准吏部咨，奉上谕："嵇曾筠向来但管山东、河南之黄河，今既授为山东河南河道总督，着将山东境内之运河交与嵇曾筠一并管辖。钦此。"钦遵。

伏思东省运河乃漕艘经由要地，目下重运巡行，一应疏浚催攒诸事最关紧要，亟宜前往查察。除一面移咨江南河臣，查取运河案卷外，臣随于雍正七年三月二十五日由河南仪封县北岸工次起程，沿途查勘堤埽要工，即前赴山东济宁州总河衙门，于雍正七年四月初二日到任讫。至一切应行事宜，容臣逐一清查，次第举行。惟有竭尽驽骀，悉心整理，以仰报皇上简任洪恩于万一耳。所有微臣到任日期，理合恭疏题报，伏乞皇上睿鉴施行。

雍正七年四月初二日题。奉旨："该部知道。钦此。"

续留效力人员

题为循例题明,仰祈睿鉴事。窃惟河工务在得人,而人才尤贵谙练。臣以菲材,仰蒙皇上天恩,畀以副总河之职,管理豫省河务,工长汛远,一应奔走往来需人委用,会经具题请旨,收录效力人员范昌治等五十六名以供驱策。后因题补委署,及缘事回籍等情,除去二十九人,止存二十七人在工效力。每遇汛水涨发,差遣之处甚多,实不敷用。又续收王定成等二十五人,复经题明在案。今蒙圣恩高厚,授臣为总督河东河道,兼管运河。伏念豫东二省黄运两河千有余里,其间工程遥远、河务殷繁,更须差遣多人,往来照应,方资防护。

查雍正六年,臣续题效力人员一疏,有行文本籍地方,取具身家殷实印结未经送到者,概不列名,今据各地方官陆续结送前来,有候选州同杜宫声等十一名。臣向经差遣,俱系年力强干堪供驱策之员。合无仰恳皇上洪恩,俯念黄运二河需人孔亟,准其一体留工效力。则伊等各知上进有阶,自能奋勉从事,而臣亦得收臂指之助矣。再查候选知县蒋祈年原系镶蓝旗汉军白慈存佐领下人,于雍正五年二月内到工学习河务,不辞辛苦,最为勤慎,今已熟谙工程。但该旗都统移送并无假冒过犯等情印结前来,查无殷实字样,理应钦遵上谕,将该员咨回吏部。另行奏闻,恭候睿裁,合并声明。除现在造具各员履历功绩清册,并取到原籍印结送部存案外,臣谨遵例题明,伏乞皇上睿鉴,敕部议覆施行。

雍正七年五月初二日题。奉旨:"该部议奏。钦此。"

建筑诸望坝埽工

题为亟请下埽镶护堵截支河，圈筑里月堤工，以御顶冲，以资保固事。该臣等会看得，单县诸望坝临河大堤，坐当河势兜湾，素称险要。缘上年南岸淤出沙滩，全黄大溜直逼北崖，顶冲塌卸，危险堪虞。经臣亲诣确勘，相度形势，亟应攒下护埽，搂崖外迈沉水大埽，上加套埽，镶垫高宽，签桩坚实，逼溜开行。并将坝工下游旧有支河建筑土坝二道，使水不致注入。再于坝后圈筑小月堤一道，以资重障。

今据兖宁道副使吕维炳详称，查诸望坝下埽三路普而加镶工长八十丈，共估工料实银一万一千二百三十一两九钱六分零。又建筑支河坝并圈筑月堤共工长一百六十三丈，共估土方实银六百一十五两八钱四分。通共实估工料土方银一万一千九百四十七两八钱零。委无浮冒，因该工关系紧要，于上年冬间详蒙动支曹县库存，雍正五年分停工徭夫工食并帮贴银两分发攒办料物，乘时兴修建筑，以资保护。拟合造册详请，会核题估等情前来。臣等确勘复核无异，除将原册送部查核外，相应会同署江南河臣尹继善、河东督臣田文镜、署山东抚臣费金吾，合词具疏题估，伏乞皇上睿鉴，敕部议覆施行。

雍正七年六月二十七日题。奉旨："该部议奏。钦此。"部议准行，雍正七年闰七月初六日奉旨："依议。钦此。"

恭报秋汛平稳

奏为秋汛已竣，恭报水势、工程平稳情形，仰慰圣怀事。

窃惟豫东二省黄河，自入伏以来，我皇上睿虑周详，特颁谕旨："恐夏末秋初，雨水过多，河工堤岸之敬慎防范，更当加倍寅畏以从事。"臣等凛慎钦遵，倍切小心，所有南北两岸应行修守之处，时时严饬道厅汛弁，督率兵夫，将土埽工程增加宽厚。兹于八月初旬，因大雨积水，黄沁又复加长，至初七、初八等日，接连异涨，扫湾迎溜之处长至七尺、八尺不等。缘从前汛水尚未全消，而天雨连日，山陕两省伊、洛、瀍、涧、丹、沁诸水汇入黄河，并涨，遂致平漫出（漕）〔槽〕，一派汪洋，直至堤根。全赖两岸堤工坚厚，埽坝、防风俱各镶筑高宽，足资捍御，所以此番水长虽消落稽迟，连日浸泡，而工程稳固不致疏虞。间有临河月堤逼近黄流，水势腾涌沿滩而上，所恃料物充足，兵夫齐集，晓夜抢护，并无贻误。查六月望前，臣等钦奉上谕，敬慎防范，随经到处宣扬，严饬钦遵。届此异常涨水，两岸员弁兵夫暨滨河父老，无不仰服我皇上几先远见，若烛照数计，纤毫不爽。而臣等更感我皇上训旨预颁，诰诫谆谆，所以先事图维，俾得保卫苍生，各安衽席，廪仓储蓄，闾井熙恬，不胜额手庆幸也。

抑更有奇验者，如豫省三家庄，原为首险工程，黄流自南而北，久成顶冲之势，以致长桩大埽，刻刻加修，兵夫员弁，奔走不遑，上年曾蒙圣谕，于对岸沙滩相机开挖引河，导水东流。臣等细加审视，因系旷衍平滩，河头无吸川之形，河尾无建瓴之势，所以未敢轻举。倘河势稍有迁移，即当乘时开挖。乃此番长水之后，南北两岸沿堤掣溜之河身俱为淤断，而对岸大滩之内，倏汕深渠，中流直泻成河，竟至大溜离三家庄坝台约有数百丈之远。窃思开挖引河非千万人夫不能趋事，亦非盈万帑金不能兴作，今中间自汕，河泓奔腾，浩瀚百日之工成于一旦，三家庄埽坝俱现，淤滩化险为平，借非神力，何能至此？虽水势直注东省芝麻庄，固属险要，但以修防全力保护一工，实可无兼顾之忧，而得有专成之效，较之险生两地，彼此分心，其为劳逸，不啻倍蓰。皆由我皇上爱育黎元，奠安河岳，圣心诚敬，上格于天，所以水土治平，下孚于地。臣等往来河畔，目击情形，惊喜之至，愈生寅畏，服膺圣训，更加敬慎。谨为据实奏闻，仰慰圣怀，伏祈皇上睿鉴。

雍正七年八月二十四日奏。奉旨："嵇曾筠着交部议叙，其在工人员，着嵇曾筠分别等次送部议叙。钦此。"经部议覆，雍正七年十一月十四日奉旨："嵇曾筠着加一级，田文镜总督河东河工事务，虽非专责，然年来与嵇曾筠同寅协恭，悉心料理，是以堤工完固，共庆安澜，田文镜亦着加一级，余依议。钦此。"

兰阳南岸天然自开引河

题为报明兰阳河势取直，天然新辟引河顺流东注事。该臣等会看得，黄河湾曲之处取直顺行，堤工即可化险为平，运道民生胥受其福。我皇上爱育黎元，勤求治理，诚敬感孚，怀柔河岳。如仪封县北岸三家庄埽坝工程，本年八月初旬，汛水长发，于对面大滩之内，自汕引河，水势顺行，百日之功成于一旦。臣等已将工程平稳情形敬谨奏明在案，今兰阳县南岸耿家水口自铜瓦厢以下，朱家寨之北，河势取直，东西坍透，不烦畚插之劳，天然自汕引河一道，中泓畅达，直趋而下，又复化险为平。窃思豫省要工，若兰阳县之四水口，河势兜湾，大滩横亘，约有数十余里，如挑挖引河，导水东流，工大费繁，经时累月，今乃自为开辟，中泓取直，循轨顺流，与三家庄新汕引河，一月之间两呈奇验，人力不劳，成功迅速，不特两岸险工俱臻平稳，而沿堤滩地亦得广为耕耨，皆由我皇上轸念河防，深仁育物，所以平成底绩，屡著神庥。益信上苍之昭格，举念可通；圣德之精纯，至诚普应。臣等愈凛小心，弥深忭忭，谨会同河东督臣田文镜合词具题，伏乞皇上睿鉴施行。

雍正七年十月初八日题。奉旨："据嵇曾筠等奏称，兰阳县耿家水口铜瓦厢以下，朱家寨之北，自汕引河一道，中泓畅达，化险为平，与三家庄新汕引河，一月之间两呈奇验等语。前因三家庄大滩之内自汕深渠，朕感念河神默佑，福庇吾民，已降特旨，谕令河臣虔敬致祭，以申谢悃。今又蒙显赐灵应，着将兰阳县自汕引河之处一并叙入祭文之内，该部知道。钦此。"

酌定运河夫役工食

题为酌定运河夫役工食银两，去浮冒以收实效事。窃查东省运河，上自德州交界起，下至江南邳州交界止，计长一千一百余里，为漕艘经由要地，所以运河、捕河、泇河、东昌上下河五厅，额设浅溜、桥闸等项长夫共计三千三百三十三名，岁支工食银三万二千二百四十两九钱六分零，遇闰加增，在于各州县地丁项下动用报销。冬春小挑不敷力作，则于长夫之外添设酌补夫一千四百二十一名；间年大挑，则于酌补之外又加募夫五千四百七十名。所需工食，因各县夫役远涉为劳，旧例按亩输钱，名曰帮贴，小挑之年共计帮贴银四万四千一百五十七两三钱八分零，大挑之年共计帮贴银六万二千六百八十三两二钱四分零。此酌补加募之由，总因运河水势靡定，水小则流缓沙停，水大则喷沙淤积，是以大挑、小挑，乃系运河一定之工程，长夫、募夫均系河工必需之力作。况力役乃小民分内之事，而帮贴则免其远涉之劳。惟当察除额外之浮费，不便议减旧有之成规，宁留有余以备不虞，无致临期而或束手。所需帮贴一项仍照旧例征收，臣等留心体察，不许各该州县多派滥征，厅汛员役短扣冒销外。惟是各夫工食有旧额多寡不同，而惯夫积役有包揽虚冒等弊，甚有已支工食而重索帮贴者，其应添跨夫应用器具，又令长夫自行雇觅购办者，不但影射侵渔，冒销分蚀难以究诘，抑且同一夫役而工食互异，苦乐不均。今拟按其力作通盘核算，酌定工食以为常则。请将浅溜军桥徭坝等夫，每名岁给工食银一十二两，量给器具银八钱。闸夫启闭辛勤，每名岁给工食银一十四两四钱，量给器具银八钱。兵夫仍照兵饷之例，每名岁给工食银一十四两六钱四分，亦量给器具银八钱。以上各夫共需银四万六千五百六十四两六钱七分零，除各州县额编工食银三万二千二百四十两九钱六分零外，其不敷银一万四千三百二十三两七钱零，在于帮贴项下照数找足，遇闰加增。

至于酌募等夫，自筑坝戽水以至起坝放水，内有需工三十日以至六十日者，此乃暂时募用，与长养之夫不同，且时当冱寒，力作亦苦，应每日量给工价银六分，每名量给器具银二钱，亦于帮贴项下照数支给。仍令各该滨河州县雇募交发，河员将到工名数册报道厅转报臣衙门，即遴选干员分投查点，务使名名著实，按工计夫，按夫给价。则因地制宜，工程既有定限，分查总核夫役亦难虚冒。其节省银两，俱令解交运河厅库，报明存贮，以为河工紧要工程之需，临时仍题明动用，报部查核。

至于水势有大小，淤沙有厚薄，酌补募夫多寡原难预定，设有应添应减之处，临期责令道厅据实详报，以凭酌核，务期无误运行。所有一应夫工确数，盈余银两，统于冬春挑河竣事后，臣等核实题明，另造清册咨部备案。如有扣克短发，妄肆侵渔；或捏少报多，希图浮冒；或于帮贴之外另立名色，再为科派，臣等即据实纠参，严加治罪。庶帑不虚縻，工收实效，夫食无偏枯，征输有定额，运道民生均资裨益矣。

再查泇河厅属有新建闸夫三十名，下河厅属有军夫六十名，桥夫二名，均系例不协挑塘河，共工食银七百五十九两八钱零。又捕河厅属寿张县临时协济夫五十五名，清河县临时协济夫一十二名，共工食银八十七两九钱零。均可毋庸另议增减，仍令照常支给外。臣等谨会同河东督臣田文镜、署山东抚臣费金吾合词恭疏具题，伏乞皇上睿鉴，敕部议覆施行。

雍正七年十月初八日题。奉旨："该部议奏。钦此。"部议准行，雍正七年十二月初七日奉旨："依议。钦此。"

添设豫省河营守备

题为请旨事。雍正七年闰七月二十日准兵部咨开，职方清吏司案呈兵科抄出本部题前事内开议得，河南山东河道总督嵇曾筠疏称，怀河营千总王经文历俸年满，例应开缺，但汛内有经管武陟秦家厂、马营等处埽坝工程，全赖修守得人，今已俸满，可否授以守备职衔，仍管怀河千总汛务等因，具题。奉旨："王经文着照该督所请，准授守备职衔，仍管怀河千总汛务。豫省河营从前原未设有守备之缺，着兵部酌议添设守备几缺，以为武弁效力河工者上进之阶，该部知道。钦此。"

除俸满千总王经文已奉旨，准授守备职衔，仍管怀河千总

汛务，行文该督钦遵外，查豫省河营，南北两岸原设千总四员，把总四员，并未设有守备员缺，所以千总内即有熟悉桩埽勤敏尽职之员，每无升用之路，今钦奉俞旨，令臣等酌议添设守备几缺，为武弁效力河工上进之阶。此诚我皇上轸念河工，鼓励人材之至意。臣等遵旨酌议，拟于豫省怀、豫两河营内添设守备二员，将一应堤工修筑事宜，令其督率千把总昼夜防护。其所添守备员缺，有专司河务之责，应令该督将河营千总内在工年久、熟悉河务、谙练桩埽、勤劳素著之员拣选题补，照例送部引见。应给守备关防，俟该督将分管事宜拟定营制，到日移咨礼部铸给可也等因。

雍正七年闰七月初七日题。本月初九日奉旨："依议。钦此。"抄出到部，为此合咨前去，钦遵施行等因。移咨到臣，钦此钦遵。该臣看得，河南黄河南北两岸，蒙皇上饬部议添守备二员，令臣将河营千总内在工年久、熟悉河务、谙练桩埽、勤劳素著之员拣选题补。仰见我皇上轸念河工鼓励人材之至意。伏查河南怀河营千总王经文，前因该员历俸年满，例应开缺，但汛内有经管武陟秦家厂、马营等处埽坝工程，全赖修守得人，经臣将王经文以守备职衔仍管千总汛务，具题请旨，已蒙皇上俞允，授以守备职衔。今河南怀河营黄河北岸应添守备一员，仰恳天恩，即将王经文补授实属衔缺相当。

再有河南黄河南岸应添守备一员，臣于河营现任千总内细加遴选，查有山东芝麻庄汛千总焦彝昌熟悉河务、谙练桩埽、在工年久，实系勤劳素著之员，仰恳圣恩，准其补授。洵属人地相宜，修防有赖，而该弁等感沐天恩，自能益加鼓励矣。

再查河营千总惟以谙练桩埽为重，其于弓马原非所长，今王经文、焦彝昌二员原系河兵出身，力役工程俱各三十余年，一切修守机宜皆所惯习，而弓马骑射原未娴熟，合并声明。除将怀、豫两河营添设守备二员营制事宜移咨兵部，请旨遵行外，谨将王经文、焦彝昌二员履历造册送部查核，并给咨该员等随本赴部，听候引见。臣谨恭疏具题，伏乞皇上睿鉴，敕部议覆施行。

雍正七年十一月初八日题。奉旨："王经文着补授河南怀河营守备，焦彝昌着补授河南豫河营守备。钦此。"

孟县主簿应归河缺

题为黄河上游河员紧要，恭请拣选题补以固修防，以收实效事。窃惟豫省河工，仰蒙我皇上爱育黎元，慎重河防，不惜百万帑金，加帮两岸堤工，递年以来，工程巩固，共庆安澜，沿河亿万苍生叠逢稔岁，储蓄丰盈，久已安居乐土，咸登衽席矣。惟是全河形势，下游之去路既已顺轨安流，上游之门户尤须周详慎固。查黄河自三门、七津建瓴而下，南岸有北邙、广武一带山冈高阜，足资捍御；北岸则为温、孟二县，地形平坦，土性虚松，容易汕刷。向来孟县沿河地方险要之处，俱有民堤以为护卫，例系民筑民修，但须董率有方，小民始克急公趋事。其一应修守机宜，尤须熟练河务之员勤加相度，如式修防，方无贻误。除劝谕民夫鸠工修筑，仍令印官循照旧例加谨办理外，所有孟县管河主簿一员，向由部选。诚恐不谙修防，致滋贻误，似应循例，请旨选员题补，专司修守之责。仍令该员驻扎孟县堤工，兼理温县河务。其武汛修防事宜，交怀河营千总管理，并酌量派拨河兵在于孟县堤工防守，仍饬怀河同知守备不时巡查。庶上游之门户修理周密，则下游之去路愈加平顺，全河水

势振衣挈领，工不烦而效更远，运道民生均有裨益矣。臣等谨会同河东督臣田文镜合词恭疏具题，伏乞皇上睿鉴，敕部议覆施行。

雍正八年正月二十四日题。奉旨："该部议奏。钦此。"部议准行，雍正八年三月二十二日奉旨："依议。钦此。"

堡房造入交代

题为堤岸堡房上动国帑，下资河防，关系匪轻，详请饬入交代，以定考成事。该臣等会看得，豫省黄河南北两岸大堤并月格等堤，经臣先后条奏，建盖堡房共五百一十二座，俱蒙皇上恩允，动用司库节省银两，令临河各州县修盖如式，造册题销在案。惟是防守堤岸全恃兵夫，而兵夫寝食惟藉堡房，弟恐间有损坏，必须随时修整坚固，方可栖息。前据河北守道朱藻详以堡房照仓厫交代之例，造入交代册内，同厫座一例交盘。如有损坏不修，照例议处等情，当经臣等批令管河道会同布政司妥议详夺去后，嗣据署河南布政司事按察使陈东俚、管河道副使祝兆鹏详称，会查得堤工全恃兵夫以修防，而兵夫惟赖堡房为栖止，堡房完固，俾得在内存身，庶可朝修而夕守。至临河州县虽各仰体轸念河防、抚恤下役之德意，时加修葺，不致渗漏颓圮。然章程不定，则责守不专，北道所议固益河防，但仓厫乃粮储攸系，堡房为兵夫所栖，立意虽无二致，轻重自有不同，未便一律而论者也。查河工钱粮已于雍正四年奉准部覆，照依仓库钱粮定限两月交代遵照在案。

再查定例内开官员修造炮台、边界烽墩等项，不速行修造完结，迟延者降职一级，修完之日还其所降之级，不催之上司罚俸一年等语。今议将堡房如遇州县官升迁事故，令其造入工程钱粮项下，交代接任官亲诣堤工验明完固，造册具结，申送河厅，核明加结，转呈。如有破坏者，接任官即行揭报，转请咨参，此照炮台、边界烽墩等项不修例议处，着令前官赔修完日开复。如该管之厅员徇纵不加督察者，经道揭报，照不催上司例议处。如接任官因循接受，即着接受之员赔修。如堡房完固，接任官故意掯勒，照新旧交代，前官已将钱粮彻底清白造册交代，而新官推诿不接者，罚俸一年例议处。如是则临河地方各官咸知警惕，时加修葺，兵夫既得所栖，河防更有攸赖等情，当经臣等会同督臣田文镜咨明工部在案，今准部覆，应令具题到日再议等因。相应会同督臣田文镜合词恭疏具题，伏乞皇上睿鉴，敕部议覆施行。

雍正八年正月二十九日题。奉旨："该部议奏。钦此。"部议准行，雍正八年四月十四日奉旨："依议。钦此。"

开挑荆隆口对岸引河

题为亟请开挑引河，以顺水性，以保险要堤工事。该臣等会看得，黄河北岸封邱县荆隆口素称险要，近因黄流北趋，南岸淤滩日渐增长，河势从黑埂口而下，自南至北三十余里大溜顶冲，直注荆隆口，奔腾浩瀚，势若建瓴，冲塌河崖，离大堤仅五六十丈不等。一带堤埽工程俱关吃紧，密迩运道，尤须先事预防。前据该道厅详请备料，建筑埽坝防风，并加帮里戗以资捍御。经臣批饬多贮料物，攒帮戗堤，相机加谨修守在案。兹查该工乃旧时决口与古黄池紧接，内临深潭，形同釜底；外当顶冲，大溜直射。今筹画万全，必须于荆隆口对岸开挖引河一道，导水东行，以为一劳永逸万年巩固之计。经臣亲至该工，乘舟上下细加查看，南岸河势从黑堽口直注而北，荆隆口正值顶冲，由古黄池绕湾南向至柳园口迤东曲折纡回，激流汹涌，若于从中避湾就直引溜顺行，甚为利便。况今黑堽口迤下大滩扫溜之处，正在塌崖，已经刷成兜湾，天然自立河头，大有吸川之形。其下游之柳园口自高而卑现有坐湾。应在陡崖处所安置河尾，更得建瓴喷泻之势。形势既成，急宜乘机开挖引河一道，俾水势顺趋大溜直注中泓，不特荆隆口险工可保无虞，即古黄池一带要工均得久安稳固，运道民生实有裨益。查引河头自黑堽口迤下至柳园口陡崖河尾止，计工长三千三百五十丈，共计土三十四万四千七百三十七方五分，每方实给银八分一厘，共该土方银二万七千九百二十三两七钱三分零。行据河北道朱藻册详前来，臣等覆核无异，因系紧要工程，除一面先行动支管河道库河银给发该厅，分委干练河员兴工攒挑，务于伏汛前完工，俟河水大长乘机开放，并饬委河北道朱藻监工督催。仍照例请于司库内拨帑还项，并将原册送部查核外，相应会同河东督臣田文镜、江南河臣孔毓珣合词恭疏题估，伏乞皇上睿鉴，敕部议覆施行。

雍正八年三月二十二日题。奉旨："该部速议具奏。钦此。"部议准行，雍正八年四月二十一日奉旨："依议。钦此。"

帮筑祥陈二汛临河月堤

题为亟请加帮临河月堤以资保障事。该臣等会看得，豫省黄河南岸祥陈二汛月堤，因节年汛水长发，沙淤卑矮，先据管河道造册详请题估加帮，经臣严批查驳在案。

今查祥陈二汛月堤等工，俱当临河险要，从前原有暂缓未修，亦有节次加帮者。但修守工程全在审视乎平险，平则虽系卑矮之工可以暂缓，险则虽加帮数次仍应兴修，决不敢以不必加帮之工冒昧估修，更不敢以已经加帮尚未准销之工稽迟贻误。只缘节年汛水长发，直抵堤根，水退沙停，淤埋卑矮，现在临河北面堤身仅存四尺至六七尺不等，一遇汛水漫滩之时，在在有汕刷浸渗之虞。若不亟为加筑高厚，难资捍御。随行该管道厅逐细确估去后，兹据该道等详称，遵查祥符县南岸上下二汛月堤等工，共长六千六百八十五丈，应普例加高二尺，帮至顶宽三丈，底宽十丈，需土十三万二千一百四十二方九分，共估用银一万二千七百六十三两一钱八分零。又陈留汛南岸八、九堡月堤二段，工长三百八十三丈，应普例加高二尺，帮至顶宽三丈，底宽十丈，需土七千九百九十五方一分，共估用银七百六十七两五钱三分零。以上祥、陈二县月堤通共估用银一万三千五百三十两七钱一分零，俱系据实估计，并无丝毫浮冒，理合造具估册，详请核题等情前来。臣等确勘复核无异，因该工关系省会，为大堤之重门保障，甚属紧要，批饬在于河银款内先行通融动发银两，乘时上紧攒筑。应请仍于司库拨解项，并檄该道亲诣监工督催外，相应会同河东督臣田文镜、护理江南河臣康弘勋合词具疏题估，伏乞皇上睿鉴，敕部议覆施行。

雍正八年五月十六日题。奉旨："该部速议具奏。钦此。"部议准行，雍正八年六月十二日奉旨："依议速行。钦此。"

加修程家寨埽土

题为详报工程极险情形，亟请迈埽镶垫防风，以御黄溜，以卫城社民生事。该臣等会看得，下南河厅属祥符县南岸下汛程家寨月堤，地势洼下，逼近省城，最关紧要。雍正四年因河水泛涨，于增估案内修做埽工长二百三十丈，每年循例岁修，加谨防护。雍正七年自夏徂秋，澍雨连绵，八月内河水长发，汹涌异常，全河之势趋向南岸，大溜滚射该工。埽外水深一丈八九尺至二丈一二尺不等，根底埽料朽腐不堪，水势搜刷情形极险。先据该道厅造册详请题估迈埽加镶，经臣严批查驳在案。今查该工现在水势上提，大溜奔腾，坝下水仍深一丈八九尺至二丈一二尺不等。窃恐河性靡常，伏秋踵至，断非单埽所能抵御，随经批发银一万六千两，攒办各料，于七年十月内下埽加镶，抵御凌汛。又经饬令续办料物，于八年正月内节次加镶，抵御桃汛。是已做工程凌桃著有成效，其未做工程伏秋尤须经理。应仍估迈埽二路，照前镶压高宽，惟相机筹度将下水头长二十丈暂缓修做，又于埽个每路减高一层，共估工长一百八十丈，迈埽一路三层，二路四层，计应下长十丈高一丈埽共一百二十六个，普面加镶长一百八十丈，仍宽三丈高一丈三尺，庶足以资捍御而堤工可保无虞。计迈埽加镶工长一百八十丈，共估用料物夫工银二万二千四百四十三两一钱二分。兹据该道厅造册详请会核题估前来，臣等复核无异，因该工逼近省城最关紧要，批饬在于管河道库存阳武大堤易工节省银内通融动支，先行酌发，乘时办料贮工，相机修筑。除饬该道监工督催，并将原册送部查核外，相应会同河东督臣田文镜、护理江南河臣康弘勋合词具疏题估，伏乞皇上睿鉴，敕部议覆施行。

再照前项迈埽工程，据该道厅册估下埽二路，套埽三层、四层不等，理应先行备齐料物，堆贮工所听用。如伏秋二汛水势稍平，臣等再行相机减省以节钱粮，余剩料物留为下年别工之用，合并声明。

雍正八年五月十六日题。奉旨："该部速议具奏。钦此。"部议准行，雍正八年六月十三日奉旨："依议速行。钦此。"

卷四

恭报接印到任日期

题为恭报微臣接印到任日期，仰祈睿鉴事。窃臣钦蒙皇上天恩，特命臣以吏部尚书管理南河总督印务。臣随遵旨将河东河道总督印信于雍正八年五月二十五日委员赍交河东督臣田文镜掌管，并自□起程，缘由具疏报在案。今于六月初九日行至江南清河县地方，准护理江南总督河道印务管理河库道参议兼管淮徐道事康弘勋差委里河同知夏建德、苇荡营参将刘延广等赍送钦颁总督江南河道关防一颗，王命旗牌十杆面副，《圣谕广训》汉字书一本，《御制朋党论》清、汉书二本，上谕一卷，恭录上谕六本，朱字上谕一卷，《人臣儆心录》一套，上谕清、汉书十一本，御赐《瑞谷图》一幅，上谕一本，御赐《觉述录》一部，未用火牌十七张，并书吏文卷等项到臣。臣随恭设香案，望阙叩头谢恩接受，于雍正八年六月初十日到任，其河工一切修防应行事宜，容臣查明另疏具题，至钦部案件，遵照定例展限完结外，所有微臣接印、到任日期，理合恭疏题报，伏乞皇上睿鉴施行。

雍正八年六月十一日题。奉旨："该部知道。钦此。"

恭报堵竣漫工

题为恭报河湖水势消落,漫工堵筑完竣,据实陈明,仰慰圣怀事。雍正八年七月初三日,奉上谕:"据河道总督嵇曾筠奏称'六月二十六七等日风雨连绵,昼夜不止,东省蒙阴、沂州、郯、费、滕、峄各地方山水暴发,直注邳州,猫儿窝迤下并荆山口上接微山、昭阳诸湖之水,一时汇聚于骆马湖,激成过颡在山之势,溢入运河、漫入黄河,浮堤越岸,奔腾南注,汇归洪泽一湖。据邳州、宿迁、桃源一带沿河官员陆续详报相同,臣已飞饬该道厅等星赴漫溢处加谨保护,一面亲赴高堰,将天然二坝、滚水三坝督率开放,以泄异涨。现今黄、运、湖、河水势方定,淮扬居民安堵,其邳、宿各工过水之处,现有露出崖岸,已严饬各厅汛裹头保护,无使蔓延'等语。览奏甚为骇愕,今年春夏之交北方雨泽略少,朕即虑夏秋之间雨水必多,屡谕河臣加谨保护工程,以防伏秋之汛,今观湖河涨溢情形,有非人力所能捍御者,朕惟有修省戒惧,以凛上天示儆之深恩。更念邳州、宿迁、桃源等处水势骤长,禾稼室庐必遭淹没,深可悯恻,着差往江南清查钱粮之侍郎马尔泰、彭维新,御史安修德等星赴被水地方,动支藩库银数万两,速行赈济。其应行带往散赈之员,着马尔泰等遴选廉干者带往,分派各处,会同地方官悉心办理,勿稍稽迟,勿令遗漏,务使穷民人人安堵宁居,咸得其所。其被灾之处,今年额征钱粮,着悉行蠲免,倘有已经完纳者,准作明年额征之数。闻山东水发之处,民间田舍亦被损伤,着巡抚岳濬遴选贤能官员前往查勘,动支库银速行赈济,勿使一夫失所。其应行蠲免钱粮之处,着一并确查,奏闻请旨。钦此。"钦遵。

窃惟今岁伏汛水势安澜，嗣因秋雨连绵，东省山水暴发，一时汇聚于骆马湖，盈堤越岸，溢运浮黄，奔注洪泽，以致各工在在报险。经臣奏明，蒙圣主爱民念切，大沛恩纶，四野蒸黎欢声雷动，通工员弁感激难名。臣与苏州抚臣尹继善悉心商酌，往来各工督率抢护，竭蹶料理，仰赖皇上至诚昭格，黄运各工水势消落，或沙淤挂口，或截闭断流，俱各化险为平。其水势湍急如宿虹厅属之孟诚庵、朱衣城外河，山安厅属之沈家圩、陈家社等处漫工，臣等亲身督率，星运料物，调集弁兵相机进埽，俱于八月初八、初十、十三等日合龙告竣，所有上、下、中河间段残缺堤工，现在修补回空，漕船毫无迟误。淮扬一带运河，因闸坝宣泄，水势平稳，高堰大堤蒙我皇上智炳几先，发帑帮筑，虽湖水盈满，足资捍御，幸保无虞。现在滨河两岸城郭人民依然安堵，堤堰埽坝次第完工，询之年老居民，佥称今秋水势甚大，而旋即沙淤挂口，从未有如此神速等语。皆由我皇上慎重河防，如伤在念，一闻民罹水患，即荷恩膏飞下，蠲赈弘施，比之尧咨舜儆已溺已饥更为迫切。而精诚所感，呼吸可通，所以偶逢水涨，而一过即消，克日施工，而旋经奏绩。亿万兵夫百姓异口同声，莫不颂圣主之至德深仁，奠清宁而赞化育，实有潜移默契，非人力之所能为也。

今次湖河漫溢各工，道厅营汛员弁虽经竭力抢救，星速堵筑合龙，未曾夺溜。但疏防之咎实所难辞，应将各职名分别造册，另行咨部听候查议。所有堵塞漫工，以及修复各堤钱粮，据淮徐、淮扬两道册呈，共计银三万八千二百余两。臣等复核备造细册，另行咨送，统听部议责令分赔。至臣等忝膺河务，不能防患于未然，适遇山水骤涨，堤岸漫溢，以致上廑宸衷，实属奉职无状，均祈敕部议处。臣等愧惧交深，悚惶无地，惟有益加敬谨，协力齐心，将一切事宜详确商酌办理，务期永庆安澜，以仰报圣恩于万一也。所有水势消落漫工堵竣情形，臣谨会同苏州抚臣尹继善合词恭疏具题，伏祈皇上睿鉴施行。

雍正八年八月十三日题。奉旨："据河道总督嵇曾筠等奏称'黄运两河水势消落，其湍急诸处竭力修筑，于八月初八、初十、十三等日俱已合龙告竣，所有上、下、中河间段残缺堤工，现在修补回空，漕船毫无迟误。其高堰大堤，因今年奉旨发帑帮筑，是以湖水虽大，足资捍御，幸保无虞。两岸居民依然安堵，父老佥称今秋水势甚大，而旋即沙淤挂口，从未有如此神速'等语。朕前闻湖河水势涨溢，附近地方罹于水患，宵旰忧虑不释于怀，发帑遣官，星驰赈恤。兼命河臣等竭力堵筑，务期早庆安澜。今水势消落迅速，计日施工即能底绩。此皆神明默鉴朕衷，俯垂护佑，故化险为平，奏功若此之速也。朕心深为感激，着照上年之例，敬谨致祭南河北河之神，以申报享之典。祭祀应行礼仪，着该部查明具奏。所有疏防大小各员，着免其查参，其修复各堤钱粮亦免分赔，该部知道。钦此。"

附纪

自古之言塞决者详矣，大概经时累月，奏功不易。假使河流漫缺，或仅在一隅，或水势陆续加长，司其事者纵不能防患未然，犹及徐图抵御。若乃各路山水陡发，汪洋浩荡，平涌而来，虽有智能，无所措手，此岂寻常人力所能堵筑耶！雍正八年七月，东省山水异涨，汇归骆马一湖，湖不能容，溢运浮黄，河湖合一，报漫缺者以数十计。一时河工员弁称谙练者望洋心悸，莫知所措。臣曾筠初莅南河，方巡阅各工未遍，闻报即于途次具折以闻，一面亲赴各要害处，审形度势，筹所以捍御之策，行至桃源工次，目睹夫滔滔之势奔注洪泽，乃恍然定计曰，是不可不为水谋一去路也。遂策马飞驰，即赴山盱周桥以南，举天然南北二坝，刨开百数十丈，复委员尽启高、江、宝一带闸坝，分流泄入江海，譬如人之一身患胀满者，尾闾通利则疾去半矣。会巡抚臣尹继善自苏驰会宿邑，相与寝食舟中，口咨手画，鸠夫众运料物，躬率员弁分投堵御。仰荷圣主恩纶飞下，蠲赈频施，费以百数十万计，并举本岁民间已完赋税抵明年额征，凡自道、府、厅、县、将、备以下，闻者靡不感继以泣，而兵夫百姓欢呼于河两岸者，声如雷焉。于是负畚秉锸，益踊跃奋兴争致其力，与冯夷相搏，而水势亦遂日退，沙淤挂口，比比皆是。且有不烦一夫、不动一料而决口自合者，咸诧为奇异。即势至险要，如宿虹之孟诚庵、朱衣城外河之沈家圩三处水亦旋消，得以进力堵筑，不弥月而竣事。从来堵漫缺者，每于霜降后视势减方敢进埽，未有若斯之神且速者，信天功非人力也。至今回忆，斯时人尽张皇，势甚汹涌，向非皇上如天之仁，挽回造化，昭格上穹，则数十处漫工，毋论积日月之久，耗水衡之钱不知凡几，而二麦失种，民之荐饥者更复何如！蒙我皇上诚敬感孚，洪施普被，上契天心，水势骤退，间阎安堵如故。维时奉命董赈务者侍郎臣马尔泰、臣彭维新，御史臣安修德沿村散给，蔀屋均沾。滨河诸州邑得蒙圣主之赐，尽力于南亩，不特河流奠定，而民困皆赖顿苏。然后知御灾捍患，诚能以至诚之心格天，则虽异涨如是，不难立致乂安，天人相应，显而有征。臣曾筠与大小僚属奔驰工次，不过竭蹶趋走，未有尺寸之补，乃蒙不加谴责，恩谕优叙，益滋愧恧，唯有感激奋勉，倍存寅畏，以仰报国恩，祈求永庆安澜而已。

预备各工岁抢修并上游料物

题为题明预备工料，仰祈睿鉴事。窃照河工料物，全在及时攒办，贮工济用，方资修守。臣蒙皇上天恩，前在河南副总河任内奏请每年八月内道库发银购料，勒限十月照额办足，并请动支帑银，另行购料堆贮上游，倘遇新生险工，立即顺流搬运，以济急用，有备无患。仰荷圣明俞允，是以豫省历年修防，叨被皇恩，安澜有庆。

今臣调任江南，遍阅黄河，自徐属之砀山以至出安海口，两岸绵长一千六百余里，堤埽工程非迎溜顶冲，即扫湾拖溜，在在险汛，如同鳞集。兼之邳、宿、桃中高堰、淮扬一带湖河工程攸关运道民生，均属紧要。每年岁抢以及新险费帑数十万两，需料亿千万束方能敷用，从前河臣每年除额运苇营荡柴一百五十万束之外，俱于河库通融发帑，于年前预给办料银两，购贮料物。但所备之料不过十分之二三，工多料少，分贮难周，一遇水势长发，购办维艰，缓不济急。且查江南柴束产自海口一带，守候风信，挽运更延时日。若非先事豫图，恐致临期坐误。以臣愚见，请照豫省之例，每年于九、十月内即预为约计各厅来年需用之料，通融动支银两预备十分之七，酌量工程险易分贮各工，限以本年十一月内运工一半，次年正月内务令全运到工。其余俟次年视工程之缓急，再行办运，实为妥便。所有各厅承办料物，责令道员严催，照限办运贮工，详委就近州县盘查出结备案。如有亏少及办不足数，该州县据实揭报，由道查明，即将该厅以侵蚀钱粮例揭报严参。倘委盘之员扶同瞻徇，其短少物料仍照盘查仓库之例责令分赔。该道如有瞻徇情面，不行据实揭报，一经查出，将该道照徇庇例一并参处。再各厅紧要工程处所，除前预备岁抢料物之外，再酌发银三万两，亦照豫省之例，每年办料堆贮上游，遇有新险，即可星飞协运济用；如无新险工程，即准入于次年岁抢工程动用，仍于酌发下年预备料物银内照数扣银发给，另行购易新料堆贮上游，庶得年年有备无患。如此则办运及时，料物充足，修防得以缓急有济，更可预为稽查清楚，一举数善，实与工程钱粮大有裨益。除照例通融河库存银动支预办外，臣谨会同苏州巡抚协理河工事务臣尹继善合词恭疏题明，伏乞皇上睿鉴施行。

雍正八年九月二十九日题。奉旨："该部议奏。钦此。"部议准行，雍正八年十二月初二日奉旨："依议。钦此。"

估筑山盱束水堤工

题为遵旨议奏事。该臣等看得，滚水坝下南北两岸束水堤工，荷蒙我皇上轸念苍黎，诚恐天然等坝泄出之水溢浸田庐，特命前河臣孔毓珣相度动帑，于坝下修筑束水堤工，为保卫民生之计。当经前河臣奏请，将南甸以下王家庵等处改阔，另筑新堤一道，其南北两岸堤尾各建筑新堤一道；再将南北两岸旧堤，按其段落，分其平险，递为增减，一律加高培厚，俾两堤夹束，水势溜流，自无旁溢之患。接准户部咨开大学士等议覆，应如所议。令该督动支河库银两，遴委贤员即速将堤工分段修筑，克期告竣。堤成之后，交与地方官，选殷实老成之人令充堤长。遇放坝之时，率领附近居民轮流巡逻防护，闭坝之后，仍令民间照例修补，地方官会同河官看验，并严禁豪强包揽、胥役勒索等弊。其修筑丈尺及需用银两，完工之日造报工部核销等因。奉旨："依议。钦此。"钦遵。移咨到前河臣，准此，当经转行遵照，动支河库银两，遴委干员分段修筑去后。续准工部咨开准户部咨，照相应行文，将前项应筑应帮各工丈尺，及需用银两细数，照例据实确估造册具题等因。亦经前河臣转行遵照确估造册详报。嗣据淮扬道白钟山详称，遵将滚水坝下改阔加帮，南北束水两堤并堤尾接筑新堤，细加丈量共工长一万九千六百五十六丈，逐一确估共用土方银一十万五百一十八两一钱六分零，造册详送核题等情。经前河臣孔毓珣核明，照数动支河库，部拨盐课银两分派各员攒筑，委淮扬道监工督催在案。臣到任后即值湖水盈涨，将山盱各坝开放宣泄，坝下一带新筑堤工虽间有被水汕刷，然借以束水归湖，顺流东注，此诚我皇上洞烛机宜，先事预图之明验也。目今各坝已闭，现在飞饬该道查明，将被水汕刷以及雨淋残缺之处逐段挨查，责令承修之员上紧攒筑，俟一律完竣之后，即将用过银两核实题销。一面交与地方官选殷实老成之人令充堤长，嗣后遇有放水之时，率领附近居民轮流防护；闭坝之后，仍令民间照例补修，地方官会同河官看验，并严禁豪强包揽、胥役勒索等弊。理合先行会核题估，除原册送部查核外，臣谨会同苏州巡抚协理河工事务臣尹继善、河东总督掌管北河总督印务臣田文镜合词恭疏题估，伏乞皇上睿鉴，敕部议覆施行。

雍正八年十月二十九日题。奉旨："该部议奏。钦此。"部议准行，雍正八年十二月十九日奉旨："依议。钦此。"

厅员分管黄运工程

题为厅员管辖黄、运两河，难于兼顾，请将工程酌量调管，以专修守事。该臣等看得，江南黄、运两河工程关系运道民生，设官分职必须因地制宜，庶便随时修守。若驻扎弯远，不无鞭长莫及之虑。查前河臣孔毓珣以邳睢、宿桃、宿虹三厅所管汛地工程黄、运交错，兼顾难周，奏请分调管辖，接准部覆，应令该督会同尹继善会题，到日再议等因。奉旨："依议。钦此。"钦遵。到前护河臣康弘勋移交到臣，臣莅任后同抚臣尹继善于查看邳宿工程之时，相度机宜，公同商酌，查邳睢同知一员，所管黄、运两河，工不绵长、路不弯远，照管甚易，所有邳睢同知旧管黄、运两河工程，似毋庸更改。惟宿虹同知所管黄河两岸一百四十余里，险工林立，若再兼管运河，实觉难于策应。又宿桃中河通判所管中河，两岸子堤二百五十余里，既属绵亘，又兼管黄河叶家庄、窦家林等工，照应亦甚难周。应将宿虹同知一员令其专管旧管黄河两岸一百四十余里，并宿桃中河通判旧管之黄河叶家庄、宝家林等工，归并宿虹同知一并管理。其宿虹同知旧管运河两岸堤工共长四十八里零，应改归宿桃中河通判管理。其宿桃中河通判旧管中河两岸子堤共长二百五十余里，若仍令照旧全行管理，又难兼顾。应自宿迁至古城运河两岸子堤共长九十余里，连归并宿虹之运河两岸工程四十八里零，俱令宿桃中河通判管理，将该厅改为宿迁运河通判，以专其责。至宿桃中河通判旧管古城以下至三岔运河两岸子堤计长一百三十余里，查有安清中河通判一缺，原管运河自桃源三岔起至清河县杨家庄止，两岸子堤不过五十余里；又管运盐中河一道，自运口盐河闸起至安东县止，道路虽长，其紧要工段俱在运河两岸五十余里之内，应将古城至三岔一带运河两岸子堤工程归并安清中河通判管理，将安清中河通判改为桃源安清中河通判，以专其责。如此分调管辖，实于工程大有裨益。再臣等更有请者，山安、外河、扬河三厅所管黄、运两河工程，俱各绵长二百余里，险工林立，亦难兼顾。查有海防同知驻扎庙湾，并无紧要工程，应将外河厅南岸工程之内，自新港工头起至山安交界陈家社止，计工长一百五里六分零；又山安厅南岸工程之内，自陈家社起至陆家社灶工堤尾止，计工长六十一里八分，二共工长一百六十七里四分零，分归海防厅，移驻童家营适中之处就近管理，仍可兼管沿海各州县墩台，并海盐二州县虾、须二沟河道。请将该厅改为分管山安南岸河务海防同知。又查江防同知驻扎瓜洲，止管江口并三汊河迤南河道二十五里，所管地方甚近，应将扬河厅工程之内，自邵伯迤北高、江交界三十里铺起至三汊河止，两岸各工长八十里分归江防厅管理，请将该厅改为扬河江防同知。自此分界之后，则外河厅所管工程，自高家湾起至新港工头止，计工长一百四十九里零。山安厅所管工程，自四铺沟起至六套堤尾止，计工长一百九十五里零。扬河厅所管工程自黄浦起至邵伯迤北高江交界三十里铺止，计工长一百三十九里九分。工段既属停均，修防亦易照应。再查分归海防厅之新港工头起至叶家营止，工长六千零二十七丈六尺，原属外河厅属之上河汛内工程，今既归海防厅分管，应请添设巡检一员，把总一员，令其管理其上河汛内旧管工程；除分归新设巡检把总管理外，尚存工长二千八百六十九丈七尺，应仍令旧管汛员管理，庶各有专守而修防不致贻误矣。

再查各厅既分调工程，关防处须更换，宿桃中河通判应换给淮安府分管宿迁运河通判字样关防，安清中河通判应换给淮安府分管桃源安清中河通判字样关防，海防同知应换给淮安府分管山安南岸河务海防同知字样关防，江防同知应换给扬州府分管扬河江防河务同知关防，其童家营新添巡检一员应请铸给童营司巡检印信，庶分管地方与关防字样吻合，而各员之职守分明。复行据准徐道副使吕维炳、淮扬道佥事白钟山各详议前来，与臣等查核无异，除新添巡检一员、把总一员，俟奉旨允准之日，容臣等拣选分别咨题补授。

再照沂郯海赣同知一缺，经管山东沂州、郯城县并江南海州、赣榆县河道工程，因该员驻扎山东郯城县之大兴镇，是以分隶北河。但所管郯城县禹王台工程，专为抵遏沭水不使汇归江南之骆马湖而设，修防职守攸关綦重，请将该员举劾事宜，应听河东河臣并臣衙门一体考察。臣谨会同苏州巡抚协理河工事务臣尹继善合词具题，伏乞皇上睿鉴，敕部议覆施行。

雍正八年十一月初八日题。奉旨："该部议奏。钦此。"部议准行，雍正九年三月十五日奉旨："依议。钦此。"

估计高堰山盱土工

题为恭谢天恩事。雍正七年十一月二十四日准工部咨开，都水清吏司案呈，雍正七年十一月初五日工科抄出江南总河孔毓珣题恭谢调补江南河道总督一案，奉旨："朕思治河之道，惟有使黄水畅流无所壅滞，则永庆安澜。然欲使黄水无所雍滞，必须保固高家堰堤工，使清水力能敌黄，且以助其畅流之势，则河工永远无虞。是高堰堤工关系最为紧要，从前齐苏勒虽将石工稍加帮修，而朕以为不若多费帑金，于堤工险要之所及单薄之处俱加修石工，务令坚固高厚，以为久远之计，庶于河道民生大有裨益。前孔毓珣在京陛见时，朕以此谕之，伊亦深以为然。又会将治河之道降旨询问田文镜，而伊之所奏与朕意不谋而合，可见高堰堤工乃必应加增修理者也。着发户部帑银一百万两，交与孔毓珣、尹继善筹画相度，有应行预备料物之处，即于岁内采买，早为预备。再着汪漋、对琳、张坦麟、吴昌祚前往淮上，协同河臣等悉心办理。该部知道。钦此。"相应行文江南总河孔毓珣，仍转行知照苏抚尹继善，一体遵照旨内事理遵行可也。为此合咨前去，钦遵施行等因到前河臣。准此，当经檄行遵照去后，今据淮扬道佥事白钟山详送高堰山盱帮戗土工估册到臣。据此该臣等看得，高堰、山盱二厅一带石土堤工，捍御洪泽全湖巨浪，保护淮扬二郡民生，蓄清敌黄、利漕济运最为紧要。仰赖我皇上圣神天纵，洞悉全河关键，特发百万帑金，务令加修高厚，以为久远之计。此诚千百世未有之功，亿万年无疆之业也。前河臣孔毓珣当即行令淮扬道，将石土工程逐细确估，并节次发帑，分委承修各员，一面帮筑土工，一面造船分赴各山采办石料。臣莅任之后，复经叠檄严催办石各员作速运料开工，适值今夏六、七月间汛水骤长，是以挽运维艰。除现在委员押催，陆续攒运开工另取估册核题外，兹据该道详称，修砌石工必先于工外建筑越坝拦水，然后可以施工。今小黄庄迤南湖面宽阔，水势浩大，每遇风浪，势若排山，一坝孤悬安能抵御？再四思维，惟有借旧石工连土留宽二丈暂为外障，以代越坝。即于后身堤面开槽，钉桩砌筑石工，俟新工筑定根基，再将旧工拆起选石添建，方资捍御。但于堤面开槽，则旧堤单薄，应先于堤后帮筑里戗，加培宽厚以还旧堤。再堤内多有积水坑塘，应填垫马路以便取土。今查高堰厅属自六堡起至小黄庄止，应帮戗堤工长三千四百九十六丈六尺八寸；又自小黄庄起至高良涧禹王庙前止，应帮戗堤工长二千四百七十四丈九尺八寸。共工长五千九百七十一丈六尺六寸，连填垫马路，共估用土方料物银一十万六千二百五十六两五钱七分零。山盱厅属自高良涧禹王庙前起至古沟东坝北止，应帮戗堤工长三千三百五十六丈七尺四寸；又自古沟东坝南起至滚水北坝止，应帮戗堤工长五百八十丈八尺九寸。共工长三千九百三十七丈六尺三寸，连填垫马路，估用土方料物银七万九千二百二两一钱三分零。以上高堰、山盱二厅应帮修堤工共工长九千九百九丈二尺九寸，共估用土方料物银一十八万五千四百五十八两七钱一分零。并无浮冒，所有帮戗土工，理合造册先行详送题估等因前来。臣等亲勘复查无异，除原册送部查核外，相应会同苏州巡抚协理河工事务臣尹继善、河东总督掌管北河总督印务臣田文镜、原任内阁学士臣张坦麟、原任户部右侍郎革职臣汪漋、通政司右通政臣吴昌祚、御史管坐粮厅事在任守制臣程仁圻合词具题，伏乞皇上睿鉴，敕部议覆施行。

雍正八年十一月十八日题。奉旨："该部议奏。钦此。"部议准行，雍正九年二月十四日奉旨："依议。钦此。"

建筑清口挑水埽坝

题为亟请建筑挑水埽坝，以保要工，以卫运道事。该臣等看得，清口西坝为黄、淮二渎交汇之区，全河门户攸关綦重。康熙三十八年，恭遇圣祖仁皇帝南巡，阅河驻跸该工，相度河势，亲定方所，命立桩建坝，挑水北入陶庄引河，清水畅流，黄水不致倒灌。迄今民人称坝为御坝，桩为御桩，历年修守已久。近因对岸长出淤滩，比前形势迥不相同。入秋以来异涨汹涌，大溜南趋，冲崖刷岸，以致大坝迤下一带堤工直接清口西束水坝之后尾，悉成顶冲之区，水势盘旋洄洑，甚属危险。前据该道厅禀报到臣，经臣于八月十六日自宿迁工所合龙告竣之后，由黄河东下乘夜驻宿堤头，一面飞拨料物接济该工，一面率领员弁相度机宜，于御桩亭大坝雁翅之下接筑埽工长九十五丈，上护坝工下卫堤岸。并于工尾接建挑水坝一座，计长十丈，下筑雁翅长三十丈，挑溜开行。诚恐大溜复回，又接前工再建挑水二坝一座，计长十丈，并筑上下雁翅长六十丈。又于雍正二年黄河澄清，蒙皇上致祭河神，建造御碑亭前再筑挑水三坝一座，计长十丈，并筑上下雁翅七十五丈。再接前工建筑护崖埽工长九十八丈四尺，所下埽工一带鱼鳞顺埽，中间间段筑坝，挑开大溜归入中泓，既顺水以护崖，复迎流而挑溜，使其工段联络形势互倚，节节顺挑，重重捍御，实与御桩亭相为表里，共资巩固。伏念该工前蒙圣祖仁皇帝指授修建，更蒙皇上法祖敬天，为民防河，于御坝一带工程特谕前河臣孔毓珣预为筹画。仰见我皇上丕显丕承，大孝大德，永垂千古。臣等钦承圣谕，时刻敬谨留心，缘值今秋大水，一时冲刷至险至紧，臣等率领员弁星夜攒办，一律平稳。现今大坝巍然，双亭辉映，长堤完固，运口深通，清黄汇合，和流并济，循轨朝宗，安澜有庆。在工员弁兵民莫不欢呼踊跃，顶戴皇仁，兹据该道确估，各坝埽个镶填共需工料银三万九千七百七十一两六钱三分零，造册呈送前来。臣等复核无异，因系紧要工程，除照例先行动支部拨盐课银两，给发该厅购办各料上紧兴修攒筑完固，并行淮扬道白钟山监督及原册送部查核外，臣谨会同河东总督掌管北河总督印务臣田文镜、苏州巡抚协理河工事务臣尹继善合词恭疏题估，伏乞皇上睿鉴，敕部议覆施行。

雍正八年十二月初八日题。奉旨："该部议奏。钦此。"部议准行，雍正九年四月初二日奉旨："依议。钦此。"

附纪

修防之有埽坝，乃救险之急务也。然而工有首险次险之不一，则埽坝亦有长短大小之不同。势尚可缓而率举大工则为妄费，时非得已而因循不断则又每致误工。唯斟酌夫时与势之必行者而行之，斯为至当而不易。雍正八年秋，曾筠自宿迁堵筑漫工竣事，由黄河东下沿流审视，方有事于善后之举，至清口西坝以上，则见对岸沙滩日渐加长，逼溜南趋，堤根直受冲刷。自圣祖仁皇帝御坝迤下，直接清口束水西坝之后尾一带堤工，悉成顶冲首险，非建坝挑溜别无抢护之策，诚时与势之亟不容缓者也。躬率道厅亲加相度，先为之测探水势，详阅溜头以定筑坝之基址。继则熟视溜之大势，必挑出若干丈以外方可开行，以定坝身之宽长、埽个之大小、雁翅之长短。又恐挑行之溜去而复回，再于所建头坝之下，离数十丈建挑水二坝，接连再挑。又恐二坝之下溜仍不能远去，更建挑水三坝至顺势开行而后止。其三坝相隔之中间接排雁翅，顺埽连比，节节开挑，重重捍御，以至下埽之层次、路数，桩橛，绳缆高下尺寸，莫不一一详究，计算靡遗。盖如此则虽有汹涌之势，而防之既密无隙可乘，将见水之暴者以驯，怒者以息，顺流而下，不复肆其冲啮矣。相度既定，即飞调兵夫攒运料物，遴委将备中之熟谙桩埽者专司其事，刻期兴筑，不三月而竣工。举一时之至险至紧者，顺势循轨，遂致乂安。伏念圣祖仁皇帝睿谟指示兴筑挑水大坝一座，逼黄溜北注陶庄引河，俾清水畅出，至今二渎合流，贻万世之利。我皇上敬天法祖，万几之暇，厪念斯工。曾筠钦奉谕旨，遵循旧章，接筑三坝，易险为平，永资巩固。埽坝之所关巨矣哉！若夫鱼鳞矶嘴小大异形，沉水搂崖缓急异用，上水下水之斜排雁翅，系安危于尺寸；逼水顺水之盘筑马头，争利害于微茫。以及障回澜而象形扇面，御汕刷而镶垫防风，名以形殊，用随时异，莫不各有至理存乎其间。高谈形势者忽视而不详求，躬亲操作者泥近而忘远照。必也详觇全体大势，运筹于一心，洞悉桩埽做法不遗乎微末，斯巨细周知，措施各当，修防能事其庶几已！

挑浚骆马湖下游六塘河

题为湖工亟循旧制，水利先浚下源，敬筹一得，仰祈睿鉴事。窃照水性就下，必须因势利导，俾脉络疏通，分路朝宗于海，方可永庆安澜。伏查宿迁县骆马湖一承东省运河之水，一承蒙沂诸山之水，一承荆山口宣泄各湖之水，汇为巨浸。且与运河仅隔一线孤堤，若蓄泄失宜，易致壅积成患，赖有湖之南岸泄水口门名十字河，引湖济运兼以刷黄，历年久远，有利无患。其湖之尾闾有六塘河一道，以资宣泄，历宿迁、桃源、清河、安东、沭阳以至海州归海。嗣值湖水微弱，诚恐黄水倒灌，将十字河口门堵闭；又于西宁桥迤西高阜之地建筑拦湖堤坝，因此湖水不通，专资黄水济运，以致中河之水由刘老涧挟沙而下，将旧有入海之路淤垫浅阻。今秋东省山水暴涨，合流而下，全无去路，浮溢堤岸，关系匪轻。臣等悉心筹画，亟应将十字河口门仍复旧制，俾骆马湖之水流入中河，刷深运道兼敌黄流。其西宁桥迤西拦湖堤坝酌量开宽，俾湖水由六塘河迤下分流入海，则上游有余之水庶有归宿，不致壅滞浮溢。如虑开放之后湖水或值微弱，应于十字河口门建筑草坝一座，伏秋水盛，开放畅流，冬春水弱，仍行堵闭。其西宁桥迤西亦如前法，建筑草坝，视水盈缩以为潴泄。至六塘河迤下河身在宿、桃境内者，尚属流通。在清、安、沭、海境内者，间段淤垫，亟宜大加挑浚，即以挑河之土帮筑子堰，以资收束。

当经檄饬淮扬道白钟山、淮徐道吕维炳查勘确估去后，兹据该道等议详，骆马湖三合土坝之下顶冲中河庙湾头埽工，应改挑引河长六百一十三丈，导水东注。其六塘河至清河县之朱家庄河分南北二股，北股自清河县朱家庄起，历沭阳至安东之谢家庄入硕项湖，由海州龙沟义泽河入潮河归海，应挑浚河长六千七百九十四丈；南股亦自清河县朱家庄起，历安东之苏家荡至沭阳之孟家渡武障河，入潮河归海，应挑浚河长六千零八十七丈。每方照例给银九分，约计共该土方银五万一千余两。即以挑河之土运于河之两岸各离河十五丈外，筑成子堰约拦水势，导引朝宗。所有宿、桃、安、清、海、赣三厅，应请加兼管水利职衔以便不时查察，如有淤浅，即令该地方印官督同佐贰，率令田头夫于农隙时随加疏浚。其挑河之土并可增培子堰，将见河日宽深，堰日高厚，水势畅流，无虞壅滞，舟楫通行，渔盐利涉。由安东沭阳至邳宿一带，不惟河防攸赖，抑且水利无穷等情前来。

臣复亲诣该工，详看形势，审度机宜，查核无异，诚为宣泄湖流要工，民瘼河防急务。为此仰恳天恩，俯赐俞允开挑，俾异涨之水得有宣泄，则黄运河湖两岸堤防均资巩固矣。除土方细数俟春融水涸逐一确估造册送部外，臣谨会同河东总督掌管北河总督印务臣田文镜、苏州巡抚协理河工事务臣尹继善绘图贴说，合词恭疏具题，伏乞皇上睿鉴，敕部议覆施行。

雍正八年十二月初十日题。奉旨："该部议奏，图并发。钦此。"部议准行，雍正九年四月二十五日奉旨："依议。钦此。"

附纪

考之《禹贡》淮沂其乂，蔡沈集注载：其川淮泗，其浸沂沭，是治沂者必兼治沭。曾筑于禹王台筑竹络坝，所以遏沭水之西流，俾从故道由沭阳滥泥洪入海，于竹络坝附纪中言之详矣。但蔡注又载：徐之浸莫大于沂，沂则自沭而下凡为浸者，可知是治沭者又必先治沂。查沂水由蒙沂诸山千支万派，南至下邳会合荆山口所泄微山、昭阳诸湖之水，而总汇于骆马一湖。湖之南岸有泄水口门，名十字河，乃中河未辟以前骆马湖泄水入黄之径。中河既辟，即从此口引清济运，与黄水口门竹络坝相对，亦一清黄交汇处也。中河横亘其间形成十字，故名十字河。湖之尾闾又有六塘河一道宣泄归海，嗣值湖水微弱，于尾闾西宁桥筑三合土坝以塞其归墟之路。又恐黄水倒灌并将十字河口门堵闭，另于王家沟迤上建闸引水以便启闭。惟是闸基高阜水不能出，运河水小之年，转资黄水由竹络坝流入中河济运，以致刘老涧挟沙而下，将湖之尾闾六塘河旧为归海之道淤垫浅阻，散漫民田，六州县咸病之。雍正八年，骆马湖、沂沭并涨，水无去路，泛滥为患，因有鉴于此，遂决意开十字河，并举六塘河挑浚焉。时届严寒，乘舴艋于湖荡之间，沿流溯洄，遇淤垫不能行，复舍舟而陆，审地形水势，迂回者取直之，涌注者分浚之，自宿迁直抵海滨。阅明年，更遴员张其智、胡士圻等，逐细确估，分其任于所司州县，俾各经理疏浚，于是骆马湖归海旧渠滔滔东注，庆协朝宗，而沂水之会合诸流以汇潴于骆马湖者，不复有泛滥之患矣。盖沂、沭二水为青徐巨浸，合之则同挟其过颡在山之势，分之则各安其就下之性。今沭则遏之，沂则导之，同于入海而各有其归途，庶有当于其乂之旨也。与是役也，鲜不以为力矫前弊，意专主宣泄，不知水势靡常，旱潦不一，前之人处湖水不足之时议堵筑，兹值湖水有余之日议开挑，其事不同，其揆一也。而况乎因时而用，相机而行，水大则开放宣泄，水小则建坝潴蓄，操纵由己，节宣有制，既无泛滥之虞，且得济运之益，斯属两全无弊。若以为可蓄而常蓄之，可泄而常泄之，其治水也鲜不败，乃事岂独骆马湖然哉？故备书之以告后之治河者。

修浚文华寺闸下河堤

题为遵旨查议事。雍正八年二月初八日准户部咨开，内阁交出大学士等议覆河道总督孔毓珣奏前事内开，臣钦奉圣谕："淮安府城逼近河滨，尔到任时可详细相度城外堤工，旧有石工卑薄者加修高厚，无石工者建筑石工等因。钦此。"

臣亲赴淮城，沿堤详看，查得淮安府城西门一带，乃系兜湾顶冲，素称险要，于康熙三十八年间建有石工，长三百六十丈，现在坚固。其自西门以至南角楼止，堤长二百二十丈，水势平缓，非系迎溜之处。是以当年止做柴土工程，迩年岁岁修防，临河添下埽个，堤身培薄增卑，现在高宽坚厚，足资保障，似可不必再筑石工。伏查淮郡城西旧有护城河一道，自运口迤下文华寺闸起至白马湖止，计长八十余里，原属分泄运河暴涨之水，以保淮郡堤工，并备旱干之时涵洞分达，利济西乡田亩，实属紧要。今河身淤垫，堤埂日渐坍颓，一遇开闸宣泄，水无收束，漫衍横流，西乡一带田畴悉被淹浸。且暴涨之水宣泄不畅，仍归运河。请将此护城一河再行挑浚深通，并将两岸堤堰加修宽厚。凡值汛水暴涨，即将文华寺闸启放，以六分入运四分归湖，各循轨而去，堤工自可巩固。约计挑浚此河淤垫，并修帮两岸残缺卑矮堤工，需银三万余千两等因。奉旨："大学士议奏。钦此。"臣等查得，淮城险要既有坚固石工，其柴土工程之处皆属水势平缓，无容再添石工。其自清口入运，由惠济闸折北而行至文华寺，折东而至淮城，每当淮水畅盛之时，浩瀚之势全赖支河旁泄以分其涨。今孔毓珣请疏浚护城河，从文华寺闸泻出达于白马湖，以保固堤工，应如所请，速将河身淤垫之处即行挑浚深通。其两岸堤堰加修宽厚，饬令河官将文华寺闸座视淮水缓急以为启闭，其挑浚修帮银两于河库动支，工完之日造报可也。为此谨奏请旨。雍正八年正月二十二日奉旨："依议。钦此。"交出到部，相应行文河道总督，遵照议覆施行等因到前河臣，准此。当即转行遵照确估，造报去后。今据淮扬道佥事白钟山详送估册到臣。据此该臣等看得，文华寺下引河一案，经前河臣孔毓珣遵奉谕旨，亲赴淮城沿堤逐一详看，因该处河身年久淤垫，奏请挑浚深通，并将两岸堤堰加修宽厚。奉准部覆，以挑浚加修银两于河库动支，工完之日造报。奉旨："依议。"咨行到前河臣孔毓珣，钦遵。转行檄饬河库道动支部拨盐课银两，给发里河同知夏建德雇夫攒筑挑浚，委淮扬道监工督催在案。续准工部咨行，前项应行挑浚河身并加修高厚各工丈尺，需用银两照例确估具题等因。亦经前河臣转行遵照确估造报，旋据该道册估到前河臣孔毓珣，尚未核题。臣到任之后即值秋汛水势骤长，臣相机饬令将文华寺闸开放，赖此河挑挖深通，得以宣泄，里河工程保固平稳。水落之后，随令堵闭，并檄饬该道将各工逐一查验修筑。并令再行核减去后。今据该道详称，遵即逐段确估，加修两堤自锣鼓墩起至洪家圩堤尾止，共长一万六千七百七十七丈五尺，挑浚河长四千八丈。又捞白

马湖边淤浅二十丈。共实估银三万四千五百六十二两二钱二分零,造册详送核题等情前来。臣等复加查核无异,理合会核题估,除原册送部查核外,臣谨会同河东总督掌管北河总督印务臣田文镜、苏州巡抚协理河工事务臣尹继善合词恭疏具题,伏乞皇上睿鉴,敕部议覆施行。再照臣因出勘河工,沿堤办事,难副定限,业经臣题明展限在案,合并陈明。

雍正八年十二月十五日题。奉旨:"该部议奏。钦此。"部议准行,雍正九年四月十二日奉旨:"依议。钦此。"

停止荆山口水道工程

奏为事关两省民生,工系全漕运道,详勘情形据实备陈,仰祈睿鉴事。案准户部咨,内开:前署山东抚臣费金吾奏请开挑东省河渠以泄济宁等州县汇入鱼台之积水,因各州县应开河道俱在江南,必须查明出水处所,会同疏浚等因。经部议覆:彭口以下河身非极宽广,今昭阳、微山诸湖之水尽流入运,倘雨水过多,诸湖汇流而下或致运河急不能容,应令费金吾会同河东总督臣田文镜、北河总督臣嵇曾筠、前署总河臣尹继善详确妥议具奏。奉旨:"所议甚属妥协,依议速行。钦此。"钦遵。移咨到前河臣随经檄行兖宁、淮徐两道会同覆勘议详,钦遵在案。

窃惟兴举水利,俾两省沮洳俱成沃壤,诚属亘古未有之隆恩。但事关重大,臣等仰承办理,必须通盘审慎,事出万全,方可上副宸衷。今臣调任南河,自邳、宿上下以至桃、清、沭、海各地方,凡属水道,察其地形之高下、河湖之远近,亲身查勘。除六塘河迤下归海之道,有关骆马湖承上启下之关键原系至要之工，现在题请疏浚外，其自山东济宁各州县以至江南荆山口一带，疏导千支万派之水，一并下注南河，关系重大，实有难于举行者。伏查山东泉河原有本境归海之路，而湖称水柜，蓄水济运以防旱暵；设遇水势过大，汶济以上则有盐河、马颊、徒骇诸河导流归海。其鱼沛以下则由张谷山、荆山口泄入骆马湖与运河。今山东上游蓄泄机宜，尚有应行筹画之处。乃遽将各州县故河积洼之水全注江南，窃恐地处下游，势难容受。况徐州黄河北岸李道华家楼接连苏家山，宽衍数十余里，向来不议筑堤。每黄水出（漕）〔槽〕，漫滩之水从冈头河、十字河、荆山口辗转东注，而荆山口桥下尚留山麓坡陀，勿使凿辟深广者，诚恐黄水入运挟带浊沙，古迹昭然，良存深意。今议开浚荆山口，所有漫滩之水浊流并注，淤垫堪虞。即使挑挖深通，而微山、昭阳诸湖之水合流而下，诚如部议不入于运即入于黄，开浚之处甚有关系，此江南水道上截之形势也。

又自徐塘口三岔河迤下运河窄狭，今再益山东河泉坡洼之众水奔腾骤涌而来，运河西岸以及邳州唐宋山格堤均难保固。至运河东岸湖中一线孤堤，虽有马庄、万庄减水石坝，但增多减少，万一河湖通连，则漕船纤道，安能飞越。况骆马湖添纳诸水，自必倍加涨涌，水势高于黄运，其患有不敢言者矣。今秋山水骤涨，仰赖我皇上精诚昭格，天意潜孚，是以骤涨之水虽溢入于黄河，仍归洪泽湖。因此各工沙淤挂口，旋堵旋竣，遇此希有之事而水性靡常，万一全归黄运，诚如部议，诸湖汇流而下或致急不能容，此江南水道中截之形势也。至骆马湖既承受诸山各河之水，湖之尾闾势必宣泄不及。且宿、桃、清、安直至龙沟归海，计程绵亘，自应一律加筑长堤。但两省之水同归并注，安得有绵长千里之工程以资捍御。况沭邑又增沭水一道，海州又有海潮上涌，倘遇伏秋大汛，河海相抵不能顺下，虽有高大之堤，恐撞击散漫，六州县之城社民田所关匪细，此时山东水源未辟，已觉壅积为患。所以微臣现在题请挑浚，不过安其就下之性，顺其归墟之势。所费无多，即以挑河之土培成子堰，约拦水势，导引朝宗，水大则听其溢归湖荡，可保相安无事。若大辟来源滔滔浩浩，遽恃新筑之土堤可以约束，恐水涌未能循轨，此江南水道下截之形势也。今春该道等议估除山东另核外，江南需帑银三十余万两。伏念我皇上如天之德，固不惜多费帑金，然事必求其有济，方可功垂永久。臣蒙皇上隆恩异数，捐糜莫报，如少有一得之愚而附和因循，臣罪益滋难逭。在前河臣孔毓珣据详参酌，已属踌躇，未能遽议；而微臣亲身查勘，积虑深思，权其轻重，相其缓急，委属未能举行，可否请停，伏候睿裁。不揣冒昧，谨备列情形，据实奏陈，仰祈皇上训示遵行。

雍正八年十二月二十日奏。奉旨："所奏甚为明晰。应停止者，该部知道。钦此。"

附纪

仰惟我皇上恫瘝民瘼，己饥己溺，凡臣工敷奏有关闾阎休戚者，即令举行，惟恐不及。雍正七年，署山东抚臣费金吾条奏，请将东省积水由江南荆山口宣泄归海。部臣议覆，行令河东督臣、南北河臣详勘妥议。时曾筦总理北河，即遴员之谙练者分往查勘。明年五月，恭膺管理南河恩命，履任后举江南境内，上自徐、邳，下迄沭阳、海州水道，慎重详审，靡不躬亲阅历，知其势有必不可行者。是年秋适遇异涨，邳、宿诸州县胥罹水患，几为运道忧。究其来源，俱由东省诸水汇注而下，假令荆山口已贸然开辟，不知更作何景状矣！曾筠既遍涉诸川，亲加筹度，何敢知而不言？谨将上下形势详细缕陈，仰蒙乾断，即准停止，运道民生均被乂安。夫欲举鱼、济诸州邑历有之坡洼积水，一旦悉令归海，涸出膏腴之壤，俾民耕凿，其意何尝不善！但积水之在东省已非一日，其病小；而江南急不能容，其害大。求利民而先病民，所系非轻，既病民而且妨运，所系不更重乎！大小轻重之间尤宜深思而熟计之也。

估计高堰山盱石工

题为恭谢天恩事。该臣等看得，高堰、山盱临湖一带石工蒙我皇上睿谟弘远，发帑大修，不独使洪湖之水得以畅出敌黄，而淮扬一带漕运民生永庆安澜之福。当经前河臣孔毓珣发帑分委承修，各员一面帮筑土工，一面造船采办石料。臣莅任之后，复又叠檄严催，除帮戗土工前据该道造册估用银一十八万五千四百五十八两七钱一分零，臣等业经勘核题估，旋据各员俱已呈报完工，现在饬令查勘另行造册咨部外。

兹据淮扬道佥事白钟山详称，堰盱一带石工，钦奉特旨发帑加修，屡蒙檄饬查勘相度湖河水势情形，悉心确估，加培高厚，以垂久远。今除石工之内现在完整，止须每年照例于石上镶柴抢修，足资捍御无庸加修外。共有间段底桩腐朽、石块欹斜，原属顺砌卑矮者，应建筑越坝，拆修加高，一律坚实。又有年久风浪撞激、灰缝剥落、底桩腐朽、歪斜胀裂倾圮者，其中虽间有完整，但向系顺砌之工，衬里砖石单薄，若于旧石之上再加新石，上重下虚，势难撑立。应行通身全拆重修，另换马牙、梅花等桩，丁顺间砌，始能垂久。至于新砌石工，必先筑越坝拦水，然后可以兴工。今湖面宽阔水势浩大，一遇狂风巨浪，力若排山，一坝孤悬安能抵敌，工段绵长实难保护。况查旧工根基桩空之内向经垫满碎石，今则旧桩难起新桩难下，徒费人力，不能施工。惟有借旧石工连土留宽二丈，暂为外障，于后身开槽钉桩砌石，俟新工筑定根基，再拆旧石选用。其旧工底石因新工灰汁未老，应留二层以防风浪撞击，保护新工。再清水潭一坝里越未建石工，今应一例创建以期巩固。

所有高堰、山盱二厅属应行拆修并创建石工，通共工长六千三百四十二丈九尺四寸，共估用料物夫工银八十三万二千三百九十一两八钱五分零，并无浮冒。再查土石工程二项，共计估银一百一万七千八百五十两五钱六分零。除部拨银一百万两之外，其余银一万七千八百五十两五钱六分零应在道库存库银两内动支给发，理合造册详送会核题估等情前来。

臣等亲勘复核无异，除原册送部查核外，相应会同河东总督掌管北河总督印务臣田文镜、苏州巡抚协理河工事务臣尹继善、原任内阁学士臣张坦麟、原任户部右侍郎臣汪漋、御史管坐粮厅事在任守制臣程仁圻合词恭疏具题，伏乞皇上睿鉴，敕部议覆施行。

雍正八年十二月二十日题。奉旨："该部议奏。钦此。"部议准行，雍正九年四月二十二日奉旨："依议。钦此。"

岁加五寸堤工

题为钦奉上谕事。该臣等看得，江南徐州以下一带黄运两河堤工，荷蒙我皇上圣明洞鉴，念及额设河兵只能修补水浪冲激，防备临险抢护之用。至于堤身一年之内风雨淋漓，车马践踏，恐渐至侵蚀，钦颁谕旨，逐年加增，仰见圣主治益求治，安益求安之至意。经前河臣孔毓珣题请，堤工去河甚远现在高厚者，可以缓其加修；其顶冲迎溜势甚险要，风雨淋漓堤身卑薄之处，先将统加五寸之钱粮详细勘估加高培厚，次年再以统加五寸之钱粮修次险之工，再次年将可缓者一例增修。以后总酌，分缓急轮流加培，庶堤身可冀一律高厚，永资捍御。约计每年培修黄运两河堤工需银二万八千余两等因。

部覆应如所题，酌分缓急轮流加增，务使堤身坚固以资捍御。但江南黄运两河工段繁多，逐年题估题销先后不一，今钦奉谕旨：将堤工加高五寸，该督题请轮流加增，诚恐承修各官不无以上年已修工程捏作新修，希图冒销等弊。应令该督除每年岁抢修各工仍照例估销外，所有黄运两河应行加高各工逐一确勘，将地名、工段、高宽丈尺、需用银两数目以及应动款项，据实分晰，另行造册具题等因。奉旨："依议。钦此。"钦遵。移咨到前护河臣康弘勋，准此当即转行遵照在案。

今据淮徐道副使吕维炳、淮扬道金事白钟山将所属各厅黄运两河应行加高培厚堤工，通共估用土方银二万八千八百八十一两九钱三分四毫二丝逐一确勘，委无浮冒，各造清册详送核题前来。臣等复加亲勘，查核无异，除动支河库银两给发各厅攒修并原册送部查核外，相应会同苏州巡抚协理河工事务臣尹继善恭疏具题，伏乞皇上睿鉴，敕部议覆施行。

雍正八年十二月二十二日题。奉旨："该部议奏。钦此。"部议准行，雍正九年三月二十五日奉旨："依议。钦此。"

卷五

题署淮扬道员缺

题为钦奉上谕事。该臣等看得，淮扬道一缺管理黄运河湖堤岸工程，并分巡各属地方事务，吏治河防均关紧要，必须才能敏干人员方克胜任。钦奉谕旨："江苏布政使员缺，着淮扬道白钟山补授；淮扬道员缺，着嵇曾筠、尹继善于属员内拣选委署，俟秋汛后送部引见。钦此。"钦遵。臣等在于属员内详加选择，惟有淮安府里河同知夏建德于上年秋月水势涨发之际，殚力修守，用心防护，汛内工程得保平稳，且于理事职任更能整饬稽查，既娴吏治，复熟河防，实系办事干练才堪肆应之员。所有淮扬道印务，臣等遵旨，请将夏建德暂行委署。现今桃汛甫过，伏秋大汛接踵而至，令其督率厅汛，加谨修防，办理赈务，弹压地方，俟于霜降后给咨送部引见，伏候圣裁。除将该员履历、实迹另册送部查核外，臣谨会同苏州巡抚协理河工事务臣尹继善合词具疏题明，伏乞皇上睿鉴施行。

雍正九年三月二十七日题。奉旨："该部知道。钦此。"

建筑禹王台竹络石坝

题为请旨事。雍正九年三月初五日准工部咨开，都水清吏司案呈，雍正九年二月十九日内阁交出江南河道总督嵇曾筠奏请修复郯城县禹王台竹络石坝工一案。奉旨："照所请行，该部知道。钦此。"钦遵。抄出前来，相应抄录原奏，行文江南总河并河东总河可也。为此合咨前去，钦遵查照施行，计粘单一纸。

窃照东省郯邑禹王台一工，原以抵遏沭水，俾其东由江南沭阳、海州入海，不容其会合蒙沂、白马诸山河之水入骆马湖，以为运道民生之患，所关綦重。自明季郯令拆移台石，修砌城垣，水遂西行，为患滋甚。康熙二十八年恭遇圣祖仁皇帝南巡，阅视中河。前河臣王新命以中河之水全资骆马一湖，而湖受沂、沭、白马诸水，时常泛滥。于是请修土、石两坝堵截沭水，江南数十年无上游水患者，职此之故。后经前河臣陈鹏年于土坝之南越筑圈堤一道，前河臣齐苏勒又于临河设立防风埽工，更建筑饯堤、子堰以为重障。诚有见夫土、石两坝维系江南数百里之运道，千万户之民生，慎之重之而年年修守者也。不虞上年秋汛东省山水异涨，将禹王台土石埽坝各工全行冲塌，仅存竹络石坝二十七丈，坝之南北残缺土堤二百余丈。沂沭诸水一时汇注于骆马湖，盈堤溢岸，莫可抵御。仰赖圣主诚敬格天，水势旋消，漫溢各工得以克期底绩。而东省郯邑坝工实为目今要务，若上源一日不治，则下游一日不安。虽禹王台隶在北河，应听北河河臣经理，但此坝之兴废关系江南黄运两河之利害，况南北原为一体，事机尤属切肤。臣前已两次咨商北河河臣，业准咨覆，檄饬委员勘估。弟两省文移往返稽迟，且值新旧河

臣交代接替，辗转耽延。窃恐会题部覆，为时甚久，急切不能竣事，万一山水骤发，或致措手不及。微臣愚昧，身膺重任，不得不鳃鳃过虑也。伏念骆马一湖乃众水汇归之地，今又益以沭水并诸山积潦，建瓴而下直注骆马湖，地尤逼近而势更腾涌。查禹王台现系沂郯、海赣同知所辖，沂郯则属北河，海赣又属南河，南北交界均有责任。现今臣等于请定厅员管辖等事案内会题，请听南、北河臣考察在案。今臣酌量该工圈堤、防风等工，目前尚属可缓。惟将最要坝工，乘此汛水未发之前，即令该厅会同郯城县于旧石工以上，现存残缺石工二十七丈之处接筑坝工，共长九百余丈。诚恐土堤不坚，山水性猛难于捍御，应令通身建作竹络石坝。俾水从坝过而坝不动摇，沙至坝停而坝复坚实，愈资抵御。此坝一成，沭水可以东分，骆马湖不致盈溢。纵有白马、沂河等处之水，亦可相机宣泄，江南之运道民生庶保无虞矣。前项坝工土石分筑，但顶冲紧要之处必须多用竹络石坝，并挑浚沭水旧河口门，约需银三万余千两。统容臣亲赴该工相度机宜，详加核算，再行确估。但工程紧急，竹、石等料备办宜早，其所需银两可否即于南工河库内动支给发。臣未敢擅便，伏候训旨遵行。臣现今江工查勘已毕，复由邳、宿一带前赴该工，亲身查勘所有禹王台坝工急应修复事宜。合先恭折请旨，伏祈皇上睿鉴施行。谨奏。等因到臣。准此当即檄行遵照确估去后。今据山东兖宁道副使王鸿勋、淮徐道副使吕维炳、淮扬道佥事白钟山会勘造册详送到臣。据此该臣等看得，山东郯城县境内禹王台一工，原以抵遏沭水，俾其东由江南沭阳、海州南行入海，不容其会合蒙、沂、白马诸山河之水入骆马湖，以为运道民生之患，所关綦重。因上年秋汛东省山水异涨，将禹王台土石、埽坝各工全行冲塌，仅存竹络石坝二十七丈，并坝之南北残缺土堤二百余丈，难资抵御。是以臣于本年二月内将急应修筑情形，以及约需银两恭折具奏。并声明容臣亲赴该工相度机宜，再行确估。其所需银两可否即于江南河库内动支给发。荷蒙我皇上念切运道民生，钦颁俞旨："照所请行，该部知道。钦此。"钦遵。随即转行确估去后。

今据该道等会详称：遵即带同该管印河各官亲勘确估，查禹王台应建竹络石坝共长六百四十丈，其接新石络以北应创筑土堤长三百丈，坝南应补筑漫缺土堤长四十八丈，外坡包镶石络至所存旧堤石土坝工长三百八丈三尺。内二十七丈系石络旧坝，两肩陡坦应以碎石一律垒砌补平。又十四丈外坡，原系石络镶边，水冲石块现存，应拣取修整。又五十八丈三尺外坡原有雁翅石络，挑水开行，毋容加络镶边。其余二百九丈应于堤之外坡包镶石络，以资捍御。再将沭水进口转湾归故河道浅阻之处，疏浚深通，以资畅流。以上通共计新筑石土坝工长九百四十丈，又补修旧石土坝工长三百五十六丈三尺，并开挑沭水进口河道一百丈，共估用工料土方银三万八千六百四十三两七钱零。相应转详题估。再该工经前河臣王新命创建，原案一切夫工均系拨用，徭夫不计钱粮。今查徭夫一项，业经题明归入黄河厅曹、单二汛，每年加帮大堤力作岁修工程，万难调拨。且石络工程较与从前多至二十余倍，需夫甚多，俱系据实确估，并无浮冒等情，造册详送前来。

臣复亲勘查核无异，除动支江南河库银两给发该厅县办料兴修，俟工完之日会同河南山东河臣查核题销，并原册送部查核外，相应会同河南山东河臣沈廷正、河东督臣田文镜、山东抚臣岳濬、苏州巡抚协理河工事务臣尹继善合词具题，伏乞皇上睿鉴，敕部议覆施行。

雍正九年五月十五日题。奉旨："该部议奏。钦此。"部议准行，雍正九年八月初一日奉旨："依议。钦此。"

附纪

沭水由穆陵关而下，会莒蒙诸山水合流东注，抵马陵山，相传大禹治水时凿山口导水西流，复建台障之，俾由东南入海。自明季郯令毁台取石以缮郭，水遂西流会合沂河、白马河诸水涌入骆马湖，湖不能容，漫入黄运两河，沂、郯、邳、宿诸州邑岁有沦胥之患，且为运道梗。康熙二十八年圣祖仁皇帝南巡狩，诏河臣王新命治之，爰建竹络石坝二十七丈，以抵遏沭水，复由东南故道历红花埠、峒峿、沭阳、海州归海。厥后河臣陈鹏年接筑土堰，河臣齐苏勒增修茨防，区画备至。

雍正八年六月，曾筠钦承恩命，调任南河。甫及旬日，即遇山水骤发，淫潦异涨，骆马湖水盈堤溢岸越运浮黄，势莫可遏。因念骆马湖虽为诸水汇归，然非沂、沭合流，其暴未必至此。上源禹王台土石工程必有漂淌之虞，随赴该工查勘，一望弥漫，尽成沙渚，临河堤埽果荡然无存，惟旧时竹络石坝二十七丈岿然无恙。循沭水而东即系马瓴山，山后层峦叠嶂，千溪万壑，势若建瓴。而沭水进口处崭然中划，形如斧劈，其下深不可测。水势自东径西，尽失其入海故道。若不亟思所以修治之则，下游州邑罹水患者终无底极，而岁漕转运亦复可虞。但山水性猛顶冲直激，非土堤桩埽所能御，即大发帑金如高堰之甃石，而地系浮沙，基不坚实，亦无所施其功。若夫水冲不损而又能随沙坐实，足资捍御，则惟竹络石坝为至计。况山中多产碎石，取材富而易，因议从旧竹络坝接筑六百四十丈，审地形以扼其要害，蜿蜒绵亘自西北渐之东南。又于新坝北首接筑

土堤三百丈,枕山坡为依据。其旧坝之南残缺土堤三百零八丈下迄民堰止,概用竹络石镶边一律修砌完整。又于沭水进口之河头挑去砂石,俾旧河深通畅流。计费三万八千六百四十两有奇。圣天子轸念民瘼,俯允所请,不待下其事于部议,即准江南河库动支帑项,随分橄海赣同知蒋祈年、郯城知县冯为桐、县丞张杞承筑,饬委原估官胡士圻等监工督催。从事斯役者咸知运道民生之重,鸠工庀材,踊跃奋兴,始其事于雍正九年之二月,至六月即告竣。是年伏秋山水又大发,坝工抵住不能西注,仍由沭河东南故道入海,沂、郯、邳、宿之民恃以无恐,黄运工程亦安流无恙。则是工之兴废,关于江南利害较东省为尤巨,司河者慎毋隳厥成功也哉。

开挑正人洲引河建筑夹江大坝

题为敬筹大江形势,请开分溜引河以固城垣以利漕运,仰祈睿鉴事。该臣等看得,瓜洲大江西南正人洲,潮沙淤垫,日益宽长,数年以来,洲尾长有翅膀、定业等洲挑激大溜,直射瓜洲花园港一带,以致历年岁抢修工程,旋修旋垫,不能抵御,江岸日渐塌卸,逼近城垣,危险堪虞。经臣具折奏请,将高资港河头之浮沙暗滩力为疏浚,再于正人洲开挑引河,其翅膀等洲长出河嘴老滩,并油沙稀淤处所照例设立犁船二只,并令旧设之救生船协力同施,用混江龙等器往来刷涤等因。

奉准部覆,应如所请,作速动支银两,给发募夫攒挑。仍将应挑河道工段宽深丈尺,并设立犁船动用银两款项数目,一面动工,一面题估造册,报部查核。其花园港等处,应令该督详细斟酌,量为修护以资防御等因。奉旨:"依议。"钦遵。转行确估在案。今据署淮扬道夏建德册详前来，臣查瓜洲大江南滩上源有高资港一道，形似夹江而河头不畅，应将高资港之浮沙并正人洲迤上旧有港汊之处力为疏通，以畅其流。又于正人洲下截顶冲迎溜旧有河形之处，挑挖引河一道，长四百三十丈，引水南行以分江溜。接此河之尾，又生开引河一道，长二百一十丈，使上源之水汇流直注夹江，减其北趋之势。庶瓜洲一带城池、运道得以保护。又恐引河之水从夹江仍向东北逼溜直注瓜洲，今相度形势，应于夹江内筑夹土坝一座，长一百五十丈五尺，两面下埽镶垫，签钉大桩于夹坝中间，填土以拦水势。又恐伏秋大汛漫滩，水高数尺，复于坝上压土高七尺，两头接筑土坝二百五十八丈，以防夹江之水漫滩四散。又于定业洲迤下挑浚支河一道，长三百六丈，俾引河大溜顺流从支河宣泄，直抵南岸大江。至于高资港河头、江心套港口以及正人洲、翅膀洲长出矶嘴挑溜之处，督率河兵闸夫乘驾犁船，用铁篦、混江龙等具并力挑切犁爬，务俾疏通畅流，分引江溜，保护瓜城。以上挑河、筑坝、造船共估用土方工料银四万九千七百七十七两七钱八分零。相应题估发帑兴挑，工成之日请照康熙五十五年间奏明事案内创建江工之例，入于岁抢修案内修理。至于瓜洲花园港一带迎溜之处，相机下石，护崖镶埽，以卫城社。因系紧要工程，除动支河库存贮各款银两给发该厅等攒办料物，将引河分段挑挖，夹坝并力堵筑完竣，相机开放，并将原册送部查核外，臣谨会同江南总督臣高其倬、总漕臣性桂、河南山东河臣沈廷正、苏州巡抚协理河工事务臣尹继善会词具疏题估，伏乞皇上睿鉴，敕部议覆施行。

雍正九年五月二十四日题。奉旨："该部速议具奏。钦此。"部议准行，雍正九年六月二十四日奉旨："依议速行。钦此。"

附纪

瓜洲滨大江北岸，其城与南岸京口相为犄角，控扼江海，乃沿江之要地，漕运之咽喉也。因江之西南有正人洲回溜沙淤，日渐增长，挑溜北注直薄瓜城，洄漩汕刷，崖岸塌卸。于康熙五十五年建筑埽坝，添设岁抢修工程，用资抵御。然江流猛烈激湍，震撼埽工，随下随蛰，大江逼近城隍，危险堪虞。曾筠数往查勘，乘舟遍视，知受患虽在瓜洲，而致患之由则在上游沙渚。若不分其北注之势导其南趋之路，则金山以上之旋溜积沙，正人洲以下之翅膀、定业等洲，挑溜愈急。兼之中有大江，南有夹江，两水并冲，瓜城势不能支。此时欲以长桩大埽敌千寻之巨浪，以保护洲城，戛戛乎其难哉！昔人有言曰"以水治水，以水攻沙"，实探本穷源之论，今亦惟以水治之而已。仍于上游对岸之高资港，则设船疏扩以分其势，于正人洲则挑浚引河，顺注夹江，以畅其流。又恐夹江之水仍逼东北，则于夹江尾闾抢筑大坝一道，以遏其冲。俾浩瀚江流奔赴于五公滩引河，旋绕于南岸山根以直达大江，而北岸瓜城之势减矣。至于翅膀等洲，老滩则挑切之，新淤则梳爬之，皆所以平上游之患也。夫而后审察瓜洲沿江崖岸，于回溜则下搂崖埽以护之，于顶冲则下沉水埽以御之。而其间之或用挑水，或用矶嘴，悉因地相机以资防护。

独是大江之水与黄河不同，黄水挟沙而来，遇埽即停，沙停则埽愈固；大江水清性烈，潮汐昼夜不停，凡遇埽工不能汕击于上，即往埽根淘刷，久之埽底淘虚，工程下蛰，而崖岸之坍塌随之。是以黄河埽工在在可恃而施之，江工则又有未可全恃者。曾筠筹画再四，终无善全之计，因思古人治水之法除疏浚桩埽而外，兼用土石。然竹络既虞费帑，又恐兜水，今变化其用石之方，凡于埽根汕刷之处，多下石块以护之，庶水力不能淘刷，埽个得以稳固。审度既定，遂亲临工所，命厅营汛弁即挨埽下石试之。岂知石下之处，汕刷之势果减，埽工依然无虑。遂缮折奏请，仰蒙皇上俞允。于是疏筑并举，桩埽兼施，而且设犁船以梳爬沙嘴，下碎石以防护埽根，数年来瓜之城社民生俱得保全无恙。当是时议论纷如，谓碎石护崖之法前人未用，且夹江大坝孤立江心势不能存。不知苟能熟察乎水之形势，详审乎水之性情，即古人未用之法而变通用之，亦未始无济者，岂必拘拘刻舟以求剑耶。惟我皇上圣明，洞烛机宜，出以乾断，异命风行。俾瓜洲数万民生尽免阽危而登袵席，恩膏普被浩荡难名，是又纪述之所不能尽者矣。

留工效力人员

题为循例题明效力人员，以资河防事。窃惟修守机宜得人为重，江南地卑工险，河务殷繁，一应差委需员甚多。臣荷蒙圣恩，调任南河，莅任之始即经查明，通工效力人员自前河臣及署河臣尹继善各任内题明留工共计百有余员，以供驱使。惟是历经两载，更番差遣，除委署参革丁忧事故之外，为数渐少。目今高堰石工押催攒砌，瓜洲江工挑挖引河，修复骆马湖上游禹王台坝工，挑挖骆马湖以下六塘河河道，以及协办黄运两河各汛紧要工程同时具举，在在需员委用，加以三汛防险各厅查料催漕报水，一切工务分派调遣之处甚多，所有从前题留之员实属不敷。

臣查前河臣陈鹏年、齐苏勒、孔毓珣、署河臣尹继善各任

内尚有久经收录留工效力未及题明，并臣因上年汛险乏人，新经收录各员，皆于水势长发之际，同在工所效力行走。其中有不避危险协同抢救工程者，有派防险汛加谨保护平稳者，有委办委催紧急工料克期攒运接济者，俱竭蹶办公，殊为出力。伏念上年秋汛，有功人员仰荷皇恩议叙，臣等将现任各员并及已经题留人员，分晰等次造册咨部，而此等人员，因未经题明，不便一例造入册内均沾旷典。但既在工趋事，实难泯其劳绩。今臣于各员内择其年力精壮、勤敏小心、取到殷实印结者，选有候选州同杨惠春等四十一员。又有未经取到印结，同在上年抢护险工劳效昭著，及现今委办要工勤谨出力者候选州同于廷烈等七员。据该道厅等保详，请循例留工效力。臣复历经差委，试看才具，皆有可用，一并附入疏内，通共计有四十八员。仰恳皇上天恩，俯念河务需员，准其一体留工以敷差委，以示鼓励。则各员自必益加感奋努力，而臣等亦得收臂指之使。自留工以后倘有败检逾闲，臣等不时察访参处。再此内有江南籍贯者例应回避，但查历次投效人员，惟江南最多，他省及旗员不过十之二三，若悉令回避，本省人才愈难。况江南人员生长河干，素悉堤工、河道。今该员等差遣已久，伏吁圣恩，请照前署河臣尹继善题留江南籍贯效力知县陈儒等十六员之例，仍留南工。俟有劳绩，以专管河务之缺补用，或咨北河酌量题补。除循例开列各员职名、履历、功绩造册送部外，臣谨会同苏州巡抚协理河工事务臣尹继善合词具题，伏乞皇上睿鉴，敕部议覆施行。

雍正九年六月十三日题。奉旨："该部议奏。钦此。"部议覆准，雍正九年十月二十二日奉旨："依议。钦此。"

设立堡房堡夫

题为循例请设堡房、堡夫，以助修守、以固堤防事。窃照河工要务全在坚筑堤防，尤贵专人修守，有堤而无人，则与无堤同，有人而不能使其常用在堤尽修防之力，则又与无人同。此豫省所以有堡房、堡夫之设，南河亟应循例请行者也。查江南黄运两河堤岸纵横绵亘二千三百余里，险工林立，要汛繁多，比年以来荷蒙皇上发帑兴修，凡属卑矮之处靡不增培高厚，每岁应行修理事宜，亦莫不仰邀睿鉴先事预防。雍正七年，复荷圣明，念及河兵只供抢险，未能概令修防，着将黄运堤工递年加高五寸。仰见皇上弘谟远略，超越千古，为堤防计者至周且密矣。所有修守事宜，臣等敢不早夜讲求，务期巨细靡遗，以仰答圣主慎重河防之至意。

窃见江南十河营兵丁虽系沿河设立，有修防之责，然下埽签桩是其专司，南工埽坝繁多，一处抢险，各处调拨，若遇汛水长发，恒苦分身无术。诚如圣谕，河兵只供抢险，未能概令修防也。况长堤原无堡房，做工夫役每逢大雨，遍体淋漓，既无容身之所，又乏炊爨之处，风餐露宿，亦难责其昼夜不离。伏查豫省河兵之外，设有堡房、堡夫，使河兵聚集于埽坝，堡夫殚力于修防，业已著有成效。今江南事同一例，仰恳皇上俯准，照豫省每二里盖一堡房，每堡一座设夫二名，归于该管文武汛员管辖。令其驻宿堡内，常用巡守，无事则搜巡獾洞、鼠穴，修补水沟浪窝，每日堆积土牛，可多得土方之用；设遇有警则鸣锣为号，上下兵夫齐集，协力抢护。如此则江南黄运堤工汛堡沿排，声援互倚，修守綦严，而堤防实资巩固矣。

今查各厅黄运两河堤工盖造堡房共需一千一百五十四间，每间估银三两，共需银三千四百六十二两。堡夫共需二千三百零八名，每名每月工食需银五钱，以一年总计，共需银一万三千八百四十八两。如蒙俞允，请将堡房银两动拨藩库存留款项给发各州县，会同厅员就近于堤上预为建设。其每年工食，俟各该州县招募堡夫到日，统于藩库按季拨发州县贮库，于每月会同厅员唱名给散，庶几印河各官互有觉察，而钱粮不致有那移扣克等弊。除现在另造细册送部查核外，臣谨会同苏州巡抚协理河工事务臣尹继善合词具题，伏乞皇上睿鉴，敕部议覆施行。

雍正九年八月初三日题。奉旨："该部议奏。钦此。"部议准行，雍正九年十月二十日奉旨："依议。钦此。"

预拨盐课银两

题为题明事。窃照江南黄运湖河一切埽坝工程，每年需料繁多，必须乘时购办，预为堆贮，方堪济缓急而资修守。臣于上年水长之时，亲见临时办料，挽运维艰，无补急需，是以循照豫省之例，题请在于年前九、十月内，约计购办十分之七，限以十一月内运工一半，次年正月内全运到工，其余视工程缓急再行办运。荷蒙圣明俞允，接准部覆遵行在案。弟查河库钱粮俱系按年拨解，今既于年前九、十月内预为购办来年料物，则来年应用钱粮亦须于年前九、十月内预为拨解，河库始足以供支给之用。查河库钱粮除别项难以预拨者无庸置议外，所有雍正五年间经前河臣齐苏勒题请，每年拨解河工盐课银三十万两，原为办料修防之用，但此项银两历年俱于岁底及次年正月内始行解交河库，不克有副预备之期。伏思各工料物既定于每年九、十月内预为购办，则前项盐课钱粮亦须于每年九、十月内早为拨解，庶得给发无误。仰恳皇上天恩，俯念修守机宜，工料綦重，请将每年拨解河工盐课银三十万两内，先拨解银一十五万两，预于每年九、十月内解交河库，其余银一十五万两仍循向例于该年正月内拨解。以便督令河库道给发各厅攒办料物，如限贮工，照例责成该管道员严催运工，详委就近州县盘查出结备案。一转移间则钱粮毫无增加，而料物早得预备，实于河工大有裨益。除移咨两淮盐臣，将应拨雍正壬子年盐课银三十万两内先行拨解银一十五万两，以资给发预备料物外，臣谨会同署江南总督印务苏州巡抚协理河工事务臣尹继善合词具疏题明。伏乞皇上睿鉴施行。

雍正九年九月三十日题。奉旨："该部议奏。钦此。"部议准行，雍正九年十二月十九日奉旨："依议。钦此。"

黄运两河善后堤工

题为遵旨查议事。雍正九年三月十五日准工部咨开，都水清吏司案呈，大学士等奏覆江南河道总督嵇曾筠奏请修筑黄运两河堤岸工程一案，雍正九年二月二十六日奉旨："依议。钦此。"钦遵。于本月二十七日内阁交出到部，相应抄录原奏，行文江南总河，并札行两淮盐院，钦遵旨内事理，遵行可也。为此合咨前去，钦遵施行，计粘单一纸，内开大学士等谨奏："为遵旨查议事，据总督江南河道嵇曾筠奏称，窃照江南黄运两河道里绵长，工程繁剧，臣于上年甫到江南境内，见江南堤工迥与豫省不同，一则地势本卑，再则众流毕集，水势益高堤工愈险。查江南黄河上自虞城、单县交界起，下迄安东海口止，两岸工程共有二十四万一千七百三十余丈。运河上自台庄交界起，下至瓜洲江口止，两岸临河缕堤工程共有一十九万二千一百三十余丈。两河通共计有四十三万三千八百六十余丈。从前修理两河大堤并月格等堤，共止修过十五万四千一百八十余丈，实不过十分之三四。臣上年初任，寓目惊心，正思逐一经理，上请训旨，未及奏陈，不虞遽逢秋涨，水势盈溢。荷蒙皇上轸念河防民瘼，谕旨谆谆，既敕加谨保护，复谕善后事宜。是以各处漫工仰赖圣谟，堵筑久经告竣，残堤业已修补。臣凛遵训谕，复又鉴此前车，敢不殚思补救，以图善后，以期巩固。又窃念徐邳以下各州县濒河被水小民，荷蒙圣主赈恤兼施，不致流离失所。但当此麦未成熟之候，觅食维艰，合无再恳皇仁，以工寓赈，令其就食，亦可资生。再本案工程应令滨河印官与河官公同修理，庶牧民之吏倍切民瘼，管工之员益励河防，互相觉察，协同办理，责成又易为力。臣一面檄饬淮徐、淮扬二道，将现今黄运两河工程逐一查勘，据实确估会核题请。如蒙俞允，请照例先拨盐课银二十万两，乘此青黄不接之际给发买土募夫，克日起工，等语。查黄河堤岸所关甚巨，而运河之堤，上年经东省山水涨漫之后，亦当急为修筑。况值此青黄不接之时动兴大工，俾沿河数十万之民就工谋食，亦补助赈济之一法。应令署两淮盐政伊拉齐将雍正八年盐课银二十万两作速解送总河衙门，令总河嵇曾筠将黄河堤工险要之处先行买土募夫，克日起工。其运河残缺之处即行修补，余亦次第修筑，务期坚固帮厚，以抵异涨。将各处之工程交与滨河印官会同河员分段管理，互相稽察，以专责成。仍令嵇曾筠将应修工程据实确估核题可也。"为此谨奏请旨等因到臣。准此，该臣等看得，江南黄运两河堤工，经上年秋水盈溢之后，荷蒙我皇上指授方略，谕以修守善后事宜。臣谨遵谕旨，奏请兴修，以期巩固。并恳皇仁以工寓赈，令濒河被水小民得以就食，准部议覆。应令两淮盐政伊拉齐将雍正八年盐课银二十万两作速解送臣衙门，令臣将黄河堤工险要之处先行买土募夫，克日起工。其运河残缺之处，亦次第修筑，务期坚固帮厚，以抵异涨。将各处工程交与滨河印官会同河员分段管理，互相稽察，以专责成。仍令臣将应修工程据实确估核题等因。奉旨："依议。钦此。"钦遵。当即飞檄印河各官，即日领帑募夫，分段买土攒修，一面严饬淮徐、淮扬两道，逐一确估造册去后。今据淮徐道副使吕维炳、署淮扬道印务夏建德详据各厅估修黄运两河善后堤工，挑挖河道并护堤板工等项，共估用土方料物银二十万三千五百二十五两四钱六分零，各造清册详送前来。臣等亲勘复核无异，因系紧要之工，照例先行动支原拨解盐课银二十万两外，又动支河库存库银三千五百十五两四钱六分零，给发滨河印官与各河员分段照估攒修。除将原册送部查核外，相应会同河南山东河臣沈廷正、署江南总督印务苏州巡抚协理河工事务臣尹继善恭疏具题，伏乞皇上睿鉴，敕部议覆施行。

雍正九年十月初七日题。奉旨："该部议奏。钦此。"部议准行，雍正九年十二月十七日奉旨："依议。钦此。"

附纪

雍正八年秋，邳宿河湖异涨，皇上廑念民瘼，蠲赈频施，大沛洪仁，如天如地。曾筠于堵筑工次，督令河员募夫力作，每闻在工夫众群相告语："今岁偶逢水患，仰沐皇恩，蠲免钱粮，复又遍户查明赈济，我侪无以仰报。乃区区担土负薪之劳，顾又日给以值，不但一己果腹，阖家老幼俱得免于饥馁。"用是欢欣踊跃，争先趋事，加高培厚，克有成功。夫寓赈于工原属救荒之策，况南北两岸堤工岁久剥蚀，更遭异涨，益多残损，增修尤不容缓。今以水衡必需之帑为补助灾黎之用，一举兼善，泽弘利溥，皆由圣主俯允奏请，始得飞檄卬河各员，分投买土兴工。二十万两之帑金，全活者岂止亿万户。计自八年之十一月始，至九年四月讫，工积半岁之久，滨河兆姓老幼男女，无不携筐荷锸，尽一手一足之力，为仰事俯畜之资，出于阽危，登之衽席，而两岸堤防已屹若金汤矣。曾筦于工完勘丈时目睹夫二麦盈畴，闾阎安堵如故，向之鸠形鹄面者，尽易为舍哺鼓腹。相忘于荒歉之余，然后知皇恩浩荡，变霜雪为阳和直指顾间事。恭逢尧舜在上，虽有灾眚，不能为患，洵亿兆臣民之幸也夫。

淮徐道员移驻宿迁

题为请旨事。窃照江南淮徐道一缺，管理黄运湖河堤岸工程，并分巡徐、邳二州，兼辖桃源县及徐州潼安二卫地方事务，吏治河防均关重大，必须驻扎适中紧要之地，上下巡查，殚力策应，方无贻误。查该道从前兼管河库钱粮，驻扎清江。于雍正七年经前河臣孔毓珣以该道有工程地方事务不能兼管河库奏请仍循旧例分任职掌。荷蒙圣恩俞允，颁到敕书，令其驻扎徐州，钦遵在案。惟是徐州虽为江南河道上游，但与宿桃一带紧要工程之处相隔窎远，文移往返动经数日，汛水长发之时不能一呼即应。今臣查宿迁县地方界于黄运两河之间，为淮徐所属南北适中之地，且骆马湖切近宿城，上接蒙阴沂泗诸山之水并

流汇聚一带，堤岸险汛最多。上年湖水涨发，幸赖皇上至诚感格洪恩浩荡，旋即保护平稳。本年伏秋二汛，臣前往宿迁，督率文武各员抢修工程。细察骆马湖水势，已有禹王台新筑坝工拦截沭水分路入海。但蒙沂诸山以及荆山口、微山湖等处之水汇流而下，势亦浩瀚，似宜将淮徐道员移驻宿迁，庶得朝夕相机料理，时刻加谨修守，较之驻扎徐州大为有益。至于分巡地方事务，该道衙门既驻适中之地，则上下查察更觉便易，而文书往返亦得迅速办理，不致稽延迟误。再查该道徐州旧署久已坍塌，现在估修。如蒙圣恩，准其移驻宿迁，请即以徐州估修之费在于宿迁县地方创建，一转移间，吏治、河防均有攸赖矣。臣谨会同署江南总督印务苏州巡抚协理河工事务臣尹继善合词具题请旨，伏乞皇上睿鉴，敕部议覆施行。

雍正九年十一月十四日题。奉旨："该部议奏。钦此。"部议准行，雍正十年二月二十六日奉旨："依议。钦此。"

添设标营将弁整饬营制事宜

题为钦奉上谕事。雍正九年十二月初五日准户部咨开，雍正九年十一月十六日内阁交由大学士张廷玉等奏前事内开，雍正九年十一月初六日大学士张廷玉、蒋廷锡，内大臣户部侍郎海望，都统管理藩院事务莽鹄立奉上谕："山东登州乃滨海重镇，所辖地方辽阔，查该镇本标及所属兵丁除水师外，额兵六千余名，似不敷用。再自添设河东总河之后，将南河总河标兵归于河东总河管辖，而以漕标兵丁一千余名改归南河总督，于是两河标兵及漕标操防之兵俱觉不敷。此四处兵丁应否酌量增添之处，尔等详查定议，具奏。钦此。"

臣等查得登州一镇所辖汛地，跨济、登、青、莱四府，南北东三面临海，延远二千余里，洵属海疆重镇。而所属文登等十营兵丁，只五千余名，汛广兵单，且本镇标兵除水师外，马步兵仅一千三百余名，又有贴防分汛之用，在城之兵仅数百名，实属不敷。臣等酌议，应添兵一千名驻扎镇城以实行伍。再总河标下原于济宁州设立马步兵一千九百六十八名，分防河汛，嗣于雍正七年添设总河一员，分任南北河道，遂将济宁之河标兵一千九百二十一名俱隶河东总河管辖。而以漕标之徐州宿迁城守三营兵一千七百五名，并抽拨苇荡两营济宁河标兵各四十七名，改隶江南总河。查北河统摄河南、山东两省前项标兵，只可分防河汛，其在城守者仅济宁卫一营，实属不敷。南河标兵只一千八百余名，于内派出一千六百名分防徐州、宿迁等处河汛，江南总河驻扎之清江浦仅有兵丁二百余名，甚觉单少。再漕标旧有兵六千余名，已将徐州等三营拨属总河，本标只存兵四千五百名，各有催漕攒运之差使，存驻淮安者寥寥无几。臣等酌议请将漕标及两河标兵各添设一千名，与添设登镇陆路之兵共四千名，交与总漕、总河并登镇总兵官精选技勇壮健之人，照马四步六之例召募充补。毋得潦草徇庇，将老弱无能者应数滥充，倘有此等情弊，查出时将召募之员交部严加议处。此项兵丁入伍之后，遴选员弁勤加训练，务使技艺精熟，行伍整齐。至一应马匹、盔甲、军器各项，务制备齐全，一有调拨，数日之内即可起程。倘平时怠于训练，及军装等项不能齐全，将管辖之员交部议处。

再查登镇水师原额兵一千二百名，赶缯船二十只，康熙五十二年将水师兵丁裁归陆路，其识水性海路者移于奉天金州，并将赶缯船十只一并发往金州，登镇只留水师兵五百名，赶缯船十只。后经总督田文镜条奏，添设艍船七只，兵三百五十名，共兵八百五十名。但所辖海面岛屿甚多，往来巡哨之用尚觉不敷，似应再添艍船三只，兵一百五十名，以足一千之数。此所添兵丁，务选择熟于海道及通晓水战之人召募充补。其艍船一项，行令山东巡抚委员监造。至各处添设兵丁，其应加守、千等员，及应建营房，令总漕，江南、河东两处总河，登镇会同该督抚详酌，妥议具题。其应需粮饷等项，令各该督抚照例支给，入于兵马奏销册内造报可也。为此谨奏请旨。雍正九年十一月十五日奉旨："依议。钦此。"交出到部，为此合咨前去，钦遵施行等因到臣。准此。该臣等会看得，江南河标中、右、萧三营共兵一千八百八十九名，内除分防徐、邳、丰、沛、萧、砀山、睢宁、宿迁、桃源九州县汛地兵一千六百九十一名外，其近臣驻扎之清江、清河二汛兵丁止有一百九十八名，分防操演，诚属廖廖。蒙我皇上睿虑周详，特谕廷臣应否酌量增添。经大学士臣张廷玉等议添兵一千名，令臣精选技勇壮健之人充补，遴选员弁勤加训练，务使技艺精熟，行伍整齐。至一应马匹、盔甲、军器各项，务制备齐全。其应加守、千等员，及应建营房，令臣等会同详酌，妥议具题。臣等遵即增添兵丁，充实营伍以敷操防，但江南河标原系漕标改拨，营制尚未详备。今召募之兵既多，即应添设管辖官员，专司约束。伏查中营副将一员，现领守备二员、千总二员、把总四员、兵七百四十九名，兼辖萧营守备一员、把总一员、兵二百五十一名，巡防徐州、丰、沛、萧、砀山、睢宁等六州县汛地，环围一千五百余里。右营游击一员，现领守备二员、千总二员、把总五员、兵八百八十九名，巡防邳州、宿迁、桃源、清河、山阳等五州县汛地，环围亦有一千五百余里。该副将、游击之职司固繁且巨矣。若再将所添之兵一千名俱属该副将、游击管辖，诚恐约束难周。今相度机宜，应另设一营，分辖新兵六百名，驻扎清江浦，随标操演，弟非守、千等员足以弹压。且查中营副将驻扎徐州城内，离清江浦五百余里，右营游击驻扎白洋河镇，离清江浦亦有一百五十余里，相隔窎远，策应维艰。今应于清江浦添设副将一员，以为河标中军官，听候调度，统辖清江新旧弁兵，护卫清江冲繁重镇，专司操演，勤加训练。庶管辖近而约束自严，约束严而训练自精，于新添兵丁大有裨益。至清江原设守备一员，照例改为都司，以为副将中军官听候提调。新兵六百名照依营制，每兵二队计兵一百名，应加管辖官一员，今应加千总二员，分为左右哨，把总四员，分为左哨二员、右哨二员。左右哨内又各分为头二司，分领兵丁协力操演，属副将统辖，都司兼管，以为河标中营。其右营原防清河汛把总一员，并清江清河兵一百九十八名，统归中营管辖。原漕标徐州营改为河标中营者，今应改为河标左营，合之右营统成三军，则河标营制从此整饬。

再查左营副将虽现领兵一千名，右营游击除管辖清江、清河二汛旧兵一百九十八名，归中营管辖外，虽仍领兵丁六百九十一名，但除分防汛地之外，其实副将驻扎徐州城内，止有兵三百二十二名，游击驻扎白洋河镇内，止有兵二百六十名，俱觉单少。今应将新兵分二百名驻扎徐州城内，随副将操演。查徐州协、标、守备、千、把除分防外，随标止有守备一员，今应加千总一员、把总一员，专司操演。如是则徐州重地营伍亦得以整齐。再将新兵分二百名驻扎白洋河镇，随游击操演，查该游击所辖守备、千、把除分防外，防营止有千总一员，今应加千总一员、把总一员，专司操演。如是则白洋河重镇营伍亦得以整齐。统计河标添设副将一员，千总四员，把总六员，守备改为都司一员，均有训练兵丁之责，必须才堪胜任者方可补用。其副将、都司等员，如蒙俞允，伏乞皇上天恩，准臣等就近在于江省各标营内详加考察调补，千、把总一体挑选调用，分别咨题请旨，庶得人地相宜，于营伍有济。弟清江虽设立副将以资管辖，而新募兵丁臣等仍督率训练，务期兵丁技勇娴熟，以实营伍。再查营房一项，每兵一名应给与二间，马兵每名应另给与马棚一间，各照依驻扎处所按名建盖。至添设官员，亦应各给与衙署一所，得以栖止。再清江原属漕标，分防汛地，未有演习兵丁教场，今既添设中营官兵六百七员名，合原防清江、清河二汛官兵二百一员名，共官兵八百八员名，应设教场一处，以便率领新旧兵丁勤加训练，以备调遣。除召募兵丁臣等凛遵细加挑选，业已遵照马二步八战守各半充补齐全。现在勤加训练，务使技艺精熟，行伍整齐。马匹亦已购足，盔甲、军器、官署、营房、教场等项，俱现在确估，另行会核具题外，相应会同署江南总督印务苏州巡抚协理河工事务臣尹继善、署苏州巡抚臣乔世臣恭疏具题，伏乞皇上睿鉴，敕部议覆施行。

雍正十年三月十八日题。奉旨："原议之大臣等议奏。钦此。"议覆准行，雍正十年五月初七日奉旨："依议。钦此。"

遵例自陈

奏为遵例自陈事。窃臣系江南苏州府长洲县人，现年六十三岁，由康熙丙戌科进士选翰林院庶吉士，于康熙四十八年考授翰林院编修。康熙五十二年癸巳科充会试同考官。康熙五十六年充日讲官、起居注。本年八月提督山西学政。康熙六十年升授詹事府左春坊左中允，又升授翰林院侍讲。雍正元年正月奉旨入值南书房。本年二月奉旨补授都察院左佥都御史，特命署理河南巡抚事务，随奉旨典试河南。本年六月钦蒙特恩，升授兵部左侍郎，奉旨差往河南堵筑中牟县十里店漫工，十一月内合龙断流。雍正二年二月蒙圣恩，念切豫省黄河堤工关系重大，畀臣副总河之职。本年十月十三日准工部咨，为恭报秋汛水势情形等事一本奉旨加三级。雍正四年遵例自陈，不职蒙皇上格外优容，着臣照旧供职。雍正五年正月又蒙圣恩，念切东省河务甚属紧要，特谕廷臣议奏，将黄河东省堤岸等工交臣管辖。本年三月准吏部等部咨，为请旨事内开，准礼部咨称，恭奏圣世河清普天同庆一折，奉旨加一级。本年闰三月奉旨补授吏部右侍郎。本年十月准吏部咨，为恭报秋汛水势情形等事一本奉旨加一级。雍正六年正月奉旨转补吏部左侍郎。本年三月奉旨补授兵部尚书，仍着办理河工事务。本年五月奉旨补授吏部尚书，仍办理副总河事。雍正七年三月钦蒙特旨，授臣总督河南山东河道提督军务。雍正七年自陈，不职蒙皇上恩纶特沛，着臣照旧供职。本年十一月准吏部咨，为秋汛已竣等事案内奉旨加一级。雍正八年四月钦奉上谕，署理南河总督印务。本年五月钦蒙圣恩，着以吏部尚书管理南河总督印务。本年十一月二十四日准吏部咨，为恭报秋汛等事案内奉旨加一级。雍正九年十一月十四日准吏部咨，为恭报八月水势等事一本奉旨："河道总督嵇曾筠初任北河时，尚觉拘谨，后因历练多年，识见开展，竭其心力，与田文镜和衷共事，凡所办理皆甚妥协，自总理南河以来，公正明达，经理合宜，不负朕倚任之重，甚属可嘉。着交部议叙，具奏。钦此。"应照例将嵇曾筠准其加一级

等因。雍正九年十月二十六日奉旨："嵇曾筠着加一级。钦此。"

伏念臣才本庸愚，识尤浅陋，荷蒙皇上知遇隆恩，屡膺拔擢，洊历卿尹之班，简畀宣防之任，十载以来无一时不叨沐生成，无一事不仰承训示。惟兹江南河务，坐当黄运下游，为汇归入海之区，最称险要。迩年长堤巩固，二渎安澜，皆蒙我皇上敬诚感召，指授精详，俾得遵循恪守。臣实知识愚蒙，寸长未效，仔肩重大，悚惕难安，兹当澄叙官方之际，正宜菲材引退之时，在犬马恋主之心葵忱时切，而驽骀报效之力蚊负堪虞。何敢虚縻廪禄，恋职自容。伏乞皇上将臣即赐罢斥，另简贤能，庶河防要务获有裨益矣。臣不胜惶悚待命之至，为此具本谨奏请旨。

雍正十年四月十六日奏。奉旨："卿老成练达，廉慎和平，简畀铨衡，总督河道正资料理，着照旧供职。该部院知道。钦此。"

添设河库道俸工

题为钦奉上谕事。雍正九年八月十九日准吏部咨开，雍正九年八月初三日内阁奉上谕："据总河嵇曾筠、巡抚尹继善奏称：扬州府知府张师载克胜河库道之任，着照所请，将张师载补授河库道。扬州府知府员缺甚属紧要，着湖广总督迈柱等于通省所属知府内拣选一员调补。其所有知府员缺，着将永顺府同知赵侗敦补授。永顺同知等缺，亦着该督抚递行题补。钦此。"为此合咨前去，钦遵查照施行等因到臣。准此。该臣等看得，河库道印务向系淮徐道兼管，其官役俸工未经另为添设。

今淮徐、河库二道既经分任管理，所有河库道官俸役食必须另行编给。查现任河库道张师载系知府升授道员，应照副使职衔编给俸银一百五两，嗣后如奉除授道员，系佥事职衔，即照衔支给，余银扣存河库。至河库道衙门各役，照经制设立典吏二名，快手十二名，门役四名，皂隶十二名，轿伞扇夫七名，铺兵二名，与淮徐道衙门相同，应照数编给。又查该道衙署设立清江浦，五方杂处，非有城郭可比，应设立库丁八名以资防护。以上各役除典吏二名例无工食外，其快手等役共四十五名，每名岁支工食银六两，共银二百七十两。通共官役每年共支俸工银三百七十五两，统于该道河库河银内按年支给。役食以库道分设之日为始，官俸以该道到任之日为始，在于岁报册内销算。再该道专司库务，有出纳钱粮之责，理合一并请给传敕一道，以专责守。兹据苏州布政使白钟山详请具题前来，除将送到原册揭送吏部、工部查核外，臣谨会同署江南总督印务苏州巡抚协理河工事务臣尹继善合词具题，伏乞皇上睿鉴，敕部议覆颁给施行。

雍正十年五月二十九日题。奉旨："该部议奏。钦此。"部议准行，雍正十年九月初六日奉旨："依议。钦此。"

建筑四套月堤

题为亟请建筑月堤，收束水势，以资捍御事。该臣等看得，阜宁县黄河北岸四套、五套一带地方，坐当黄河尾闾，诸水汇归入海之区，地形最洼，危险堪虞。前于雍正八年秋汛水势骤长，人力难于保护，致将四套埽工冲塌。经臣题请，着落承修之员，照例分赔在案。今因南岸长出沙滩，溜势日渐北徙，四套上下甚属危险，若再抢筑埽工，则临河地势虚松，不特难于保护，且钱粮需费浩繁。臣亲赴该工逐细确勘，必须宽筑堤防以御汛水，于三套以下高阜之处建筑月堤一道，庶上下包护兜湾，俾水势循轨东注，不致有出（漕）〔槽〕旁泄之患。查三套以下接连新善后工尾起至五套止，建筑月堤一道长一千八百丈，估用土方银九千一百一十六两六分。兹据该道确估造册详请核题前来，臣等复核无异，因系紧要工程，照例动支部拨盐课银两给发该厅募夫修筑，并行署淮扬道印务夏建德监工督催，及原册送部查核外，相应会同河东河臣朱藻、署江南总督印务苏州巡抚协理河工事务臣尹继善合词恭疏题估，伏乞皇上睿鉴，敕部议覆施行。

雍正十年五月二十九日题。奉旨："该部议奏。钦此。"部议准行，雍正十年七月初六日奉旨："依议。钦此。"

挑浚盐河

题为亟请筑坝挑河以济盐柴运行，以裨河道事。该臣等看得，桃清中河厅属清河县杨家庄，盐河闸迤下旧有盐河一道，原以分泄中河异涨之水济运盐柴船只，前因河身淤垫，中河水势不能畅泄，盐柴船只运行阻滞，经臣等题估筑坝挑河，统计共银三万八千二百九十二两四分七厘五毫。援照康熙四十年旧例，移咨盐臣先动运库钱粮，令商人挑浚，分为五年捐还归款。接准部覆，应如所题，业蒙俞允钦遵在案。只因题估之后，即值汛水骤长，准前任盐臣伊拉齐来咨，据众商禀，称请俟水退之后再行挑浚。臣恐有误盐柴运行，随经饬令该管道厅将盐河闸越河头备料募夫攒筑坝工，收束水势，裹护堤头，并将越河口门设法挑捞，引清水由盐河下注以济盐柴运行。今水势已经消落，急应挑浚，一律深通，俾中河异涨之水得以畅泄。但盐河现在宽深丈尺，较比原估之时汕刷不同，若照原估恐滋糜费。臣复委员会同厅汛逐细确估应挑处所去后，今据署淮扬道印务夏建德详称：查丈自盐河闸越河头坝起至旧河形止，开挑河长四百五十八丈；又自盐河闸起至山安交界小朱元庄止，疏浚河长七千一十七丈；又自小朱元庄起至新安镇止，疏浚河长二万二千二百丈。以上共应挑浚河长二万九千六百七十五丈，其河头筑坝仍照原估修建，以新定漕规科算料物价值，计挑河筑坝今复估共用土方工料银二万五千五百九十两一钱零。至于旧盐河闸金门内拦水坝工系动用堤园草束，并令河兵挑土镶压，不动钱粮，所有原估银两相应一并节省，以上照原估共该节省银一万二千七百一两八钱零。再查挑河工段之内，有张家庄平旺河新安镇一带水工，照新定漕规例，应每方加戽水银一分五厘，共银八百三十八两一钱零。又查盐河闸迤下王营草坝之北，向有鲍家营引河头筑坝一座，原备水势长发宣泄之用，因雍正八年黄运两河并涨，开放宣泄，俾水畅由引河入海。今盐河既估挑挖宽深，应仍照旧筑坝截拦黄水不致旁泄，其遥堤所缺之处亦系河头重门保障，应补修与旧堤一律，以资捍御，筑坝补堤应用银一千四百五十五两六钱零。以上二共计用银二千二百九十三两八钱零，应在于前项节省项下动用。以上挑河戽水筑坝补堤复估通共应用银二万七千八百八十三两九钱零，较之原估实节省银一万四百八两零，其节省钱粮应令解缴运库，毋庸众商捐补。

又查盐河下尾一段，自平旺河堤尾迤下起至新安镇止，计程三十余里，两岸向无堤堰夹束，所以每当伏秋水大之年，盐河之水即从此处散漫,安东、沭阳、海州一带附近民田场灶多有被淹。今相度形势,令挑河人员即将河内挑起之土,离河十丈筑成子堰。两岸共筑子堰一万一千二百余丈,不费钱粮而堤堰完备,从此水无散漫,不特民田足资保护,抑且盐河赖以刷深,实为一举两得,裨益良多。沿河居民叹声载道,咸谓滨海之区皆成沃壤,靡不焚香顶祝,感颂皇恩。今据该道将改估情形另造清册,详请具题前来,臣等复查无异,除一面飞咨盐臣,饬令该商等购料募夫,星速照依复估工程,乘时挑筑;臣一面多委干练河员,分工攒催,如式完竣,并估册送部查核外,所有改估缘由,相应会同河东河臣朱藻、署江南总督印务苏州巡抚协理河工事务臣尹继善、管理两淮盐政布政使臣高斌合词题明,伏乞皇上睿鉴施行。

雍正十年闰五月初十日题。奉旨:"该部议奏。钦此。"部议准行,雍正十年七月二十七日奉旨:"依议,钦此。"

移建天妃石闸

题为亟请移建闸座,挑河筑堤建坝以济漕运以卫民生事。该臣等看得,清河县运口旧有天妃石闸一座,与越河石闸互相表里,以资启闭,诚为淮扬一带漕运之咽喉,最关紧要。只缘天妃石闸自康熙四十九年间拆修,至今二十余载,兼之运口水势湍激,建瓴而下,冲刷异常,以致闸底桩石节被侵损,金门雁翅相继倾圮。据该道厅呈报到臣,当即亲往查看,檄饬上紧煞坝攒修。又恐运口水势全归越河,汇流涌急,复饬另于越河钳口坝上挑挖引河一道,以资分泄去后。今据署淮扬道印务夏建德详称,遵于雍正九年冬,回空漕船过毕之后,即将天妃闸正河上下煞筑拦河土埽坝工，车水断流，以便拆卸修建。又恐运口水势全归越河，汇流涌急，另于越河钳口坝上挑挖引河一道，以资分泄，是以今岁重运粮船俱得由越河闸并新挑引河两路并进，衔尾逶行。惟是新挑引河虽资宣泄，而无闸座启闭，恐遇黄水骤长，不无内灌之虞。亟应仍循旧制，在于正河内建筑石闸以资启闭。查天妃旧闸，基址虚松，石墙倒卸，实难补葺，必须通身拆起，另选坚实地基，重新修筑，方可垂久，以资捍御。若仍在旧基修建，不惟朽坏桩木难以起尽，即闸基地势愈挖愈深，水势愈低愈急，船只往来更难挽拽。今相度运口一带地势情形，惟有二草坝迤下北岸大堤之内地势坚实，堪以开塘建闸，应于此处上下挑通引水河道，并两岸修筑束水堤。工将旧闸拆旧添新移建于此，与越河石闸互相表里，以资启闭，则漕运民生两有裨益。查建闸挑河筑堤建坝共估料物土方夫工银二万九千九百八十八两一钱零，相应造册详请核题等情前来。臣等复核无异，除照例先行动支河库银两给发办料兴修，委淮扬道监工督催，并原册送部查核外，相应会同河东河臣朱藻、署江南总督印务苏州巡抚协理河工事务臣尹继善恭疏具题，伏乞皇上睿鉴，敕部议覆施行。

雍正十年闰五月二十二日题。奉旨："该部议奏。钦此。"部议准行，雍正十年八月初七日奉旨："依议。钦此。"

卷六

高堰山盱石工告成

题为恭报高堰山盱石工告成，仰祈睿鉴事。钦惟皇上德溥尧仁，功高禹迹。平成永赖，万方沐清晏之庥；底定兴歌，亿兆被盈宁之福。圣谟弘远，筹一事而必计及万全；睿算精详，建一业而定垂诸永久。以高堰为黄淮之关键，甃砌宜崇，大堤乃民社之屏藩，增培须固，特颁谕旨，发百余万最多之内帑，择吉兴修。简命卿僚，举数千年未备之大工，乘时监筑。一夫一料，不动民间，寸石寸工，均销正项。匠役应期而云集，工员趋事以星驰。

惟是购办纷繁，既转输之不易，洪湖浩瀚，亦济渡之维艰。仰蒙圣主敬诚，两载西风宁静，因荷神祇默佑，频年汛水安澜。是以鼓楫扬帆，载花山吕梁之石争先飞挽；编簰结筏，下荆湖豫章之木协运储需。萃千里百里之良材，备千夫万夫之工作。陶人塼埴堆垛崇埠，冶氏炉锤钩联作锭。桩排马齿栉比深根，石甃龙鳞纵横峭壁。金钱给赏夫役欢腾，令甲綦严旦明攒办。

臣等或按时查阅，或常川督修，料物极其精纯，笋缝极其吻合，汁浆极其充足，土戗极其坚凝。曲者环湾肖波流之回转，直者矢棘循岸势之斜飞。砖工土工底四十余仞，面二十余寻，从未有如此之宽厚。顺砌丁砌累十有五层，高十有八尺，从未有如此之崇隆。高涧以南，周桥以北，迤逦六千余丈，延袤四十余里，从未有如此之绵长。经始于庚戌之秋，告成于壬子之夏，四时料物遄行再岁工程竣事，从未有如此之迅速。皆由我皇上轸念运道民生，体效天地之心以为心，斯感召山川百神，奉若皇上之事以为事。会阴阳风雨之协相，成水土金木之功能。由是束洪湖千顷之波而敌黄有力，济运愈见其深通；护淮扬万塍之田而循轨无虞，居民得安其康阜。共庆皇图巩固，两河均沐鸿庥；咸赓圣寿无疆，万世常沾恺泽。兹准钦差原任户部右侍郎臣汪漋等会咨"高堰大工已于雍正十年六月十七日一律告竣"等情到臣，并据署淮扬道印务夏建德详报前来。除移咨督臣尹继善会勘收工，并饬淮扬道将工程丈尺、用过银两造册另疏具题外，所有大工告竣日期，理合会同署理江南江西总督印务苏州巡抚协理河工事务臣尹继善、原任户部右侍郎臣汪漋、原任内阁学士臣张坦麟、通政司右通政降三级调用臣宋筠、御史管坐粮厅事在任守制臣程仁圻合词恭疏题报，伏乞皇上睿鉴施行。

雍正十年六月十八日题。奉旨："洪泽湖为东南诸水总汇之区，全赖高堰大堤以为保障。朕特发帑金命河道总督钦差大臣等指示督率，建立石工，以为久远之计。乃二年以来风涛恬静，汛水安澜，工作易施，成功迅速。此皆湖神默佑之力，朕心深为感庆，理宜虔诚展祀，以申报享之忱。其湖神庙宇或重加修葺，或择地建造，着总河嵇曾筠等确查定议具奏，此次修筑堤工之大臣官员及效力各官，悉心办理，俱属可嘉，着分别议叙具奏。该部知道。钦此。"

附纪

尝考淮自桐柏发源，挟七十二山河之水，历千有余里，经凤泗以汇入洪泽，淼茫浩瀚，一望无涯。西风骤作，银山涌地，雪岭界天，若非约束狂澜，逼使湖流尽出清口，敌黄东注，刷沙归海，何以保障淮扬、护卫漕堤？而高宝兴盐七州邑之庐舍田畴，难免胥溺。则是高堰一堤诚淮南之门户，黄运之关键也。自汉陈登创筑以后，明陈瑄大葺之，潘季驯复加修治，然土石间筑，且格于时议未能悉力经理。

迨至我朝，历任河臣仰承圣祖仁皇帝睿谟指示，增修加筑，易土以石，坚闭六坝而敌黄有力，建置滚水而宣泄得宜，留南北天然二坝而异涨有备，章程亦大略定矣。惟是洪湖风浪不时，易于震撼，且石工旧制既卑，上用草土加镶，终非经久之策。我皇上继天绳武，洞悉全河形势机宜，廑念高堰一工为南河第一险要，雍正七年十月特颁谕旨，大发帑金百万两，简命卿寮来淮监理。凡工之卑矮残缺者概命加修，石工一律高厚坚固，以垂永久。诚神明乎！黄淮强弱之机洞烛乎！借助分合之妙，虽大智如禹莫能过也。

前河臣孔毓珣、抚臣尹继善等钦承圣训，率同淮扬道白钟山详加审度，若者重修，若者拆砌，遴委人员，预备工料，正拟兴修。适臣曾筠调任南河，首诣工次，审察咨诹，道厅具册以对。复为斟酌详核物料之漏估者加增入册，承修之罢玩者斥易其人。度桩木之径围，较砖石之尺寸，验米汁灰浆之浓淡，稽钩联锭锔之重轻。夏秋水长，帆樯云集，预储料物；冬春水落，工作齐兴，及时砌砌。事事恪遵谕旨，与监督诸臣往来经理，开诚晓谕，俾承办工员殚心趋事，应役夫匠奋力赴功，务期永远巩固，以仰副皇上慎重要工，保惠黎元之至意。更赖圣主诚敬，感孚神灵默佑，两载以来，西风不作。举凡运送木石等料，由江入运，由黄入湖，素称险阻者，波浪无惊，舟航利达，物料应手。工程亟攒经始于雍正八年十月，至十年六月告竣，致密高坚，逾于曩制，蜿蜒绵亘，屹若金城。收束淮流，既畅出敌黄而黄治；黄水循轨，则永无倒灌而运治。黄运河湖共庆安流，国计民生长资利赖。淮扬亿万〔百〕姓额手欢呼，焚香顶礼，齐祝圣寿无疆，环吁代为题谢。臣曾筠与在事人员恭逢盛事，目睹舆情，欢忻抃舞，赓飏难尽，谨拜手稽首，以纪圣德神功，传诸永永无极而已。

开垦版荒柳地

题为请垦版荒柳地，以裕工料事。该臣等看得，江南临河各堤内外，向有官地栽植柳株以济工需。雍正三年经前河臣齐苏勒奏明，每岁令官民捐栽，年底造册报部，分别议叙在案。除熟地及新淤地亩种柳皆得长成外，其年久旧园所栽之柳不能茂盛，兼之从不一施犁锄，以致日渐枯息，柳根盘结，地内竟成版荒。前河臣孔毓珣曾经饬行各属查明版荒地亩，应行开垦者分别造册详报。只因地亩未得查清，是以未经具题。臣到任后复又查案饬催，旋值雍正八年秋汛水长，难以查勘。今复通饬各属逐一确查。去后，兹据署淮扬道印务夏建德、淮徐道副使吕维炳会详称：遵即确查各属柳园地亩，除现在长柳蕃盛之地毋庸垦种外，其徐邳宿桃山安外河等各营，汛内现在共有版荒地八百六十九顷六十六亩零。募民领垦，因系在官地亩，垦熟之后，仍要归公，彼此观望不前。查新设堡夫，虽有防守堤工、抬积土牛、修补水沟浪窝之责，但伊等住居堤旁，家中又有余丁，若将版荒地亩着令就近分领耕种，甚属便易。其每年开垦所获籽粒，听其收取以偿工本，秸草令其交工以充公用。五年之后地内盘结柳根俱可悉行锄净，仍将所种之地，责令守备千把督率兵夫全行栽柳。如此则沿河一带柳地俱得转荒为熟，将来栽植柳株自必发生荣长，草束亦皆畅茂适用，有裨工需，良非浅鲜矣。其堡夫每年应分给地亩若干，统候奉旨允准之日，另造细册报部外，所有各营版荒地亩确数并应给堡夫，领垦五年后责令守备千把率兵栽柳之处，相应会题。伏乞皇上睿鉴，敕部议覆施行。

雍正十年八月初三日题。奉旨："该部议奏。钦此。"部议准行，雍正十年十一月十四日奉旨："依议，钦此。"

修建刘老涧减坝等工

题为亟请修筑闸坝埽工，以利蓄泄，以资捍御事。该臣等看得，宿迁运河乃分黄河、骆马湖及东省诸泉之水，济运最为紧要。旧时湖之对岸，黄运交汇之处，有东西竹络石坝二座，康熙六十一年经前河臣陈鹏年修筑，东竹络二十五丈，西竹络一十五丈，中留口门一十五丈以作湖河关键。只因年久不修，竹络损坏无存。且当湖水顶冲之所，碎石冲淌沙淤，现今止存坝形共三十七丈。若不照依现在坝形加修添建竹络，石坝难以收束水势。又运河西岸内有黄墩一湖，上受徐、邳、睢三州县唐宋山等处会归之水，因岸绕堤环水无去路，遂致日积日盈，每遇风浪，撞激堪虞。查运河堤岸旧有民间倾圮涵洞，石块应拆取添新，于西岸建造小石闸一座，宣泄湖内积水，不特堤工可保无虞,即漕运民田亦资利赖,工费无多,甚有裨益。

又中河北岸旧有刘老涧,九孔八矶心减水石坝一座,以备伏秋汛水长发,开放宣泄水势,保固两岸堤工。康熙五十七年经前河臣赵世显题请移建之后,历今一十四载,每遇开放,势若建瓴,下口三合土岁受冲激,遂致跌塘。石坝下雁翅底石上口宽二十丈,下口宽三十一丈,直长八丈,以及旧钉桩木悉皆冲损。查此坝乃中河蓄泄关键,若不及早修砌,将来冲动矶心,必致工费浩大。又安东县黄河北岸刘周二庄,正当黄水大溜扫湾顶冲之处,河崖日渐塌卸,一线沙堤难资捍御,必须建筑埽工方保无虞。

以上各工,臣于秋汛之前查勘情形,即饬淮徐、淮扬二道复勘估修。去后,兹据淮徐道副使吕维炳详称:宿迁运河与黄河交汇之处,应修竹络石东坝新旧共长二十九丈,西坝长十二丈,共估工料银一千三百零九两八分八厘。又西岸应修小石闸一座,除需用里石底石,查有民间旧涵洞年久倾废石块,选用以节钱粮外,计估工料银一千零三十九两六钱九分零。又北岸拆修刘老涧减水坝,石底并三合土共估工料银六千三百八十八两八钱三分零。又据署淮扬道印务夏建德详称:安东县黄河北岸刘周二庄建筑搂崖顺埽外迈沉水大埽,计工共长一百三十丈,共估工料银六千九百五十两五钱七分零。各造清册详估前来,臣复勘核无异,除一面照例动支河库银两给发各厅办料募夫兴修,派委淮徐道吕维炳、署淮扬道夏建德监工督催,并原册送部查核外,臣谨会题,伏乞皇上睿鉴,敕部议覆施行。

雍正十年九月初四日题。奉旨:"该部议奏。钦此。"部议准行,雍正十年十二月初二日奉旨:"依议,钦此。"

附纪

江南运道自开辟中河以避黄河之险，东南岁漕数百万石，挽输利便，上达天庚，厥功甚巨。嗣以中河尾段逼近黄河，复自桃源之盛家口起，改挑六十里，名曰新中河。又虑新中河河身浅狭不足行运，更于三义坝以下用新中河之半，以上仍旧中河之半合为一河，漕渠之制几备。复蒙圣祖仁皇帝改运口于杨庄，俾粮艘顺流渡黄，挽运更易，创千古未有之模，垂万世无穷之利，尤为尽善尽美。统计运河自黄林庄以及瓜仪为道千有余里，其间涵洞闸坝蓄泄机宜虽有已定之成规，尤贵因时而补救，如宿迁运河之骆马湖口，乃黄运二河交汇要区，操纵盈虚，权衡消长，全赖于此。仰承圣祖仁皇帝特谕，开通黄河口门，东西建竹络坝以为河湖关键，法良意美，钦遵罔斁。弟历年既久，竹络毁坏，碎石冲尚，曾筠往来查勘，未雨绸缪，每思善后，亟请增筑。荷蒙圣主洞悉情形，即赐俯准。从此湖河吐纳，互相挹注，以资利涉，千艢衔尾，两岸盈宁，国计民生均有裨焉。

再查运河西岸内有黄墩一湖，乃铜、邳、睢三州县及唐宋等山诸水会归之壑，只缘岸绕堤环水无去路，每遇风浪，汕刷堤根。因查堤内原有民间废弃涵洞石块现存，应拆旧添新建筑小石闸一座，不特消泄湖中泛溢积潦，田庐可免淹没，且运河水小之年并可资其利济。至中河东岸又有刘老涧减水石坝一工，原设以泄伏秋异涨，泻入六塘河归海。此与清河境内之盐河闸呼吸相通，一遇汛水涨发，上下开放，庶水有分泄，上游不致为患。

此皆运道吃紧要工，修举刻不容缓者。盖运河之水，少则易竭，多则易盈，固贵广引其来源，又贵疏通其去路。况宿迁一带运道来源甚广，其势易盈，使宣泄失宜，则窄狭河身不能容纳，必致漫溢，是又不可不审察者也。

至于挑浚之工，尤为运河要务。如桃源古城之砂礓溜，系山根余气，砂碛成滩，横亘河心，流分两股，水小则胶舟，水大则壅溃，粮艘经行，每以为虑，论者皆曰河底礓砂人力难施，且运河舟楫往来如织，难以筑坝兴工，故历来未敢轻议疏浚。曾筠则验勘砂性，审量水势，决计挑挖。于河之一股筑坝断流，仍留一股通行船只，更番挑浚，兼工疾攒，不旬日而向之阻梗者转为利涉矣。可见事贵因时变通，不可狃于成说又如此。兹因修刘老涧等工而连类记之，俾司河者知所留意焉。

覆部驳堰盱戗工

题为恭谢天恩事。该臣等看得，高堰山盱一带帮戗堤工，前经臣将用过银两核明题销。奉准部查，册内就近取土每方销银一钱三分，查徐属厅雍正四年分亟请下埽等事，案内近处取土每方止销银一钱二分五厘，今每方多开银五厘；又积水坑塘远处取土每方销银一钱八分，查外河厅雍正四年分亟请帮筑等事，案内远处泞地取土每方止开销银一钱五分，今每方多开银三分，应令查明核减。再河工需用草束向令河兵开采，不计钱粮，今册内核算数目用过草束至三十四万九千六百余束之多，因何不用兵采草束，全行购买。即或用草繁多，兵草不敷，亦应将购买缘由逐一声明，以便查核。至雇募夫工一项，臣部查，堵闭瓜洲运口等工案内，将每日用夫名数、做工日期及每日给价若干之处，逐款开注分晰，今前项工程需用钉桩拉埽等项夫工，并不将每日用夫若干逐款分晰，总以笼统开载。再，

需用桩木五百三十五根，册内只有围圆径寸，并无长短丈尺，殊难查核，事关钱粮，均难遽准。应令该督等将土方多开银数并不用兵草之处据实核减，并桩木长短丈尺及需用夫工等项数目逐细分晰声明，另册具题，到日再议等因。奉旨："依议。钦此。"钦遵。移咨到臣。当即转行遵照，分晰声明，据实核减详报。

去后，今据署淮扬道印务夏建德详称：查堰盱二厅帮戗堤工，内有填垫马路之土，虽系就近取用，实从水内捞取，并无路径，是以每土一方实用银一钱三分，有难与徐属厅雍正四年分亟请下埽等事，案内就近取用干土，止用银一钱二分五厘之例可比者。至远处泞地取土，查别工未有积水坑塘，夫役挑运俱从直路即可到工，今堰盱一带堤里因多积水，坑塘必须绕湾越径方可到工，较比别工远处泞地取土之路，不啻兼倍，是以每土一方实用银一钱八分，亦难与外河厅雍正四年分亟请帮筑等事，案内远处泞地取土止用银一钱五分之例可比。再查填垫马路与堤里下埽所用购草，乃在二、三月间开工攒做，本年尚未有兵草，是以全用购草。因系循照河工通例购用，故未于册内声明。至需用人夫，自应遵奉部查，照依堵闭瓜洲运口等工之例，将每日用夫名数开造，但查堵闭瓜洲运口工长二百一十五丈，按日计算共用人夫二千七百五十名，今该工因系积水，不敢比照黄运两河兴修大工之例按日计算，故每工一丈止用夫十名，共工长一百六十丈五尺二寸，共用夫一千六百名。照例每名日给银四分，俱系实用。再册内开用尺七桩木五百三十五根，只有围圆径寸并无长短丈尺，查历来报销旧例，俱系照依围圆径寸之大小核销，价值之多寡，从未照依长短核销，所以当日亦照例止开载围圆径寸，未经开报长短丈尺。前于拟定成规等事，案内会详请照现在购买桩木酌定长短丈尺，造册报部核示颁行，以雍正十年为始，凡有岁抢新工照新定长短丈尺之例估销，着为定例遵行。等情题明在案。今堰盱戗土工程所用桩木，乃系未定成规以前，其长短丈尺未便照依现在购买丈尺朦混开报，相应详请题覆，仍照原册准销等因前来。臣等复核无异，相应会题，伏乞皇上睿鉴，敕部仍照原册准销施行。

雍正十年十月初二日题。奉旨："该部察核具奏。钦此。"部议应令该督等饬令承修之员，逐段分晰道路远近、干泞土价，据实核减，确查保题，到日再议等因。雍正十一年二月二十六日奉旨："这本，部驳是。但嵇曾筠所奏朕可信其无浮冒之处，且嵇曾筠办事勤明，属下承修各员亦不能朦混，着照该督所奏准销。钦此。"

恭请御制高堰碑文

题为圣主鸿功普庆，滨湖亿兆情殷，恭请颁赐碑文以垂万祀事。钦惟我皇上功恢禹迹，德峻尧年。手画平成予九州以乐利，心参造化致万国之盈宁。既治既安，一劳永逸，或疏或浚，百谷朝宗。固已瑞应河清福如川至，乃犹念洪湖为黄运两河之枢纽，首重宣防，高堰乃淮扬二郡之屏藩，尤须培护，垂诸永久。殊恩出自宸衷，计及万全，乾断不由廷议，为运道谋奠安之计，筹维何啻再三，念民生立永固之基。发帑动盈百万，庀材悉备，万役欢呼，趋事维勤，群工踊忭。尤喜天心感格，频年日丽风和；加以神力昭灵，再岁波恬浪静。庆奏功之迅速，两载告成；遵圣训之勤惓，一夫不扰。从此挽输攸利，随时总庆安澜；因之耕凿咸宁，是处均沾恺泽。衢歌巷舞，靡不击壤以腾欢；华祝嵩呼，俱切焚香而顶戴。仰惟皇上为民创建之鸿烈，功奠山川；皇上为民保护之圣心，光昭日月。恭恳尧章丕焕，以志天庥；羲画弘开，以彰神应。欣睹千寻万丈之金堤玉堰一律告成，务俾万载千秋之磐石苞桑递相保固。谨据舆情吁请，伏祈御赐碑文，永饬河工官守天下臣民。瞻睿藻而敬悉至诚大德之精虔，觐宸章而愈图巩固堤防于悠久。将见勒岐阳之石应地无疆，峙屿崒之碑与天同寿。兹据署淮扬道夏建德转详前来，相应恭疏具题，伏乞皇上睿鉴施行。

雍正十年十月初二日题。奉旨："该部议奏。钦此。"部议准行，雍正十年十一月二十七日奉旨："依议。钦此。"

修建湖神各庙

题为湖神特荷圣恩，遵旨确查定议，据实奏闻以光祀典事。窃惟洪湖巨浸，汇七十二支之水力刷黄流；高堰长堤，巩百千万载之基永安淮甸。钦惟我皇上圣智周而德同无间，平成奏而功溥咸宁。奠流峙以兴举鸿猷，并升恒以永昭丕烈。特发百万两之国帑，兴修千万丈之石工。一从经始，恬浪无惊；两载迅成，安澜有庆。乃我皇上弥隆谦德，归功于默佑之明神；特展圣诚，复沛以报功之盛典。其湖神庙宇，或修或建，命臣等确查定议具奏。

臣钦遵谕旨，矢诚矢敬，悉心查核。高堰湖堤各庙宇内有禹王庙一座，昭随刊于四乘，奠岳渎于万年。虽祀享遍于东西南朔之方，而尊崇尤切于河济江淮之会，亟应聿新庙貌以沛皇恩。兹据淮扬道确造估册，现经发帑兴修。尚有盱眙县淮渎庙，栋宇倾圮，应与堤顶之关圣庙、黄堼寺，一体邀恩重加修葺。

再查专司洪泽一湖，向有许、谭二庙。许神名远，共张巡而史称唐室忠良，守睢阳而功作江淮保障，爰稽鄱阳血食，张巡已著于西江，今此洪泽荐馨许远，尤昭于淮右。谭神名易，义彰明代，灵著熙朝，每示兆于湖风欲发之先，诸父老之传闻最确；常保安于堤岸濒危之际，前河臣之记载甚详。以上二神均于洪泽湖堤彰灵默佑，济运保工，最为显应。仰蒙圣主撝虔，复据舆情吁恳，臣备查经传，望于山川，遍于郡神。又曰：有功德于民者则祀之，能御灾捍患者则祀之，允合礼经，兼符祀典。伏乞温纶特沛并锡蒸尝，则此洪泽波恬，悉荷恩光普被。瞻禹王之庙貌翚飞鸟革长昭沐日浴月之区，锡庶祀之馨香凤诰龙章永护亿载千秋之会矣。除将估修各庙工料银三千八百余两清册，并许、谭二神事实册一并送部查核外，理合恭疏具题，伏乞皇上敕部议覆施行。

雍正十年十月二十六日题。奉旨："该部议奏。钦此。"部议准行，雍正十一年二月二十一日奉旨："依议。钦此。"

石工人员补用沿河州县

题为请旨事。窃照高堰石工，荷蒙皇上特颁百万帑金，命往效力多员，来工分段承修，现今一律告成，万世永赖。复荷恩纶，议叙通工，感戴皇仁，莫不欢忻鼓励。

伏念钱粮工程均关重大，承修各员俱有保固之责，未便远离。查雍正五年经前河臣齐苏勒奏称，黄运两河攸关紧要，沿河州县同心共济，呼应灵而成功速。是以河南定例，遇有滨河州县缺出，将通省熟识河务之州县调补。而山东沿河州县亦蒙圣明辽照，特旨俱着拣选贤能之员补用。现今印河两官合而为一，共相协济，甚有裨益。查江南徐、邳、丰、沛、萧、砀、灵璧、睢宁、宿迁、虹县、桃源、清河、安东、山阳、宝应、高邮、江都等所属沿河十七州县，为黄运两河必经之地，百川总汇之区，甚为紧要，嗣后遇有此等沿河州县缺出，仰请皇上敕令江南督抚，亦照东、豫两省之例，于所属现任州县内拣选，会同保题，引见调补。如州县内难得其人，即在佐贰各官内拣选，保题补授。再查豫省奉旨定例，沿河府州县有才娴河务者，准令河臣会同抚臣保题，升调河工之道厅；其河工厅汛有才守兼优者，准令河臣会同抚臣保题，升调沿河之府州县，通融调补，更于河防有裨等因。奉旨："照该督所请行，钦此。"钦遵在案。仰见我皇上慎重河防爱惜人才之至意，今承修石工人员内有候补知府、知州、知县，以及在部学习并佐贰等官，业已工完事竣。念其趋事大工，勤劳三载，且办运木石，遍历黄运河湖，河务甚为娴习。合无仰恳皇上天恩，准臣于此等人员内除遵旨送部各员外，择其明晰河务而又谨慎勤敏堪膺民社之员，如遇沿河州县缺出，详加选择，咨送督抚各臣验看，会同保题，恭候钦定补用。如此，则不必于现任州县内另咨熟悉河务之员，以省更调之繁。而伊等向系经修高堰石工，亦可就近保固，呼应得灵，其于重大工程更为有济。将见得人而共效循良，保工而弥增巩固，民事河防咸沐圣恩于天高地厚矣。再查沿河自徐邳以迄淮扬各府州县，暨新分之阜宁、甘泉二县外，其盱眙、泗州地方坐当洪泽大湖，今新建高堰大工，修防保护攸关綦重，盱、泗二缺自应比照沿河之例，一体拣选，合并陈明，理合恭疏具题，伏乞皇上睿鉴，敕部议覆施行。

雍正十年十月二十六日题。奉旨："该部议奏。钦此。"部议准行，雍正十年十二月二十二日奉旨："依议。钦此。"

稽查工料条例

奏为敬陈稽查料物之法，仰祈睿鉴以垂久远事。窃照江南黄运湖河险工林立，所赖者修防，而修防全在料物之充足，庶不虚糜帑项，工程得收实效。是料物实为河工第一要务，臣抵任南河以来，目击汛险工多，岁需物料帑金较之豫、东二省不啻数倍，诚恐稽查不实，上负圣主委托之重。是以臣殚心竭力设法严查，并题请照豫省之例，在于霜降后即将次年应用工料预为储备，令沿河州县盘查出结在案。又将厅库外解河银一项奏明，不许厅员指称办料，擅自动用。近来各厅亦知畏惧，不敢那移亏空，惟查料一事，款项繁多，即如苇柴一项，内有领帑新办之柴，有旧日用存之柴，有苇荡营额派应用之柴，有缓工转运险工之柴，有预备上游新工之柴，有各厅协济抢险之柴。有州县止知见料即盘，不能分晰孰为某款某料，诚恐不肖厅员以旧作新，彼此牵混，若物料不能核实，则工程必致虚浮。今臣悉心筹画，谨将查料之法行之有效者四条敬为我皇上陈之：

一、各工物料当酌量预储数目以便查察也。大凡各厅每年需用之料虽多寡难以预定，但工程之平险情形可以预为测度，请银购买之时，即当酌定工程首险次险各应贮料几何？预为呈明，以便饬知委员按数稽查。至临期或有昔平今险、昔险今平之工，即可将缓工物料转运险工济用。如此则各工缓急有备，而查察分明亦了如指掌矣。

一、各工收到料物当编号标记以凭稽核也。凡到工之料，诚恐厅汛以少报多、彼此牵混等弊。今臣俱派委效力官公同查收，挨次编立字号，插立号橛，前面书明某款某料某日到工，续到者挨次堆垛。至临用之时，在于号橛背面书明某月某日修做某段工程用去，并载明存厂册籍，以便不时查对。至霜降后各工用存物料，查明数目算入次年项下工用。则指旧作新，希图□帑之弊自可杜绝矣。

一、于运料要地设立总厂以查多寡亏足也。各厅内除由安海防二厅柴束毋容运至清江，并各厅采买秫秸、桩葭、缍缆、草束俱于该厅本工设厂，委员秤盘围量分别查收外，其余所用苇柴概由清江经过。各厅向日亦俱设有料厂在浦堆贮，陆续转运本工。是清江既为各厅办料总会之地，即应在此查其办料多寡之数。臣思河库道一缺只管收发帑项，尚无工程地方之责，况物料即系帑项所关，理应该道稽查。臣拟酌派效力官数员，交与该道督率稽查各厅办料数目。凡系长船装运到工者，俱令赴该道衙门挂号，该道督率委员将所装柴束查验，出给验票交明船户，即日开运赴工，令常川收料之员照票查收。如系短装运送清江总厂之料，即无容挂号，俱令在厂委员秤收，该道亲自查验之后发票转运，各工再行秤收明白，仍将原票缴该道衙门查核。如此则船户家人亦不敢中途盗卖，致有捏报交工之弊矣。

一、派委常川收料之员应分别公私勤惰以定赏罚也。查向时查料之员俱系随时差遣，既不常川在工，则厅汛易于欺诳。今臣择其勤慎明白者，每厅酌派二员令其常川驻工，遵照题明斤重，折正秤收，并令稽查号橛分晰款项，庶各厅办柴不致牵混短少。而委员既亲驻要工，下埽加镶又得不时学习，如该员果能勤慎秉公，则一年之后，容臣量才委用，以示鼓励。若有不肖之员通同作弊，一经察出，将该员一并严参治罪。如此则赏罚严明，而厅汛效力各员亦俱知奋勉自励矣。

以上四条俱臣分所当为，本不应琐渎宸聪，但工料所关甚大，现今行之有效，诚恐法久易弛，仰恳睿裁，着为定例。则物料充实，修防巩固，全河各工永赖圣恩靡既矣。理合缮折敬谨陈奏，伏乞皇上训示遵行。

雍正十年十二月初二日奏。奉旨："所奏是，当妥协照所请行。该部知道。钦此。"

建筑龚家营徐家庄月堤

题为亟请修筑月堤以固河防事。该臣看得，山阳县黄河南岸龚家营地方坐当黄水入海门户，最为紧要。只因旧有缕堤临河太近，大溜汕刷河崖坍塌入里，致成扫湾险工。若下埽修防，工段绵长，需料浩繁，且全黄之水建瓴而下，扫刷埽根更难保护，急应在于缕堤之南圈筑月堤一道，避其激湍之势以顺其就下之性。

又阜宁县黄河南岸徐家庄地方去海更近，雍正八年大溜日渐南徙，经前河臣孔毓珣请建月堤一道，自徐家庄至陈家浦止，计长二千九百八十丈，原估止高八尺，顶宽二丈，底宽六丈，续经臣等会疏题修在案。迄今复历三载，北岸沙滩日长，顶冲大溜直射南岸，而该处地形洼下，前次所筑之堤殊属卑薄，恐汛水长发，黄水下注，海潮上涌，难资捍御，亟应加帮高厚以固堤防。查山阳县黄河南岸龚家营上自邵家庄后起，下至吉家庄后止，创筑月堤一道长一千一百五十五丈，估用土方银八千七百三十四两六钱八分零。阜宁县黄河南岸自徐家庄起至陈家浦止，加帮月堤长二千九百八十丈，估用土方银一万三百四十一两八钱三分零。二共估银一万九千七十六两五钱二分零。兹

据该道确估造册详请核题前来，臣复核无异，因系紧要工程，照例动支部拨盐课银两给发该厅募夫修筑，并行署淮扬道印务夏建德监工督催，及原册送部查核外，相应会疏题估，伏乞皇上睿鉴，敕部议覆施行。

雍正十一年三月初七日题。奉旨："该部议奏。钦此。"部议准行，雍正十一年五月十四日奉旨："依议。钦此。"

恭报秋汛水势平稳

题为恭报秋汛水势平稳情形，仰祈睿鉴事。该臣看得，今年秋汛黄运河湖水势长发，臣仰遵圣训，敬谨修防，多办料物，督率道厅营汛，并分委效力人员住宿工所，将一切险要工程无分昼夜，上紧加修，一律高厚，以资捍御，各处闸坝涵洞，饬令相机启闭，以资宣泄。仰赖圣主至诚感格，邳睢王家堂顶冲之处天赐引河，大溜直趋中泓，通工化险为平，全河畅达，实为圣朝上瑞。今已水势消落，各工平稳，黄、淮二渎循轨安流，直达于海，淮徐、淮扬一带运道民生安澜有庆。

兹据各厅呈报，黄河自徐属以至海口，陆续净长水九尺八寸及一丈四寸不等，邳宿桃清运粮中河陆续净长水八尺五寸及九尺不等，淮扬运河陆续净长水九尺四寸及一丈三寸不等，洪泽湖加长水九尺八寸各等因前来。时值霜降水落工平，皆由我皇上轸念运道民生，时勤宵旰，所以朝宗顺轨屡著神庥，益信上苍之昭格举念可通，圣德之精虔至诚普应。臣率同通工员弁殚心修守，喜睹休征，感忭交深，益加敬慎。所有秋汛已过，各工保固平稳情形相应恭疏题报，伏乞皇上睿鉴施行。

雍正十一年九月十六日题。奉旨："据奏'今年秋汛黄运湖河水势长发，臣等敬谨修防，竭力捍御，并将各处闸坝相机启闭，以资宣泄，仰赖天赐引河化险为平，全河畅达，实为上瑞。今时届霜降水势消退，各工保固平稳'等语。河神福庇群生，朕心感庆，前已降旨虔诚祭祀，以答神贶。今年直隶、豫省河堤均有溃决之处，而江南地处下游各工平稳无恙，显系南河大臣官员殚心职守，感召神庥之明验。河道总督及在事各员俱着交部分别议叙具奏。钦此。"

增定苇营柴束

奏为苇营柴束繁多，谨请立法清厘，以济工需，以节帑项，仰祈睿鉴事。窃照江南苇荡营原系出产工用苇柴之所，康熙五十九年于荡地淤垫，不产苇柴等事案内，将苇营裁汰。由是河工柴束尽皆购买，料价每致腾贵。雍正四年经河臣齐苏勒奏请复设苇营，将从前额柴一百二十万束之外，又加增三十万束，并于额柴之外搜采盈余中柴十万余束，折正柴五万余束，每年苇营共采额余正柴统计一百五十余万束，俱分拨各厅运贮要工，照依各厅漕规柴价解缴河库，以为发给苇营兵饷之需。立法诚善，但前项柴束原于各河营浚船之内调拨赴荡，令河兵撑驾攒运。只因柴束繁多，止令浚船装运九十万束堆贮清江之王营、洪福二厂，再令各厅运回本工。其余额柴六十万束，并盈余柴束，俱令各厅雇船自行装运。遂有不肖之员往往吝惜运脚，延挨推诿，遇有要工临期购料，缓不济急。而苇营柴束采完堆贮水口，日久不运，又有霉烂缺少并海潮漂淌、弁兵盗卖之弊。及至各厅雇船到荡，则又无柴装运，互相推诿，是以应缴柴价经年累月拖欠不清。自臣到任之后，立法严查，将从前未清柴价逐一查出题参，勒限追缴。今年海滩一带雨水调和，荡地所产苇柴丰茂，臣随饬令苇营参将黄正元督兵竭力搜采，在于每年额余柴束之外又多采出盈余中柴四十余万，折算正柴二十余万束，俱令营兵浚船装至清江王营、洪福二厂，同自运额柴一并勒限令各厅全数攒运交工济用。是以本年柴束不但修防及期无误，且得多采正柴至二十余万，于工料不无小补。

伏思我皇上至圣至明，一应工需皆归实济，今苇营额余柴束，若不乘此清厘之日严立章程，以垂永久，恐日久又滋弊混。臣请苇营额柴自雍正十二年起，应加增正柴二十万束，令左右二营分采，连旧额每年统计一百七十余万束，永为定例。令各厅照旧雇船自运六十万束，其余一百一十万束仍令浚船及期攒运，交王营、洪福二厂分拨各工济用。缴价务令按年清楚，如有采不足额、弁兵盗卖并不行即速装运到工等弊厅员，令淮徐、淮扬二道查察揭报，营员令苇营参将揭报，容臣分别严参议处，勒令赔补，不许茎束短少延捱。至此外再有盈余，俱按年查明据实报部，不容侵隐。设遇风潮损坏，以及两泽稀少额柴亏缺之年，亦即查明据实报部，免其追赔。如此则苇营柴束得以年清年额，而应缴柴价亦不致有拖欠日久之弊矣。臣因济工节帑起见，用敢据实陈奏，伏乞皇上训示遵行。

雍正十一年十一月初一日奏。奉旨："工部议奏。钦此。"部议准行，雍正十一年十二月二十日奉旨："依议。钦此。"

兵夫积土章程

题为请定兵夫积土成例，以固堤防，以收实效事。切照江南黄运两河堤岸绵远，只有河兵看守埽坝，一遇汛水长发，各处调拨分身乏术，以致长堤之上防护无人。臣于雍正九年八月内题请循照豫省之例，每堤二里添设堡房一座，召募堡夫二名，每名按月给工食银五钱，共岁需银一万三千余两。即令堡夫常川防守，挑积土牛以资修补堤工之用。荷蒙皇上洪慈，恩准照例添设，钦遵在案。

今臣严加督率，按堡稽查，除寒暑两月免其积土外，其余每月黄河一堡二夫责令积土十五方，运河一堡二夫除粮船往返修补犁沟橛眼外，责令积土十二方，以一年合算，通共积土十五万余方，已收费少工多之效。惟是堡夫有勤惰不齐，该管汛官亦有贤否各别，若不严立章程，恐日久法弛难于查察。臣请核定成规以雍正十二年正月为始，责令该管汛官将所属汛内堡夫从前积过土牛逐堡挨查确实，作为旧土报明备案，即于正月起，照依前定数目，每名按月如数挑积，仍将挑过之土，每月造于新土册内汇报算入交代，以专责成。若不能如数挑积者，将专汛文员罚俸一年，该管厅员罚俸半年。倘或挑积不及一半，即将专汛文员降职一级，暂留原任戴罪攒挑，该管厅员罚俸一年。自此章程一定，则厅汛自必上紧督率如数挑积矣。再查河兵旧例，每年桃、伏、秋三汛俱正埽坝力作，其铺卷埽个防风之暇，理应按时积土预备镶填之用。至于霜降后工务稍闲计算两月日期，亦应照堡夫例每二名一月积土十五方，堆积堤工备用。今查黄运两河除桩夫、埽手、撑驾、浚船，并各该将弁养廉之外，实在力作河兵约计五千余名，共应积土七万五千余方，亦应将所积土牛查明造册入于该备弁交代项下，以专责成。若该管备弁不勤加督率，致有土方缺少者，即照前定堡夫积土之例分别查参议处。从此各汛兵夫自无闲旷，钱粮不致虚縻，既资防守之益，复成积累之功。伏查雍正七年，荷蒙皇上廑念，河堤每年加修五寸，沿河黎庶莫不顶颂圣恩安益求安之至意。今复设有堡夫严其课程，而于水势紧要、堤工单薄之处多积土牛，霜降以后，即将本汛兵夫所积之土增培本汛卑薄之堤，止须酌给泼水行硪之费。在于每年岁修加高册内据实声明，以节钱粮，务令该管员弁尽心董理修筑坚固，工完委员核实查收，汇册题报。如此递年添用兵夫，积土帮堤，则加高五寸各工，亦可递年逐渐减省，而堤工得免残缺卑薄之虞。但国帑堤工攸关重大，诚恐奉行日久或致玩误废弛，相应仰恳睿裁，着为定例。则日久见效，钱粮既可节省，工程又复巩固，实荷皇恩于亿万斯年矣。相应恭疏具题，伏乞皇上睿鉴，敕部议覆施行。

雍正十一年十一月二十八日题。奉旨："该部议奏。钦此。"部议准行，雍正十二年二月二十四日奉旨："依议。钦此。"

卷七

恭贺日月合璧五星联珠

题为圣德同天，七政呈瑞，恭申忭贺，仰祈睿鉴事。雍正三年二月十二日准礼部咨开，本年正月二十九日奉旨："据钦天监奏称，雍正三年二月初二日庚午，日月合璧以同明，五星连珠而共贯。宿躔营室之次，位当娵訾之宫，为从来未有之瑞应，请敕付史馆等语。朕惟日月五星运行于天，本有常度，是以从古历元可坐算而得。然古称高阳时五星会于营室，汉帝时五星聚于东井，宋祖时五星聚于奎璧，史书皆纪以为祥。盖七政会合数虽一定，而遭逢其时者，实海宇升平民安物阜之会也。若以为德化所致，朕方临御二载，有何功德遽能致此嘉祥？皆由我皇考六十余年圣德神功，蟠天际地，为千古不世出之君，为上天第一笃爱之子，所以纯禧骈集，历数绵长，锡祚垂光，至于今日，睹此难逢之嘉瑞。朕嗣统以来兢兢业业，率由旧章，惟以皇考之心为心，以皇考之政为政，宅中图治罔敢稍越尺寸，故邀上天垂鉴，仍如皇考之御宇绥猷而锡以无疆之福也。朕幸逢嘉会，不但不敢自居，亦且不敢自谦，总由上天申眷皇考，朕与天下臣民同在福佑之中，当与天下臣民共庆之。所奏着付史馆，并颁示中外。该部知道。钦此。"钦遵。移咨到臣，跪读之下不胜忭舞，钦惟我皇上德协重华，光昭复旦。敬五事而五行克正，齐七政而七曜交辉。龙飞岁在游蒙，景运启云翔霞蔚；凤历初回斗柄，嘉祥兆璧合珠联。星涵太史之河，双悬明镜；曜映文昌之府，环聚中枢。诚千古气运之隆，实万世绵长之福。伏思圣祖峻德，开天久矣，凝承而笃祜；恭逢皇上文明，协帝犹然，谦让以禔躬。至孝至仁，愈厪宸衷翼翼；钦承钦若，欣瞻诏命煌煌。将见日升月恒，玉烛叶三灵而荐祉；从此星辉海润，璇穹囿六合以迎禧。臣恭闻天瑞，踊跃欢欣，缘办事河干，不获同在廷诸臣随班拜舞。谨缮疏题贺，伏祈皇上睿鉴施行。

雍正三年二月二十九日题。奉旨："该部知道。钦此。"

恭贺黄河澄清

题为恭报圣世河清，昌期嘉应事。切照豫省黄河自雍正四年十二月初九日起，渐见澄清，至十六、十七等日尤为清澈。臣在祥符县北岸工所睹此奇瑞，随委员各处查验，去后。节据河南管河道厅并山东兖州府黄河同知陆续详报到臣，伏查黄流循轨原为盛世之休征，河水澄清更属圣朝之嘉瑞。稽之史册，千余年仅见一书；考之舆图，数百里已称奇异。未有千里之遥，弥月之久，澄明清澈，一气绵长如今日者也。钦惟我皇上天地同心，乾坤合撰，至诚上格苍穹。快睹平成底绩，异瑞炯昭黄渎，欣看清晏呈祥。水由地中，喜澄光之如练；源从天上，庆朗鉴之无翳。历境弥长，为时甚永，父老欢呼，闾阎喜庆。皆由我皇上位育清宁，奠安河岳之所致也。臣目睹奇征，躬逢盛事，溯河水之涟漪，益思圣德；鉴平波之皎洁，愈感天庥。踊跃弥深，欢忭倍切，理合会同河臣齐苏勒恭疏题贺，伏乞皇上睿鉴施行。

雍正五年正月十九日题。奉旨："该部知道。钦此。"

恭贺万寿节云南呈现庆云

题为恭逢圣诞，瑞洽庆云，敬申贺悃仰祈睿鉴事。雍正七年三月初二日准礼部咨开，本年正月初九日奉旨："朕治天下以实心实政为务，不言祥瑞，屡颁谕旨甚明。今据云贵、广西总督鄂尔泰折奏，雍正六年十月二十九日恭逢万寿令节，云南四府三县卿云呈现，光灿捧日，经辰、巳、午三时之久。又奏折内引《孝经援神契》之语曰'天子孝则庆云见'。朕之事亲不敢言孝，但自藩邸以至于今，四十余年以来，诚敬之心有如一日，只此一念可以自信。而鄂尔泰援引典籍以庆云为朕孝之感，朕每承天眷昭示嘉祥，感激庆幸之中益加儆惕，兹逢庆云之瑞实愈增朕心之敬畏。鄂尔泰公忠体国，实为不世出之名臣，数年以来节制滇黔，化导所属官吏人人奉公尽职，怀忠君亲上之心。是以于朕万寿之辰天锡庆云于滇省，正所以表著该省官吏敬恭协和之忱悃也。此则朕心深为嘉悦，俟鄂尔泰题本到日，另降谕旨。今诸王大臣等奏请宣付史馆，朕之允行者，非欲夸示于众也，盖以天人感召之理捷于影响，该督正己率属，有忠爱之丹诚，则该省受福迎祥有光昭之瑞应。朕愿内外大小臣工均以鄂尔泰为法，且愿远近各省官民等闻风慕义，兴孝劝忠，人人共受上天之福佑，乃朕心之所谓上祥大瑞也。钦此。"移咨到臣。钦惟我皇上尧云广被，舜日重华。开寿域于八埏，清宁合撰；转洪钧于一气，宇宙同春。大孝格天，会见天庥洊至；深仁育物，聿彰物采休明。恭逢圣诞，良辰欢腾华祝；适遇寿星，分野庆洽云蒸。越两日以弥鲜，合兆民而共睹。鸾翔凤舞，照耀三时；岳峙川淳，辉煌万里。恭睹金柯玉叶，弥昭圣德之光昌；敬瞻琼蕊瑶葩，益仰皇猷之丕冒。积远近休嘉之气，过化存神；会明良喜起之风，重熙累洽。太平有象，兆协屡丰，万寿无疆，光添上瑞。臣职司河务，欣看黄水澄清，幸际昌期，共仰庆云烂缦。昭回于上，灿如璧合珠联；泽润靡涯，渥若体泉甘露。卜亿万年之景运，郁郁缤缤；登千百国于春台，熙熙皡皡。民安物阜，同瞻化日之舒长；大法小廉，咸感恩波之浩荡。臣不胜踊跃欢忭之至，理合恭疏庆贺，伏祈皇上睿鉴施行。

雍正七年四月初十日题。奉旨："该部知道。钦此。"

恭贺景陵瑞芝

题为圣孝格天，叠见太和瑞应，神芝特产，欣逢万寿昌期，恭疏申贺永庆嘉祥事。雍正七年十一月初七日准礼部咨开，本年十月初五日奉旨："据领侍卫内大臣尚崇廙等奏：景陵圣德神功碑亭仪树之右，产瑞芝一本于石上，长六七寸，祥光焕发，观者无不欣喜等语。朕从来不言祥瑞，屡颁谕旨，晓示臣民。惟是建立景陵圣德神功碑，今年甫经勒石告成，而瑞芝即产于碑亭之右。仰见上天特赐嘉祥，表扬我皇考功德之隆盛，朕心不胜庆慰。该部知道。钦此。"抄出到部，相应移咨该督可也等因到臣。钦惟我皇上大孝光昭，至诚丕应。德并乾坤而合撰，二气宣和；化周品物以咸亨，五行顺序。花腾瑞茧，表圣朝化育之功；彩灿卿云，昭盛世文明之治。乃一人孝思不匮，屡征秀毓山川；俾万类兆应靡涯，频睹荣敷草木。九茎仙种五色神芝，既献瑞于景陵，彰奕奕勋华之应；复呈祥于碑右，显巍巍功德之符。玉叶金柯，借瑶草琪花并茂，丹纹紫盖，与苍松翠柏争妍。惟淑气之涌濡，致奇英之炳焕。臣赓飏复旦，歌咏升平。圣祖治冠古今，谟烈昭垂于万世；皇上孝通造化，敬诚感召夫千祥。荷圣训之频颁，仰见渊衷时儆；喜休征之洊至，欣逢景运维新。良由积厚以流光，自是重熙而累洽。尧天浩荡，宝历绵蓂荚之春；舜日舒长，福祚固苞桑之瑞。臣不胜踊跃欢忭之至，理合恭疏题贺，伏乞皇上睿鉴施行。

雍正七年十一月二十八日题。奉旨："该部知道。钦此。"

恭贺黔省庆云

题为圣德光昭，祥云叠现，普天同庆，恭申贺悃，仰祈睿鉴事。雍正七年十月初十日准礼部咨开，本年八月二十一日奉旨："据总督鄂尔泰奏称，黔属思州及古州之梅得等处，自七月初八日至闰七月十一日，有五色彩云，光辉灿烂，叠秀争华，历时经久，一月之内七见嘉征等语。朕尝言天人相感之理，捷于影响，督抚大臣等果能公忠体国实心爱民，必能感召天和，锡嘉祥于其所辖之地。即如鄂尔泰频年驻节本省，祥云三见于滇南；今年以公事前往贵州，庆云即见于黔省；又如今岁岳钟琪领兵甘肃，而甘肃禾稼丰登；田文镜节制山东，而山东秋成大稔；又如李卫总督浙江，比岁以来境内农田丰熟，今年甫离浙境，而衢属山乡即有蛟水泛溢之事。举此近事数端，仰见上天昭示显然，欲使君臣共知儆惕也。朕素不言祥瑞，所以屡年以来从未曾因嘉征而受庆贺，而敬慎之念日益加虔，想中外臣民亦共知之矣。夫上天示人君以灾祥，一如人君加臣下以赏罚

也。人臣受君上之赏,固不可侈然自足,放逸骄矜,若并无欣慰之心,而不以为庆,则受君上之罚亦不知畏惧悛改,此非矫情违众之人,即胸无忌惮之辈矣。人君之于天其理亦复如是。至如鄂尔泰之屡次奏报庆云者,盖以滇黔地方有此瑞应,万目共睹,在人臣之心,无不愿国家之蒙福,兆庶之凝禧,州县申详而督臣陈奏,此皆出于情理之不能自已。倘有心怀不肖之人,或且议其为迎合,或且议其为谄谀,此皆藏幸灾乐祸之邪心,不止于《春秋》责备贤者而已。惟是滇黔远省,荷上天之垂象加恩如此,则大臣以及官弁兵民宜何如之?敬谨虔恭以永承天贶,是则所当夙夜加勉者也。该部知道,图并发。钦此。"钦遵到部。将图存部外,相应行文直隶各省督抚,转行驻扎该省之提镇文武各衙门可也等因移咨到臣。钦惟我皇上覆载同符,清宁合撰。治开凝命,光昌上达乎紫微;化洽弘文,巍焕遥连于黄道。太和洋溢,随景运而凝庥;至治感孚,眷圣人而垂象。期当万寿即著祥光,地属遐方频昭瑞霭。五星二曜奇呈璧合珠联,两珥叁环辉映上承下戴。兹逢银汉澄秋之候,又睹流霞捧日之休。参井之交拱北辰而绚彩,黔滇之会依南极而增辉。郁郁精英,万姓同瞻丽景;绵绵喜瑞,一月七著天章。媲美唐尧,丽日协重华之庆;同揆虞舜,卿云奏复旦之歌。加以物阜民安,登八埏于寿域;时和岁稔,跻六合于春台。凡兹繁祉之诞膺,悉本圣诚之昭格。乃我皇上圣不自圣,时致警于天心;安益思安,每勤求乎吏治。申一诚之有感,呼吸相通;昭两大之无私,纤毫不爽。臣钦承天语,益仰皇猷。矢志涓涓励公忠而罔懈,存诚旦旦凛敬畏以加虔。从兹倍竭丹忱,与亿兆同依临照;愈勤修守,历万年永庆平成。臣不胜踊跃欢忭之至,谨缮疏恭贺,伏乞皇上睿鉴施行。

雍正七年十一月二十八日题。奉旨："该部知道。钦此。"

恭贺万蚕瑞茧

题为皇仁广育，瑞茧呈奇，庆洽群生，恭疏申贺事。雍正七年十一月初十日准礼部咨开，本年八月十八日奉旨："前据浙江署督性桂、署抚蔡士舢等奏进湖州居民王文隆家万蚕同织瑞茧一幅，长五尺八寸，宽二尺三寸，父老皆称为从来未有之事。朕恐小民图利望恩，或用人力造作而成，亦未可知，因令性桂等详细体访，务令确实，勿为所欺。昨性桂、蔡士舢等于本地详加验看访察，实系自然成就，并不由于人工，具折覆奏前来。廷臣等以蚕桑织纴乃衣被之大原，养民之切务，今浙省有此瑞应，则小民温暖可期，咸为国家称庆，奏请宣付史馆，昭示万世。朕素不言祥瑞，数年以来每遇休征，必倍加乾惕儆戒，所颁谕旨至再至三，想中外臣民共知之矣。朕爱育元元，务期普天率土之人同沾实惠，一时希有之物不足以御饥寒，倘蒙上天俯鉴悃诚，锡福黎庶，蚕桑普盛，衣食充盈，乃朕心之所谓祥瑞也。朕命卿等观看，理应具奏，然宣付史馆之处可不必行，钦此。"钦遵到部。相应行文直隶各省督抚，转行驻扎该省之提镇文武各衙门可也等因移咨到臣。钦惟我皇上光被寰舆，恩周品汇。春台广辟，集万国之冠裳；仁域弘开，沛八方之雨露。重农时而丰亨豫大，喜谷盈畴；饬蚕事而茂育繁熙，柔桑匝野。太和翔洽，启苍生衣被之原；大化旁流，照绣壤珍奇之盛。既已休征沓至，抑且福应骈臻。复有湖郡桑村，苕溪蚕舍，沐圣朝之膏泽，岁获丰收；彰帝世之光华，瑞呈创见。万丝巧缀，织文胜碧海鲛绡；巨幅精莹，丽色比银河云锦。不事机杼之制，出自天成；莫寻经纬之端，非由人力。仰渊衷之鸿鉴，特命体访加详；采舆论之咸孚，具见化工丕著。在昔尧时，霜茧惟闻径尺之长；即如仙圃，香蛾仅得百枚之数。兹合万蚕吐秀，诚为亘古奇观。臣幸遇休嘉，欣瞻毓瑞，聆煌煌圣训，廑九重宵旰之经纶；萃奕奕天庥，运百物生成之机轴。自是人歌殷阜，千秋玉烛长调；家庆丰亨，万世金瓯永固。臣不胜踊跃欢忭之至，理合恭疏题贺，伏乞皇上睿鉴施行。

雍正七年十二月二十日题。奉旨："该部知道。钦此。"

恭贺阙里庆云

题为圣主文治光昭，曲阜庆云瑞现，臣民欢洽，恭申贺悃事。雍正七年十二月十二日，据分守济东道副使张体仁详称恭报：阙里欣睹庆云等事详报到臣。钦惟我皇上道贯高深，治隆宇宙。辟四门以吁俊，宸衷接泗水文澜；崇五教以作人，圣化阐尼山道脉。瞻杏坛气象，锡宝翰而光耀八纮；溯麟绂源流，加玉藻而爵隆五代。乃复发金钱于帑藏，重营植桧之庭；美轮奂于宫墙，广映列槐之舍。聿征瑞应，感眷佑于天心；爰著祥符，表虔诚于帝德。敬诹吉日，将驾圣庙之梁；忽现卿云，预展璇霄之彩。缤纷五色，俨如舞凤翔鸾；璀璨千层，宛若奇峰秀嶂。历午未申三时而吐艳，遥捧赤日于中天；合东西南三面以回环，高拱紫宸于北极。法宫虔格，诚为亘古靡加；云物扬辉，洵属千秋盛事。臣欣逢上瑞，愿赓复旦之歌；幸际升平，仰沐重华之治。瞻画栋雕楹于阙里，永昭圣德之辉煌；睹金柯玉叶于苍垠，共庆皇猷之巍焕。从此三垣凝瑞，亿万年景运常新；九有呈祥，千百国车书并集。臣不胜踊跃欢忭之至，谨缮疏题贺，伏乞皇上睿鉴施行。

雍正七年十二月二十二日题。奉旨："该部知道。钦此。"

恭贺登莱彩云

题为圣德日新，瑞云时现，普天洽庆，恭疏申贺，仰祈睿鉴事。雍正八年二月初二日，据山东登莱青道副使孙兰芬呈，据莱州府知府王荣赐、登州府知府杨弘俊详称：雍正七年十二月二十八日亥时，仰见西北彩云旋绕，夜明如昼，更历亥子丑时之久各等情到臣。钦惟我皇上撰合乾元，道弘坤载。备中和以行健，缉熙隆参赞之功；广化育以敦仁，格被茂裁成之绩。圣敬跻而丹霄应瑞，叠灿荣光；皇极建而紫洛呈奇，频昭朗象。缅彼滇黔遐壤，绚烂祥光；今兹齐鲁名区，弥纶异彩。焕绮霞于泗水尼山之上，既适逢文庙重光；凝瑞霭于方壶员峤之间，复咸仰首春嘉兆。绣文与锦章并丽，纠缦中霄；金柯共玉叶交辉，缤纷午夜。俨五色之翔鸾鷟凤，渤海光联；恍千层之高观重楼，岱宗彩映。惟帝德之感孚弥至，斯天心之福佑加隆。特彰照夜奇观，益著圣朝上瑞。臣恭逢盛事，忝荷殊荣，仰至治于平成，期殚修防之职；感鸿庥于清晏，方赓喜起之歌。乃瑞叶重华，益睹皇猷之巍焕；祥符复旦，永昭帝业之辉煌。从此玉烛长调，绵亿万年之宝历；金瓯巩固，握千百世之璇图。臣不胜踊跃欢忭之至，谨缮疏恭贺，伏乞皇上睿鉴施行。

雍正八年二月二十二日题。奉旨："该部知道。钦此。"

恭贺晋省保德卿云

题为帝德格天，卿云捧日，寰舆洽庆，率土腾欢，恭疏申

防河奏议

贺，仰祈睿鉴事。雍正八年二月十二日准礼部咨开，雍正七年十二月十九日奉旨："据山西巡抚石麟奏称，本年十一月初二日保德州地方忽睹卿云捧日，外绕三环，光华四射，万民欢庆，以为从来未有之嘉征等语。山西民风由来淳朴，今年办理军需，其踊跃急公，争先恐后，一片忠君亲上之忱悃，实为罕见。朕已降旨褒嘉，并免其额征钱粮以示恩赏。乃不旬日之间，该地方即有卿云捧日之瑞，天人相感之机捷于影响。又如湖南风俗浇漓，致有曾静、张熙辈怀藏逆志，犯上作奸，是以屡年以来水涝为灾，收成歉薄。即二省近事观之，仰见上天善恶之报，丝毫不爽。若但朕心宵旰焦劳，思欲移风易俗，而百姓不肯洗心涤虑、改过于隐微，而欲上感天和锡以福庆，此必无之理也。朕之屡次晓谕者，并非推卸其责于臣民也。但实有见于天人感应之道确然如此，而朝乾夕惕，寤寐弗忘，亿万臣民果能体朕此心，各自儆醒，则上下交修，安有不受上天之福佑者哉。总之朕为天下万民主，民风良善乃朕教化之所当然，而民俗乖张必朕转移无术之所致，在朕则实无可诿也。着将此旨并谕湖南官民知之，该部知道。钦此。"钦遵到部。相应行文该督，转行驻扎该省之将军提镇文武各衙门可也等因到臣。钦惟我皇上化日长融，薰风普被。鼓太和于禹甸，峻德茂昭；锡多福于箕畴，繁禧协应。祥符辐辏，彰异彩于九垓；瑞兆升恒，耀殊辉于八柱。即如冀州旧壤，晋水名区，俗朴民淳克服尊亲之训，赴功趋事常怀爱戴之诚。我皇上谆切劝忠，隆施赏善。紫纶飞下，千村喜气风生；丹诏惊来，万井欢声雷动。击壤歌衢之众，共沐阳春；含哺鼓腹之俦，同沾膏雨。于是天人适协，感应旋昭，至德辉煌，云兴五色，鸿猷巍焕，日拱三环。恍同舒艳之金柯，娟娟秀丽；俨若凝华之绮绣，奕奕鲜妍。允昭昌炽休隆，益著文明景象。臣河防忝职，嘉祉欣逢。展瑞气于苍垠，悉本湛恩广被；著荣光于碧落，皆由恺泽覃敷。从此一道同风，处处胥成仁域；饮和食德，人人共入春台。河岳休祥，叶千百国圣寿无疆之颂；苞符上瑞，永亿万年皇风有道之征。臣不胜踊跃欢忭之至，谨缮疏恭贺，伏乞皇上睿鉴施行。

雍正八年二月二十四日题。奉旨："该部知道。钦此。"

恭贺遵化凤凰翔集都匀石芝挺生

题为彩凤来仪，金芝挺秀，皇仁应瑞，寰宇腾欢事。雍正八年二月十二日准礼部咨开，雍正七年十二月二十一日奉旨："连年以来，云南地方屡有卿云、醴泉之瑞，盖因总督鄂尔泰公忠体国，以善政化导官民，人从其教，和气致祥，是以仰蒙上天叠昭瑞应。朕之所以宣谕臣民者，盖欲使天下之人共知天人之道，有感必通，黾勉为善，以其受上帝之福佑也。今览沈廷正所奏，朕言益可征信。朕从来不言祥瑞，如尚崇廙奏报，遵化州天台山有凤凰翔集，鄂尔泰奏报都匀府苗疆有石芝丛生，朕皆未宣示廷臣，天下之人勿误以朕为夸张祥瑞，而忘自修之道也。沈廷正所奏知道了，该部知道。钦此。"钦遵到部。相应行文该督，转行驻扎该省之将军提镇文武衙门可也等因移咨到臣。钦惟我皇上化溥八纮，恩周万汇。播声教于南朔东西之壤，匝地薰风；茂生成于飞潜动植之伦，普天甘雨。尧云舜日，启景运之光昌；禹鼎汤盘，鼓太和之洋溢。是以两间之大，并著繁禧；六服之遥，皆呈嘉兆。兹者朝阳丹凤，翔集皇畿；毓瑞神芝，丛生黔域。翙翙举翰，特昭圣治之光华；奕奕敷荣，仰荷恩光之格被。峻岭崇冈之上，群瞻六象云仪；苍松黛柏之间，共睹九茎仙种。惟我皇上道备中和而建极，万方向善以同风；功参化育以施仁，百物蒙休而咸若。是以来游神鸟，望丹阙以扬辉；兼之叠产奇英，拱紫宸而舒艳。允矣，天人适协；诚哉，感应交孚。臣幸际昌期，欣逢盛世。荣河温洛，颂扬之微悃方殷；膏露醴泉，拜献之虔衷实切。乃复嘉祥洊至，上瑞骈臻。圣德冠乎古今，振威凤九苞之彩；帝治孚乎遐迩，耀石芝三秀之奇。从此金检玉符偕泽马器车，并表一人之有庆；丹纹紫盖与琪花瑶草，同祝万寿之无疆。臣不胜踊跃欢忭之至，谨缮疏恭贺，伏乞皇上睿鉴施行。

雍正八年三月十九日题。奉旨："该部知道。钦此。"

恭贺临晋卿云丽日文水河渠自成

题为卿云丽彩频昭，汾水神功丕应，圣治光昌普天同庆事。雍正八年二月十二日准礼部咨开，七年十二月二十一日奉旨："昨据山西巡抚奏报，本年十一月初二日保德州庆云呈瑞，今又奏报十二月初一日临晋县卿云丽日，历午、未、申、酉四时，五色缤纷，霞光万道。又据布政使蒋洞折奏，从前汾河形势，惟文水县地势低洼，河身淤浅，是以议开引渠二道，正河一道。今年六月内，汾河水发，河道改流，文水县自青高村至尹家社各开引渠二道，旧时漫流已为沃壤。而东城村欲开之河，现今宽阔十余丈或数十丈，众水会同，河身长二十五里，直达归（漕）〔槽〕，经年累月，人力不能成之功，天然疏浚等语。朕思晋省民风由来醇朴，是以感召天和，屡岁皆登丰稔。即如近日预备军需，民情踊跃，争先恐后，悉出至诚。观此尊君亲上之念，则其孝亲敬长，克敦行谊可知，而地方官员平日训导有方，亦即此可见。是以仰蒙上天昭示瑞应，以奖官民之善，朕心深为慰悦，着照河南例通行所属府州县，将人材品行可备任使者，不拘人数资格，秉公举出，该抚再加遴选，具题奏闻，送部引见。并令各州县于常例岁举老农外，再各举一人，给以八品顶带，以示朕褒嘉善俗，广沛恩膏之至意。该部知道。钦此。"钦遵到部。相应行文该督转行驻扎该省之将军提镇文武各衙门可也。为此合咨前去，查照施行等因移咨到臣。钦惟我皇上德合清宁，功参覆载。尧云普荫，万方昭格被之光；舜泽覃敷，四海颂平成之绩。祥符庆霭，屡征圣德辉煌；瑞应甘泉，共沐皇仁浩荡。兹者云兴临晋，继方州而复现光华；地接汾河，汕深渠而自成形势。焕彩历四时之久，咸仰昭回；归（漕）〔槽〕会众派之流，无需利道。俨若翔鸾翥凤，彰景运之文明；恍如温洛荥河，溥太和之膏润。纷纶万象，亘古希逢。灌注百川，生民有赖。乃率土颂声交作，宸衷谦德弥光，年岁顺成嘉美。士民忠孝，间阎乐善，特宣纶綍褒扬。诚哉，至治靡加；允矣，隆麻莫媲。臣河防忝职，幸沐洪恩；上瑞欣瞻，敬抒微悃。云霞吐色，由圣人之大德格天；川渎循流，本元后之至仁育物。从此辉腾九野，永凝瑞气于薇垣；波静三门，长应休符于德水。金泥玉检，亿万年固宝鼎之基；泽马山东，千百国拱泰阶之运。臣不胜踊跃欢忭之至，谨缮疏恭贺，伏乞皇上睿鉴施行。

雍正八年三月十九日题。奉旨："该部知道。钦此。"

恭贺景陵产瑞芝三本

题为圣孝昭格天心，福地叠呈芝瑞，恭申贺悃，仰祈睿鉴事。雍正八年三月二十四日准礼部咨开，本年二月初六日奉旨：

"景陵宝城山上首春产瑞芝三本，诸王大臣等奏称为朕纯孝之所感召。朕抚躬自问，生平事我皇考不敢当纯孝之名，但诚敬之心数十年如一日，此则可以自信。自御极以来，不但一言一事皆仰体圣心，而后见诸施行；即梦寐之中一念举发，从无有知其不合圣意而敢存于胸臆者。诸王大臣等称朕以皇考之心为心，此实朕之悃忱。至云朕以皇考之政为政，朕之才力远不逮我皇考，举凡宣猷敷治之间，虽黾勉效法，究不能企及于万一，何能致芝草之嘉祥？诸臣以此归美于朕，朕不居也。实因我皇考之圣德神功际天蟠地，深仁渥泽积厚流光。上天特欲显示天下臣民，是以数年之中三见芝英于陵寝。似今之历霜雪而挺生，当首春而呈瑞，稽诸史册，更属罕闻。朕感上天昭示之弘恩，叨皇考贻谋之景福，庆幸欢欣，不敢不宣布于众庶，使天下之后世臣民知上天之眷佑皇考，与皇考之垂裕万年者，即瑞芝一事，明显昭著，信而有征，固如是也。着照所请，宣付史馆。钦此。"抄出到部，移咨到臣。钦惟我皇上大仁大孝，至圣至诚。覆中蹈和，裕参赞经纶之治；存神过化，浦荡平正直之风。惟绍衣而永涵精一于心源，斯绳武而式焕勋华于治统。修和府事，九州乐颂升平；感应天人，万汇骈臻嘉兆。麻凝庆集，月盛日新。山川秀毓奇英，特表一人之纯孝；草木荣敷异彩，聿彰元后之精诚。恭遇景陵宝城之上，挺生五色神芝；仍于碑亭仪树之旁，蔚产九茎仙种。芳含瑞雪，艳吐青阳；色比云霞，形呈绮绣。金柯奕奕，偕瑶草而竞丽丹台；紫盖森森，共琪花而增妍蓬岛。宣昭史册，萃彤管之光华；传播寰区，壮黄舆之气象。率土臣工溢庆，普天兆庶腾欢。臣幸际昌期，欣瞻上瑞，伏念圣祖治道极隆，峻业永垂于万世；皇上孝思不匮，苍穹因锡以千祥。聆明训而共仰渊衷，印心传而益崇帝德。自此重熙累洽，源远流长。舜日凝辉，玉叶并扶桑而永耀；尧云焕彩，琼枝同瑞荚以长荣。臣不胜踊跃欢忭之至，谨恭疏题贺，伏乞皇上睿鉴施行。

雍正八年五月初四日题。奉旨："该部知道。钦此。"

恭贺瑞谷

题为瑞谷敷荣，显昭帝德，绘图刊布，仰沐皇仁，亘古奇逢，普天同庆事。雍正八年十月十八日内阁颁发皇上钦赐《瑞谷图》到臣，随恭设香案，望阙叩头谢恩祗领讫。钦惟我皇上九德当阳，六符御极。尧云布濩，遍九州蔼蔼春台；舜日温和，合六宇融融乐土。休征屡现，嘉兆频彰。璧合珠联，朗昭回于乾曜；波澄浪静，忻献瑞于河清。卿云纠缦以凝辉，芝荗缤纷而焕彩。翱翔威凤，来仪首善之区；汪濊甘泉，渐被边陲之地。皆本一人之有道，聿臻万福之攸同。圣主轸念民依，日勤宵旰，上帝感孚至德，永锡丰穰。诞降嘉禾，产生瑞谷，直省之属既歌多黍多稌，偏徼之区复咏如墉如栉。种凡四十有六，穗计一万八千。维秬维秠，维穈维芑，大有特书；实颖实栗，实好实坚，屡丰兴颂。上瑞自遐方进献，绘图从内府刊成。凤藻遥颁，纶綍沛仁风化雨；鸿章广布，缥缃焕万宝百昌。以圣不自圣之渊衷，召此康年之景象；以安益求安之睿虑，致兹多稼之祥符。万方粒食腾欢，四海农夫胥庆。臣欣逢盛世，幸睹庥祥，修守维殷，冀登蒸黎于衽席；冰渊是惕，敬承宥密之精勤。俯聆圣训煌煌，益加黾勉；快睹瑞图奕奕，弥切拜飏。从此玉烛长调，璇衡顺序。五风十雨，处处青畴翠亩，稷翼黍与；二稻八蚕，村村白叟黄童，含哺鼓腹。比户可封，千百国共乐升平之有象；

嘉祥并集，亿万载永歌景运之维新。臣不胜踊跃欢忭之至，谨缮疏恭贺，伏乞皇上睿鉴施行。

雍正九年正月十九日题。奉旨："该部知道。钦此。"

恭贺河州河清

题为圣治光昭，河清瑞应，普天庆溢，率土欢腾事。雍正八年十一月初五日准礼部咨开，本年八月十八日奉旨："王大臣等以河州地方黄河澄清合词奏贺，朕从来不言详瑞，谅王大臣等久已深知朕心。朕之祇事上帝神明，惟以公诚一念为昭格之本，果蒙上帝垂鉴，频年显示嘉祥。观公诚之感通神捷如此，则怀不公不诚之心者岂能逃于上天之谴责乎？朕心不但不敢矜夸，且因此倍加乾惕，更愿天下臣工士庶各矢公诚之念，以受上天之恩。着照王大臣等所请宣付史馆，俾世世子孙臣民恪遵朕训以绵福泽。钦此。"钦遵到部。相应行文该督转行所属文武各衙门一体遵照可也等因移咨到臣。随恭设香案，望阙叩头，庆贺讫。钦惟我皇上道配乾元，德符坤厚。沛弥纶之恺泽，绩底平成；溥汪濊之恩波，功弘渐被。尧云舜日，仰帝治之光华；周露商霖，沐王风之熙皞。百昌集庆，载玉管以书祥；万象凝禧，捧瑶笺而纪瑞。稽九河之既导，并四渎以称尊。探星海而银汉遥连，溯昆仑而龙门直下。名传德水，旁润靡涯；瑞启荣光，聿彰有道。我皇上含弘大化，保合太和。睿虑周详，切防川之咨警；宸猷渊广，隆治水之功勋。度地经营，因时裁制。合南北以施硕画，兼疏筑以显弘模。浪静三门，共睹安澜于圣世；波恬九曲，咸瞻底定于熙朝。大德感孚，已验澄清之嘉兆；至诚昭格，复彰湛澈之鸿庥。积石名区，河州胜地，渊泓中外，湛碧源流。朗映水壶，照云霞而动色；光开宝鉴，浴日月以生辉。岂惟庆溢图书，洵足光照史册。臣河防忝职，圣训祗承，幸遇昌期，鼓舞与悚惶备至；欣逢上瑞，拜飏共黾勉交殷。虔展葵忱，敬申燕贺。自是袤延万里，永澄贝阙之琼沙；襟带百川，常静蛟宫之玉浪。彤廷受祉，神鱼出水以呈麻；紫禁膺图，龙马凌波而献瑞矣。臣实切踊跃欢忭之至，谨缮疏恭贺，伏乞皇上睿鉴施行。

雍正九年三月十八日题。奉旨："该部知道。钦此。"

恭贺景陵产石芝一本彩芝四本

题为圣武布昭，天麻滋至，孝诚感召，瑞应灵芝，恭疏庆贺，仰祈睿鉴事。雍正十年十一月十二日准礼部咨开，本年十月十九日奉旨："朕从来不言符瑞，时时训谕天下臣民，屏虚文而务实行。是以数年来各处奏报庆云、嘉谷等事，朕悉降旨训勉，未尝宣示于外以为祥瑞也。惟是今岁秋间准噶尔贼人侵犯北路，深入我境，我师奋击大获全胜，歼贼万余而我官兵损者仅六十余人，行间军士及边外蒙古无不额手欢呼，以为从来未有之大捷，非荷上天、皇考默佑，何能至此！朕心方深感激，而瑞芝恰产于景陵，天人协应，信而有征，仰见上天、皇考福国庇民，特锡嘉祥以昭示天下之臣庶也。朕与诸大臣等同此庆幸欢忭之悃忱，所奏知道了。着照所请宣付史馆。钦此。"等因移咨到臣。随恭设香案，望阙叩头庆贺讫。钦惟我皇上治协缵承，孝隆继述。渐仁摩义被文德以覃敷，大烈耿光扬武功而耆定。洽天心而彰上瑞，万国咸宁；弘祖德而召奇祥，四方来贺。是以存神过化，靡一人不荷裁成；动植飞潜，无一物不蒙化育。

惟圣主之精诚愈笃，斯昊苍之眷佑益昭。比者塞外余氛师中大后捷，仰赖天戈遐邕，六军扬万里之威；庙略弘施，一怒建三驱之绩。龙堆雁碛，云霞耀铠甲之光；瀚海流沙，雷电鼓钲铙之气。歼兹乌合，用整鹰扬。溯天河而挽洗甲兵，普滋雨露；遍岩岫而震惊草木，永靖烽烟。天地合谋，山川助顺，是以奏肤功于荒服，枯朽咸摧；昭符应于景陵，芝英叠见。仰惟圣祖仁皇帝道全德备，治定功成。敷上蟠下际之鸿猷，丕基永奠；显绍往开来之骏烈，景运绵长。今兹符瑞之荣昭悉，本孝诚之感格。盖圣祖贻谋有永，致上天嘉贶频臻；我皇上昭格惟虔，宝域休嘉协应。伏睹金柯焕彩，因知积厚流光；敬瞻玉叶敷荣，咸被太和元气。历稽史册，端由圣孝之征；载考图经，实荷仁慈之瑞。九茎煜煜，适见于欃枪扫靖之时；五色煌煌，叠敷于福地凝庥之日。感通一气，现三秀之菁英；瑞著两仪，征万年之枝干。欢腾中外，喜溢臣民。臣躬际升平，欣逢圣训，自怜弱植，备蒙培养深仁，忝任宣防，久志澄清大庆。伏愿尧风普被，舜日常依。瑞协河山，异彩媲琪花而更丽；光昭寰宇，灵根同瑶草以长春。臣无任踊跃欢庆之至，理合恭疏题贺，伏乞皇上睿鉴施行。

雍正十年十一月二十八日题。奉旨："该部知道。钦此。"

恭贺阙里庆云再见

题为圣朝上瑞，光昭阙里，庆云再见，恭疏庆贺，仰祈睿鉴事。雍正十年八月十三日准礼部咨开，奉旨："据山东巡抚岳濬奏称，曲阜县六月二十五日午时皎日正中，有庆云捧于日轮之下，五色俱备，宝光燏煌。又于日之西南有霞光三道绚烂增辉，历午、未二时纲缊不散。正值林园工竣之时，上瑞叠臻，千秋罕遇等语。朕素不言祥瑞，惟有朝乾夕惕，感上天垂象示儆之恩，何敢冀嘉祥之叠锡，已屡降谕旨训教天下臣民。但自信生平尊师重道之心至诚至敬，阙里为圣人之乡，尤切羹墙之慕。乃前岁文庙重新，庆云涌现；今者林园工竣，复睹嘉祥。或者朕诚敬之衷为神明之所歆格，故显示以象，用昭日监在兹之义欤！朕感庆之下，倍增虔悚，爰谕天下臣民共知之。钦此。"相应行文该督，转行通省之文武大小各衙门一体钦遵晓谕可也等因移咨到臣。随恭设香案，望阙叩头，庆贺讫。钦惟我皇上化洽万方，光昭四表。懋崇高之至德，比竣尼山；沛浩荡之深仁，承源泗水。道隆参赞，集群圣之大成；治协中和，迈百王而首出。是以昭回著象，聿彰文治之益隆；豫顺征庥，共荷恩光之普被。维兹圣庙，尤廑宸衷。内帑特颁，实属九重之盛典；泮宫敕建，更新三代之弘规。前此宫墙丕焕之时，喜见庆云之应瑞；今兹林域竣工之日，复呈捧日之殊祥。亘万丈之荣光，远环紫极；绚一轮之彩色，朗映丹霄。烂熳金柯，接古桧灵蓍而挺秀；纲缊玉叶，荫泮芹渚藻以交辉。后先三载之中，两经涌现；午未二时之内，万姓欣观。仰兹璀璨之天章，实喜文明有兆；臻此频仍之繁祉，益征历服无疆。庆溢群工，欢腾兆庶。仰惟皇上敬天法祖，因之屡召休征；加以重道尊师，用是叠彰嘉庆。睿怀钦翼，犹乾惕之弥殷；圣德感孚，致光华之益著。臣幸逢瑞美，愿倍切于瞻云；忝任宣防，心实虔于向日。瞻依曷极，忭舞难名。惟祝皇图昌炽于万年万国，庆重华之盛；帝业辉煌于万世万民，兴复旦之歌。臣实切踊跃欢忭之至，理合恭疏庆贺，伏乞皇上睿鉴施行。

雍正十一年正月二十一日题。奉旨："该部知道。钦此。"

卷八

恭谢特授副总河

奏为恭谢天恩，敬请圣训事。窃臣一介庸愚，至微极陋，荷蒙皇上天恩，授以副总河之衔，专管豫省河务。臣自揣庸才，恐难胜任，具折陈情，复蒙敕下王大臣议覆，仍照前议。奉旨："此事依议，着部行文，将嵇曾筠奏折一并发去。钦此。"工部备咨到臣，随恭设香案，望阙叩头谢恩讫。伏念河工关系运道民生，豫省堵筑甫竣，堤防尤属紧要，臣知识短浅，膺兹重任，实切悚惶，敢不矢慎矢勤，力图报效，惟祈训示方略，俾有遵循，得以黾勉趋事。上赖圣诚昭格，河流底定，永庆安澜，庶几仰报皇上洪恩于万一耳。谨具疏恭谢天恩，敬请圣训，伏乞皇上睿鉴施行。

雍正二年闰四月十三日奏。奉旨："该部知道。钦此。"

恭谢钦赐《陆贽奏议》

题为恭谢圣恩事。雍正二年闰四月初十日，蒙皇上恩赐臣《陆贽奏议》一部到武陟工所，臣随恭设香案，望阙叩头谢恩，祗领讫。钦惟我皇上德懋勋华，功隆谟烈。乘乾敷化，立诚敦参赞之原；启震膺图，主敬裕治安之本。宸衷肃穆，勤披览而金镜常昭；圣学渊深，广论思而玉编早鉴。缅维唐臣陆贽，实为前代名贤，本学问而为事功，既有裨于当日；竭忠诚而陈奏议，可昭示于来兹。乃蒙我皇上御制序文，垂治平之典则；特行颁赐，励中外之臣工。焕睿藻于行间，节目纲维悉著；冠王言于篇首，精微广大胥陈。臣学愧疏庸，深有慕于酌古准今之用；才惭拿陋，当益勉夫忠君爱国之忱。谨口诵以心维，什袭奉为至宝；务躬行而力践，就将仰答洪慈。谨具疏恭谢圣恩，伏祈皇上睿鉴施行。

雍正二年闰四月十九日题。奉旨："该部知道。钦此。"

恭谢钦赐《朋党论》

题为钦奉上谕事。雍正二年九月十六日准兵部咨：奉旨颁发抄录上谕一道，《御制朋党论》满、汉书共二本，扇面连四纸裱的一张。提塘官捧赍到豫，臣随跪接至武陟工所，恭设香案，望阙叩头谢恩，祗领讫。钦惟我皇上万善攸同，一中建极。化隆大顺，弥深咨儆之忱；道合至公，仰见都俞之盛。尽忠补过，俨闻天语之谆详；大法小廉，凛对王言之诰诫。乃靖共夙夜，宜共矢夫忠诚；跄跻班联，或易流于朋党。爰抒宸翰，直穷比匪之隐微；载焕天章，永示臣工之法守。遵道遵路，跻斯世于荡平；无党无偏，肃官方于正直。臣钦承圣训，益凛旦明；敬佩鸿文，弥深惕励。秉一诚以自矢，瞻依惟注枫宸；勉三事以在公，寤寐亦倾葵悰。奎章恺切，祗服膺为几案之铭；圣藻光华，愿什袭为子孙之宝。谨宣扬而率属，咸恪守以持躬。所有奉到上谕并《御制朋党论》缘由，理合具疏恭谢天恩，伏乞皇上睿鉴施行。

雍正二年九月二十八日题。奉旨："该部知道。钦此。"

恭谢秋汛议叙加级

奏为恭谢天恩事。雍正二年十月十三日准工部咨，钦蒙皇上批臣恭报秋汛等事一本，奉旨："据奏黄、沁二水经过秋汛，工程保固平稳，知道了。嵇曾筠率领各官于黄、沁二河堤工保固修筑，虽河水泛涨，俱各无虞。可嘉嵇曾筠着加三级，仍行令嵇曾筠会同齐苏勒将河工实在效力行走勤劳显著之员，察明造册，送部议叙，该部知道。钦此。"钦遵。移咨到臣。随恭设香案，望阙叩头，恭谢圣恩讫。钦惟我皇上道隆参赞，功著平成。四海粹宁，尚勤求夫民隐；两河底定，每加惠于臣工。遍庶职以蒙庥，靡一夫之不获。臣忝膺重任，未效寸长，惟兹秋汛之湍流，偶逢泛涨，仰赖圣恩之广被，得庆安澜。至率属修防，原以靖共夫职守；而频年经理，并无独出之谋猷。乃奔走微劳，亦荷九重之廑念；丝纶特贲，幸邀三级之荣加。敬宣德意于河干，欢呼不遍；远戴恩光于阙下，感激难名。受此隆施，刻图仰报。惟有率循僚属，益尽力以尽心，巩固工程；倍矢勤而矢慎，庶以仰酬高厚于万一耳。除会同河臣齐苏勒，将河工实在效力行走勤劳显著之员，察明造册，送部议叙外，所有微臣感激愚忱，谨缮疏恭谢天恩，伏祈皇上睿鉴施行。

雍正二年十月二十日题。奉旨："该部知道。钦此。"

恭谢钦赐上谕清、汉书二本

题为钦奉上谕事。雍正三年三月十八日奉旨颁发上谕清、汉书二本到臣，随恭设香案，望阙叩头谢恩，祗领讫。钦惟我皇上智周六合，德冠三才。百度维新，允矣礼明乐备，万几协一，森然纲举目张。作君兼以作师，官箴亲制，保民如同保赤，圣谕弘宣。昭德化之大原，广教思于盛世。伏念圣祖光前启后六十年之大烈丕扬，恭逢皇上敬天勤民千百国之深仁溥被。自朝廷以及邦国，靡一人不恺切提撕；由庠序以至郊圻，无一事不周详指示。诚朋党而登俊乂，言言广大精微；揆国用以沛恩施，字字缠绵谆挚。良由至诚以立体，本仁育义正之圣心；是以吐辞而为经，垂觉世牖民之至教。用彰令典，普示群工。臣仰荷恩颁，恭承宝训。惟有公忠益励，永奉万年法守之良规；更期敬谨宣扬，咸归一道同风之至治。谨缮疏恭谢天恩，伏祈皇上睿鉴施行。

雍正三年四月二十四日题。奉旨："该部知道。钦此。"

恭谢免赔兰仪二县漫工并免参疏防

题为圣主恩施浩荡，微臣感激难名，敬陈谢悃，仰祈睿鉴事。雍正三年八月初五日准工部咨开，本年七月二十二日内阁抄出，奉上谕："今岁入夏以来雨水过多，朕念黄淮伏秋两汛必然水势浩瀚，甚以为忧，所以从前批发嵇曾筠奏折有无日不神驰黄淮两岸之语。今据田文镜奏称，仪封县南岸大寨、兰阳县北岸板厂后两处冲开决口各十余丈，此皆朕躬不德或用人行政有缺失之所致,返躬惕励,夙夜不安。其冲决堤工,田文镜可星速会同副总河嵇曾筠督率各属河员并力抢筑,务期永久坚固;其一带危险工程,亦当增卑培薄,预为之防。至被灾人民,着速委能员实心确查,应赈恤者即动用正项钱粮赈恤。冲没田地,详细估勘,应豁免者题请豁免。朕从前曾命将河属官员分别议叙,今仪封、兰阳两处既被冲决,例应参处,但朕自念不德,其疏防各官吏止停其议叙,不必参处,并从宽免其赔修。特谕钦此。"相应行文副总河遵行可也,为此合咨前去,查照施行等因移咨到臣。随行布政司管河道厅一体钦遵外,今据河南管河道府厅县详请代为题谢等请到臣等。钦惟我皇上德隆覆载,勋著平成。发帑兴工,固堤防于九曲;捐租赐复,普乐利于千秋。业已咸登衽席,共庆安澜矣。伏念臣等猥以庸材,承乏河干,智识短浅,防护未周,以致兰阳北岸板厂、仪封南岸大寨两处堤工各漫塌十余丈,此皆臣等奉职无能,一时疏忽所致,理应照例处分赔修。荷蒙我皇上覆冒弘慈,恩施格外,温纶特沛,恕宥臣工,谕令疏防各官不必参处,并免赔修。轸念被灾人民,动帑赈恤,淹没田地钱粮,估勘豁免。异数殊恩,逾于尧舜;深仁厚泽,浃于臣民。万姓欢呼,百官踊跃。臣等跪读之下,感激涕零,愧汗无地。查仪封县南岸大寨漫口已于八月十一日合龙,二十二日告竣;兰阳县北岸板厂漫口已于八月十二日合龙,十八日告竣。臣等惟有殚心竭力,夙夜黾勉,率同印河各官加谨防护。凡有危险工程,俱应凛遵圣训,相机增卑培薄,务期永久坚固,上慰圣怀。除被灾人民及淹没田地钱粮听抚臣田文镜动帑赈恤、估勘豁免外,所有臣等感激微忱,及道府厅县等官,详请恭谢天恩情由,理合会同河臣齐苏勒、抚臣田文镜合词具题,伏祈皇上睿鉴施行。

雍正三年九月十三日题。奉旨："该部知道。钦此。"

恭谢兼管山东黄河工程

奏为恭谢天恩，仰祈睿鉴事。雍正五年正月初三日准工部咨开，雍正四年十一月十二日吏部奉旨："近年豫省河务险工下移，堤岸完固平稳；山东河务甚属紧要，向系山东巡抚管理，但巡抚有地方责任，恐不能专理河务。山东与河南接壤，作何令副总河嵇曾筠兼管之处，着九卿会议具奏。钦此。"钦遵。于十一月十六日吏部移送到部，该臣等会议得：山东与河南接壤，皆黄河所经，两省堤工最称险要。近年豫省河务荷蒙皇上圣谟指示，预筹巩固，特发数十万帑金令其增卑培薄，并将从前暂缓之大堤以及应修遥、月等堤一概兴修，是以豫省河工得以完固平稳。乃睿谋深远，复颁谕旨："以豫省河务险工下移，山东河务甚属紧要，巡抚有地方责任不能专理河务，河南与山东接壤，作何令副总河嵇曾筠兼管之处，着九卿会议具奏。钦此。"臣等查河工事宜本系总河专责，今河南既设有副总河，现驻河南武陟等处，与山东地方接壤，两省河工原属一体。其山东巡抚既有地方专责，若一兼管河务，不无顾此失彼之虞。理应钦遵谕旨，将山东与河南接壤之曹县、定陶、曹州、单县、城武等处附近黄河地方，凡一切修筑堤岸等工，应交与副总河嵇曾筠就近管辖；至莱芜、泰安、新泰等十七州县泉源，并柳长河、魏河、鬲津、赵牛等河湖闸坝，一切挑挖修筑工程，及胶莱民田陂水，已经臣等于内阁学士何国宗等覆奏案内议准，添设管泉通判一员，令其稽查疏浚。查各处地势远近不一，且挑挖修筑多系地方官经理，相应仍令山东巡抚作速兴修。再徒骇河自山东东昌府聊城县起经济南府至滨州入海，计五百六十八里，共历十三州县；马颊河自东昌府博平县起经德州至海丰县入海，计四百九十二里，共历十州县，俱附近济南副总河驻扎。武陟相去济南千有余里，若至滨州、海丰等处，则更觉辽远，前已于雍正四年七月十三日奉旨，交与御史尤清、王之锜各管一处，听山东巡抚调度，遵行在案，应仍令山东巡抚管理。俟命下之日行文总河、副总河，并山东巡抚遵行可也。雍正四年十二月十九日题，本月二十一日奉旨："依议，钦此。"抄出到部，为此合咨前去，钦遵施行等因移咨到臣。随恭设香案，望阙叩头，恭谢天恩讫。窃臣一介寒微，才庸识短，仰蒙皇上特达之知，非常之遇，畀以河防重任，报称无能，愆尤丛积，屡荷圣慈高厚，教育矜全。臣身邀怙冒之深仁，心凛谆详之训诫。时深惕励，方切悚惶。乃蒙我皇上新恩再沛，委任有加，特颁谕旨，轸念山东河务紧要，将附近黄河地方，凡一切修筑堤岸等工交臣就近管辖。臣仰承恩命，清夜扪心，感愧交并。伏念东省黄河经行曹、单等县地方，密迩运道，所关尤重。臣菲材蚊负，夙夜战兢，豫省堤工善后，固不敢少懈修防，而山东河务经营伊始，更当黾勉办理。惟有益加奋励，殚竭驽骀，务期小心修守，巩固长堤，以仰报皇上天恩于万一耳。除臣于正月初七日前往曹、单等县，查勘堤埽工程，一切事宜另行陈奏，敬请圣训外，所有微臣仰荷新纶，感激蚁忱，理合具疏恭谢天恩，伏祈皇上睿鉴施行。

雍正五年正月十九日奏。奉旨："该部知道。钦此。"

恭谢河清加级

奏为恭谢天恩事。雍正五年三月初一日准吏部等部咨为请

旨事，雍正五年二月十八日本部等部奏前事内开，准礼部咨称，雍正五年正月十三日恭奏《圣世河清普天同庆》一折，于本月十七日奉旨："览诸王大臣等奏称，河水澄清二千里，期逾两旬，为从来未有之瑞，恳请升殿庆贺。朕尝言天下至大，庶务至繁，断非人主一身所能经理，必赖内外臣工协力赞襄，然后可以成一道同风之盛。若上有凉德之主，而下皆皋、夔、稷、契之臣，则工虞水火，佐理有人，政务亦不患其不举；若上有尧舜之主，而下皆共工、驩兜之辈，则耳目股肱，无所资借，政务亦必至于废弛。故人君之道以得人为要，而人臣之道以奉职为先，此一定之理也。朕统临万方，虽刻刻有励精图治之念，然必赖内外臣工共矢公忠，各殚才力，然后有实政实效。及于吏治民生，方可以感天和而锡繁祉，不然，则朕虽有勤政之念，岂能事事躬亲办理之也。今见数年之中，荷蒙上天、皇考默佑，叠锡嘉祥，兹又有河清之上瑞，朕细推天人感应之理，自非无因，应是内外臣工能体朕宵衣旰食之怀，洗阳奉阴违之习，分猷效职有数端之善，上合昊天、皇考之心，是以锡兹福庆以励将来。尔等试再思之，人事甫修，仅有数端之善，即邀上天、皇考之嘉贶。若此倘能益竭忠诚，事事皆善，则其获福又当何如！或由此而侈然，自是怠惰前修，则其获谴又当何如！可不慎乎！可不惧乎！况天道恶盈，朕心方且因此益加戒儆，所请庆贺典礼，朕必不行。朕念君臣之间，实属一体，上天、皇考既垂训于朕，朕即以此训及诸臣；上天、皇考既赐福于朕，朕即以此福及诸臣。凡属京官，自大学士、尚书以下，主事以上，内大臣、都统、前锋、统领、护军统领、步军统领以下，参领以上；凡属外官，自督抚以下，知县以上；武官自将军、提镇以下，参将以上，俱着加一级。其王公等管理部院、都统事务

者,应如何加恩之处,着宗人府议奏。自兹以往,内外臣工当益加黾勉,精白乃心,和衷共济,矢勤矢慎,秉公去私,凛天鉴之匪遥,念感应之不爽,以至诚至敬,仰承上天、皇考之眷佑,则受福孔多,永永弗替矣。勉之勉之。钦此。"钦遵。移咨前来,查文职京官内阁、部院各衙门堂官,詹事府中赞以上,翰林院讲读以上,并各部院衙门之郎中、员外、主事及与主事对品应升员外郎等官;外官自督抚、学政司道,以及知府、知州、知县、正印官,俱遵奉谕旨加一级。其六科给事中,各道监察御史,虽系七品,多由各部郎中、员外、主事补授,其稽察、巡查各有职任,应亦准共加级。至翰林院修撰、编检,虽与科道品级相同,并无专司职掌,应不准其加级。在外佐贰等官,以及布按二司首领,概不准其加级。以上应加级现任各官,除初任及补任之员,在奉旨以前到任未及三月者俱不准其加级。其新经升转调补各官,虽未及三月,在前任内应加级者,俱准于新任加级。恭候命下臣部等部,行文各部院等衙门,并八旗都统、直隶各省督抚,顺天、奉天府尹、将军提镇,将应加级各官注明到任日期,造册送部,查核存案等因。雍正五年二月十八日奉旨:"翰林院修撰、编修、检讨亦准其加级,余依议。钦此。"为此合咨前去,钦遵查照施行等因移咨到臣。随恭设香案,望阙叩头,恭谢天恩讫。钦惟我皇上尧文炳焕,禹迹遐通。勋德复隆,文武圣神由广运;声教远讫,东西南朔庆平成。七政齐八风,协民安物阜,本宵衣旰食之勤;三事备六府,修上清下宁,增川至日升之盛。固已瑞麦嘉禾、连珠合(壁)〔璧〕、苞符叠至、福祉骈臻矣。兹值三阳开泰,恭逢五省河清,皆由我皇上大孝格天,至仁育物,朝乾夕惕,敬承圣祖之鸿庥;图治求安,上感穹窿之默契。是以两河献瑞,九曲呈祥。祚巩昆仑，尧阶永奠于九有；波恬宿海，舜衣垂拱于万年。诚为启嘉应而报昌期，洵属大休征而呈上瑞。乃圣心敬跻，睿德谦冲。命辞朝贺之仪，恩逮臣工之级。宠施车服，喜动班联。逾常秩以增荣，鹭序鹓行齐拜舞；感洪仁之特沛，山陬海澨尽腾欢。臣供职河滨，欣沐滂流之膏泽；蒙恩霄汉，凛遵训诫于冰渊。惟有殚竭微忱，长祝澄清之景运；率先黾勉，愈图巩固于金堤。臣谨缮疏恭谢天恩，伏祈皇上睿鉴施行。

雍正五年三月十三日奏。奉旨："该部知道。钦此。"

恭谢转补吏部左侍郎

奏为恭谢天恩事。雍正六年正月初十日准吏部咨开，雍正五年十二月二十日奉旨："嵇曾筠转补吏部左侍郎，刘师恕补授吏部右侍郎，钱以垲补授礼部右侍郎，钦此。"查本部右侍郎嵇曾筠现任副总河，相应行文知照可也。为此合咨前去，钦遵查照施行等因到臣。随恭设香案，望阙叩头，恭谢天恩讫。窃臣荩菲庸材，至愚极陋，钦蒙皇上高厚洪慈，拔置卿贰。复缘豫省、山东堤岸有关运道民生，特奉上谕，命臣管理河干五载，深惭蚊负。幸赖圣谟广运，睿虑周详，指示遵循，安澜永庆。惟是才微任重，未效寸长，中夜扪心，方深悚惕。乃蒙皇上恩纶特沛，将臣转补吏部左侍郎，闻命自天感激无地。伏念晋秩幸登铨部，已邀逾格之隆恩，迁阶得亚天卿，尤属非常之旷典。臣生何幸，荷此殊荣，纵竭涓埃，难酬怙冒。惟有事事恪遵圣训，时时殚竭愚忱，修守加勤，堤防永固，以期无负皇上拔擢深恩于万一耳。臣谨恭疏叩谢天恩，伏乞皇上睿鉴施行。

雍正六年二月初八日奏。奉旨："该部知道。钦此。"

恭谢授兵部尚书

奏为恭谢天恩事。雍正六年三月十三日准吏部咨开,本年三月初三日奉旨:"嵇曾筠补授兵部尚书,仍着办理河工事务。钦此。"为此合咨前去,钦遵查照施行等因到臣。随恭设香案,望阙叩头,恭谢天恩讫。窃臣一介愚陋,樗栎庸材,荷蒙皇上不次拔擢,浘列卿贰,因河南、山东黄河堤岸为运道民生所关,特颁谕旨,授臣以副总河之职,奔驰数载,报称全无,夙夜冰兢,恒深儆惕。上赖睿谟广运,圣训精详,得以黄水安澜,河流顺轨。乃蒙温纶叠沛,宠命频加,命臣补授兵部尚书,仍着办理河工事务。惊闻简任,感激涕零。伏念臣识浅才庸,备沐殊恩异数,六年之内屡荷超迁,两省之中复叨统辖,兹复畀以枢机重寄,仍兼水土是司。臣顾何人?邀兹宠遇,分愈荣而责愈重,恩愈渥而报愈难。惭悚交并,不知所措,惟有勉竭驽钝,永效驰驱,益殚蚁忱,时勤修守,以期仰答皇上始终策励洪恩于万一耳。臣谨缮疏恭谢天恩,伏祈皇上睿鉴施行。

雍正六年三月十九日奏。奉旨:"该部知道,钦此。"

恭谢钦赐《子史精华》

题为恭谢天恩事。雍正六年三月初六日,内阁交出皇上钦赐御定《子史精华》,全部到豫。臣随恭设香案,望阙叩头谢恩,祗领讫。钦惟我皇上德盛文明,孝隆继述。圣神天亶,周万几于一日,午夜观书;学问日新,垂大训于千秋,酉山启秘。惟宸谟之懋著,斯祖学之弥昭。恭读《子史精华》一书,仰见圣祖仁皇帝治定功成，敏求好古。萃群言之义蕴，而用其中；得一贯之指归，而握其要。已纂修于馆阁，将宣布乎寰区。我皇上绳武维殷，右文倍切。圣以继圣，乘敕几之暇以搜罗；勤益加勤，分宵旰之余而鉴定。爰梓后先之史集，用颁中外之臣工。俯察仰观，图畴皆备；广稽博者，囊括靡遗。加以撷芳藻于艺林，兼收华实；汇文澜于学海，悉合渊源。臣自愧空疏，幸蒙宠赐。仰诵辉煌之御序，俨同日照月临；敬披璀璨之琅函，何异云蒸霞蔚。将见多士登百家之堂奥，益彰帝业光华；群寮得万世之津梁，永颂皇猷巍焕。臣曷任感激欢忭之至，理合缮疏恭谢天恩，伏祈皇上睿鉴施行。

雍正六年四月三十日题。奉旨："该部知道。钦此。"

恭谢补授吏部尚书

奏为恭谢天恩事。雍正六年五月初六日准吏部咨开，本年四月二十五日奉旨："嵇曾筠补授吏部尚书，仍办理副总河事。钦此。"为此合咨前去，钦遵查照施行等因移咨到臣。随恭设香案，望阙叩头谢恩讫。窃臣谫陋庸才，遭逢盛世，荷蒙皇上特加任使，不次超迁，由词垣而洊历卿班，未有涓埃之报；以武部而兼司河务，惭无尺寸之长。上赖圣训频加，俾得恪遵无斁，是以河防永固，随时俱庆安澜；疆畔毕修，是处皆成乐土。在臣工竭诚趋事，固属职分宜然；我圣主懋赏酬庸，尤极古今未有。六年以内，乃蒙六晋官阶；两月之中，复幸两膺宠命。叠垂宸眷，特赐恩纶，命臣补授吏部尚书，仍办理副总河事。敬闻之下，愧悚交深。伏念铨部水衔，乃六曹之长；蒙卿重寄，居百尔之先。臣何人斯，膺兹异数。纵殚心竭力，莫报高深；

即刻骨铭肌，难名感激。惟有事事钦承训旨，永为服官之箴；时时加谨修防，仰副简畀之重。庶以上报皇上弘慈于万一耳。谨缮疏恭谢天恩，伏祈皇上睿鉴施行。

雍正六年五月初十日奏。奉旨："该部知道。钦此。"

恭谢钦赐《古今图书集成》

题为恭谢天恩事。雍正六年八月初一日，蒙皇上钦赐《古今图书集成》全部到臣，随恭设香案，望阙叩头谢恩，祇领讫。钦惟我皇上道集大成，孝隆善述。范围有象，文章丕焕于尧天；渐被无疆，声教聿周于禹甸。伏念圣祖仁皇帝法刚健于乾行，配含弘于坤载。万几余暇，久昭删定之功；群籍搜罗，更极图书之盛。我皇上绍闻无斁，缵绪惟勤，特命臣工重加编校。首天文而次地理，经纬靡遗；明庶物而察人伦，纪纲毕具。金声玉振，脉络贯通；璧合珠联，光华烂熳。统六千部之赤文绿字，广大精微；萃一万卷之碧简缥题，群分类聚。是惟聪明睿智，作君而兼作师；所以齐治均平，善政由于善教。本敬承之至意，裁鉴弥精；布嘉惠之深仁，洪纤备举。臣昔依侍从，曾观石室之藏；近事宣防，屡拜琅函之锡。溯词源于学海，往者过来者续，用彰古往今来；汇圣泽于恩波，河出图洛出书，喜洽荥河温洛。贯三才而包六合，典章总备于皇章；迈千圣而冠百王，文治原兼乎孝治。珍逾鸿宝，弘开奕叶之光；感切葵忱，长戴重华之运。臣无任踊跃欢忭之至，理合恭疏，奏谢天恩，伏乞皇上睿鉴施行。

雍正六年九月二十日题。奉旨："该部知道。钦此。"

恭谢钦赐《音韵阐微》

题为恭谢天恩事。雍正六年十一月初二日，据提塘官赍捧内阁交出皇上钦赐《音韵阐微》全部到豫。臣随恭设香案，望阙叩头，谢恩祗领讫。钦惟我皇上运启重华，道隆善述。大一统车书之盛，同文不异于同伦；闻五音声教之先，为律实兼于为度。伏读《音韵阐微》一书，仰见盛朝文治与政治以偕隆，圣主教思本孝思以广运。历十年而竣事，纂修已极周详；会四海以同风，平仄惟期画一。开齐撮合，别呼法于轻重之中；齿舌喉唇，办收声于语言之表。贯古今而包南北，经纬分明；参天地而洽神人，洪纤具举。合声切法，图书之义类无穷；按韵分音，字母之标题有等。盖缓读则成二字，急读则成一字。提其要，聿彰翻切之大纲，乃律感吕而声生，吕感律而音生。溯其原，足悟精微之妙蕴。臣备蒙宠锡，仰凤藻之辉煌；深愧颛愚，凛葵衷之感惕。采精华于子史，璧合珠联；探律历之渊源，乾旋坤运。图书之富已集大成，传说之精俱由钦定。乃谐声会意，直穷造字之原；将制乐审音，更极永言之盛。帝晖遐烛，云汉为章；天籁齐鸣，宫商迭应。备四声于一语，敬陈圣哲之词；垂三重于万年，长戴文明之运。臣不胜感激欢忭之至，谨缮疏恭谢天恩，伏乞皇上睿鉴施行。

雍正六年十二月十二日题。奉旨："该部知道。钦此。"

恭谢钦赐《人臣儆心录》

题为恭谢天恩事。雍正六年十二月十五日，蒙皇上钦赐世祖章皇帝《御制人臣儆心录》清、汉文各一本到臣，随恭设香案，望阙叩头，谢恩祇领讫。钦惟我皇上觉世功隆，教忠恩溥。惟精惟一，契十六字之心传；丕显丕承，垂亿万年之圣教。伏读世祖章皇帝《御制人臣儆心录》，訏谟弘远，每切尧咨舜儆之忧；制作辉煌，常昭禹范汤铭之训。我皇上奉扬祖烈，用肃官方，严诰诫于一编，聿著公私之辨；统规箴于八则，特申诚伪之分。盖惟事有殊途，美恶都由心造；道无中立，忠良只在躬行。必须先正其心，斯克靖共尔位，党援弗植。惟臣节之是敦实效，宜崇勿虚声之是骛。识明守定，公尔忘私；大法小廉，义以为利。冰渊自凛，每深盈满之防；夙夜不遑，务竭悃忱之献。此皆臣子在公之令典，即为盛朝励俗之良模。臣自愧颛蒙，常存警惕，荷圣明之洞鉴，感切葵衷；仰谟制之遐颁，珍逾鸿宝。惟时时以捧诵，虽癏瘝亦用儆心；且处处以提撕，俾僚属皆知涤虑。矢公矢慎，敬承牖启之王言；一德一心，幸际郅隆之圣治。都俞吁咈，明良喜协于虞廷；南朔东西，声教罩敷于禹甸。臣不胜感切凛遵之至，理合缮疏恭谢天恩，伏祈皇上睿鉴施行。

雍正七年三月二十二日题。奉旨："该部知道。钦此。"

恭谢管理河南山东河道总督

奏为恭谢天恩事。雍正七年三月初二日准吏部咨开，本年二月初五日大学士等奉上谕："齐苏勒练达老成，深悉河工事务，是以将嵇曾筠为副总河，专管北河，而令齐苏勒兼理南北两河之事。今尹继善新管河务，朕意欲令尹继善、嵇曾筠分任南北两河。又思治河之道，必合全河形势，通行筹画，方可疏导安澜；若分令两员管理，恐有推诿掣肘之处。着怡亲王、大学士等会同署苏州巡抚王玑，及九卿内本籍江南、河南、山东之人通晓河务者详悉，速议具奏。钦此。"臣等查得，河务关系重大，河流自河南至江南入海，数千里间紧险工程之处甚多，实非一人所能经理。雍正元年皇上特命嵇曾筠为副总河专理北河，齐苏勒仍兼管南北二河之事，数年以来河水安澜，堤工完固。兹奉谕旨："尹继善新管河务，欲令尹继善、嵇曾筠分任南北两河。又思治河之道必合全河形势，通行筹画方可疏导安澜；若分令两员管理，恐有推诿掣肘之处。着臣等会同详议具奏，钦此。"臣等谨议：河之南北因地而分，共源委通流本属一贯，是以上流势缓则下亦舒徐，上流势紧则下即奔激，修治之道必合全河形势，彼此关照方可堵筑疏导。是河臣虽分两员，而办事应如一体。请将尹继善为总督江南河道、提督军务，嵇曾筠为总督河南山东河道、提督军务，分管南北两河，其有江南、河南、山东修理工程，令尹继善、嵇曾筠公同商酌，会稿具题，期于两处均有利益。倘有紧要抢修之处，即一面堵筑，一面知会，亦不得借会商为名以致迟误工程。至题补河员及奏销钱粮等项，则各归各管。庶南北既有专司，而河工亦无推诿掣肘之事。恭候命下，交与礼部铸给关防等因。

雍正七年二月初八日奏。本月十六日奉旨："依议，钦此。"为此合咨前去，钦遵查照施行等因到臣。随恭设香案，望阙九叩，恭谢天恩讫。窃臣一介庸愚，至微极陋，荷蒙皇上殊恩，不次拔擢，授以河南副总河之职。又复仰承恩命，兼管山东黄河堤工。任事以来，皆上赖圣谟广运，睿虑精详，所以黄流循轨，彰盛世之休征；河水澄清，应熙朝之上瑞。臣幸邀天庇，得奉安澜，敬谨遵循，悚惶倍切。乃蒙特颁谕旨，令尹继善与

臣曾筹分任南北二河之事。又以治河之道，必合全河形势通行筹画，方可疏导安澜，若分令两员管理，恐有推诿掣肘之处，特允廷臣议奏，授臣为总督河南山东河道、提督军务。其有江南、河南、山东修理工程，令尹继善与臣公同商酌，会稿具题，期于两处均有利益。其有紧要抢修之处，即一面堵筑，一面知会，亦不得借会商为名以致迟误工程。至题补河员及奏销钱粮等项，则各归各管。仰见皇上圣明天纵，洞悉河防，指示机宜无微不照。伏念臣司河渐久，负罪愈深，清夜扪心，弥增感愧。今复荷洪慈，叠邀旷典。总督膺两省之职任，豫东界千里之修防。臣何人斯，受兹重寄，惟有益加谨慎，详求疏筑之宜；勤事奔驰，勉竭驽骀之力。和衷共济，倍凛小心，务期河道深通，全堤巩固，以仰报皇上天恩于万一耳。所有一切应行事宜，恭候敕书、印信颁发到日，凛慎钦遵，次第举行外，臣谨缮疏恭谢天恩，伏乞皇上睿鉴施行。

雍正七年三月初三日奏。奉旨："该部知道。钦此。"

恭谢钦赐律例

题为恭谢天恩事。雍正七年五月十三日准律例馆咨：奉旨颁发律例一部到臣。钦此。随恭设香案，望阙叩头，谢恩祇领钦遵讫。钦惟我皇上刚健执中，圣神立法。持平慎罚，登兆姓于春台；准义揆情，保群生于寿域。蔼阳和而兼秋肃，四海同伦；饬大法而谨小廉，八方循矩。雍熙有象，本祖训以弼教明刑；董正咸宜，体天道以裁成辅相。刚柔义用，沐生全者同游化日光天；偏党潜消，大会规者共识饮和食德。是以王言屡沛，炳日月之照临；帝德弘敷，参宇宙之化育。惟律例为制刑之本，而科条乃听断之原。恭逢圣主乘乾即命详加厘定,复荷帝心清问务期考核酌中。曰重曰轻,协权衡于至当;有伦有要,慎出入以无差。化洽万邦,会见祥刑有庆;风同六合,胥归至善无私。臣学愧刑名,忝膺河任,仰帝光之渐被,咏圣治之荡平。讲读维勤,愿祗承于夙夜;钦遵罔斁,矢服习于在公。条教丕宣,绥甸要荒,驯致风清俗美;准绳既定,劳来匡直,咸知向化倾心。庆一人以洽兆民,令典昭垂千载,享安和之福;敬五刑以成三德,鸿钧广运万方,臻仁让之休矣。所有奉到钦定律例缘由,理合恭疏题谢,伏乞皇上睿鉴施行。

雍正七年闰七月十七日题。奉旨:"该部知道。钦此。"

恭谢秋汛议叙

奏为恭谢天恩事。雍正七年十一月二十六日准吏部咨为秋汛已竣等事,文选清吏司案呈,吏科抄出本部题前事内开议得河东河道总督嵇曾筠疏称:豫、东二省黄河水势消落,工程稳固,三家庄大滩之内自汕深渠,埽坝俱现,淤滩化险为平等因具奏。奉旨:"嵇曾筠着交部议叙,其在工人员着嵇曾筠分别等次送部议叙,钦此。"钦遵。查雍正五年十月内,原任总河齐苏勒等恭报秋汛水势平稳一疏,经臣部遵旨议叙,各准其加一级在案。今河东总河嵇曾筠督率河员悉心防护,秋汛平稳,河工保护完固,永庆安澜,应将嵇曾筠照例准其加一级,其在工人员俟该督分别等次,报部到日议叙可也等因。雍正七年十一月十四日奉旨:"嵇曾筠着加一级。田文镜总督河东河工事务,虽非专责,然年来与嵇曾筠同寅协恭,悉心料理,是以堤工完固,共庆安澜,田文镜亦着加一级。余依议,钦此。"抄出到部,为此合咨前去，钦遵查照施行等因移咨到臣。钦此钦遵。臣随恭设香案，望阙叩头恭谢天恩讫。钦惟我皇上德迈唐尧，功高神禹。和恒景运，洽流峙以凝禧；光被鸿庥，媲清宁而合撰。惟是导河硕画，殚黼座之经营；治水弘谟，廑彤廷之咨儆。应疏应浚，天语叮咛；宜筑宜修，王言诰诫。溯黄河万里，豫东实属要区；逢汛水三秋，捍御尤为急务。循原及委，睿算精详；发帑鸠工，湛恩汪濊。心参造化，普锡福于臣民；手画平成，致怀柔于河岳。此诚旷代所无，实属生民未有。兹者河流循轨，险势皆平，中泓自汕成渠，两岸长堤巩固。谷穗禾茎，遍野共灵芝异卉以呈祥；河黄沁碧，恬波映丽日卿云而献瑞。皆由我皇上至诚感召，因之默佑天心；大德昭宣，是以显彰神应。何意温纶褒叙，遍及群工，谬劣微臣幸蒙加级。伏念臣职忝宣防，才惭驽拙，钦褒忠节，双亲邀旌表之龙章；德厚生成，累世受栽培之恺泽。祖孙父子，感泣难言；身体发肤，捐糜莫报。乃复恩加晋级，荣更非常；宠赐频颁，受而滋愧。臣惟冰渊矢志，偕督臣而益凛寅恭；胼胝施工，率群力而弥勤修守。俾沁黄诸派，永歌底绩之休；豫兖各区，长颂安澜之庆。以期仰报圣主洪恩于万一耳。除将在工人员分别等次造册报部议叙外，所有微臣感激愚忱，谨缮疏恭谢天恩，伏祈皇上睿鉴施行。

雍正七年十二月初四日奏。奉旨："该部知道。钦此。"

卷九

恭谢调任南河总督

奏为恭谢天恩事。雍正八年五月十五日准吏部咨开，本年五月初二日奉上谕："嵇曾筠着以吏部尚书管理南河总督印务，北河总督事务着范时绎前往，协同田文镜办理，其河道总督印信仍着田文镜掌管，凡一切防汛稽查及督率河员之处，俱系范时绎传□其调度工程，举劾属员等紧要事件，悉听田文镜定夺。嵇曾筠久任北河诸事，甚为熟练，今调任南河相隔不远，若有预为应行询问商酌之处，着范时绎寄信咨商。钦此。"为此合咨前去，钦遵查照施行等因到臣。钦此钦遵。随恭设香案，望阙九叩恭谢天恩讫。窃臣猥以菲材，毫无知识，荷蒙皇上天恩，特命署理南河总督印务，蚊力负山，时深惴惴。今荷温纶再沛，着臣以吏部尚书管理南河总督印务，闻命自天，益滋惶悚。伏念南河地方襟带黄淮，控扼江海，工长汛险，地窄民稠，诸凡思患预防先事绸缪之处，蒙我皇上轸念民生，大发帑金广为修筑。臣仰蒙高厚，刻思勉竭驽骀，力图报效，而才识疏庸、艰于肆应，窃恐机宜未谙，获咎匪轻，惟有仰圣恩，多方指示开导愚蒙，俾臣凛遵睿虑之精详，得以戒慎于几先；敬佩圣谟之弘远，更可图维于善后。庶几疏筑允宜，修防妥协，保黄运之安澜，奠金堤于巩固，以仰报皇上洪慈于万一耳。臣谨缮疏恭谢天恩，伏祈皇上睿鉴施行。

雍正八年五月十六日奏。奉旨："该部知道。钦此。"

恭谢臣子嵇璜钦点庶常

奏为圣主加恩愈重，微臣感激难名，谨陈谢悃，仰祈睿鉴事。雍正八年五月十五日接阅邸抄，臣子嵇璜，荷蒙皇上天恩，钦点翰林院庶吉士。臣随恭设香案，望阙叩头，恭谢天恩讫。窃臣一介单寒，至愚极陋，欣逢圣主逾分邀荣，沗列卿班，畀以河防重寄，寸长未效，蚊负滋惭。乃荷天恩高厚，弘开锡类之深仁，又沛生成之大德，扪心感泣，呜咽难言。伏念臣父嵇永仁殉节闽疆，我皇上恩子旌扬，附列忠勋祠内，俾得春秋陪祀；又蒙恩赠尚书职衔，光垂泉壤，御书"忠节流芳"匾额，荣及家祠，隆恩异数，希世难逢。今臣子嵇璜，樗材浅植，初学未娴，上年应试北闱，钦赐举人，一体会试，恩赐二甲进士，随班引见，又蒙钦点翰林院庶吉士，读书中秘。祖孙父子三代邀荣，圣恩稠叠，既表扬其忠节，复录用其子孙，闻者尚知兴起，受者如何感戴？不特臣之一身宜矢报于毕生，即臣之子孙氏族，亦当共切其忠诚！不特臣子一人宜奋励以学习，即臣之捐糜顶踵，亦何能稍效于涓埃！所有微臣感激愚忱，敬谨缮疏，恭谢天恩，伏祈皇上睿鉴施行。

雍正八年五月十六日奏。奉旨："该部知道。钦此。"

恭谢免参疏防并免分赔修复各堤钱粮

题为恭谢天恩事。窃臣于雍正八年九月初十日接准工部咨为恭报河湖水势消落，漫工堵筑完竣等事一疏，奉旨："据河道总督嵇曾筠等奏称'黄运两河水势消落，其湍急诸处竭力修筑，于八月初八、初十、十三等日俱已合龙告竣。所有上下中河间段残缺堤工，现在修补，回空漕船毫无迟误。其高堰大堤，因今年奉旨发帑帮筑，是以湖水虽大，足资捍御，幸保无虞。两岸居民依然安堵，父老佥称今秋水势甚大，而旋即沙淤挂口，从未有如此神速'等语。朕前闻湖河水势涨溢，附近地方罹于水患，宵旰忧虑，不释于怀，发帑遣官星驰赈恤；兼命河臣等竭力堵筑，务期早庆安澜。今水势消落迅速，计日施工仰能底绩，此皆神明默鉴朕衷，俯垂护佑，故化险为平，奏功若此之速也。朕心深为感激，着照上年之例，敬谨致祭南河、北河之神，以申报享之典，祭祀应行礼仪着该部查明具奏。所有疏防大小各员，着免其查参，其修复各堤钱粮亦免分赔。该部知道。钦此。"抄出前来相应移咨礼部，并江南总河、河东总河俱各遵照旨内事理钦遵施行，仍知照吏部可也。为此合咨前去，钦遵施行等因。移咨到臣。钦此。钦遵。臣跪聆之下，当即率领在工文武员弁恭设香案，望阙叩头，恭谢天恩讫。当经转行各该道钦遵去后，兹据道府厅营印汛各员呈请，代题恭谢圣恩情由会详到臣。该臣等看得，今秋山水骤发，恭荷皇上法宫咨儆，宵旰勤求，蠲赈洪施，沛九重之雨露；修防明训，贻万姓以生全。是以恺泽旁敷，精诚上达，两仪同撰，跻圣敬而一气感孚；四渎朝宗，展睿谟而百川奠定。神祇默佑，造化潜移，因之各工挂口沙淤旋堵旋竣，是皆荷皇上之天功，实非人力所能为也。臣等大小河员不能未雨绸缪，烦劳圣虑，处分严谴，分所宜然，伏荷特恩宥过旷典矜全。至于各堤修复巨万钱粮，更沐鸿慈咸予豁免。钦惟我皇上德洽生成，功参位育。恭宽信敏惠，裕全备之深仁；水火木土金，协修和之景运。乃沐恩施下逮，亘古特隆；体恤群工，有加靡已。臣等戴德同天，感恩无地，自今以往，臣下之身家既沐皇上保全之赐，而顶踵佥切捐糜应赔之帑藏，复蒙皇上赏赉之仁，而修守尤宜节慎。咏歌浩荡，仰至德之难名；指示遵循，赖圣功之无间。惟有弥增寅畏，倍凛冰渊，协力修防，务期巩固。抒诚奋勉，永庆安澜，仰报洪恩于万一。今据各该道转据各员感激情由，吁请代题前来，臣谨会同苏州巡抚协理河工事务臣尹继善合词具题，恭谢天恩，伏乞皇上睿鉴施行。

雍正八年九月二十二日题。奉旨："该部知道。钦此。"

恭谢秋汛议叙

奏为恭谢天恩事。雍正八年十一月二十四日准吏部咨为恭报秋汛等事，内开文选清吏司案呈，吏科抄出本部题前事内开议得兼理河东河道总督田文镜疏称，豫、东二省秋汛水势已过，各工平稳情形，理合题报等因具题。奉旨："田文镜、嵇曾筠、尹继善着交部议叙，南北两河官员在工防护有功者，着该总河一一查明送部分别议叙。钦此。"钦遵。查今年南北两河水势浩大，两河总督等督率河员抢护修筑，各工平稳，得庆安澜，应将总督田文镜、嵇曾筠、巡抚尹继善照例各准其加一级；其南北两河在工防护有功官员，俟该总河查明报部到日分别议叙可也等因。于雍正八年十一月初三日奉旨："田文镜、嵇曾筠、尹继善俱着加一级，余依议。钦此。"为此合咨前去，钦遵查照施行等因移咨到臣。随恭设香案，望阙叩头，恭谢天恩讫。窃臣一介庸愚，仰荷皇上高厚隆恩，畀以南河重任。今年水势浩大，竭蹶办理，深虞蚊负。乃以抢护修筑早庆安澜，特旨敕部议叙，俾微臣获邀晋级之荣，闻命自天，感激无地。伏念南工实为湖河交错之区，防护攸关运道民生之计，蒙我皇上法宫咨儆，纶诏星驰，天心昭鉴于圣心，圣德允符乎天德，是以百川奠定，二渎安流。况河员既蒙旷典以矜全，工帑更沐鸿慈而赏赉，隆恩下逮，至渥至周。乃微臣弥切悚惶，忽荷温纶褒叙；正深感激，又叨晋级荣加。刻骨铭心，赓颂宣劳天语；沦肌浃髓，涵濡浩荡恩波。仰覆载之无私，实有加而靡已；荷宠荣之逾分，殊内省以多惭。惟有殚尽血诚，弥增敬谨；竭兹驽力，益慎修防。身叨圣主千百倍之恩施，捐糜难补；顶祝黄运亿万年之底定，衍庆无疆，以期仰报高厚于万一耳。除将在工防护有功官员效力实迹，臣等查明分别造册报部议叙外，所有微臣感激愚忱，谨缮疏恭谢天恩，伏祈皇上睿鉴施行。

雍正八年十二月初七日奏。奉旨："该部知道。钦此。"

恭谢钦赐《书经传说汇纂》

题为恭谢天恩事。雍正九年五月初六日，臣于宿虹工次，蒙皇上恩赐《书经传说汇纂》一部到臣，随跪迎道左，恭设香案，望阙叩头谢恩祗领讫。钦惟我皇上德媲尧文，功敷禹甸。作君兼作师之极，治统与道统交隆；丕承昭丕显之谟，孝思合文思广被。光华懋著，典学方殷。仰惟圣祖仁皇帝建极绥猷，崇文敷教，以《尚书》记载为治法纲维，垂十六字之精微，开千万年之统绪。研性道于典谟训诰，直接心传；溯渊源于虞夏商周，益隆德化。既编成夫解义，普示寰区；复集说于诸家，折中圣鉴。仰赖煌煌巨制，俾成奕奕鸿文。我皇上继述功宏，表扬念切，当校刊之竣事，弁御序于简端。阐发心源，显著精华于万世；昭宣道法，弥彰蕴奥于千秋。勒金石以珍藏，香生玉殿；布笥函而俯锡，露湛枫宸。恍闻孔壁金丝，俨睹尧天云日。臣欣逢复旦，幸际文明，受恩赐以拜飏，益仰平成之治；捧全编而敬读，愈深寅亮之忱。自兹河洛呈祥，骏业与鸿篇并永；车书献瑞，麟章共宝历常新。臣不胜欢忭感激之至，理合具疏恭谢天恩，伏乞皇上睿鉴施行。

雍正九年六月十三日题。奉旨："该部知道。钦此。"

恭谢照旧供职

奏为恭谢天恩事。准吏部咨开，遵例自陈事，考功清吏司案呈，吏科抄出江南河道总督嵇曾筠奏前事等因。雍正十年四月十六日奏，五月初七日奉旨："卿老成练达，廉慎和平，简畀铨衡，总督河道正资料理，着照旧供职，该部院知道。钦此。"抄出到部，为此合咨前去，钦遵施行等因。移咨到臣。随恭设香案，望阙叩头，恭谢天恩讫。窃臣樗栎庸材，荷蒙圣眷，列卿尹之崇班，寄宣防之重任，生成教育，高厚难名。久沐国家豢养之恩，未尽人臣犬马之报。虽早作夜思，不敢须臾稍息；而汲深绠短，常怀蚊负堪虞。是以恭逢考察，据实自陈，乃蒙皇上格外优容，着臣照旧供职。复荷温纶宠锡，策励有加，俾臣自凛幽独之微衷，得仰邀夫圣鉴，即臣时惕冰渊之素志，幸上沐乎主知。臣跪读之下，感愧交并，捐糜顶踵难酬知遇洪恩，惟有恪矢丹诚，愈加奋勉，一事不苟，一刻不懈，殚竭臣心臣力，以期仰报高深于万一耳。谨恭疏奏谢，伏乞皇上睿鉴施行。

雍正十年五月二十九日奏。奉旨："该部知道。钦此。"

恭谢高堰山盱石工告成

题为高堰石工告成，万民感戴情殷，恳请代题恭谢天恩事。据署淮扬道夏建德详据淮安府知府于本宏、扬州府知府尹会一，据山阳江都等县详称，据士民安澜、成永庆、祝纯嘏、乐万年等呈称：钦惟我皇上德合清宁，功隆位育。湛恩洋溢，同源水之盈科；渥泽滂流，若江河之行地。庆会同于禹甸，频年海晏兴歌；奏底绩于尧封，比岁河清献瑞。既世登乎衽席，犹念切乎恫瘝。本宵衣旰食之勤，布激浊扬清之治。兹以河淮二渎漕运攸关，堤岸千寻，民生重系，欲导河以入海，必束清以刷黄。惟淮泗合注乎洪流，而保障全凭于高堰，虽岁加增筑岂患鲸波？弟久御全湖保无蚁穴？尔乃治益求治，恒饥溺之如伤；安愈思安，时绸缪于未雨。务培夫北墩南涧，俾一线固于金汤，庶垂之万祀千秋，使亿姓安如磐石。用颁巽命，沛百万之帑金；特简重臣，策庶僚以襄事。万夫雷动，克日功成；千版云兴，指期报竣。崇岗屹峙，何忧乎巨浪长风；玉鉴澄空，止觉其恬波静影。七省之粮艘利涉，三河之泽国生春，是惟圣天子深轸民依，知人善任，遂得诸大宪仰承睿算，竭力抒公。建万年巩固之弘图，创万派朝宗之大烈。此清黄之分流合注，总无强弱之殊；而淮扬之下隰高原，永受平成之福。在两郡黄童白叟，被

恩蒙泽，固无不望日以欢呼；即四海赤子苍黎，食德饮和，亦无不瞻天而庆颂安澜等。躬逢盛世，感雨露之频加；居近河滨，识恩膏之普洽。愧涓埃之莫报，群熙皞于沐日浴月之中；抱悃忱以求伸，争鼓舞于华祝衢歌之世。为此连名具呈，伏祈俯赐转详，代达舆情，激切上呈等情。由县详府，由府详道，转详到臣，据此：钦惟我皇上道隆参赞，绩著平成。昭瑞庆于尧封，河清海晏；庆安流于禹甸，岳峙渊渟。万方共沐恩波，倍切民依之念；亿兆咸沾沛泽，犹深已溺之怀。顾惟高堰中界淮扬，实两邦之保障；近连淮泗，乃二渎之巨津。蓄清以敌黄，各省之粮储利赖；汇河而注海，众流之脉络攸通。运道所关，民生重系，仰蒙皇上宸衷独断，恩命特颁，发百万锾之帑金，建亿万年之砥柱。简大员而监筑，钦承圣训之周详；集僚采以鸠工，各殚职司而策励。庀材既足，力作齐兴。帆樯载木石以如飞，畚锸历春秋而弗辍。一从经始，风浪无惊；迨至成功，平安有庆。仰惟圣主至诚感格，因之默契天心；大德丕昭，是以显彰神应。增其旧制，百废重修，幸此大工两年告竣。洽清黄而交济，永利挽输；障淮海以安澜，咸资耕凿。民心悦豫，年年可庆西成；清口畅流，处处悉纵东注。总由庙谟广运，俾分流合注以朝宗；更兼国帑丰颁，奠玉堰金堤之巩固。臣等查阅工次，备悉舆情，多士拜稽，欢声雷动；群黎额手，喜气云兴。巷舞衢歌，沐率土咸周之圣泽；嵩呼华祝，颂与天同寿之皇仁。兹据署淮扬道印务夏建德、详据淮扬两属士民安澜等，感戴情切，吁请代题恭谢天恩前来。臣不敢壅于上闻，相应会疏恭谢天恩，伏乞皇上睿鉴施行。

雍正十年六月十八日题。奉旨："该部知道。钦此。"

恭谢钦赐上谕

题为恭谢钦颁上谕事。雍正十年七月二十二日,内阁颁发上谕一部到臣,随恭设香案,望阙叩头谢恩,祇领讫。钦惟我皇上勋著尧文,功宏禹烈。为经为纬,焕两大之文章;如綍如纶,布万方之典令。申诰诫于几康之内,至教昭宣;示箴规于乾惕之中,弘谟丕著。凡德音之涣发,悉仁政之覃敷。固已泽遍群生,靡一夫之不获;治臻上理,致万汇之咸亨。乃犹体物不遗,益切勤求之念;诲人不倦,弥深广济之怀。恭逢皇上御极以来,备蒙训谕提撕,莫不沦肌而浃髓,兹当御集告成之日,凡属臣工拜赐,尤当惕目以警心。纲举目张,悉是敦本明伦之要道;条分缕晰,无非牖民觉世之宏规。立义礼之大纲,匡直乎人心风俗;敷渐摩之雅化,观感于吏治民生。用熙庶绩于虞廷,咸兴乐利;复叙九功于禹服,永庆平成。是皆睿画之周详,益仰圣谟之弘远,良由我皇上敬天法祖,一本于至孝至诚,是以大圣人训俗型方,悉出于惟公惟正。群工敬佩,亿兆咸遵。臣九叩钦承,益凛天颜于咫尺;三薰启读,载赓皇极之会归。巨细毕该,有伦有要;化裁咸善,无党无偏。洵足与商《盘》周《诰》而媲隆,并垂久远;诚可广《尧典》《禹谟》之未备,尤极精详。自七年传至亿年,朝野共昭,夫法守由一集汇成万集,臣民永奉为章程。瞻睿制而被荣光,如日月之经天,无微不照;汇文澜而成恺泽,如江河之行地,无往不周。从此随在宣扬,逐条讲诵,不特通都大邑之苍黎赤子皆望日以欢呼,抑且山陬海澨之白叟黄童亦同风而向道。嘉谟广播,千百国咸沐皇仁;宝训昭垂,亿万世永沾圣化矣。所有臣领到钦颁上谕,理合恭疏题谢，伏乞皇上睿鉴施行。

雍正十年九月十五日题。奉旨："该部知道，钦此。"

恭谢特加宫保衔

奏为恭谢天恩事。雍正十年十二月十三日准吏部咨开，本年十一月二十六日内阁奉上谕："吏部尚书、管理河道总督事务嵇曾筠，敬慎居心，恪勤襄事，数年以来劳绩懋著，甚属可嘉，着加太子太保衔以示恩眷。钦此。"为此合咨前去，钦遵查照施行等因。移咨到臣。钦此。臣随恭设香案，望阙叩头，恭谢天恩讫。窃臣一介庸愚，遭逢圣主特达之知，教育生成，有逾常格，臣于雍正元年奉差中牟县河工，即承恩命擢授副总河，继邀眷畀总督北河，调任南河，浮陟崇班，历膺重任。十载以来，隆恩异数，叠沛频颁，已属至优极渥，方愧涓埃无补，蚊负堪虞，乃荷恩纶加秩，特畀宫衔，闻命之下，臣受宠而惊惶莫措，感深而局蹐靡宁。伏念臣叨任河防，一切运道民生，仰赖我皇上如天之仁、先几之智，多方指示，诰诫精详，俾臣得以敬谨遵循、竭蹶办理，虽历经就绪，实乏寸长自效。伏蒙皇上既锡臣以厚秩崇阶，而又灼见臣之居心襄事，是微臣隐微之地，天鉴常昭；奔走之劳，皇恩必录。虽自古君臣知遇，未得有如此高深、如此肫切。臣何人斯，仰荷殊荣至于此极！惟有扪心感愧，矢竭愚诚，修防巩固，永冀安澜，以期仰报洪慈于万一。理合恭疏奏谢，伏乞皇上睿览施行。

雍正十年十二月十六日奏。奉旨："览卿奏谢，知道了。该部知道。钦此。"

恭谢特授大学士

奏为恭谢天恩，仰祈睿鉴事。雍正十一年四月二十日准吏部咨开，本年四月初四日内阁奉上谕："吏部尚书嵇曾筠忠孝传家，才猷卓越，自简任河道总督以来，公正廉明、正己率属、实心实政、懋著功勋，久欲用为大学士，因河务正需经理，遂尔迟迟，今着授为大学士，仍管理江南河道总督事务。吏部尚书员缺，着刑部尚书刘于义补授，仍署理陕西总督事务；刑部尚书员缺，着左都御史涂天相补授；左都御史员缺，着刑部侍郎张照补授；刑部侍郎员缺，着副都御史冯景夏补授；礼部侍郎员缺，着内阁学士邓钟岳补授；兵部侍郎员缺，着光禄寺少卿高起补授；仓场总督员缺，着奉天府尹杨超曾补授；奉天府尹员缺，着顺天府尹焦祈年调补；顺天府尹印务仍着张照兼管。杨超曾俟焦祈年到奉天后，再行回京，赴仓场总督之任。杨超曾未到任之前，仓场总督印务仍着涂天相管理。其刑部尚书事务着张照暂行署理。钦此。"为此合咨前去，钦遵查照施行等因。移咨到臣。随恭设香案，望阙叩头，恭谢天恩讫。窃臣一介庸材，忻逢盛世，荷蒙皇上简畀宣防重任，凛承睿训精详，所以两河循轨，彰至治之休征；百谷安澜，协熙朝之上瑞。臣忝司水土，未效涓埃，清夜扪心，方深惶悚，乃蒙我皇上优颁懋赏、叠沛温纶，特加宫保之衔，已属非常荣遇，再锡钧衡之职，尤为至渥隆恩。自顾何人，膺兹异数；闻命自天，措躬无地。伏念臣生长单寒，少无依倚，臣父以忠义而膺旷典，臣母以节操而荷旌褒，仰承一忠一节之遗绪，敬沐至高至厚之皇仁。殚力宣劳，惟恐有违亲训；夙兴夜寐，只惭未报国恩。我皇上念臣家世忠孝流传，怜臣趋走驽骀竭蹶，眷存弥切，奖励频承。超擢之荣，虽梦寐未敢希冀；知遇之盛，即捐糜洵属难酬。此臣所以抚膺感泣，局蹐靡宁者也。惟是臣奉差河务十载有余，睽隔天颜，时深孺慕。兹蒙恩命，简侍纶扉，将来入觐阙廷，钦承圣训，叨沐太和之洋溢，得申依恋之悃诚。又不禁庆忭蚁衷、欢忻舞蹈。臣惟有益加敬谨，倍矢荩勤，宣力皇舆，长祝河山之奠定；敷扬圣化，载赓日月之升恒。以祈仰报皇上洪恩于万一耳。所有臣感激微忱，理合敬谨缮疏恭谢天恩，伏乞皇上睿鉴施行。

雍正十一年四月二十二日奏。奉旨："览卿奏谢，知道了。该部知道。钦此。"

恭谢臣子嵇璜授职编修

奏为恭谢天恩，仰祈睿鉴事。雍正十一年五月十二日接阅邸抄，臣子嵇璜，荷蒙圣恩，授翰林院编修，钦此。臣随恭设香案，望阙叩头，恭谢天恩讫。窃臣子嵇璜，樗材浅植，初学未娴，荷蒙特旨，赏拔举人，中庚戌科进士，学习国书，兹又邀恩授职编修。臣感忭交深，莫能名状。伏念臣父嵇永仁以生员殉难，荷蒙圣祖仁皇帝赠衔赐恤，表著幽光；又蒙我皇上亲洒宸章，旌扬忠节，入祠从祀，恩礼优加。臣职司河务，敬承圣主逾格之鸿慈，屡膺亘古难逢之旷典。今臣子嵇璜，又叨恩命，简畀编修。祖孙父子三代邀荣，圣恩稠叠，既表章其先世，复擢用其后人。臣即生生世世，捐糜顶踵，实难少报涓涘；子子孙孙，铭镂衔结，亦未得仰酬毫末。臣惟有殚竭血诚，奔走河干，图维巩固，并勉臣子勤励读书，小心学习，以祈仰报圣主高厚生成于万一耳。臣谨恭疏奏谢，伏乞皇上睿鉴施行。

雍正十一年五月二十五日奏。奉旨："该部知道。钦此。"

恭谢钦赐《大清会典》

题为恭谢天恩事。雍正十一年八月初六日，臣跪接皇上颁赐《大清会典》一部，当即恭设香案，望阙叩头谢恩，祗领讫。钦惟我皇上德合清宁，化隆位育。统百王而立极，祖述宪章；执一中以宜民，仁规义矩。法制定人伦之纪，咸遵有物有恒；教养会王政之全，永为世法世则。伏读《大清会典》，仰见世祖章皇帝闻天出治，牖世觉民，訏谟垂万祀之丕基，制度定一朝之大统；圣祖仁皇帝文明累洽，声教覃敷，六十年文德武功，光比经天日月；千百国礼陶乐淑，默成觉世范围。我皇上治协中和，功高作述，道随时泰，尤崇列圣之章程；化与俗宜，专重熙朝之法守。爰本敬承之至意，特宣颁赐之恩纶。兵农礼乐，灿若星辰；服物采章，昭如云汉。显诸仁而藏诸用，无一物不归裁制之中；远不御而近不遗，举斯世悉臻化神之域。仰观俯察综成致治之鸿编，际地蟠天莫罄无名之广运。皆由皇上聪明睿知，实本法祖以勤民，所以齐治均平，上驾虞书与尧典，一时臣工拜赐八埏，道路同遵。臣馆阁趋承，曾窥缃帙，湖河奔走，屡拜琅函，兹荷隆恩，宠颁《会典》。焚香捧诵，聿瞻圣治之精详；盥手开函，敬仰维皇之极则。是知太平白象，聿昭礼度文章；更卜悠久无疆，永奉典章谟制。臣惟有望羹墙而加励，对官礼而心虔。珍同绿字，愿山陬海澨声教同风；钦若赤文，祝金简玉书咏歌长治。臣谨缮疏恭谢天恩，伏乞皇上睿鉴施行。

雍正十一年九月二十日题。奉旨："该部知道。钦此。"

恭谢钦赐《孝经》《小学》

题为恭谢天恩事。雍正十一年八月初六日，臣跪接皇上颁赐《钦定孝经》一部、《钦定小学》一部，当即恭设香案，望阙叩头谢恩，祗领讫。钦惟我皇上孝隆至德，学集大成，阐经义于伦常，光昭日月；勤编摩于养正，功振钟镛。盖圣孝出乎性成，志隆继述；而圣学由于天纵，道协缵承。教忠教孝，以范民彝；是训是行，以弘雅化。仰惟圣祖仁皇帝崇儒重道，稽古右文，搜辑《孝经》，推广人伦之本；笺疏《小学》，弘敷大化之原。我皇上笃念永言，精思无逸，聿昭祖训，特开馆阁以纂修；刊示臣工，遍布闾阎而诵法。冠以辉煌之御制，比隆帝典王谟；光兹璀璨之琼编，媲美圣经贤传。深微广大，经剖晰而人知法行法言；本末精粗，仰宣示而咸能有德有造。万方感被，四海仪型。臣学愧迂疏，孝惭奉养。当年僾直，深荷圣明教诲之恩；此日宣防，叠拜天府图书之赐。兹复仰蒙宠注，颁赐经书，敬启琅函，如承宝训。自兹逐条体认，用资事君以事亲；敬谨宣扬，兼藉教民以教士。惟愿率土昭明伦之要道，六合同风；普天奉觉世之吁谟，万年恪守。臣不胜感激凛遵之至，谨缮疏恭谢天恩，伏祈皇上睿鉴施行。

雍正十一年九月二十日题。奉旨："该部知道。钦此。"

恭谢秋汛议叙加级

奏为恭谢天恩事。雍正十一年十一月二十七日准吏部咨为恭报秋汛等事内开，议得工部咨称大学士仍管理江南河道总督事务嵇曾筠恭报今年秋汛水势已过，各工保固平稳情形一疏，奉旨："河道总督及在事各员，着交部分别议叙具奏。钦此。"钦遵。查雍正九年十月内，江南河道总督嵇曾筠恭报秋汛平稳，经臣部遵旨议叙，准其加一级在案。今南河大臣官员殚心职守，各工平稳，得庆安澜，钦奉谕旨议叙，应将江南河道总督嵇曾筠照例准其加一级，其在事官员俟该总河查明报部到日再行议叙。雍正十一年十一月初九日奉旨："嵇曾筠着加一级，余依议。钦此。"为此合咨前去钦遵查照施行等因。移咨到臣。随恭设香案，望阙叩头，恭谢天恩讫。窃臣备员河务，荷蒙皇上隆恩异数，叠沛频颁，自分率属修防，毫无报效，兹以本年秋汛保固平稳，乃荷隆恩特贲，仰邀晋级殊荣，感激难名，悚惶弥切。伏念江南河工，地处下游，襟带黄淮，上赖圣谟广运，凛遵睿训周详，各工得以保护。且河水长发之时，又于睢宁地方仰蒙天赐引河，地呈上瑞，全河畅达，化险为平。嘉应休征，皆由我皇上大德精诚，感乎默契，所以两仪同撰，昭圣敬而一气旁流；四渎会归，拱皇舆而百川奠定。凝麻锡福，河定民安。臣以庸愚，重蒙嘉勉，感荷宣劳之荣眷；天语谆谆，涵濡浩荡之皇恩。臣心惴惴，自倾十年以内，业叨圣主稠叠恩施；兹于一岁之中，复荷温纶再三锡命。受恩愈重，图报愈难。惟有益矢捐糜，愈图巩固，长颂安澜之庆，永臻底定之休，以期仰报高厚洪慈于万一耳。除将在事各员效力实迹容臣查明分别造册报部议叙外，所有微臣感激愚忱，谨缮疏恭谢天恩，伏祈皇上睿鉴施行。

雍正十一年十二月初一日奏。奉旨："该部知道。钦此。"

恭谢一品诰封

奏为恭谢天恩事。窃臣于宿迁工次接阅邸抄，钦奉上谕：

"大学士嵇曾筠敬慎居心、忠勤襄事,自简任河道总督以来整理有方,调度合宜。即如今年直隶、豫省河工均有溃决,而江南地处下游,不但各工平稳,且有自开引河之瑞,此实嵇曾筠殚力宣劳之所感召。且江南河务今年工程较多,所用物料加倍,而所费钱粮转较从前减省。兹又奏请将苇荡营每年出产柴束立定章程,攒运交工济用,具见实心实力巨细不遗,深属可嘉。朕念伊父之忠义,伊母之节操,虽已赠恤旌褒,尚未膺一品封典,今特沛殊恩,着给与大学士应得诰封,以示优眷。钦此。"臣跪读之下,当即恭设香案,望阙叩头,恭谢天恩讫。钦惟我皇上尧仁溥被,禹绩丕昭,康阜咸登,尚勤求夫民隐;平成永庆,每加惠于臣工。臣猥以庸材,忝膺重任,仰赖神谟广运,随时得奏安澜;更由圣敬昭孚,迩岁频臻瑞应。惟皇上宸衷乾惕,因之屡召休征;而微臣殚力宣劳,只有靖共职守,敬沐优颁懋赏,叠贲温纶,受此隆恩,已为逾分。乃更荷皇上推恩之大典,锡类之弘仁,悯念臣父殉忠、臣母守节,特加一品封诰,用彰三代荣施。发潜德之幽光,锡龙章而益著;表贞操之苦志,贲凤诏而增辉。圣训煌煌,励世以褒忠教孝;王言蔼蔼,闻风而懦立顽廉。况臣身受洪慈,刻骨镂膺,感激难名万一;亲邀旷典,涕零心惕,悚惶何啻再三。表扬之典至优,犬马之报何在?即时时奋勉致身竭力,莫副如天如地之皇仁;纵世世子孙衔环结草,难酬无尽无涯之圣泽。惟有荩诚永矢,庆河山奠定于千秋,感颂加虔,祝日月升恒之万寿,庶以仰报皇上鸿恩于万一耳。所有微臣感激愚忱,谨缮疏恭谢天恩,伏祈皇上睿鉴施行。

雍正十一年十二月初二日奏。奉旨:"该部知道。钦此。"

卷十

挑挖引河说

尝考黄河自潼关以下，无山麓束水，河流渐肆，激湍奔放，东冲西突，遂成扫湾顶冲之势，两岸险工多由于此。从来黄河夏月走滩，冬月行湾。每岁冬初及春，河流类皆扫湾回溜，侵刷堤根，水缓沙淤，滩形渐长，如水射北则滩在南，射南则滩在北，此一定之形势也。至夏秋水长，河势浩瀚，前此侵刷之处，遂成顶冲。当此之时，必须于险处做矶嘴，下护扫，并创筑里月堤，以保固万全。但河势湾曲太甚，渐成一往之势，恐滋涨漫之虞。万不获已，计莫善于开引河，为效既速，且河成之后，化险为平，诚一劳永逸之计也。但贵乘时，尤宜审势。黄河扫湾之处，其大溜必直走险工一岸，沙滩上游，尽属漫滩，难以施工。若不远寻河头，有吸川之势，纵一时告成，终不能掣溜，及经开放，立致淤垫。是以相度河头，惟在迎溜，如其溜势冲击塌崖，即于顶溜处所，安立河头，放开口门纳溜，自然顷刻成河。但黄水倏忽变迁，往往有冬春水落，勘定河势迎溜，及至夏秋水长，河形忽又改易者。斯时或于上游迎溜处所，开挖深沟，引溜入河；或于新河对岸，作挑水坝，挑溜入口。

虽多费帑金，恐难收效，不若预先审定河头为善也。河头既定，当依形顺势，相度河尾。河尾不可太低，低则引河以下之水倒灌而入，河亦难成。是河头既有吸川之形，河尾尤贵有建瓴之势，断断不可移易者也。至于河身，宜在老滩上开挑，不致水大易漫。首尾定而地势得，然后讲究挑河之法。

统计引河长者二三千丈，其次千余丈、数百丈不等，但其中高洼不一，若不分别高下，一概若干深，将来开放之时，高亢之处必患浅阻，卑洼之处必虞淤垫。故估计之法，先于应挑河身内封土作堆，以记丈尺。次于封土上各插长竹望竿一条，使河头至尾，一律调顺。然后用水平，或三十丈，或五十丈，挨次量记，某段较高若干，某段较低若干，照依高低，科算土方，通核钱粮，庶免浮刻。估计既定，又必按段分委人员，头尾两段必择夙昔谙练之人，方可委任。盖河之头尾，关系通工，且河性无常，消长莫测，苟非熟悉工程，不知利害，一经暴涨，或有坍塌，则河未全完，水一内注，顷刻涨平，前工尽弃。故河之头尾，须宽留滩地一百丈或五十丈。如逢水长，则用挑河之土叠作土埝拦水，仍量贮柴草，以备不虞，方为万妥。此分工委员之又宜审慎者也。

至发帑募夫，尤应慎重。如发银太少，则远募之夫盘费不敷，多则恐致花费，日后便有累工欠帑之弊。假如河身一丈，该土若干，每方计银若干，共该银若干，先酌发十分之四，每名先得若干，每夫每日牵阴雨停工约挑土七分，每日每丈内可挑土几方，嗣后计工续发，可无赔累之虞矣。

又人夫到齐，不许先挑河土。令承挑各员谕各夫头，如分工二百丈者，先拨夫四百名，于河身两岸，各离十五丈之外，顺长先挑小沟一道，面宽四尺，深二尺，段段相接，自首讫尾。

普例沟完，仍令夫头于小沟上搭桥为路。凡所挖河土俱令挑过沟外，从远处堆起，依沟顺长堆至各段之土，两相连接，约至高四尺后，方令其再往上堆。不许一筐弃置河边，可杜奸民做假崖垫高之弊。开河之日，亦无积土卸下之患。即挑河未成之先，倘遇河水暴涨，外有积土阻拦，可免漫淹。或值大雨，下有小沟通流，积土亦不致卸入河内。此兴工之始所当措置者也。

至于开河，其中更有先后次第，不可普例全开。除去河头滩地百丈外，如第一段长二百丈，第二段亦长二百丈，各段内间一百丈，开一百丈。其间与开之交界处，各留土埝一条，约宽四五尺。俟所开之百丈通身挑完。然后挑去上埝。盖河上❶甚多，工非计日可竣。如遇连阴积雨，不免淹没土塘。故于二百丈间段挑挖，则雨水有所容，不致浸塘，且可省车戽之费。其于交界处仍留土埝者，恐后挑之土，遇雨积水，难以施工。有此土埝，无水固妙，纵有水即可以现挑土塘之水，戽于已完上塘之内，费省而工便，可免旷工赔累之患矣。

全河既已挑完，必待汛水长发，溜急湍涌，然后迎溜开放。河面宽二三十丈者，顷刻八九十丈，坍塌成河。将开之时，先须挑去河尾平地十分之三，然后挑挖河头，两相照应。盖河尾无溜，不能冲刷，尚易收拾，若河头先开，河尾未完，则河水一进，便易淤塞，开放诚不可不慎也。

总之，挑挖引河不可太窄，窄则受水无多，遽难挽溜；不可太浅，浅则水不全趋，势缓沙垫；不可太短，短则水流不舒，每为正河所抑，洄洑易淤；如引河长者，又不可太直，直则水平溜缓，必中间坑沟相间，怒涛跌荡，日冲日刷，河乃深阔，再于河头下唇筑接水坝，约拦水势入里，此皆一定之机宜也。

---

❶ 河上　疑作"河土"。

引河既成，虽向之被祸最烈者，不数年间皆化为沃壤，禾麦盈畴，桑麻遍野。如河南之仓头口雷家寺，岂非明效大验欤？然此尤宜于中州者，以土松而河易成也。若徐邳以下，土性胶粘，则又当审形度势，不可一律论矣。

堵塞支河说

论治河者莫不以分杀水势为言，然拯河患于异涨之时，诚不可不分其势，若预先防其淤垫，虑其横决，则贵合其流而归于一。盖黄流最浊，沙居六七，合则汛溜水急挟沙而行，水行沙刷，河流畅达；分则水势散缓，缓则沙停河塞，而壅滞溃决之患未有不相因而至者，则支河之应堵亦彰明较著矣。独是堵之之法不可执一而论：

如有一种支河上有河头下有河尾，一当河水长发，水由河头流注，远者数十里，近者十数里，夫以黄河汹涌之水奔注于狭隘河形之内，其势倍急，激湍回旋撞击堤根，日刷日深，为害非细。堵之之法当择河头高阜有崖岸处所，约离大河百十丈或数十丈之内，坚筑夹土坝，中心填土，两边用埽，由防风加镶高厚以断其冲；若溜势甚涌，则连筑夹坝一二道，重门保障，庶无意外之虞。

至于沿堤串溜之支河，须于一带河身中各择浅隘处间段筑束水坝，或相隔一二里，或里许，形如石闸，各留口门，宽者丈许，窄者数尺，仍使通流不致激怒，水流遇坝停蓄，泥沙顿积，即有涓涓细流不致刷深河形，一遇河水平漫串入支河，有束水小坝间段约拦，河水慢流渐淤渐积，历伏经秋，尽成平陆。

更有支河上源并无河头，只因内地低洼，当河水出（漕）

〔槽〕之时汇潴于此，自高而下聚而成溜，冲刷成河，虽绕堤远近不等，究归大河，但堤根沿流浸汕，如不急为堵截，恐年复一年，日渐深阔，堵塞更难。其法又当先于河尾内靠河崖高阜处坚筑内外大坦土坝一条，截其去路，兼于河身浅隘之所亦间段筑束水小坝，各审形势以留口门宽窄，至近洼地之第一束水坝口门须宽，庶洼聚之水不致跌荡，以下束坝递远，口门递收，河水漫涨，水束沙淤，日渐垫平，虽有细小河形不足虑矣。

昔人有言曰："黄河无十年不变之形。"此就大势而言，若夫支河治之得宜，一经伏秋即淤为沃壤，可计日而待也。

堤工说

堤防束水，由来旧矣，然堤名宜辨，堤之形势宜审，且修筑之法宜详，未可视为粗浅，漫不讲求也。

一曰遥堤。遥堤之制，离河二三里外就高坚筑，正如设险者遥为控制之意，以防汛水长发，俾得宽容游衍，即至平漫及堤，其势已杀，不复冲激为患。前人所云遥堤约拦水势，取其易守者，此也。

一曰缕堤。沿河顺筑，条直如缕，束水归（漕）〔槽〕，日刷日深，不致涣散停垫，是以不拘黄运及泄水河渠，概有两堤夹水。前人所云缕堤拘束河流，取其冲刷者，此也。

一曰格堤。遥、缕二堤之间地势宽衍，脱遇缕堤有警，则恐漫溢之水腾波掣溜刷成支河，所宜酌量远近，间段筑堤如横格然。前人所云决水顺遥而下亦可成河，欲其遇格即止也。

一曰月堤。水性迁移靡定，如旧堤渐近河身，则溜势日益侵射，难资捍御，下埽修防工大费繁，相机建筑月堤以为重障。

前人所云缕逼河流难免冲突，欲其遇月即止也。

他如河湖相连之处，建堤隔截，则曰隔堤；水柜四围周遭环筑，则曰圈堤；汛水长发，势机危急，于堤坝抢筑小堤，则曰子堰。石工以内埽工以里，于后尾用土填筑，则曰里戗。举凡湖堰海堤以及圩塍塘埭，虽名异而用同，可即小以见大，总在条理得宜，建制如式而已。

若夫筑堤之法，不论工程之大小难易，先分别乎创建、加帮：如工之创建者，首在相度形势，抵水而不与水争，然后酌量地形之高下，详审起讫之凭依，或里陡而外坦，或由高而渐卑，胸有成算，斯动能中矩。如工之加帮者，或年久失修而形势不改，则修残补缺，丈尺止还其旧制；或建筑未几而形势异宜，则里收外出规模。又贵乎变通增培，虽无异致而机宜各有攸分。

至于坯头不可过一尺，取土离堤十五丈，泼水夯硪用签探试，肋土贵乎丰盈，收顶贵乎圆满，地系浮沙，则远取胶泥，盖面四围水占，则急图围埂成功，船装车载，所以节人力之劳，马路浮桥，所以利夫工之便。取土既有近远之分，方价又有干泞之别。修补者先将原堤夯实，草根荄尽，新旧土斯能合一；保固者须知填补浪窝，搜寻獾洞，伏秋汛方可无虞。此乃不易之章程，修防之定制也。兹因修筑善后堤工之役，为之分别著明焉。司河者其先准形度势，分明乎缓急之用，斟酌乎制度之宜，而后如法行之，斯得堤工之三昧矣夫。

堤工走漏说

语云：千金之堤溃于蚁穴。穴之不可不慎也。所贵平时巡查严密，有则填塞，斯汛水长发，乃可无患。如堤内积水之区色泛微黄，必临水坦坡有进水之穴洞，查勘得实，即用铁锅扣住，勿使走气，周围用土填压，堆成高厚土丘，切勿脚踹杵夯致令泄气，恐有意外之虑。断水之后，或于堤顶，或于堤腰，挖至患处，寻其过水之洞，层层填土，夯筑坚实，此截筑法也。

又如河水漫滩堤根渗漏，洞穴难注，但见里堤过水，即令会水精细人在外坦逐细踩寻，凡过水之处抽气必大，易于觉察。踹寻着实，万勿用碎石、草把填塞，越塞越漏，恐成大患，须量洞口之大小，或塞以棉袄，或塞以棉被，便可堵住。设或洞口宽大，必使一人赤体将洞口坐住，一面飞集人夫于所坐之下周围填土，离人二三尺围绕成圈，筑成井样，宽七八尺，高出水面二三尺，俟外水不入，即令塞穴之人扶竿速起，立将井土填实。若恐顶冲汕刷，加以护埽防风，断不致溃裂。

此外堵法也更有一种井穿獾洞，外面似无大坏，不知堤内已属空虚，一遇水长，忽然走漏，势如泉涌，不可复救，则非覆锅塞絮所能奏效者，须细看堤外之水，如淹堤二三尺，堤内平地比外地低洼一二尺，过水不大，宜飞调人夫即于堤内走漏处紧接大堤买土急筑小月堤一道，拦定走漏之水，勿使伸腰透气，听其流满月堤，内外相抵，则不过水矣。然后从月堤两头挨次用土实填，筑成里戗一道，可资巩固。切勿先于漏处用土加帮，夫少则不能立成，夫多则踩蹋塌卸，反损大堤，此内堵法也。倘或堤外水深五六尺，堤内之地又较外地卑矮，仓猝相乘，焉能筑此高厚月堤以资捍御？则宜星运软草于堤外坦坡下，挨次铺镶细土，层层加压，加至出水则漏自断，俟汛水消落当筑里月堤一道，内外兼治，方可永固。大抵獾洞、鼠穴不在堤之外坦而在里陡，不在人迹常经之地而在幽僻荆棘之间，严饬

各汛文武员弁修补于平时，自不贻误于仓猝。巡查之责属之兵夫，催督之任寄之官弁，实为闲中之当急，小中之最大者也，司河者幸毋忽视焉。

石工说

石工之要，第一先审水势。如黄河水性靡常，沙土虚松，除山陵冈麓土性坚凝，量为建筑石工，以资捍御，其余概难垒砌。又如清水顶冲之处建闸，若遇山水大发，全力冲动，必致溃裂难支。惟熟察夫来源之清浊，为顶冲，为拖溜，择地建造，方能坚久。是水势之贵于斟酌者一也。

一在先据根基。如根基不能坚实，虽密钉长桩，层垒巨石，平蛰下座，必致塌陷。务须选择土性坚凝之处，然后施工，则久而不敝。即至历年既远，间有损伤，基址永固，易于修理。是根基之贵于坚实者一也。

至于垒砌之法，首重底桩。毋论马牙梅花，务必株株实在，方能着力。一有虚松，则力难胜重，上实下虚，通身受病。即全体俱坚，间有一二桩根不能到地，偶遇石缝接笋之处，立致欹斜偏侧。是以按照漕规估计，有二截、三截之分，而测量地势签钉，务以着实到地为要。是底桩之贵于实在者一也。

一重石块。不拘丁砌顺砌，务须六面琢平，方能稳固，倘一面不平，即一处不稳。每有任听匠作草率了事，鏨凿不平，用碎石衬垫，迨至垒砌既高，其力愈重，所垫碎石难支，工完未几，旋有蛰裂。是石块之贵于平整者一也。

一重对缝。石缝不密，则罅隙可虞，易于渗漏，即使灌以浓浆，而灰缝粗疏，不能镕成一片，串水之患，势不能免。凡斗笋接缝之处，务必琢磨细致，参差压缝，勾抿合式，方资巩固。是接缝之贵于致密者一也。

一重灰汁。灰有真膺之办，汁有浓薄之分，少不留心察看，则动多虚假。苟至计及锱铢，希图节省，即有匠工牙侩乘机舞弊，灰则搀和沙泥，汁则半多清水，岂能融洽胶粘，充盈饱满？徒饰外观，其弊不可胜言。是灰汁之贵乎察核者一也。

一重丁石。不拘大小石工，如得层层丁砌，自当格外坚固，否则层丁、层顺间砌，皆能垂久。如非吃紧大工，则估计顺砌居多。每层顺砌一丈，例用丁头石三块，每块长三尺六寸，庶与衬里砖石里外牵扯，方资巩固。如谓垒砌在中，无可考究，所用丁头石长不如式，则墙里二石两不相蒙，倒卸之虞，半多由此。是丁石之贵于照估者一也。

一重衬砖。墙石之后，接砌里石；里石之后，复衬河砖。盖土石性殊，难于联属，以砖贴土，诚有妙理。如或聪明自用，更改成规，动谓砖性不坚，不如省去，不知土石性难融洽，分而不属，大有疏虞。是衬砖之贵乎如式者一也。

一重尾土。石工背后，用土填筑。土石相接，最难联属，夯杵不密，每致成患。务须砌石一层，即填土一层，用杂木夯杵，百炼千锤，方能坚凝贴合。如垒砌既高，方始填土，以及任意堆积，先后失宜，雨淋水灌，非虚松塌卸，则胀裂倾欹，均为石工大患。是尾土之贵乎坚密者一也。

一重月坝。凡修砌石工，必先筑月坝拦水。法用两面排桩，衬以笆席，中填土心，挡溜闭气，不使少有渗漏，以便施工，此不易之则也。然于洪波巨浪中，一坝孤悬，势难屹立，如徒固执旧章，不知变通，万一工程将半，坝有疏虞，前功尽弃，所损实多。又在因地制宜，如水浅则用月坝，水深则留存旧工一二层以为外障，退进一二丈，挖漕钉桩垒砌。是月坝之贵于相机者一也。

他如清槽戽水，扣锭安锔，集料庀材，鸠工利器，事无巨细，贵周备而不遗；时有后先，毋临期而滋误。若夫金门、雁翅之须详，矶心、裹头之有别。迎水、跌水，在长短之合宜；减坝、滚坝，实同工而异用。闸洞无分乎大小，堤堰总贵乎高坚，形制虽殊，施工则一。要须熟习于平时，方不致周章于临事也。谨于高堰工成，为志大略于此。

减水滚水闸坝说

束水莫如堤，然堤有常而水之暴涨无常，于是相度地宜，筑闸坝以减之、滚之，而后堤可保也。夫黄河自武陟荥泽迤下，全凭两岸大堤约束。惟豫省土性虚松，并无岗麓依附，难立闸坝基址。至江南砀徐以南，土质坚凝，山冈林立，上有毛城铺、石林口，下有王家山、峰山、大谷山等闸坝，以泄其漫滩有余之水，而大溜仍走中泓，是以水势安行，堤工巩固。迨至宿虹厅，则有竹络坝以分减黄流，外河厅则有王营减坝以宣泄异涨。以及骆马、洪泽等湖，上下运河，水小则谨闭以蓄水，水大则开放以减水，权衡消长，吐纳盈缩，全赖于此。其间制度有不可不讲者，盖闸之底深于岸，其宽不过二丈四尺至三丈而止；坝之宽者至百丈，窄者亦六七十丈，其底与岸平者为减坝，高于岸者为滚坝，滚之过水少，减之过水多，滚泄暴涨，减泄平（漕）〔槽〕，制虽不同，减则一也。但建造必须周详审度，斟酌万全，如闸坝基址务择地形得势，且内有旧河或相隔不远附近湖荡者，挑河通流，庶易为力。其外滩离大河甚近，须用水平测量平准，方可施功。再查历年水涨时，此地水高若干，大抵水深一二尺者即可用，如太洼则泄水过多矣。其最要者察土性之坚凝，度坝基之长短，审水势之浅深，酌口门之广狭，量消纳之多寡。一或不慎，必致下淹民田，上夺河溜，甚至水漫跌塘，旋筑旋隳，为害又何可言耶！至于筑基甃砌之法，前人已备载矣，无俟赘述。

顺水挑水坝说

黄河当顶冲扫湾，溜湍水涌，正堤岸危险之际，急于上游下搂崖顺埽，上用裹头埽，以下一路鱼鳞。又恐不能挑水，则盘筑矶嘴坝以挑溜开行，然后危可安而险可平也。夫河溜之缓急浅深，形势不同，则挑坝之长短阔狭制度亦异。如遇溜急水深，必须盘筑大矶嘴坝或三四路不等。倘大溜水深，底埽不能出水，则上加套埽一层，上下雁翅下水宜长十分之三，酌量斜长均匀，埽个方为平稳；若溜缓水浅，又当减去埽路，上用散镶雁翅之长短高宽亦须酌减，务期妥贴坚固。设或建挑坝一座，挑溜不远则于头坝之下相去数十丈或十余丈再筑挑坝一二座，接联挑逼，水自开行；其两坝相接中间空处，俱须下搂崖顺埽，至溜缓处乃止，则堤根巩固，永无回溜之虞矣。又有一种扫湾，上游来势甚猛，先宜下顺埽护崖，略带鱼鳞；若挑水过急，溜难舒展，必致盘旋漾洄，汕刷堤根，宜筑扇面坝以挑之，盖扇面则水不激怒逼溜使开，庶为稳便。若夫鱼鳞坝者即小矶嘴也，用于绞边拖溜直河为最，宜重叠遥接，形如鳞砌，亦间用于搂崖顺埽之间以保堤岸，然须审水势之上提下坐，以为接应，不可概用也。更有一等挑水大坝，自岸至溜全用埽个，临溜门埽宽十丈者，靠堤起手之埽先下宽二十丈、高一丈为一路，逐路递减一丈，下至第十路门埽，恰宽十丈，统计直长亦符十丈之数。临溜水深底埽不能出水，更用套埽，悉照底埽之长短为则，两旁俱用边埽，至上下水雁翅均用顺埽，上再加镶高厚，以资挑溜。然此等大坝惟用于扫湾决口，或因口门水势汹涌，急难进埽，飞筑大挑坝一座，逼溜使归正河，口门溜减，庶易堵筑。又或决口已经堵塞，恐河势流顺，仍由决口故道，运道民生关系匪轻者，复于上游建筑大坝挑之，逼溜尽归正河，以杜后患。总在相水势以定机宜可耳。

堵塞决口说

汉武宣房而后，堵塞之事，代有传述，但专事茭薪楗竹者，不省川源之大势，专言支分派别者，不知埽理之机宜，欲堵筑之称善，难矣。盖河流漫决，形势难定，先须裹头护堤固守，一面购齐料物，俟水落时堵筑。苟不能相形度势筹画周详，而遽图遏截，则人方尽力以制水，水亦必腾涌以胜人，彼此抵牾，变态百出，旷日持久，难与争衡。必详悉地形，领会水性，然后定谋决策，立见施行于挽逆之中，而仍得顺遂之理，然后操纵得宜，趋避得法，事半功倍，工可告成。如决口之由于顶冲者，其溜必直，大溜全入口门，正河立见淤垫，不得不开挖引河以分其溜。弟河之大溜必走中泓，口门对岸自无迎溜吸川之势，须于直河上游转湾之处寻觅引河河头以挽之。盖口门在北，其上游转湾之溜必在南；口门在南，其上游转湾之溜必在北也。今引河开浚，将大溜分去几分，则口门之势必减，而堵塞易为力矣。

如决口之由于扫湾者，其大溜不在其左即在其右，正河与口门两相行溜，则又不必开挖引河，止于口门之或左或右，上游相去数十丈建大挑坝一座，挑溜使归正河，则口门水缓，埽自易进。如地系浮滩，坝无靠身，即于坝后建戗堤一段，接至大堤前，用顺埽、鱼鳞埽保护，便可无虞。倘或初系扫湾及后渐成顶冲，则于初变之时飞即接长挑坝，或于埽台上首连筑矶嘴，挑溜远行，斯又应变之一策也。

如决口之由于漫滩者，既非顶冲亦非扫湾，或缘堤工年久单薄卑矮，或因獾洞、鼠穴罅隙虚松被水浸泡致成溃漫，虽水势汹涌异常，究与大溜有别，俟汛水退后，其流自缓，不难立堵。且有自行挂口，不烦闭合者。惟外滩旧有河沟串入堤根，急须于滩上多用草土堵塞沟形，以断其来路，则决口不劳工力而易塞矣。若夫埽台不可参差相向，下埽不可缓急失宜；或上水下水溜势不齐，先于上水加功；或新决旧堤激湍难合，则从里越盘坝。以至功将半而忽有他虞，患在防微之不密，龙已合而变生意外，全资料物之充盈。与夫盘坝、下埽、签桩、压土、钉橛、绊缆、探埽、听桩、埽工走溜、合龙闭气，各有法则，分著于篇，庶后之司河者竭离娄之明而运工输之巧，大纲节目两相需而两相得也。

盘坝进埽说

堵决扫台，先宜相度地势，则自始至终不烦更改，埽亦安稳。如决口之水从中泓直下者，则两边埽台所出马头受水之力亦相等，庶挨次前进，各无轻重。如溜自左来或从右来，则当溜一边其势急，其水深，必先出埽，俟出埽三两个之后，大溜必稍稍直下，然后于不当溜一边亦挨次前进埽个，则两边上下长短相等，受水之力亦相等，及至合龙，自无贻误。若夫两边埽工堵至八九分光景，内有一边门埽之下，因深水洄漩湍溔，不能一齐进埽，以至边上边下两不相对，难以合龙，急于水深溜漩一边，在门埽上水下长十丈顺埽两路，即于顺埽上另出马头，往上一提对定彼岸进埽，则深溜在下龙口亦对而易合也。总之坝台必须三面压实，方可往前进埽，水浅则埽上加镶，水深则骑马套埽。其卷埽之法为边埽，为门埽，为沉水埽，为马头埽，为鱼鳞埽，埽个不同，譬之兵家列阵，攻守异宜，戈矛弓矢，各得其用而已矣。不然恐欲速图功，冒昧临事，坝台门埽之上或凭空蜇陷，或涨裂欹斜，或坝身折腰，或门埽垂头，其患可胜言哉？司堵决者不可不加之意也。

签桩压土说

埽用柳草为之，其性轻浮，签桩以使其不移，压土以使其着实，则签之压之，殊无难事，虽然未易概言也。签桩须看水势，水浅则早签，水深则看埽蜇至七八分方可签钉。如有旧埽在底，新埽必压到新旧接联，始可签桩。水缓桩头不必绊缆，水急桩头绊缆方为得力。至于签钉之法，水浅居中，水深里四外六，如再深里三外七。惟于签下之时，不宜太直，桩头须稍稍向里一二尺，脚绳须要收紧，以防埽未着底，桩尖向外，致有推埽离档之患。与夫云梯、天碇、脚绳、立索，器具务要精良，不然十余桩夫施工，用力于岑楼之上，而下临不测之深渊，工程、民命宁不两关綦重耶！或者谓签桩固甚难之工，压土犹为易事，殊不知坝台之上，担土人夫易于杂乱，若不派委谙练之人勤视指拨，或倒土边重边轻以致埽个倾侧，或压土太轻过薄以致埽个不沉，均为失宜。且正当合龙之际，惟知积料而不知积土，倘遇龙门告警，虽有积薪，苦无篝土，每致张皇失措必也。预积土于龙门十数丈之后，顷刻就近移用，层层加压，以资巩固，以收全功。始知制水之道，原以土为用也。

钉橛绊缆说

凡埽已沉水过半，即当普面加镶压土，但此时埽个尚未到底，若揪头滚肚未曾标记明白，即加土料掩盖，无论此埽必不能稳，即欲收放，从何处寻觅？贻误匪轻。务将各绳根根提出，各挂一木牌于绳头之上，注明弟几埽揪头滚肚，俟埽个到地后方可一概掩盖。至于有一揪头有一滚肚，必有一橛木，埽个之力全仗此绳，此绳全仗此橛。是以捆绳之后，必须于橛后各再钉橛一根于前橛之上，用绳绊于后橛之上方稳，橛木宜稍长不宜过短。总之埽浮水面比诸不系之舟、泛驾之马，有橛有缆收管周匝，则舟可维而马可勒矣。

探埽听桩说

坝台进埽，人情大抵欲速，兵弁类多卤莽，殊不知机伏于隐微，患生于俄顷，所系安危甚大。是以进埽之时，务将已下之埽压土镶填，探明着地稳实，方可前往再迈。但口门水深溜急，难以探量，即探量亦未必确实。人有以揪头之宽紧为准者，此法只可探埽个之是否着地，不能知水底地势凹凸。倘地势有高有低，所下之埽搁于高地之上，揪头亦必不紧，讵知低处尚属悬虚，如信为平稳，往前再迈，及至再迈之埽将近着地时，悬虚低洼之处两埽相夹，势必逼溜更紧，渐汕渐深，酿成大患。惟有听桩之法，最为确实。曾筠于堵决大工，每遴选精细河员派于桩橛之旁，昼夜监守，验得所下之埽揪头已经稍宽，复于所钉各桩之上逐一用耳细听，若下有坑洼过水之处，深者桩必颤声必大，浅者桩虽不动，亦必闻水声，仍须再加土压，务以毫无声息方为妥贴。或压至格格作哽咽声，亦可不致汕跌成患。总之埽不离桩，桩不离埽，桩埽实寓至理，露于形者必先发于声；人力致胜几先，视于目者尚需听于耳。微乎微乎，难言之矣。

埽工走漏说

合龙未经蛰定之时，其埽坝柳草缧缆微有隙罅之处，或滴如屋漏水，或澈如珍珠泉，层压层镶，自然贴伏，均可无虑。其最可虑者，桩埽施工受病于先，发病于后，变态百出，仓皇震动，诚不可不设法以治之也。如走漏之处或因桩头未劗而遽套埽者，或劗而未尖者，漏水不致成溜，其水自半腰流出，但于漏处掘开深三四尺，必见此桩，劗尖掩盖，便可平稳。如漏处有溜，但窄细而无翻花，此压土离裆之故，但于漏处加镶，紧守揪头，多为压土，自然填塞。如漏有大翻花者，其翻花离埽尾远，漏必大，必系埽未落底，加镶压土俾其坠实；如翻花近而溜大，必系埽下有深坑，因坑短埽长，埽个横担于深坑之上，埽虽落底而水流入坑内盈坎上冲，从新自埽尾流出，若不速治，深坑渐冲渐长，及至与埽相等，则凭空下陷，其埽立走，急须于埽工上水先护边顺埽，或长十丈或二十丈，两路镶填如式，钉桩压土，然后将漏处用利斧砍断，直折到底，摸见深坑，层层用草卷土埽填之，以填至漏断为度。总之水从上涌，其下必有空隙，况塞决合龙，大溜初遏，其势难驯，必须寻源补救，防维周密，若涓涓不息，遂成江河。可不惧哉！可不慎哉！

合龙闭气说

堵闭决口，至合龙时，正河尚未宽通，旁流又复阻塞，全河水势进退两难，屈不能伸之日。此时苟措置少有不周，必致寻路夺门，乘虚溃陷，尽弃前工。故堵合决口，筑至只宽十余丈之时，务将从前已下各埽，凡揪头、滚肚以及桩、橛等项，一一捡点明白，更验明积料积土若干，然后每边各再进一二埽，镶垫极稳，方可卷下合龙埽个。其埽或用单用双俱可，不拘。既下埽闭合之后，一鼓作气，竭力镶填，层层加压着地，随即签桩，至埽尾溜断为率。至从前做过各埽，须自靠堤起至龙门口止，通身压土三四尺。加镶又不可一律铺填，如埽面宽十丈者，止于埽头埽尾各镶宽一二丈。其埽面中间多用土压，埽上压土愈重，埽个愈稳，将来蛰陷亦少。

若夫堵合决口之后，河流亦必去埽工数十丈之外，似乎足资巩固。但近埽之处，不有河形，即系洼地，水势一长，仍必分流，倘不早为防备，则外口嫩沙，见水便消。坝下埽工，倘或朽腐，一有更变，便无从下手。亟须于龙门外口，约略长短，再下顺埽数十丈，或二路二层，或二路一层以护之。如龙门里口跌塘尚浅，则于里口建贴心坝，以为内戗，更着紧昼夜抢筑里越大堤一道，方为万全无失。盖以论水者，气势二字本属相连，势之所趋，气必随之。今里戗外护，而又圈以越堤，俾其气无所透，而其势亦随以退阻，淤沙挂滩可跂而待。司坝工者，其可不急为之善后耶？

后跋

雍正元年，我皇上膺图缵绪，加意河防，于是虞廷咨儆，简在帝心，命今宫保大学士锡山嵇公以兵部侍郎乘传至豫，奠定中牟河患，随即开府驻节，继而分任北河，调任南河，事历十年之久，功成三省之远。

今两河底绩，裒其前后章疏汇为一集，寿之梨枣，以小子<small>昌治志岩</small>昔曾执经问字，而河干之役又尝亲侍鞭镫，朝夕于公之侧也，命志名卷末。小子受而读之，窃叹明良遇合之奇，利济匡扶之大，《易》之《泰》曰："上下（文）〔交〕❶而其志同"，《屯》曰："云雷，屯；君子以经纶"。惟公有焉。是应运而笃生，名世者蕴而为忠荩，发而为文章，恳恳肫肫，琅琅炳炳，诚足以信今而传后也。尝考《记》曰："江淮河济为四渎"；《禹贡》曰："沿江达淮，乱河浮济"。则四渎即古之运河，而今之运河，则自瓜仪逆流而上，渡黄淮入中河运口，由中河至山东闸河，转运各省数百万石之粮以达京师，亦犹之乎古之运河以达其贡赋。然是运河也，未始不以四渎之通塞为利害焉。盖四渎襟带运河，相为经纬，治四渎即以治运河，弟蓄泄异宜，分合异用，其治较古人为尤难也。

---

❶ 据《周易正义》改。

虽然有圣主斯有贤臣，有治人斯有治法，自古皆然，于今为烈。彼夫古之言治河者，汉推贾让，冯逡次之，但议者以为只崇空语无裨实用。唐世河患颇息，议论亦希。宋则如庐陵、眉山颇见谠言硕论，而史册所载二股、六塔，由于因循寡断，迄无成功。可见不得其人则不治，即得其人而不得信任之专，亦归于不治，则是汉之宣房、宋之滑台，投璧沉马、增埤缮堤，亦河之一隅，成功于一时耳。求其上承圣哲之鸿谟，下竭匪躬之伟绩，由是四渎著清宁之象，两河垂奕祀之休，盱衡千古，讵能数觏也哉。

伏念我公以邃学词臣，涖陟卿贰，其初膺河务也，亲秉鼙鼓于畚锸间，凡河务机宜，悉禀睿虑周详，竭力宣劳，以除旁挺横溢之患。嗣是疏筑并行，筑长堤而两岸夹峙，疏引河而千里一泻，上游下游，均资其利，其所以治黄者至矣。洎乎移节东来，蒿目会通一河，实为河漕命脉，厘夫役之积弊，备节宣之良法，其所以筹济水者至矣。更且南河初莅，奉命经理高堰，上体圣天子如天之仁，下念全河关键之重，意匠经营，工良心苦，两载告成，安澜普庆，其所以乂淮者至矣。至其挽北徙之江潮，通注江之去路，于瓜洲殚相度之勤，于金湾、芒稻等闸讲节宣之制，其所以导江者至矣。若夫筑禹王台竹络坝而沭水安流，向若疏骆马湖尾闾而六塘顺轨朝宗，其所以吐纳黄运，蓄泄河湖者，又至矣。盖惟胸有全河，故能提纲挈领，缕晰条分，而黄、运、江、淮、济、汶、沂、泗胥受治焉。

然则治效者干济鸿才也，端本者渊微懿德也。惟公之才本于德，是以出其传家之忠孝，布为体国之谟猷。运道民生凡所措施皆治实而不治名，治本而不治末，故于其所急者不敢泄泄以隳工，于其可缓者不敢张皇以糜费，勿以遗艰投大而为难，勿以谨小慎微而为易。十年黄运其精神之所专注，有真积力久

之功,有笃实辉光之德,侍其侧者,每见饮食寤寐,无时不仰体皇上之心为心,雨旸寒燠,无日不念切斯民之事为事,存诚主敬,盟山川而贯金石,尤为古名臣所莫及者。猗欤休哉,竭愊愊之悃忱,树煌煌之勋业,何其伟欤!

伏荷我皇上圣眷优隆,晋秩宫保,旋登台辅,盛典酬勋,天下臣民莫不庆为亘古难逢之盛。乃颂《书》至《说命》,"爰立作相"之文,"若济巨川,用汝作舟楫",则又知勋著济川,允洽作相,自古有传之者。而况安澜久奏,调鼎方新,霖雨苍生正未有艾也。

昌治、志岩才识愚昧,暗于经世大略,今手是编而回环捧诵,直以一函而挈两河之全局,为疏为筑若者为未雨之绸缪也,为障为防若者为苞桑之巩固也。抑且朴忠性植,格议天生,详慎恳挚之气,溢于言表。《系辞》曰"修词立其诚",惟公足以当之。较之潘印川之《一览》、朱国盛之《南河》,以及《问水》《敬止》《通考》《辑略》诸篇,知人论世者,必有起而轩轾其偏全者矣。而况亲炙之近,追趋之久,中心诚服,诚有不能自已者乎。今日者剞劂告成,传世行远,固陋厄言,幸得附名简末,此则小子之厚幸也。弟恐高深莫量,挂一而漏万,识其小而不识其大,此又小子之隐愧也夫。

雍正十一年岁次癸丑九月中浣之吉。

山东兖州府沂郯海赣同知范昌治,原任河南开封府北河同知徐志岩,同熏沐拜手敬跋。

整理人:闵祥鹏,历史学博士,河南大学历史文化学院教授,博士生导师,主要研究方向为环境史与文明史。

徐清,首都师范大学历史学院博士研究生。

〔清〕刘永锡 撰
吴朋飞 整理

河工蠡测

整理说明

　　《河工蠡测》，清刘永锡撰。刘永锡，字我彭，又字竹村，又字松涛，清奉天府宁海县（今辽宁省大连市金州区）镶红旗汉军王佐佐领下人。康熙五十五年（1716年）九月以监生在河工效力，五十七年正月捐升同知，五十九年十月补授河南开封府下南河同知，六十一年曾修建荥泽县岳山寺白龙王庙。参与了雍正元年（1723年）杨桥官堤和三年仪封大堤决口的堵御工程。雍正四年，本有机会升迁，后因迟报河清案而被革职留任。五年，疏治中牟县城附近贾鲁河。七年十一月二十二日，署理开封府知府。八年，补授河南管河道。乾隆三年（1738年）三月，署理江西抚州府知府。从康熙五十五年在河南治河始，到乾隆三年调离河南，刘氏如其所言"任中州巡河""阅历河干二十年"，凡所历经，留心考核，遂勒成一编《河工蠡测》。

　　该书卷首除自序外，有乾隆四年李绂序；末附"河防歌诀"（雍正九年秋七月巡视工次时所作）。《续修四库全书总目提要·史部·地理类》著录此书。据自序称其"阅历河干二十年，鄙见所及凡经验者，撮记一编。余弟奔走南工，遽付诸黎枣。"则该书已有刻本，当成于乾隆二年。该书全编分为十门：曰二难，曰四要，曰三急，曰五备，曰六宜，曰五忌，曰四慎，曰二禁，曰四约，曰三信，皆治河之纲要，而详为论说。首述河工有二难：知河难、得人难；四要：要明晰利害、要因势利导、要因地制宜、要先事预防；三急：顶冲大溜急相机下埽、河势湾曲急挑挖引河、堤身卑薄急加帮高厚；五备：备要工积土、备苇秸柳草、备桩麻缏缆、备应用器具、备厂棚住屋；六宜：支河分流宜设法堵截、水将平堤宜抢筑子堰、堤根汕刷宜修做防风、拖溜坍崖宜切坡挂柳、对岸长滩宜切去沙嘴、新筑堤工宜多种柳草；五忌：忌临河筑堤、忌埽上加堤、忌堤顶种树、忌堤身签桩、忌顺堤行车；四慎：慎毋忙迫、慎毋自恃、慎微细、慎始终；二禁：禁浮议、禁纷更；四约：约同诚敬、约共甘苦、约无虚糜、约无累民；三信：信专任、信正人、信赏罚。所论有的采自前人成说，有的则加以具体发挥，相当系统、具体。其中对于河工之制度、河势及工程构件的制作方法、治河抢险的方法及管理，述之甚详，是当时的实用之书，今仍有诸多可借鉴之处。

该书中多有自己的观点。例如，对于刘天和的"植柳六法"，刘永锡就认为堤身不应栽柳。他说刘天和"论卧柳、低柳、编柳，俱自堤根至堤顶遍栽，其法似有未尽然者。公之所论，盖指中土遥堤而言。三法止可护堤以防涨溢，如倒岸冲堤之水，恐亦无济。……倒岸冲刷，自必用埽护御。若堤工悉系柳树，根株枝格，急切碍难砍伐尽去，如何抢救下埽？是柳仅可种于堤根及近堤之地，堤身止可栽草，势难栽柳"。他认为，堤身栽柳，"俱能攻松土脉，堤反不坚"。

该书末后有"四约"和"三信"。历代河工都是个肥职的差事，常出现营私舞弊行为，刘氏提出"四约""三信"有一定的道理。虽是针对治河而言，但在现今讲诚信守公德的社会也是值得学习的。

　　该书为历代藏书家所重视，有八旗麟庆娜嬛妙境藏抄本、存素堂藏影抄本等。今国家图书馆、北京大学图书馆、中国科学院国家科学图书馆、中国水利水电科学研究院图书馆等都藏有抄本，黄河水利委员会图书馆藏有写本。本次点校的底本为国家图书馆复印提供的抄本，可惜此抄本缺作者自序和附录"防河歌诀"，增补内容由中国科学院自然科学史研究所刘亮同志复印于中国科学院国家科学图书馆古籍库。

　　本单元由吴朋飞整理，不当之处，敬请批评指正。

整理者

目　录

整理说明 ……………………………………………… 451

自序 …………………………………………………… 455

李绂序 ………………………………………………… 457

二难 …………………………………………………… 459

四要 …………………………………………………… 463

三急 …………………………………………………… 466

五备 …………………………………………………… 471

六宜 …………………………………………………… 474

五忌 …………………………………………………… 477

四慎 …………………………………………………… 480

二禁 …………………………………………………… 483

四约 …………………………………………………… 487

三信 …………………………………………………… 490

附录　防河歌诀 ……………………………………… 492

　叙 …………………………………………………… 492

　　竹村稿　防河歌 ………………………………… 493

自序

天一生水，地六成之。天积气，地积形，水则因寒暖之气为消长，循高卑之形为游衍，萦回万里，周流八荒，呼吸变迁，颎洞弥茫，盖不可以小知小见测也。圣人成天平地，水土乂安，用瀹、用决、用排，而必先之以疏河，且河之患，史不胜书矣。自汉唐以至元明，代有名臣，功绩懋著。最可虑也，挟其智力，以为堤防，因决而塞，既塞复决，患弭而患已伏，工竣而工又兴，偶有疏虞，非筑室道旁，即盈庭聚讼，日治河而河愈不治，岂古今人不相及哉？亦讲求之不愿也。或者谓明三百年，治河诸公出其精神智虑，各有著述，而潘宫保《河防一览》为最详悉。本朝靳文襄河书于法尤备，遵守勿失，河工将一劳永逸（乎）〔也〕❶？余曰："唯唯，否否。"古人良法非不精详，而用之则存乎其人，执蠹简之陈言，违现在之形势，不惟不能奏厥功，抑且败乃事。夫河者，天地之血脉也，譬人一身，顺其性则气和而体适，逆其性则决瘤而溃痈，彼执私见以治河，无异舍古方以药今病。然泥于古亦足以误人，惟陶镕古人之成法，习熟今日之情形，师其意勿师其迹，神而明之，乃可应用而不

---

❶ 乎 《续修四库全书总目提要》中为"也"。

穷。余阅历河干二十年，险易缓急，修防诸〔务〕❶，无不遵守前人之法，未尝执守前人之法，赖国家之福，幸无偾事。泥涂畚锸间，鄙见所及凡经验者，撮记一编，自知固陋，不敢示人。余弟奔走南工，遽付诸梨枣，爰名之曰《蠡测》。见无当于建大功、称大智之君子尔。

时乾隆二年夏四月，宁海刘永锡书于祥符之柳园口。

---

❶ 务 底本缺，据《续修四库全书总目提要·史部·地理类》著录此书的提要增补。

李绂序

治河之家，动成聚讼，尤甚于议礼，而河道关系国计民生，利害为患尤巨。余自通籍后，往来京师，奔走南北，凡所经历，留心考核，思欲折衷曩哲，勒成一编，虽未敢自信知可，然有见于衷，亦略言之。顾事未深，悉执古方，以治今病，纸上之陈言，苦难尽信。况前明潘宫保云："治河者必无一劳永逸之功，惟有补偏救弊之策。"岂易言哉？竹村刘公监司摄吾郡，廉明宁静，兴利除害，惟恐不及。且能动中窥要，抚恤周至，诚贤太守之空前绝后者，复于郡治曾子固先生兴鲁坊旧址创建书院，四方之士闻风来学，多至二百人。适余丁艰在籍，延掌教其中，暇日出所著《河工蠡测》示余，属为之序。并言其寒暑风雨，经理于泥淖畚锸间，垂二十年。凡所论列，皆其躬尝试者。余受而读之，胸有全局，目无全牛，巨细毕该，纤悉备举，森如挈领，晰若列眉。先事勤其备，临事撮其要，既事慎其防，而终之以约诚敬，专委任，信河工之金（料）〔科〕❶玉律哉。昔稼书陆先生见陈天一《河防述言》，叹为有用之书，非寻章摘句者比。今观天一之书，已理法兼备，陆公故叹赏不置。若使得见此书，其称许又当何如？刘公遇事精勤，有如饥渴，每逢

---

❶ 料 当为"科"，系誊抄之误。

课期，进院中肄业生徒，孜孜讲论，立说一本程朱，并刊课程以励诸生。更举吾乡之先贤先儒、忠臣名士，若宋之陆、曾、欧、王，明之艾、陈、汤、董，诸先生苗裔罗致而薰沐之，拔取书院，俾无坠其先绪。用心之勤恳如此。兹《蠡测》一编，本其起而行者，坐而言字字脚踏实地，不啻烛照数计而蓍蔡卜也。余故乐为之序，以质世之治司治河之职者。

乾隆四年荷月，治年家世弟临川李绂拜撰。

二难

二难者何？难于知河也，难于得人也。

河何以难知？今昔异形，南北异势，变生于眉睫之前，患在于千里之外。人何以难得？才需干练，识需明达，善谋者贵善断，有为者贵有守也。

黄河源出星宿海，逾积石、西域，历关陕、山西、豫东，经江南徐邳而下，至清河县之清口，会淮而东，于安东县之云梯关入海。运河由浙江至京口，有苕霅诸溪及宜溧诸山，并京口所入江湖等水；自瓜仪至淮安，则有高宝诸湖及清口所入洪泽湖之水；清口至镇口闸，向资黄河，与山东汶泗之水，自开通中河之后，只渡越黄河，不尽资黄河之水矣。镇口至临清，则有汶泗诸泉源之水；临清至天津，则有漳卫由直沽入海之水；自天津至张家湾，则有潞河、白河、桑干诸水。此黄运两河情形大略如是。

自泲水用警，迄今几千百年，兴变倚伏不可胜数，河形既迁徙靡常，河工亦平险易位，然河之性，则千百年无移易也。善治水者，惟顺其性，无违其势，疏之束之，不令横流傍决。而修防之法，总在相机筹画，随处施宜，古人成书，不可拘执。北则土松而地广，南则土坚而地狭，北则须防漫衍而犹可以容纳，南则须使约束而不至于漫淫。北则易修而难守，南则难修而易防，或变生于上游，而其患乃在下，或变起于下流，而其患乃在上，是必会通两河形势于胸中，知当然复知所以然，知现在复知将来，而后可施防守之工，为久安长治之计。

至于大概机要，湾者当直，冲者当纡，不可合者当分，不可分者当合，成败在瞬息之间，功宜速奏效。需时日之久功，可缓抢救于一时者，一分人力可胜十分水势，期保守于永久者，一分水势当尽十分人力，筑防疏浚一定之法也。每假疏以为防，亦借筑以为浚，导水行沙，一（成）〔定〕之矩也。或以河治水，即以水攻沙，随时通变，以助化工，非融贯全河，豫有成算，无从措手，是治河固难，知河不易。

知知河者固难，任知河者为尤难。昔禹播九河，涤九川，陂九泽，八年三过，经营劳瘁，备极艰难，以垂万古平成之业，使后代世世守之。效禹之精诚，运禹之成法，随时修治，虽千百世可无水患。乃殷承夏之后，已数迁都，至周之衰，侯国分争，筑堤以包沃饶之利，堵塞壅滞邻国为壑，为害不可胜言，遂无复九河故道，以致遗患无穷。汉决瓠子，武帝沉白马玉璧，令群臣从官自将军以下皆负薪填决。宣房既建，水复旧迹，禹道遂复。陈登筑高堰以障淮水，淮不为害。《唐书》载水患较少，谓诸节度使各为修治，多不上闻，或亦享汉成平之福，未可知也。至宋修守尽废，执迂阔之论，惟偏重疏浚，或力遏北来故道，强使之东注，卒无宁日，而国大疲。至元而黄河下经徐邳，由安东会淮入海，元末虽竭力修治，事未竟而患已生。禹之故道久失，势难复矣。明初海运粮艘漂没，淹毙人民每至千万计，当时治河之名臣，若宋尚书、陈平江，其精神专注，多在运河。刘庄襄、潘宫保、万少司马，两河俱有成绩。我朝

（蕲）〔靳〕文襄创治于前，张文端守成于后。文襄《河工八疏》，切中窾要，文端甫下车首陈三事，备合机宜，圣祖仁皇帝洞悉河务，指授方略，河乃大治，然二公之功，于中河为尤巨。前明于黄、运两河三百年经营筹画，一经冲决，运道遂梗，仍复海运。文襄开辟中河，不特避黄河一百八十里之险，即加康熙六十年武陟漫决，几至夺河，不闻有运艘阻滞之患。文襄之功，可谓超越前古。武陟漫口，陈勤恪堵筑得法，克期竣事，劳瘁病殁，士民感戴，立祠工所。豫东黄河，嵇文敏经理合宜，工程巩固，此皆得人而治。

然国家倚重者，固在总理公忠之大臣，而分任者亦须慎选贤才。盖数千里之地，千百处之工，非一二人耳目心力之所能普遍，则凡修守事宜在在需人，堤工有创筑增培，埽工有增估岁抢，导河有开挑疏浚，捞浅打冰，并预备料物等事，胥借众力以供指臂。大凡修筑堤工，当识土脉坚松，察夯硪之弊，知签识之法，谨防护之道，方可巩固。否则饰观一时，不久即圮，终无实用。倘遇顶冲极溜险工之处，洪流暴涨，排山倒海而来，成败安危系于呼吸，虽疾风暴雨，必穷日彻夜，急急抢护，使埽基不得其要，卷埽不得其法，下埽不合其宜，压土签桩不中其窾，则已决者必溃败不可收拾，而未决者必及致崩塌，失之毫厘，谬以千里，糜国帑而害民生，莫此为甚。

至开浚河身，亦有缓急，平时为未雨绸缪之计，犹可从容办理，如溜趋此岸，或竟至溃决，急赖彼岸疏泄，以缓其势，则开浚即抢救也。故万人畚锸，必调度董率，尽合机宜，使之欢欣鼓舞，趋事恐后，人不知劳而工倍，方能刻期告竣。再备办料物之多寡，亦须酌工程之平险，倘紧工需用，立待应手，有备无患，方免临时仓皇。凡此数者，孰不赖人督理，分任于其间哉？然而非明白通达不能识机宜也，非果敢直前不能应仓卒也，非精神强干不能耐况瘁也，非威爱兼行不能鼓兵役而尽群力也，非公忠并著不能济实用而安民生也。总非熟悉之深，经历之久，不能批隙导窾而恢恢游刃也，则得人抑又推矣。使大臣诚深悉河防全局之纲领，而又得贤能以收指臂，即遇异常暴涨，可以随时补救，旋即平稳，又何难之有哉！

四要

凡事必得其要，斯先后巨细，可以次第举行，否则茫然无绪，颠倒错乱，讫难成功。况治河，何事而可不得其要哉？

其一在明晰利害也。利之与害本相反，而时或相因，有利小而害大，利近而害远，利在目前而害在日后，利彼而害此，利此而害彼，此则不可不知也。如水既泛滥漫溢，必须堵筑收束，倘下流淤浅，不知疏泄引导之法，徒于上流堵塞增高堤岸，蓄极怒发，势将大溃，害且不测矣。洪流汹涌，诚宜泄水分流，以杀其势，而支流散漫，分泄太过，以致水缓沙停，不能冲刷，河身渐至垫高，水无所归，奔轶四出，危险将不止一处。即在在堵御，费帑劳民，其害无穷。欧阳文忠公有言："智者之于事有所不能，必则较其利害之轻重，择其害少而利多者为之，尤愈于害多而利少。"夫近小之利，利在目前，远大之害，害在日后。审于利害之故者，毋务小而遗大，毋顾近而忽远，一隅之灾必审全河之势，一日之工必为百世之谋。

故其疏流也，要在因势而利导。其堤防也，要在因地而制宜。《周礼·考工记》曰："沟必因水势，防必因地势，善沟者水漱之，善防者水淫之。"王昭注曰："沟所以导水，不因水势，则其流易壅。防所以止水，不因地势，则其土易崩。"盖地中之有水，如人身中之有血脉，血脉过盛而有余，则为痈为肿，遂至外溃。血脉衰弱而不足，则为瘫痪为痿痹，渐成废人。其于水也，亦然。水势就下，治之者必顺其性，顾有以顺为顺者，有以逆为顺者，其势不同，导之亦异。从来水势强，泻之使平，水势弱，束之使急，水势停缓引之使直，水势猛疾行之使曲，泻之引之以顺为顺也，束之纤之以逆为顺也。总而言之，泻与纤者不使水之有余，束与引者无使水之不足，抑其盈而济其虚，惟令安流循轨，常行于地中，如人血气和平，则身无疾痛耳。

至于筑堤御水，即《禹贡》之所谓"陂"，《考工记》之所谓"防"也。近世之堤，其名不一，有缕堤、遥堤、夹堤、重堤、格堤、横堤、撑堤、月堤、鱼鳞堤、岔堤、斜堤、戗堤之别，要皆因乎其地非可以私智造作。近水之地，约束其流，则宜缕堤。去水虽远，涨流必及，且地本宽阔，高阜断续，可以联络，则宜遥堤。地当顶冲，缕堤一线，其势难恃，则宜夹堤，即名重堤。夹缕两堤，既已重护，恐缕堤冲塌，水灌两堤之间，长驱莫制，则宜格堤，即名横堤，又名撑堤。地势短促，欲筑夹堤不能绵亘，则宜月堤。层递建筑之月堤，又名鱼鳞堤。月堤两头与缕堤相接之处，最易冲塌，则宜斜筑岔堤，又名斜堤，亦格堤之意也。堵筑漫口之后，埽坝一时不能断流，则宜戗堤。凡陂堤之上游，必留宣泄之处，如减水滚水等坝是也。因其地为水之所趋，汤汤浩浩，虑堤不能容，则设坝以少纵其泛滥，分泄盈余之水，而后堤可保全。譬之列隙御寇，阵固期坚，使敌无可乘之隙，苟四面攻围，绝无活路，则敌必急斗溃围而出。故筑堤者坚其阵也，设坝者开其路也，此皆因地而斟酌之者也。

然浚流筑堤，非临危卒办，故其要又在先事而预防。就一岁言之，桃伏秋凌为四大汛。桃汛春水方生，凌汛水已归漕，

其势常缓，惟伏汛当大雨时行之候，又西北一带深山穷谷坚冰尽解，会归于河。秋汛则庄子所云："秋水时至，百川灌河，两崖之间，不辨牛马"者也。盖秋令属金，金为水母，水每至秋而大旺。然异常之涨，四汛咸有，特桃凌少而伏秋多耳。凡预验汛水之大小，清明前一日汲水称重若干，于次日清明节正刻复汲水较量轻重，如水重，发水必大。其立夏、立秋较量水信法，亦如之。宁夏人至清明日，候水河干，验水之消长尺寸，即预知一岁水势之大小，亦此意也。司防河者于四汛未至之先，查工程之平险，其间有昔平今险，昔险今平，如明险、暗险、指旧堤不坚而言。古险、今险、久险、暂险、似险而非险、似平而实险，指形势而言。更察天时之寒燠阴晴，地形之高下宽窄，水势之趋向顺逆，则工程之大小缓急，了如指掌。以此先事预防，当浚者浚之，当筑者筑之，下埽积土等类，早为办理妥协。其需用物料预储河干，及正当四汛戒严，官弁督率兵目夫役无分昼夜，时时巡警，处处防护，脱遇疾风暴雨水势陡长，审量危险之势，即施保守抢救之法，庶得堤防巩固，可庆安全。盖未雨绸缪，则有备而无患，临渴掘井，则仓皇而莫措。

此四要者，悉河务吃紧之处，余实身亲经历，故不觉言之琐琐也。

三急

治河之务，其大要既有四矣，而其至急者，则有三焉。顶冲大溜，急相机下埽也。河势湾曲，急挑挖引河也。堤身卑薄，急加帮高厚也。

古称守险三方，一曰埽，二曰逼水坝，三曰引河。而逼水坝，亦埽坝也，故列下埽、引河、帮堤为急救三法。水汛之来，有高至一二丈不等者，值顶冲大溜，湍激汹涌，水势汇崖，危堤难保，须下埽以御之。埽名有等埽、干埽、护崖埽、顺埽、鱼鳞埽、边埽、雁翅埽、丁头埽、沉水埽、套埽、面埽、肚埽、神仙埽、兜缆厢、扎枕加厢、丁厢、顺厢、软厢、硬厢等类，并挑水坝、顺水坝、逼水坝、鸡嘴堤、铁心坝、月坝、盘马头、裹头埽，皆埽工也。如大溜将至，堤根相离数丈，即于堤根干崖挖刨深漕，预下等埽，又名干埽。其漕须深至丈余或八九尺，宽一丈二三尺，方可下高一丈之埽，漕内先厢软草二尺，再将埽个推下压于软草之上，埽系圆个，埽底厢平，庶水势骤至不致陡蜇，屡经试验，颇为平稳。人每于干崖等埽易于忽略，不知大溜转瞬即下，埽个未能蜇实，一时手足无措。至于桩橛绳缆，一如沉水埽用法，方免走埽之虑。水已至堤根，则下护崖埽，即名顺埽。初下埽，每个埽头紧靠堤根，埽尾少出，第二埽头藏于第一埽尾之内，其余依式而下，则溜开往外，不使逼近堤根。鱼鳞埽亦然，惟埽尾多出埽头深藏于内，节节护卫，有似鱼鳞，既可护堤而又可挑水，最为有益。埽坝两傍之埽用以帮护正坝者，则曰边坝。正坝上下恐防回溜汇崖，则宜斜下雁翅埽，凡横下者则名丁头埽，如下大埽须直入水底，则曰沉水埽。埽上加埽，则曰套埽，第一路则名面埽，第二路里首之埽则曰肚埽，用绳兜住加厢，则曰神仙埽，又名兜缆厢。埽个初次加厢，则捆扎埽，由高二三尺，名曰埽枕上加厢，垫其后则绳用丁厢，其堤埽相接之处及两埽相并夹缝之间，俱名埽眼，则用顺厢。以草厢垫则名软厢，以柳厢垫则名硬厢。至大溜顶冲河势宽阔，宜建挑水大坝，挑开溜头，以下工程自可化险为平。如河势较窄，须建顺水坝以逼水势，又名逼水坝。虽系顶冲而溜势较小，撞激堤根随即折回，则应做鸡嘴坝。其势尖斜如鸡嘴者然，乃挑水坝之小者。凡下一埽，楸头滚肚绳缆，皆须坚实，并细看留抉上楸头绳之宽紧，楸头宽松无力，埽始蜇定，签桩稳妥，不致摇动，然后再下一埽，否则一埽有失，更能掣动他埽，其堤愈危。桩要长大粗实，深入土内，埽上相间一丈或五尺，即下一桩，不可桩桩签埽中心，致桩木排偶使埽裂开，直缝遂易过水，须正中偏左偏右参差签下为妥。如一丈高宽之埽个，签桩有里四外六、里六外四之分。桩木有面背反正，木之正面向外签钉者则名卧桩，最为坚固。反面向外则曰挑桩，多不得力，而桩手等每以挑桩签钉省力，只图易便，须稽察详审，毋得草率致有后患。其签钉留抉亦要参差，毋使排偶致伤堤埽。下埽必用土压，初下埽时埽未到底，压土稍薄，埽已到底，压土须略厚，方能垫实，然又不可用土太多，致土被水冲，埽便不稳。若溜急势猛，埽下欲淌急，将已钉之桩抉用绳绊住加添留枕,再于上缚粗绳,两边一齐系住,使大尾迎溜,小头厢进,便可合龙,此埽名鼠头埽,又名蜈蚣埽,大头必长出几尺,盖急溜推送,其力甚大,埽头必长而有余,方恰好也。料物等项,须预集坝上,以便不时加厢。合龙之后,若尚有漏入之水,趁翻花大浪急于坝外,再添下边埽。须于上水平稳之处,卷成埽个,推入水中,拉至过水处所,签桩稳实,遂不碍正坝抢护加厢。埽眼用软草厢填,昼夜压截,更于正坝急连加厢重压厚土,复令善水之人探(者)〔看〕埽底,如有洞隙不平之处,即用软草包土捆扎埽牛坝入,则埽坝自不致过水矣。一经断流,于埽坝背后抢筑戗堤,再于背后筑成月堤,以防塞后复决,不可怠忽。至若决有数处,缺口大小相等,施工当先上而后下。如缺口大小不一,施工当先小而后大。毋得执先上后下之说,使大口在上先为堵塞,则水势逼下,弥加猛烈,下之小口悉决而大矣,此又不可不知者。

然此犹非所论于夺河之决口也,苟河势过为湾曲,既决之后,大溜尽归决口,口不能塞,即防夺河,挑水埽坝亦上,少减其势,必挑挖引河使河流直泻,缺口方可施工堵筑,正河不致淤断。急审决口上流对岸老滩,用水平打量地势,不致高低滩。形如牛舌,则引河难开。如葫芦形,如耳形者,便可挑挖。即于上流陡崖形少凹处,置引河头以迎溜于湾滩尽头处,置引河尾以归正河,先于中间挑挖河身,如面阔十五丈、底宽十二丈,面宽二十丈、底宽十六丈,深一丈至一丈二三尺不等,崖势欲陡,长一二千丈至数百丈,俱可,过为短促便不能引溜成河。河头须大,河尾须小,河身须宽阔,势少屈曲,河底一律深通,上半段则间段刨挖横坑,少留土埂,使水入之时,激湍冲荡,其力方猛,河身开就。疏河器具预行备就,俟汛水大涨之时，将河头河尾开通，引溜土埂尽行挖开，河头迎溜处开沟三道，并各刨挖深坑，多集船只停于下唇，或做船坝，或于下唇下埽，以逼水势，顷刻之间，河便成矣。此言黄水之引河。如（桃）〔挑〕开清水之引河，法亦如之，惟水势力弱，河身崖势欲坦，如面宽十五丈、底宽九丈，面宽二十丈、底宽十二丈，深一丈至一丈二三尺不等，凡有土埂俱须挖净，不致淤垫河身，庶可经久。倘开放之后，水势尚缓，则又须用浚沙杷、杏叶杷、柳叶杷等器具，驾舟于河头河尾，上下不时疏浚，必令畅流。而止如旧河水涸，即行堵截，使溜专趋引河，盖引河之水畅流，则决口之水势自缓，堵塞便不难矣。

以上各条，或抢护于将溃之际，或救全于已溃之时，一面抢救此处，又一面防攻他处。虽平时堤身卑薄，固宜增高培厚，当漫溢堵筑之时，尤须急加巡察加帮高厚，不致疏虞。且塞者既塞，逼者复逼，大溜迁徙，非复旧时，有面趋于彼而或趋于此。脱不急为加帮，将一波未平一波复起，溃败决裂，遂无底止。帮堤之法须先将旧堤草根去净，爬松旧土再加新土，使新旧交粘，最忌井穿洞隙。更察土脉坚松，如系真淤老土固好，不宜土块堆筑，预令夫役人等先于土塘内打成碎土，始行加筑。每一坯虚土不得过厚，高至一尺即发水行硪，人力须齐，石硪须重，行硪三遍，硪迹如连环，层层加筑，自能坚实。但淤泥每难行硪，干后又多裂缝，少用沙土盖面行硪，方可得力。如两崖多系沙土，必须寻觅淤土揽合，两合土筑成之堤，最为坚牢。取土须离十五丈之外，土塘间断挑挖切忌挖成河形，以致日后顺堤引流。筑堤不宜过陡，临河一面尤须斜坦，俗名走马坡，方能经久。如堤高一丈、顶宽三丈、底宽十丈，高下总以三七收分，即为合式。堤身顶坦要修筑丰满，切忌膛腰戴帽之

弊。堤顶中心须高起数寸，名鲫鱼背，始不存水。签试之法，每加筑三尺，即签试一回，庶得一律坚实。堤既高厚坚固，以此捍御决流，可无他虑。是帮堤与下埽引河同为急务，切不可忽者也。

五备

夫险处抢救,在乎人工,应手济急,需乎物料,物料不齐,虽有智巧,无可复施。此有五者,当预备于平时也。

五行相克,制水以土加帮,堤岸之土,所取至广,即平时堆积,亦不敷用,是在临时酌量。至压蛰埽个填塞罅漏之土,宜乘水汛未至,人力闲暇,于清明以前派定兵夫,或雇觅民人,照土方科算,按日计工,于堤外十余丈间段挖取硬滩老土,堆积堤上,险工紧急,即可就近取用。迨水汛暴涨过后,淤泥填漏土塘,又使挑挖,是始则取土以济川,继则借水以补土,可以取之不竭。设平时未备,直待汛至危急之候,始行挑取,恐桃汛春雨连绵,伏汛大雨时行,秋汛秋霖积潦,凌汛冱寒土冻,挑土艰难,势必误工。此要工积土宜备者,一也。

大溜冲激,惟埽可御。埽本以柳为骨,以草为筋,从前捆埽十分之中,柳居其七,草居其三。令岁岁砍伐,柳枝所产渐少,大约十分之中,柳止一二分。北工则代柳以秸,南工代柳以苇。用秸用苇半杂以草,埽土厢填亦必用苇秸草束。大埽用柳数百斤,秸苇与草数千斤,中埽、小埽以次递减,用柳数十斤者,草与秸苇亦须数百斤。大小缕缆,非用苇纮打,即用草绞合,所需极其浩繁。此苇秸、柳草宜备者,二也。

埽上签桩，大率相间一丈，每埽个长十丈，签桩十根。如过深水，须一路一层，二路二层，三路三层，统计埽六个，约签六十桩。极险之处，尤须倍用。如埽高丈余以至二丈，桩木须长数丈，此种大木来自远方，一时不能至工，安可不预为采办？卷埽首重缕绳，捆埽粗细绳索，用苎麻者居多，宁使绳胜料，莫使料胜绳。初将柳枝缚成埽心，节用绳缕，若充心绳、揪头绳、滚肚绳及小缕，俱总系于埽心，然后将柳草苇秸相间匀铺小缕之上，鼓众牵拉捆卷，卷完取小缕胥缚于埽外，并用箍头绳缚紧两头。每大埽一个，约草小缕六十套，每套四十二条，每长二丈四尺，揪头滚肚等绳，须用数十根，每根须重至数十斤及一二百斤，方能得力。北工多用麻绳，南工多用苇绳，又名光缆。是埽非麻绳缕缆不能坚，并签钉长桩不能牢，埽不坚牢，何能当冲抵溜？此桩麻缕缆当备者，三也。

防险器具，则有盛土之筐，起土之锹，筑土之夯杵，集众之锣，塞洞穴之铁锅、绵袄，夜工之灯笼、火把，御雨之蓑衣、斗笠，防坏堤兽穴之獾兜、鼠弓。埽工器具，则有上桩之云梯，签桩之天碨，推埽之戗杆、木犁，削桩之铁斧、刮刀，探水深浅之打水杆，绳稳梯脚之木鞋，架云梯之高橙，销桩之木斧，催犁之木杠。挑河疏浚器具，则有测地势高下之水平，戽水之戽斗，淤泥站挑夫之踹板，浚浅之扬泥车、浚沙杷、杏叶杷、柳叶杷、混江龙铁篦子。筑堤器具，则有筑坚之木夯地碨，泼水之水桶，验堤坚松之铁签，打土块之小木柳头，测量堤高厚长短之丈杆、丈绳，五尺加帮旧堤之铲草铁铲。石工器具，则有煮糯米汁和灰之汁锅，盛糯米汁之汁桶，兜米汁之铁勺，扛巨石之铁索，扛小石之麻绳，连石缝之铁锭、铁锔、铁销。以上诸项，至纤至悉，然一物偶缺，必至周张。此应用器具当备者，四也。

夫桩木、秸苇、柳草，可以露积，至如苎麻缏缆等类，不胜风雨，及易于散失之物，此皆上费国帑，下劳人力，几许经营，始得应用。若不急谋盖藏，难免遗失朽蠹，及至临期需用，反不凑手。非徒虚糜经费，而且遗误工程，应于险工处所，搭盖厂棚堆聚，以防散失，以避燥湿。当桃伏秋凌四汛极险次险之地，官弁兵夫俱宜齐集工所，昼夜防护，一有危险，即为抢救。而汛至之时，非烈日酷暑，即西风凛冽，或披星带月，或冲冒雨雪，堤上闻隔一二里，固须修建堡房，但不能容集多人，又必另造住房于险工之处，使官弁有所依栖，兵夫借以休息。庶得自朝至暮，寸步不离，并力同心，共相救护，无致疏虞。此厂棚住屋宜备者，五也。

凡此五者，有似缓而不可忽，至顺而不可厌，办之时颇觉其烦，用之时甚觉其便。古人云："适百里者宿舂粮，适千里者聚粮。师旅未兴，先谋军储。"即此意矣。

六宜

　　有五备以救三急，其于危险之工，约略尽矣。然有工非危险，而平时宜加意整顿，使不至酿成大患者，又不可不知也。

　　如黄水漫涨之后，凡近堤老滩土脉松处，即冲成支河，初甚微细，似乎无关紧要，乃涓涓不绝，日渐深阔，必至夺溜。夫河不两行，有支河以分泄其势，正河水反停缓，淤沙垫高，大溜将尽趋支河，险工林立，而堤甚危矣。设正河与支河分溜，水俱停缓，不能刷沙，渐至淤浅壅塞，一遇大汛暴涨，水不畅流，泛滥奔轶，其害尤大。故一有支河，即宜于进水之上口两边修做坝笱，或下埽，或镶坝，有似塞决口之意，筑成埽坝，背后加筑宽厚土戗，即可断流。再于以下支河内截筑土坝数道，如漫滩水至，河形遂渐次淤平，使溜归正河，束水攻沙，河流条畅，方免后患。盖支河为患甚大，故虽无水，凡有河形亦须截筑土坝，外加镶埽，不可忽略。

　　至于汛水卒至，一时骤高丈余，将与堤平，此际欲加帮堤岸，恐陡涨迅疾，措手不及，脱或洪流漫过，势遂难保，宜速抢筑子堰。如底宽八九尺或五六尺，顶宽三四尺，高三四尺，加于大堤之（土）〔上〕拦其水势，不使漫溢。如水过后，堤工应行加帮，仍将子堰摊平，层层坚筑。此一时抢筑子堰御水之

法也。

若堤身本高，虽大水漫至，不虞其溢，然水来汕刷堤根，加以风力助势，浪头冲拍，堤便不能卒，固宜于堤根修做防风埽，用料加镶，而堤埽相间之处，再以土坝，平似可卧羊，即名卧羊陂。有埽挡水，则堤根赖以防护，自无虑乎汕刷矣。

以上三条，皆施于水已到堤之候。如水未到堤而溜势拖遏之处，滩崖坍卸，其形陡立，若不预为防备，老滩渐次崩塌，盖近河滩崖名为河唇，比里滩较高，因水势出槽之际，黄水多带沙泥，沙重而行近，泥轻而行远，谚有"勤泥懒沙"之说，是河唇多高于滩地。今将高崖坍去，滩地低洼，水易出槽必至堤根，遂成险处，宜将滩崖陡处斜切，使为坦坡，取柳枝倒挂于坡外，水中坡坦则不迎溜，其势差缓及以柳枝抵当，逐渐挂淤，溜更无力，滩崖自不至于复塌矣。

况此崖既坍，对岸必长，对岸既长，此岸终坍，谚云"东坍西长，南坍北长"，亦盈虚消息不易之理。故此崖陡绝，对岸长滩定有沙嘴，既有沙嘴，以挑水则逼急溜势，趋射此岸，坡柳之力几何而能御之哉？对岸沙嘴所宜削去，以顺其流，流顺自不移患，于此岸运河沙积之处，尤宜削去，是犹"扬汤止沸，锅底抽薪"，乃卫滩崖之善法也。

若夫新筑堤工，尤宜有以卫之，而堤始可经久。堤虑水攻，亦虞雨泻。虑水攻卫之以柳，虞雨泻卫之以草，薪堤土浮，虽加夯硪，终未坚老，如遇大雨滂沱，淋漓冲卸，有所不免，应于堤身上下通行移草栽植，并密布草子，再将堤之两坦间段做成极浅沟痕，将软草密种沟痕，草一畅茂，根株交结，茎叶遮护，土便坚牢，虽有暴雨亦从沟中草上泻下，土难冲动，此即谓之草过龙也。以柳卫堤，莫如刘庄襄《问水集·植柳六法》

至详且悉。凡春初筑堤，即横卧二三尺长柳枝于堤根内外，两头露出三寸，其余筑入土内，曰卧柳。筑成之堤，候初春时取一尺二三寸柳枝，于堤根历一尺许，即用引橛签种一株，曰低柳。近河紧要堤岸，用鸡子大长四尺柳桩，间六七寸用引橛签种一株，入土三尺，上留一尺，将小柳卧栽一层，内入二尺、外留二三寸，却用柳条将柳桩编高五寸，如编篱法，内以土筑满，曰编柳。河势将冲之处，堤外纵横五尺，即将长一丈及七八尺、四五尺劲直柳条，用铁裹长引橛钉穴深深栽入外，止露出十分之三，如水势急，可栽十余层，缓栽四五层，曰深柳。坡水漫流之处，难以筑堤，惟沿河两岸密栽低柳数十层，曰漫柳。照常于堤内外用高大柳桩成行栽植，运河则但种于堤内，以便牵挽，曰高柳。柳既栽活，数年之后，根株固结，枝叶绸缪，既可抵挡风浪，而柳枝亦广，可备工需，其利无穷，诚为良法。但庄襄论卧柳、低柳、编柳，俱自堤根至堤顶遍栽，其法似有未尽然者，公之所论，盖指中土遥堤而言，三法止可护堤以防涨溢，如倒岸冲堤之水，恐亦无济。况河流迁徙靡常，今日之遥堤，日后溜走，近堤则与缕堤无异，倒岸冲堤，自必用埽护御。若堤工悉系柳树，根株枝格，急切碍难砍伐尽去，如何抢救下埽？是柳仅可种于堤根及近堤之地，堤身止可栽草，势难栽柳。其弊，详五忌内。庄襄《植柳六法》须少通变，始可无弊。而卧柳、深柳、高柳，最为得济，宜责令兵夫于初春广为栽植，不时灌溉，务令株株成活，而卫堤之法备矣。

盖防河如防边，治河如用兵，兵可百年不用，不可一日不备，堤可终岁不险，不可一日不防。有埽无堤与无埽同，有堤无防与无堤同。安不忘危，加意防守，补偏救弊，安得有漫决之患哉！

五忌

治河之务，有所宜即有所忌，知宜而不知忌，虽自以为利而适滋其害矣。故临河忌筑堤，埽上忌加堤，堤身忌签桩，堤顶忌种树，堤上忌行车，治河者所当至讲也。

江南河工多系缕堤，皆近河而筑，只因地窄人稠，不得不然之势。又淤土坚实，犹易得御，然已觉险工林立，岁抢修治费帑数倍于河东。河东人民稀少，地本辽阔，可以任水漫衍。如人盛怒随而顺之，其气渐平，若逼迫愈紧，其怒愈盛，故但筑遥堤不与水争，向日河深岸高而有弃地还堤之说，且河东土少沙多，临河地脉更为虚松，使近水筑堤，不但不能坚固，亦易于坍塌，况近水堤壤虽有遥堤，亦随崩溃，盖水受束力猛，决口直射遥堤，势不能御，乃居民有利堤外滩地，或搭盖棚屋，或住成村落，只图一时之利，不顾久后之患，多恳求筑堤以自卫，所谓民堤是也。向日河南中牟之杨桥十里店，及仪封之大寨、兰阳之板厂，其决口缘由皆因民堤有失，大堤随开，是即近水堤崩，遥堤遂坏之明验。然小民贪利，成功难弃，惟随地制宜，于下首堤尾不令接连大堤，使水过民堤得有去路，而遥堤可保，亦官民两便之法也。

至于埽之与堤当使合而为一，又当使分而为二。合为一者，堤埽相接之处，镶填令满，不留罅隙，可免注水溃堤之患。分而为二者，埽上不可筑堤，堤上不可加埽，埽系筑柳，质本虚松，夹入堤内，何能筑令坚固？且柴柳日久，终须消烂焉。能常保巩固，每见旧埽挂淤，渐长新滩，即便于埽上加堤，不知新长嫩滩，非老崖可比，一时水至，即便汕去，而堤下埽既朽烂，势必崩塌，故旧埽朽敝，即当以埽加修，移新换旧，方可平稳。一或加堤，便难加埽，此旧埽之上，断断不可加堤也。

若夫埽工，本以护堤，不可反因埽以伤堤，下埽须在水中埽上签桩，亦须直至水底，工始坚牢。如桩木签在堤身，夯硪震动，堤即裂开，是欲护堤而适以伤堤，害将不测。夫下埽自一层以至二层、三层不等，二三层之埽，去堤较远，直出水中，不须虑此，惟第一层埽，紧靠堤边，所宜加慎也。

堤傍种树，皆可卫堤，而最宜于柳者。以柳易长成，且性喜湿而不畏水，一经水淹，根株深茂，所以前载刘公六柳法，独加详晰。但刘公论卧柳、编柳、低柳，俱言种至堤顶，似乎不可。盖堤顶既高而为地甚窄，树根横生直长，俱能攻松土脉，堤反不坚，况树之枝叶最善招风，脱遇风狂雨骤，以无多之地力受枝木之摇撼，堤之不败者几希矣。故堤顶不特不宜种柳，即偶然生长树木，皆当铲去，不可存留。设遇洪流暴涨，即须下埽，堤顶树木一时不能砍伐尽去，有碍卷埽。

至若淮北、河东等处，堤上时有车辆来往，须留车路埠口以通行旅，惟将埠口修填宽阔，只许横行过往，不得在堤上长驱压损，盖堤根阔十余丈者，堤顶不过二三丈，虽夯硪坚实，而上既高筑，岂同平陆？大车或驾驴骡，或驾牛马，少则二三头，多至五六头，扬鞭疾驱，势若雷轰电掣；人推小车，其势虽小，然偶尔径行，犹不至大损，使日积月累，震撼既久，堤之通体皆松，践踏残损，其害岂可胜言！守堤官弁必当严行禁止，令行人大车毋许堤上来往，方得无碍。

凡此五忌，于堤工最为紧要。司河防者，其毋忽诸。

四慎

书云："率作兴事，慎乃宪。"古今巨细之务，莫不成于谨慎，而败于疏忽，则治河之当慎也，明矣。而兹首列以慎毋忙迫者，何哉？盖洪流暴涨，顷刻寻丈，冲堤拍岸，处处危急，虽有智勇之材，不免惊心动魄。然惟镇之以静，始可审察形势，相度机宜，缓急重轻，昭然方寸，施工抢救，自能应手奏绩。否则仓皇急遽，非神消气沮，茫然无策，即颠倒错乱，卤莽无功矣。古人有言"天下事都从忙里错了"，旨哉言乎间！尝考康熙十六年以前，黄河两岸南北运河及高堰等处，俱漫溢决口，有堵塞一二次不能成者，其危急岂可胜言！是时总河靳文襄公安心静气以临之，卒皆拱手，告成则甚矣，忙迫之不可也。

治河之人有善于经画者，有工于制作者，有详于考订者，一节之长，皆足取用。世无全才，能何可恃？必虚公采择，宣力者自众，"智者千虑，必有一失；愚者千虑，必有一得。"此千古至论也。前明河患为最，其治河著名者，宋尚书礼、潘宫保季驯。宋尚书绩著山左，以采白英老人之言。潘宫保自谓嘉靖乙丑承总河之命，惶惧无措，乃进田间老叟与长年三老而问之，始知河性，因喟然曰："河在是矣。"夫以二公什百庸众之才，犹不敢自恃，后人远逊二公，而可自以为是哉！要之，临时忙迫者失之不及，恃才自用者失之太过，太过不及俱非中道，不可不慎也。

至若细微之处，将酿大患，所当慎者，其类颇多，而莫甚于过水穴洞。古语云"蚁漏可以决堤"，况若獾或鼠、若蛇窟穴，百倍蚁漏，顷刻之间，竟成缺口者乎？水属阴，故危险每在黑夜阴晦之时，巡防之人须执灯烛在堤背后往来查看，一有过水穴洞，即鸣锣集众救护。横洞用铁锅扣住，外护以土，便可止水。直斜之洞，用绵袄填塞，一人将手按定，急呼众人，取松土团团堆上，土高数尺，其流遂断。切忌用草塞洞，及方堆松土，上用夯杵震动，并人足践踏，一或犯此则必开矣。俟水势大定，始加帮筑，再于临河一面下埽挡护，至水落归槽，刨开堤身根寻穴底，用土櫌实坚固，患方可除。故于平时当搜捉獾鼠，捉獾或用绳兜，或养田犬。至夜半，俟獾出洞觅食之际，即可获住。捉鼠或张小竹弓箭，或备细小铁签，鼠性畏风，俟起风之时，将洞穴刨开，迎风吹入，鼠必出，即易捉获。兵夫须令时刻搜寻，厅备汛弁亦须加意督率，按期巡查，悬以资罚，务尽拿获，不留余类。司河防者，万勿轻忽。填垫穴窦。浪窝水沟刨挖到底，用细土筑实，并防折桩之坏埽，烂绳之坏堤。禁堤上牧放牛羊，堆积污秽。工所聚物料处，谨防火烛。凡此皆细微之当慎者也。

仲虺曰："慎厥终惟其始，始固宜慎。"诗曰："靡不有初，鲜克有终。"终亦宜加慎矣。夫千里之行，始于跬步，一得一失，争在毫厘。脱兴工不慎，措置乖张，后虽费帑劳民，终归无济。远而言之，鲧九载绩用勿成。近而言之，明纪河南封丘荆隆口，筑至十余年，劳费不赀，可为炯戒。若乃施工既有成效，危堤已固，河流已安，似可高枕而卧矣，不知河性迁徙不常，汛水大小不一，少或怠忽，前功尽弃。旨哉！陈子天一之言曰："黄之不能常治，究人事之不能有恒耳。"或始勤终怠，或顾此失彼，或迁官罢去，或处安忘危，或喜新厌旧，种种无恒，河患随作。我朝靳文襄、张文端河工告成，谆谆于善后事宜，职是故耳。大抵忙迫者多不能善始，自恃者多不能善终，苟自始至终无忙迫无恃才，谨于艰巨而更无忽乎细微，自可以收治河之全功矣。

二禁

河之为患，因乎天者半，因乎人者半。因人之才识短浅而为患犹小，因人之炫智矜奇而为患甚大。何则才识短浅者恃不能捍患于已，至炫智矜奇者更足以致患于未形。此浮议与纷更之所以当禁也。

同一治河之工，有宜于北而不宜于南，有宜于南而不宜于北，使不知其宜，独创一议，其害非小。如挑挖引河，救埽湾之善法也。河东两省地势宽阔，土脉虚松，易于冲刷，故逢湾取直，挑挖如式，开放中窥引河，最为有益。江南土脉坚硬，河崖尽属胶泥，且多系缕堤，滩形不致过为曲折，即开挖引河不能随势利导，冲刷宽深，所以有十河九不成之说，此宜于北而不宜于南也。黄河堤上建减水滚水石坝，分杀暴涨之善法也。江南土（惟）〔性〕坚实，可以建筑坝基，不虑冲塌。若于河东两省黄河两岸松土建坝，非特基不能坚，恐引溜成河，反致夺河之患，是宜于南而不宜于北也。

至若水性就下，本一定之理，使概执此论，欲引高处之水令趋于下，则卑下郡邑尽致陆沉，而患且不测。即如淮扬一带运河，人多为以淮郡地势低洼，河高于城，城如釜底，恐罹水患。余独曰："不然。"淮扬城郭人民千百年可免水患者，正喜置运河于高阜之地耳。盖上古原无此河,乃前明平江伯陈公讳瑄开通运漕并济商船,人民感戴,立庙袁浦,西资洪泽湖水,中借高宝湖水,东接潮汐之水,三水连续,成此运河。其水只须七捺,江广重运粮艘遂可遄行无滞,而商船更无虑浅阻,是运河本无庸过为深广,即偶有浅滞,随时挑浚,即可复旧制。其宽深之处,岂能与洪湖相等?按淮河发源于河南桐柏山,又汇诸山水同入于洪泽,乡民称有七千二道山河。余向任中州巡河时,曾细加查勘,通计大小山河不下数百道,尽归于湖。无怪水发之时,洪湖涨漫,一望无际,有如瀚海。清口出湖之水,虽曰三分济运,七分会黄归海,其实以全湖计之,济运者不及十分之一,运河所借乃湖面盈余之水,幸运河地势尚高,易入易消,不致壅积。倘运河移于洼下之地,将湖水势若建瓴尽归于运,其势岂能容纳?必至淮扬郡邑汇为巨浸,其害可胜言哉!

往时豫省贾鲁河,经中牟县城南低下之处,每岁泛溢为害。雍正五年间,余治此河,引至城北高阜之地,以归正河,水患随弭,田庐安堵,此亦效法运河之遗意。盖下地不可过水而可积水,高地不可积水而可过水。或谓运河宜在低下之地,犹夫欲开引河于南河,筑石坝于北河,未可轻议举行也。

再如引沁入卫之说,余在中州几二十年,(会)〔曾〕两次确勘,不特豫省土松,沁水猛暴,难以建闸引流,且武陟地势高卫郡数丈,即平时水面与卫郡塔顶相等,一遇涨发,水头高至数丈,汹涌异常,如引沁至卫,则卫郡之城郭田庐俱遭淹没。况沁河水发,浑浊无异黄河,卫河细小水清,何能容纳?是以前人有言:"以高临下,不可也;以大入小,不可也;以清纳浊,以强归弱,俱不可也。"潘印川先生亦曰:"沁,不可引。"是引沁入运,亦浮议之当禁者也。

夫倡浮议者，大抵炫耀才智，矜诩新奇，好事纷更之人耳。然其纷更也，犹仅托诸空言，使见诸实事，而祸弥烈矣。

本朝自靳文襄公开通中河以后，既免波涛之险，又免倒灌之虞，可以百世不易。

考潘宫保治河书，前明嘉靖、隆庆、万历间，北运河口屡经更改，自大小溜沟改而为梁山北，改而为茶城，改而为张孤山东，复改而为茶城，又改而为古洪，劳民伤财，旋即淤浅，究竟无益。彼时徐邳等处全恃护城一堤以为保障。徐州张牧初任未谙，为义民官所愚，开堤放水不加筑塞，消凌水发，黄水灌入内濠，侵及街衢，致有沉灶产蛙之厄。此前明纷更致患之明验也。

康熙十五六年间，河患时有，靳文襄公将云梯关下流入海之口开通宣泄，并加帮高堰接建周桥一带坝堤，使淮水不致东泄，尽出清口，既得全力敌黄，不复倒灌，又可助黄刷沙，直趋海口，诚为万全之策。自康熙三十五年云梯关渐淤，后人不遵成法，别挑挖马家港导河入海，又于清河县南河嘴筑拦黄大坝，以致上源水势停缓，河渐垫高，海口流细，不能畅泄，遂节年漫溢，下河淹没，徒费钱粮，终归无济。恭逢圣祖仁皇帝轸念民生，巡幸河（于）〔干〕，以拦黄坝湾曲，马家港窄狭，黄水不能畅流，各处险工甚为可虞，因指示方略，神谟圣智，功并夏王。当时张文端公同心一德，能仰遵圣训，将拦黄坝拆去，并疏通云梯关海口，堵塞马家港，悉复旧规，河流始安。

再王家营地方，靳文襄公修减水大坝泄黄河漫溢之水，嗣后筑堤堵塞，遇黄河大涨，王家营民房尽淹。张文端公请动帑开若干丈，泄黄涨之水，王家营居民方免其患。

东省运河，自前明于东平州戴村汶水入盐河之处，建玲珑、乱石、戴村三坝，蓄泄随时，分流济运。雍正四年，廷臣勘议于三坝内增添石坝，冀东水济运，乃汶水涨发，洪涛汹涌，水不得泄，沙污运道，濒河地方田庐被患，田端肃公奏复旧制，民患乃除。此又近时纷更致患之明验也。

河南马营以下二铺营等处，沁黄交会，向有十八里无堤之地，所以防沁水暴涨，任其散漫，使下流水势差缓，亦即滚水、减水之意。自马营决后，十八里无堤之地尽筑堤工，虽救全一时，而黄沁涨发或先或后，则豫东两省工尚易保，倘一时并涨，则处处危险，竟与南工无异，是豫东两省防守险工，今昔异形，切毋稍懈。向闻武陟县土著老民云："前靳文襄公曾经亲历查阅，有沁黄交会十八里空阔处，不宜筑堤之语。"惜治河书并未开载，不知将来形势若何，自必因时制宜，追溯前规，保护全局，又非余之浅陋所敢预料耳。

总之，纷更者浮议之，已成浮议者纷更之，方兆在彼不过炫己之才、耸人之听，而岂知公私受害至于此极哉。潘印川先生有云："成功不难，守成为难。使禹之成业，世世弁之，盘庚不必迁也，周定以后，河必不南徙也。"又曰："治河者，必无一劳永逸之功，惟有救偏补弊之策。不可有喜新炫奇之智，惟当收安常处顺之休。毋厌已试之规，惑于道听之说，循两河之故道，守先哲之成规，便是行所无事。"又曰："治河者，惟定议论，辟纷更为主，河决未足深虑也。"旨哉斯言，所当三复。

四约

国家艰巨之事，既任大吏以专司，亦赖同寅之襄赞。设群工尽瘁，而一人异志，多有因之偾事者，故办理河务，必同事之人，内尽其心，外竭其力，上重国帑，下惜民生，和衷共济，方能奏绩。

稽古陶唐，洪水泛溢，怀山襄陵，为亘古未有，帝尧命鲧之辞，惟曰"往钦哉"，而他无及焉，是则治水之法，括于钦哉一言，鲧果遵帝命，克敬厥职，昏垫早除，何至九载之久，讫无成效哉。舜赞禹曰："成允成功，惟汝贤。"当时禹乘四载，决九川，浚畎浍，身历九州，时更八稔，其功甚多，而舜总以成允称其贤，可知奏成天平地之绩者，全赖禹之诚信、诚敬有以致之耳。盖诚则能动物，诚则能格天，在工之员，真有公忠体国之心，一切兵夫人等咸为感动，赴工趋事，自相踊跃，而河伯阳侯，亦俱默应。是以凡有工程之责者，兢兢业业，谨慎小心，由大而至小，由暂而至久，不敢一毫疏忽，则既诚以立其体，而又敬以致其用，上下一心，无虞事之不集者。诗曰："普天之下，莫非王土。率土之滨，莫非王臣。"盖言同此。

王事则当共任，不可偏有所劳，偏有所逸也。河工地分险夷，即功分难易，倘此欲避险而趋夷，则彼亦思避难而竞易，互相推诿，工何由济？是以遇有紧急，督理者固当不畏寒暑，不避风雨，巡历河干，亲为指示，与微末同其况瘁，而分任之人必须尔我关照，彼此策应，一处有险并集抢救，视国事如家事，视人急如己急，则忧同其忧者，不即乐同其乐耶！

朝廷为黄运两河岁费帑金多至百万，少亦不下数十万，从来人臣食君之禄，即当忠君之事，凡有可以节省之处，自宜随在酌减，然有似费而实省，似省而实费，此又司河防者所当神而明之者也。有如堤之卑者加高，薄者帮厚，河之浅者浚深，狭者开广，埽工增料，防守添人，似乎多费钱粮。然加帮费终有限，而漫溢可除，开浚费究无几，而淤塞可免，埽工坚实，便不忧冲决，众力防护，即不至疏虞。一日之工，足经数年之久，每岁所省已多，况田庐皆朝廷外库，而人民又无非赤子，俾无淹没之患，其所保全者，岂特倍蓰十百千万哉！倘筑防疏浚，只图减省，概从苟简，所筑者必随筑随圮，所浚者必旋浚旋淤，所做之埽，方下辄走，所防之工，顾此失彼，时时补救，处处施工，费反浩繁，积弊因循，久必大坏，一朝溃决，濒河沃野居民俱归乌有。重须整顿，费且不赀，故多费而有益，虽多非虚糜也，少费而致害，虽少实虚糜也。

历考前代河工，有大兴作工，料多派出，民间追呼骚扰，民不堪命，甚至酿成厉阶。本朝设立河营兼有堡夫，月发粮饷工食，平时小小修葺，兵夫足供役使，闾阎若无其事。即间有大工，河兵、堡夫之外动支帑项，现雇民夫一切所需物料，预行平买，不至累民。然河员苟不细心办理，疏于觉察，则所发雇夫之钱银，或被夫头扣克，或被管工短少，方作之时，督责过严，雨旸寒暑，饥饱劳苦，不加体恤，小民易致受累。至于木植柴草等项，虽有一定价值，如数给发，若以重秤收料，轻戡出银，穷苦黔黎，何堪剥削？且近工之处，料物几何，势必分头采买。南工多用苇柴，有苇荡聚集之处，分委河员，即可办就。北工俱用秸草，须就民间零星采买，必有司协办，乃能齐集。凡自远处运至工所，船运尚易，陆运较难，数十里之内运脚几与物价相等。脱在百里之外，运脚将倍于物价，而凭官给发价值之外，虽仍给运脚，然随到随收，尚不觉苦，倘迟滞勒掯，守候逾日，不独废时失业，而旅食需费，累更无穷。夫国家治河，本以卫民，若河员疏纵，反致累民，是河患之外，更添剥削之患矣。乌乎可？故既约同诚敬，约共甘苦，约无虚縻，而又当约无累民也。守此四约，则身历河滨时，凛天威咫尺，大僚属吏协力同心，居上位者诚得指臂之使，在下位者亦有将伯之助，度支无耗蛊之虞，草野无酷烈之虑，悦以使民，民忘其劳，欢乐之气且足以感召太和矣。于以治河也，何有？

三信

古人有云："疑事无功，疑行无名。"从来建立事功多败于疑而成于信。顾有当信其在人者，亦有当信之自我者，惟彼此交孚，法令画一，则既无虞掣肘，又共知所趋向。上下之间自如身之使臂，臂之使指，随所投而辄效矣。

河工之事，最虑十羊九牧，政出多门，又忌一人已任此职，复兼署他缺，或数人统办一工，并不各分执事。盖政出于一，则从违去就，有可遵守。使此驱彼，策既命之东，复令之西，兼办既不能分身，退缩又或恐取咎。设遇险工抢救，安危呼吸，首鼠两端，如何办理？人之聪明才力全备者少，而偏长者多。防河工次，利害非小，使一人专任一缺，耳目之见闻，心思之周到，相度施工，可无舛错。故才浮于事，从容而有余，事浮于才，急遽而不足。至若数人统办一工，每易互相观望，尔我推卸，因有功不能独居，有过犹可分任，局量偏浅、寡识无谋之辈，往往懈弛从事，而且意见不同，彼此牵制，即有紧急不肯勇往趋赴，因而偾事者甚多。惟一事专责一人，功既无所争，过亦无所委，随机应变，得以自主。精神专一，自易奏绩。

是委任不可以不专，专任不可以不信。固已乃有任之专信之笃，或反因之致患者，何哉？则以所信未必正人，而正人转不深信也。夫帑项出入，公忠者始无浮冒；工当危险，练达者始能干济。诚不可使立品不端、事机不谙者，滥竽其间，顾截截谝言易于投合，而老诚忠直不善逢迎，此不当信者或为所误，当信者或觌面失之耳。善用人者始则以事试才，《书》曰："试可乃已，诚不容于轻信也。"如历试既多，才能优裕，居心坦白，办事勤慎，即当开诚布公，委以心腹，如此则无轻信之愆，亦无失人之虑。

然不为威惕，不为利动，上等之资殊不易得，至于中材流辈必因赏而劝，因罚而惩。苟赏不当功，罚不当罪，勤劳者从兹解体，偷惰者愈以懈弛。古云："赏如山，罚如溪。"如山者确乎其不可拔，乃以明重而不轻也。如溪者渊乎其不可测，又以明深而不宽也。河工人员艰苦倍尝，如有实心办事，任劳任怨，不侵帑、不避险，修防巩固者，工成之日，即请优叙。其怠玩推诿、虚冒钱粮、工程不坚者，题参究治。将见劝惩立，而贤者知勉，不肖者知惧矣。如昔靳文襄公（子）〔于〕监理分管诸员，划强别务以任之，俾各治所事各展所能，群策群力，而责成以专，是信专任也。遴其公忠谙练者以召用，及既受事，绵其岁月，责其岁功，是信正人也。严其考核，课其殿最，减则陟，否则黜，是信赏罚也。斯深得鼓舞人材之方，而握治河之枢要者矣。故文襄督河之日，人心悦服，效忠者众，卒能削平灾害，奠定两河，功建于当时，名垂于后世。凡司河务者则而效之，不亦与文襄先后颉颃也哉！

附录　防河歌诀

叙

　　河源发于星宿，入中国万有余里。《书》记："禹导河自积石，委蛇次第，劳瘁经营，历八年而告厥成功。"《传》曰："禹之行水，顺水之性也。"又曰："行其所无事也。"则欲修禹之功，当先识河之性。商周而还，策治河者代不乏人，筑防疏浚，法亦无不备，然往往塞其南则溃于北，障于彼而奔突又在此，震荡渺弥，一泻千里，莫可遏抑。我皇上御极以来，恩波沧浃，四海庥征，协应复给帑金数百万，指示方略，修葺堤工，增培巩固，惟阳侯亦效其灵而河清叠告。余承乏河干几二十年矣，暑热霜寒，风餐露处，谨小慎微，绸缪未雨，量堤岸之高卑，计修筑之长短，选器具，率徒役，或疏、或浚、或塞，因天之时，度地之势，用人之力，焦劳布置，防护而宣泄者亦惟有顺其性而已矣。巡视之时坐金堤憩柳下，耳闻日见，随意成咏，非敢曰足以备治河者之采择，殆犹之碪歌者借以忘其劳也云尔。

　　辽海刘永锡偶书于祥符之一览台工次时。

雍正辛亥年秋七月上浣

竹村稿　防河歌 辽海刘永锡，我彭，字松涛著

　　平成共庆绩崇隆，波偃桃花汛偃风。浩渺星河萦睿虑，辉煌天语勖臣工。屡奉上谕，堤工增卑培薄，添设官兵，增占埽工。当伏秋汛时，着令加意防护。

　　金堤日暖思光溥，绿柳烟凝化雨中。从此阳侯回巨浪，群黎乐业效呼嵩。

　　桃伏秋凌信有期，四防二守费提撕。风雨昼夜为四防，官民为二守。绸缪未雨心先竭，补救随时力欲齐。迎溜从来须进埽，临河切记莫添堤。谚云："顶冲须下堤，临河莫筑堤。"恐堤工近逼水势，反有冲决之患，所谓"莫与水争尺寸地"是也。经营谩道无长策，因地施宜赖指迷。

　　长堤蜿蜒势嵯峨，捍御狂澜永不波。〔堤〕坦须同走马路，堤坦坡平斜可以走马，方能经久，故名走马坡。培根〔须〕[1]借卧羊坡。凡自埽工者堤埽相间处，用土填平，为卧羊坡。雨淋鱼背分流速，堤顶中间须高，名鲫鱼背，方不存水。土覆螳腰一簣多。堤但如有低洼为螳腰，筑堤之所最忌。坚筑层层动泼水，土干不能结实，须泼水然后行硪。连环起落听硪歌。行硪着土处，硪迹如环相连，方能一律坚实。

　　龙门万丈不须嗟，谚云："不怕龙门深万丈，只须埽上用工夫。"龙门，塞口处也。埽上工夫仔细加。扎枕镶填如马面，镶埽平斜如马面。签桩钉橛像梅花。签钉桩橛参差，形如海花。揪头着力纴芦荻，揪期，绳名，以芦柴为之。滚肚经心选苎麻。滚肚，亦绳名，以麻为之。挑水也应随水势，大溜顶冲处，应建埽坝，以挑水势。半藏半护莫教差。凡下埽，其埽头宜藏，次第卫护。

　　西河巩固似金瓯，慎小防微在熟筹。拨草迎风张鼠箭，寻

---

[1] 底本缺，疑为"须"字。

踪带月置獾兜。獾鼠最为堤患，鼠性畏风，张弓箭于迎风穴口，鼠必出，触箭即获。獾于月夜出穴觅食，往来必有一沟，置绳兜于穴口，即获獾。参差夹岸栽春柳，有栽六柳法。迤逦沿堤积土牛。最是轮蹄频践踏，叮咛埠口及时修。两岸堤工各留车路埠口，以便行人，须不时填垫，不致碾压残缺。

波涛浩瀚动鲸鲵，溜走如梭东复西。黄河大溜或东或西，势如织梭。雁翅加修分上下，修做正坝，头尾须下埽护卫，名为雁翅。马头安置酌高低。修正坝，埽个名曰马头。束薪端在绳花结，用绳捆扎埽心，名结花。铺埽还将木板齐。铺料须用木板敲拍，其外面方得整齐。沉水埽名。全凭压土法，谚云"下埽无法，全凭土压"，盖欲压土得厚薄缓急之法。护崖埽名。自可保金堤。

声声共听号锣提，兵目立于埽上，鸣锣以齐人力。秸苇重重卷结齐。桩索慢敲凭销斧，以索缚桩，用木斧敲平，以便行硪，名销桩斧。木鞋稳步上云梯。签桩用木梯撑驾梯脚，做成木鞋套上，以便推挽。坝头拍浪多相柳，坝头多相柳株，乃有筋骨，足资捍御。埽尾四流重压土。扫尾压土加厚，方能垫实坚固。欲奏安澜非易事，风餐露宿遍沙堤。

从来安固不忘危，事在机先慎勿迟。交接筑成铁心坝，两面相料，中间用土填心，名铁心坝，堵截旁流，宜筑此坝。从中填实月牙池。塞口坝后必筑月堤，以为重门保障。中间空处，以土填实，更为永固。秸麻办自秋成后，桩柳堆齐冬暮明。草子沿堤仍密布，风风雨雨好维持。

溜缓沙伤奈若何，中泓最喜走洪波。支流堵截修横坝，支河堵截不致旁泄，自能束水攻沙，修筑横堤，外加镶埽，谓之横坝。曲岸随湾凿引河。逢湾凿直，挑挖引河，以导水势。龙尾埽防桃浪激，龙尾，埽名。鸡心滩碍雪涛过。河内长滩突出如鸡心。扬泥杏叶疏壅滞，扬泥车、杏叶耙，皆疏河器具。指点兵夫驾小舸。切坡挂柳非无益，陡崖切坡，令其斜坦，以免塌卸，挂柳于涯，以免汕刷。等埽刨漕预做根。凡顶冲迎溜处所，大溜将近堤岸，须先下埽预防，是为等埽必须刨挖深漕，使埽深入土内，根基方为坚固。

鸡嘴坝堪为外障，坝形外突以挑水势，如鸡嘴然。鱼（麟）〔鳞〕堤好作重门。层递建筑月堤如鱼鳞。木骑马繁镶填稳，以木为十字架，用大绳。草过龙防雨水烦。新筑堤工于坦坡处，做成小沟出水，用细草遍种沟内，以防大雨淋漓，为草过龙。荷插经年毋少懈，交劳心力不须论。

长堤切勿恃高宽，鼠穴蚁封岂细端。筐土断流原最易，斗金塞决始知难。戒严抢护锣声急，凡堤工仓率险要，即鸣锣齐集兵夫抢护。向夜巡行灯色寒。汛水长发之时，预备灯烛彻夜巡防。为语河干从事者，修防莫作等闲看。

滚滚黄流天上来，溯源星宿几纡迴。梁雍灌溉洪波静，兖豫奔腾雪浪堆。自昔嘉谟从利导，而今良策复增培。云梯关口朝宗顺，疏瀹全凭作楫才。

整理人：吴朋飞，河南大学黄河文明与可持续发展研究中心教授、博士生导师。历史地理学博士，环境地理学博士后。主要从事中国历史地理学、黄河环境变迁研究。已发表学术论文四十余篇，出版著作五部。

〔清〕陈法 撰
闵祥鹏 徐清 整理

河干问答

整理说明

《河干问答》,清陈法撰。陈法,字世垂,一字圣泉,号定斋,贵州安平人。康熙五十二年(1713年)进士,自检讨官至直隶大名道。《清史稿》载:"讲学宗朱子,著《明辨录》,辨陆、王之失。莅政以教养为先,手治文告,辞意恳挚。既久,人犹诵之。"乾隆初年曾任山东运河道、护理东河总督等职,为官勤勉清廉。《河干问答》即此时所撰。书中收《论河南徙之害》《论二渎交流之害》《论河不能分》《论分黄导淮之难》《论河决之由》《论河工补偏救弊之难》《论河道宜变通》《论运道宜变通》《论漕运宜调剂》《辩惑论》《论开河不宜筑堤》《论经理东南之策》十二篇。其中曾提出"河当北徙"的观点,果然百余年后(咸丰五年,1855年),黄河自铜瓦厢改道北迁。此外如改漕运为海运等策略,也颇有先见,书中所议对后世治理黄河、淮河有所裨益。

本单元由闵祥鹏、徐清整理,同时为国家社科基金重大招标项目:海外黄河文献的搜集整理与数据库建设研究(22ZD&241)阶段性成果。不当之处,敬请批评指正。

整理者

目　录

整理说明	499
重刊《河干问答》序	501
始刊《河干问答》序	504
安平陈定斋先生事状	506
论河南徙之害	511
论二渎交流之害	513
论河不能分	516
论分黄导淮之难	518
论河决之由	519
论河工补偏救弊之难	521
论河道宜变通	523
论运道宜变通	526
论漕运宜调剂	528
辩惑论	530
论开河不宜筑堤	532
论经理东南之策	534

重刊《河干问答》序

余既感于安平陈定斋先生之风义，为刻《塞外纪程》一书，复涉想及于《河干问答》。顾黔中久经变乱，图籍灰劫，几经层累曲折，始于江都莫君经农许，得其先德邵亭先生手勘写本。继于陈氏谱牒中见其孙若畴初刊序文，知此书曾于道光八年刻于京师。其后，贵阳黄氏藏书佚出，道光刻本居然具在。适紫江朱桂辛丈自北平录示其《存素堂入藏图书河渠之部目录》，且曰："《河干问答》在平狂求不得，故乡想可踪迹。"余因以莫氏写本影钞寄去。

已而复书至，曰："定斋所著《河干问答》北方竟无传本，细读一过，此老于八十年前已论及'河当北徙'。咸丰中，遂有铜瓦厢之决，改道利津。今利津海口高仰，又有屡决长垣之事，贯台决口若竟不能堵，河必北趋而灌津沽。幸而获堵，恐又将逼之南徙，重乱淮、泗。治水专家方汲汲于潘季驯'束水攻沙'之议，定斋则力反其说，可谓特识。又，定斋主变漕运为海运，均有先见。后数十百年，皆不出其所料，自当力为传播，以促治水专家之认识。世之论者，每以道学经师视定斋，事功不显，未免失之。"

第二书又曰："《河干问答》承补寄其孙若畴始刊序文，属为印行，已付梓人。仿《黔南丛书》格式排印，并将《塞外纪程》附入。此间索钞此书者不少，愈坚我传布之志。原拟详查河工诸书，考陈家浦决口一案，河督白钟山获罪之由与定斋自愿同受谴责不自规避之义，并就其筹河诸条所持先见作一索隐，顾遍觅御史杨开鼎所参原折及定斋呈部为钟山辨白书，皆不可得。吾黔陈松山给谏田为定斋作传，至指为'书生之见'，而开鼎参折则指钟山'出纳悭吝，任情减驳，致误大工'，皆与定斋所言参商。元明以来，河工痼习太深。徙南河、废堤防、改海运、裁河官，皆人所不敢言，更中河员所深忌。孙文定公嘉淦以其书进呈，留中不发，必有密授河臣计议之事。陈家浦之决，外为河工人员逞刁计以苦河臣，内而部中反对改制者又耸动言官以相攻诘也。蛛丝马迹，大可寻索。最可异者，乾隆十年上谕云：'陈家浦未决以前，工员四次禀请发帑，河臣只给银数千，以致缓不济急。盖河臣系河员出身，工程熟练，综核太甚，工员含怒，俱有幸灾乐祸之心。此朕得诸访闻者。'其言实中白钟山之病。又论钟山曰：'禹之治水，未闻备料建堤也。古今时势不同，只得行其下策耳。此而不勉，责有攸归矣。'高宗上谕，隐隐针对定斋'不宜筑堤'及'河自西南❶淮自东，各行故道'之说。定案亦极平恕。不一年，而钟山起用，定斋赐环，荷戈之咏，附入《河干问答》，实属切合本事。而定斋不磨之议论与见解，见诸百年之后者已有数端，今之治水家所当引为圭臬者也。吾子于定斋《塞外纪程》前曾作序，而于《河干问答》搜索传写，大费气力，请即酌采前证，作一序言弁之简端。"

第三书曰："《定斋全集》，友人尹石公家庋有一部，曾借校莫氏钞本，得订正十数字。又见《犹存集》中有论河工书牍数

---

❶ 此处"西南"应为"北而"。

篇,《塞外与友人书》亦在集中。《塞外纪程》尊序引定斋牒部科之文,《犹存集》无之,未知出于何处,幸示来历。月前,曾以《河干问答》寄示黄河水利委员会长李仪祉,请其就河工今昔情形,对定斋主张作一评论,吾知其必有合也云云。"

惕安于治河之道,素无心得。然观于定斋之说,固已历验不爽矣。近年河患之烈,关系国计民生者至大,中外学者方讲求根本之大计。若斯编者,其足以资参考,可断言也。抑尤有可纪者:定斋主改海运、裁河官而不果,至光绪季年,始经漕督李苾园端棻陈奏得请。苾园,盖亦吾黔之英也。

兹仰承桂辛丈之督饬,因序次其三次来书,以见重刊本书之始末。既以著桂辛丈之盛意热忱,亦以见惕安之空疏无似为可愧也。

中华民国二十四年八月贵阳后学凌惕安

始刊《河干问答》序

道光八年六月，于官礼部友人处得阅邸抄，知贵州抚臣奏安平县详请康熙癸巳进士、原任已故大名道陈法入祀乡贤祠，即吾祖学者称定斋先生者也。内载吾祖著有《易笺》，采入《钦定四库全书》。又著《明辨录》《河干问答》《醒心集》行世。《易笺》《明辨录》《醒心集》久经刊刻，布散人间，惟《河干问答》未及梓行，不绝如线。数十年前，有知之者转相传写，故吾黔中丞得入奏章，而陈氏子孙日久失传，竟有莫得见者。兄子体正孝廉，适以书来，云："曾祖所著《河干问答》，在黔孙、曾均欲索观。"于是，若畴梓行之举从此始。

先生于乾隆初年，历任山东运河道、护理东河总督，调任淮扬道，亲视堤工，熟为筹度，乃成此书。甲子、乙丑间，孙文定公嘉淦尝敬呈御览，留中。乙丑秋，调直隶大名道，此书遂不果行，于兹八十有五年矣。整襟敬读，先论南徙与二渎交流之害，次论河不能分与分黄导淮之难，并论河决之由。补偏救弊不易，缕列纸上，如数掌纹，人人知为害有如是者。害既明，然后移而就利，必乐从乃论。河道变通，其利二十有二；运道变通，其说有二；复以漕运调剂之宜，谆谆言之；终之以《辨惑论》，以及开河不宜筑堤。经理东南之策，确有可信，而治河之道毕焉。中间，由汉至明司河务、著河论，人名书名近不经见，汇萃言之，渊博详明，无一凿空语。

夫事知之者固难，行之者尤难。即或知其实当如是，而起而行之，需大英豪当斯任，无其人，则事终不能行。汉董仲舒所谓"有治人，无治法"。非无治法也，而行斯法者，数百年不一见。孟子所谓"徒法不能以自行也"。先生自言："存吾说以俟后人，一旦有慨然行之者，而是书具存，可取而用之。"刊书之意，其在斯乎？第十孙男若畴谨序。

道光八年孟秋中浣

安平陈定斋先生事状

节录《衍石斋记事续稿·谢陈二先生事状》

嘉兴　钱仪吉撰

陈先生法，字世垂，别字圣泉，晚又号定斋。上世江都人。明初，有以校尉从平普蛮，授平坝卫左所百户世袭，遂为黔之安平人。

先生康熙癸巳春举于乡，是秋成进士，选庶吉士，授检讨。丁酉、戊戌，与谢先生俱充同考官。雍正初，特旨："举翰林才堪部务者，改刑部郎中。"久之，以省亲假归。八年，特召来京，授直隶顺德府知府。十一年，所属平乡牛产子，一角、龙麟而牛蹄，人皆曰麟也。县令以为祥，将上闻，先生抑不许。唐山令赵杲，以毁宣慈诸山寺观为义学，被劾罢，先生引疾归。

高宗登极，孙文定公荐授山东登州府知府，擢山东运河兵备，署东河总督，调江南庐凤兵备、淮扬兵备，于是考论河务为一书，曰《河干问答》。略谓司马迁言："中国山川北流，其维首在陇蜀，尾没于渤碣。"唐一行言："山河之首尾与云汉之升降相应，而以河济为北纪，江淮为南纪。河出于西极，注之东北，天之经也，地之纪也，不可得而易置之也。"前代，河南河决入淮者，汉元光，宋太平兴国、咸平、天禧间，皆未久即塞，还复北流。自近世为遭运计，遂迫之使南夺淮，而淮乃潴为湖。故洪泽，村名也，前此未有湖也。汉陈登筑堰溉田，今之茆家圩塘梗，是其遗迹，非即今之高堰，宋乃有"洪泽湖"之名。至潘印川而有"蓄清敌黄"之说，自是堤日加高，河数变而湖亦日高，湖底日淤。伏秋盛涨，淮扬下游日以灾告。或逆漾而上。如甲子春雨，淮水入寿州，阜阳深至一丈五六尺，是上游亦被其害。振恤蠲缓，不可胜计。二渎交流之害如是。分河导淮，昔固有议之者。分河，则必在迂曲之处，所谓"河头"也。今清口而上，河流迅直，无河头可引，则引之也难。导淮则当别开一河，以淮之故道还淮，而分淮一支入河以通漕，计其地，淮当行三百余里而达于海，费巨无益。考之前代，河常北决至张秋，自明至康熙季年皆然。即宋时咸平间决郓州，浮巨野；天禧间决滑州，历濮、郓，注梁山泺。巨野通梁山，亦即在张秋东。今自封邱以抵张秋，若洪河、沙河、魏河、漆河，故道甚多，谓宜于其中择坚地，因故渠引大河北行至张秋。自张秋以东，有大清河，即济、漯之故渎，深至二丈余，宽数十丈，岁惟戴村坝减下之水行之，此天之所以待黄河也。而"大清"适符国号，非河至今日必行此道邪？若即大清河及盐河开浚之，导河而北以达于海，用财不过数百万，当两河数年之费，而有无穷之利。河归于北，而淮得独行，洪泽之水尽浚入海，湖涸为田，皆膏腴，高、宝诸湖亦皆为沃壤，皖、豫常无水患，新河永不筑堤，其东南近山，更无用堤，岁省两河坝埽官役之费六七十万，河南、山东、淮徐之民，秸料之役皆可免。开封去河四十里，水与女墙齐，徐州尤濒河，自后常无河患。运河分淮流以入江，不复为河淤。诸闸洞，亦可由民便，时启闭以灌田。脱巨害、苏民困、省度支，计无便于此者。而运道当变通，其说有二：昔元由海运，苦其漂失，谋开胶莱；明苦河淤运，亦屡开之而俱不成。盖海道惟登州府。今荣成县之成山头，其山徙入海中，舟至此多坏，逾此则沿海滨而行，名为海袖，皆有泊舟处，与大洋绝异。今商旅之由登、莱至天津者，风帆如织。乾隆三年，转运登、莱仓谷数十万石至天津，近事之可验者。若河复北流，则漕舟由汶入河，由河入海，其达津门也，一日夜耳，是坐收胶莱之利也。然人之畏海，望洋而惊，无高论以骇俗。夫卫之源大于汶，汶可分，则卫亦可分，莫若于卫入漳之上辟闸开渠，斜入于河，以下审其地势，更为数闸节宣之，由汶达河，由河溯卫以入于漳，不过迂漕舟一二日程，可安行而北矣。或犹以为苦浅，则于磁州、临漳间为闸，引滏以益运，磁州溉田当用滏，而漕常以四月过，非田时或仿卫源"分日"之例可也。孙公见其书，善之；以奏，御留中。久之，某公入觐，上语及之，对曰："是书生之见耳！"

寻调直隶大名兵备，时乾隆十年冬也。是岁，河决江南陈家浦，时白庄恪公为河督，塞决缓，阜宁、盐城害尤剧，被劾去官，且以从前所办多不应兴之工，有旨责令赔补。先生念旧与白公同事，不可使独受谴，牒部科，自引咎，且为白公辨析，略云："陈家浦堤漫溢，各处渡船分往水次接济人民，当时未据报有溺毙人口。今既勘明，接渡不及者自所应有，是本道亦在失察。若止将总河议处，本道以调任幸免，清夜难安，伏乞一并议处。至善后案内遥、越堤工，经大学士等议覆，应行修筑，奉旨：'依议，遵照办理。'今勘堤尾离围堤六百丈，系无益之费，着落白钟山赔补。黄河水势，倏忽变迁，此工在云梯关五十里，云梯关即当日之淮河海口。黄河徙，淤出二百余里，上虽淤土，底则海沙虚松，顷刻深四五丈，桩埽难施，居民鲜少，人夫难集，或仓卒间越堤难御，不能无溃决之虞，是遥堤之筑，实为有备无患。若河工阴资保障，而钱粮独累赔补，似非情理之平。河工不过补偏救弊，本无万全之策，总河职任危苦，养廉不及督抚之半，有失事则议处之、罢斥之，足矣。重之以赔累，则任事益难，人非贪赎，谁有余赀？非圣世所以励臣节也。"

大臣以闻，下部议革职，发军台效力。先生以四骆驼负书数万卷，赴第十六军台，日著书。居二年，成《易笺》八卷，多取程、朱《传》《义》发明之，而异者亦多，自序"不欲如前人株守师法、党同伐异之所为也"。其驳来知德错综之说尤详尽，今录入《四库全书》。又以王、陆之学疑似乱真，辞而辟之，为《明辨录》。原文见《明辨录序》及《学案小识》，故节去。书凡十篇，辨论至明晰。格致之说，发明《大学》补传之旨，指示亲切，确有持循，学者宜尽心焉，故掇其大要著于篇。

军台无井，居民取之百里外。先生以梦得其地，召众掘之，得泉甚甘，至今号曰"陈公井"。戊辰，先生子庆升成进士，选庶吉士，呈《为父赎罪》，上俞其请。先生还京师，陈文恭两荐于上前，先生无意仕进，遂归。主讲贵山书院，束脩之入，为扩学舍、置学籍，主讲十有八年而卒。庆升官至大理寺少卿。大理之子若畴，先生第十孙也，乾隆甲寅举人，后官某学教谕，尝携先生所著书过予舍，并示当时官牍数巨册，为言先生行事，皆有征。若畴籍顺天，子孙今为京师人，而安平之族，为庠士者亦众。

论曰："自予入台，始知谢先生，因求其奏草，多不传，独得《乞养陈情》一疏，至情感恻，虽李令伯无以过。夫臣子之心一也。吾以是知先生之不欺也。陈先生治河事，吏议不之及，乃为上官讼冤，甘心自劾，亦难能哉！君臣朋友间若两先生，庶几尽诚而无憾也乎？"

河患自明以来日甚，河淮交流为害，至今尤验。嘉庆中，尝北决至张秋，大臣有言"可顺水之性还之北流"者，然终不果行，亦以漕运故。夫浮海之役，时有利钝，且一舟坏辄失千百人，故明改元法，重民命也。卫源弱，不若汶之可分，他旁近诸水，多不可引，昔人亦有议之者。陈先生所言恐疏阔，第著之以俟后之任事者权其利害轻重焉。

按：谢先生名世济，字石霖，广西全州人。康熙壬辰进士，以翰林检讨转御史。雍正间，以劾田文镜下狱，后发阿尔泰军台效力，著书若干卷，即今所传《藏箧十书》也。高宗登极，赐环，仍授御史，直言如故。一日，极谏失仪，曾为满御史仓德所劾，上不之罪。嗣以母老陈情，外补湖南粮道。又以揭参州县官浮征案，陈词过激，开罪巡抚许容，授意藩臬等煽群小构陷之，遂兴大狱。上命阿里衮至湖南，会同总督孙嘉淦审讯。而继任粮道适为仓德署理，仓德在台曾劾谢先生者，更揭其短，并以孙文定批牍上之，部臣以闻，上以孙之徇庇不奏，罢之。阿里衮至，平反其狱，抚藩以次皆获谴，事乃大雪。初，谢先生在翰林时，与孙文定、黔陈先生法友善，三人皆清直介立，论事引议，慷慨相得也。及孙公治楚狱不直，归京师，过陈先生，谢不见，遂绝交，具在《谢先生事状》中。

陈、谢二先生，文章气节同时共鸣，而折槛之诤，强项之辨，遭际又极相似，故钱新梧合二先生事状而论之，宜也。又定斋为白尚书钟山辨护揭帖，亦载《陈先生状》中，与凌惕安自安平《陈氏家谱》录出者，文字无少异。且检国史馆本传及陈松山所撰《定斋小传》，乃知皆取材于此。不过史官载笔者各有趋重，大都崇道学而遗事功。钱氏立论，独见其全，于定斋河工建议叙述特详，不啻为《河干问答》作一提要也。启钤既以《河干问答》刊入《黔南丛书》，复增辑《定斋河工书牍》，兹获是篇，爰以刊之卷首，俾世之尚论陈先生者，匪特于经义之外得明河工原委，而风节行谊施于朋友者，亦得有所互证焉。

民国二十四年十月乡后学朱启钤识

论河南徙之害

客有问于余曰："河之南也久矣，亦气运使然乎？"

余曰："非也！鸿蒙濒洞之初，大块融结，水流山峙，各有部分，故曰'天地定位'。山泽通气，如人五官百骸气血流通，不可得而倒置变易之也。其或六气七情，感而成疾，血气有妄行之时，则调剂之以复其故，未有听其妄行而且逆制之、扰乱之而能生者也。东海为百谷之王，江、淮统西南千支万派之水，趋之已为泽国。河出于西，统昆仑、积石而注之东北，此天之经也，地之纪也，不可得而易置之也。《史记·天官书》：'中国山川东北流，其维首在陇蜀，尾（设）〔没〕于渤碣。'唐一行言：'山河之首尾与云汉之升降相应，而以河济为北纪，江淮为南纪。'河之南，与天文不相应矣。河之入淮，如汉之元光，宋之太平兴国、咸平、天禧、熙宁，皆由澶、濮、曹、郓以入淮、泗，然不久而即塞。至金明昌五年，河决阳武，由濮、范、郓城至张秋，亦南北分流入海。其后乃由兰阳、曹、单、归德下萧、砀以入淮。元明以运漕，益逼河而南，故环北数千里无大川，而区区淮扬，乃为河、淮、江、汉并趋之处，非天地之常也。河之由濮、郓入淮，以地势之南高北下也。自兰、仪而东，地势稍高，故在豫东，河之决而南者十之二三，其决而北者十之八九。自曹、单至徐，两山夹峙，徐州城外，河仅宽六十余丈；又百余里，至睢宁之鲤鱼山，南岸即峰山、龙虎山，河宽百丈，河底皆砂石。河流为之关束，壅于下则决于上。故明之中叶及其季年，则自归德而下、徐州而上，中间数州县皆其蹂躏之区矣。靳文襄公不得已而开毛城铺，又纵之入微山湖，然其淹没民田亦不少矣。其自徐州而下，则往往为淮、扬之害，邳、宿、桃、清在黄、运两河之间，无岁不灾。（沐）〔沭〕、沂之水，自马陵诸山建瓴而下，每一涨发，为堤所束，不得入淮，则溢而为沭阳、海州之害，动辄告灾，此皆河南徙之为害也。世之人习见河之南流，不以为异，而不知违其故常，而为害滋甚也。"

论二渎交流之害

或曰："后世何以河患之剧也？"

曰："江、淮、河、济四渎，分流入海，此天之经也，地之纪也。自河溢而堙济，又南徙而夺淮，此后世之大变也，而人习而安之，毫不以为怪，亦未知其为害之大也。请试言之：夫淮，天下之大川也，名为纳七十二道山河之水，以《河南通志》考之，盖不下三百余道。南至光山、桐柏，西极陕、洛，北至中牟、郑州，环数千里之水，涓滴皆入于淮以入海。自黄夺淮，乃潴而为湖，故洪泽，村名也，前此未有湖也。汉陈登之筑堰以灌田，兴水利，即今茆家圩塘埂，皆陇亩之遗迹也，未必即今之堰。宋乃有洪泽河之名。元时，运道由海口而上，亦未有'蓄清敌黄'之说。隆庆间，王宗（沭）〔沐〕筑堤，只高七尺。吴桂芳疏云：'堤高七尺，水深不过五尺。'万历七年，潘印川筑高一丈，然由周桥而南二十五里皆无堤，常三省犹揭之于朝，其后水患日甚。牛应元、张企程、夏之臣相继言之，遂开武家墩、周家桥，而潘公亦以此获罪。靳文襄公筑翟家坝堤二十五里，至二十二年，而泗州城郭、公私庐舍俱湮没矣。今堤日加高，湖水潴之日深，泗州浮图乃露其顶。黄河日高，黄强淮弱，烂泥浅仅深五尺，其泥浮松难去，清口之所出无几。每西北风起，黄流直灌至高堰而南，既淤其东北。朱家口之决，二年乃塞，又渐有淤其西南。而湖日高，故湖水日益泛滥，而淮水且阻抑而不得出。故向之泛涨于伏秋者，今冬月亦盈而不消；向之深仅五尺者，今何止丈余；向之去堤数里者，今堤根皆深数尺；向之阜陵、泥墩尚可分别者，今则渺茫一片。每至伏秋霪雨，河南全省之水奔注淮河，淮河之水涨入洪湖；而洪湖已不能容纳，又益以毛城铺天然闸、峰山四闸，减下之水，皆归于湖。其三坝减泄之水，不过余波回溜，若遇淮、黄交涨，风起浪涌，高堰在在危险，其地势高运河一丈有奇，一有溃裂，则害不可胜言。即三滚水坝、天然坝减下之水，入高、宝诸湖，则淹近湖之田；入下河，则泰州、兴、盐阜下之区难免淹没，此下河之受害也。河南之水建瓴而下，洪湖之水倒漾而上，宿、灵、虹、五、泗、（盱）〔盱〕各州县，一雨便成泽国，水沉地亩，不下数千百顷，蠲赈无虚岁，动縻帑金数百十万。地亩之荒芜，人民之流离，井里之萧条，风俗之颓败，触目伤心。其临、凤、怀、寿暨（颖）〔颍〕州各州邑，去洪湖稍远，然淮水停蓄，节节顶阻。甲子三月，五六寸之微雨，而淮水已骤长五尺。及勘河至寿州，而城外皆水，泛滥于两涯之间，麦田皆被淹没。阜阳具报，淮水涨入平地十余里，深至一丈五六尺不等，发社仓以赈贫民。伏、秋汛，则泛滥愈远。盖沿河之地，无岁不灾，此上游之受害也。其旁近之处，如清河、桃源、宿迁、睢宁，湖之浸没又其常也，不特此也。河南之陈州、归德与（颖）〔颍〕州、太和、宿、亳接壤，其水皆由泌、沙、睢、颍以入淮。今下游之水反倒漾而上，而河南之水亦阻而不得下，故归德、陈州各州邑亦动辄告灾，地亩亦多板荒。山左济宁以西，曹、单以东各州邑之水，皆无所泄，南阳、昭阳尽为沮洳之区。至若西风鼓浪，行舟漂涌，冲石堤而立碎，虽有救桩，岂能恰遇其处？此皆黄夺淮之为害也。盖数百年于此，而于今为尤烈，何世之习而不察也？可怪也！"

或曰："淮之为暴，如潘公所引《先春亭记》，亦自古而然。"

曰："当其时，淮之为暴，或数十年而一见，故纪之以志异，未有岁岁如此者也。"

或曰："今天然坝既开，下河既疏，水患其亦息乎？"

曰："天然坝，不过稍泄洪湖回溜之水，以保高堰之石堤可耳。今岁水尚未过三坝，而洪湖已不免于倒漾，沿淮之地麦秋皆被湮没。况当淮、黄交涨之时，又以敌黄为虑，不敢轻议开放，则民田之受累已不少矣。下河之卑下，亦地势使然，亦聊以补救云尔。即疏浚海、河，一经霪雨，各场河之水皆奔汇于海、河，又兼海潮上涌，亦难宣泄；且盐河有闭闸之时，而潮汐无停歇之日，安在其久而不淤乎？是以从前屡浚屡淤，迄无成功，岂非海口之高下有定位，非可以人力争乎？"

或曰："借清以刷黄、淮，亦不为无功于河。"

曰："此最其说之难通也。黄性湍急，故能刷沙；清水合之，其性反缓，其刷沙也无力，是不惟不能助黄，而反牵制之。且沙见清水而沉，是不惟不能刷之，而反停淤之。海口之不能日深，未必不受淮之累也；不然，自古黄独流入海，又何尝籍清水以刷沙乎？"

论河不能分

或曰："二渎交流之为害，酷也。或于豫、兖分河而导之，以杀其势，不亦可乎？而世之论者以为河不宜分，分则力弱，不能刷沙。禹何以疏九河？王景何以十里为水门？后世之分河者亦不少也，其果不可分乎？"

曰："非不宜分，不能分也。世之论者，拘于'束水攻沙'之说。夫沙随水分，分水者，非止分水而不分沙也。大水刷大沙，小水亦刷小沙。计河之深，不过二丈，若如他水之散缓，可疏之为数河，深不过数尺，不惟制之甚易，且可资其灌溉之利，前之人何惮而不为也？无如黄水之性湍急，如物之胶葛纠恋而难分。尝于曹县之芝麻庄开一引河，其水当岐分处，忽南忽北；如是者旬日，引河之势既盛，而正河遂涸，故曰'河不两行'。又豫、兖土最疏恶，若支河刷深，则全河尽归支河；若下游稍有未畅，则仍归正河。且河之迁徙不常，或分之未久，而正河之溜势稍移，则支流立涸，此其所以难也。故河之分流，久而必合，徐武功之九堰，不久即废。惟宁夏之河，其地高而土坚，河出青铜峡，乃就峡口分之。荥阳之汴渠，所谓于鸿沟下引河，为汉唐之运道。盖地近成皋山脉，其土既坚，故可立石门以分水，贾让所谓'据坚地'是也。若平原旷野，土性疏而不可为矣。若禹之疏九河，非以一河分而为九也。盖其时洪水泛滥，禹就其地疏之，使由地中行，其后亦必渐自合并。世谓'齐桓公堙河以广地'，亦非也。王景之水门治汴渠，非谓沿河每十里立一水门也。河行千余里，至千乘海口，不惟不胜其繁，且更相回注，仍入于河，又何为多事乃尔？盖其时荥口石门已坏，乃在河中，此分黄为汴之要津。水口宽，则河流冲刷而易溃；水口狭，则分水无几无以济运。故于荥阳一带择坚地，十里为一水门，使相回注下游，共为一汴河以利漕挽耳。故史不书'河渠成'，而书曰'汴渠成'，则景于此用力为多也。然度其时，亦不过为三数斗水耳，乃世不察，遂谓'沿河为水门'，亦记事者未能别白言之之过也。"

论分黄导淮之难

或曰："河既不能分，若于清口之上另辟一河以导黄入海，而以淮之故道还淮，又分淮为一渠以入河而通漕，是不亦可乎？即不能引全河，亦可分河而杀其势，则淮水畅出清口，不犹愈乎？"

曰："是诚中策也！然反覆思之，亦有甚难者。凡分河，必假河之力以冲刷之。桃、清一带，其土性甚坚，清口而下，节节埽上埽下，水深至四丈余，则掣溜甚急，河至此，已有建瓴之势。今另辟一河至海，三百余里，所费不赀，必不能如故河之宽，深恐虚糜帑金而无益耳。分河又必于河流迂曲之处，乘势利导，所谓'河头'也。今清口而上，河流迅直，无河头可引，是欲分之势亦有所甚难。且河之决，或在所分之上，决于上则分，于下者亦涸矣。故吴桂芳之草湾、杨一魁之黄家坝，不久而亦废。陶庄引河究未能畅流，是亦前事之可验者也。"

论河决之由

或曰："后世何以多河决之患也？"

曰："防之而后决也。譬如群虎，放之深山旷野，则游行自如；若以千百人夹之，使之或东或西，其噬人也必矣。古之治水者，顺水之性，疏瀹之、利导之而已，未闻为堤以障之也。平当之奏、开宝之诏，理到之言也。曲防起于后世，然齐、赵以河为界，犹去河二十五里而为堤，亦未近水为堤也。自汉乃有金堤石坝，至宋仁宗天圣七年，高弁、高继密上《黄河诸埽图》。《宋史·河渠志》记卷埽之法与今同。其记临河诸州各埽即今临河埽工也，其马头、锯牙、上约、下约等名目，即今之挑水、排桩、鸡嘴填也。木岸，即木龙也。世谓'卷埽'仿于贾鲁，非也。元丰四年，澶州小吴埽决，李立之分立东西两堤五十九埽，定为三等以向著：河势正著河身为第一；河势顺流堤下为第二；河离堤一里内为第三。是宋之埽多临河也，故河之患为尤烈。而后世治河者犹笃守之，何也？夫河本有正道，浅者亦不下丈余。河即善迁，必无越出平地丈余，东西横流之理。河本浊流无堤，则秋水时至，虽泛滥于两涯之间，然其势散漫，不为大害。水去沙停，地反肥饶。临河之地日高，久之，河流不溢出于岸，而河身日深。曩者，河南河去堤最远，河偶陷堤，又为一堤环之，谓之'塌堤''还堤'。盖内外之地相平，堤穿而河不徙也。自临河筑缕堤，河去堤近者，至以丈计，河形迂曲，堤亦随之。堤有定形，河多变迁，远者忽近，直者反曲。近者则逼河，曲则迎溜，既夹河而为堤，以为束水攻沙，不知河之两涯既狭，河之溢出者岁岁填淤，故临河之堤高四五尺，而堤外高至丈余。河之泥沙为堤所束，不得散布，其填淤于堤根者十之五，而仍归于河身者亦十之五，故堤高而河身亦高。以水面较之堤外田庐，高者至丈余，沿河至海皆然。堤近而曲，河一薄堤，堤穿，即建瓴下注，小则淹浸，大则夺河，于是卷埽以护堤。或御之不时，或力之不敌，或埽朽而移，河亦遂决。河决而正流淤，则河身愈高，刷之愈难。屡决则屡淤，屡淤则愈高，愈高则愈决，此非堤防之为害乎？今河南开封府之河，水面高如女墙。徐州之二洪，昔在水面，为漕舟梗，今皆在水底，不可复识。王家营减水坝建于康熙四十年，原以减泄伏秋异涨之水，今霜降水落时，水面乃高于坝五尺余，每秋后开之以济盐运，非河高之明验乎？古之善治水者曰：'不与水争地。'今欲让之而不能，此积重之势也。淮、扬之人有一旦为鱼之忧。河身无可疏之理，而恃堤埽以御河，此不胜之数而日敝之道也。国家经费日烦，而不测之变不可胜防，亦奈何不知所变计乎？"

论河工补偏救弊之难

或曰："河既不可分，世所谓'治河只有补偏救弊之法，无一劳永逸之策'不信然乎？"

曰："世之所谓补偏救弊者，曰堤埽、曰减水坝、曰引河、曰放淤，四者尽治河之能事矣。夫增卑培薄，卷埽下桩，所谓防之而后决者，非但下策也，盖非徒无益而又害之也。减水坝以为减泄异涨之水，夫此减下之水将安归乎？非泛滥于南、东其亩之间耶？即一减水坝为一引河，亦水过而即淤耳。靳文襄公多开减水坝，人或攻之，则欲费百五十万为堤以夹引河，而征其费于民田。夫即能保引河之水之不旁溢，不能使不淤垫也；即能使民田不受引河之害，而洪湖之泛滥，不能免其害于西南；沂、沭之涨流，黄河之偶决，不能免其害于东北。是非引河之堤所能御也，堤遂足为利乎？且费数百万之帑金以治河，而又有无穷之费以治各处之引河，是以必不可行之事难当宁也。且河势变迁，则坝亦徒费。引河以避险是矣。然亦只可行之于两堤稍宽之处，未有于堤外开河者。且河或不成，费无所销，故往往畏而不敢言。又引河之尾，所直之处，河复近堤，是避一险而又生一险也。且数开引河，则河流益直，直则刷沙无力，而河身益淤，此隐患之难知者也。至若放淤，必其堤外地势与堤内高低不甚相远，且系直溜，或可行之。若夫地势过低，溜势稍曲，恐难收束，致生他患。且新筑之堤，生土难恃，既舍旧堤，新淤之土一遇坐湾，崩溃必速，皆未为计之得也。呜呼！补偏救弊，直所谓捧土塞河耳，而世方守之而不变，盖亦计无复之已。"

论河道宜变通

或曰："子之深有感于河之为害，而慨治之无其术也，其亦有长策乎？"

曰："难言也！非常之原，黎民惧焉，盖一出口而世已目为病狂、为怪诞也。虽然，凤、泗及滨海之民困极矣。天心有悔祸之时，则河道终当有改易之日，吾存其说以俟后世，不亦可乎？夫河之徙而南也，世之人不惟不以为怪，且习以为固然；反若利其如此者，只知为漕之便，而未知其为害之酷，如前所陈也。刘忠宣公疏云：'河南、山东、两直隶地方，西南高阜，东北低下，黄河大势，日渐东注，究其下流，俱妨运道。'万侍郎《治水筌蹄》云：'河南属河上源，地势南高北下，南岸多强，北岸多弱。夫水趋其所下而攻其所弱。近有倡南堤之议者，是逼河使北行也。'由是言之，二公非不知地势之南高北下，非不知水性之就下，而终强河使之南者，以妨运也。然虽强之南，而河屡决；而之北，而其决又多自金龙口。其北者，多由濮、范注张秋，由大清河入海。尝试考之：汉元光决瓠子，注巨野。五代晋开运元年，决滑州，浸濮、郓，环梁山，合于汶水。宋咸平三年，决郓州，浮巨野；天禧三年，决滑州，历濮、郓，注梁山泺。巨野泽通连梁山泺，即在张秋东。金章宗明昌五年，决阳武，由濮、郓至张秋、沙湾入海。弘治二年，决金龙口，下曹、濮，冲张秋；弘治五年，复决金龙口，溃黄陵冈，再犯张秋，由东阿盐河入海；万历十五年、万历三十年，皆决金龙口；崇祯四年，复决金龙口，冲张秋。世祖章皇帝顺治五年，河决封丘朱源寨，筑金龙口堤。朱源寨，近金龙口也。九年，河决封丘大王庙口，水从长垣趋东昌，坏安平堤，北入海。安平镇即张秋，大王庙即金龙口之东。圣祖仁皇帝康熙六十年，河决武陟钉船帮、马营，冲张秋入海；六十一年，复决武陟秦家厂，冲张秋。夫河南各险工，不数年而即变，一有疏虞，其决而之张秋必也。今河之南徙，既拂其就下之性，而河身日高，不可得而疏；缕堤日近，不可得而远也。淮、黄交流，其害日深，不可得而补救之也。河之行，在在皆危，导则何若去危就安，因其势而利导之乎？今自东明而东，皆有洪、漆等河故道，自张秋而下以至于海，所谓大清河，即济、漯之故渎，深至二丈余，宽至数十丈，每年惟戴村坝减下之水行之，此亦天之所以待黄流也。而'大清'适符国号，岂非河至今日必行此道耶？是亦奇矣。今诚自张秋而西，测量地势，因河所数行之处，另辟大河，引之坚地。其张秋以东，即因盐河、大清河开浚之，计所（卖）〔费〕不过数百万，当两河数年之费，其利有不可殚述者。河既北流，清口而下，淮水独流，畅然沛然，洪泽湖之水尽泄而入海，延袤数百里，尽涸为膏腴之田，利一。桃、清、宿、睢环湖之地，尚有在水底而征赋者，今永无湮没之患，宿、邳之水有所泄，不致为黄、运两堤所束，利二。沂、（沭）〔沭〕二河，原入于淮，为黄所格，今河分泄入淮，则安东、海州、沭阳不致屡岁告灾，利三。洪湖无减下之水，高、宝诸湖复涸出数千百顷之田，利四。高邮各坝无减下之水，下河诸邑永无淹没之患，利五。淮水既消，则凤、泗各州县卫永无洪湖倒漾之患，无蠲赈之费，向之水沉地亩数千百顷，皆可涸出而为膏腴，沮（汝）〔洳〕之乡皆可耕种，流亡尽复，荒芜尽辟，国赋倍增，利六。怀远、寿州、凤阳、临淮、阜阳、霍邱各滨淮之地，以淮水停蓄，岁岁被灾，今皆随时消落，麦秋告稔，利七。（颖）〔颍〕、亳、太、蒙各州邑涡、肥、沙、茨诸水，均入于淮，以淮之倒漾而田多被淹，今支流由淮而泄，各沟渠之水又由支河而泄，利八。河南之水由各支河入淮者，向以淮河顶阻，（末）〔未〕能疏浚，即上游疏浚，下游无路宣泄，终属无益，今皆可渐次疏通，利九。毛城铺、峰山四闸、天然闸无减下之水，以为宿、灵、虹之患，利十。苏家山八十里无堤之处，无减下之水，则铜、沛不致受淹，而微湖不淤，旁湖之田涸出数千百顷，利十一。河南、山东各滨湖州邑之水，向为堤所格，今大河之故渎既空，皆可由之宣泄，利十二。新河永不复筑堤，其东南近山一带，更无需堤，岁省两河堤（扫）〔埽〕官役之费六七十万，利十三。河南、山东、淮徐之民，岁苦办料，今可永停，利十四。南北舟行无洪湖之险，利十五。苇荡营数百万之苇柴，推以与海滨穷民，利十六。运河分淮流以入江，永无黄水淤垫之患，利十七。运河诸闸洞或欲闭以济运，或欲泄两湖之水，均不得由民便，今可随时启闭，以资灌溉，利十八。沿河柳园、板荒地千百余顷，永为民业，利十九。开封去河四十里，水与女墙平，河既改流，永无不测之患，利二十。徐州滨河，水涨灌入城内，石堤濒危，今无河水啮城之患，利二十一。河南各漕水次，可改近黄河，直下张秋，免远辇卫辉，利二十二。夫有此无穷之利，而人不敢为，非尽为漕计也。蹈常习故，苟为自全之计，未有能不顾一身之利害，而以国家之繁费为可惜，民生之昏垫为可悯者，是可叹也矣。"

论运道宜变通

或曰:"子之侈言改河之利也,广矣!大矣!其若运道何?"

曰:"固筹之矣!终明之世,河每淤运,故竭其力排河以远漕,开泇河以避河也。然豫、兖之河决而东,运道中断,且排河以远漕,而河乃肆虐于农,又阻淮,而与之共肆其虐。夫漕出于农,农病则漕额亏,截留赈济,又为漕病,而每年治河之费又不赀,是欲全漕而不知其所损实多。夫既苦河为漕害,则当专治河,而以漕附之以行。乃排河以远漕,而实以亏漕,又不能保其不害漕,古今溃溃甚矣。其愚也,近若孙护。孙尝言改河矣,乃曰:'黄水由张秋入大清河,不过穿运河而东,无冲击之危。'余阙亦曰:'河东两会通之漕不废,此不通之论也。'河东,则汶与俱东矣。顾刚中曰:'会通之河不废,则河不可得而东。'胡东樵曰:'会通有时而不用,则河可以北,此不知变通之术也。夫使河东而废漕,则河断不可东,乃河东而漕愈速,则亦何惮而不为乎?'是故其说有二:昔元由海运,苦其漂失,谋开胶莱河而不能;明苦河淤运,亦屡开之,而卒不成。不时,江陵当国,为练习世务,何不畏海道之险而为是乎?盖海道为登州府,今荣成县之成山头,其山陡入海中,舟至此多坏。逾此,则沿海滨而行,名为海袖,皆有海口停泊,与大洋绝异。

今海舟之由登、莱至天津者，风帆如织。乾隆三年，转运登、莱仓谷数十万石至天津，未失颗粒，此又近事之可验者。今漕舟由汶入河，由河入海，其达津门也，一日夜耳。而又无一切筑堤、修闸、挑浅、剥船之费，是坐收胶、莱之利也。昔明之运道曰'清口'。溯黄河而入镇口闸，凡五百余里。后改迦口，亦溯黄二百余里。本朝初年因之，后逆流而上，未尝愆运，况今顺流而下乎？此一说也。夫人之畏河也如虎，其于海也望洋而惊。今驱漕舟入之，必哗然以为怪。吾宁卑之，不为高论以骇俗。今卫入漳之上，辟开河以斜入于黄，审其地势，以次为数闸以节宣之，由汶达河，由河溯卫，以入于漳。是不过迂漕舟一二日之程，可安行而北矣，犹以为未便乎？河既通海，则舟行必多，事谙于习，而人情趋便，重运或由河、海往，而空船浮漳、卫还，均于天津、张秋，齐帮亦惟旗丁是听，此两利之术也。若夫沾沾为漕计，宁使国家受亏。漕之弊，东南之民岁被湮没之灾，而断不使漕舟迂一日之程，受一浪之险，此安得为明于利害轻重之数者乎？"

论漕运宜调剂

或曰:"漕之浮于漳、卫也,常苦浅,今分之,是愈浅也。"

曰:"向者,滏合于漳。自漳之南,而滏乃别行。今磁州、临漳,漳、滏相近之处不过十余里。若为闸引之,是分卫而益以滏也。磁州资滏以灌溉,而漕之需滏常以三、四月,非民田需水之时也,仿卫源'分日'之例可也。五月,则汛水至矣。且河海之便利也,不十年而旗丁将自易而为海舟矣。其未易也,海道既通,海船可抵张秋,分载其米与货,则船轻而无虑水弱矣。免沿途起剥之费,亦旗丁之所乐从也。且天下事,缓急宜酌其中,过缓则病上,过急则病下。今漕舟之往返也,不已急乎?太仓之粟陈陈相因,非待哺也。征粮常以十月,又挽运而之水次,甚需时日,非果能冬兑、冬开也。速归何为?其北上也,驱之急,则添纤有费,起剥有费;弃其货,则贱售而困乏。昔之回空,常以八、九月,今常以六、七月,北方梨、枣、山柿、晚松、秋菽,皆未及其时。回空无所携,则丁日贫,贫则盗,米亏额弊,卒中于上。今诚停巡漕之遣,毋掣督漕者之手,使得酌其缓急之宜度,不致于误漕而止漕之北也。遇淤待浚,遇旱待雨,甚则分载而由河、海亦无不达。浅水起剥筑坝,牵挽而行,十日水至则一日而至,其迟速等也。今稍停泊数日,即官吏张皇，事或上闻，致干严谴，于是筑坝以束水，而弃货以轻舟，乃朝筑而水夕至矣。货不可复，公私皆病，则奈何不稍需之也？此司国计者不可不知也。是故，宽漕期一日之程，则分卫之有余，而分滏之闸可不启也。"

或曰："分滏则天津之舟不能至曲周，非顺、广之利。"

曰："今磁州、邯郸皆有闸，而舟未尝不通，盖此河所行皆小舟，有底水尺余，兼有浸闸之水，即可浮舟矣。"

或曰："分滏，则磁之稻田必减，沿河之水利微矣。"

曰："滏之灌溉，自九、十月以至二、三月，邯郸以下，可以浇麦田，此漕不需水之时。自三月以后，皆磁专其利，其余利之及于永年者仅矣。今仿卫源分水之法，以兼利磁州之田，即或其利稍减，而以数省之利害与一邑较，孰大而孰小？以国家之漕运与豪强之岁收较，孰重而孰轻？不待再计而决矣。且不种稻亦可种麦，非弃为石田也，况非水小之年滏原可不分乎？"

辩惑论

或曰:"子之言运道之变通也,固也。而世之不能无惑者,费大而功难,必也。夫费而成功,费虽大,不惜也。顾或者河改而运口淤,河北而泛滥如故,或北夺卫,或东浸汶,或下茌平以东,奈何?"

曰:"此当综古今之河道而论之也。天地奠位,而河行乎间。洪水以前,河之故道安在?河自三门而下,其势东注为山所束,故循成皋、广武而北,此禹未治河以前之故也。禹之治水,因而疏之,未有改其经流者也。太史公谓禹'载之高地',非也。自河徙宿胥口,已折而东,又稍折而北,然其势常溃。而之东汉之屯氏、宋之北流,堤埽之势激之使然也。王景自荥阳下引河,盖建始及王莽时决河之故道,景修而用之,遂贻千载之安。是时,河由浚、滑、澶渊,故夺漯川之故道以入海。自河徙而南,汲、胙之流已绝,故自元、明以来,河北决皆冲张秋,无有北至大名夺卫入漳者。盖荥泽而下至荆隆口,与张秋东西相直也。康熙六十一年,河屡决武陟,在荆隆口之上,泛滥三十里,亦未至开州也。夫其决而散漫于平地,犹能直注张秋,况开河以引之乎?今荆隆口埽下之河,深至五丈,盖地势至此,而北岸愈卑,虽开引河而汛水至,仍由故道分流。前此亦曾开引河，不数年而仍归故道。今之引河，亦不数年而即淤耳。若于此引之，决五丈之河以下注，所谓建瓴之势也。但由封邱以抵张秋，如洪河、沙河、魏河、漆河，故道颇多，宜择坚地引之，可以持久。河之南也，以注梁山，汇钜野也。今其地屡淤而高，南旺反为水脊，断无或南之理。其注张秋也，既有建瓴之势，亦断不至岐山，出于茌平。元、明以来，决河之故道可考也，凡水之入于黄河者，浊泥之涨入，无不虑淤，然旋淤旋通。昔之镇口、迦口，今之杨庄，未尝淤而阻运也。粮船抵张秋，尚非黄水盛涨之时，若于汶、卫入河之处为闸以冲刷之，淤可立通也。两河之费已省，专力于运口，事亦非难。其荆隆口以上，西至原武百余里，大概土坚而河宽，防之亦甚易。或竟从上游导之，无不可者。"

或曰："开河则必多坏庐墓。"

曰："迁之可也。河之南也，其势常溃而之北。而决在豫之北岸，其所隳突，庐墓得无恙乎？且河之南，其为害之剧有如前所陈者，亦安得不权其利害之轻重而为妇人之仁乎？"

或曰："沿河之地必遭淹没，非山左之利，其能已于怨咨乎？"

曰："是乃所以大利之也。河自徐州而下，堤近河；自徐州而上，堤稍宽。河滩肥美，麦收数倍，故沿河之邑皆富饶。今濮、范、寿一带多沙卤瘠（簿）〔薄〕，河流经之，淤为膏腴。此东人之所祷祝而求也。"

论开河不宜筑堤

或曰:"开河已费,又必为两堤夹之,是愈费也。"

曰:"堤毋庸筑也。使其有益,虽费何伤?无如非徒无益,而又害之,如前所陈'防之而后决'者是也。俗亦有'临河不打堤'之说,是知堤之不能障水也。故宋任伯雨'宽立堤防,约拦水势'之语,古今奉为格论。然使堤去河十余里,水所不至,则亦何需乎堤?既已(栏)〔拦〕水,是水所至也。河势变迁,今已为远,不数年而河逼矣。昔筑之为恐不坚者,今欲去之而不可得。河之决也,虽数里之遥堤,无不立溃,堤亦何益乎?明知其无益,而筑之不已,且再三筑之,守贾让之下策,为不易之良法。盖'束水攻沙'之说深中人心,其流毒未有已也,今奈何复蹈其覆辙乎?"

或曰:"河之防之而后决也,故以堤为害。周定王时未有堤也,河何以徙?"

曰:"河有徙、有决、有溢。穿堤而溃曰决,移于平地曰徙,泛滥于两涯曰溢。昌黎云:'引绳而绝之,其绝必有处。'河亦未有无故而徙者。周定王时,河徙宿胥口,入漯川也,其自长、寿、津与漯,别行东北入海,亦必有当时九河之故渎引之而行,断无平地自开一河者。但去古既远,无所稽考耳。宋之北股行永济也,东流唐之马颊也。河之南也，行汴渠、夺泗、合淮，皆非于平地自开一河也。今世所谓'天开引河'者，亦必旧有河形，适当土疏恶之处渐刷而深，人未之防，水骤涨则夺溜耳，然亦绝无仅有之事。又或人力导之，以其成之速，故神其说，未可尽信。盖有堤，则外高内卑，河决以全力，乘建瓴之势，故冲刷成河。无堤则水势散漫平衍，何由而决？即水大而河溢，旁河之地反得填淤，麦必倍收不为患，此事理之至明者也。不然，古无堤而河不烦治，今堤防峻河，何以多决也？即今陈家浦以下至海口百余里，两岸皆无堤，而河流不徙，海口不移，其明验也。今长清、济南一带皆山麓，固无须堤。而自荥泽至张秋，又皆有汉时故堤，稍修之，亦可为大河一带之遥堤。其南即以太行堤为遥堤，是两岸无堤而有堤也。其旧有旁支河形之处，为平堰寨之循河，上下横塞数处，如今所谓'土格'者，高不过二三尺许，两端渐杀与地平，水至即淤成平陆。如是，而河何由徙？"

〔或曰〕❶："自古河徙者十之一，河决者十之九，则堤埽之为害也。然则古人'束水攻沙'之说非乎？"

曰："此其说深中人心，笃信而守之者，数百年于此矣。而河身日淤日高，其决弥甚。束水矣，何曾攻沙？且水究何能束？盖无堤则水势散漫，而沙亦散布于两涯，束之则沙皆聚于中流。无堤则水流迅疾，沙反随水去；束之则水深，深则流缓，缓则沙愈停，安能攻沙？人但见偶淤之处，束水奔逸，以为刷沙之明验，而不知长河停缓，河身日淤之隐病。且水有长落，无堤则水消之时，凡小河及沥水皆可入河以消；有堤以格之，堤以内皆为巨浸，其为民田之害大矣，而人皆习而不察，吾言其庸有豸乎？"

---

❶ 据上下文义加。

论经理东南之策

或曰："河之南也，岁费帑金数十万，然兵夫穷民，亦得托以谋生，今一旦已之，将安归乎？"

曰："圣人之治世也，四民之族，各予以养生之道，未有为无益之费以养之者。且所养者有限，而被害者无穷，是有大费而并不得为小惠也。靳文襄公浚高邮之运河，清水潭深入二丈余，乃见古井、古街，砖石宛然。清水潭最低之处，向为民居，乃知高、宝诸湖皆民田也。近（折）〔拆〕修清江闸，亦于二丈之下见民居、街道，是水之壅而日高，淹没民田不可数计。今河自北，而淮自东，清水日刷，淮流日深，宿、灵、虹、泗、邳、睢、海、沭，洪泽、高、宝诸湖，涸出之地亦不可胜计。选实心为民、有干济之人，分道清理兵夫、贫民，计亩授田，毋令豪右侵占，仿明时军卫之制，立为屯田，鸡犬桑麻，皆为乐土，安在其失所乎？惟是，沉灾方淡，流冗新复，宜留河工二载之费，以为牛、种、房屋、开渠、筑圩之费，变沧海而为桑田，此东南第一大利也。至河之北也，既无堤埽，行所无事，事简则无须设官分隶其事，于各道暨水利丞倅以时巡徊。豫东县丞、主簿之管河者仍之，移调近河。南河河员，送部以对品候补，则亦无弃人矣。"

或曰："如是，则前此水利不虚縻乎？"

曰："大患除则利可兴。今田亩无沟洫，水无所泄，农田之通患，水利开浚之沟渠，其为利大矣。尚苦其少，故今议留河工二年之费以益之，安得为虚縻乎？"

整理人：闵祥鹏，历史学博士，河南大学历史文化学院教授，博士生导师，主要研究方向为环境史与文明史。

徐清，首都师范大学历史学院博士研究生。

〔清〕陈法 撰
闵祥鹏 徐清 整理

定斋河工书牍

整理说明

《定斋河工书牍》,清陈法撰。陈法,字世垂,一字圣泉,号定斋,贵州安平人。康熙五十二年(1713年)进士,自检讨官至直隶大名道。

《定斋河工书牍》收入陈法《井利奏》《畿辅沟洫议一》《畿辅沟洫议二》《河干偶答》《复关中中丞陈榕门》《与李象先》等多篇书牍。按凌悌安《重刊〈河干问答〉序》中称"《犹存集》中有论河工书牍数篇",《定斋河工书牍》中的篇目取自陈法的《犹存集》。

本单元由闵祥鹏、徐清整理,同时为国家社科基金重大招标项目:海外黄河文献的搜集整理与数据库建设研究(22ZD&241)阶段性成果。不当之处,敬请批评指正。

整理者

目 录

整理说明	539
井利奏	541
代都侍御奏安山湖情形	543
覆裁总河折稿	545
畿辅沟洫议一	551
畿辅沟洫议二	553
河干偶答	554
总河白公寿序	557
上唐制军	560
复关中中丞陈榕门	563
与李象先	564
与陈榕门	565

井利奏 代劝农使

为敬陈"井利"以资灌溉、以裕民生事。

窃惟灾祲偶见，天时之不齐；未雨绸缪，人事之补救。臣以庸劣，三奉巡农之命，夙夜兢兢，愧无一得之愚，仰赞高深于万一。钦惟我皇上宵旰勤劳，轸念民依，畿辅偶有水旱之灾，即发帑赈济，截留平粜，蠲租赐复，有加无已。异数隆恩，旷古未有。

近因雨泽愆期，竭诚祈祷，瑞雪甘霖屡次降沛，所在有秋。臣巡历州县，所至循行村落，与农夫野老宣播上谕，无不欢欣鼓舞，各勤本业。惟是直隶旱地多而水泉少，其有河水可引者，已蒙皇上发给工本，营治稻田，其余平原旷野，俱属旱地，一遇雨少之岁，农民束手无策，虽膏腴之地，亦如瘠薄。至民间偶有凿井浇灌者，名为"园地"。即雨泽偶迟，而人力可施，禾苗青葱可爱。询之乡农，一亩之入，虽瘠薄者较旱地亦为倍收。则是凿井灌溉，诚为备旱之良法。臣愚以为：宜令各州县，将一县地亩细细清查，除有河水浇无庸穿井，并沙地山岗不能穿井外，其余俱令遍行凿井。

臣查土井一口，需银五钱，可灌地五亩，一二日之工可成。穷民有地十亩，有井二口，每岁两季可收斛斗三十余石，用力少而成功多。但富民田连阡陌，广种薄收，既不暇穿井，又不肯为佃户穿井，宜饬地方官查明各富户地亩若干，勒令陆续穿井，工本出之田主，人力出之佃户，田租倍收，于田主亦为有益。其虽非富户而力可穿井者，亦往往仰赖天时，怠惰偷安，不思自尽人力，宜不时督察，设法劝惩。至穷民有地十亩力不能穿井者，计两井之费与井架辘轳，需银一两五钱，若不少资以工本，其力必不能穿井，一遇旱干即鬻田逃走，深为可悯。请援照《营田工本》之例，如有此等穷民力不能穿井者，令州县官查明，取具乡长地方甘结，按井口多寡，酌量借给，每银五钱，秋收还谷一石。其未经领运漕米之州县，将去年平粜谷价酌量借给。在官可免买补之烦，而民得穿井之费，实为两便。且即以其地之所出以完借项，亦不致亏欠。如此则穷民归于勤苦，人力可施，即偶遇歉岁，亦不致俯仰无资。夫旱地广种多而不精，且旱潦无备。若井利可兴，将地无遗利，且富户亦不能多种，势必分佃贫民，而人有地可耕，不致流为游惰，正供亦无虞逋负。至州县官所借工本及收谷还仓之处，皆令本官上司稽察，每年所穿若干井，亦于秋收后造册申报，其有实力奉行穿井多者，亦应分别议叙。若州县官不行严查，有将旧井指为新井冒领工本者，本官上司查参。如此则州县官有所劝惩，而小民均沾实惠矣。

臣为农功起见，谨据所历地方情形，敬抒末议，仰祈睿鉴。如果臣言不谬，伏乞敕部议覆施行。

代都侍御奏安山湖情形

谨陈安山湖查丈情形,以抑豪强,以惠穷黎,仰祈睿鉴事。

切臣于五年冬蒙恩简命,巡视南漕,驻扎济宁,凡有关于国计民瘼,无不留心访察,勉竭愚诚,据实奏请,以仰副我皇上爱民如子之盛心。

因查东平州安山湖,地卑于河,并无泉源,且沙土疏漏,涓滴不能收蓄,较之蜀山、马踏等湖可以蓄水济运者,原迥不同。因不揣冒昧,奏请将湖地给沿湖贫民垦种。奉朱批:"是。汝即同白钟山、朱定元详悉查明,如若可行,令彼二人具题可也。"随移咨河臣白、抚臣朱会同查议。河、抚两臣与臣意见相同,亦以"无碍蓄水,有益小民"题请"给民垦种",经部覆准在案。

惟是微臣愚昧之见,原因沿湖穷民谋生无策,不若听其开垦,每岁可收麦数万石,足以全活数千家。以废弃之湖,使民收无穷之利,实与失业贫民有益,原未许豪强兼并以为利。讵意工部议覆河、抚二臣会题案内,于原奏之外,特加以"应查明原圈业户,令其具领承垦,其无原业湖地,准令附近居民具呈请领"等语。兹臣访闻豪衿劣绅假复业之名,纷纷具呈求领原圈地亩,多或数十顷,少亦八九顷。一与较论,反以"奉部承领"为词，肆行强占。是尽全湖之地，尚不足供豪强之瓜分，尚有何尺寸波及穷民？

伏思安山湖原系官地，从前各户垦种输租，并非祖宗相传世买之业，即间有愚民私相授受，但已经封禁十余年，沧桑更变，租经豁免，地已归官，更有何原业之可复？且当日多系豪强承垦升科，在今日俱为原圈业户，并无原业之湖地。今部议，令查明原圈业户，令其承领其无原业湖地，准令附近居民领垦。是但有复原业之地，并无给穷民之地也。臣前此奏请，原为穷民谋生计，非为豪强请复业也。若奉行不善，是皇上轸念穷黎之至意，反遂豪强兼并之奸谋。臣愚以为：地既已属官湖，只论其是否穷民，无论其有无原业。如果系穷民，即非原业，亦当给地；如系豪强，即为原圈业户，亦不得侵占尺寸。伏乞敕下河东河臣、山东抚臣，委强干之同知、通判一员，协同该州清查。先将该州实在穷民查出，造其户口清册，加具印结申送，每户分地不得过三四十亩。如附近州县有查送穷民，亦造册加结关送。倘有豪强指称业户，肆行强占并影射捏冒等弊，即行查参。如此则豪强敛迹而贫民均沾实惠矣。

臣仰见我皇上宵旰忧勤，视民如伤，不使一夫之不获。而此湖实系沃壤，若经理得宜，可活穷民数千家，实于民生有益。但恐该部胶执前议，仰恳皇上断自宸衷，俯赐恩允。臣为穷民请命，故不避嫌怨，据实陈奏，是否有当，伏乞睿鉴施行。

覆裁总河折稿 代白制府

为沥陈河工实在情形,仰祈睿鉴事。

臣接阅邸抄,见侍郎周学健奏《请裁河道添设之员》一折。奉朱批:"大学士、九卿议奏。"是河东总河暨厅汛人员之应留与否,自应静听廷臣酌议,奏请圣裁,臣亦毋庸置喙。惟是侍郎周学健未曾深悉豫、东两省河道今昔形势之变更,亦未于伏秋两汛亲履河干,目击水势情形,亦未知近来夫料办理各缘由与河干向来章程定例,而徒采听风闻,得之道路之口,信一偏之词,遽渎天听,故其所言与现在情形迥别,均之未得其实也。

臣蒙恩简畀总河,八载于兹。力小任重,日夜冰兢。迩年以来,因臣旧有怔忡之症,惟恐贻误河工,屡次具折奏恳解任,未蒙天恩俯允,是臣之毫无贪恋,亦久在圣明洞鉴之中。但河工定例,首严浮议。盖以局外之人逞一偏之词,摇惑众心,不惟事多掣肘,办理维艰,亦且众力懈弛,人怀畏避,所系非轻。故臣不得不据实缕陈,仰祈圣鉴。

臣察:黄河为患,自古而然。圣祖仁皇帝临御六十一年,久享安澜之庆。世宗宪皇帝廑念河工,添设总河。其时,以齐苏勒之熟谙河务,精敏强干,故大学士嵇曾筠之清慎明晰,经画得宜,其才守勤劳,视前此河臣不啻过之。此皆两朝倚任之老成。乃昔日从容指挥，坐享无事；后乃竭蹶奔走，添设员弁，而险工林立，岁岁修防。凡在河工人员，揆今昔之异同，皆不能解其何故。此侍郎周学健所以有"昔日安澜顺轨，岂今日而其势加猛，其流加迅"之说也。然臣尝博采舆论，并细讯河干老吏，乃知河身之浅深，河堤之远近，河滩地势之高卑，皆有今昔之不同。故河工之平险，治河之难易，亦今昔悬殊，未可一概而论。

黄河本系浊流，必河身深通，然后沙随水去。数十年前，安澜既久，则河身愈深，伏秋大汛，水势消长不常，惟验之霜降水落之时。从前，中泓深至一丈五六尺不等，今则除埽底坐湾之处，其余深者八九尺，浅者四五尺。盖缘康熙六十年河决武陟，大溜北泻，直注寿张之沙湾，由大清河归海；六十一年，又决于秦家厂。雍正元年，复决于中牟县十里铺、武陟县之梁家营；二年，又决于兰阳之板厂。是时，尚未添设总河也。当其溃决之时，大河故道褰裳可涉，屡决之后，虽经堵筑，而河身已节节淤高矣。此昔深而今浅之故也。

从前，滨河原止设缕水堤，去河或十数里，只以约（栏）〔拦〕水势。其去河近者，遇河势迁徙，偶尔坍塌，而堤之外一律平衍，堤虽塌而河不变，复行补筑，谓之"塌堤""还堤"。故豫、东两省并无埽工，自可毋庸集夫办料。今之临河，大抵从前原系拦水坝，视险要之处添设，以护缕水堤，断续不一。康熙四五十年间，因缕堤之外，拦水坝之内，村民渐稠，贪种滩地。其时，河堤多系民筑民修，遂将各坝渐次接连以障水，其去缕堤近者，即属之缕堤。故其形势，迎水兜溜，至今为梗。且逼临大河，远或数里，近止数十百丈，然其初犹谓之"民埝"，逐渐加高，遂成堤形。每岁伏秋大汛，河水出槽漫滩，水退沙停，临河滩地逐渐淤高，堤外之地势日高，则堤内之地势日卑，欲退守缕堤而不能。于是，不得不就昔日之民堰，加高培厚，以为临河"大堤"，反指原设之缕堤为"二堤"。此堤之去河昔远而今近，地势外高内卑之由也。河身既已淤高，大堤又复近河，伏秋大汛，上源诸水交发并涨，顷刻之间盈堤拍岸。且大堤岁岁加帮，而河滩亦岁岁淤高。今堤外临河一面，地势或高于堤内丈余，或七八尺不等，一有疏虞，则建瓴之势奔腾直注，必致夺河或坐湾。近堤若不下埽抢护，则溃决可以立待。

昔之治水者，不与水争地，今欲退守尺寸而不能，此皆河工积重之势，臣所谓蒿目忧心而无可如何者也。故河仍然一河，而形势之平险，办理之难易，相去何啻霄壤！周学健未能深悉其故，只执数十年以前之情形论今日之河工，亦无怪其为此纷纷之说也。此其言之未得其实者一也。

屡年筑堤，皆系加帮大堤，其遥堤、月堤，乃四年岁收歉薄，以工代赈之工，地方官领帑承修，河员并未经手。至挑挖引河，昔圣祖仁皇帝巡视河工，屡谕河臣张鹏翮，令将黄河曲处挑挖使直，水流畅快，则泥沙不淤。在今日，则直因河逼大堤，故开河引之使避险工，又非但使其畅流刷沙已也。此其工费较之下埽护堤尚为简少，又免年年加镶之繁费。惟是定例，必河成始准开销，一经淤塞，则所用钱粮皆承挑之员赔偿，故尤不敢轻举。且凡河工一切工程皆臣亲身查勘，实系堤身卑薄，地当险要，然后加帮；实系大溜逼堤，情形危险，然后兴修埽工。若上游坐湾有吸川之势，或应开引河，再三相度，再四筹画，皆不得已而然。及其工竣报销，又复再三驳减。今周学健乃谓："今日兴一计以为何处应添筑遥堤，明日兴一计以为何处应添筑月堤，其他开引河之工，殆无虚日，皆河员假以为侵渔

冒销之端。"夫属员之蒙蔽上司事亦时有。惟是河干工程筑堤开引河,则有土方丈尺可量;大工则有所用料物可查,即欲侵渔冒销,亦无所施其伎俩。臣虽至愚,亦何至为其蒙蔽,听其冒销?今两河所筑之堤工,所修之埽坝,所开之引河,皆可一一履勘,何处非关险要?是否冒销?可一望而知。自世宗宪皇帝临御以来,整纲饬纪,厘剔(蔽)〔弊〕端。我皇上明并日月,无微不烛,河干积习,久已肃清。周学健乃为此影响无据之谈,是仍以数十年以前之情事论今日之河工。此其言之未得其实者二也。

黄河水势骤涨,堤工非平日增培,岂能不日成工?料物非平日运积险要之处,岂能一时应手?若不为曲突徙薪之计,虽焦头烂额,亦复何益!至若兴举大工,必系大溜直抵堤根,然后下埽,故名为缕堤埽,又谓之沉水埽。若如周学健所言工尚未险,溜尚未改,豫为张大其词,耸动河臣不得不为上请兴举大工。不知工尚未险,溜尚未改,是大溜尚未至堤,未有于干滩下埽之理,即欲兴举大工而无由。是周学健尚未知下埽情形,亦未见大工兴作,徒依稀恍惚为臆度之词。且凡有大工,皆臣亲赴工次,再三相度水势情形,臣亦曾经阅历工之应修与否,臣岂竟毫无主见?若如周学健所言,是臣闭目拱手,一听属员虚词耸动,臣之不肖尚不至此。此其言之未得其实者三也。

河工需用人夫,或堵筑决口,工程浩大,事须速竣,故不得不派之附近州县,然其事不常有。其大工抢险与开挖引河,即系附近居民,又皆按日给银,并非苦累。至帮堤工,系按方给价,滨河贫民情愿赴工力作,每年赖此以糊口,亦非州县派拨。周学健乃谓:"豫、东两省之民疲于工役。"此其言之未得其实者四也。

河工收料，臣惟恐河员重秤掯勒，是以较定官秤，给发各厂，大张告示，严查密访，复严饬各道就近稽查，一有弊端，即行揭参。黄河各道皆兼管地方，岂肯罔顾民瘼，听其任意勒索，额外多收；又岂肯代为徇隐，自蹈失察之愆。从前料物，河员与地方官分办。臣惟恐弊窦潜生，饬令各道将料价委员赍交各府知府转发各州县，河员不得染指。既不分办，周学健所言以其所余遮掩自办之不足者，自可毋庸深辩。此其言之未得其实者五也。

河工修筑工程，皆于报销册内将承修之员注明。系河员承修者，河员保固；系地方官承修者，地方官保固。从未有河员承修之工，令地方官分任追赔之事。惟钦定例内："黄河陡遇冲决，所用钱粮，准其开销六分，其余四分，府、县与道、厅、营、汛分赔。若在保固之内，则系承修之员独赔。"亦未尝无分别也。深惟定例之意，盖以河防、民社原属一体。伏秋大汛，一遇抢险，安危界于呼吸，运料集夫，全在地方官同心协力。若令其优游事外，袖手旁观，势必贻误，所关非细。但此等分赔，事不常有。当今圣明在御，河岳效灵，亦何得执间有之灾异？概平时一切之工程，至水大之年，伏秋平稳，蒙恩议叙。凡沿河地方官皆与在工人员，一体开列上请。皆有案可稽。周学健乃谓："河员领帑承修之工，令地方分赔。议叙则河员独膺斯典。"此亦何殊梦呓？此其言之未得其实者六也。

夫河工每岁修防，皇上不惜多费帑金，河员栉风沐雨，不辞劳瘁，无非为民田庐舍计安全。至于用夫则给庸直，用料则给料价，岁歉则增值，圣恩可谓至优至渥。为地方者，诚能仰体皇上廑念河工、奠安民生之至意。且知黄河北邻运道，天庚

攸关,捐形迹,化畛域,不肯稍存歧视之念,则纷纷之论,何由而起?臣受恩深重,图报维艰,才具虽所难强,心力不敢不竭,何敢稍避嫌怨,稍存欺罔?区区愚诚,惟祈圣主昭察,臣谨具折奏明,伏乞圣鉴。

畿辅沟洫议一

畿辅之被水患屡矣，率二三年而灾。八年之水为大，而十一年复过之。较之南方天雨，未为甚也。而已为大水、大灾矣，其故何也？昔者圣人疆理天下，画为井田，有沟洫，诚以此为民生衣食之源，一日不尽力则湮，况其无乎？自井田废而水患烈，又堤防之以失其性，则溃决愈甚，此天下之通患，而畿辅为甚。盖其地环太行之麓，水之走下，不啻建瓴，又多沙淤。当其无水，稍有河形，直等平地，更无涓滴。雨或一昼夜，而干河成洪流矣。于是乎（谁）〔诸〕山之水、诸河之流，崩腾澎湃，散漫横溢，又涨入诸河。其诸河道河官，防而不疏，堤高身淤，平时水已高出于地，一经骤雨，溃决四出，其稍卑湿之处，汪洋弥漫，烟波浩渺，茫无津涯，竟同泽国。数万顷之民膏民脂，尽付波臣，闾阎日益萧索贫困，哀鸿遍野，朝廷蠲赈，动以巨万。计公私皆病其沙，河则又移徙不常，沙四散冲压良田，小民永失故业，水退沙干，随风飞卷，又掩盖近傍诸地，其害不可殚述。

夫水置之平地，而苦其泛溢，而有憾于造化，岂为得其平哉！今滇、黔、蜀、粤多广川深谷，雨或连旬，亦不为灾。山右亦多深沟，以纳溪流，故水灾甚少。今宜浚诸河之傍，使之益深，而即其土增高其堤，或别开沟渠以杀其势，而达于蓄水之所。如大陆泽、宁晋泊、东西淀诸处，其入泊、淀与海之口，务深通广阔。至诸邑《志》皆有潭泊，往往载其题咏，有州水之观，今尽淤为平田。宜于各邑卑下之地益浚之，使水有所停蓄。至诸泊、淀之旁有隙地，毋度为围田而与水争地。水小之年与水未至之时，小民耕凿其旁，留其有余以与民，而毋以荒地征科。旧有河而今淤，如古漳河、古龙之类，益疏道之，以分诸河之流。县令每岁督民疏浚，巡察使者视其治否，列之考成，务峻其法。如是，则水有所宣泄，水害除而水利可兴，此畿辅万世之利也。

或曰："劳民弃地，而迂远难成。"夫圣王之世，亦有公旬。今农民冬春农隙之时，不群饮、樗蒲，则远出焚香，用其力以除其害，不亦可乎？成大功者不规近利，需之三五岁而成，未晚也！蠲其地之粮，不及一岁之赈，穷民之无地者，与之佣值，费十数万亦不为多。民足而君足，直寄之外府耳。

若夫不尽人力以节宣，而徒徼天幸，未雨则怨旱，既雨则苦潦，亦难乎其为苍苍之天矣。又南方雨之日多，而北方旱之日多。盖雨者，阴气之升，感阳气而降者也。山泽通气，南方川泽多，则阴气易达云雾，蒸而为雨。北方土亢，水少而风厉，阴气不升，则亢阳易甚。仲舒求雨，法皆达阴气也。今沟渠既多，则阴气易达，雨泽亦易。且（渚）〔诸〕渠蓄水可以备旱，此亦理之所可通，而事之兼及者也。

畿辅沟洫议二

北方苦无沟洫，稍霖雨即害稼。议疏凿之，则劳费不赀，人情乐于便安，难与谋始。事关邻封，则尤为牵制，故多废格不行。无已，则疏其积潦可乎？夫水泛滥，均受侵没。惟最卑之所，水退而霪潦停积，累月经年，民甚苦之。决而下之则以邻为壑，难免呼吁。按：山左舆图，东面环海，北有运河，沿堤皆有进水、减水闸。恩、德、聊、博间有老黄河、漯河；而曹、濮、巨、嘉间，多有黄河故道；西南有南阳湖，水不患无所泄。若令各州有积水之处，绘图贴说以闻，遣官相度为渠，以达于经流，宜深而不宜广，酌其地置闸，闸内筑土坝，使下游之人掌其钥，官为明立约束，勒之石。水盛，则闭；水退，府遣员按视启闸，使停积之水由渠渐消。冬春可布麦，而下游亦无害。此两全之术也。

河干偶答

客有问于余曰:"河工办料,诸邑骚然,子知之乎?"

曰:"知之。官价之不敷也,运脚之本无也,远邑之挽输难也,包纳之价数倍也,河官之重秤纳户之守候也,胥役之滋扰也,凡此皆累也。"

客曰:"然则子亦既知之矣,曷为不加价?"

曰:"定例也。"

"曷为不给运费?"

曰:"定例也。子不见豫抚之奏乎?"

"曷为取之远?"

曰:"取之曹、单者已多,非协办,民将不堪。"

"曷为不禁包纳?"

曰:"势不能也。民有料少而道远,以包纳为便,今催料者必自封投柜,民反困也,料犹是也。"

"然则河官之弊何不禁也?"

曰:"固禁也。秤由曹令较发,有监收之丞监秤,又增之地方之佐杂,皆由府遴委,往来督察,视向者固已十去八九也。"

"然则曷为有重秤、守候并数斤而完一斤之物议乎?"

曰："固有之也。民以牛车运料，远至百余里，人畜往返五六日，雨雪又倍，包料者为计其所费而索市卖之值，是以一斤而有数斤之费也，而侈其事以恐愚民而索厚价，于是乎'重秤守候'之说纷然。"

"然则胥役之滋扰何为不并禁之？"

曰："势不能也。河道不与地方事，视之若赘疣。然亦尝大声而疾呼矣，听我藐藐。于例，误料有核，承办之不善，郡守、巡道察之。"

"然则曷为此纷纷者以重为民困？"

曰："不得已也。堤去河近者以丈计，水至无料，卷埽御之，堤穿而河决，众为鱼矣。劳民以卫民，曲突徙薪之计也。"

"然则河南、江南亦若是乎？何未闻有议之者？"

曰："江南之苇荡数百里，料易得；河南办之久矣，故安之。山东自去岁河溢，而险工愈多，办料浸广，而适值歉岁，故人情骤以为难。"

"然则河工必备埽乎？"

曰："此下策也。"

"请问上策。"

曰："难言也。天下事惟河工不宜妄谈，非身历之、熟筹之不可也。且言之徒令人惊心而咋舌耳。"

"请问中策。"

曰："开引河是也。河南则引之北，北则引之南。惟是河性善淤，偶有淤者，开河之费，惟河官是问，此其所以难也。制府亦曾请之，而格于廷议，是中策且不得行也。"

"然则子之为河道，人多谤之者，何也？"

曰："固也。上官之檄曰：'料不集河，决河道之罪。'邑令之文曰:'岁祲,大索料,不恤民,河道之虐。'且子以为河道之得为所欲为乎?谤安敢辞?"

客曰:"子毋为辩言以洗谤,而务尽其所得为则,几矣!"

余瞿然起,曰:"有是哉!敬闻命矣。"

总河白公寿序 代顾漕台

今上御极之十年，岁在乙丑，溯圣朝定鼎，迄今百有一年。总河白公，是岁花甲一周。五月下浣，其览揆之辰，江淮吏民蒙被恩泽，群谋所以为公寿者，公固谢，遣之监司。诸君进曰："请无事筐篚之陈，而乞漕使顾公文以侑觞。"公欣然首肯，曰："顾公知我文，吾当拜嘉。虽然，幸勿张之屏间，以绢素录之足矣。"诸君请于余。曩余亦忝治河之任于畿辅，公在山左，治所毗连。嗣余董漕北上，公经画运道，漕度无愆。及公之南来也，与余官署相去一舍，故凡公前后所设施，惟余知之甚悉，不敢以不文辞。

夫河之难治久矣！其流横亘地纪，而其气上彻霄汉，其治否得失之故，与气运为升降。惟夫世之治也，圣君、哲后不忘咨儆，而天亦笃生英贤，以赞襄治化，明良一德，辅相裁成，储和导祉，协气旁流。故水土奠安，川岳效灵，河流顺轨，修六府而三事治，抚五辰而庶绩熙。其时之人，饮和食德，咸跻春台而登寿域，事有必致，理有固然。

自唐虞三代以来，上下数千百年，可考而知。洪惟我国家诞膺天命，奄有四海。适明季，河患方剧，而一旦自复故道，说者以为受命之符。圣祖仁皇帝翠华频幸，指授方略。其时，则有靳文襄公、张文端公底定河流，功垂竹帛。世宗宪皇帝励精图治，庙算无遗。其时，则有齐勤恪公、嵇文敏公懋昭猷训，绩著旗常。

今上龙飞，眷求旧德，图任老成。公时已总制豫、东，上知公才优干济，遂罢副节而专委任。公殚心宣力，宏纲大用，巨细毕举，工坚帑实，八载安澜。奏疏若干卷，勒有成书。壬戌冬，移节南河。

公先尝为郡司马及淮扬监司，复贰嵇公于袁浦，凡一切利弊，皆夙所周知，了如指掌。故规画全河，动中机要；鉴空衡平，洞烛幽隐。其裁决庶务，指挥群才，即良之操御，班之运斤，庖丁之解牛，未足以喻其得心应手之乐，肆应咸宜之妙也。然公才大而济之以小心，精思审处，远虑周备，无一时之或懈，无一事之或疏。崔苇之储峙于河干者，连云蔽日，如茨如京。两堤巩固，婉若长虹。其调剂淮、黄之强弱，节宣湖、河之机宜，皆师古人之成法，而相度原隰高下，变通之以尽利。故数年以来，二渎朝宗，波恬浪静，年书大有，民歌乐利。盖公于河事，极推服靳文襄公、张文端公，而受知于齐公、嵇公者独深。故规模错注确有本源，而治绩之昭著，亦与数公先后辉映。

圣天子策勋酬庸，行将进秩宫保，就拜使相，如齐、嵇二公故事。是公继极盛之后，而媲美前修，固其所树立卓卓乃尔，而明良遇合亦有非偶然者。

余尝谓：贤哲之生，不独佐命之勋，如十人三杰，麟阁、凌烟所绘画，即重熙累洽之时，淳和清淑之气盘礴郁积。贤人君子克生王国，往往不少，而天亦畀之寿考康宁，俾之宣猷布化，以寿世而诚民，如《书》所称"商之六臣，天寿平格，以保乂有殷，多历年所；周之三后，以道光辅其君，永膺多福，而有无穷之闻者",是也。

今公生于郅隆之世,禀淳和之德,精明强固,荷艰巨之重任,而智周于物,力余于事。是皆天之所笃生,以赞襄圣明,觐光扬烈之盛,其荣名骏业厚,福遐龄固,当与景运而俱长。而江淮之人仰之若父母,倚之若长城,其讴歌爱戴,欲致其无疆之颂者,遍于远迩。由前而言,公之寿考康宁,畀之自天,固无庸余之祝;由后而言,民之所欲,天必从之。则余之不能已于颂祷之词者,又非徒侈祝嘏之虚文,以谀其私交也。诸君其以余言为左券焉,可也!

上唐制军

卑府蒙委会勘兰阳涵洞，于四月初三日辰刻抵长垣。豫、东两省委员愆期不至，业于回署文内报明在案。盖彼以会勘一日不定，则决口一日不筑。筑为兰阳之利，故有意迁延，此其狡狯之故智也。

卑府既蒙委到彼，既亲至决口相度，复循护黄月堤而东，至红船湾水驿一带，望月堤决口，复沿沙河北至陶背河登太行堤。其间情形，亦有当据实禀明以资采择者。

夫沥水者，无源之水，所谓雨集沟浍皆盈者也。陶背河者，《志》不载其所始，询之土人，云："河决荆隆口冲刷成河，后筑堤截断，而河身犹在。"此为近之《志》载。长堤，即太行堤之旧基。太行之南为护黄堤，护黄堤之南为埧阳堤，《志》皆不载兴筑年月。土人云："先是河流近太行，后徙而南，则筑护黄堤。又徙而南，则筑埧阳堤。"此亦为得之也。

太黄堤，在太行、护黄堤之间，紧接护黄堤，稍北即折而西上。而兰阳之萧家庄等村寨，即界在护黄堤、太黄堤之间。沥水自西而东，下为太黄堤所兜裹而不得泄，受其淹没，故偷决堤而议设涵洞也。在垣令为垣民计，则曰"勿设之便"；在河官为考成计，则曰"堤工可虑"。卑府平心论之，恐未深究乎利害之归，而尽得乎事理之实也。夫决口不筑，六七年于兹矣。无论议论两歧，终非了局。即指太行堤以为论难之端，彼或暂行补筑。而所偷决之太黄堤，乃兰、仪主簿所辖，一旦沥水骤至，仍行偷决。在兰邑，袒护其民，故有阳禁之而阴纵之者。若两邑之民相争，必以死斗，即擒获其民置之重典，而田禾之湮没者已无救矣。是设立涵洞犹为两利，而禁之不开，是显与之争而阴受其害于无已也，此所为未究乎利害之归也。

太行堤工关系匪轻，允宜思患预防。但卑府相视护黄堤决口，乃在议开沟渠之上流，其时未有堙阳堤也。即云冲决，自属黄水。若沥水，则霖淹汇积，其势平衍，涵洞之设，围径尺许，潜消渐吐，必无奔溃。若其势可冲堤，数年来决口不筑，必湮没田庐，垣民之号呼望救，岂能稍缓须臾？此所为未尽得乎事理之实也。

且自决口至黄家集五里，而近此从民地开渠，亦不必深宽。若自黄家集而东至红船湾，则现有旧河无庸挑浚，其下流土人开沟道水以入沙河。观土人之自为挑浚，而水势、民情亦大可见矣。沙河，亦有河形。《垣志》云："疏河宜宽不宜深，令水过可耕。"此又其土俗也。盖沥水之涸可立而待，沙河亦不过微加疏道而已。陶背河受陈留、封邱之沥水，宽或四五丈、或二三丈不等；至于沙河会合之处，独为深阔，大显河身。卑府询之土人，陶背河水发之时，从无涨溢，则益以涵洞之水亦能容受。

自沙河口至纸坊集约五十余里，即曹县界；又五十余里至汪家楼，皆陶背河之故道也。今涵洞之水既引入陶背河，无容更议。下流若以太行堤工为虑，或于沙河会入之处，添筑小月堤数丈，令其迂回斜入，免致直冲激射，亦为甚易。至娄家村一带，皆有积水，此非兰阳之水，盖筑堤取土，地势低下，故有积水。若此渠开疏，又可消积水，不使浸渍堤根，亦垣民之利，而堤工之益也。卑府非为兰民游说，盖以涵洞不设，则决口不筑，即筑而偷决，反非垣民之利。

独是民分两邑，则痛痒无关；地分两省，则事权不一。目前挑浚，日后疏瀹，垣民既不甘为兰役，而红船湾一带又属仪封，亦难调度，宜将兰邑潘家寨、萧家庄，并红船湾一带村庄太黄堤堤工，俱割归长垣管辖，此一说也。或竟将长垣太行堤以南娄家寨、黄家集、胡家庄一带村庄应挑渠之处，并沙河入陶背河口一带堤工，俱割归兰阳，令其自为筹画，此又一说也。在皇上，天下为家，两省制抚，公忠体国，原无此疆彼界之殊。近者，山左五营弹丸黑子之地，犬牙相错，犹允巡农御史之请，清理画一，况今两邑利害相关者哉！是在宪台咨明豫省，以下情入告，疆界既正，然后涵洞、沟渠不难以次勾当。

卑府恃在大人通德类情之公，兼听并观之明，故敢以刍荛之言上渎聪听，伏惟仁恩宥其狂瞽。

复关中中丞陈榕门

己巳之秋，蒙恩放归田里。自入塞垣，即疾趋而南，图速归乡闾，早得团聚。不意未抵里门，遽抱终天之憾，罪大恶极，罹此鞠凶。既不能终其裹革之志，又不获遂其乌鸟之私，负罪家国，亦复何心人世！徒以公私交迫，均未就绪，是以强颜视息。

秋八月，三弟自颍上归来。十月已襄大事，祔于先原，苦块余生，精力愈觉消耗。前此河壖奔走，为湿气所侵，每苦重腿之疾。塞外苦寒，风疾转剧，动履维难，盖已为圣世之废物矣。公项幸于限内清缴，朋友佽助约千金，两弟亦为设措千余金，余皆鬻产补凑。拜分清俸，至今愧赧。

《易》道精深，非浅薄所能窥其万一，猥辱荐剡，奖借过当，修门之行，尤非病躯所能堪，有孤雅怀，愧负何极？

程子《易传》，晚年方出。拙著一得之愚，谬误不少。荒山岑寂，颇无人事之扰，俟精力渐复，再加潜玩，逐次修改。若粗有成说，即缮写求正。

儿子庆升，望时赐手书诲之，俾有所遵循。诸惟为道自重！不宣。

与李象先

前在大名得书，悉里居以诗遣兴，当必与储王争胜，憾未得一捧读也。法量移简僻，可以藏拙，适河干议论纷纷，曩曾身与其事，有应得之处分，未便幸免，乃复妄议河工情形，狂瞽僭越，罪在不赦。圣恩高厚，格外容贷，遣守边邮，罪大罚薄，感悚交并。

窃伏自念，十余年来忝列方面，寸长未展。如柳州所云"徒费禄食而无所答"。下愧农夫，上惭王官，追计往时咎过，日夜反覆，无一食而安于口、平于心者。

今兹塞外之行，未足稍赎其尸素之愆于万一，敢云仰报涓埃。且自奔走风尘，旧学荒落殆尽，跧伏穷庐，息心静虑，细绎旧闻，尚冀稍有警发，风雨露雷，何莫非天地生成之德？

昨于八月望前入都，尚无台缺，约计明年春夏之间出塞，亦去张家口不远。闻塞外牛羊雉兔肥于内地，黄羊更美，杜诗所谓"黄羊饫不膻"也，可蓄鸡豚，有水泉者可种菜。古塞荒凉，种人淳朴，如游于无怀、葛天之世矣。

岁缴养台公费五百金，束装日用之费如之。家中岁杪或遣人来，朋友中有力者或可佽助。勿念！勿念！

老母去冬回黔，近服人乳，大健，亦未敢白以近事也。三年期满，倘蒙天恩放归田里，又得菽水承欢，为圣世之遗民，足矣。知关念，故琐及之。

与陈榕门

前在济宁得捧手书，匆匆束装，未及裁复。九月廿四日，抵凤阳，往谒制军，即由江宁买棹赴皖。十月廿三，舟次芜湖，恰与老母官舫相遇，停帆竟日，屡述老弟台种种关爱，谦德挚谊，有逾骨肉。濒行，过蒙厚贶。虽我辈投台非同泛泛，自顾菲薄，辱荷爱予之深，既感且愧。

淮、泗之滨，地广人稀，荒土十之三四，农事亦卤莽灭裂。若谓民俗惰窳，今三楚、闽、广之人，尚往蜀中买地而耕，北方之人至塞外黑龙江耕地谋生者不少，楚人亦多在英、霍山中垦地。凤、泗之地，贱者至数钱一亩，何其舍近而图远？舍平地而就高山？盖缘河南全省之水入淮达海，黄既夺淮之道，水无所泄，故被水患者十常八九。稍卑之地，皆呼为湖。地之荒芜，人之流亡，盖数百年于此矣。观其流离载道之人，风餐露宿，为佣不获，遂为乞丐。呜呼！人孰无耻？孰不求安乐？其亦有不得已而然者乎？是可悯也。然在明时，以泗州祖陵为重，故潘尚书之治河，于黄河北岸多为减水坝，骆马湖一带不设遥堤，水涨则入湖，以披黄之势。筑归仁堤障睢水，由白洋河入黄。高堰虽筑，而自周桥二十五里无堤，故淮亦有所泄。如是，而泗州之人犹大声疾呼，至为公揭于朝以诟詈之。

本朝靳文襄乃于周桥筑堤，设闸于归仁，而睢水由虹入泗矣。设天然闸、毛城铺滚水坝，而黄河减泄之水由宿、灵入泗矣。水皆停蓄于洪泽湖而无所泄，此凤、颖之间水患（濒）〔频〕仍，泗州之城所以陆沉也。然其时，北岸尚多减水坝分泄黄水，高堰亦有六坝、天然坝，遇异涨即开。今则黄河北岸为中河所截，涓滴无所分，六坝减而为三，天然坝永闭不开，此频年水患之酷倍于往时，费朝廷数百万之帑金，而犹不免于流离转死之患也。

夫黄之独行入海者久矣，今乃美其名曰"借清刷黄"。汉、唐之时，黄河北流，安澜者数百载，又谁为刷之？故淮、黄合流以来，不独凤、颖也，即河南州邑，稍霪雨，罔不为灾。天下之势，如人之右臂偏枯，常有湿气流注而不能去，即稍分淮之异涨，亦下策耳。况并此不得行乎？今制军断断争此一着，谓天然坝必不可闭，可谓得其要领矣。而廷议持之甚坚，至今未有定局，必得下游宣泄，然后上游可以徐为经理。水患即除，流亡自复，荒芜自辟。不然，病根未去，无可为者，亦安能因循窃禄，坐视斯民之困苦耶？

在山左时，竟未知移调纶音，至此始知其详。曩守邢州，曾选立乡长，稽查所管村庄，化导乡民，户口册乃其中之一事。当时曾有册式条约，然事已隔十余年，不意上达天听。凤、泗积歉之余，民多穷困，乡长难得其人，今亦只就上谕所及者行之。

此间民俗颇悍，遇赈则群聚大噪，查赈者为所胁持。户口册亦救弊之术，然亦焦头烂额之功耳。民之贫富，乡之人可以不必查而指数之，天下都会之所，自不得因噎而废食。农民以农业为生，市井多逐末。荒岁乡村宜赈，城市宜平粜。向时，册中亦只分出极贫一项，便于加赈、先赈耳，余则有田数可稽。乡长得其人，所报视常时，乡地为得其实矣。

社仓，莫善于罢户部之捐监，而照时价纳粟于本地。不知肉食者何故必欲收利权于京师，而斤斤较量于价值之间？此圣人所以深恶乎"聚敛之臣"也。《乡长社仓末议》录呈清览，幸有以教之。《授时通考》承赐，并谢。

整理人：闵祥鹏，历史学博士，河南大学历史文化学院教授，博士生导师，主要研究方向为环境史与文明史。

徐清，首都师范大学历史学院博士研究生。

〔清〕李昞 撰
童庆钧 整理

木龙书

整理说明

《木龙书》，清李晱撰，乾隆年间刊行。李晱，字双士，汉阳人，乾隆年间任江苏扬州府泰州州同。

木龙是中国古代的一种治河工具，首创自宋代陈尧佐。元代贾鲁治河也曾用木龙。然而其做法不传，至明清年间，其形制已难查考。乾隆五年（1740年），清口北岸陶庄涨滩，河道总督高斌采用李晱建议，制设木龙，附于清口西侧御坝下，导引黄河北行，历见成效。乾隆十六年（1751年），乾隆皇帝首次南巡，至清口阅视木龙。李晱献诗进颂，其诗颂并木龙图说、成规、纪略、题咏等，辑成一书，一并刊行，题为《木龙书》。

《木龙书》全书仅一万余字："御制木龙诗"为乾隆十六年南巡时"临视河工，目击其制"而作；"恭迎圣驾南巡诗"为乾隆南巡时李晱所作；"木龙颂"为李晱绘图辑书后觐见圣驾时奉呈之作；"木龙图说"有插图14幅，其中全图1幅，其余为各构件图，图旁附有文字，简述各构件的用料、尺寸等；"木龙成规"是全书的主体，阐明各构件的做法，对木料粗细、长短、用缆、编扎方式、用工定额等有详细规定；"木龙纪略"简要描述初制木龙及此后历次添设等事；"题咏"为当时各界阅"木龙图"、目睹木龙治河功效后赋题的诗词；书后有"跋"，为晱弟李晥所作。

现存专记李眪造设木龙的典籍有三种形式，姑以"甲本""乙本""丙本"称之。

甲本：一册一函，半页九行，每行十二字到二十余字不等。白口，四周双边，单鱼尾，有插图14幅。无句读，前无牌记，书后题跋无成书日期。内容包括"木龙图说""木龙成规""木龙纪略"，正文前有"御制木龙诗""恭迎圣驾南巡诗"及"木龙颂"，后有"题咏"及"跋"。目录页上题为"木龙书总目"。

乙本：一函二册，一册封面上题签为"木龙成规"，另一册为"敕封灵佑襄济河神黄大王事迹全志"，二书置于同一函。此二册装帧相同，版式略异。题为"木龙成规"的一册，内容和版本特征与甲本完全一致。

丙本：一函三册，即《图说》一册，《成规》一册，《题咏》一册。《图说》内容包括"御制木龙诗"至"木龙图说"；《成规》即"木龙成规"；《题咏》包括"题咏"至"跋"的内容。此本内容及版式特征和甲本也无二致，只是被分装成三册。

甲、乙、丙三本版式完全相同，现存各本的区别仅在装订不同。由此看来，《木龙书》很可能只印行一版，为清乾隆年间刊刻。由书的内容看，称之为《木龙书》较为妥当，因为目录页题为"木龙书总目"，且"木龙成规"仅为其中一节。《木龙书》为《中国水利图书提要》《存素堂入藏图书河渠之部目录》《中国河渠水利工程书目》《西谛书目》著录。

由于《木龙书》中无书牌，书后题跋也无成书日期，故难以判定其刊印年份。各书目著录此书时，或定其刊行年代为乾隆十六年南巡之时（因书中所叙皆为该年乾隆南巡及此前之事），或定为乾隆五十九年（即《敕封灵佑襄济河神黄大王事迹全志》刊行之年），或付之阙如。而从李眪恭迎圣驾时作"恭进木龙颂"中有"既已绘图辑书""编龙刊书，恭纪圣迹"等文字来看，可以推断出乾隆十六年南巡时，《木龙书》已编定完毕，刊刻年代应略晚于此。

本单元由童庆钧整理，不当之处，敬请批评指正。

整理者

目　录

整理说明 …………………………………………… 571

御制木龙诗 ………………………………………… 575

恭迎圣驾南巡诗 …………………………………… 576

恭进木龙颂 ………………………………………… 578

木龙〔图〕说 ……………………………………… 580

题定河工木龙成规 ………………………………… 586

木龙纪略 …………………………………………… 601

木龙题咏 …………………………………………… 603

跋 …………………………………………………… 611

御制木龙诗

刊木遗来天用奇,淤沙御水两兼宜。密茭奚事寨横浦,曲岸居然涨远涯。鳞次常令波浪静,蟠拿未许蜈蛟驰。陈尧佐创高斌继,绩奏安恬制永垂。

乾隆辛未春阅木龙作

恭迎圣驾南巡诗 谨序

臣闻《易》载"省方",《诗》歌"时迈",古先哲王皆有事于巡狩,匪仅致礼于山川,所以考制度,观民风,式序有位,勤求治理,盖綦重矣。岁在重光协洽,序属孟春,我皇上仰遵圣祖巡省之巨典,俯慰臣民瞻望之诚心,乃命礼官整法驾,祗奉圣母南巡,德寓天覆,辉烈光烛,甚盛举也。臣蒙河臣檄,委职司木龙工程,幸以末秩下吏,跪迎鸾辂于道左,窃附臣子颂扬之义,敬撰芜词,上陈黼座。圣德如天,何能纪载于万一?葵心向日,少伸舞蹈之微忱。其诗曰:

圣主乘春出省方,大猷载洽景贶彰。玉屑暖融清辇路,锦霞蔚起拥鸾幢。淮甸欣瞻先辂发,越郊凝望翠华张。羽林七萃皆虎贲,上驷千群尽飞黄。河山开霁昭晷纬,庶汇雍熙际时昌。陈诗纳贾观民俗,敷天衷对总王纲。圣德神谟充寰宇,群颂登三庆咸五。礼乐修明迈百王,至治馨香超隆古。普蠲赋税遍九州,涵天极地未数睹。父老讴歌无能名,盛事相传惟圣祖。金简实录备三朝,玉牒聿修璇源遥。更传天子重穑事,躬秉耒耜藉南郊。大昕鼓征临雍日,冠带听讲许圜桥。儒臣选集定三礼,乙夜披览忘其劳。申命理学崇宋代,徒尚词章何足褒?修身立本以端化,存诚去伪戒相标。治统道统归一致,大哉王言接帝尧。厘定国书摹古篆，三十二家就钓陶。睿藻_{大学士诸臣请以《御制盛京赋》缮写各家篆体，昭示来许。}篆成诸体备，奎璧交辉烛重霄。宝玺印章咸炳焕，璊璜琮琥瑛琼瑶。旁稽外裔辑番字，同文大化更远昭。蠢尔金酋莎罗奔，妄恃险远侵邻番。我皇赫怒斯挞伐，大军压垒才三旬。贼酋穷蹙乞贳罪，厥角稽首投军门。元戎奋武期扫穴，汤网宏开出圣恩。百蛮从此不复反，胜算要在革其心。缅甸前明已阻化，远修职贡愿称藩。南暨朱垠北元涧，日月所照皆来宾。祗遹圣祖勤苍赤，爰稽典诰命卜征。敬奉圣母巡南国，凤辇鸾舆鸣和铃。陂池沟浍交相属，菜畦麦畛饶铺菜。暖日舒梅飘晴雪，瑞烟和柳映朝暾。两宫欢豫传吉语，俗阜时丰海宇宁。母后庆登花甲寿，臣民竞献万年尊。福绵东海增蕃祉，算符南极衍休征。大孝乃以天下养，惟大圣人能尽伦。独秉全智规洪摹，周原禹甸尽回春。翕河乔岳崇望祀，展义宣德沛泽深。祥风送帆江如练，荣光照水河底平。木龙奏绩匪人力，天惟瑞圣地效灵。葵藿有心常就日，草茅何幸得瞻云？愿随耋艾祝吾皇，亿万斯年寿无疆。

恭进木龙颂 谨序

臣谨按：清口乃黄淮交会之区。对岸陶庄涨滩岁淤月积，逼黄啮淮，其所从来旧矣。皇上御极之五年，臣仿宋臣陈尧佐木龙之义，备增法制，条析功用，请附御坝下岸建龙，用以淤本工之护沙、刷对射之滩嘴，厥效初著。

河臣举以入告，钦奉朱批："且试行之，俟再有成效，则甚美事也。钦此。"河臣规地程功，臣晌力役十余载，不敢少懈。今坝前遍淤，陶庄亦冲刷殆尽，黄淮顺轨，漕运利达，推之安清、豫省，类能化险为平。夫木龙上承御坝而奏功，斯诚圣祖暨我皇上之神谟巨烈，先后同揆允宜，昭示万世。恭逢圣驾临幸，小臣近仰日月之光华，弗揣浅陋，既已绘图辑书，敢再拜稽首而献颂曰：

皇帝践阼，万寓以宁。道符天地，德合神明。百工允厘，庶绩其凝。八纮浃会，九译来庭。飞潜咸遂，动植斯甄。圣不自圣，勤彼蒸民。卜征考祥，聿举时巡。邹鲁之地，欣睹大君。三晋两河，讴颂恩纶。暨吴及越，望幸尤殷。维岁协洽，太皡司正。法驾东指，奉引前陈。春日载阳，弭节河津。黄流浑浑，淮水沄沄。御坝高峙，屹如云横。助清激浊，惟圣通神。仰思圣祖，厥庸孔勤。万世攸赖，夏禹并尊。顾兹木龙，创自宋臣。

曰陈尧佐，史载其人。乾隆五载，河臣讨论。采用臣言，举以上闻。皇帝曰俞，尔其试行。焞焞天语，乃降明廷。征功儆工，臣晌是承。大龙既建，截河就程。陶庄尽汰，积土随倾。运道利涉，二渎底平。绕坝涨沙，千丈而盈。播以来辫，树以河柽。漕舸贾舶，憧憧交征。神仓阗委，如坻如京。商讴旺怀，盱目觊心。河臣营度，完旧益新。无敢弛劳，岁久乃成。远则中州，迩则安清。推类仿式，化险立征。惟天有河，是生水德。惟地有河，是为川脉。元气相通，浑融莫测。以正辰极，以奠南北。其运无穷，其用曷极？疏自圆灵，凿由禹绩。峨峨坝工，木龙是翼。河既奠只，皇猷允塞。荣光充溢，景风协浃。天眷皇帝，上瑞频锡。朱草被阶，嘉禾栖陌。赤龙黄麟，游翔郊泽。函夏乂安，荒徼胥格。帝轸民依，维下斯益。敬应万几，遑朝遑夕。一游一豫，经世之则。臣守河滨，天颜咫尺。稽首献颂，赓歌帝力。就日倾诚，窥天罔识。编龙刊书，恭纪圣迹。永昭成宪，用垂千亿。

乾隆辛未二月初八日，圣驾渡黄，晨曦轩朗，河水安流，遂越清口而升御坝。爰登木龙，周览形势。是日臣进献诗颂二册，上驻马，命大臣收受。诘朝恭诣行在，蒙赐缎匹。伏念锡以文绮，宠示褒嘉，乃臣子之至荣，实艺林之盛事。顾惟微贱，膺兹殊恩。犹蹄涔而延两曜之光，寸草而被三春之泽也。

镌心志感，抚己增惭，臣李晌拜手谨识。

木龙〔图〕说

按：木龙之制创始于宋，前此未有也。史载：天禧五年，陈尧佐知滑州，以西北水坏，城无外御，筑大堤，又叠埽于城北，复就凿横木，下垂木数条，置水旁以护岸，谓之木龙。当时赖焉。曾巩为尧佐立传，叙木龙事略同。元贾鲁塞北河口，亦用木龙。其散见于他书者，率引史传而已。其法初不传，今所建木龙制度加详，用以挑截黄溜，辄刷对岸而淤本工，不崇朝❶而化险为平，此与尧佐仅置水旁以护岸者，功效大小异矣。且力可移河，是又能变化于古法之外者。谨遵部文，绘具图说于左。

❶ 崇朝　喻时间短暂。

木龍全圖

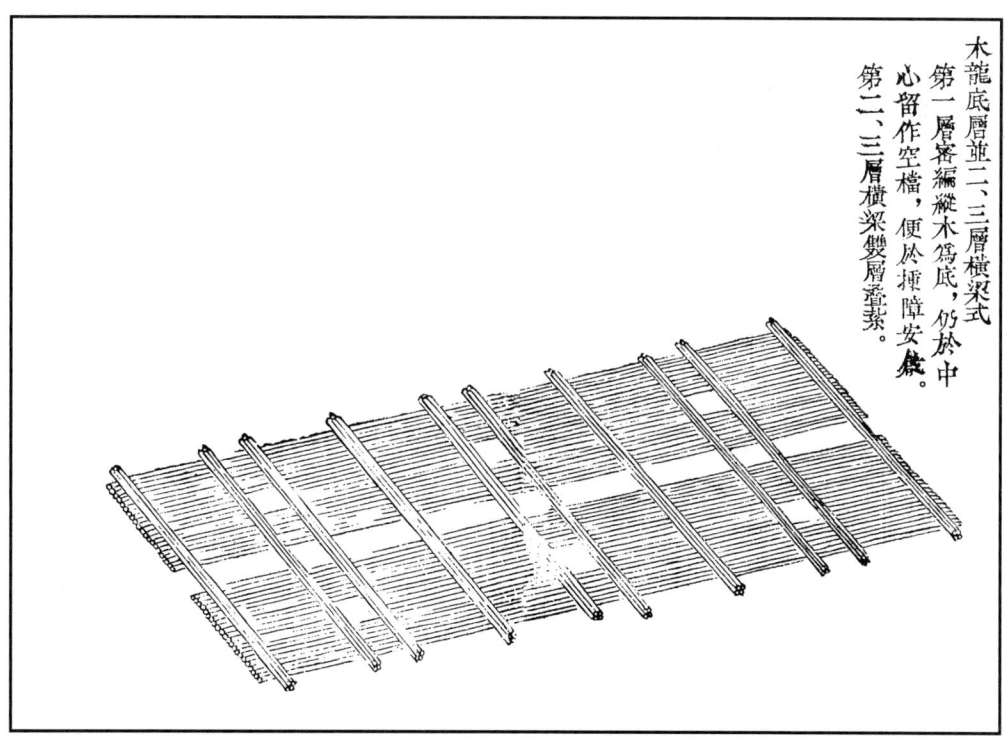

木龍底層並二、三層橫梁式
第一層密編縱木為底，仍於中
心留作空檔，便於捶樁安鑢。
第二、三層橫梁雙層疊裝。

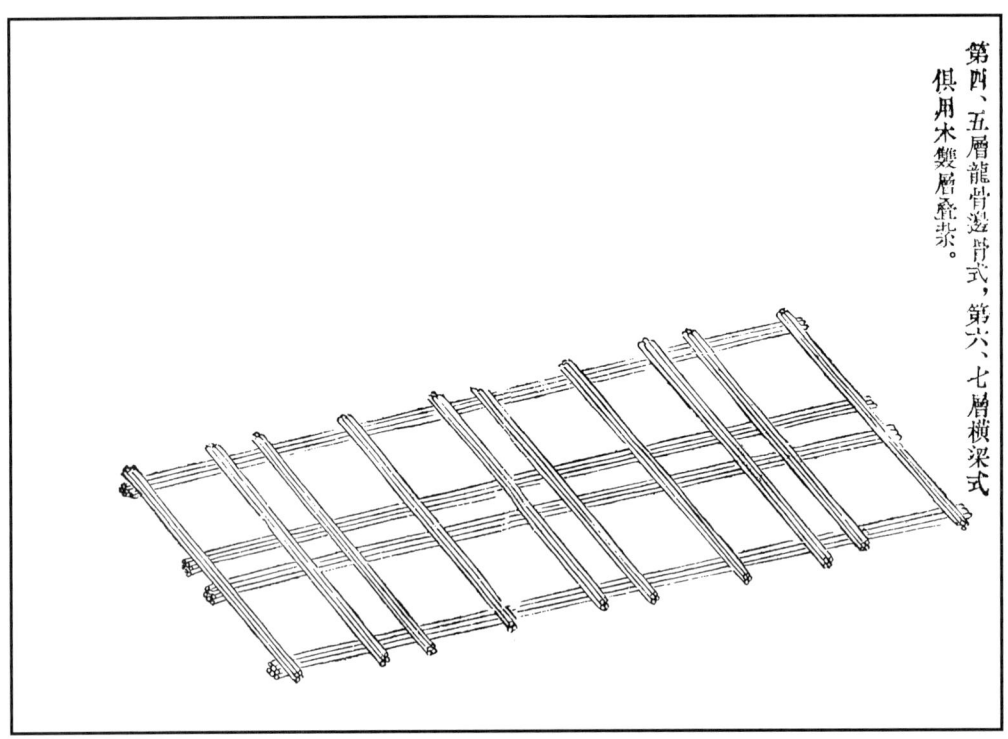

第四、五层龙骨边骨式，第六、七层横梁式俱用木双层叠架。

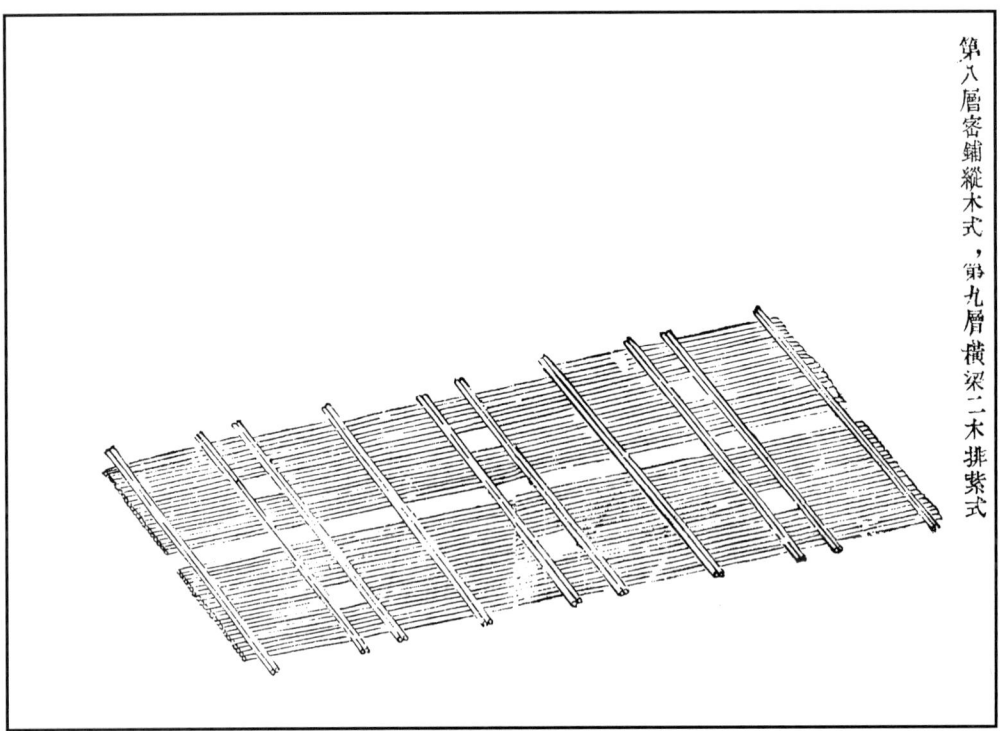

第八层密铺纵木式，第九层横梁二木排紫式

木龙书

天平架式

每座用直架木二根，每二座用横擔木一根，仿天平架式，仍繫横擔木三根，穩住架木，便於人夫上下。

逼成障式

中柄長三丈一尺，邊木長一丈八尺，其上、中、下横擔木各長一丈。下用交叉小木，中間用竹片編紮墜固，從龍身空檔捕下。有木龍以挑河而大溜，又有大障以截河底之溜，所以流緩沙淤，化險為平。

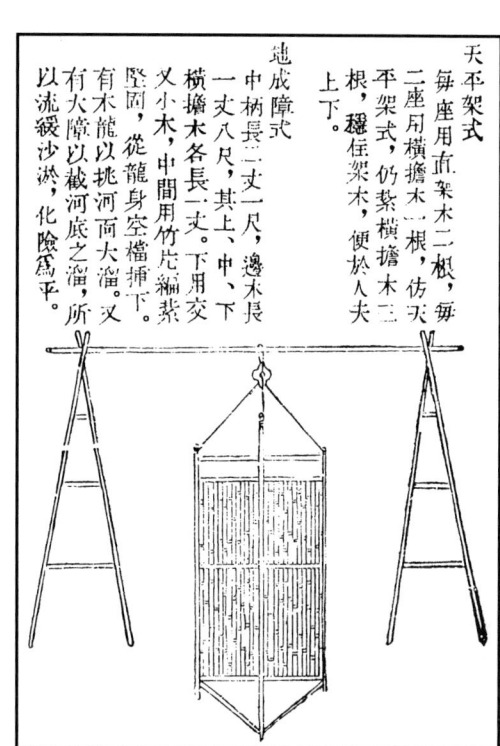

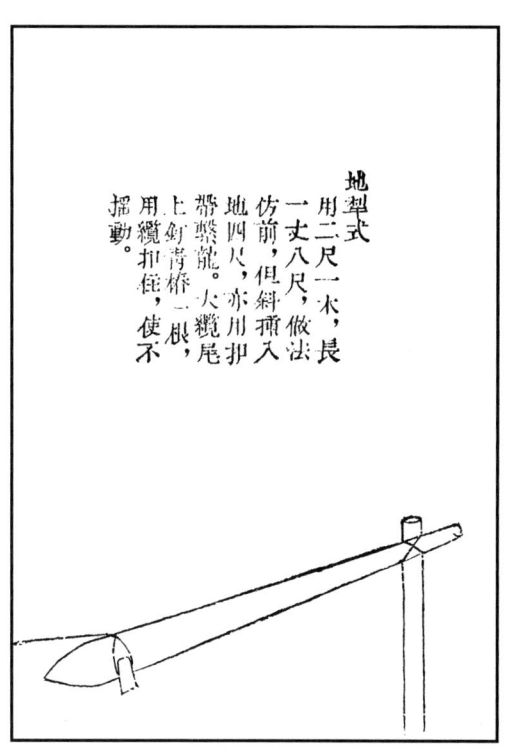

地犁式

用二尺一木，長一丈八尺，做法仿前，但斜插入地四尺，亦用押帶繫龍。大纜尾上釘背椿一根，用纜押住，使不搖動。

眠車式

用四尺四楓木，長三丈，每間二尺鑿通交叉圓孔，仍留空處繫縴繩，扣緊柴木，頂住墜闊。其車兩頭，用枕木二根擱住，再用橫木一根繫起縴，車前高後低，然後用檀木棍絞車間商推轉，加緊收纜，則龍身自出挑溜，用力較省。

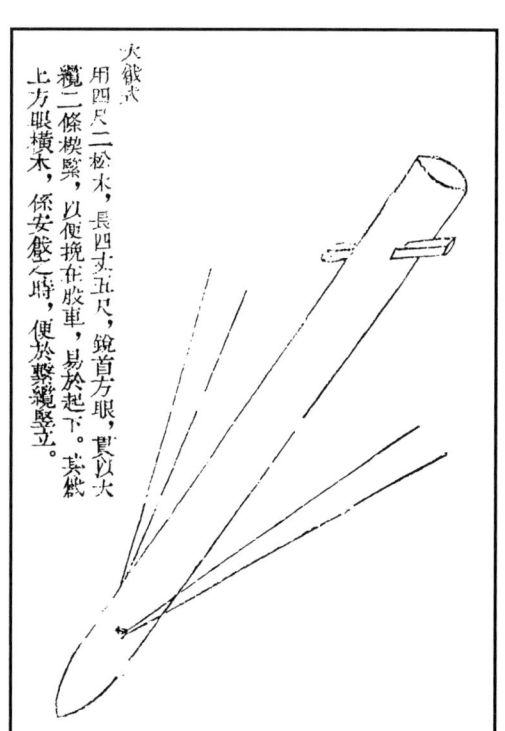

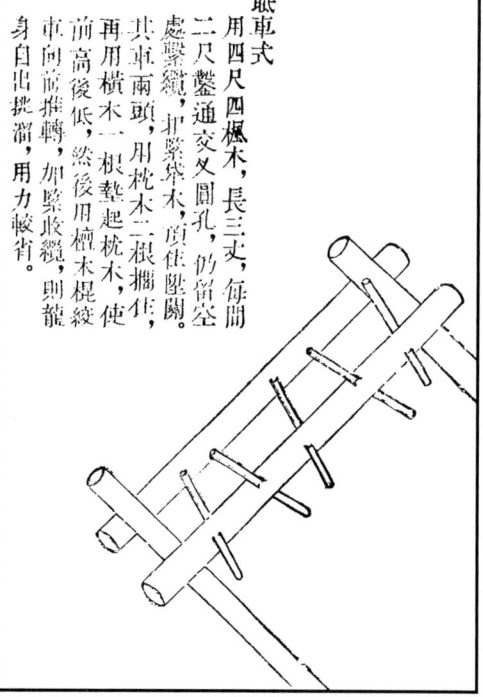

夾纜式

用四尺二松木，長四丈五尺，銳首方眼，貫以大纜二條楔緊，以便挽在股車，易於起下。其紙上方眼橫木，係安縴之時，便於繫繩豎立。

過水木式

用尺二末六段，長二丈，疊作三層捆紮，擋住龍身外邊湖檔，使大溜不能冲入，故謂之過水。

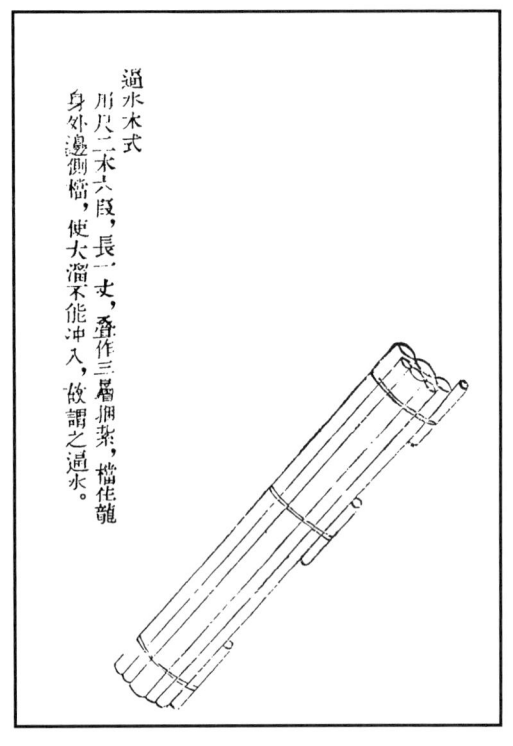

繫纜直柱式

用三尺八松木，長二丈，下用剪木二根扣緊，兩旁用排木擠住，於能身底層上豎立，仍於縱橫各木層層擠緊，至出能身面層，再用尺二抱木加橫籤定，用以扣繫大纜，方能堅固。

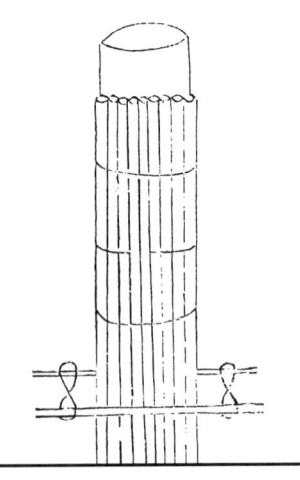

天戧式

用二尺四木，長二丈，大頭小尾銳首，平斜入地五尺，扣帶繫籠大纜。腰尾名釘青筍一根，扣繩帶住，使不搖動。

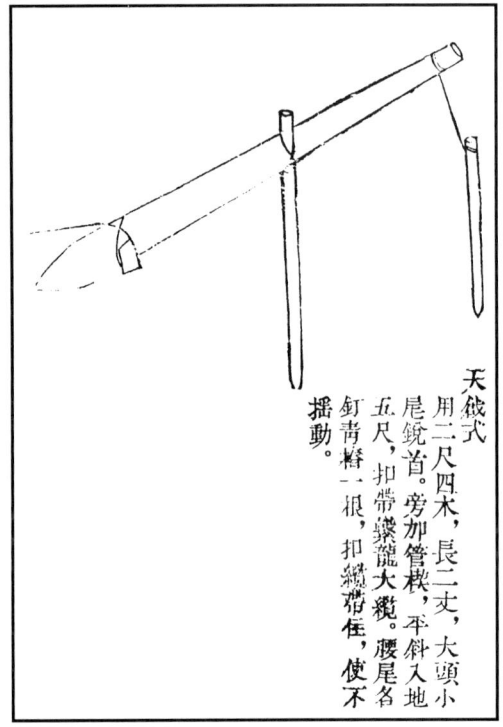

水閘式

此與編障之法相仿，但竜木俱用銳首。障則施於大溜，懸出龍底，閘則用於徐溜，揷入河底，使之不激，截溜流沙，功實相佯。用雖少異，

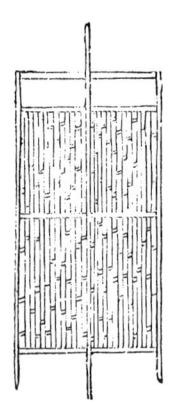

股單式

用三尺杉木二段，長五尺五寸，兩頭各留七寸五分，各鑿交叉圓孔二箇，中四尺細二寸，關於轆轤架上兩旁轂子之內，將大鐵所繫之繩挽在車身，另用人把住繩頭，即用檀木圓槐揳入股車兩頭圓孔，輪換轉車，俄隨繩起，座筀定位，繼繩下鐵，直貫河底，穩住木龍，之後，用以起下，殊省人力。

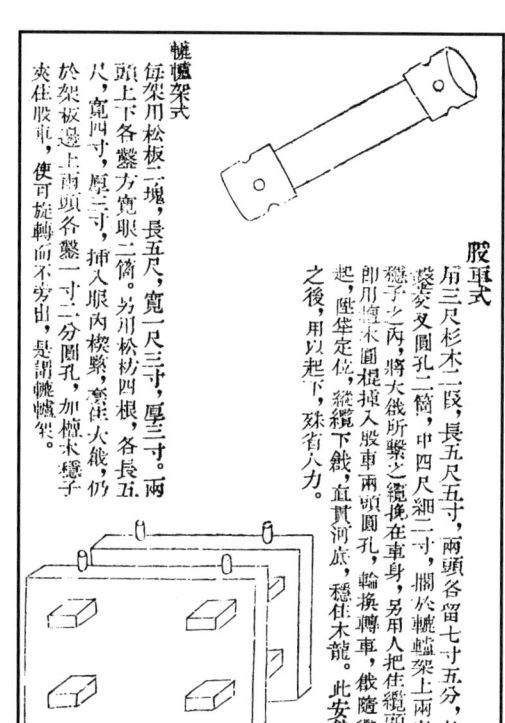

轆轤架式

轆轤架用松板二塊，長五尺，寬一尺三寸，兩頭上下各鑿方寬眼二箇，另用松枋四根，各長五尺，寬四寸，厚三寸，插入眼內楔緊，豎住火鐵，仍於架板邊上兩頭各鑿一寸二分圓孔，加檀木穩子夾住股車，使可旋轉而不旁出，是謂轆轤架。

冰滑式

仿排用毛竹十根，仍以竹片貫串成排，仿簑衣搭於冬春冰凌之時，置於龍身外邊，以護簦纜，免致擦損。

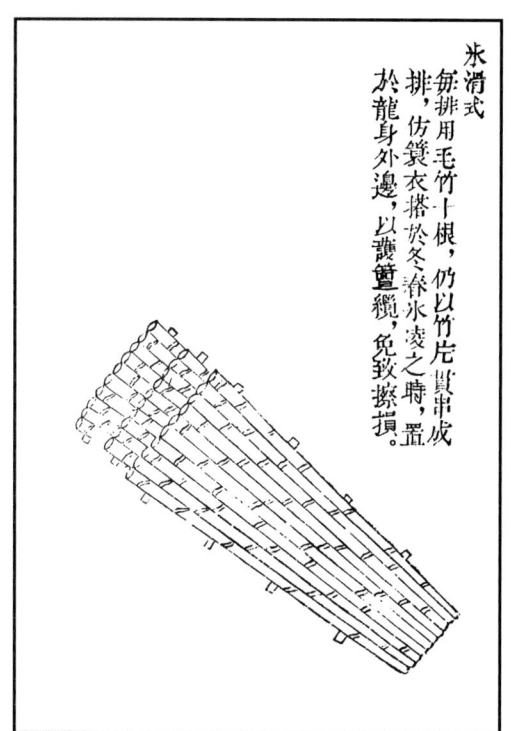

题定河工木龙成规

计开：

编扎木龙，每长拾丈，宽壹丈，玖层计，单长玖拾丈，高陆尺伍寸叁分叁厘。

第壹层编底，用贰尺贰纵木壹拾叁根，每排长壹丈伍尺，余梢连搭次排编扎，计柒排，共木玖拾壹根。

第贰、叁层横梁捌道，每道用贰尺柒木陆根叠作双层，共木肆拾捌根。

查拟定成规，系开龙身只宽壹丈为则，其有加宽者，所用横梁不必截断，理合登明。

每道用犁头竹缆兜绾下层纵木拾叁根，每间贰根交股顺去叠回编扎。

成规〔一〕❶

用双缆兜绾底层左手贰尺贰纵木贰根，计下面及两傍共肆面。又兜绾底层右手贰尺贰纵木贰根，共肆面，贰共捌面，每面该柒寸叁分叁厘叁毫，共该伍尺捌寸陆分陆厘。又横梁上下

---

❶ 为便于读者阅读，整理者添加了序号。下同。

两旁共拾面，每面玖寸，共该玖尺，通共壹丈肆尺捌寸陆分陆厘零。计交股肆道，以肆乘之，该伍丈玖尺肆寸陆分伍厘零。再加横梁上下斜交捌道，计捌尺陆寸肆分，共陆丈捌尺壹寸伍厘零。再以横梁管压底层纵木壹拾叁根，每贰根交扎壹扣，计陆扣壹根。

计壹扣该用缆陆丈捌尺壹寸伍厘，陆扣共用犁头竹缆肆拾丈捌尺陆寸叁分。

又木壹根，该用缆叁丈肆尺伍分贰厘伍毫。

计横梁壹丈，该陆扣壹根，共用缆肆拾肆丈叁尺壹寸伍分伍厘。

计横梁捌道，共用缆叁佰伍拾肆丈伍尺贰寸肆分。

又每横梁壹道，外加两头扣结各壹丈。

第肆、伍层龙骨长拾丈，系贰尺贰木陆根，叠作双层，壹节长壹丈伍尺，计柒节，共木肆拾贰根。余梢连搭次节，先用连半大竹缆双行箍扎捌扣。

成规〔二〕

以贰尺贰木陆根双层计算，共拾面，每面该柒寸叁分叁厘叁毫，拾面该柒尺叁寸叁分叁厘，双行该壹丈肆尺陆寸陆分陆厘陆毫。再加两头扣结各肆尺伍寸，共贰丈叁尺陆寸陆分陆厘零，作贰丈肆尺算。

计每扣连扣结用缆贰丈肆尺。

计龙骨长拾丈，该捌扣，共缆壹拾玖丈贰尺。

又用行江大竹缆兜绾下层横梁贰尺柒木陆根，交股编扎。

成规〔三〕

以贰尺贰木陆根双层计算，上叁面及两旁各贰面，该柒面，每面该柒寸叁分叁厘零，共伍尺壹寸叁分叁厘零。又兜绾横梁下面及两旁共柒面，该陆尺叁寸，贰共壹丈壹尺肆寸叁分叁厘。又加龙骨上叁面斜交，每壹股该捌寸捌分，贰股共壹尺柒寸陆分。又加横梁下叁面斜交，壹股该壹尺捌分，贰股共贰尺壹寸陆分。又加横梁宽龙骨伍寸，共壹丈伍尺捌寸伍分叁厘，计交股共叁丈壹尺柒寸陆厘。又加两边扣结各肆尺伍寸，共肆丈柒寸陆厘，作肆丈壹尺算。

计壹扣连扣结用缆肆丈壹尺。

计龙骨长拾丈，该捌扣，共缆叁拾贰丈捌尺。

又边骨长拾丈，用贰尺贰木肆根叠作双层，壹节长壹丈伍尺，计柒节，共木贰拾捌根。余梢连搭次节，先用丈篁大竹缆双行箍扎。

成规〔四〕

以贰尺贰木肆根双层计算，上下两旁共捌面，每面该柒寸叁分叁厘，共伍尺捌寸陆分陆厘零，双行共壹丈壹尺柒寸叁分贰厘零。再加两头扣结各肆尺伍寸，共贰丈柒寸叁分贰厘，作贰丈壹尺算。

计壹扣连扣结用缆贰丈壹尺。

计边骨长拾丈，该捌扣，共壹拾陆丈捌尺。

又用连半大竹缆兜绾下层横梁贰尺柒木陆根，交股编扎。

成规〔五〕

以贰尺贰木肆根双层计算，上贰面及两旁共陆面，每面该柒寸叁分叁厘，陆面共肆尺肆寸。又兜绾横梁下面及两旁，该柒面，每面计玖寸，共陆尺叁寸，贰共壹丈柒寸。又加边骨上贰面斜交，每股该陆寸，贰股共壹尺贰寸。又加横梁下叁面斜交，壹股该壹尺捌分，贰股该贰尺壹寸陆分。又加横梁宽边骨壹尺贰寸，共壹丈伍尺贰寸陆分，计交股共叁丈伍寸贰分。又加两边扣结各肆尺伍寸，通共叁丈玖尺伍寸贰分，作叁丈玖尺伍寸算。

计壹扣连扣结用缆叁丈玖尺伍寸。

计边骨长拾丈，该捌扣，共缆叁拾壹丈陆尺。

第陆、柒层横梁捌道，每道系贰尺柒木陆根叠作双层，共木肆拾捌根。用犁头竹缆兜绾下层龙骨贰尺贰木陆根，交股编扎。

成规〔六〕

以横梁木贰层计算，上叁面及两旁各贰面，该柒面，每面玖寸，共陆尺叁寸。又兜绾下层龙骨贰尺贰木陆根，计下叁面及两旁该柒面，每面柒寸叁分叁厘零，共伍尺壹寸叁分叁厘零，贰共壹丈壹尺肆寸叁分叁厘。又加横梁上叁面斜交，壹股该壹尺捌分。又加龙骨下叁面斜交，壹股该捌寸捌分。又加横梁宽龙骨伍寸，通计壹股该壹丈叁尺捌寸玖分叁厘，双股该贰丈柒尺柒寸捌分陆厘。又加两边扣结各肆尺伍寸，共叁丈陆尺柒寸捌分陆厘，作叁丈柒尺算。

计壹扣连扣结用缆叁丈柒尺。

又用犁头竹缆兜绾下层边骨贰尺贰木肆根，交股编扎。

成规〔七〕

以横梁木贰层计算，上叁面及两旁各贰面，该柒面，每面玖寸，共陆尺叁寸。又兜绾下层边骨贰尺贰木肆根，计下面及两旁共陆面，每面该柒寸叁分叁厘，计肆尺肆寸，贰共壹丈柒寸。又加横梁上叁面斜交，壹股该壹尺捌分。又加边骨下贰面斜交，壹股该陆寸。又横梁宽边骨壹尺贰寸，通计壹股该壹丈叁尺伍寸捌分，双行该贰丈柒尺壹寸陆分。又加两头扣结各肆尺伍寸，共叁丈陆尺壹寸陆分，作叁丈陆尺算。

计壹扣连扣结用缆叁丈陆尺。

凡陆、柒层横梁扣住下层龙骨边骨，按每道壹扣计算。

第捌层系在水面，不比底层搪溜，今从节省，只用贰尺贰纵木陆排，每排计木壹拾叁根，共木柒拾捌根。

第玖层横梁捌道，每道系贰尺柒木贰根，共拾陆根，用操把竹缆贯过第捌层纵木，扣住陆、柒层横梁，交股编扎。

成规〔八〕

以横梁贰尺柒木上贰面及两旁计算，每面玖寸，肆面该叁尺陆寸。又贯过第捌层贰尺贰纵木左右两面，每面柒寸叁分叁厘，该壹尺肆寸陆分陆厘。兜绾陆、柒层横梁贰尺柒木陆根，计底面及两旁共柒面，每面玖寸，该陆尺叁寸。又加第玖层横

梁上面斜交，壹股柒寸贰分。又加陆、柒层横梁下叁面斜交，壹股该壹尺捌分，通计壹股该壹丈叁尺壹寸陆分陆厘，计交股该贰丈陆尺叁寸叁分零。又加两边扣结各肆尺伍寸，共叁丈伍尺叁寸叁分零，作叁丈伍尺算。

计壹扣连扣结用缆叁丈伍尺。

仿照陆、柒层横梁，按龙骨、边骨每道壹扣计算。

查第陆、柒层横梁兜绾下层龙骨、边骨，第玖层横梁兜绾第陆、柒层横梁，每扣各用缆若干已有定数，如龙身加宽加长，其横梁、龙骨、边骨各道数亦应加增丈尺，应照成规按扣计算。

一、每横梁壹道用千斤木陆段伍分，第贰、叁层横梁捌道，共用千斤木伍拾贰段，系兼用尺木、尺壹木，壹木贰截。每千斤木壹段用股缆贰条，共壹佰肆条。

又第肆、伍层龙骨、边骨，按横梁每道壹扣，每扣用千斤尺贰栗木壹段，每段用股缆贰条，其龙身宽长及横梁、龙骨、边骨各道数丈尺，均照成规按扣计算千斤股缆。

又第陆、柒层，第玖层横梁各捌道，每扣用千斤木壹段，每段用股缆贰条，其龙身宽长及横梁、龙骨、边骨各道数丈尺，均照成规按扣计算千斤股缆。

一、按龙身宽厚丈尺，每横梁壹道用行江大竹（龙）〔缆〕双行兜底箍扎壹扣。

成规〔九〕

计宽壹丈，高陆尺伍寸叁分叁厘，壹股该叁丈叁尺陆分陆厘，双行该陆丈陆尺壹寸叁分贰厘。加两旁扣结各肆尺伍寸，共柒丈伍尺壹寸叁分贰厘，作柒丈伍尺算。

计壹扣连扣结用缆柒丈伍尺。

共捌扣，该陆拾丈。

又每扣用千斤尺贰栗木壹段，共捌段，每段用股缆贰条，共拾陆条。

一、凡龙身宽长、担力甚大者，应将龙骨、边骨各加龙筋贰条于横梁之上，节节扣扎，方能坚固。今以长拾丈计算。

成规〔十〕

用行江大竹缆叁条绞成壹条，先于龙骨左边横梁之上捆扎壹道，再于龙骨之上交扎壹道。又于龙骨右边横梁之上捆扎壹道，计横梁贰尺柒木陆根，叠作双层，壹边上下两旁各拾面，左右该贰拾面，每面玖寸，该壹丈捌尺。又龙骨贰尺贰木陆根，叠作双层，每面柒寸叁分叁厘，上下两旁该拾面，计柒尺叁寸叁分叁厘，共贰丈伍尺叁寸叁分叁厘零，叁股该柒丈陆尺。计横梁捌道，该陆拾丈捌尺。又横梁捌道中间柒档，每档长柒尺捌寸。又加龙骨上叁面宽贰尺贰寸，每尺加斜交肆寸，计捌寸捌分，柒档共陆丈柒寸陆分，叁股该壹拾捌丈贰尺贰寸捌分。

计龙骨长拾丈，每筋缆壹条该柒拾玖丈贰寸捌分，作柒拾玖丈，贰条加壹倍算。

又于边骨左边横梁之上捆扎壹道，再于边骨之上交扎壹道。又于边骨右边横梁之上捆扎壹道，计横梁贰尺柒木陆根，叠作双层，壹边上下两旁该拾面，左右该贰拾面，每面玖寸，该壹丈捌尺。又边骨贰尺贰木肆根，叠作双层，每面柒寸叁分叁厘零，上下两旁该捌面，共伍尺捌寸陆分陆厘，共贰丈叁尺捌寸陆分陆厘，叁股该柒丈壹尺伍寸玖分捌厘，计横梁捌道，该伍拾柒丈贰尺柒寸捌分肆厘。

又横梁捌道，中间柒档，每档长柒尺捌寸。又加边骨上贰面宽壹尺肆寸陆分陆厘零，每尺加斜交肆寸，计伍寸捌分陆厘，计柒档，共伍丈捌尺柒寸贰厘，叁股共拾柒丈陆尺壹寸零。

计边骨长拾丈，每筋缆壹条，该柒拾肆丈捌尺捌寸玖分，作柒拾肆丈玖尺，贰条加壹倍算。

外龙骨、边骨筋缆两头扣结各加壹丈，叁股该陆丈。

一、龙身第贰、叁层，第陆、柒层横梁空档，每档安设逼水，使逼大溜开行，壹档用尺贰木陆段叠作叁层，计壹拾肆档，共捌拾肆段，壹木贰截，共木肆拾贰根。

成规〔十一〕

先用操把竹缆双行箍扎两头并中间各壹扣，计上下两旁共拾面。又加底木叁根，比第贰层木贰根宽壹面。又第贰层木贰根，比第壹层木壹根宽壹面，共拾贰面，每面肆寸，该肆尺捌寸，双行该玖尺陆寸。加扣结伍尺，共壹丈肆尺陆寸，作壹丈伍尺算。

计壹扣连扣结用缆壹丈伍尺，每档叁扣，共肆丈伍尺，通计拾肆档，共陆拾叁丈。

又第贰、叁层横梁空档逼水木，再用操把竹缆兜绾下层贰尺贰纵木叁根，仍于两头并中间各扎壹扣。

成规〔十二〕

计纵木下叁面并左右贰面共伍面，每面柒寸叁分叁厘，共叁尺陆寸陆分陆厘。又加逼水尺贰木上面及两旁共玖面，每面肆寸，共叁尺陆寸。壹股该柒尺贰寸陆分陆厘，贰股该壹丈肆尺伍寸叁分贰厘。又加扣结伍尺，共壹丈玖尺伍寸叁分叁厘，作壹丈玖尺伍寸算。

计壹扣用缆壹丈玖尺伍寸，每档叁扣，共伍丈捌尺伍寸，柒档共肆拾丈玖尺伍寸。

又第陆、柒层横梁空档逼水木，再用操把竹缆兜绾下层边骨贰尺贰木肆根，仍于两头并中间各扎壹扣。

成规〔十三〕

计边骨下贰面及两旁共陆面，每面柒寸叁分叁厘，该肆尺肆寸。又逼水尺贰木上面及两旁共玖面，每面肆寸，该叁尺陆寸。壹股该捌尺，贰股该壹丈陆尺。又加扣结伍尺，共贰丈壹尺。

计壹扣连扣结用缆贰丈壹尺，壹档叁扣，该陆丈叁尺，柒档共肆拾肆丈壹尺。

又每档用千斤木陆段，计壹拾肆档，该捌拾肆段，壹木贰截，共尺木肆拾贰根，每千斤木壹段用股缆贰条，共壹佰陆拾捌条。

一、天平架每座用直架木贰根，每贰座上用直梁木壹根，计贰座共用贰尺木伍根。

又每座上用叁尺长横担木壹段，壹木肆截。

又用伍尺长横担木壹段，壹木贰截，俱不登尺木。

又用柒尺长横担木壹段，截用尺壹木，壹木贰截。

又每架计横直并档木共陆根，用股缆交扎捌扣，每扣用缆

壹条，共捌条。

又每扣用不登尺木千斤木壹段，壹木叁截，每段用股缆壹条，共捌条。

一、地成障每扇中间用直柄木壹根，长贰丈壹尺，又顺水直木贰根，各长壹丈捌尺，计每扇用贰尺壹木叁根。

又每扇上中下用横担木叁段，每段长壹丈，系贰尺木，壹木贰截。

又每扇之下用陆尺长斜交叉木贰段，系不登尺木，壹木贰截。

又每扇横直并交叉木捌根，该交扎壹拾贰扣，每扣用股缆一条，共壹拾贰条。

又每扣用不登尺千斤木壹段，壹木叁截，每段用股缆壹条，共壹拾贰条。

又每扇用竹片编，高壹丈伍尺，宽壹丈，计用尺壹圆毛竹玖根。

一、水拦每扇两旁顺水直木贰根，每根长贰丈壹尺，中间直木壹根，长一丈捌尺，俱贰尺壹木。

又每扇上中下横担木叁段，每段长壹丈，系贰尺木，壹木贰截。

又每扇用横直木陆根，共用股缆交扎玖扣，每扣用缆壹条，共玖条。

又每扣用不登尺千斤木壹段，壹木叁截，每段用股缆壹条，共玖条。

又每扇编高壹丈伍尺，宽壹丈，计用尺壹圆毛竹玖根。

一、扣系用行江大竹缆肆条，每条长壹佰伍拾丈，共长陆佰丈。

查滩宽溜紧，龙身担力甚大，系缆应行加长，理合登明。

一、龙身大戗每根用行江大竹缆壹条，贯过戗首象眼，扣带股车之上，用以起戗下戗，每条长拾贰丈。

一、扣住系龙大缆每贰条用贰尺肆木天戗壹根，每根用尺贰青桩贰根带住天戗。

又用操把竹缆扣带天戗于青桩之上，交股各扎壹扣，每扣连扣结用缆壹丈贰尺。

又扣带系龙大缆地犁用贰尺壹木壹根，每根用尺贰青桩木壹根稳住犁身。

又用操把竹缆交股捆扎壹扣，每扣连扣结用缆壹丈贰尺。

一、龙身安设系缆直柱每根长贰丈，用叁尺捌松木壹段，壹木贰截。

又用尺贰木玖根围抱直柱，以资坚固。再用操把竹缆箍扎叁扣，每箍计中心直柱并抱木围伍尺捌寸贰分，交扎贰股该壹丈壹尺陆寸肆分。加扣结肆尺伍寸，共壹丈陆尺壹寸肆分，作壹丈陆尺算。

计每扣用缆壹丈陆尺。

叁扣共缆肆丈捌尺。

又每扣用不登尺千斤木壹段，计叁段，壹木贰截，该木壹根伍分。

又每千斤木壹段用股缆贰条，共陆条。

一、龙身大戗每根长肆丈伍尺，用贰尺肆松木壹根。

一、辘轳架每座用松板贰块，每块长伍尺，宽壹尺叁寸，厚叁寸。

一、辘轳架上安股车壹对，为起戗下戗之用，计长伍尺伍寸，系将大戗截下木梢做用，不算价值。

一、升龙眠车每部长叁丈，用肆尺肆枫木壹根。

一、绞关尺陆檀木壹段，长捌尺。

一、系障每扇用苘绳贰条，每条重伍拾斤。

一、冬月冰凌之时，于龙身之外穿扎毛竹冰滑，以护篸缆。每丈一排用尺壹圆毛竹拾根，贰层共贰拾根，每叁排用毛竹壹根，劈片串连编扎。

编扎升关成规

每长拾丈，宽捌尺，厚肆层。

第壹层编底，用贰尺叁纵木拾根，计伍排，共木伍拾根。每排长贰丈，余梢连搭次排编扎。

第贰层横梁拾道，每道用贰尺叁木贰段，壹木贰截。

成规〔十四〕

用操把竹缆兜绾底层贰尺叁纵木贰根，交股顺去叠回编扎。计纵木左手下贰面及两旁，计肆面。又纵木右手下贰面及两旁，计肆面，共捌面，每面柒寸陆分陆厘零，共陆尺壹寸叁分贰厘捌毫。又横梁贰尺叁木贰根，计上下两旁共陆面，每面柒寸陆分陆厘零，共肆尺伍寸玖分玖厘陆毫，贰共壹丈柒寸叁分贰厘肆毫。计交股肆道，该肆丈贰尺玖寸贰分玖厘陆毫。再加横梁上下斜交捌道，每道上下贰面各宽壹尺伍寸叁分叁厘贰毫。壹尺加斜交肆寸，每面该加陆寸壹分叁厘贰毫，捌（丝）〔面〕共该肆尺玖寸陆厘。又加两头扣结各肆尺伍寸，共伍丈陆尺捌寸叁分伍厘陆毫，作伍丈柒尺算。

计壹扣连扣结用缆伍丈柒尺。

每横梁壹道计伍扣，拾道共用缆贰佰捌拾伍丈。

第叁、肆层中间扎直梁壹道，长拾丈，每节用贰尺贰木陆根叠作双层，壹节长壹丈伍尺，计柒节，共木肆拾贰根，余梢连搭次节，用缆双股捆扎。

成规〔十五〕

以直梁贰尺贰木陆根叠作贰层计算，上叁面及两旁各贰面，该柒面，每面柒寸叁分叁厘，共伍尺壹寸叁分叁厘零。又兜绾下层横梁贰尺叁木贰根，计下贰面及两旁该肆面，每面柒寸陆分陆厘零，共叁尺陆分陆厘零。又直梁上叁面宽贰尺贰寸，每尺加斜交肆寸，壹股该加捌寸捌分。又横梁下贰面宽壹尺伍寸叁分叁厘零，每尺加斜交肆寸，壹股该加陆寸壹分叁厘零。通计壹股该玖尺陆寸玖分贰厘，双股该壹丈玖尺叁寸捌分肆厘。又加两边扣结各肆尺伍寸，共贰丈捌尺叁寸捌分肆厘，作贰丈捌尺算。

计壹扣连扣结用缆贰丈捌尺。

计拾扣共用操把竹缆贰拾捌丈。

一、扣带升关每长拾丈用行江大竹缆壹条，牵长壹佰丈。

一、编扎木龙多在冬春水耗之时。迨至伏秋大汛，所有编扎扣系簧缆历经风日雨雪，易于朽损。若不修整加添，难资稳固。况木龙挑截大溜，伏秋汛长，担力甚重，须加系缆，应按龙身每单长壹佰丈加行江大缆贰条，每条长壹佰伍拾丈。又升关系筚龙挑溜，亦为吃紧，并须加添系缆，每长贰拾丈加行江大缆壹条，长壹佰丈。又修整龙身、升关、障、架等项，应按

编扎用缆成规计加拾分之贰，为修整之用。此项加添修整篷缆、银两，统于每年改扎添建木龙之时一并估计，请帑购办，运工备用，统归年例造报。

一、建造木龙，必须远募江广编扎木簰钩手，教以成规，方能领会，如式办理。原系长养在工，责令修防。此等远省之人，本籍家口在工饭食均所必需。今因办工年久，除量行裁汰外，选有本地在工力役日计夫按名顶补，长川帮工学习。所有江广钩手并本地钩手额设工食均照兵夫一例，两月壹次请领，按名唱给。遇有开除顶补，仍将起支、住支日期银数扣明确实，登注估销，册内造报。

一、日计夫系运木、刨木、牮龙、安戗、绞车、紧缆等项。额设钩手专司编扎修防，不敷力作。若不添募人夫，势必稽延时日，恐汛长溜急，易致疏虞。从前因料有远近，工有难易，不能画一造报，致奉核减，徒烦案牍。今细加计算，若按龙身宽长层数计丈论工，而纵横编扎用木稀密不等，夫工多寡不同，应照各项造作则例按料计工，庶可画一遵守。查乾隆伍年分报销案内奉部核准截溜留沙木龙壹架，共用木植值银陆千叁百捌拾捌两陆钱零，准销日计夫匠银贰百肆两，计木银每壹千两用夫匠银叁拾壹两玖钱零。嗣后改扎添建木龙，应请照依准销成案，每用木植银壹千两，准动用日计夫匠银叁拾两，永为定则。如有节省，报部查核。

编扎木龙需用篷缆杂料价值开后：

一、行江大竹缆，围捌寸叁分，每丈实银陆分。

一、连半大竹缆，围陆寸，每丈实银肆分。

一、丈篷大竹缆，围陆寸，每丈实银肆分。

一、犁头竹缆，围伍寸，每丈实银叁分。

一、操把竹缆，围肆寸，每丈实银贰分。

一、股缆每条长壹丈，围壹寸叁分，实银陆厘。

一、叁尺捌松木，按外河桩木漕规陆折算，每根实银伍两叁钱陆分伍厘贰毫。

一、肆尺贰松木，按外河桩木漕规陆折算，每根实银柒两壹钱捌分陆厘捌毫。

一、松板每块长伍尺，宽壹尺叁寸，厚叁寸。按漕规宽厚尺寸加算，每块值银叁钱。

一、肆尺肆枫木，按外河桩木漕规捌伍折算，每根值银壹拾壹两陆钱壹分贰厘陆毫。

一、尺陆檀木，每段长捌尺，因出产稀少，价此杉木漕规较昂，每根值银叁钱。

一、尺壹圆毛竹，每根值银壹钱柒厘。

一、尺贰青桩木，长陆尺，每根值银伍分。

一、尺贰栗木，长柒尺，每根值银陆分。

一、苘，每斤壹分叁厘。

木龙纪略

谨按：清口为黄淮交会之区，上关漕运咽喉，下系淮扬保障，与夫官民商旅及东南诸属国贡使之所往来，毕由于此，诚为河防第一要工。向因北岸陶庄涨滩挑逼黄溜南射清口，每当淮水稍弱，易于倒灌。明代运口筑坝，漕粮盘剥，劳费甚巨。

国朝自靳文襄经理，始开坝通运道，已而就陶庄屡挑引河，讫无成功。康熙三十八年，圣祖仁皇帝南巡，指授方略，命于南岸建筑挑水大坝，六年始竣，厥役今所称御坝是也。前后费帑累数十万。嗣因北岸涨沙日宽，大溜益复南趋。雍正八年，更于御坝下雁翅接筑头、二、三坝，并御碑亭后镶埽护岸，节年岁抢，费亦不赀。然黄常强而淮常弱，倒灌之患时复不免。乾隆四年，大学士伯鄂〔尔泰〕奉命勘河，议于南岸添建挑水大坝，仍于北岸陶庄旧滩开挑引河，估需帑金数十余万。旋因汛长漫滩，引河赶挑不及，筑坝亦难施工。升院高〔斌〕以李晒条议，即于四年十月委令先办木龙、护盘各一架，安设试看，辄能挑溜停淤。五年正月，奏请添建，钦奉朱批："且试行之。俟再有成效，则甚美事也。钦此。"随谛审水势，添设木龙、护盘五架，连前七架，合力挑刷。节年改扎添设，迄今十载。前此北岸陶庄旧滩量长八百丈，宽三四十丈至一百九十五丈，今已全行刷去，并刷旧挑引河积土，南岸御坝业经环涨沙滩，现种柳数万株，成活茂盛。其头、二、三坝并清口西坝迤上，护岸埽工之外，悉涨沙洲，宽二三十丈至百余丈，长九百余丈。清黄交会处所，河面展宽二百余丈，清水出口较前更畅，会黄注海，顺轨东流，鲜有抵触倒灌之患。前议引河坝工悉可节省，无庸挑筑。乾隆七年夏秋，清黄交涨，高一丈五六尺。御坝迤上王家庄、陈家庄等处，黄水出岸六七尺，直抵洪泽湖南堤，里湖外黄，仅界一线。洪湖之水会奔清口，东西钳口坝以及运口等处在在危险。而清水出口会黄，互相抵激，漩成巨涡，逼扫东坝，接连风神庙基内外汕刷，势尤岌岌。

院道率文武吏士昼夜抢护，急难奏工。晅亦奉檄，驰至上言："二渎相薄，水性乃变，所谓物不能两大是也。怒湍弗戢，坝与岸受其侵损，为患滋甚，亟宜固岸破溜，不可以常法治也。"河院深然之。晅即于东坝内赶扎木龙一架，以护坝基。坝外捆编长筏，破开洄溜，以杀水势。更扎拦水二十道，搪护坝内一带纤道堤岸。先是运口南堤被冲，料物阻水，急切难运。乃就里河编长筏横亘水面，属之两岸役夫隔河取土运料，从筏上往来，如履坦途。其时险工尽保无虞。是皆咄嗟立办，旋施而辄效者，此数年来建设木龙之本末与清口南北两岸坍涨之情形也。乾隆十二年，复于安东西门险工建设木龙二架、护盘二架，又桃源、烟墩汛，办木龙、护盘各一架。此二处俱已化险为平，埽工稳固。又外河王家营、宿迁孟诚庵两处顶冲，各办木龙、护盘二架，挑溜留淤，保固堤岸，此又各处增设木龙之成效也。爰并记之，以备考查云。

时乾隆十三年戊辰清和月，汉阳李晅谨识。

木龙题咏

木龙篇 丁一焘　澹筠　衡阳

宋曾巩立陈尧佐传，载木龙事，然其法不传。乾隆四年，黄水涨，清口御坝告险。相国高公用汉阳李君说为之，河之化险为平者屡矣。余旅淮三年，目睹异涨得无患，土人甚张其事。因思我朝安澜有庆，此法可以垂久用，赋以赠。

　　黄河源与天汉通，西入中原注海东。上游气束吕梁洪，下游倒灌清口中。跋扈夺淮恣称雄，通都大邑当其冲。恍如万马驰风鬣，挟策末由撄其锋。惟我圣祖熙天工，三巡南下河伯从。百灵效顺格苍穹，登筑御坝亲帝躬。黄河之曲湾如弓，取直趋下去悾偬。大哉王言天枢崇，世宗发帑堤石墉。屹屹大防如卧虹，讵知鲸翻涛复汹。雷轰电掣鲛入宫，我皇御极咨上公。三朝元老声誉隆，率兹百职翼宸衷。精诚劬劳思靖共，询事考言达四聪。爰有仙李读书佣，制沿天禧蟠木龙。高文典册曾南丰，相国用之为改容。嘉谟擘画陈九重，初试盘根争磨礲。冯夷俯瞰心冲冲，伐木许许精熊熊。须臾愚公神秘踪，蔚起沙岸成巍崧。嶮巇立平坚立攻，骇走白叟惊黄童。清黄交会安朝宗，在河之曲何勿庸。小臣祝国颂华封，相国体国尽公忠。口碑遍勒河上翁，千秋永纪清时功。

题木龙图 张照 得天 华亭

伐木积清口，臣心思靖共。绘图告圣主，天用若如龙。
又
御坝堤边水，化险为平陆。种成柳千株，烟雨洗空绿。

木龙歌 有引 彭廷梅 湘南 据经老人 攸县

木龙用以治河，见于《宋史》。曾巩为陈尧佐作传，志其事。然制度不得其传。汉阳李君双士匠心独运，刻意讲求与古吻合，遂上其议于相国高公。适清口御坝工险，高公用其法试之，顿庆安澜，工以永固。河东完司空仿其法，大有效验。盖木龙之功能挑水，护此岸之堤；而水挑，又即可刷彼岸之沙，一举而数善备焉。较之下埽开河，不啻事半功倍，诚防河良法，不可复至失传。爰作歌以纪之。

伏羲一画开鸿蒙，万类迭运五行中。飞潜动植各有属，有功有用厥惟龙。金龙八十一鳞归上苍，火龙二千余尺守钱塘。更有平地高若堵，似龙非龙名曰土。亦有贮泉喷方甂，辖火之龙号为水。水火土金分其群，龙以木称未之闻。木之为物性则直，龙之为德变不测。宋时防河议造作，曾巩传载陈尧佐。前人制度今无存，不传其法传其文。李昞读文因得法，昞即双士之名。陈之相公上天阙。梗楠杞梓杉松构，鸠材聚工在清口。篊箽簹筱筌箭筏，编缆惟急束惟密。非椭非锐非圆方，或伸或屈或短长。雄踞上游何峥嵘，扫湾水势挑中泓。挑中泓，护御坝，木兮木兮龙力大。梅闻黄河九曲曲曲湾，东湾西滩湾对滩。滩长一尺沙，湾深一丈洼。议者遇湾必下埽，遇滩开河引水道。开河下埽年复年，叩以二说之外心茫然。乍闻木龙皆诧异，纷纷嫉忌生非议。那知木龙何但为坝护，置之东坍西涨之地，挑水洄洑即以刷沙污。不见河东完司空，用有成效奏肤功。安澜入告天颜喜，木龙功用可知矣。良法谁其得要领？前有尧佐后李晒。刳木为舟自轩皇，编木为龙岂荒唐？龙耶木耶请深论，象形按义取诸震。《易》：震为龙为木。始信炼石可补天，龙得木名五行全。虽欲勿用何能舍？作歌遍告防河者。

〔无题〕陶士僙　毅斋　宁乡

编修丁十二一焘以海陵半刺李三晒木龙图见，寄题赠之。

编木如龙据上游，上游多在扫湾头。有滩对面难争出，无水当中不直流。懋绩诗传丁白雀，丰工人爱李青牛。一图信后重稽古，宋代到今七百秋。

题木龙图诗赠李双士 屈复　晦翁　金粟老人　蒲城

当日四明有狂客，号尔青莲为仙谪。盘根错节千余年，笑向清时结一核。宰相自爱读书人，读书多属在野臣。治河惟有疏导法，编木为龙法更新。绘图入告圣天子，试之成效事甚美。我亦闲上御坝头，不见黄水入清流。

拟读曲歌三章 陈树荖　学田　湘潭

木耶龙耶，整整斜斜。可以护堤洄流，亦可挑水切沙。上官告帝,帝曰嘉。

又

散则为木,编则为龙。法传北宋,文传南丰。

又

画兮画兮是何图?木子木子兮其犹龙乎?

题木龙图寄赠 长海 大钵山人 满洲

闻汝老河干,可悲亦可欢。鳌梁能驾水,矶嘴自消滩。效向成时著,工从隔岸看。何因头白尽,尚授一微官?

题木龙图 蒋允焄 金竹 贵筑

黄河之势不可降,鲸波汹汹翻天光。清流黄流两相搏,清流未若黄流强。年来奔轶及清口,怒激似将危堤防。李君读书稽《宋史》,尧佐木龙仿其方。驾木千尺厚且长,蜿蜒上游踞堤旁。积沙自护人民康,西卫御坝东淮扬。大功济运声琅琅,宰相首肯曰策良。奏之天子锡瑶章,余资银管纪鸿略,永垂世世固金汤。

题木龙图 钟灵 仙吟 平江

连络群材费揣摩,搏成尺木向江河。龙行则阶尺木。云从行马排千顷,行马即挡木,见《李商隐集》。雷捕乖龙聚一涡。乖龙苦行雨,匿木中,雷霆捕之。出《琐言》。半卷水花成白雾,全收沙迹奠洪波。澜安日见桑田广,不待飞天泽已多。

题木龙图 陈恭　颛度　山阳

辟破木乾坤，鲁班为鼻祖。欲教木为龙，鲁班亦放斧。李公智巧过鲁班，鸠材命工上流湾。上流洄溜保清口，北滩不许向南走。我家住在清口南，目击安澜手额首。归休林下老闲人，柳阴酌酒绿沾唇。

题木龙图 汪谷诒　翼传　山阳

便从刊木说神工，砥柱狂澜号木龙。那用云腾鳞甲状，何须杖化爪牙雄？从绳早得渊藏力，封植全收野战功。蟠屈泥涂因济世，他年仍向帝池中。

题木龙图说后 李□　济夫　渔阳

修业崇三立，立一能不朽。昔自陂泽告会同，其间疏凿如攻守。浩浩黄河势落天，天意不违龙德先。力障狂澜如屋雷，<small>见韩文。</small>直教龙窟变桑田。业成信后系文字，汉庭三策今应四。刚柔顺逆有至理，不惟其法惟其意。

题木龙图 孙世赓　歌飏　山阳

浊流横北口，清流向南撑。清浊浑一途，难免不相争。相国临河工，捍御指挥中。笑命李汉阳，伐木驯为龙。怒涛使弗忤，出没环兹土。分行试所效，在在歌安堵。我土邻坝下，淤处种垂杨。今日之垂杨，他日之甘棠。

题木龙图 郭起元　复斋　闽县

黄河万里来何雄，扼险激流生顶冲。增堤叠埽未足御，轰腾蛰陷须臾中。宋陈尧佐曾创法，横木下垂呼为龙。保障滑州载史传，厥制邈矣人皆瞢。汉阳李君志稽古，巧俪倕输通考工。编扎九层骨骼备，天戗地犁障插重。绘图陈说谒元老，试之辄奏回澜功。清口黄淮交会地，运道喉吭须深通。黄强淮弱易倒灌，列坝引河繁费丛。更兼二渎时互抵，洄漩汕刷河湖东。怒湍弗戢患滋甚，飞章入告建设同。挑溜趋泓涤沙嘴，旋淤本工成堤封。平滩千顷植万柳，东兖南豫希芳踪。水木相生复相制，龙身蜿蟺蟠蛟宫。天吴戢威魍魉遁，鼍梁鳌脊凌虚空。浮川宝筏差足拟，汉泛仙槎疑可逢。君咏伐檀勉职事，未得飞跃乘长风。君幸有弟卧龙比，借箸莲幕多雍容。二难总为济时出，竹络封侯自古隆。木耶龙耶看变化，豳歌起和淮村农。

木龙行 陈守扬　砚存　会稽

黄河水，天上来。自从元光至泰定，移徙无常东注淮。淮水汤汤清且漪，黄水浊出六斗泥。圣祖神功侔神禹，相方立坝天工熙。尔来倒灌啮岸堤，南北不利风樯驰。漕运民生均国计，薪刍万力随水逝。汉阳仙李读书伙，创举木龙草图议。献之上相颐屡颔，入告天子汝其试。选徒集材仿吾宗，巨缍绾束鼋鼍宫。精意加详制度鸿，经营不日骇神工。游波顿减鳞甲雄，曾闻铁牛厌龙患，岂期捍水借木龙？力能化险成安流，淮不吐刚黄茹柔。永护御坝屹屹如山邱，长教漕渠万艘行无忧。绕龙淤积变良畴，即看鳖老骑秧马，无用尸祝沉豪牛。李君李君非黑头，约省何如汉延世，半刺犹滞江南州？但庆完安民四讴，木龙之功（畴）〔无〕与俦。吁嗟乎，木龙之功无与俦。

自题 李晌 双士 汉阳

十万垂杨绿绣滩，十年前是泻狂澜。一从上相孚龙德，二渎平铺入海宽。

河壖五月似深秋，瘦骨支寒一敝裘。博得淮南人共笑，几年不见有黄流。

梦倩僧繇画木龙，僧繇袖手叹难工。摩挲老眼和云写，疑有神鱼下碧空。

河上老人发啸歌，只今头白意如何？赤松早订从游约，青史犹怜姓不磨。

木龙歌 李映 昆麓 汉阳

河出昆仑载《禹纪》，西距嵩高五万里。导之碛石下龙门，昔也北流今东徙。崩云沸地势漂山，亘络中土纳百川。随山刊木匪异任，揵石负薪阻且艰。天为南北作枢纽，黄淮合注当清口。淮水弱兮黄水强，强夺弱兮理之常。运道堙兮众彷徨，笃生名世治河防。伯氏感知已请为，相国筹朝上木龙。说夕招，河伯谋。相国屏异议，信之罕其俦。首创一龙卫御坝，横亘大溜溜东泻。相国上言达九重，天颜有喜褒书下。五龙部署更夭矫，作其鳞而尾蟜蟜。陶庄汰削已无余，五百丈滩坝前绕。滩头万柳摇春风，滩尾连樯系巨舼。钱镈用施来辫地，罔绳不下鼋鼍宫。_{滩腴而宜麦，居民辟殖之处，昔之顶冲也。}安清桃宿岸垂圮，移置木龙无险工。爰疏奥义定成轨，刊示来兹神与通。舞大夏兮鼓逢逢，思禹绩兮天匪崇。惟相国兮铭鼎钟，垂百世兮无终穷。星躔十阳告厥功，君固耻言酬上公。我作歌辞赞攸始，输与湘南老手独雄峙。

跋

　　《木龙书》成，客谓曰：是书也，犹有所靳而弗传欤？"图说"详法制，"纪略"明功用，颧晰列眉矣。然皆著于外焉者，粗也。若夫汛水消长，河溜疾徐，先后异形，远近异势，顾定位建龙，目营心决，虽变迁百出，而奏效底绩若符钥印券，掺之不爽。斯固蕴于内焉者，精也。故曰建龙易，定位难。差之毫厘，谬以千里。苟非识力坚定，鲜不眩惑回皇？而偾厥事者，奚不笔之于书，举其一而遗其一，非有所靳耶？曰：子亦尝诵《夏书》乎？《禹贡》言：入于河，达于河，导河碛石，导淮桐柏，但言其功也，其所以入、所以达、所以导之者，初未尝述之也。曰九河既道，淮沂其乂，但言其效也，其所以"既道""其乂"者，亦未尝及之也。事传而精意不传，殆所谓制而用之存乎法，推而行之存乎人。得其人，不待告，告非其人，虽言不著。《木龙书》亦若是焉耳，庸有所靳乎哉？客心融神解而退，遂次其语附简末。

弟晪谨识

整理人： 童庆钧，清华大学图书馆馆员。代表著作有《〈木龙书〉研究》（硕士论文）、《清华记忆——清华大学老校友口述历史》。

〔清〕冯祚泰 撰
宋福利 整理

治河前策

整理说明

  《治河前策》两卷,清冯祚泰撰。冯祚泰,字粹中,滁州人,乾隆十七年(1752年)举人。冯祚泰以北宋安定先生胡瑗后学自居,对胡瑗先生提出的"治事"之学深为认同。有感于当时黄、淮水患不绝、生民涂炭之情形,立志治河,故以前代王景、贾鲁诸人为榜样,博览前世治河之书,深入考证,遂于钟山书院书成《治河前策》《治河后策》各两卷。

  《治河前策》主体由序言、正文两部分组成。序言即卷首冯祚泰所作自叙,叙其游学经历、治事志向,以及黄、淮水患,黄河经流大略,以为该编成书缘由之介绍。正文分上、下两卷,共31篇。上卷起于《河源考》,终于《汉屯氏决河》,共17篇。该卷以黄河自发源至入海之空间顺序为脉络,既详细考订了诸如河源、积石山、鸿沟等重要地名,又依据黄河流经地点,逐一论证各处水道历史沿革、现在状况。下卷起于《王景不能复禹河之故》,终于《复中盐减运之法》,共14篇。该卷以中国古代治河之先后顺序为脉络,历数汉、唐、宋、金、元、明、清诸朝治河历史、治水能臣及其方式方法,并评其得失。其主旨即主复北派放河,使东入海,以求黄、淮得治,运河常通;再行洪武、永乐年间中盐之制,使京、通充羡,不仰借东南之粮。

  统观全编,《治河前策》之突出价值有以下几个方面。一是

615

旁征博引，广引群书，上至《水经》，下至《禹贡锥指》，凡与治河有关者，皆取其可取之处而存录之。历代治黄名人典故，各朝弭患方式方法，皆取其可取之处而并列之，为后世保存了大量有价值之文献。二是考证有力，思辨深入，不盲从古书古法，凡所论列，皆有实有据，颇能廓清有关黄河地点、水道之迷雾，对后世治黄很有助益。三是脉络清晰，上卷考黄河自然之状态，下卷评历代治水之高下，时、空两脉，并行不悖，人文地理兼得，水况治法双存，化繁就简，有助后世理清治河之历史沿革。

此次整理以《四库全书存目丛书》之清抄本为底本，参以《水经注》《明史》《清史稿》等相关内容进行点校。

本单元由宋福利整理，不当之处，敬请批评指正。

整理者

目　录

整理说明	615
自叙	619
上卷	621
河源考	621
昆仑考	623
积石考	625
导河积石至于龙门考	626
南至于华阴考	629
东至于底柱考	629
又东至于孟津考	630
东过洛汭至于大伾考	632
北过降水至于大陆考	634
又北播为九河考	639
同为逆河入于海考	642
论碣石之没	644
论逆河之没	645
论九河亡其八	645
论鸿沟	646
禹河初徙之道	650

汉屯氏决河 …………………………………… 650

下卷 ……………………………………………………… 653
　　王景不能复禹河之故 …………………………… 653
　　王景不用莽河之故 ……………………………… 654
　　王景河道 ………………………………………… 655
　　唐时小决之故 …………………………………… 656
　　唐时河道 ………………………………………… 657
　　宋决横陇之故 …………………………………… 658
　　横陇故道 ………………………………………… 658
　　宋决商胡之故 …………………………………… 659
　　商胡河道 ………………………………………… 661
　　金人河道 ………………………………………… 664
　　元明以来河道 …………………………………… 665
　　元明以来河决之多 ……………………………… 667
　　德州海口可复 …………………………………… 675
　　复中盐减运之法 ………………………………… 685

自叙

宋安定胡先生瑗教授苏湖以经义、治事二斋，经义择疏通有气局者居之，治事如边防、水利之类。弟子筮仕，皆适于世用。天子下其法太学，我世宗宪皇帝申明经义、治事，颁之成均，期之书院。皇上御极，以崇实黜浮勖勉书院多士。

泰前后游钟山书院凡八年，事太史文叔杨先生今且五年。游安定之门，时惴惴焉，以不得齿于安定门人是惧。幼习《毛诗》，间以一得，用识讨探，其期适世用者，在治河一事。窃惟我国家承平百年，目张纲举，而所忧心不释者，惟淮、黄不治而已。每遇霪雨暴涨，横溃四溢，没人民，漂庐舍，其赈救塞决辄费金钱亿万，居平防护修筑亦岁无虚日。士生斯时，岂可不思策勋休明，上以纾宸衷之忧，下以贻生民之福？发愤讨论，审厥利害，待用阙廷，固其宜也。

夫河自发于西域、吐蕃二源，下会淮、泗入海，经行万余里，纳千七百一川，所当周知也。《禹贡》成书后，迄今四千一百三十余年，其中之禽由溃决，迁徙靡常，所当周知也。尝考自汉以来，马迁《河渠》有书，班固《沟洫》有志，贾让有策，王横有议，张戎有奏，孙禁有图，李垂上《导河形势书》，韩贽上《四界首二股河图》，苏辙、欧阳修、范祖禹、范百禄有议，大都平日究心河道，而后拜献有资，孰谓"按古图书，访寻治绩，草茅下士，不当肆业及之？"昔贾鲁为都水使者，诣河相视，验状为图，以二策进献，一议修筑北堤以制横溃，一议疏塞并举，挽河东行。丞相脱脱韪其后策，荐于帝，称旨，以鲁为总治河防使，便宜兴缮，河复故道。谨不揣固陋，为治河前后二策，前策主复洪、永中盐之制，使京、通充羡，不仰借东南之粮，则导河使东入海，不忧病运也；后策主排拓上流，深通安东现行海口，以泄黄、淮经流，并另辟海口，以待非时之泛涨。蠡测管窥，敢谓有当？惟是耻不得比于安定门人，谬以修治事斋之业。如言有可采，赐之施行，前有王景，后有贾鲁，则亦心焉企之。

乾隆七年岁次壬戌九月滁上冯祚泰谨序

上卷

河源考

　　河源之说有二，一以为在西域，一以为在吐蕃。其在西域者又有四，一曰葱岭，一曰于阗，一曰敦薨，一曰阿耨达。

　　按：《史记·大宛列传》，张骞使西域还，为天子言："于阗之西，水皆西流，注西海；其东则东流，注盐泽。盐泽潜行地下，其南则河源出焉。"《汉书·西域传》："匈奴之西，乌孙之南，南北有大山，中央有河，东西六千余里，南北千余里。东则接汉，扼以玉门、阳关，西则限以葱岭。其南山，东出金城，与汉南山属焉。其河有两源，一出葱岭，一出于阗。于阗在南山下，其河北流，与葱岭河合，东注蒲昌海。蒲昌海，一名盐泽者也，去玉门、阳关三百余里，广袤三百里。其水亭居，冬夏不增减，皆以为潜行地下，南出于积石，为中国河云。"郦道元注《水经》，言："敦薨之水出焉，西流注于泑泽。泑泽即盐泽也。"释氏《西域记》又以为"阿耨达之山有水出焉，实惟河源北流，注牢兰海，由牢兰注泑泽。"合四说观之，皆河之上源，不必别其孰为正流、孰为旁流也。

　　四水汇于盐泽，潜行地下，南出于积石，为中国河也。其潜也，何以知其伏、其出也？何以知其见？盐泽去积石三千余里，何以知为积石之上流？《山海经》云："不周之山，东望泑泽，河水所潜也，其源浑浑泡泡。"郦道元云："洄湍电转，为隐沦之脉。当其漫流之上，飞禽奋翮霄中者，无不坠于深渊。"观此，则四水奔注必有所趋。《汉书》称"其水亭居，冬夏不增减"，其为潜行地下无疑。其南出于积石也，《山海经》云："积石山下有石门，河水冒以西南流。"无上源而忽焉涌出，其为河源之出也无疑。又潜于盐泽，出于积石，皆从东北而向西南。河，神物也，隐见无定，趋向有常，奔腾湍悍之性与夫沙泥混浊之形固可凭也。其在吐蕃者，吐蕃之地历周及隋，犹隔西羌，未通中国。唐贞观八年，遣使朝贡，太宗报聘往来，见吐蕃中水西南来，与积石山下相连者为黄河。元有天下，薄海内外，人迹所及，皆置驿传，使骑往来，如行国中，乃益详河源之所出。《史》云，河源出吐蕃朵甘思泉，百余泓淖，弱不胜物。从高视之，灿若列星，曰"星宿海"，译言"火敦脑儿海"也。群流奔凑，近五七里，汇二巨泽，译言"阿剌脑儿"也。自西而东，连属吞噬，行一日程，迤逦东骛成川，名赤宾河。又一二日程，水西南来，名亦里赤，与赤宾河合。又三四日程，水南来，名忽兰。又水东南来，名也里术。其流浸大，始名黄河。然水犹清，人可涉。又一二日程，岐为八九股，通广五七里，可度马，名九度河。又四五日程，水始浑浊，土人抱革囊或乘马过之，亦有象舟，傅革以济。继是束以两山，广一二里，深叵测矣。又曰朵甘思西北鄙有大山，积雪不消，所谓昆仑也。自九度至昆仑约计二十日程。河行昆仑南半日程，又四五日程至阔郎及阔提，二地相属。又三日程始至哈剌别里赤儿，昆仑之西，人迹简少，多处山南。又行五六日，合细黄河与乞儿、马术二水，转昆仑北。二日程少东，又北流，半月程至贵德州。州隶河州，元所置吐蕃宣慰司也。又四五日程，始至《禹贡》所谓积石。明严从简《殊域周咨录》亦称河源自吐蕃朵甘卫西鄙，直马湖蛮部正西三千余里，去云南丽江府西北一千五百里。

自二源异说，杜佑历诋前载，刘元鼎从而证明之，是吐蕃而黜西域。王鏊著《河源辨》，谓西域之迹发自张骞，骞所历诸国甚久且远，是西域而黜吐蕃。近世亦往往疑西域而信吐蕃，则以吐蕃之水与积石山下河相连，为有目者所共见；而盐泽潜行地下，南出积石，为中国河者幽闷难知故也。

今按：吐蕃之源，都实亲见之，殆非妄言。西域之源，具载于《史》《汉》，岂为虚记？西南一大川自吐蕃来，行数千里，与积石之河相连，不可谓非河源也。而盐泽汇葱岭、于阗、敦煌、阿耨达之水，入而不出，必将潜行。相地势之所宜，积石山下有石门，冒以西南流者，即上隐沦之脉。然则积石山之明与西南大川相连者，吐蕃河源也；下有石门，冒以西南流者，西域河源也。合之则全谓积石有两大源，奚不可哉！

昆仑考

《尔雅·释水》曰："河出昆仑虚，色白；所渠并千七百一川，色黄。百里一小曲，千里一曲一直。"郭璞注云："虚，山下基也。潜流地中，汨漱沙壤，所受渠多，众水溷淆，宜其浊黄。"屈原《离骚》有曰："朝吾将济于白水兮，登阆风而绁马。"阆风在昆仑之上，白水其即下之河源乎？然自汉以前，但知昆仑在中国西北，终未明在外国某地也。而《山海经》所载有两昆仑，一在中国西北，帝之下都，河水出其东北隅者是也；

一在西海之南,西王母所居,弱水之渊环其下者是也。《山经》第十六卷《大荒经》文曰:"西海之南,流沙之滨,赤水之后,黑水之前,有大山名曰昆仑之邱。其下有弱水之渊环之。"范晔《西域传论》云:"甘英临西海以望大秦,距玉门、阳关四万余里,而昆仑更在西海之南,远斯极矣。"《禹本纪》所云"去嵩高五万里"者,当指此山。第二卷《西次三经》文曰:"槐江之山,邱时之水出焉,而北流注于泑泽,实惟帝之平圃。南望昆仑,其光熊熊,其气魂魂。西南四百里,曰昆仑之邱,实惟帝之下都,河水出焉。"此山疑在西域,而不知其在何国,与去玉门、阳关凡几许也。第十一卷《海内西经》文又曰:"海内昆仑之墟在西北,帝之下都。昆仑之墟,方八百里,高万仞。河水出东北隅,以行其北,西南流入渤海,又出海外,即西而北,入禹所导积石山。"《郭注》云:"言海内者,明海外复有昆仑山。方八百里,高万仞,谓其墟广轮之高卑耳。自此以上,二千五百余里,上有醴泉、华池,去嵩高五万里。盖天地之中也。"《水经》亦云:"昆仑墟在西北,去嵩高五万里,地之中也。"《禹本纪》亦与此同。道元注、高诱注皆因之,但以为帝之下都,即《西次三经》之昆仑,重出而互有详略,非中国之西北又有两昆仑也。而《外国图》云"从大国正西七万里得昆仑之墟,诸仙居之",则甚远。高(琇)〔诱〕称"河出昆山,伏流地中万三千里。禹导而通之,出积石山",《山海经》又谓"自昆仑至积石一千七百四十里,自积石至洛可五千余里",《穆天子传》"天子自昆仑山入于宗周,合七千四百里",则又较《禹本纪》为甚近。

元注敦薨之水云:"敦薨山在焉耆之北,匈奴之西,乌孙之东,而昆仑近直其西南。"则昆仑之方乡处所,未有明确于此者。至释氏《西域记》以阿耨达为昆仑，则在盐泽之南，与敦薨山南北迥，绝不特此也。汉武帝使穷河源，出于阗山，其山多玉石，采来，天子案古图书，名河所出山曰昆仑。乃因河出昆仑，被于阗以昆仑之名耳。太史公已知其非，曰："《禹本纪》言'河出昆仑。其高二千五百余里，日月所相避隐为光明也。其上有醴泉、瑶池'。今自张骞使大夏之后也，穷河源，乌观《本纪》所谓昆仑者乎？"《唐书·吐蕃传》："穆宗命刘元鼎使吐蕃，还称吐蕃界中有紫山，虏曰闷摩黎山，古所谓昆仑也。河源其间，东距长安五千里，而吐蕃亦自言昆仑在其国中。"及元至元十七年，天子命都实求河源，潘昂霄、朱思本各为之记云："朵甘思东北有大雪山，名亦耳麻不莫刺，其山最高，译言腾乞里塔，即昆仑也。山顶至腹皆雪，冬夏不消。计朵甘思西鄙，东北去昆仑有一月程。"则又所闻异辞。未敢执一说以废各载矣！

积石考

山有大积石、小积石之名，相隔千有余里，判不可合。小积石为河流之所经，大积石为《禹贡》导河之所始。《禹贡》无大积石之名，因后人误认龙支之山为积石，辨之者遂以塞外河源为大积石山，而以塞内龙支县为小积石山。魏王泰曰："大积石山在吐谷浑，小积石山在抱罕县西北。"张守节曰："河自盐泽潜行，入吐谷浑界大积石山，又东北流至小积石山。"李吉甫曰："河出积石山西南羌中。今人目彼为大积石，此为小积石。"阎百诗曰："大积石当在汉西海郡之外，是真当日大禹导河处也。"大积石在塞外，汉在羌中，唐在吐谷浑界。《汉志》："积石山在西南羌中，河水行塞外，东北入塞内。"《后汉·段颎传》:"自张掖追西羌,且斗且行,四十余日至河首积石山,出塞二千余里。"《唐书》:"侯君集等追吐谷浑王伏允至星宿川,又达柏海,北望积石山,观河源之所出。"是皆大积石也。小积石山即《郦道元注》所称唐述山,唐述其本名,积石其误称也。隋大业二年,平吐谷浑,于赤水城置河源郡,以境有积石山名。唐高宗仪凤二年,改置河源军,在鄯州西百二十里。鄯州即西平郡,治湟水县,今为西宁卫治。又于浇河故城置积石军,在廓州西南百五十里,廓州治化城县,其故城在今西宁卫南一百八十里。而积石之名遂移于塞内。杜佑《通典》云:"积石山在今西平郡龙支县南,即《禹贡》导河积石。"唐初,太子贤注《后汉书》,烧当羌叛,段颎追击于积石,大破之。注云:"积石山在今鄯州龙支县南,即《禹贡》导河积石是也。"宋咸平四年,真宗指甘、沙、伊、凉等州图,谓辅臣曰:"此图载黄河所出之山,乃在积石外,与《禹贡》所述异。"盖亦以龙支之积石为禹迹也。元都实穷河源,仍以廓州西南之积石州为积石。至元中,修《宋史》者亦云:"黄河自贵德、西宁之境至积石。"蔡氏《书传》称:"积石在龙支县南。"其误岂一蔡氏哉!若知夫贵德、西宁之界为大积石山,龙支县南为小积石山,则古籍之是非了然矣!

导河积石至于龙门考

《传》曰:"施功发于积石,至于龙门。"《正义》曰:"河源不始于此,记其施功处耳。"以今舆地言之,黄河自大积石山东北流,迳陕西西宁卫西南塞外,至河州西七十里入塞。

按:西宁卫西南塞外有西海盐池一,曰青海,其上有大、小榆谷。王凤上言:"土地肥美,又近塞内,有西海盐池之利,宜建复西海郡县，规固上榆，广设屯田。"昔人谓东去积石军三百里，水甘草良，宜畜牧。又东北迳河州北，合漓水。又东北合洮水。又东北迳兰州西南，湟水合。浩亹水自西来注之。又东北迳州北。《禹贡锥指》云："夹河有滩，宜播五谷，引河灌溉，甚为民利。"

又东北迳金县北，又东北迳靖远卫北。今靖远卫西有苑川城，黄河自兰州界东北流，越乱山中二百余里，入卫界，始泻落巨川，如瀑布然。土人沿山引入，灌田甚广。又有黄河堰，刺史安敬忠所筑，以捍河流。

又东北迳宁夏中卫南，又东北迳灵州所北。按：后魏刁雍奏开富平西三十里艾山旧渠，通河水，溉公私田四万余顷，人大获其利。又，薄骨律渠在县南六十里，溉田千余顷。又，黄河迳汉渠，流四十余里，始为千金大陂。其左右又有胡渠、御史、百家等八渠，溉田五百余顷。又，五代唐长兴中，朔方帅张兴崇引河渠兴屯田，以省漕运，民夷爱之。今灵州所境田多沃饶，恒无暵涸之患，赖黄河之灌溉也。

折而北，迳宁夏卫东南。按：《元和志》，贺兰山在今卫西五十三里，东望云山，形势相接，迤逦向北，经灵武县，又西北经保静县西，又北迳怀远县西，又北迳定远城西，又东北抵河。其抵河之处亦名乞伏山，在黄河西。从首至尾，有像月形，南北约长五百余里，真边城之巨防。山之东，河之西，有平田数千顷，可引水灌溉，如尽收地利，足以赡给军储也。顾景范云："自宁夏以上，民多穿渠溉田，而宁夏之利尤博。盖上流势少缓，无溢决之患，且泥沙未甚，故引河为宜也。"

又北迳平罗所东，又北迳榆林卫西，出塞迳废丰州西，折而东，迳三受降城南。按：顾景范云，中城在废夏州北八百里，西城在废丰州北八十里，东城在废胜州东北二百里。东城即唐振武军。元和六年，韩重华为振武军营田使，请募人为十五屯，屯置百三十人，而种百顷。令各就高为堡，东起振武，转而西过云中界，极于中受降城，出入河山之际六百余里。屯堡相望，寇来不能为暴，人得肆耕其中，少可罢漕挽之费。朝廷从之。秋果倍收，岁省度支钱千三百万。

折而南，迳废胜州东入塞。其东岸则平卤卫。《禹贡锥指》云："自废丰州西至废胜州东，黄河三面围绕之地周数千里，谓之河套。周曰朔方，秦曰新秦，汉为朔方郡地。隋、唐为丰、胜二州地，明为榆林卫北境。自明初舍受降而卫东胜，已失二面之险。永乐初，又撤东胜以就延绥，则外险尽失，寇来莫御矣！天顺六年，元孽毛里孩、阿罗山、孛罗出三部始入居河套，屡为边患。"《榆林新志》曰："河套之地，南抵边墙，北滨黄河，远者八九百里、六七百里，近者亦一二百里。惟黄甫川之南焦家坪及娘娘滩、羊圈渡口为最近云。"

又，南迳府谷县东，其东岸则河曲县、保德州。迤西迳神木县南。又，南迳葭州东，其东岸则兴县。又，南迳吴堡县东。又，南迳绥德州东，其东岸则临县、永宁州、宁乡县。又，南迳清涧县东，又南迳延川县东。又，南迳延长县东，其东岸则石楼县、永和县、大宁县。又，南迳宜川县东，其东岸则吉州、乡宁县。又，南至韩城县东北，龙门山在焉。其东岸则河津县，此"导河积石，至于龙门"之所经也。

按：孔安国《传》云，禹治水，或凿山，或穿地。凿山即辟龙门，穿地即凿吕梁也。吕梁，一名梁山，延亘绵远，自郃阳西北抵韩城西北之麻线岭皆是。梁山尽处即为龙门，龙门之上口为孟门。孟门山在宜川县东南二十里，山势绵延，与吉州之孟门参差相接,盖即郦道元所谓风山西四十里河西孟门山也。其在河中者实为巨厄,故禹特治之。朱子曰,龙门未经凿治时,正道不甚泄,一派滚入关陕,一派滚往河东,为害甚巨。今按地势,北高而南下,洪水自孟门大溢逆流,其一派滚入关陕者,从宜川而南;一派滚往河东者,从吉州而南也。是时帝都冀州之平阳,一派滚从吉州而南,则帝都不得宁矣!自禹功成而后,帝都三面距河,安澜无患。昔《淮南子》曰:"龙门未辟,吕梁未凿,河出孟门之上,大溢逆流,无有邱陵、高阜灭之,名曰洪水。大禹疏通,谓之孟门。"孟门即龙门之上口也,实为黄河之巨厄。此石经始禹凿,河中漱广,夹岸崇深,倾岸返掉,巨石临危,若坠复倚,其中奔浪万寻,悬流千丈,鼓若山腾,迄于下口,方知慎子下龙门,流驶竹箭,非驷马之追也。

南至于华阴考

易氏曰:"河自龙门口二百里至陕州之西北,对河为华州华阴县。"蔡氏曰:"华阴,华山之北也。"

河自韩城县龙门山南流,与汾水合。又南迳郃阳县,其东岸则荣河县、临晋县。又南迳朝邑县东。又南至华阴县东北,与渭水合,其东岸则蒲州。又南迳雷首山西,至潼关卫北,折而东,是为河曲。此河水南至华阴之所经,《雍州》文所称龙门西河者也。

东至于底柱考

底柱,山名,在今河南府之陕州东四十里,安国《传》曰:

"河水分流，包山而过，山见水中，若柱然。"唐赵冬曦《三门赋序》曰："底柱山之六峰者，皆生河之中流，盖夏后之所开凿。其最北有两柱相对，距岸而立，即所谓三门也。次于其南，有孤峰揭起，峰顶平阔，夏禹庙在焉。西有孤石数丈，圆如削成。复次其南，有三峰，东曰金门，中曰三堆，西曰天柱。河水从黄老神前东流，湍激蹙于煆石，折流而南，潄于三门，苞于庙山，乃分为四流，淙于三峰之下，抵于曲隈，会流东注，加以两岸夹水，盘纡激射，天下罕比。"《水经注》曰："昔禹治洪水，山陵当水者凿之，故破山以通河。三穿既决，水流疏分，指状表目，亦谓之三门矣。"而都穆又曰："底柱在陕州东五十里黄河之中，循河至三门集津。三门者，中曰神门，南曰鬼门，北曰人门。水行其间，声激如雷，而鬼门尤为险恶，舟筏一入，鲜有得脱。"按：都穆与赵说小异，要皆险恶可知也。

河自潼关卫北折，而东迳阌县北。又东迳灵宝县北，其北岸则芮城县。又东迳陕州北，其北岸则平陆县。又东过底柱。《水经注》曰："自底柱以下，五户以上，其间一百二十里，河水竦石桀出，势连襄陆。盖亦禹凿以通河，疑此阏流也。其山虽辟，尚梗湍流，激石云洄，濖波怒溢，合有一十九滩，水流迅急，势同三峡，破害舟船，自古所患。"按：今陕州东一百六十里有五户滩，在河中，为湍激之处。自此而东，河流稍为宽衍。

又东至于孟津考

孟津在今河南怀庆府孟县西南三十里。昔武王会诸侯盟于此，故曰盟津，亦曰武济。在汉为富平津，即杜预造桥处。魏又为陶河。大河津济处甚多，惟孟津以都道所凑，四通五达之衢，故其名古今特著。《禹贡锥指》云："自古论河患者，皆云孟津而下，地平土疏，移徙不常，失禹故道。然吾观孟津以上，亦不能无患。自杜预造浮梁之后，更三百余年，不闻为水所毁。至唐贞观十一年，河溢，坏中潬城，始见于史。逮宋而其患弥甚，史不绝书。嘉祐八年，大水冯襄，中潬之城遂废。推原其故，盖隋、唐以来，底柱阏流之害倍于往昔，延及孟津，河身亦浅，水暴至不能容故也。宋世北河淤淀，水不通行，今南岸滩渚更多，非止一中潬矣。其所以不至远泛滥者，徒以夹河之山脉未尽，地高土坚耳。然上流之怒不泄，则害必钟于下流。治河者欲使洛汭以东永无溢决，其可置孟津、底柱于度外乎！"

河水自陕州又东迳渑池县北，其北岸则垣曲县。又东迳新安县北，又东迳洛阳县北，又东迳孟津县北。按：孟津县在河南府东北五十里，黄河去县五里，有陶渚，其西有峡石、马渚、高渚、委粟津，皆大河津济处。县西北十五里有罗家滩，又西为杨家滩、柳滩、杏滩及耕子、马坟二滩，皆在大河中。

其北岸则济源县、孟县，此河水又东至孟津之所经也。

按：黄河在孟县南二十里，南对小平津，广二里，有南城、北城、中潬城。贞观十一年，河溢，毁中潬城，帝幸白马坂观之。《河阳三城记》云："北城南临大河，长桥架水；南城三面临河，屹立水滨；中潬表里二城，南北相望。黄河两派，贯于三城之间。每秋泛滥，南北二城皆有濡足之患，而中潬屹然如故。嘉祐八年秋，大水冯襄，了无遗迹，中潬由是遂废。"即今河中郭家滩也。

东过洛汭至于大伾考

安国《传》曰："洛汭，洛入河处，山再成曰伾，至于大伾而北行。"《汉书音义》臣瓒曰："今黎阳县山临河，乃大伾也。"程氏曰："黎阳山在大河垂欲趋北之地。《经》之于河，方其自南而东，尝即华阴以记折东之始。今其流东已远垂欲折北，亦当以地之极东者记之。"《锥指》云："黎阳，汉属魏郡，今在大名府浚县东北，大伾山在县东南二里。黎阳山一名黎山。"《浚县新志》云："大伾山周五十里，高四十丈有奇，峰巘秀拔，若倚屏障。"今按：县北六里又有紫金山，在大伾之东北，翠石棱棱，山无余土。县东有凤凰山，与紫金东西并峙。县西南一里有浮邱山，高三十余丈，县治正跨其上。皆大伾之支陇，贾让所谓东山也。县西南四十余里有同山，县西二十里有白祀山，县西北二十五里有善化山，即古枉人山，俗名上阳三山，周三十里，高六十余丈，此皆贾让所谓西山也。

河水自孟津县北，又东迳巩县北，洛水入焉。按：巩县在河南府东少北一百三十里，黄河南云县十里，洛水旧于此入河。今又东过汜水县至满家沟入河，入河处谓之洛口，清浊异流，瞰焉殊别。

其北岸则温县，济水入焉。按：汉人谓济水截河而南，京相璠所谓出河之济，宋张洎云"即鸿沟也"。温县在怀庆府东南五十里，黄河在县南，旧离城二十里，今渐徙而北，逼近城隈矣。济水古于武陟县东入河，后徙，流迳温县南至平皋入河，今故道尽陷河中。

又东迳汜水县北。又东迳荥阳县北，其北岸则武陟县，沁水入焉。又东迳河阴县北。又东迳荥泽县北，其北岸则获嘉县。

按：荥泽、河阴二县地，即古荥阳。《水经》谓："蒗荡渠出焉。"蒗荡渠首受河处，即今河阴县西二十里之石门渠也。《河渠书》言荥阳下引河，东南为鸿沟，亦即其处。荥泽在郑州北五十里，黄河旧去县十里，近时河益南侵，直逼县城矣。获嘉在卫辉府西南九十里，黄河旧在县南六十里，明天顺中，河自武陟徙入原武，而县界之流遂绝。

又东迳原武县北。

按：城东有济隧，济水上承河水，与出河之济会。

又东迳阳武县北。

按：阳武在开封府西北九十里，黄河旧在县北二十三里，与新乡分水。元至元中，河徙出阳武县南，县北之流遂绝。

又东迳延津县北。

按：延津在开封府西北九十里，汉为酸枣县。孝文时，河决酸枣，东溃金堤，大发卒塞之。今无水。黄河旧在县北。明成化中，河徙，从县南入封邱界，而县北之流遂绝。

又东迳胙城县北。

按：胙城在卫辉府东南三十五里，黄河旧在县北一里。金明昌五年，河徙，自阳武灌封邱而东，而胙城之流遂绝。

其北岸则新乡县、汲县。

按：新乡在卫辉府西南五十里，黄河旧在县西南。元至元九年，新乡县广盈仓南河北岸决五十余丈，寻又崩一百八十三步，命修完之。其后河徙自原武，出阳武南，而新乡之流遂绝。汲县为府治，黄河旧在县东南十七里，与胙城分水。自金明昌中，河徙，而汲县之流遂绝。《府志》云，自获嘉县西南四十里，至新乡县南，又东北至胙城县，又北接汲县，皆有汉古堤。

城东南有杏园镇,为河津戍守处。

又,东北至浚县西南古宿胥口,大伾山在其东北,其南岸则滑县。

按:浚县在大名府西南一百八十里,滑县在府西南二百里,黄河旧在浚县东南、滑县西北,自金明昌中,河离汲县,而浚、滑之流遂绝。

此河水东过洛汭,至于大伾之所经也。

北过降水至于大陆考

宋张洎云:"降水,即浊漳也。字或作'绛'。"郦元云:"绛水发源屯留,下乱漳津,与漳俱得通称也。"《锥指》云:"大陆,地也,非泽也。以地为泽,自班固始。然自禹迹湮后,去古日远,大陆不知所在,赖有其泽名大陆,犹可因泽以求故地耳。"孔颖达《正义》云:"泽虽卑下,旁带广平之地,故统名焉。"此说得之。又《冀州疏》曰:"《春秋》魏献子田于大陆,焚焉,还,卒于宁。"杜氏以为汲郡修武县吴泽也,宁即修武。然此二泽相去甚远,所以得为大陆者,以《尔雅》广平为陆,但广而平者则名大陆,故异所而同名焉。今按:修武即获嘉县,西北有吴泽陂,其旁近地即大陆也。

《河渠书》云:禹导河至于大伾。以为河所从来者高,水湍悍,难以行平地,数为败,乃厮二渠,以引其河。北载之高地,过降水,至于大陆。二渠其一为漯川,自黎阳大伾山南,东北流,至千乘入海。其一则河之经流,自大伾山西南,折而北为宿胥口。又东北迳邺县东,至列人、斥章县界合漳水,是为北过降水。《沟洫志》:"王横曰:'禹之行河水,本随西山下,东

治河前策

北去'。"《周谱》云"定王五年河徙",则今所行非禹之所穿。宜更开空,使缘西山足,乘高地,而东北入海。"即此道也。《水经》所叙漳水,自平恩以下,皆禹河之故道。河自斥章,又东北迳平恩、曲周,以至钜鹿,其西畔为大陆也,明矣。汉钜鹿县,今属顺德府平乡县治。

禹河自汲县东北流入黎阳县界,在今浚县东北。至大伾山今浚县东南二里。西南折而北为宿胥口。在浚县。苏代曰,决宿胥之口,魏无虚、顿邱。虚在朝歌界,今浚县西南。顿邱在黎阳界。今浚县西。时河已徙而东,宿胥口塞,故秦欲决之以灌二邑。《水经·河水注》云:"自淇口东至遮害亭,亭在浚县西南五十里。又有宿胥口,旧河水北入也。"《淇水注》云:"淇水东流迳枋城南,今浚县西南。右合宿胥故渎。渎受河于顿邱县遮害亭❶、黎山西,句。北会淇水处,立石堰遏水,令更东北注。魏武开白沟,因宿胥故渎而加其功。"故苏代曰决宿胥之口,魏无虚、顿邱,即指是渎也。淇水又东北迳雍榆城南,今浚县西南。又东北迳同山东,在浚县西南四十五里。又北迳其城东,东北迳帝营(冢)〔冢〕西,今浚县西。又北迳白祠山东,历广阳里,迳颛顼(冢)〔冢〕西,在浚县西二十里。又北迳顿邱县故城西,今浚县西。又东北迳枉人山东、牵城西,在今浚县、内黄二县界内。又东北迳石柱冈,又东过内黄县南为白沟也。今按:宋李垂上《导河形势书》,请自汲郡东推禹故道,出大伾、上阳三山之间,复西河故渎。即郦元所谓宿胥故渎也。浚县《旧志》,故渎在县西十里,亦曰西河,盖禹迹。汉时则流迳县东。又县北四十里有大齐村,相传亦黄河故道。自是而后不可得闻。然淇水东过内黄,据本注云,内黄县故城右对黄泽,即贾让所见内黄界中有泽,方数十里环之有堤者也。泽大方数

---

❶ 亭 《水经注》卷一三作"亭东",此处疑脱"东"字。

十里，当接安阳县界，疑此地亦禹河之所经，河徙乃钟为黄泽耳。昔殷王河亶甲居相，其子祖乙圮焉，而又迁相，即安阳。则禹河出内黄、安阳之间明矣。

自此而北，则为邺东之故大河。《洹水注》云："洹水出山迳邺县南、殷墟北。昔盘庚迁殷，在邺南。武丁又自河徂亳，武乙又自亳迁于朝歌，盖亦圮而迁焉。"则禹河行临漳之东又明矣。自此东北历成安至肥乡而合漳，是为"北过降水"也。漳、降至此并为河矣。及河徙，漳、降循河故道而下，考漳水而禹河可知已。

《水经注》云："漳水自斥章县南，又东北迳平恩县故城西，在今东昌府邱县。又东北迳南曲县故城西，在今邱县西北。又东北迳曲周县故城东。"

按：漳水旧自县东北入威县，其后自魏县东出，经流遂为枯渎。

又北迳巨桥邸阁西，又北迳巨鹿县故城东。即今平乡县。

按：明成化十八年，漳河东决，入广宗县界，是为新漳，而旧漳遂涸。

又历经县故城西，有薄落津。在今广宗县东。又迳沙邱台东，在今广宗县界。又迳铜马祠东。皆汉钜鹿县境也。昔殷王祖乙迁于邢，杜佑云邢州，今为顺德府。盖亦濒河之地，故其后盘庚又圮而迁于亳、殷。则禹河行巨鹿之东又明矣。大陆泽在焉。此即禹河"北过降水，至于大陆"之故道也。

王横所称西山，即贾让所谓"放河使北，西薄大山"者；高地，即史迁所谓"至大伾引河，北载之高地"者。皆在黎阳。大伾，一名黎阳东山，则上阳三山为黎阳西山可知矣。杜佑以太行、恒山当之。按：太行在辉县西，东距浚县二百里，距临漳一百五十里。恒山在曲阳县西北，巨鹿南可四百里，至浚县则八百余里。旷远不接，非禹河之所行可知已。

《禹贡锥指》云："或曰水性就下，载之高地，是拂其性也。疑司马迁与横之言皆妄。"余曰，高地非谓高于河之上流也。贾让云："淇水口，金堤高一丈，自是东地稍下，堤稍高，至遮害亭，高四五丈。"因欲决是堤，放河使北入海。则亭北之地固下于河矣。禹引河使北，岂有难行之理！其曰高地者，特以大伾之东地益卑，以彼视宿胥口，则宿胥口之地较高耳。高地对上文平地而言，非谓高于河之上流也。读者其可以辞害意乎！

又曰，窃意平恩以下，本漳水之所行。禹穿地自宿胥口，以至邺东，引河合漳水入海，是谓"北过降水"耳。清河行漳水之东，宋时大河北流，合清河入海，辄决而西，则清水之地高于漳水之地可知。滹沱行漳水之北，自古迄今，但闻滹沱决而南，不闻漳水决而北，则漳水之地卑于滹沱之地又可知也。漳虽善徙，为南北两岸所束，终不能远泛滥。禹引河由此入海，所以为圣人之智。后世易之，宜其数败也。

又曰，王横云禹河随西山下，东北去。其言有可证者十五。《书序》："河亶甲居相。"相城在今安阳、内黄二县界，其后为河所圮。证一也。《楚语》："武丁自河徂亳。"注云："自河内徙都亳。"河内即邺南殷墟。自河徂亳，盖亦为河所圮。证二也。《史记·殷本纪》："祖乙迁于邢，其后盘庚又自邢迁于亳。"下篇曰："今我民用荡析离居，罔有定极。"盖亦为河所圮，钜鹿界明有禹河。证三也。邢在巨鹿界。《诗·卫风》曰："河水洋洋，北流活活。"河至大伾山西南折而北，迳朝歌之东，故谓之北流。证四也。朝歌今浚县界。《礼记·王制》曰："自东河至于西河，千里而近。"盖西河自华阴折而东为南河，又东至大伾，折而北，是为东河，计所行不满千里，故曰千里而近。若汉河则东过大伾山南，至白马县之长寿津，始折而北，西去宿胥口又一百五六十里，则为千里而遥矣。证五也。《史记·卫世家》："封康叔为卫君，居河、淇间故商墟。"商墟即古朝歌城，在今浚县西南，淇县东北。淇水迳其西，河水迳其东，是为河、淇之间。故淳于髡曰："王豹处于淇，而河西善讴。"证六也。《战国策》苏代曰："决宿胥之口，魏无虚、顿邱。"二邑在今浚县西南。郦道元云宿胥故渎受河于顿邱县遮害亭东、黎山西。证七也。《史记·河渠书》曰："禹自大伾，厮二渠，以引其河，北载之高地。"据贾让言遮害亭东地益下，则黎阳西山之足实为高地。证八也。《汉书·沟洫志》："贾让曰，决黎阳遮害亭，放河使北入海，西薄大山，东薄金堤。"大山即王横之所谓西山。证九也。《叙传》曰："商竭周移。"正指定王五年事，固已知武帝所导，非禹旧迹。证十也。《地理志》，邺县有故大河在东，苟非随西山下，东北去，安得至邺？证十一也。孙炎曰："大陆，钜鹿北广河泽，河所经。"盖此泽本禹河之所汇，故亦名广河。证十二也。《水经注》云："漳水北迳祭陌西，俗巫为河伯娶妇，祭于此陌。"盖地形南北为纵，东西为横，河纵而漳横，故谓之横漳。证十四也。李垂曰："自汲郡东推禹故道，出大伾、上阳三山之间，复西河故渎。"证十五也。

愚以汉时漳水自平恩以下为禹河之故道，亦有可证者五。《汉书·地理志》，漳水东北至阜城入大河，又滱水东至文安入大河，滹沱东至参户合滹沱别，从河东至文安入海。是《水经》所叙漳水自平恩以下至章武入海者，在西汉时犹为大河。证一也。又成平县有滹沱河，民曰徒骇河，与许商所言正合。盖漳水自东昌县会滹沱河，又东迳弓高、阜城至成平，世遂谓之滹沱。然漳故徒骇也，土俗犹能识之，不言漳、滹沱，仍曰徒骇。证二也。《水经·浊漳注》曰："鬲、般峙其东北，徒骇渎联漳、绛。"则漳、绛即徒骇之上流，通为一川，证三也。《唐书·地理志》，清池县西五十里有徒骇河西堤。是浮阳参户之漳水亦古徒骇，证四也。《齐乘》曰："河昔北流，衡漳注之。"河既东徙，漳自入海，安知北流之漳，非徒骇欤？证五也。无征不信，庶乎其免矣。

又北播为九河考

安国《传》曰："北分为九河，以杀其溢，在兖州界。"程氏大昌曰："自大陆以北，河播列为九，则其地不复平衍，而特为卑洼故也。"孔颖达《正义》曰："河从大陆东畔北行，而东北入海。冀州之东境至河之西畔，水分大河，东为九道，故知在兖州之界，平原以北是也。"

夏允彝《禹贡合注》曰："桓谭《新论》云河水浊，一石水，六斗泥，而民竞引河溉田，令河不通利。至三月桃花水至则决，以其噎不泄也。可禁民勿复引河。夫引河且不可，况分为九乎？然则禹之导为九河也，何居？夫河不可分，谓其上流耳。若入海之处，泄之愈速，则河愈通利，又何害哉！今九河之下，即为逆河。殆谓自此而下，即海潮逆入矣。盖名虽为河，其实即海也。海水内吞，九河外灌，不惟借水力以刷沙，而海之潮汐亦借河力以敌之。禹之以水治水，所为不可及也。"又曰："要以入海之所，固宜分疏之使速泄，下流速泄，则上流不壅，河之利也。若未及于海，则流分力弱，无以刷沙，适壅之矣。"

《尔雅·释水》载九河之名：一曰徒骇，二曰太史，三曰马颊，四曰覆釜，五曰胡苏，六曰简，七曰絜，八曰钩盘，九曰鬲津。此郭璞《注》之所分。孔颖达据以为疏。朱子《孟子集注》因之，曰简、曰絜，分举犁然。《书》《蔡传》则据曾旼之说，合简、絜为一河，其一则河之经流也。林之奇尝辨之曰，九河自大陆以北播为九道，其势均也，安得以一为经流，八为支派哉！当从朱子《孟子集注》为正。

夏氏曰，九河之名，出于一时之偶然，初无义训。李巡、孙炎、郭璞皆附会，曲为之说。此言诚正大，不至穿凿矣。

汉时言九河，以为不可考者。平当云"九河今皆填灭"，冯逡云"九河今既灭难明"，王横云"九河之地已为海所渐"是也。顾景范《川渎异同》曰："禹功告成之后，后人但见安澜之效，而忘其弭患之功，遂置九河于度外。"今以孔颖达、于钦准许商之言求之，九河非尽不可识也。《汉书·沟洫志》："成帝时，河堤都尉许商上书曰，古记九河之名，有徒骇、胡苏、鬲津，今现在成平、东光、鬲县界中。自鬲津以北至徒骇，其间相去二百余里。"是知九河所在，徒骇最北，鬲津最南。盖徒骇是河之本道，东出分为八枝也。许商上言三河，下言三县，则徒骇在成平，胡苏在东光，鬲津在鬲县，其余不复知也。然依《尔雅》九河之次，从北而南推之，既知三河之处，则其余六者，太史、马颊、覆釜在东光之北，成平之南，简、絜、钩盘在东光之南，鬲县之北也。杜氏《通典》于许商所得三河之外，又得其三，曰钩盘在景城郡界，马颊、覆釜在平原郡界。惟太史、简、絜三河未详处所。《史记正义》云简在贝州历亭县界，《舆地广记》云简、絜在临津，金《地理志》云南皮县有絜，《明一统志》云太史在南皮县北，则此三河者，亦皆犁然，有其处所矣。以汉人所不能知者，而一一胪列之若此，可信乎，不可信乎？后之治水者，正不必尺寸皆求合于禹之故道，亦不必取足于九。许商言，自鬲以北至徒骇间，相去二百余里，今河虽数移徙，不离此域。韩牧以为可略于《禹贡》九河处穿之，纵不能为九，但为四五，宜有益。此真通人之见，知此者，可与穷经，可与治水矣。兹以孔颖达《九河疏》，参以《地理今释》，略备九河之道，以为博古者之一观。

按：徒骇河在今直隶河间府沧州<small>古清池。</small>之西，交河县<small>汉成平。</small>之东北六十里，《汉书·地理志》所谓滹沱河，民曰徒骇河是也。太史河，据《齐乘》在清、沧二州之间，《明一统志》亦云在皮氏县北。马颊河在今山东济南府平原县北，有笃马河东北迳陵县、德平、商河、<small>隋唐为滴河县。</small>乐陵诸县界，其流或断或续，相传即马颊河也。覆釜河亦为覆鬴河，在今山东济南府德州东北，至海丰县入海。胡苏河在今直隶河间府东光县东南，东迳宁津县、<small>唐临津县。</small>沧州、<small>汉饶安县。</small>庆云县<small>隋唐为无棣县。</small>界，至海丰入海。简、絜二河相去甚近，在今直隶河间府南皮县城外。钩盘河在今山东济南府乐陵县东南，自平原、德平二县界流入，至海丰县东入海。鬲津河在今山东德州西南，东经吴桥、宁津、德平、乐陵、庆云诸县界，至海丰县大沽口入海。据《尔雅》之次，徒骇最北，鬲津最南，相去二百余里，则彼七河者皆在两河之中。七河虽不可尽识，而徒骇即古漳水，鬲津差有考据，谨列二河于左。

《水经注》漳水自钜鹿县铜马祠东，又北迳南皮县故城西，又北绛渎出焉。漳水又北迳堂阳县西，<small>今新河县。</small>长芦水入焉。又东北迳扶柳县北，<small>今冀州西南。</small>又北迳昌城县故城西，<small>今冀州西北。</small>又迳西梁县故城东，<small>在冀州东。</small>又东北迳桃县故城北，合斯洨故渎，亦在冀州西北。又北迳鄡县故城东，在今束鹿县东，接深州界。又右迳下博县故城西，今深州南。又东北历下博城西，逶迤东北注，谓之九争。西迳乐乡县故城南，引葭水注之。在今深州。又东北迳阜城县北，在今武邑县界。又东北迳武邑郡南，又东北迳武强县北，又东北迳武隧县故城南，又东迳武邑县故城北，又东北至昌亭，与滹沱河会。在今武邑县。又东迳弓高县故城北，今阜城县西南。又东迳阜城县故城北、乐成县故城南，在今献县东南。又东北迳成平县南，在今交河县东。又东，左会滹沱别河故渎。又东北合清河，谓之合口。在今青县南二里，接沧州界。又东北滱水出焉。今青县。又东北迳章武县西，今静海县。又东北迳平舒县南，东入海。今天津卫。即古徒骇河之故道也。今德州北有鬲津枯河，今陵县。东迳陵县北，北接吴桥县。又东迳德平县北，北接宁津县。又东迳乐陵县北，北接南皮县。又东迳庆云县南，又东北迳盐山县东南，又东北迳海丰县西北，又东北入于海。此鬲津入海之故道也。

同为逆河入于海考

孔安国曰："同合为一大河，名逆河，而入于渤海。"孔颖达曰："郑康成云'下尾合名为逆河'，言相向迎受。"王肃曰："同逆一大河，纳之于海。"郑晓曰："河下趋而海上逆也。"徐坚《初学记》曰："逆，迎也。言海口有朝夕潮以迎河水。"此皆逆河之正解也。自王介甫创为异论，谓逆设之河，非并时分流也，其意以"同为逆河"句，释上文"播为九河"之义，如此则逆河即是九河矣。后人不知其谬，又承袭之。罗泌曰："圣人于兖、冀间，逆设为河，以防暴至之患。未至则不妨民耕，既至则不堕民舍。"程珌曰："禹因地之形而逆设为九河，

凡河之道，则不建都邑，不为聚落，不耕不牧，故谓之逆河。"董鼎曰："格言云逆河是开渠通海，以泄河之溢，冬春则涸，夏秋则泄。"此皆踵介甫之谬，而缘饰其辞者也。明邱浚又言："当于直沽入海之后，依《禹贡》逆河法，截断河流，横开长河一带，收其流而分其水。"以逆河为横绝之流，亦《班志》横绝之义，而终不若郑、王迎受之河，其义较长也。窃意禹之播为九河，非有意播之也，其洼下之地实有九区，河至此不能不分而为九，其同为逆河，亦非有意合之也。必滨海之区，沮洳卑洼，适有方数百里一大区，渐低而接于海，河至此不能不合为一也。

禹时有逆河而无渤海，后世有渤海而无逆河。汉人以渤海为经文之海，又谓九河沦于海，而究未察其沦于海之处即渤海也。许商谓："九河徒骇最北，鬲津最南，中间相去二百余里。"由此推之，九河之下同为逆河，亦不过三百余里耳。今渤海之广五百里，则又吞食浸淫，日月逾甚者。昔苏子瞻曰："逆河者，既分为八，又合为一，以一迎八，而入于海，即渤海也。"薛士龙曰："河入海处，旧在平州石城县，_{今直隶永平府滦州南三十里。}东望碣石，其后大风逆河，皆渐于海，旧道堙矣。"程泰之曰："逆河，世之谓渤海者也，逆河之地，比九河又特洼下，故九河倾注焉。虽其两岸当有涯岸，其实已与海水相合，不止望洋向若而已。"黄文叔曰："逆河、碣石，今皆沦于海。"是四说者足以见今之渤海，即禹之逆河，而逆河故迹未尝不可求，则自大伾北折以来之河首尾既备，而中间北过降水，至于大陆，亦可因洼下遗迹证之，史籍地志而得之也。渤海之名见于汉而非始于汉。《韩非子》云："齐景公与晏子游于少海，登柏寝之台。"渤海即少海，以渤海仅广五百里，故称少海也。《左传》："僖四年，楚子使言于齐侯曰'君处北海'。"大海在东，渤海在北，故管子举其封域，曰东至于海；楚子言其近居，曰君处北海。然则太公受封时未有渤海也，桓公时已有之。逆河之为渤海，在太公之后、桓公之前可知矣。

《汉志》云："河自羌中积石山，东北至章武入海，过郡十六，行九千四百里。"《锥指》云："自章武东出为逆河，迳骊城至絫县碣石山入海，又过郡二，行三百余里也。"黄河自禹告成之年，下逮周定王五年己未，当鲁宣公之七年，而河遂东徙，凡一千六百六十余岁。

论碣石之没

郦道元谓骊城枕海，有石如甬道数十里，当山顶有大石如柱形，韦昭以为碣石。程泰之曰："道元所书特为详具，韦昭推究首尾，谓汉世波襄，吞食地广，碣石当已苞沦于海，故历代释经皆援此碣石以为据。"《汉书·地理志》亦云"碣石在北平郡骊城县西南河口之地"，《地理今释》谓骊城即今直隶永平府抚宁县西南，河口在辽西絫县，即今昌黎县。二县壤地接连，杳无碣石踪迹，而海水荡灭之谈又荒诞不可信，欲以《肇域志》所载山东济南府海丰县马谷山当之。刘文伟以为合于《禹贡》。今考海丰县马谷山为马颊河入海之道，即宋商胡北派，合永济渠，注乾宁军入海者也，《肇域志》所载马谷山适当其旁。禹时，逆河由今之抚宁、昌黎二县界入海，碣石正当其冲。迨碣石既沦，逆河又没，河乃止从章武入海。章武，今天津也。郦道元《水经注》《汉书·地理志》皆谓在骊城絫县，洵得禹河碣石之所在，而韦昭以为波襄沦海，不必疑也。

论逆河之没

王横曰:"往者天尝连雨,东北风,海水溢,西南出浸数百里,九河之地已为海所渐矣。"夫九河但堙塞,而横云为海所渐,世莫不痛诋之。但以横言求之,西南出浸数百里,不遽渐九河,而实已渐逆河。故薛士龙曰:"河入海处,旧在平州石城县,东望碣石,其后大风逆河,皆渐于海,旧道堙矣。"黄文叔亦曰:"逆河、碣石,今皆沦于海。"此逆河变为渤海之由也。

论九河亡其八

九河故道,郑康成求之不得,谓齐桓创伯,塞其八以自广。《蔡传》曰:"曲防,齐之所禁,塞河宜非桓公之所为也。"今考《春秋纬宝乾图》,云移河为界在齐吕,填阏八流以自广。《尚书中候》亦略同。此郑说之所本也。但齐桓填河,不见于《左氏内外传》,《春秋纬》亦未实指齐桓,宜《蔡传》不之信也。阎百诗曰:"昔于钦《齐乘》曰,河至大陆趋海,势大土平,自播为九,禹因而疏之,非禹凿之而为九也。禹后历商、周至齐桓时,千五百余年,支流断绝,经流独行,其势必然,非桓公塞八流以自广也。"其论最确。

碣石者,逆河之门户也。逆河者,九河所恃以安危者也。盖海有朝夕潮,潮皆有沙随之,潮之入也以二时,沙与俱入,其出也以二时,沙与俱出。而黄河之浊,又一石水而六斗沙,计一日十二时,海潮之不来往者方四时,此四时河沙得以畅流无阻矣。而海潮四时之出,河与之俱出,河沙参错迸激而入海,河已不能快其奔注直达之性，而四时潮汐则海沙内灌，河沙外投，以水激水，实以沙过沙，二性之合如胶投漆矣。惟受以广二三百里之逆河，涌跃翻腾而入海，而又有碣石以当其冲，则潮汐不能逾而西，内沙不停，外沙不入，此禹河所以千载无患也。自碣石沦于海，而海潮之乘风鼓浪而来者，漫无阻隔之区。再值长潮之时，如王横所谓"天连雨，东北风"者助潮之怒，遏河之流，而涯岸不能固，逆河不得不变为渤海矣。逆河既变为渤海，数百里之间汪洋巨浸，而潮汐直抵九河之口，九河势分力弱，不足以刷沙，外沙日至，内沙不出，徒骇犹能相敌，八枝立就堙废矣。禹既分为九河，又合为一大河以入海者，欲蓄全力以敌沙也。自逆河既变，九河直与海接，一日之间，四时之潮入也，而沙不可去。加以长潮之日连雨、东北风，微弱枝河能与海敌乎？此九河所以亡其八者，不必归罪于齐吕之填阏。而下流既壅，上流必决，禹河之欲不徙也得乎？

论鸿沟

《河渠书》云禹功之后，有于荥阳下引河，东南为鸿沟，以通宋、郑、陈、蔡、曹、卫，与济、汝、淮、泗会者，此即河阴县西之石门渠也。《水经》谓之济水，京相璠名为出河之济，郦道元以为蒗荡渠。自王贲引渠水灌大梁，谓之梁沟。世遂目故沟为阴沟，而以梁沟为蒗荡渠，亦名沙水，一名官渡，皆分济，南流迳阳武之南、中牟之北。

荥泽为出河之济，与河本不相通，自鸿沟既开，改荥泽为川，河于荥口入济，济亦于十字沟由济隧入河，而济为河，乱矣。济自荥泽东行，与菏泽会，下流入泗。其分派汳水由彭城会泗，邳迁合沂以入于淮。睢水亦由睢宁会沂、泗入淮，涡水亦由怀远入淮，沙水一入淮，一于百尺沟合汝、颍入淮。

苏子瞻曰自淮、泗入河必道于汴，世谓隋炀帝始通汴入泗，禹时无此水道，以疑《禹贡》之言。按：《汉书》，项羽与汉约，中分天下，割鸿沟以西为汉，以东为楚。文颖注云："于荥阳下引河，东南为鸿沟，以通宋、郑、陈、蔡、曹、卫，与济、汝、淮、泗会，即今官渡是也。"魏武与袁绍相持于官渡，乃楚汉分裂之处。盖自秦汉以来有之，安知非禹迹耶？《禹贡》，九州之水皆记入河水道，而淮、泗独不能入河，帝都所在，理不应尔，意其必开此道以通之。其后或为鸿沟，或为官渡，或为汴，上下百余里间不可必，然皆引河水而注之淮、泗也。故王浚伐吴，杜预与之书曰："足下当迳取秣陵，自江入淮，逾于泗、汴、沂、河而上，振旅还都。"浚舟师之盛，古今绝伦，而自泗、汴、沂、河可以班师，则汴水之大小当不减于今，又足以见秦、汉、魏、晋皆由此水道，非炀帝创开也。吴王夫差阙沟通水，与晋会于黄池，而江始有入淮之道，禹时则无之。故《禹贡》曰"沿于江海，达于淮、泗"，明非自海入淮，则江无入淮之道。今直云浮于淮、泗，达于河，不言自海，则鸿沟、官渡、汴水之类，自禹以来有之明矣。元黄公绍为之辨曰："浮于淮、泗，达于河说者，牵合傅会，或指鸿沟引河入泗为禹迹，或谓当时必有可达之理。"朱氏《书传》亦莫知所折衷。今按：《说文》，"菏"字注引《禹贡》此文，是则达于菏，非达于河也。许慎所见，盖《古文尚书》，后人传写，例以"上下文达于河"之句改"菏"为"河"。陆德明又以河音如字，遂启后人淮、泗不能达河之疑。然其下复云《说文》作"菏"，工可切，水出山阳湖陵南。则非九河之河明矣。如字之音，陆氏误也。阎百诗曰："《禹贡》济入于河，南溢而为荥、而陶邱、而菏、而汶、而海，此禹时之济渎发源注海者也。"《史记·河渠书》禹功施于三代，自是之后，荥阳下引河，东南为鸿沟，以通宋、郑、陈、蔡、曹、卫，与济、汝、淮、泗会。此禹后代人于荥泽之北引河东南流，故《水经》谓"河水东过荥阳县，蒗荡渠出焉"者。是亦引济水分流，故《汉志》谓"荥阳县有狼汤渠，首受沸，东南流"者。是又自是之后代有疏浚枝津，别渎不可胜数，则《郦氏注》所谓"荥波河济，往复迳通"者也。虽然，其来古矣。苏秦说魏襄王曰"大王之地，南有鸿沟"，则战国前有之。晋楚之战，楚军于邲，邲即汳水，则春秋前有之。《尔雅》"水自河出为灉"，灉即汳水，则《尔雅》前有之。然莫不善于道元之言，曰："大禹塞荥泽"，荥泽莽时方枯，岂禹塞之乎？又曰："昔禹塞其淫水，而于荥阳下引河"，荥阳河非禹引而谓禹之时也，可乎？余是以断自《河渠书》，参以"荥阳下引河"不见《禹贡》之书，为出禹以后，颇自幸其考比苏氏差详矣。《锥指》又曰："谓由泗入菏，由菏入济是矣。"而自陶邱以西，舍鸿沟无达河之道也，焉得不指为禹迹乎？谓荥阳下引河出禹以后是已，而由济达河，莫知其所经，不明示以一途终，何以破千古之疑乎？是当于济、漯之间求之。盖兖、青、徐、扬之贡道，皆由济入漯以达河。而宋儒谓济、漯二水无相通之处，则浮济者溯陶邱而西且北，势不得不出于荥阳，此苏氏之论所以近理而人不敢深折其非也。诚知《经》所谓浮于济者，乃至菏会汶之济，而非陶邱、荥泽之济，则济之所以通河者漯也，非鸿沟、官渡、汴水也，而纷纭之说不攻自破矣。

济、漯二水为东南四州贡道之所必由，非独兖也。青承兖，曰达于济，则由济入漯可知矣。徐承青，曰达于菏，则由菏入济可知矣。扬承徐，曰达于淮、泗，则由淮入泗，由泗入菏，可知矣。淮通泗，泗通菏，菏通济，济通漯，漯通河，四州之贡道无不由济者而总，与陶邱、荥泽之间无涉也。禹时，济实通漯。林少颖谓，案《经》文，无济、漯相通之道，非也。周希圣曰：由济而入漯，由漯而入河。近惟朱长孺著《禹贡长笺》，曰古时济、漯通流，汉以后遂不相属。曰然则济与漯通，当在何处？曰济与漯通，必在会汶之后，又折将东之际，今长清县西南与茌平县接界，在汉为临邑地，适当其处，东北接高唐故城，为漯之所经，枝津径通，理无可疑。

按：说者谓鸿沟起于春秋战国之时，因楚汉分争，欲割鸿沟以和，则鸿沟见于秦汉之际。苏秦说魏襄王曰："大王之地，南有鸿沟。"则鸿沟见于战国之世。愚以为此不起于春秋战国也。史称"于荥阳下引河，东南为鸿沟"，夫导荥泽为川，上通于河，下通淮、泗，而后鸿沟名焉。《周礼·职方氏》"豫州之域，其川荥洛"，则荥泽为川，已见于周公初定官礼之年，其或夏殷之季，皆未可知，特《史》称为禹后，则确不可易耳。

禹河之徙有天事焉，有人事焉。《沟洫志》称"昔者天连雨，东北风，海水西南溢，浸二百余里"，连雨则河水必涨，东北风则海水大入，河水不出，下流梗塞，上流安得不溃溢四出乎？此天事也。逆河既沦，则九河势分力弱，不能冲刷泥沙，河身日高，宣泄不及，为此时计急，宜杜塞枝流，筑堤束水，使沙去河深，永无决溢可也。奈下流既弱，上流复有鸿沟分水以泄其势，而一时有河，各君既无全河形势在其管辖，又无全河利害关其国中，又未身受决溢之患，不免因循玩忽，听河之自然，河欲不徙，得乎？此则存乎人事者也。

禹河初徙之道

禹酾二渠，自黎阳宿胥口始，一北流为大河，一东流为漯川。周定王五年，河徙自宿胥口，东行漯川，右迳滑台城。在今滑县西南，北直黎阳相距三十里。又东北迳黎阳县南，在今浚县东北。又东北迳凉城县，在滑县东北。又东北六十里为长寿津，河至此与漯别行。《水经》谓之大河故渎。一曰北渎，至王莽时遂空，故又曰王莽枯河。东北迳戚城西，在今开州西北。又迳繁阳故城东，在今内黄县东南。又北迳阴安县故城西，在今清丰县北。又东北迳昌乐县故城东，在今南乐县西北。又东北迳平邑郭西，今南乐县北。又东北迳元城县故城西北，而至沙丘堰。在今冠县、馆陶二县界内。又东北迳发干县故城西，又屈迳其北，在今堂邑县北十里。又东迳贝邱县故城南，在今清平县西南。又东迳甘陵县故城南，在今清河县东南。又东迳艾亭城南，今博平县界。又东迳平晋城南，当在博平。又东北迳灵县故城南，别出为鸣犊河。在博平县东北，高唐州西南。又东迳鄃县故城南，在今平原县西南。又东迳平原故城西，今平原。北迳绎幕县故城东北，在平原县西北。西流迳鬲县故城西，在今德州。又北迳修县故城东，在今景州。又北迳安陵县西，今吴桥县西北。又东北至东光县故城西南，北与漳水合。自此而交河、沧州、青县、静海、天津入海，皆禹河故道，此周定王五年至西汉大河之所行也。自定王五年己未，下逮王莽始建国三年辛未，而北渎遂空，凡六百七十二年，是为一大变。

汉屯氏决河

《禹贡锥指》云："《汉书·武帝纪》元光三年春，河水徙，

从顿邱东南流入勃海。夏五月，河水决濮阳，泛郡十六，发卒十万救决河。元封二年，祠泰山，至瓠子，临决河，命从臣将军以下皆负薪塞河堤，作《瓠子歌》。《沟洫志》，孝武元光中，河决于瓠子，东南注钜野，通于淮、泗。上使汲黯、郑当时兴人徒塞止，辄复坏。是时武安侯田蚡为丞相，其奉邑食鄃。鄃居河北，河决而南，则鄃无水灾，邑收入多。蚡言于上曰，江河之决皆天事，未易以人力强塞。而望气用数者，亦以为然。是以久不复塞也。后二十余岁，岁数不登，梁、楚之地尤甚，乃使汲仁、郭昌发卒数万人塞瓠子决河。于是上以用事万里沙，则还自临决河，沈白马玉璧。是时，东郡烧草，以故薪柴少，而下淇园之竹以为楗，卒塞瓠子。筑宫其上，名曰宣防。道河北行二渠，复禹旧迹。《成帝纪》，建始四年秋，大水，河决东郡金堤。东郡太守王尊躬率吏民，祀水神河伯，使巫策祝，请以身填金堤。《沟洫志》，河堤使者王延世使塞，以竹落长四丈，大九围，盛以小石，两船夹载而下之。三十六日河堤成。上曰，东郡河决，漂流二州，延世堤防，三旬立塞。其以五年为河平元年。按元光三年河决濮阳瓠子，《沟洫志》言之甚详。而顿邱之决口及入海处，与中间经过之地，皆不可得闻。今以《水经注》考之，北渎初经顿邱县西北，至是改流。盖自戚城西决，而东北过其县东南，历畔、观至东武阳，夺漯川之道，东北至千乘入海者也。漯川狭小不能容，故其夏又自长寿津溢而东，以决于濮阳，则东南注钜野，通淮、泗，而北渎之流微，漯川之水涸矣。及武帝塞宣房，道河北行二渠，则正流全归北渎，余波仍为漯川，顿邱之决口不劳而塞，故《志》略之。程大昌以为元光已后，河竟行顿邱东南，非也。汉世河两决瓠子，一塞于武帝，再塞于王延世，河自是不复决而南，辄泛滥入平原、济南、千乘，骎骎乎有向东之势矣。

大河故渎北出为屯氏河，迳馆陶县东。《沟洫志》曰："自塞宣防后，河复北决于馆陶县，分为屯氏河。其故渎又东北，屯氏别河出焉。屯氏别河故渎又东北迳信成县，张甲河出焉。"《地理志》曰"张甲河首受屯氏别河于信成县"者也。张甲故渎北绝清河于广宗县，又东北至修县会清河。屯氏别河自信成城南，东北至绎幕县南分为二渎，其北渎东北至阳信县故城北，而东注于海；南渎自平原城北首受大河故渎东出，亦谓之笃马河，东北至阳信县故城南，东北入海。屯氏河故渎东迳灵县北，又东北迳鄃县，与鸣犊河故渎合。《地理志》曰："灵县别出为鸣犊河"者也。

按：屯氏河自馆陶县东北至章武入海，过郡四，行千五百里。

《沟洫志》云："自塞宣防后，河复北决于馆陶，分为屯氏河，东北迳魏郡、清河、信都、勃海入海，广深与大河等，故因其自然，不堤塞也。元帝永光五年，河决清河灵鸣犊口，而屯氏河绝。成帝初，灵鸣犊口又不利，清河都尉冯逡奏言郡承河下流，土壤轻脆易伤，屯氏河绝未久，宜复浚以助大河泄暴下。此思患豫防之道也。而博士许商行视，以为方用度不足，且勿浚。后三岁，河果决馆陶及东郡金堤，灌四郡三十二县，遣王延世塞之。后二岁，河复决平原，流入济南、千乘，又遣延世塞之，费更不赀。鸿嘉四年，勃海、信都河水溢溢，灌县邑三十一。许商与丞相史孙禁共行视图方略。禁以为可决平原金堤间，开通大河，令入故笃马河，至海五百余里，水道浚利，此因利乘便之术也。而商以为禁所欲开者，在九河南，失水之迹，不可许。公卿皆从商言。又以谷永、李寻、解光等奏，竟止不塞，遗患八十余年，至永平十三年而后已。"

下卷

王景不能复禹河之故

　　河虽徙自周定王时，而东光以下至章武入海，犹是徒骇故道。哀、平之世，贾让请决黎阳遮害亭，放河使北入海。王横请徙河缘西山足，乘高地而东北入海，意皆欲自大伾山西至东光，皆复禹河故道也。永平上距平帝时仅六十余岁，故道岂遽堙灭，而王景治河惟从事汴、济，盖当时所急在运道也。考王景修渠筑堤，自荥阳东至千乘海口千余里，则其所治者，即东汉以后大河之经流也。而史称修汴渠，又曰汴渠成，始终皆不言河。盖建都洛阳，东方之漕全资汴渠，故惟此为急。河、汴分流，则运道无患，治河所以治汴也。自平帝之后，汴流东侵，日月益甚。建武十年，阳武令张汜上言："河决积久，侵毁济渠，漂数十许县。"是其时济亦决败矣。《水经·河水注》载王景事在荥阳蒗荡渠下，太子贤曰汴渠即蒗荡渠也，则河水当从此决入。然荥阳以下，南岸山脉已尽，地平土疏，随处可以决入，不独石门渠口也。济隧亦通河，至于岑遵八激堤而其流始绝。莽时河入济南、千乘，则侵济处更多。史称景凿山阜，截沟涧，防遏冲要，疏决壅滞，十里立一水门，费以百亿计，亦

653

为漕渠计也。永平十三年，诏曰："河、汴分流，复其旧迹。"陶邱之北，渐就坟壤。十五年，景从驾东巡至无盐，帝美其功，拜河堤使者，赐车马缣钱。陶邱，今定陶；无盐，今东平，皆济水所经之地也。二渠既修，则东南之漕由汴入河，东北之漕由济入河，舳舻千里，挽输不绝，京师无匮乏之忧矣。

武帝元光中，河决瓠子，东南注钜野，通于淮、泗。上使汲黯、郑当时兴人徒塞止，辄复坏。武帝雄才大略，使说以复禹河，从碣石入海。武帝何难移瓠子负薪之役，成千年不朽之功，而当世无贾让、王横其人，漫不知禹河所在，但以一行漯川、一行贝邱，即以为禹迹在是。而武安侯田蚡为丞相，且利河之南决，其奉邑鄃无水灾，乃谬为欺帝之言曰："江河之决皆天事，未易以人力强塞。"是何言也！史称望气用数者亦以为然。此安知非迎合田蚡，亦或蚡教之言耶？迨至哀、平之世，贾让议决黎阳遮害亭，放河使北入海。让之上策，乃千年不易之言。而李寻、解光云："因其自决，可且勿塞，以观水势。"关并云："河决曹、卫之域，南北不过百八十里，可空此地勿以为官亭民室。"何其置禹河于不问也？建武中，张汜请修济渠，而乐俊沮之。永平中，议修汴渠，或以为河流入汴，幽、冀蒙利。此又以复禹河为不利者也。故明帝永平十三年，诏述其言曰："左堤强，则右堤伤，左右皆强，则下方伤。宜任水势所之，使人随高而处，公家息壅塞之费，百姓无陷溺之患。"此即李寻、解光、关并之说也。朝议纷纷，并无远图，遑言复禹迹哉！此王景治河所以不得不就汴漕而治之也。

王景不用莽河之故

自武帝两塞瓠子，导河北行二渠，一由漯川，一由贝邱，虽不尽合禹迹，而禹迹犹有存者。至王莽时遂空，世谓之王莽枯河。一曰北渎，即西汉所行之河也。王景若复此河，虽不能比于禹功，亦可复西汉之旧。而景不能者，则以河改从千乘入海已非一日，而贝邱之道已久堙不可问也。然景功自荥阳至千乘海口千有余里，亦不尽用莽时之旧河也。汉成帝建始四年，河决馆陶，入平原、济南、千乘。河平三年，又决平原，入济南、千乘。虽两经修塞，而水道犹存。王莽时，河决魏郡，泛清河以东数郡，亦即平原、济南、千乘。而河自平帝之时，行汴渠东南入淮，亦行济渎东北入海，与后世南北清河之分派几相类矣。岁月逾甚，荥阳以下正流渐微，迄于永平，莽时馆陶决口亦必淤浅，故王景治河弃而不用。河、汴既分，遂从漯川道河，至东武阳，始合莽时故道，此武阳之西所以不能不异也欤？

王景河道

《汉书·王莽传》，始建国三年，河决魏郡，泛清河以东数郡。先是，莽恐河决为元城冢墓害，及决东去，元城不遭水患，故遂不堤塞。《后汉书·王景传》，永平十二年，议修汴渠。夏，发卒数十万，遣景与王吴修筑渠堤，自荥阳东至千乘海口千余里。明年夏，筑成。帝亲自巡行，诏滨河郡国置河堤员吏如西京旧制。

《水经注》云，河自凉城县长寿津东迳铁邱南，今在开州西南。又东北迳濮阳县北为濮阳津，在今开州西南二十里，城北十里有瓠河口，有金堤、宣房堰。王景治渠筑堤，防遏冲要，瓠子之水绝而不通，惟沟渎存焉。又东北迳卫国县南，今观城县地及清丰之南境、开州之北境皆是。又东迳鄄城县北，今在濮州东二十里。又东北迳范县之秦亭西。又东北迳委粟津，河北即东武阳县。左合浮水故渎，上承大河，于顿邱县而北出，东绝大河故渎，又东北至东武阳县东入河。又有漯水出焉。上承河水于武阳县东南。又东北迳东河县北，在今阳谷县东北。又东北迳茌平县西，又东北迳四渎津。河水东分济，亦曰济水受河也。自河入济，自济入淮，自淮达江，水迳周通，故有四渎之名，在今长清县。又东北迳杨墟县东，商河出焉。在高唐城西南，商河首受河，亦漯水及津水所潭也。昔许商凿河通海，故以"商"名。河水又东迳高唐县界，漯水注之。又东北迳高唐县故城西，在今禹城县西四十里。又北迳张公城，今在平原县南六十里。又北迳平原故城东。在今县南。又左迳安德东，而北为鹿角津。今陵县治，即安德。又东北迳般县、在今德平县东北。乐陵、今乐陵。枋乡，在今商河县西北。厌次县南为厌次河。今武定州东。又迳漯阴县故城北，在今青城县界。又东北为漯沃津，今蒲台县东。又东迳千乘城北，今高苑县北。又东北迳利县城北，今博兴县东。又东分为二水：枝津东迳甲下城南，东南历马常坈注济；河水东北迳甲下邑北，又东北入于海。

唐时小决之故

自后汉明帝永平十三年，王景治河功成。越八十有四年，为桓帝永兴元年，《五行志》书"河水溢，漂害人物"，而不言某郡。又三十九年，为灵帝光和六年，《五行志》书"秋，金城河溢，水出二十余里"。越汉九十年，晋一百五十六年，五代南北朝二百有二年，史志不书河决。唐又二百年，为睿宗元和八年，河溢瓠子，泛滑州。州帅薛平请于魏帅田弘正，共发卒治之。又《萧倣传》："倣为义成军节度使，滑州濒河，累岁水坏西北防，倣徙其流远去，树堤自固，人得以安。"当禹功既坏，河未久辄徙，远者数百年，近者或百余年、或数十年，独东汉之河垂千岁而后变，则王景之功不可诬也。

唐贞观十一年，河溢，坏中潬城。逮宋而其患弥甚，史不绝书。嘉祐八年，大水冯襄，中潬之城遂废。考黄河在孟县南二十里，南对小平津，广二里，有南城、北城、中潬城。《河阳三城记》云："北城南临大河，长桥架水。南城三面临河，屹立水滨。中潬表里二城，南北相望。黄河两派贯于三城之间，每秋泛溢，南北二城皆有濡足之患，而中潬屹然如故。"《容斋随笔》云："河中一洲，名曰中潬，上有河伯祠，水环四周，乔木蔚然。嘉祐八年秋，大水冯襄，了无遗迹，中潬由是遂废。"推原其故，盖隋唐以来，底柱遏流之害倍于往昔，延及孟津，河身亦浅，水暴至不能容故也。而王景河至宋，然后大坏，唐时止小决无大溢者，景功犹足以维持之也。

唐时河道

《禹贡锥指》云，唐新、旧二史不志河渠，事多缺略。今按：唐有河北道、河南道，以河画界。其自大伾以东，河北卫、魏、澶、博、德、棣、沧七州，河南滑、濮、济、齐、淄五州，皆濒河之郡也。谨摭《元和志》《寰宇记》所载，各县界之黄河略为诠次，以补史志之阙。

黄河自汲县南、胙城县北，东北迳灵昌县北。在今滑县西南。又东北迳白马县北，今滑州治。其北岸则黎阳县。今浚县。又东迳顿邱县南。今澶州治。又东迳清丰县南，清丰东至澶州二十五里。其南岸则濮阳县。濮阳东至濮州八十里。又东迳临黄县南，今观城县东南。其南岸则鄄城县。今濮州东。又东北迳朝城县东，今朝城县西。其东岸则范县。今范县东南二十里。又东迳范县北，其北岸则武水县。今聊城县西南。又东迳阳谷县北，其北岸则聊城县。今博州治。又东迳平阴县北。又东迳长清县北，其北岸则平原县、安德县。今在陵县界。又东迳临邑县北，又东迳临济县北。今济阳县。又东北迳邹平县西北，今齐东县。其北岸则滴河县、厌次县。今武定州东。自此以下，有新、旧二道，旧道东北迳蒲台县南，今为蒲台、利津二县。又东北入海。海在县东一百四十里，海畔有一沙阜，高一丈，周二里，俗呼为斗口淀，是济水入海之处。海潮与济相触，故名。新道景福后自厌次县界决而东北流，迳勃海县西北，今滨州东。又东北至无棣县东南，而东注于海。在今清丰县马谷小山入海。此唐历五代以迄宋初黄河之所行也。自王莽始建国三年辛未河徙，由千乘入海后五十九岁，为后汉明帝永平十三年庚午，王景治河功成。下逮宋仁宗景祐元年甲戌，有横陇之决。又十四岁为庆历八年戊子，复决于商胡，而汉、唐之河遂废。凡九百七十七年。此二大变也。

宋决横陇之故

五代梁龙德三年，段凝以唐兵渐逼，乃自酸枣决河，东注于郓，以限唐兵，谓之护驾水。决口日大，屡为曹、濮患。唐同光二年，命娄继英塞之。未几复坏。宋横陇决河盖由此。又按：《欧阳修疏》云："天禧中，河出京东，水行于今所谓故道者。水既淤塞，乃决天台埽，寻决于滑州南铁狗庙，又决于王楚埽，由故道淤而水不能行之故也。"

横陇故道

宋初河道与唐、五代略同，欧阳修所称京东故道是也。景德元年，河决澶州横陇埽，在今开州东。寻复修塞。景祐元年，又决横陇，遂为大河之经流。迨庆历八年，河又决州之商胡埽，在开州东北三十里。而横陇断流，欧阳修谓之横陇故道。今濮州东，河去州六十里。东平州西，范县东，河去州七十里，楼范县界。阳谷县东南，河去县六十里。东阿县北，河去县四十里。皆有旧黄河，即宋横陇决河之所行也。自长清而下，则与京东故道合矣。

至和二年，李仲昌议开六塔河，引归横陇故道，从之。嘉祐元年四月壬子朔，塞商胡，入六塔河，不能容，是夕复决，溺兵夫、漂刍藁不可胜计，修河官皆谪审。自是之后，无复言横陇者，而京东故道亦废。

宋决商胡之故

《后汉书·五行志》书河溢者二，魏、晋迄隋、唐无可考。《唐书·五行志》荥阳之下有河灾，自长寿二年决棣州始，开元十年博、棣二州河决，十四年魏州河溢，十五年冀州河溢，河患由是渐多。《唐会要》云："元和八年，河溢瓠子，泛滑州。"则澶、滑之间祸自此始矣。其后岁月逾甚，而其所以治之者，不过筑堤、置埽、开减水河而已。殊不知河之淤淀，常先下流，下流既淤，则上流必决，徒治澶、滑无益也。分水愈多，经流愈缓，海沙日进，河沙不出。故太和二年棣州河决，至坏其城。则蒲台以东，塞可知已。景福二年，河徙，从勃海县北至无棣县入海，职是故也。迨宋时沧州海口又淤，故大中祥符三年决于棣州。五年，河势高民屋丈余，徙州于阳信界中，而澶、滑之间岁不得宁矣。然横陇改流，而京东故道犹未尽堙，苟疏其壅滞，先自海口迄于德、博，则故道可复，而澶、滑之患亦舒。

乃当时横陇既通，又不治其下流，而海口先淤，游、金、赤三河亦淤，故复有商胡之决。是时纵欲回河，亦当先治其下流，则横陇故道复亦无难，而顾从事于六塔，北流既闭，当夕而败，李仲昌之罪所以不可逭也。

《宋史》皇祐二年，河决大名府馆陶县之郭固。四年，塞郭固，而河势犹壅。议者请开六塔，以披其势。至和元年，贾昌朝欲塞商胡，开横陇，回大河于故道。因遣使行度，且诣铜城镇及海口，约其高下之势。二年，欧阳修奏疏，以为横陇故道埋塞已二十年，商胡决又数岁，故道已平而难凿，安流已久而难回。不报。已而河渠司李仲昌议欲纳水入六塔河，使归横陇旧河。诏臣僚详定。修又上疏曰："开六塔者云，可以全回大河，使复横陇故道。今六塔止是别河下流，已为德、棣之患，若全回大河，顾其害何如，此近乎欺妄之谬也。且河本泥沙，无不淤之理。淤常先下流，下流淤高，水行渐壅，乃决上流之低处，此势之常也。避高就下，水之本性，故河流已弃之道，自古难复。初，天禧中，河出京东，水行于今所谓故道者。水既淤涩，乃决天台埽，寻塞而复故道。未几，又决于滑州南铁狗庙，今所谓龙门埽者。其后数年，又塞而复故道。已而又决王楚埽，所决差小，与故道分流，然而故道之水终以壅淤，故又于横陇大决。是则决河非不能力塞，故道非不能力复，所复不久终必决于上流者，由故道淤而水不能行故也。及横陇既决，水流就下，所以十余年间，河未为患。至庆历三、四年，横陇之水又自海口先淤，凡一百四十余里，其后游、金、赤三河相次又淤。下流既梗，乃决于上流之商胡口。然则京东、横陇两河故道，皆下流淤塞，河流已弃之高地。京东故道屡复屡决，理不可复，不待言而易知也。今若因水所在，增治堤防，疏其下流,浚以入海,则可无决溢散漫之处。"已而中书奏开六塔,修又请罢其役。时宰相富弼尤主仲昌议,疏奏亦不省。仲昌,垂之子也。

商胡河道

考宋仁宗景祐元年,河决横陇,遂为经流。自横陇决后,王景所治河历魏、晋、唐、五代以及宋初,所行之河遂废,宋所谓京东故道者也。越十五年为仁宗庆历八年,河又决商胡,而横陇道塞,宋所谓横陇故道者也。计横陇河止十五年。

仁宗庆历八年,河决商胡,合永济渠注乾宁军入海,是为北流。又十五年为仁宗嘉祐五年,北流复决为二股,河自魏、恩东至德、沧入海,是谓东流。其后屡经决溢。又三十九年为哲宗元符二年,北流势盛,东流乃绝。计东流分河三十九年。

东流者,商胡决河之别派也,亦名二股河,亦名四界首河。《宋史·河渠志》曰:"初,商胡决河自魏之北,至恩、冀、乾宁入于海,是谓北流。嘉祐五年,河流派于魏之第六埽,遂为二股,自魏、恩东至德、沧入于海,是谓东流。"

今按:二股河者,商胡决河之别派也,决口广二百尺,行一百三十里,至魏、恩、博、德之境,曰四界首河。都转运使韩赞言:"四界首,古大河所经,即《沟洫志》所谓'决平原金堤,开通大河入笃马河,至海五百里'者也。自春以丁壮三千浚之,可一月而毕。东流、北流分为二,则上不壅,可以无决溢之患。"乃上《四界首二股河图》。古大河,即王莽河,二股河出其东,两绝王莽河而东北入海,盖即唐马颊河之故道也。考之近志,马颊河自清丰县西南,东北流,迳朝城县东,又北迳莘县西，又北迳堂邑县，又东北迳博平县西北，绝王莽河而北迳清平县东，又东北迳夏津县东南，又东北迳高唐州西北，_{唐为高唐县}。又东北迳恩县南，唐为历亭县。又东北与平原县分水，又东北绝王莽河，迳陵县南。_{唐为安德县}。又东北合笃马河，又东北迳西平昌县故城北，_{今德平县}。又东北迳般县故城北，_{在德平县东北}。又东迳乐陵县故城北，又东北迳阳信县故城南，_{在今海丰县界}。又东北入海。_{在今庆云、海丰县界东北一百五十里入海}。以今舆地言之，二股河合马颊河，东北至德平县合笃马河，又东北经乐陵、海丰入海。海丰本无棣，与乐陵俱属沧州，故韩贽云"二股河自魏、恩东至德、沧入海也。"

二股河决于仁宗之嘉祐五年，越七年为英宗治平二年，始命都水监浚二股、五股河，以纾恩、冀之患。又四年为神宗熙宁二年，从宋昌言、程昉议，开二股以导东海，裁及六分，而北流闭。河自其南四十里东决，泛滥大名、恩、德、沧、永静五州军。三年，令河北转运司开修二股上流。四年，北京新堤第四、第五埽决，下属恩、冀，贯御河。五年，二股河成，深十一尺，广四百尺。而新堤决口亦塞。又以水或横决散漫，常虞遏壅，命范子渊于第四、第五埽开修直河，使大河还二股故道。十年，大决于澶州之曹村，_{在今开州西南}。河道南徙，东汇于梁山、张泽泺，分为二派，一合南清河入淮，一合北清河入海，凡灌郡县四十五，而濮、济、郓、齐尤甚，坏口逾三十万顷。次年为元丰元年，决口塞，诏改曹村埽曰灵平。四年，澶州小吴埽又决，河复注御河。诏东流已填淤不可复，将来更不修闭。哲宗元祐中，复议回河，久之不决。而绍圣初，吴安持、李伟卒行之，然东流堤防未固，濒河多被水患。元符二年，河决内黄口，东流断绝。诏大河水势十分北流，其共力救护堤岸。是后不复开二股矣。

北流者，商胡决河之名也。自横陇河决，而后有京东故道之名。自商胡河决，而后有横陇故道之名。自商胡又分，而后有二股河、四界首之名。然二股河始终止三十九年，惟商胡最久。《河渠志》宋仁宗庆历八年，河决澶州商胡埽，决口广五百五十七步。次年为仁宗皇祐元年，河合永济渠，注乾宁军入海。永济渠即古之清河，《汉志》之国水，《水经》之清、淇二水。曹公自枋头遏其水为白沟，一名白渠。隋炀帝导为永济渠，一名御河，今称卫河者也。先是，真宗大中祥符四年，河决通利军，治黎阳。合御河，寻经塞治。至是又决澶州。黄河自澶州东北三十里商胡埽决，而北迳清丰县西，县在今大名府东南九十里。又北迳南乐县西，县在大名府东南四十里。又北至大名府东北，合永济渠。在县东北。又东北迳冠氏县西北，今冠县。又东北迳馆陶县西，与平恩县分水。卫河在县东南四十里。又东北迳临清县西，卫河在县城西门外。又东北迳宗城县东，今为广宗威县地。又东北迳清河县东，又东北迳夏津县西北，卫河去县四十里，与清河县分水。又东北迳武城县西，卫河在县西，与清河县分水。又东北迳枣强县西，又东迳将陵县西北，今卫河在其南，与恩县分水。又东迳蓨县南，今景州，卫河在州东三十里。又东北迳东光县西，卫河在县西三里。又东北迳南皮县西。卫河在县西三十里，与交河县分水。又东北迳清池县西，而北与漳水合。今青县南有合口。又东北迳乾宁军东，今青县南。又东北迳独流口，又东至劈地口入于海。以今舆地言之，开州、大名、元城、并属直隶大名府。冠县、馆陶、邱县、临清、并属山东东昌府。威县、清河、并属直隶广平府。夏津、武城、并属东昌府。枣强、属直隶真定府。故城、属直隶河间府。恩县、属东昌府。德州、属山东济南府。吴桥、景州、东光、南皮、交河、沧州、青县、静海、天津并属河间府。诸州县界中，皆宋时黄河北流之所经也。

商胡决后二十一岁，为神宗熙宁二年己酉，导东流而北流闭。又十二岁，为元丰四年辛酉，河复北流。哲宗绍圣初，又闭。后十九岁元符二年己卯，东流断绝，河竟北流。盖自仁宗庆历八年戊子，下迄金章宗明昌五年甲寅，实宋光宗之绍熙五年，而河决阳武，出胙城南，南北分流入海，凡一百四十六年。此三大变也。

金人河道

《禹贡锥指》云，金始克汴，两河悉畀刘豫。豫亡，河遂尽入金境。数十年间，或决或塞，迁徙无定。范成大《北使录》云浚州城西南有积水若河，盖大河剩水也。按：《宋史》隆兴再请和，以成大充金祈请国信使。孝宗隆兴之元年、二年，即金世宗大定之三年、四年也。时浚州城下仅有剩水，则河离浚、滑在隆兴之前可知矣。《朱子语录》一条云，元丰间河北流，自后中原多事；后来南来，金人亦多事。近来又北流，见归正人说。盖其时河尝南流，寻复归北也。据《金史·河渠志》，大定八年，河决李固渡，水溃曹州城，分流于单州之境。新河水六分，旧河水四分。十一年，河决王村，南京孟、卫州界多被水害。十二年，尚书省奏言："水东南行，其势甚大。可自河阴广武山循河而东，至原武、阳武、东明等县，孟、卫等州，增筑堤岸。"从之。二十年，河决卫州及延津京东埽，弥漫至于归德府。诏南北两岸增筑堤以捍湍怒。二十一年，以河移故道，令筑堤以备。二十六年，河决卫州堤，坏其城，泛滥及大名。其所载不过如此，他无可考。然大定二十七年，令沿河京、府、州、县长武官结衔，并带河防。自荥阳以下，如南京府之延津、封邱、祥符、开封、陈留、胙城、杞县、长垣，归德之宋城、宁陵、虞城，卫州之汲、新乡、获嘉，徐州之彭城、萧、丰，曹州之济阴，滑州之白马，睢州之襄邑，滕州之沛，单州之单父，济州之嘉祥、金乡、郓城，皆为沿河之地。则当时河流之所经，亦大略可睹也。虽数有迁徙，而汲、胙之间如故。迨明昌五年八月，河决阳武故堤，灌封邱而东。尚书省奏都水监官见水势趋南，不预经画，诏各削阶罢职。盖河流至是又一大变矣。金吉甫云："河至绍熙甲寅，南连大野，并行泗水，以入于淮。于是有南北清河之分。北清河即济水故道，南清河并泗入淮。今淮安之西二十里对岸清河口是也。"按：宋光宗绍熙五年甲寅，即金章宗之明昌五年也。是岁河徙自阳武而东，历延津、封邱、长垣、兰阳、东明、曹州、濮州、郓城、范县诸州县界中，至寿张注梁山泺分为二派。北派由北清河入海，今大清河自东平历东阿、平阴、长清、齐河、历城、济阳、齐东、武定、青城、滨州、蒲台至利津县入海者是也；南派由南清河入淮，即泗水故道，今会通河自东平历汶上、嘉祥、济宁，合泗水至清河县入淮者是也。河汇梁山泺，分二派入南北清河。自宋熙宁十年始，寻经塞治，至是复行其道，而汲、胙之流遂绝。《朱子语录》又一条云"因看刘枢家《中原图》，黄河却自西南贯梁山泊，迤逦入淮。神宗时河北流，故金人盛；今却南来，故其势亦衰"，谓此事也。下逮元世祖至元间，而河又徙自新乡，出阳武之南，凡九十余岁。此四大变也。

元明以来河道

《禹贡锥指》云，元至元九年，河决新乡县广盈仓岸。时河犹在新乡、阳武间也。不知何年徙出阳武县南，而新乡之流遂绝。据史，至元二十三年，汴梁路阳武等县河决二十二所。水道一变，盖在此时矣。《元大一统志》残缺，仅存十之一二。河之所经，不可得详。谨摭近志各州县界中见行之河，诠次如左。

黄河自武陟县南，东迳原武县北，原武在开封府西北一百二十里，河去县二十里，《获嘉新志》云河旧在获嘉县南六十里。明天顺六年，自武陟东入原武，不经县界。又东迳阳武县南，阳武在府西北九十里，河去县十余里。自此至徐州城东北，黄河所行，大抵皆汴水故道也。又东迳延津县南，延津在府西北九十里，河在县南，入封邱界。又东迳祥符县北，县为开封府治，河在城北十里。其北岸则封邱县。又东迳陈留县北，陈留在府东五十里，河去县三十里。又东迳兰阳县南，兰阳在府东北九十里，河去县十五里。又东迳仪封县南，仪封在府东北一百十五里，河去县二十里。又东南迳睢州北，睢州在归德府西一百七十里，河去州七十里。又东南迳考城县北，考城在睢州东北九十里，河去县三里。又东南迳商丘县北，商丘，归德府治，河在城北三十里。其北岸则曹县。曹县在山东兖州府东南一百二十里，河在县南四十里。又东迳虞城县北，虞城在府东北六十里，河去县十五里。又东迳夏邑县北，夏邑在府东一百二十里，河去县二十二里。其北岸则单县。单县在兖州府西南二百十里，河去县四十里。又东迳砀山县北，砀山在徐州府西北一百七十里，河旧在县南二十里。嘉靖三十七年河徙，始出县北。又东迳丰县南，丰县在府西北一百五十里，河去县三十里。又东迳沛县南，其南岸则萧县。沛县在府西北一百里，萧县在府西五十里。河旧在萧县治北五十里，去沛甚近。万历三十四年，河复决而南。自是萧去河十五里，沛去河五十余里。又东迳徐州府治北，与泗水合。河自城北东南流，至城东合泗水。又东南迳灵璧县北，灵璧在凤阳府宿州东一百十里，河去县一百二十里。又东南迳睢宁县北，其北岸则邳州。邳州在淮安府西北三百二十里，睢宁在邳州南六十里。河去睢宁县五十里，在邳州南门外。又东迳宿迁县南，宿迁在邳州东南一百三十里，河去县四里。又东迳桃源县北，桃源在淮安府西北一百十里，河去县百余步。又东迳清河县南，与淮水合。清河县在淮安府西少北五十里，河去县一里，入淮处谓之清口，本名泗口。自徐城东北至此皆古泗水，为河所夺也。又东迳山阳县北，即淮安府治。河去县五里。又东迳安东县南，历云梯关而东北入于海。安东在府东北六十里，河去县二里。自清口至此皆古淮水，为河所夺也。自金明昌甲寅之徙，河水大半入淮，而北清河之流犹未绝也。下逮元世祖至元二十六年己丑，会通河成，始以一淮受全河之水，迄今四百余岁。此五大变也。

元明以来河决之多

元初，河道南徙，全入于淮，决溢最甚。故志自元初以迄于今，起武陟、原武，至安东云梯关入海止。

河决原武

《获嘉县新志》云，河旧在获嘉县南六十里。明天顺六年，自武陟东入原武，不经县界。洪武十四年，河决原武、祥符、中牟，有司请兴筑，帝以为天灾，令护旧堤而已。二十四年，河决原武之黑阳山，东迳开封城北五里，又东南由陈州、项城，迳太和、颍州、颍上，东至寿州正阳镇入淮，而贾鲁河故道遂淤。永乐九年，复疏入故道。正统末，决荥阳，冲张秋，又决孙家渡，全河南徙。景泰中，复决张秋。徐有贞作九堰八闸，浚漕渠四百余里，名广济渠，河流始安。弘治二年，决原武，支派为三，一自封邱金龙口直冲张秋，一出中牟下尉氏，一泛兰阳，至宿州合汴渠，诏白昂修塞之。张秋在山东兖州府东阿县西南六十里，运河所经，与寿张、阳谷二县接界。崇祯四年，河决原武湖村铺，又决封邱荆隆口，败曹县塔儿湾大行堤。

河决阳武

元至元二十五年，阳武诸县河决二十二所。泰定二年，决阳武，漂民居万六千五百余家，寻复塞治。明洪武十五年，河决荥泽、阳武。二十五年复决阳武，泛陈州、中牟、原武、封邱等十一州县。宣德三年，河决阳武及邳州，灌鱼台、金乡、嘉祥。万历四十七年九月，决阳武牌沙冈，由封邱、曹、单至考城，复入旧河。天启元年，决牌沙冈，由封邱、曹、单至考城，复入旧河。

河决延津

河旧在县北，明成化十四年决县西之暴村，泛滥七十余里。十五年，徙经县南，入封邱界。

河决开封

洪武八年，河决开封太黄寺堤，诏河南参政安然发民夫三万人塞之。十七年，决开封东月堤，自陈桥至陈留，横流数十里。二十三年秋，决开封、西华诸县，漂没民舍，遣使赈万五千七百余户。三十年八月决开封城，三面受水。诏改作仓库于荥阳高阜，以备不虞。冬，蔡河徙陈州。先是，河决，由开封北东行，至是下流淤，又决而之南。永乐八年秋，河决开封，坏城二百余丈，民被患者万四千余户，没田七千五百余顷。帝以国家藩屏重地，特遣侍郎张信往视。十四年，决开封，州县十四，经怀远，由涡河入于淮。宣德三年，霪雨，溢开封州县。景泰七年夏，河南大雨，决开封、河南、彰德。成化十四年，河决开封，坏护城堤五十丈。弘治二年五月，河决开封及金龙口，入张秋运河，又决埽头五所入沁，郡邑多被患。万历三十九年，决开封陶家店、张家湾，由会城大堤下陈留，入亳州涡河。

河决祥符

河旧去城四十里。宋端平元年，赵葵入汴，蒙古引军南下，决黄河寸金淀水灌之，官军多溺死者，遂引还。明洪武中，河决原武，东迳城北五里。正统十三年，河决荥阳，东过城西南，而城遂隔在河北。景泰四年塞之，始复故道。嘉靖十三年，决赵皮寨入淮，忽又自夏邑趋东北，经萧县出徐州小浮桥下二洪，赵皮塞寻塞。十九年，决野鸡冈，由涡口入淮，二洪大涸。崇祯十五年，贼于朱家寨决河以灌城，城陷，河自陈、颖诸州漫入淮、泗。今河在城北十里，朱家寨在城西北十七里。

河决封邱

河旧在县西北四十余里。元时徙经县南，去县五十一里。至大二年，决封邱。顺帝至元初，复决。明弘治二年，决原武，其支流自荆隆口漫祥符，下曹、濮，冲张秋。五年，复决荆隆口，溃仪封之黄陵冈，更犯张秋，坏会通河。命刘大夏治之。七年，决陈桥集。嘉靖七年，复决于此。万历五年，决荆隆口，长垣、东明几于沦没。荆隆口即金龙口，在县西南三十余里。陈桥集在县东南四十余里，与祥符接界。

河决陈留

元大德元年，河决杞县蒲口，自陈留入杞，其后河徙而北，自陈留入兰阳、仪封，而杞界遂无河。

河决仪封

按：河自仪封至德州利津海口止五百余里，自仪封至安东云梯关海口一千二百里，自安东至德州皆山，长一千一百里。县东北五十里有黄陵冈，与曹县接界。元时贾鲁治河，功始于此。明洪武二十二年，河没仪封，徙其治于白楼村。正德四年，河自仪封小宋集决，冲黄陵冈埽坝，溢入贾鲁河。下流淤塞，遂南出曹、单二县城，下直趋丰、沛，命官塞之。

按：兰阳、仪封之河，旧出其县北，与长垣、东明分水。金大定十二年，尚书省奏请增筑堤岸，东明亦在其中。二十七年，令沿河州县官结衔并带河防，而长垣与焉，可证也。元至元中，河屡决汴梁路，遂出兰阳、仪封之南，而长垣、东明界中无河矣。

河决考城

顺治二年，河决考城之刘通口。三年，刘通口河流北徙，自午沟至徐州河涸。贾鲁河在县北三十里。

河决商邱

城旧在河北。自元至元迄明正德，屡经河决，城或南或北。今河在城北三十里，贾鲁河在城北四十里，其新集口、丁家道口皆河滨冲要也。嘉靖三十七年，新集河淤。河流于是一变。四十四年，河淤益甚，而运大受其病。未几，河复决新集，塞庞家屯，东出沛之飞云桥，谷亭、沙河、留城、境山一带尽塞。河臣潘季驯于三沽故道浚渠筑堤，躬行相督，不三旬而告成。

河决曹县

黄陵冈在县西南六十里,贾鲁河在县西北四十里。自黄陵冈至杨青村,皆元至元中贾鲁所开也,明初犹为运道。及弘治中,河决,冲张秋。刘大夏先疏祥符、荥泽上流,又疏贾鲁旧河四十里,然后于黄陵冈东西各筑长堤二百里,金龙口亦筑二百里,河由归德、徐州以达于淮,决口始塞,名张秋,曰安平镇。正德四年,河决曹县杨家口,奔流入单县,直抵丰、沛,由飞云桥入运。八年,又自曹县西决,从县以北,城武以南,田庐尽被漂没。嘉靖六年七月,河决曹县。一自胡村寺东,东南至贾家坝入古黄河,由丁家道口至小浮桥入运河。一自胡村寺东北分二支:一东南经虞城至砀山,合古黄河出徐州;一东北经单县长堤抵鱼台,漫为坡水,傍谷亭入运河。二十六年秋,河决曹县,水入城二尺,漫金乡、鱼台、定陶、城武,冲谷亭。万历二十九年,河决商邱蒙城集东南之萧家口,复南徙,北去曹县五十里,为县境患。崇祯二年,河决曹县十四铺口。

河决单县

万历二十一年五月,大雨,河决单县黄堌口,一由徐州出小浮桥,一由旧河达镇口闸。邳城陷水中,高、宝诸湖堤决口无算。三十年,河决单之苏庄,冲鱼台、丰、沛。明年复决于此,冲入沛县太行堤,灌昭阳湖,入夏镇,横冲运道,于是泇河之议起。湖在沛县东北,地势洼下。三十五年,决单县。

河决砀山

河旧在县南三十里。嘉靖三十七年河徙,始出县北。万历二年，河决砀山及邵家口、曹家庄、韩登家口而北。

河决沛萧

沛县西南有啮桑亭。《瓠子歌》曰"啮桑浮兮淮泗满"，即此地也。河旧在萧县北五十里，去沛甚近，及万历三十四年河归故道，自是萧去河裁十五里，而沛则去河五十余里矣。《河渠考》云："旧河自虞城达萧县北冀门集，出徐州小浮桥，所谓贾鲁故河也。"嘉靖三十七年，河决秦沟，在丰县东三十里。自新桃沟至朱珊渡一带俱淤，惟冀门渡以东仅存旧流。四十四年七月，河决沛县上下二百余里，运河俱淤，全河逆流。自沙河至徐州以北，至曹县棠林集而下，北分二支：南流者，绕沛县戚山杨家集入秦沟至徐；北流者，绕丰县华山东北，由三教堂出飞云桥，又分为十三支，或横绝、或逆流入漕河，至湖陵城口，散漫湖坡，达于徐州，浩渺无际，而河变极矣。朱衡始开新河，起夏镇，至留城一百四十里，以避河水之险，而运道以安。隆庆三年，决沛县，自考城、虞城、曹、单、丰、沛抵徐州，俱受其害。茶城淤塞，漕船阻邳州不能进。已虽少通，而黄水横溢沛地，秦沟、浊河口淤沙旋浚旋壅。四年，河决崔家口。

万历四年，河决韦家楼，又决沛县缕水堤。曹、丰二县长堤，丰、沛、徐州、睢宁、金乡、鱼台、单、曹田庐漂溺无算，河流啮宿迁城。三十二年秋，河决丰县。由昭阳湖穿李家港口出镇口，上灌南阳，而单县决口复溃，鱼台、济宁间平地成湖。三十三年，河决萧县郭暖楼人字口北支，至茶城镇口。

河决徐州

泗水自沛县入州境，循城而东，一曰清河，一曰泉河，其后为运河，亦名闸河。元初，黄河由涡入淮，至泰定元年由汴河决入清河，自是遂为大河之经流，旧从城东北小浮桥合运河。明嘉靖三十七年，河决，自商邱之新集，出丰县之秦沟，冲徐州之垞城，而小浮桥一带渐淤，新河比故道高出三丈有余，停阻泛滥，妨运殃民。万历初，议复老黄河故道。潘季驯疏言有五利，而不果行。迨三十四年，河臣李化龙浚旧河，自砀山县朱旺口东至小浮桥，由是河归故道。嘉靖三十一年，河决徐州房村集至邳州新安，运道淤阻五十里。万历三十九年六月，决徐州三山，冲缕堤二百八十丈，遥堤百七十余丈，黎林铺以下二十里正河悉为平陆，邳、睢河水耗竭。天启三年，决徐州青田大龙口，徐、邳、灵、睢河并淤，吕梁城南隅陷沙高平地丈许，双沟决口亦满，上下百五十里悉成平陆。四年，大涨，灌州城，乃迁治于云龙山。四年六月，决徐州魁山堤东北，灌州城，城中水深一丈三尺。一自南门至云龙山西北大安桥，入石狗湖；一由旧支河南流至邓二庄，历祖沟东南，以达小河，出白洋河，仍与黄会。康熙十四年，河决徐州之潘家堂及宿迁之蔡家楼，俱筑塞之。

河决睢邳

睢宁地有羊山，东北去邳州三里。明万历中，潘季驯于羊山、龟山、土山相接处创筑横堤数十里以防泛滥。又半戈山在县北五十里，东去州五里。河旧绕半戈山北，崇祯末改流羊山之南，水势散漫，沙垫底高，于是青墩营、张家湾大坝等处屡报口决，而邳岁受河患。隆庆九年，河决邳州，自睢宁白浪浅至宿迁小河口，淤百八十里，粮艘限不进。

泇河在州西北九十里，万历三十一年李化龙所开也。源出费、峄诸山，左合沂、武，南入于淮。崇祯二年四月，河决睢宁，至七月，内城尽圮。顺治九年，河决邳州，水三日退。

河决宿迁

康熙二十一年五月，河决宿迁县徐家湾，塞之。六月，河决宿迁县萧家渡。

河决桃源

康熙七年，河决桃源之黄家嘴，塞之复决，次年堵塞。

河决清河

康熙八年，河决清河之三汊口。九年，河决清河之黄家营、二堡、卢家渡、文华寺，至永兴集。

河决山阳

河去县五里。清江浦在城西，即今运河也，旧名沙河。淮流迅急，每致沉溺。宋雍熙中，漕臣刘蟠议开沙河，避淮水之险是也。天启元年，淮安霪雨连旬，淮、黄暴涨数尺，山阳里、外河及清河决口，汇成巨浸，水灌淮城，民蚁城以居，舟行街市，久之始塞。六年七月，河决淮安，逆入骆马湖，灌邳、宿。康熙十五年，河决山阳之柴沟、姚家湾，总河朱之锡塞之。

邱仲深《大学衍义补》云："自宋以前，河自入海，尚能为滨河州郡之害，况今河、淮合一，而清口又合汴、泗、沂三水，以同归于淮也哉？"邵国贤《治河论》云："禹之治水，去其垫溺之害而已，今更赖之以漕。不及汴矣，又恐坏临清也；不及临清矣，又恐坏济宁也；不及济宁矣，又恐坏徐州也；使皆无坏也，又恐漕渠不足于运也。然则河患之在元、明以后者，以合淮而厉，以借运而愈厉。合淮则两渎并趋，不能遂其专达之性，而涨怒之势加猛；借运则虑其冲决。又仰以贯输而管束之道太严，以万里浊流，势若天降，欲其委婉曲折于堤防堰闸之中，欲其不溃而四出，岂可得哉？今中河既开，漕舟入黄河者仅七里，较元、明之借河以运者，大为悬殊，黄患稍息。而自清口以至临清，与河逼近，终虞决而伤运也。"焦弱侯云："《明典》河之自汴出者犹有六，其二入淮，其四合漕，以入于淮。出荥泽者自寿州入淮，出祥符者至怀远入淮，出长垣者自阳谷入漕，出曹州者至鱼台入漕，出仪封者至徐之小浮桥入漕，出沛之南者从飞云桥入漕，出徐、沛之中境山之北者从溜沟入漕，是犹有禹分之遗意也。其后或塞或微，而以一徐受全河之灌矣。"顾宁人云："邱仲深谓以一淮受黄河之全。然考之先朝，徐有贞治河犹疏分水之渠于濮、郓之间，不使之并趋一道。自弘治六年筑黄陵冈以绝其北来之道，而河流总于曹、单之间，乃犹于兰阳、仪封各开一口，而泄之使南，今复塞之。故河之在今日，欲北不得，欲南不得，惟以一道入淮。淮狭而不能容，又高而不利下，则频岁决邳、宿以下，以病民而妨运。而邳、宿以下，左右皆有湖陂，河必从而入之。吾见刘贡父所云别穿一梁山泺者，将在今淮、泗之间，而生民鱼鳖之忧，殆未已也。"

德州海口可复

黄河自禹讫今，为五大变也。核之，则北流也，东流也，南流也，三者尽之矣。《禹贡》北过大伾，至于大陆。又北播为九河，同为逆河，入于海。此北流也。自周定王五年，河徙自宿胥口，东行漯川至长寿津，与漯别行，而东北合漳水，至章武入海。《水经》所称大河故渎者，此北流之一变，而渐为东流者也。自王莽始建国三年，河决魏郡，泛清河、平原、济南，至千乘入海。后汉永平十三年，王景修之，遂为大河之经流。《水经》所称河水者，亦北流之二变，而尽为东流者也。宋仁宗时，商胡决河，分为二股，北流合永济渠至乾宁军入海，东流合马颊河至无棣县入海，二流迭为开闭。《宋史·河渠志》所载者乃三变，而为北流、东流互见者也。金章宗明昌五年，河决阳武故堤，灌封丘，而东注梁山泺，分为二派，一由北清河入海，一由南清河入淮。乃四变，而为北流、南流并存者也。元世祖至元中，河徙出阳武县南，新乡之流绝。二十六年，会通河成，北派渐微。及明弘治中，筑断黄陵冈支渠，遂以一淮受全河之水。此五变，而尽为南流者也。

古时，河患在雍、冀之域，后世河患在兖、青、徐、扬四州之域。朱子云，龙门未经凿治时，正道不甚泄，一派滚入关陕，一派滚往河东，为害最大。今按地势，北高而南下，洪水自孟门大溢逆流，其一派滚入关陕者，从宜川而南，则在雍州之域；一派滚入河东者，自吉州而南，则在冀州之域。自禹凿龙门，而雍、冀二州之患已消，不谓自汉以降，兖、青、徐、扬之域，悉大河纵横糜烂之区也。自禹河初徙，长寿津以东无河而忽有河。汉时宣房未塞，以前注钜野，通淮、泗，泛郡十六。宣房既塞以后，复决馆陶，分为屯氏河，魏郡、清河、信都亦有河。宋决横陇，又决商胡，魏、恩、博、德之境无河而忽有河，濮、济、郓、齐之区为害尤甚。金决阳武，二派分流。元徙阳武，明决原武，全入于淮，则害始于兖、豫，而大肆于徐、扬，至不可救矣。

宋文宪公濂在元世常著论曰："平原之地平旷夷衍，无洞庭、彭蠡以为之汇，故河常横溃为患。其势非多为之委以杀其流，未可以力胜，何也？盖河之水，其本也既远，其注也必怒，故神禹导河自积石，历龙门，南到华阴，东下底柱，及孟津、洛、汭，至于大伾，而下酾为二渠。北载之高地，过洚水，至于大陆，播为九河，趋碣石入于海。自禹之后，无水患者七百七十余年，此无他，水之流分，而其势自平也。周定王时河徙，始改故道，九河之迹渐至湮塞。至汉文时决酸枣，东溃金堤。孝武时决瓠子，东南注钜野，通于淮、泗，泛郡十六，害及梁、楚。此无他，河之流不分，而其势益横也。逮乎宣房之筑，导河北行二渠，复禹故道，其后流入屯氏诸河，复入于千乘、德、棣等河，复播为八，而八十年又无水患矣。及成帝时，屯氏河塞，又决于馆陶及东郡金堤，泛滥兖、豫，入平原、千乘、济南，凡灌四郡三十二县。由是而观，则河之分不分，而利害较然可睹已。自汉至唐，平决不常，难以悉议。至于宋时，河又南决。南渡之后，遂由彭城合汴、泗，东南以入于淮，而向之故道又失矣。夫以数千里湍悍难治之河，而欲使一淮以疏其怒势，万万无此理。方今河破金堤，曹、郓地几千里，悉为巨浸，民生垫溺，比古为尤甚。莫若浚入旧河，使水流复于故道，然后导入新济河，分其半水，使之北流，以杀其力，则河之患可平矣。譬犹百人为一队，则力全，莫敢与争锋，若以百分而为十，则顿损；又以十各分为一，则力屈矣。治河之要，孰逾于此？然而开辟之初，洪水泛滥于天下，禹出而治之，始由地中行耳，盖裁成天地之化，必资人力而后就。或者不知，遂以河决归于天，未易以人力强塞，此迂儒之曲说，最能偾事者也。"

顾氏刚中《山居赘论》曰："大河之流，自汉至今，迁移变异,不可胜纪。然孟津以西,禹迹具存,以海为壑,则千古不易也。自孟津而东,由北道以趋于海,则澶、滑其必出之途。由南道以趋于海,则曹、单其必经之地。冲澶、滑必由阳武之北,而出汲县、胙城之间;冲曹、单必由阳武之南,而出封丘、兰阳之下,此河变之托始也。由澶、滑而极之,或出大名,历邢、冀,道沧、瀛以入海,或历濮、范,趋博、济,从滨、棣以入海。由曹、单而极之,或溢钜野,浮济、郓,谓济宁、东平。挟汶、济以入海,或经丰、沛,出徐、邳,夺淮、泗以入海。此其究竟也。要以北不出漳、卫,南不出长淮,中间数百千里,皆其纵横糜烂之区矣。"又曰:"自阳武而入封丘,河益东南流金龙口,直东则经长垣、东明,出曹、濮,直趋大清河矣,较之出徐、沛,合淮、泗以入海者,道为迤易。夫河行之道,宜直不宜纡,入海之口,宜近不宜远,河之两岸宜阔,而归流宜深,平水则宜置斗门,且多置之,用王景更相回注之意,使不至旁溢,河未必不可东也。虽然,大河东则会通河废,会通河不废,则大河不可得而东,两者不并立矣。此大河所以屡决而东,终抑之使南也欤?"

按:河决汲县、胙城之间,由阳武之北而冲澶、滑也。其出大名,历邢、冀,道沧、瀛以入海,此北流也。其历濮、范,趋博、济,从滨、棣以入海,此东流也。河决封丘、兰阳之下,由阳武之南而冲曹、单也,其溢钜野,浮济宁、东平,挟汶、济以入海,亦东流也。其经丰、沛,出徐、邳,夺淮、泗以入海,此南流也。

河之南流也,两汉能挽之,北宋能挽之,金人则任之。元、明以来,则筑垣而居之者也。汉武元光中,河决瓠子,注钜野,通淮、泗。是时,武安侯田蚡利其不塞,以无为奉邑灾,加以望气用数者，亦以不塞。便赖武帝雄才大略，必欲道河北行二渠，复禹旧迹，卒塞瓠子。其所谓北行二渠，虽误执北渎为禹迹，而旧不任，听河、淮合一也。成帝建始四年，复决瓠子。赖王延世遵孝武之烈，卒亦塞之。自平帝之世，河行汴渠，东南入淮。永平十三年，诏所谓"汴渠决败，六十余年"者也。不有王景修塞，则自东汉以至宋初，何以河、淮不混也哉！宋太平兴国八年，河决滑州，东南流至彭城界，入于淮。咸平三年，河决郓州黄陵埽，浮钜野，入淮、泗。天禧三年，河溢，合清水、古汴渠入于淮。凡其所入者，皆大河支渠，故不久旋塞。神宗熙宁十年，大决于澶州，北流断绝，河道南徙。明邱文庄定为黄河入淮之始者也。然北宋君臣虽不能挽河北流，复禹旧迹，尚能不听河之南流。故元丰元年，澶州决口塞，五月新堤成，闭口断流，河复归北，则黄河入淮，犹不可为北宋君臣罪也。金明昌五年，河决阳武故堤，灌封丘而东注梁山泺，分为二派，南派由南清河入淮。是时金人利己病邻，又安肯出财力挽河而北，不为南宋厉哉？而南宋疆宇日促，大河之在兖、豫者，不隶版图，又无问已。元有天下，薄海内外，人迹所及，皆置驿传，使骑往来，如行国中。命都实为招讨使，直穷河源。究观星宿于河，可谓勤矣。然不能闭塞南流，纵使问源天上，亦复何裨？明人于河，既虑决及开封，有宗藩重镇，又虑浸溢泗州祖陵，何不为闭塞南流之计？而元明诸臣，率以害运为虞，无怪乎其治河无策也。夫自古河决之多，莫甚于元、明，元、明狃于会通之利，而甘受决溢漂没之患。借使熟计利害，以频年决溢漂没之费为挽河之费，而仍不至坏运焉，则东流、北流必当择一以处。此河之不能北流也，于两汉则惜之，于北宋则责之，于元、明则恕之者也。

汉武塞瓠子，临决河，命从臣、将军以下皆负薪塞河堤，沉白马玉璧。时东郡烧草，以故薪柴少，而下淇园之竹以为楗。此诚可谓锐意复禹迹者。惜乎其执北渎为禹河，不能北过大伾以入海也。贾让请决黎阳遮害亭，放河使北入海，王横请徙河缘西山足，乘高地而东北入海，意皆欲复禹河故道也。然时值哀、平，国祚阽危，事不可为矣。王景治河，束于运道，故王景之功，凿山通涧，防遏冲要，至千乘海口千有余里，而史止曰"汴渠成"。且当时有献言"河流入汴，幽、冀蒙利，以阻其道，河使北者"，而景以不世出之才，亦仅能使河上不败济，下不败汴而已矣。惜乎贾让、王横之精于讨论，王景之长于设施，不遇武帝之雄才大略，成万古不敝之功也。宋大中祥符四年，河决通利军，治黎阳。合御河，寻经塞治。庆历八年，河复决澶州东北三十里之商胡埽，决口广五百五十七步。皇祐元年，河合永济渠，注乾宁军入海，当时所谓北流也。嘉祐五年，河流派于魏之第六埽，遂为二股。二股者，商河之别派也，时谓东流。道河莫若趋北，而况商胡自决，北流通快，海口广深，此诚千载一遇，因祸而为福，转败而为功，在此时矣。为当日计，但能于魏、恩、冀、沧之境，宽立堤防，约拦水势，疏其壅积，遏其冲要，亦当有千百年北流之安也。而朝议必欲回河使东，何哉？嘉祐元年四月壬子朔，李仲昌开六塔河，塞商胡北流，及河入六塔，不能容，是夕复决，溺兵夫、漂刍藁不可胜计，此河之不欲东而欲北也。熙宁二年，从宋昌言、程昉议，开二股以导东流，裁及六分，而北流闭。河自其南四十里大决，泛滥大名、恩、德、沧、永静五州军境。此河之欲北也。三年，令河北转运司开修二股上流。四年，北京新堤第四、第五埽决，下属恩、冀贯御河。此河之欲北也。五年，二股河成，又于第

四、第五埽开修直河，使大河还二股故道。十年，又大决于澶州之曹村。此河之欲北也。元丰元年，决口塞。四年，澶州小吴埽大决，复注御河，诏"东流已填淤，不可复，将来更不修闭"。此河之欲北也。元符二年，河决内黄口，东流断绝，诏"大河水势十分北流，其共力救护堤岸"。此河之欲北也。昔哲宗即位，朝议回河东流，大略谓"河尾北向，恐入契丹之地，则其界逾河而南，彼必为桥梁，守以州郡，中国全失险阻"。其见之悠谬如此，又何言哉！自金源氏以及元、明，河益南徙，非惟内黄、安阳之间渺无禹迹，即浚、滑、汲、胙之间化为平陆，而新乡、获嘉之境亦已久淤，居今日而欲回河北流，不其难哉！

大河不可南流不能北流，则惟议东流。东流者托始于东周，而汉、唐则顺之使东，宋则强之使东，元、明则遏之使不得东者也。禹厮二渠，经流过大伾而北，余波入漯川而东。自周定王五年河徙，经流自宿胥口尽入漯川，至长寿津以东改从新道，至南皮、浮阳界中，仍与漳水合流入海。计河之东流者，长寿津至南皮千有余里；而长寿津以前，浚、滑、汲、胙、新乡、获嘉之流仍如故也；自南皮、浮阳而下，章武入海之道仍如故也。《汉书·武帝纪》："元光三年春，河水徙，从顿邱东南流入勃海。夏五月，河水决濮阳，泛郡十六。帝自临决河，塞瓠子。"《禹贡锥指》云："河初经顿邱县西北，至是改流。"盖自戚城县西决而东北，过其县东南，历畔、观至东武阳，夺漯川之道，东北至千乘入海者也。漯川狭小不能容，故其夏又自长寿津溢而东，以决于濮阳，则东南注钜野，通淮、泗，而北渎之流微，漯川之水涸矣。及武帝塞宣房，道河北行二渠，则正流全归北渎，余波仍为漯川，当时所谓北行二渠者此也。所谓复禹旧迹，非也，乃复周定王南徙之旧迹，而孝武所道，盖东流也。自瓠子两塞以后，河不复决而南，乃北决于馆陶，分为屯氏河，东北经魏郡、清河、信都、勃海入海，广深与大河等，故因其自然，不堤塞也。成帝时，又决馆陶及东郡金堤，遣王延世塞之。后二岁，复决平原，流入济南、千乘，又遣延世塞之。鸿嘉四年，勃海、信都河水溢。王莽始建国三年，河决魏郡，泛清河以东数郡。此皆骎骎乎有向东之势也。后汉明帝永平十二年，发卒数十万，遣王景与王吴修渠筑堤，自荥阳东至千乘海口千余里。明年夏，渠成。盖武帝时河未尽东，南皮、浮阳以下存禹旧河。至王莽时，南皮、浮阳界中悉已无河。章武入海者，惟漳降而已，漳降所行之道即故徒骇也。而大河由千乘入海，即漯川之道，景因而修之，此经流东行之始也。然景自长寿津导河行漯川，至东武阳始与漯别，而东北行至高唐，又绝漯而北折而东，由漯沃县界入海，与河之自决，由千乘入海者亦微异也。《后汉·五行志》："桓帝永兴元年秋，河水溢，漂害人物。灵帝光和六年秋，金城河水溢出二十余里。"然皆无大决溢。盖王景治河未久，河安于东流故也。然水性就下，下流淤高，必决于上流之低处。自魏、晋、五代以来，岁月积久，无思患豫防之道，下流必有渐就淤垫者矣。《唐书·五行志》："荥阳之下有河灾，自长寿二年决棣州始，开元十年博、棣二州河决，十四年魏州河溢，十五年冀州河溢。"《唐会要》云："元和八年，河溢瓠子，泛滑州。"则澶、滑之间祸自此始矣。推原其故，皆当时司河者不知浚深下流之所致。太和二年，棣州河决，至坏其城。则蒲台以东，塞可知矣。景福二年河徙，从勃海县北至无棣县入海，职是故也。宋初，沧州海口又淤，故大中祥符三年决于棣州，五年大决，河势高民屋丈余，徙州于阳信界中，而澶、滑之间岁不得宁矣。故有横陇之决，又有商胡之决。横陇之决必京东故道之淤也。横陇既通，又不治其下流，而海口先淤，游、金、赤三河亦淤，是以复有商胡之决。商胡合永济渠注乾宁军入海，时谓之北流。商胡又分为二股，河自魏、恩、博、德之境入海，时谓之东流。然二股河为派别，受水少，商胡为经流，受水多。史称商胡决口广五百五十七步，二股决口广二百尺，其受水之多少较然也。都转运使韩贽上《四界首二股河图》，称四界首古大河所经，即《沟洫志》所谓"决平原金堤，开通大河，入笃马河，至海五百里，水道浚利"者也。东流、北流分为二，则上不壅，可以无决溢之患是已。然当日开二股河成，止深十一尺，广四百尺，夫以四百尺而灌入广五百五十七步之经流，将何以容？又况二股之下流未经浚治，何怪又大决于澶州曹村也哉！则宋河之不欲东流，固其势然也。自熙宁十年大决于澶州之曹村，河道南徙，东汇于梁山、张泽泺分为二派，一合南清河入淮，一合北清河入海，已开金明昌南北分流之渐。而元丰元年决口塞，直至元符二年北流独行，东流断绝而后已。则北宋诸臣终日议回河东流，何其不达于水性也哉！沿及金章宗明昌五年，河决阳武，灌封丘而东，注梁山泺，仍行熙宁故道，分为二派，一由北清河入海，即济水故道，东流者也；一合南清河入淮，即泗水故道，南流者也。斯时宋商胡北流，必又有淤垫者，故决而改道。然东流入海甚近，本可闭塞南流，专意东流，而金则以宋为壑，不欲专于东流也。下逮元世祖至元二十六年己丑，会通河成，北派渐微。及明弘治中，河决冲张秋，刘大夏筑太行堤以御之，而北派之流遂绝。始以清口一线受万里长河之水，然自有会通以来，河之决而冲张秋，欲东流以入海者，亦不一矣。先是，金贞祐五年，延州刺史温撒可喜言："近时河离故道，自卫东南流，迳徐、邳入海，以此河南之地为狭。窃见新乡县西河水可决使东北流，其南有旧堤，水不能溢，行五十余里与清河合，由清州柳口入海，此河之旧道也。皆有故堤，补其缺罅足矣。"议者以为河东南已久，决之恐故道不容，衍溢而出。遂寝。盖国势已促，实无暇及此矣，而河固不能不决张秋也。明弘治二年，决原武，其支流自金龙口漫祥符，下曹、濮，冲张秋。五年，复决金龙口，溃仪封之黄陵冈，更犯张秋。正统末，决荥阳，冲张秋。景泰中，复决张秋。此皆河欲东流之明证也。昔金明昌五年春，都水监丞田栎言黄河利害云："前代每遇古堤南决，多经南、北清河分流，南清河北下有枯河数道，河水流其中者长至七八分，北清河乃济水故道，可容二三分而已。"因欲于北岸墙村决河入梁山泺故道，依旧作两清河分流。未及行而八月河决，竟如其言。明天顺二年，白昂治张秋决河，上言："河南入淮非正道，恐卒不能容。"复于鱼台、德州、吴桥修古长堤。又自东平北至兴济凿小河十二道，入大清河及古黄河以入海。河口各建石堰，以时启闭，盖南北分治云。及刘公大夏筑断黄陵冈后，河犹屡犯黄陵冈，骎骎有决张秋之势。光禄少卿黄绾言："漕河资山东泉水，不必资黄河，莫若浚兖、冀间两高中低之地，导河使北，至直沽入海。"詹事霍韬言："卫河自卫辉汲郡至天津入海，犹古黄河也。今宜于河阴、原武、怀、孟间审视地形，引河水注于卫河，至临清、天津，则徐、沛水势可杀其半。且元人漕舟由江入淮至封邱北，陆运百八十里，至淇门入御河，达京师。御河，即卫河也。今宜导河注卫，冬夏溯卫河，沿临清至天津，夏秋则由徐、沛，此一举而运道两得也。"由白昂治绩观之，未尝不可南北分治。由黄绾、霍韬二疏观之，决金龙口直冲张秋，又自有不病运之理。谋国者于此言参之，德州海口何难复通哉！

复中盐减运之法

大河屡决而北，必欲挽之使南者，以张秋一决，挟运入海，漕几无路也。夫漕挽上供天庾，孰敢轻议？然前明治运有法，治河无法者，护运之心胜，不暇为河计也。其劳劳于护运者，中盐之法废不讲也。《明史·食货志》曰："洪、永、熙、宣之际，百姓充实，府藏衍溢。"盖由务农敦本，又开屯田中盐以给边军饩饷，不仰借于县官，故上下交足，军民胥裕。其后屯田坏于豪强之兼并，计臣变盐法，于是边兵悉仰食太仓转输，往往不给旨哉！言也，尝因是考之，漕运以给京师、饷边卒而已。明初用以饷边卒而著效，则用以给京师而愈效也。昔洪武三年，山西行省言："大同粮储自陵县运至太和岭，路远费烦。请令商人于大同仓入米一石，太原仓入米一石三斗，准给淮盐一小引，引二百斤，则转输之费省，而军储之用充矣！"从之。又甘肃总兵官宋晟奏："于甘肃仓中纳粟与淮浙盐以充边饷。"从之。召商输粮而与之引，执引起盐而听其鬻，鬻毕即以原给引目赴所在官司缴之，谓之"开中"。其后推广于各行省边境，盐法、边计相辅而行。四年，定中盐例，计道里近远，视时缓急，米直高下，道远地僻则减而轻之，自五石至一石不等。编直勘合及底簿发各布政司及都司卫所，商纳粮毕，书所纳粮及应支盐数，赍赴各转运提举司照数支盐，转运诸司亦有底簿比照，勘合相符，则如数给与。中两淮盐者，输粟甘肃、延绥、宁夏、宣府、大同、辽东、固原、山西、神池诸堡；中两浙盐者，输粟甘肃、延绥、宁夏、固原、山西、神池诸堡；中河间长芦盐者，输粟宣府、大同、蓟州；中山东盐者，输粟辽东、山西、神池诸堡；中河东解盐者，输粟宣府镇及大同，代府禄粮，抵补山西民粮；中陕西盐者，输粟宁夏、延绥、固原；中四川盐者，输粟陕西镇；中福建、广东、云南盐者，输粟太仓。其鬻盐有地，两淮盐行江宁、宁国、太平、扬州、凤阳、庐州、安庆、池州、淮安九府，滁、和二州，江西、湖广二布政司，河南省之河南、汝宁、南阳三府及陈州。正统中，贵州亦食淮盐。成化十八年，湖广衡州、永州改行海北盐。正德二年，江西赣州、南安、吉安改行广东盐。两浙盐行浙江及江南之松江、苏州、常州、镇江、徽州五府及广德州，江西之广信府。长芦盐行北直及河南之彰德、卫辉二府。山东盐行本省及江南之徐、邳、宿三州，河南之开封府。后开封改食河东盐。福建盐行本省。河东解盐行陕西之西安、汉中、延安、凤翔四府，河南之归德、怀庆、河南、汝宁、南阳五府及汝州，山西之平阳、潞安二府，泽、沁、辽三州。地有两见者，盐得兼行。隆庆中，延安改食灵州池盐。崇祯中，凤翔、汉中二府亦改食灵州盐。陕西盐行陕西之巩昌、临洮二府及河州。广东盐行广州、肇庆、惠州、韶州、南雄、潮州六府。海北盐行广东之雷州、高州、廉州、琼州四府，湖广之桂阳、郴二州，广西之桂林、柳州、梧州、浔州、庆远、南宁、平乐、太平、思明、镇安十府，田、龙、泗城、奉议、利五州。四川盐行四川之成都、叙州、顺庆、保宁、夔州五府，潼川、嘉定、广安、雅、广元五州县。云南盐行本省。凡此盐之所产，解州之盐风水所结，宁夏之盐刮地得之，淮、浙之盐熬波，川、滇之盐汲井，闽、粤之盐积卤，淮南之盐煎，淮北之盐晒，山东之盐有煎、有晒，此其大较也。

　　以各场引计之，两淮盐场三十，洪武时小引七十万四千两；浙场三十五，为引四十四万八百；长芦盐场二十四，为引十八万八百；山东盐场十九，为引二十八万六千六百；福建盐场七，为引二十一万四百，后增一千四百；河东解盐东、西、中三场，为引五十八万四千；陕西灵州有大小盐池，又有漳县盐井、西和盐井，三处共办千二百五十三万七千六百余斤，以二百斤一引计之，该得小引六万二千六百八十有八；广东盐场十五，生盐熟盐正耗共得引七万七千二百；四川盐井十七，弘治时岁办二千一十七万六千余斤，为引一十万八百八十；云南黑盐井三、白盐井一、安宁盐井一，为引三万五千六百，合计直省盐引二百六十八万有奇。余盐犹不在其内。余盐者，灶户正课外所余之盐也。洪武初制，商支盐有定场，毋许赴❶场买补。勒❷灶有余盐送场司，每二百斤给米一石。其盐召商开中，不拘资次给与。观嘉靖盐法，坏时每正盐一引，增余盐二百五十斤，则余盐之数不减于正引。今姑专论正引，照洪武三年大同仓例，每一小引入米一石，则直省二百六十八万余引，可得米二百六十八万余石矣。以太原仓例，入米一石三斗计之，应得米三百四十八万余石矣。以洪武四年，五石至一石远近有差计之，又可得千万石矣。若再合余盐计之，又岂一千万所能尽哉！

　　及考明粮运之制，太祖都金陵，四方贡赋由江以达京师，道近而易，惟海运以饷辽❸卒而已。成祖迁燕，道里辽远，法凡三变，初支运，次兑运、支运相参，至支运悉变为长运而制定。《史》又称成祖即位，以北京诸卫粮乏，悉停天下中盐，专于京

---

❶　赴　《明史》卷八〇作"越"，当是。
❷　勒　《明史》卷八〇作"勤"，当是。
❸　辽　据文意似当作"边"。

卫开中，惟云南金齿卫、楚雄府，四川盐井卫，陕西甘州卫，开中如故。不数年，京卫粮米充羡，而大军征安南多费，甘肃军粮不敷，百姓疲转运。迨安南新附，饷益难继，于是诸所复召商中盐，他边地复以次及矣。夫中盐可以饷边卒，亦可以给京师也。太祖都金陵，不以开中给京师，犹之可也。成祖都北平，则不可以不开中，况行之数年，已有京卫粮米充羡之效，使永为定制，何需粮运哉！然犹曰："安南多故，不得已而暂辍耳"。迨既弃安南之后，天下又宁，何不可复行京卫开中之法，继之者其惟仁、宣乎。仁宗立，不亟复京卫开中之制，而兢兢钞法之不通。户部尚书夏原吉谋国迂疏，令有钞之家中盐，遂定中盐则例，沧州引三百贯，河南、山西❶半之，福建、广东百贯。宣德元年，见北京开中有钞无粮，官吏军匠不支，始更定每引自二斗五升至一斗五升有差，召商纳米北京。继任者户部尚书郭敦以洪武中之盐客商年久物故，代支者多虚冒，请按引给钞。于是商贾守盐不得，而仅得钞，其中盐之心懈矣。郭敦又以甘肃、大同、宣府、独石、永平道险远，趋中者少，许寓居官员及军余有粮之家纳米豆中盐。于是边商亦有势要之杂，而边卫中盐之心亦懈矣。自是以后，京师停开中之制，边卫鲜中盐之利，边储渐匮，粮运益亟矣。督漕尚书宋礼、平江伯陈瑄，能臣也。永乐间，会通河浚，宋礼知造浅船五百艘，运淮、扬、徐、兖粮百万，以当海运之数，而不知京卫开中以当漕运之数。陈瑄增至三千余艘，可运三百余万石，名曰支运，以罢海、陆二运，而不知开中京师以当漕运。宣德四年，瑄令江西、湖、广、浙江民运百五十万石于淮安仓，苏、松、宁、池、庐、安、广德民运粮二百七十四万石于徐州仓，江宁、常、镇、淮、

---

❶ 河南、山西　《明史》卷八〇作"河南、山东"，当是。

扬、凤、太、滁、和、徐民运粮二百二十万石于临清仓，令官军接运入京、通二仓。民粮既就近入仓，力大减省，惟山东、河南、北直隶则迳赴京仓。六年，瑄又言："民运往返几一年，误农业。令民运至淮安、瓜州，兑与卫所，官军运载至北。"而终不知复京师开中以减漕运。尔时运粮已四百万石，嗣后京师无一中盐之粟，漕臣日闻粮运之增。

其盐、漕大坏者，莫过于成、弘之年。初，运粮京师未有定额。成化八年，始定四百万石，自后以为常。又通计兑运改兑加耗，入京、通两仓者，凡五百十八万九千七百石。明初，各边开中商人招民垦种，筑台堡自相保聚，边方菽粟无甚贵之时。正统间，有奏请纳马者，景泰时，有兼纳谷草、秋青草者。成化间，始有折纳银者，然未尝著为令也。弘治五年，商又困守支，户部尚书叶淇请召商纳银运司，类解太仓，分给各边。每引输银三四钱有差，视国初中米直加倍，商无守支之困，一时太仓银累至百余万。然赴边开中之法废，商屯撤业，菽粟翔贵，边储日虚矣。严从简《殊域周咨录》云："淇，淮人。天下盐课，独淮为盛。在淮商人多淇亲识，欲便之，故轻变法。自后各边始有年例银之送，然淇之失亦已甚矣。"自是盐、漕交坏，群臣区区谋补苴，皆塞流治末之不暇，安有为澄本清源之论者哉！如弘治间，都御史马文升疏论运军之苦，言："各直省运船，皆工部给价，令有司监造。近者，漕运总兵以价不时给，请领价自造。而部臣虑军士不加爱护，议令本部出科四分，军卫任三分，旧船抵三分。军卫无从措办，皆军士卖资产、鬻男女以供之，此造船之苦也。正军逃亡数多，而额数不减，俱以余丁充之，一户有三四人应役者。春兑秋归，艰辛万状。船至张家湾，又雇车盘拨，多称贷以济运，此往来之苦也。其所称贷，运官因以侵渔，责偿倍息。而军士或自载土产以易薪米，又格于禁例，多被掠夺，此侵凌之苦也。"嘉靖十三年，给事中管怀理言："通来盐法大坏，其弊有六：开中不时，米价腾贵，召籴之难也；势豪大家，专擅利权，报中之难也；官司科罚，吏胥侵索，输纳之难也；下场挨掣，动以数年，守支之难也；定价太昂，息不偿本，取赢之难也；私盐四出，官盐不行，市易之难也。有此六难，正课壅矣。而司计者因设余盐以佐之，余盐利厚，商固乐从。然不以开边，而以解部，虽岁入巨万，无益军需。祖宗时，商人中盐纳价甚轻，而灶户煎盐工本甚厚，今盐价十倍于前，而工本不能什一，何以禁私盐，使不行也。故欲通盐法，必先处余盐，欲处余盐，必多减正价。大抵正盐贱，则私贩自息。今宜定价每引正盐银伍钱，余盐银二钱五分，不必解赴太仓，俱令开中关支，余盐以尽收为度。正盐价轻，既利于商；余盐收尽，又利于灶。未有商灶俱利，而国课不充者也。"二疏俱切中盐、漕之弊，然盐自盐，漕自漕，无有以中盐减漕者，二疏所言之弊与有明为终始。而万历之十年，漕运抵京，仅百三十八万余石，而抚臣议截留漕米以济河工，竟不闻议开中以济河工也。仓场侍郎赵世卿争之，言："太仓入不当出，计二年后，六军万姓将待新漕举炊，倘输纳愆期，不复有京师矣。"盖灾伤折银，本折漕粮以抵京军月俸。其时混支，以给边饷，遂致银、米两空，故世卿争之。然亦就漕言漕，漫不知祖宗开中京师为何事矣。自后仓储渐匮，漕政亦益弛。迨于启、祯，天下萧然，烦费岁供，愈不足支矣。

运船之数，永乐至景泰大小无定，为数至多。天顺以后，定船万一千七百七十，官军十二万人，与京军相当。以运军十二万人，养京军十二万人而不足，法弊至此，而不知复古，是谁之过哉！京师中盐之法坏，不得不仰借于运；护运之心胜，不得不塞荆隆口以利漕。刘大夏，伟人也。弘治七年，河决数道，入运河，坏张秋东堤，夺汶流入海，漕流绝。刘大夏奉敕往治决河。夏半，漕舟鳞集，乃先自决口西岸凿月河以通漕。经营二年，张秋决口就塞，复筑黄陵冈上流。于是河复南下，运道无阻。乃改张秋曰安平镇，建庙赐额曰显惠神祠，命大学士王鏊纪其事，勒于石。嗣后黄河无涓滴北下之水，全河南趋，张秋保而黄河不可治矣。盖当日君臣狃于护运之说，止知张秋一决，漕挽无路也；不知中盐一复，漕运可减也。中盐变于弘治五年，黄陵冈筑于弘治七年，事机之倚伏，其捷如是。执往事以论，今时欲放河使北，必先豁人心坏运之疑。欲人无害运之疑，必先中盐京师，使京、通二仓争输充羡。朝野上下晓然于中盐之制，足以供俸米甲。米而有余，运船一万一千七百七十艘，运军十二万人，全无所用，以次抽除，大决荆龙口，放河归北，岂不诚万世之利哉！

整理人： 宋福利，中国古典文献学专业博士，新乡学院讲师。

〔清〕冯祚泰 撰
姬明明 整理

治 河 后 策

整理说明

《治河后策》，清冯祚泰撰，字粹中，滁州人，乾隆十七年（1752年）举人。粹中诗文有奇气，且胆略过人，曾裹粮徒步考察黄河和淮河，遍历沿河各地，探寻黄、淮水道利弊。本书即是在考察基础上写出。

《治河后策》共两卷，是冯祚泰肄业中山书院时所作，同时著有《治河前策》两卷。《治河后策》全书共15篇。其中上卷4篇，其篇目为《黄河入淮考》《淮泗沂考》《海口受河考》《河漕考》，主要是对黄、淮等河河道变迁的考证；下卷11篇：《贾鲁治绩考》《高家堰考》《归仁堤考》《防黄淮入江》《防决》《沙宜去》《沙宜留》《安东海口宜辟》《分黄宜另辟海口》《助淮宜去沙》《增植榆竹麻》。其内容大致可分为两个方面：首先，对前人治河工程的考证和反思；其次，总结前人治河经验，为当时黄河治理提出自己的见解和意见，其大旨主闭南崖减水坝，不引浊沙入湖，添建北崖减水坝，另辟海口，以泄其泛涨。该书材料丰富，论证严密，加上作者的实地考察经验，对后世治理黄河有重大理论和实践意义。

本单元由姬明明整理，不当之处，敬请批评指正。

整理者

目　录

| 整理说明 | 695 |

上卷 ……………………………………………………… 697
　黄河入淮考 ………………………………………………… 697
　淮泗沂考 …………………………………………………… 701
　海口受河考 ………………………………………………… 712
　河漕考 ……………………………………………………… 722

下卷 ……………………………………………………… 733
　贾鲁治绩考 ………………………………………………… 733
　高家堰考 …………………………………………………… 741
　归仁堤考 …………………………………………………… 746
　防黄淮入江 ………………………………………………… 751
　防决 ………………………………………………………… 753
　沙宜去 ……………………………………………………… 756
　沙宜留 ……………………………………………………… 759
　安东海口宜辟 ……………………………………………… 761
　分黄宜另辟海口 …………………………………………… 766
　助淮宜去沙 ………………………………………………… 768
　增植榆竹麻 ………………………………………………… 770
　提要 ………………………………………………………… 773

上卷

黄河入淮考

《汉书》云：禹功告成之后，有于荥阳下引河为鸿沟，以与汝、颍、淮、泗会。以舆地求之，河在北，淮在南，相去千数百里。河与淮原不相接，恃有汳、睢、沙、涡诸支派联络交通。然淮虽有通河之道，而黄水实不入淮。故自周定王五年河未徙以前，河固北流归海，淮亦南流趋壑。即周定王五年大河南徙以后，而河迳千乘入海，亦与淮南北迥殊也。

《汉书·沟洫志》：孝武元光中，河决于瓠子，东南注巨野，通淮、泗❶。上使汲黯、郑当时兴人徒塞止❷，辄复坏。是时武安侯田蚡为丞相，其奉邑食鄃。鄃居河北，河决而南即❸鄃无水灾，邑收入多。蚡言于上曰：江河之决皆天事，未易以人力强塞❹。而望气用数者亦以为然，是以久不复塞也。后二十余岁，岁数不登，梁楚之地尤甚。乃使汲仁、郭昌发卒数万人塞瓠子

---

❶ 通淮、泗　《汉书》卷二九《沟洫志》作"通于淮、泗"。
❷ 止　《汉书》卷二九《沟洫志》作"之"。
❸ 即　《汉书》卷二九《沟洫志》作"则"。
❹ 《汉书》卷二九《沟洫志》此处有"强塞之未必顺应天"。

决河。于是上以用事万里沙碛❶，还自临决河，沉白马、玉璧，而下淇园之竹以为楗，卒塞瓠子，筑宫其上，名曰宣防，作《瓠子歌》。

今按：《瓠子歌》曰：啮桑浮兮淮泗满。啮桑在沛县西南，河之入淮当经小沛。而二十余岁以后始塞瓠子，明河之入淮亦二十余岁，迨宣防既筑，道河北行二渠，而河淮分矣。

《成帝纪》：建始四年秋，大水，河决东郡金堤。是时，河水盛溢，泛浸瓠子。上使王延世塞之。此亦河之入淮不久而塞者也。

汉世两决瓠子，一塞于武帝，再塞于王延世，河自是不复决而南，辄泛滥入平原、济南、千乘，骎骎乎有向东之势矣。

永平十三年，诏曰：自汴渠决败六十余年。盖河自平帝之世行汴渠东南入淮，亦行济渎东北入海，与后世南、北清河几相类矣。王景修渠筑堤，自荥阳东至千乘海口千余里。诏美其功曰：河汴分流，复禹旧迹。则河之浸淮者六十余年，至王景功成而河、淮仍为二渎矣。自王景功成，河不入淮者千有余年。

宋太平兴国八年，河决滑州，东南流至彭城界入于淮。咸平三年，河决郓州黄陵埽，浮巨野，入淮、泗。天禧三年，滑州河溢，历澶、濮、曹、郓四州，又合清水、古汴渠入于淮。州邑罹害者三十二。皆不久旋塞。

宋神宗熙宁十年七月乙丑，河大决于澶州曹村，澶渊北流断绝。河道南徙，东汇于梁山、张泽泺，分为二派：一合南清河入于淮，一合北清河入于海。明邱浚定为黄河入淮之始者也。元丰元年四月，漕州❷决口塞。五月，新堤成。闭口断流，河复

---

❶ 碛　《汉书》卷二九《沟洫志》作"则"。
❷ 漕州　据上文可知，应为"澶州"。

归北。

金明昌五年春正月，尚书省奏：都水监丞田栎靖于北清河北岸墙村决河入梁山泺故道，依旧作南、北两清河分流。上令宰臣集百官详议，卒寝不行。是年，河决阳武故堤，灌封丘而东，注梁山泺，南北分流。

《禹贡锥指》：金吉甫云：河至绍熙甲寅，南连大野，并行泗水入淮❶，于是有南、北清河之分。北清河即济水故道。南清河并泗入淮，今淮安之西二十里对岸清河口是也。考宋光宗绍熙五年甲寅，即金章宗明昌五年。是岁河徙，自阳武而东，历延津、封丘、长垣、兰阳、东明、曹州、濮州、郓城、范县诸州县界中，至寿张注梁山泺，分为二派。北派由大❷清河入海，今大清河，自东平，历东阿、平阴、长清、齐河、历城、济阳、齐东、武定、青城、滨州、蒲台，至利津县入海者是也。南派由南清河入淮，即泗水故道，今会通河，自东平，历汶上、嘉祥、济宁合泗水，至清河县入淮者是也。元泰定元年，河始行汴渠，至徐州城东北合泗入淮。《锥指》云：河自徐州北，东南流至城东北合于泗水。泗水自沛县入州境，循城而东，一曰清河，又曰泉河；其后为运河，亦名闸河。元初，黄河由涡入淮，至嘉泰元年，由汴河决入清河，自是遂为大河之经流。

至正四年，河决金堤，砀山、丰、沛皆罹水患。九年，白茅河东注，沛县成巨浸。十一年，命贾鲁治之，乃复故道，南汇于淮，又东入于海。

明洪武八年，大河南决，挟颍入淮。二十四年，河决原武

---

❶ 并行泗水入淮 《禹贡锥指》卷一三下《附论历代徙流》作"并行泗水以入于淮"。

❷ 大 《禹贡锥指》卷一三下《附论历代徙流》作"北"。

之墨阳山，东经开封，又南行至项城，经颍州颍上，东至寿阳镇全入于淮。贾鲁河故道遂淤。

永乐十二年七月，河决荥泽入淮。十三年，河决荥阳县，东抵项城达太和，又西南达颍州注于淮。是年，河决荥泽县孙家渡口入汴，至寿州入淮。七月，河又决荥阳，东南经陈留，自亳入涡口，又经蒙城，至怀远县界入淮。

弘治二年五月，河决汴城入淮，复决黄陵冈入海。三年，河决张秋。南决者自祥符县界析为二支：一合颍水，下涂山入于淮；一入涡河，下荆山入于淮；又一支自归德州通凤阳之亳州，亦合涡河入于淮。北决者自原武经阳武、祥符、封丘、兰阳、仪封、考城，其一支入金龙等口，至山东曹州，冲入张秋运河；又并为一大支，由祥符之翟家口合沁河丁家道口下徐州。户部侍郎白昂引中牟决河出荥泽阳桥以入淮，浚宿州古汴河以达泗，又浚睢河自归德饮马池迳符离桥至宿迁以会漕河。上筑长堤，下修减水闸，又疏月河十余以杀其势，塞决口三十六，河入汴，汴入睢，睢入泗，泗入淮以达于海。六年，河决张秋戴家庙，掣漕河与汶水合而北行，河流湍悍，决口阔九十余丈。刘大夏行视之曰：是下流未可治，当治上流。于是，即决口西南开月河三里许，使粮运可济；乃浚仪封黄陵冈南贾鲁旧河四十余里，由曹出徐，以杀水势；又浚孙家渡口，别凿新河七十余里，导使南行，由中牟颍川东入淮；又浚祥符四府营淤河，由陈留至归德分为二：一由宿迁小河口，一由亳涡河，俱会于淮。然后沿张秋两岸，东西筑台立表，贯索联巨舰，穴而窒之，实以土，至决口，去窒沉舰，压以大埽，且合且决，旋决旋筑，连昼夜不息。决既塞，缭以石堤，隐若长虹，功乃成，改张秋名为安平镇。又以黄陵冈居安平镇之上流，其广九十余里；荆龙等口又居黄陵冈之上流，其广四百三十余丈，河流至此，宽漫奔放，皆喉襟重地。乃筑太行堤，起胙城，至归德，讫徐州，凡四百余里。

淮泗沂考

《禹贡》：导淮自桐柏。《传》曰：桐柏在南阳之东。《水经》云：出胎簪山，东北过桐柏山。胎簪，盖桐柏之旁小山也。傅氏曰：胎簪山即桐柏，后世又别名之耳。《风俗通》曰：南阳平氏县桐柏大复山东南，淮水所出。淮水与醴水同源俱导，西流为醴，东流为淮。自潜流地下三十许里，东出桐柏之大复山南，谓之阳口。水南即复阳县也，在大复山之阳，故曰复阳。山南有淮源庙。《桐柏县志》云：县西三十里有淮井，石砌水池方七尺许，有泉三处，涌出即于池边伏流地中，经六七里成川。以今舆地言之，淮水出桐柏县西北桐柏山，_{县在南阳府东南三百里。}东南流迳其县南，《禹贡》所谓导淮自桐柏者也。

东会于泗、沂，东入于海。蔡氏曰：沂入于泗，泗入于淮。此言会者，以二水相敌故也。金氏曰：淮出桐柏，初甚涌，复潜流三十里；然后东驰，亦尚浅，其深处为十四潭，至并汝、颍始大。汝、颍禹时不费治导，故不书。自桐柏至海凡千七百里。

《水经注》：淮水自平氏县又东迳义阳县，_{今信阳州。}又迳义阳县故城南，_{在今信阳州西北七十里。}又东迳江夏平春县北，_{今信阳州东南。}又东油水注之，_{在平春县故城西。}又东北迳城阳县故城南，又东北与大木水合，_{水西出大木山。}又东北左会湖水，_{按：今信阳州界有台湖、车辋湖、冯家、杨家、蔡家等湖。}又东迳安阳县故城南，_{在今真阳县东，}

与光州息县接界。又东得浉口水，今罗山县西南。又东迳新息县南，在今新息县北三十里。又东迳浮光山北，在今光山县北八十里。又东合慎县水。在今真阳县北四十里。

按：水出慎县西首受淮川，左结鸿陂。汉成帝时，翟方进奏毁之。建安中，汝南太守邓晨修复之，起塘四百余里，百姓得其利。鸿陂，一名鸿郤坡，又名鸿池陂。秦观曰：鸿池陂非特灌溉之利，菱芡、蒲鱼之饶，实一郡潴水处也。陂既废，水无归宿，汝水所以散漫为害与。

又东与申陂水合，在新息县北。又东右合壑水，在今光州西十二里。又东北申陂枝水注之，又东迳淮阴亭北，又东迳白城南，在今息县东。又东迳长陵戍南，又东青陂水注之，长陵戍在今息县东北八十里。青陂在新蔡县西南。又东北合黄水，又东迳期思县北，在今固始县西北七十里。又东北澙水注之，今固始县南五十里。又东迳原鹿县南，今江南颖水南，富陂之西。汝水从西北来注之。《汝水篇》云：汝水出鲁阳县之大盂山，东南流迳原鹿县故城西，而南入于淮，所谓汝口。

又东迳〔寿〕❶州安丰县东北，决水注之，今霍邱县西南有安丰故城。决水在县西八十里，与固始县分界。又东谷水入焉，在今颖州治。又东北左会润水，又东北穷水入焉，今霍邱县南。又东为安丰津，淮中有洲，俗号关洲。又东北至九江寿春县西，沘水、洪水合，北注之，谓之沘口。又东颖水从西北来注之。淮水东流与颖口会，又东北迳寿春县故城西。寿春故城即今寿州治。

《颖水篇》云：颖水出颖川阳城县西北少室山，东南流迳蜩蟟郭东，俗谓之郑城，又东南入于淮。郑城在今颖上县南。

又北左合椒水，又东迳寿春县北，肥水注之，谓之肥口，在今寿州东北十里，《州志》谓之东肥河。又北夏肥水注之，在寿州西北，《州志》谓

---

❶ 底本缺字，据下文可知安丰县属寿州。

之西肥河。又北迳山硖中，谓之硖口，对岸山上结二城以防津要，盖夹淮为险者也。又北迳下蔡故城东，本州来城，明省入寿州。又东迳八公山北，在今寿州北少东。又北迳莫邪山西，今凤阳县西南。又东迳当涂县北，在今怀远县东南。濄水从西北来注之。濄水即涡水。《阴沟水篇》云：濄水受沙水于扶沟县，东南流迳荆山，又东注于淮。荆山在县西南一里。涂山在县东南八里。淮流二山之中。涡水在县北一里来注之。

又东濠水注之，在今怀远县南，《元和志》谓之西濠水。又北沙水注之。沙，《水经》所谓蒗荡渠也，汴水在大梁城东分为蔡渠，即沙水也。淮出于荆山之左，涂山之右，奔流二山之间，而沙水从县南注之，谓之沙汭。

又东迳钟离北，在今临淮县东，而县西有濠水，《志》谓之西濠水。又东迳夏丘南，涣水注之，在今虹县治。又东至巉石山，潼水注之，在今五河县东。又东迳浮山，在今盱眙县西。又东迳徐县南，历涧水注之，在今泗州西北三十里。又东池水注之，今定远县东南。又东蕲水注之，又东历客山，迳盱眙县故城南，今盱眙县东南。又东迳广陵淮阳城，今清河县西南。又东北迳下邳淮阴县西，泗水从西北来注之，今清河县东南。

淮、泗之会即角城也。左右二川翼夹，二水决入之所，所谓泗口也，亦名清口。导淮东会于泗、沂者，即此。因并附泗、沂二川于左。

《水经注》：泗水出鲁卞县故城东南桃墟西北。杜预曰：鲁国卞县东南有桃墟，墟有泽，方十五里。泽西际阜，俗谓之妫亭山。西北连冈四十余里，冈之西际为泗水之源。《博物志》曰：泗水陪尾，盖斯阜者矣。石穴吐水，五泉俱导，穴各迳尺。《元和志》：泗水从泗水县陪尾山，其源有四，四泉俱导，因以为名。今兖州府泗水县东五十里有陪尾山。

又西迳其县故城西。城在今泗水县五十里。《县志》云：陪尾山下有泗水神祠，祠前有泉林寺，寺之左右皆深林茂树，有大泉十数，渟泓澄澈，互相灌输，会而成溪，是为泗水。南迳卞城，东有桥曰卞桥，自卞桥西至县城复有大泉数十，南北交会入于泗水，以达曲阜。大抵县境数十里内泉如星列，皆泗水也。

又西南迳鲁县北，今曲阜县治。分为二，北为洙渎，南则泗水。洙、泗之间即夫子领徒之所。《从征记》曰：阙里有四门，其北门去洙水百余步。今泗水南有夫子冢。

泗水又南迳鲁城西南合沂水。沂水出鲁城东南尼丘山西北，平地发泉，流迳鲁县故城南。水北对稷门，亦曰雩门。门南隔水有雩坛，曾点所欲风舞处也。

又西迳瑕丘县东、屈从县东南，流迳平阳县故城西，在今邹县南。又南迳高平县故城西，洸水注之，在邹县南。又南迳方舆县东，菏水从西来注之，在今鱼台县北，与沛县接界。又屈东南过湖陆县南，在今鱼台县东南。左会南梁水。又南漷水注之，又南迳薛之上邳城西，今滕县西北。又南迳沛县东，黄水注之。泗水自西北流入，东去县五十步。又南迳小沛县东，在沛县东南一里。又东南迳广戚县故城南，城在沛县东北。又迳留县而南迳垞城东，今徐州北。又东南迳彭城县东北，泗水迳今徐州洪。又南迳彭城县故城东，在今徐州东南。又东南迳吕县南，泗水迳今吕梁二洪。又东南迳下邳县葛峄山东，又东南迳其故城西，故城在今邳州东三十里。又东南沂水注之。又东南得睢水口，又迳宿预城西，今宿迁县东南。又迳其城南，又东迳陵栅南，在今宿迁县东南。又东南迳淮扬城北，今桃源县西北。又东南迳魏阳城北，在今桃源县东。又东迳角城北，而东南流注于淮，即今清河县。以今舆地言之，泗水出泗水县，历曲阜、滋阳、济宁、邹县、鱼台、滕县、沛县、徐州、邳州、宿迁、桃源，至清河县入淮，此禹迹也。

《水经注》：沂水出泰山盖县艾山。郑康成云：出沂山，亦或云临乐山。水有二源：南源，世谓之柞泉，北水，俗谓之鱼穷泉。俱东南流入，合成一川。《齐乘》曰：康成云沂水出沂山。按：今蒙阴县东北地名南河川，小阜之下有曰狗泉，此沂源也。东南迳马头固山，有泉东流与之合。北望沂山五十里，殊无别源，疑沂山水源，古流今竭耳。《禹贡锥指》云：临乐、艾山即沂山支阜之异名，山跨蒙、沂二县之境。狗泉即北源之鱼穷泉。马头固山即南源之柞泉。

又东经盖县故城南，又东迳浮来山，浮来之水注之。又南迳爆山西，山有二峰，相去一里，双峦齐秀，员峙若一。又西南迳东莞县故城西，即今沂水县治。与小沂水合，此出黄孤山者。又南迳东安县故城东，而南合时密水，在今沂水县西南。又南合桑泉水，又南迳阳都县故城东，在今沂水县西南。又南与蒙山水合。又南迳中丘城西，又南迳临沂县故城东，今沂州北。治水注之，俗谓之小沂水，此出泰山南武阳县之冠石山者。

《齐乘》曰：沂水自诸葛城，又南迳王祥墓，孝感水入焉。又南至沂州城，小沂水西南入焉。又南分流入三十六穴湖，东通沭水❶。

宋庆历间《沂州修城碑》云：大小二沂环流外转，而小沂尤湍于西北，平日波如簟纹，清浅可爱，及山雨水至，如百万阵马摩垒而来。

明沂州知州何格议曰：治沂有二难：一隘于石沟，一隘于庙山。自石沟以上有坊口，通长沟、温泉入（沐）〔沭〕之故

---

❶ 沐水　当作"沭水"。

道。庙山以下有马儿湾，通五大沟、芦塘诸湖入郯之故道，实又沂之故迹也。坊口既塞，每遇淫雨，石沟以上不得由长沟入（沭）〔沭〕，决汊口而横流沂水之东南乡、州北之孝感乡。此长沟不可不开，以杀石沟之溢者也。沂水自入州境，合治、浚、洪、祊诸水，并趋庙山。河流既盛，山麓亢隘，反趋马儿湾，入五大沟，又过郯之马头以出宿迁。而州之擅湖利者谋塞马儿湾，水合出于庙山下，无所分泄，泛滥逆行。上自费之、朱纪等口二十处，州境之白龙等口二十九处，屡见冲决，近河乡郭转为沮洳。而郯之港口马头等十七处又下于所费者，垫溺滋甚，此马儿湾不可不开以疏庙山之隘者也。

沂水又南迳开阳县故城东，_{今在沂州北。}又东迳襄贲县东，_{今沂州西南。}又屈从县西南流，又屈南迳郯县西，_{今郯城县西南，去邳州治百五十里。}又南迳良城县南，_{今邳州北。}又南迳下邳县北，_{今邳州东三十里。}分为二水：一水于城北西南入泗，一水迳城东屈从县南，亦注泗，谓之小沂水。

水上有桥，徐泗间以为圯，张子房遇黄石公于圯上即此。《邳州志》云：沂河旧在州西一里，今其道为黄流淤塞，水自郯城入运河。

以今舆地言之，沂水出青州府之沂水县，历兖州府之沂州郯城，至邳州合泗水，又东南至清河县入淮。《导淮》云：东会于泗、沂。徐州止言淮、沂，其义而不言泗者，以泗之上流不为害，至合沂而始大。沂则自下邳以上为患已深也。

淮水又东迳淮阴县北，中渎水出白马湖，东北注之。淮水右岸即淮阴也。县有中渎水，首受江于广陵郡之江都县，县城临江。昔吴将伐齐，北霸中国，自广陵城东南筑邗城，城下掘深沟，谓之韩江，亦曰邗溟沟，自江东北通射阳湖，《地里志》

所谓渠水也，西北至末口入淮。自永和中江都水断，其水上承欧阳引江入埭，六十里至广陵城北出广武湖东、陆阳湖西，二湖东西相直五里，水出其间，下注樊梁湖，旧道东北出博芝、射阳二湖，西北出夹耶，乃至山阳矣。至永和中，患湖道东风，陈敏因穿樊梁湖北口下注津湖，迳渡十二里方达北口至夹耶。兴宁中，复以津湖多风，又自湖之南口沿东岸二十里穿筑入北口，自后行者不复由湖矣。旧道自广陵出山阳白马湖，迳山阳城西，即射阳县故城。应邵曰：在射水之阳也。中渎又东，谓之山阳浦，又东入淮，谓之山阳口。按：射阳故城在今山阳县东南。县西有山阳渎，即古邗沟。县北五里有北神堰，即古末口也。

按：末口入淮乃夫差沟通江淮之故道也。永和中，出白马湖，合中渎入淮，则更在故道之西矣。其后，隋炀帝开广山阳渎以通战舰，亦由此道。至唐，齐浣又开伊娄渠以达扬子，复与邗沟相近。事皆在注《水经》之后，故不具列。

又东西小水注之，即宿迁县之凌水。又东至广陵浦县❶入于海，淮浦即安东县也。以今舆地言之，淮水自桐柏县南，东迳信阳州北，信阳在汝宁府西北❷二百七十里，水去州四十五里。又东迳罗山县北、真阳县南。罗山在州东一百二十里，水去县二十里。真阳在府南一百二十里，淮去县八十里。淮水旧自确山县南流入二县界，今不入。又东迳息县南，息县在光州西北九十里，水去县五里。又东迳光山县北，光山在州西四十五里，水去县八十里。又东迳光州北，光州在汝宁府东南二百七十里，水去州六十七里。又东北迳固始县北，固始在州东北一百二十里，水去县七十里。

按：固始县东南四十里有茹陂，后汉末扬州刺史刘馥所筑，

---

❶ 广陵浦县　当作"广陵淮浦县"。
❷ 西北　当为"西南"。

为耕屯之利。其后,邓艾等尝修治之。今故址仅存。

又东北迳颍州南,颍州在江南凤阳府西四百二十里,水去州一百十里,又东十余里合汝水,南岸即霍邱县界。又东迳霍邱县北,霍邱在寿州西南一百二十里,水去县四十五里,其渡处曰安风津。又东迳颍上县南。颍上在颍州东一百二十里,水去县二十五里,西南与霍邱分界,又东三十五里与寿州分界。颍水在县南门外,亦曰沙河,东南流至正阳镇入淮,谓之颍口,即春秋之颍尾也。镇在县东南七十里淮水之西。又东迳寿州西北,寿州在凤阳西少南一百里,水去州二十五里。芍陂在州南,亦曰期思陂。又东迳怀远县南,怀远在府西北七十里,水去县一里,流至城东稍折而北,涡水来注之,谓之涡口。又东迳凤阳县北,县为凤阳府治,水去城十里。又东迳临淮县北,临淮在府北少东之二十里,水去县十里。又东北迳五河县南,五河在府东北九十里,水在县东南二十里,有浍、沱、漴、潼四水与淮会为五河口,县因名。又东迳泗州南、盱眙县北。泗州在府东少北二百十里,水去州一里,有浮桥为南北要道。盱眙在州南五里,水去县二里。

按:泗州、盱眙两城相距七里,其地有长沙洲,长二里,淮水泛涨赖以捍御。县西南一里有上龟山,县东北二十里有下龟山,为龟山镇,其下有运河,一名新河。宋初发运使□❶元自淮阴开新河,属之洪泽,避长淮之险,凡四十九里,久而湮涩。熙宁四年,发运副使皮公弼修泗州洪泽河六十里,以避漕运涉淮风涛之患。元丰六年,发运使罗拯复欲自洪泽而上,凿龟山里河以达于淮。会发运使蒋之奇入对,建言:上有清汴,下有洪泽,中间风波之险不过百里,宜自龟山蛇浦下属洪泽,凿左肋为复河,取淮为源,不置闸堰,可免风涛覆溺之虞。议者以为便,遂成之,亘五十七里有奇,广十五丈,深丈有五尺。南渡后寝废。《川渎异同》曰:泗州与盱眙两城相距凡七里,自昔

---

❶ 底本缺字,据《宋史》卷九六《河渠志》应为"许"。

为淮流杂束之处。汴水自河南界流迳州城东而合于淮，谓之汴口。宋时以此为漕运要冲，今惟涓流可辨耳。由州城而东三十里，龟山峙焉，淮流至此乃益折而北。又二十余里，而洪泽、富陵、泥墩、万家等湖环汇于淮之东岸，淮水泛溢恒在于此，州逼淮而地下故也。《禹贡锥指》云：按：古汴水东流，迳彭城县北而东入于泗。唐贞元中，韩愈佐徐州幕，有诗云"汴水交流郡城角"，是其时汴水犹于州城东北隅合泗入淮也。不知何年改流，从夏邑、永城、宿州、灵璧、虹县至泗州两城间而入于淮。宋时，东南之漕率由此以达京师。南渡后渐埋。元泰定初，河行故汴渠，仍于徐州合泗水，至清口入淮，而泗州之汴口遂废。

又东北迳清河县南与泗水合，谓之清口。清口在淮安府西少北五十里。淮水去县五里。洪泽湖在县南六十里洪泽镇西，长八十里，接盱眙县界，新志谓之富陵湖。夏允彝曰：清河县北有老黄河，本沂、泗东趋合淮入海故道，开此则河之赴海必勇，云梯关下淤塞苇场当自荡涤，而海口阔矣。《锥指》云：此必近世决河入海之故道，非淮水东会沂、泗之旧迹也。

又东北迳山阳县北。山阳，淮安府治。

按：县有射阳湖，古射陂也，在县东南八十里，与盐城、宝应分水。高家堰，一名高加堰，在县西南四十里。后汉建安中，太守陈登筑以防淮。明永乐初，平江伯陈瑄始为筑治，长六十里。潘季驯又加筑至八十里。清江浦在县西，即新运河也，旧名沙河。《宋志》：楚州北有山阳湾，淮流迅急，每致沉溺。雍熙中，漕臣刘蟠议开沙河，避淮水之险。乔惟徽继之，自楚州至淮阴开导，凡六十里，舟行便之。其后淤塞。明永乐中，陈瑄修治运河，乃凿清江浦，引水由管家湖至鸭陈口达海❶。

---

❶ 海　当为"淮"。

又东北迳安东县南，又东北入于海。安东在府东北六十里，水去县二里，过云梯关入海。

此禹导淮东会泗、沂入海之故道也。自元时河夺汴、泗以入淮，沂水改流自郯城入运，所谓东会泗、沂，乃东会黄、泗，而两渎并为一渎矣。

淮之所纳其山源之水，沂、泗、汝、颍为大。及荥阳下引河东南与济、汝、淮、泗会，则阴沟、汳水、鸿沟、沙水、涡水、睢水诸川，或自入淮，或由颍、泗以入淮，而淮之所纳愈多矣。今全河已悉注于淮，淮虽大，其何以堪？河不归北，则徐扬昏垫之患恐未有已时也。按：宋开宝七年，淮水溢入泗州城。咸平四年，复溢。天圣四年，又溢。景祐三年，作外堤以备淮水，高三十三尺。自是，水患稍弭。欧阳公云：泗州之患，莫暴于淮。是也！元大德十一年，淮水溢入南门，深七尺余。泗州旧志载：元知州韩居仁撰《淮水泛涨记》云：大德丁未夏五月，淮水涨溢，南门水深七尺，止有二尺二寸未抵圈砖顶，城中居民惊惧。因考宋辛丑之水，大此二尺，丙寅小此二尺，今取高低尺寸刊之于石，以后水涨，官民视此勿惊惧云。当时黄未入淮，而泗州景象已如此。自大河南徙，淮之为患于郡县者尤不可胜数矣。明永乐七年六月，寿州言淮水决州城。命以时修筑。中都留守司言：夏雨不止，淮河水溢坝口，见发军夫昼夜筑塞。命工部亟遣人督视。八年三月，工部言：淮安府淮河南岸圮，宜令有司修筑。从之。宣德七年，寿州卫奏：近城西有湖，与淮相通，比雨潦暴涨，坏城二百四十余丈，乞发附近军民修理。从之。正统元年，寿州卫奏：淮水泛涨，坏西北城垣，请修治。从之。天顺七年闰七月，修凤阳卫土城及护城堤。以久雨，淮水冲决故也。隆庆三年九月，淮水涨溢，自清河县至通济闸及淮安府城西淤者三十余里，决方、信二坝出海。四年，淮水东趋，决高家堰。又漕抚王宗沐《淮郡二堤记》：隆庆辛未，淮河大溢，坏漕舟以千数。又明年癸酉五月，淮水溢，平地高三丈余；又数道出礼、信坝及钵池山，居民在巨浸中，至八月始涸。万历四年，河决崔镇口而北，淮决高家堰而东。十九年，泗州大水。二十三年，淮水决高堰、高良涧。天启元年，淮安雨积旬，淮、黄骤涨。崇祯四年，黄、淮交涨，此淮决之患也。而元明以来，河决之患又可胜道哉？自金明昌五年以前，河、淮未合，河犹决于北，淮犹决于南。况二渎同趋，势不能容哉！淮所行安东入海之道本不能尽容一淮，加以河绵亘万里，纳千七百一川，并入于淮之受七十二溪者。假道于淮，既以隘淮之路，而黄流亦未畅，幸而淮能敌黄，则两强分决。吾恐黄之决崔镇而北，淮之决高堰而东者，不止见于万历四年。淮不敌黄，淮必决而东，而黄亦蹑其后，欲入江而江不能入，欲趋海而海不可通，高、宝、兴、盐、盱、泗七州县不汇为巨浸乎？尤难者淮不可分，分则敌黄无力；黄不可分，分则泥沙不冲。不得已为筑垣以居之计，使黄以全力南趋，沙随水去；淮以全力东注刷沙，是资平时水不暴溢。固曰：清口辟，海口深，安流无恙也。一旦淫雨积旬，水流暴发，非黄、淮分决，即黄随淮决，一定之势也。计惟河、淮分流，差少漂溺。而分流之道舍北派何从哉？如必不能，亦惟修固高堰湖闸以防其入江，而老❶黄河故道之行，昔日已有成效，则尤所当加意者也。

---

❶ 老　结合上下文意，疑为"考"。

海口受河考

河以海为壑，河徙而海不迁。禹之时，河入海在北，继则屡迁而东，今则远至于南。然虽远至于南，而其欲北欲东，往往见于决溢。今按：河之入海也，有一时偶决之口，有数十年数百年流入之口，有千余年流入之口，有已弃复入之口。大约大河假道之口，河徙而水仍流；大河独辟之口，河去而渎遂枯。诚备观而详考焉，则河之宜北、宜东、宜南大较可睹已。

大海自天津卫直沽口与兖分界，为冀州域。又北历宝坻县东南，折而东，历丰润州、乐亭、卢龙、昌黎县南。昌黎，汉絫县，碣石在其地，是为碣石海口。

碣石海口

贾让言：禹治水，凿龙门，辟伊阙，析底柱，破碣石，山陵当路者毁之。盖伊阙类龙门，夹峙两岸，水出其间者也。碣石类底柱，横绝中流，当河之冲者也。析之破之，不容已矣。但此石犹着海旁，不知何年苍沦于海。《水经》曰：碣石山在辽西临渝县南水中。文颖曰：碣石在辽西絫县。絫县并属临渝。《地理志》曰：今枕海有石，如甬道数十里。当山顶有大石如柱形，往往而见立于巨海之中。湖水大至及潮波退，不动不没，不知浅深，世名之天桥柱也。《郦注》云：大禹凿其石，右夹[1]而纳河，今沦于海水也。又云：湍水自乐安亭南与新河故渎合，又东南至絫县碣石山。按：碣石，禹时着海旁，后则沦于海中。

---

[1] 右夹　当为"夹右"，互乙。

王横所云：往昔天尝连雨，东北风，海水溢西南，出浸数百里。盖海已跨碣石之前，故石苞海中也。然碣石虽苞于海，而石固存，故秦始皇、汉武帝皆尝登之，勒铭其上。曹孟德征乌桓，东临碣石，以观沧海。后魏文成帝太安四年东巡，登碣石，望沧海。盖此山虽沦于海，而去北岸不远，犹可扬帆揽胜。车驾东巡、大军出塞者，率皆登山观海，以修故事。自是以后，登碣石者无闻焉。《禹贡锥指》所谓碣石之亡，当在魏齐之世也。然碣石亡而濡水不亡，考濡水可知碣石矣。濡水，今所谓滦河也。《汉志》：辽西肥如县濡水南入海阳。濡与滦声相近，辽因置滦州，世遂目其水为滦河。今碩石虽无其迹，而滦河仍自迁安、卢龙、滦州至乐亭东南入海，与《郦注》濡水入海之道无异，则碣石旧在滦河之东可知已。

自絫县以东则为大海，东历抚宁县东南，又东历山海关南，又东历辽东、宁远、广宁等卫南，是为汉辽西郡地。又折而南，历海州卫西南曰梁房口关，大辽水于此入海，海运舟由此入辽河，为汉辽东郡地。又东为鸭绿江，又东为朝鲜地。

大海自天津卫直沽口与冀分界，南历静海县东，又南历沧州东，又南历沾化、利津、浦台县东，折而东，历乐安县北，以小清河入海处与青分界。是为九河海口，为直沽海口，为马颊海口，为利津海口，为马常坑海口，为斗口淀海口，皆为渤海。

九河海口

禹时由碣石入海。碣石与逆河连，逆河与九河连，而九河去海犹远也。王横云：往昔天尝连雨，东北风，海水西南溢出，浸数百里，碣石、逆河皆入于海。《春秋》谓之少海。后世谓之渤海。渤海与九河相接，则渤海即海口也。《汉书·沟洫志》：

成帝时，河堤都尉许商上书曰：古记九河之名有徒骇、胡苏、鬲津，今见在成平、东光、鬲县界中。自鬲津以北至徒骇，其间相去二百余里。是知九河所在，徒骇最北，鬲津最南。徒骇是河之本道，东出分为八枝也。其余六河，郑康成云：今河间弓高以东至平原鬲津，往往有其遗处。按，今直隶河间府交河县界有成平故城，东光县东有东光故城，阜城县西南有弓高故城，山东济南府德州北有鬲县故城，皆汉县也。杜氏《通典》：于许商所得之外，又得其三：钩盘在景城郡界，马颊、覆釜在平原郡界。《史记正义》云：简在贝州历亭县界。《舆地广记》云：简絜在临津。《金·地理志》云：南皮县有絜河。《明一统志》云：太史河在南皮县北。于钦又曰：尝往来燕齐西道河间，东履清、沧，熟访九河故道。盖昔北流，衡漳注之，河既东徙，漳自入海，安知北流之漳非古徒骇河欤？逾漳而南，清、沧二州之间有古河堤岸数重，地皆沮洳沙卤，太史等河当在其地。沧州之南有大连淀，西逾东光，东至海，此非胡苏河欤？淀南至西无棣县百余里间有曰大河、曰沙河，皆濒古堤。县北地名八会口，县城南枕无棣沟，兹非简絜等河欤？东无棣县北有陷河，阔数里，西通德棣，东至海，兹非所谓钩盘河欤？滨州北有士伤河，西逾德、棣，东至海，兹非鬲津河欤？士伤河最南，比他河差狭，是为鬲津无疑也。《地理今释》：直隶河间府沧州之西，交河县之东北六十里有徒骇河。《汉书·地理志》所谓滹沱河，民曰徒骇河是也。山东济南府平原县北有笃马河，东北迳陵县、德平、商河、乐陵诸县界，其流或断或续，相传即马颊河也。济南府德州有覆釜河，东北至海丰县入海。河间府东光县东南有胡苏河，东迳唐之临津县，今宁津县；唐之饶安县，今沧州；隋唐无棣县，今庆云县界，至海丰县入海。河间府南皮县城外有简河、絜河二河，相去最近。济南府乐陵县东南有钩盘河，自平原、德平二县界流至海丰县东入海。德州西南有鬲津河，东迳吴桥、宁津、德平、乐陵、庆云诸县界，至海丰县大沽口入海。太史河在清、沧二州之间，南皮县北。大约禹时，九河在德州以上河间数百里之地，考之于古，验之于今，信不诬也。

直沽海口

《禹贡》：九河之徒骇河由直沽入海，有滹沱水注之。《汉书·地理志》亦谓之滹沱河，禹时以徒骇为大河之经流，余又分为八枝，自八枝既淤，遂以一徒骇受九河之水，而悉达于直沽。

周定王五年，大河东徙，由宿胥口以至东光，失其故道。至成平复与漳水合，仍由徒骇以达直沽。

《汉武帝纪》：元光三年春，河水徙，从顿丘东南流入渤海。《沟洫志》：元光中，河决瓠子，东南注巨野，通于淮、泗。自是不入直沽者二十余岁。武帝塞瓠子，正流仍归徒骇，达于直沽。成帝建始四年，河决馆陶，入平（源）〔原〕、济南、千乘。河平三年，又决平原，入济南、千乘。虽两经修塞，而水道犹存。王莽时，河决魏郡，泛清河以东数郡，即平原、济南、千乘也。是时河由千乘入海，王景治河因之，而南皮浮阳界中河水不至。自此河不入直沽。

禹河本合清、淇、荡、洹诸水，北过衡、漳入徒骇河。自大河改流，清、淇、漳、降循河故道，由徒骇而专达直沽。

宋仁宗庆历八年，河决商胡，合永济渠，注乾宁军入于海，是谓北流。其后或通或闭，迨元符二年东流断绝，北流独行，其注乾宁军也，又东北迳独流口，又东至劈地口入于海，仍即天津之小直沽口也。提举河堤王亚等曰：黄、御河一带北行入独流、东寨，经乾宁军、沧州等八寨边界直入大海。其近大海口阔六七百步，深八九丈。三女寨以西阔三四百步，深五六丈。其势愈深，其流愈猛，天所以限契丹。议者欲开二股，渐闭北流，此乃未睹黄河在界河内东流之利也。元丰四年，李立之言：自决口相视河流，至乾宁军分入东、西两塘，次入界河，于劈地口入海，通流无阻，宜修立东西堤。从之。

元祐初，有回河东流之议。范百禄等言：昨按行黄河独流口至界河，又东至海口，熟观河流形势，并缘界河至海口铺寨地分。使臣各称，界河未经黄河行流以前阔一百五十步，下至五十步，深一丈五尺，下至一丈；自黄河行流之后，今阔五百四十步，次亦三二百步，深者三丈五尺，次亦二丈。乃知水就下行疾，则自刷除成空而稍深，与汉张戎之论正合。自元丰四年，河出大吴，一向就下，渐入界河，行流势如倾〔建〕❶，经今八年，不舍昼夜冲刷，界河两岸日渐开阔，连底成空，趋海之势甚迅。虽遇泛涨非常，而大吴以上数百里终无决溢之患，此下流深快之验也。窃谓本朝以来，未有大河安流，合于禹迹，如此之利便者也。绍圣元年，复议回河。范祖禹言：今之河流方稍复大禹旧迹，入界河趋海。初无壅底，万壑所聚，其来远大，必无可塞之理。

大观二年，都水使者吴玠言：自元丰间小吴口决，北流入御河，下合西山诸水，至清州独流砦❷三汊口入海。虽深得保固

---

❶ 底本缺字，据《续资治通鉴长编》卷四二五，元祐四年夏四月戊午条，当作"建"。

❷ 砦 《宋史》卷九三《河渠志》作"寨"。

形势之策，而岁月积久，侵犯塘堤，冲坏道路，啮损城砦❶。臣奉诏修治，捍御涨溢。然筑八尺之堤当九河之尾，恐不能敌，乞〔降旨〕❷增修。从之。

按：乾宁军有独流北、独流东二砦，俱在乾宁军北二十里，今静海县也。劈地口在县东北。又东为三汊口，即天津卫东北之三坌河❸，漳、卫、潞水俱会。又东南出小直沽入于海。

北流初行永济渠，其后兼混入漳水。《宋史·河渠志》云：熙宁元年，河溢（嬴）〔瀛〕州乐寿埽。元丰五年，河溢永静军阜城下埽。元祐五年，南宫等五埽危急。诏固护。绍圣元年，赵偁请修平乡巨鹿埽。崇宁三年，臣僚言：奉诏措置大河，由西路历沿边州军，回至武强县，循河堤至深州，又北下衡水，乃达于冀。四年，尚书省言：大河北流，合西山诸水在深州武强、瀛州乐善埽，俯瞰雄、霸、莫州，万一决溢，为害甚大。诏增二埽堤及储蓄，以备涨水。大观元年，邢州言河决，陷巨鹿县。诏徙县于高地。又以赵州隆平县下湿，亦迁之。又冀州河溢，坏信都、南宫两县。宣和二年，河溢信都。今按：阜城、平乡、巨鹿、武强、衡水、乐寿、信都、南宫等县皆漳水之所经。御河不入其界而屡被大河决溢之害，此北流混入漳水之明验也。今广平府曲周、平乡、广宗、巨鹿县界中并有黄河故道。《县志》云：宋元丰中，北流决入漳水，遂为〔大〕❹河之所经。又清水县北有黄河故道，北入南宫界，盖自

---

❶ 砦　《宋史》卷九三《河渠志》作"寨"。
❷ 底本缺二字，据《宋史》卷九三《河渠志》作"降旨"。
❸ 三坌河　当作"三岔河"。
❹ 底本缺字，《禹贡锥指》卷一三下《附论历代徙流》作"大"。

宗城、清河二县之御河决入。赵俣言：所决南宫，再决宗城，三决内黄，皆西决，则地势西下较然可见。即其事也，其在阜城、乐寿者则自枣强之御河决而北。熙宁元年，河决冀州枣强埽，北注瀛。政和五年，孟揆言：若修备枣强上埽决口，其费不赀，是也。河既混入漳水，而下流通快，海口广深，此诚千载一时者。为当日计，但能于魏、恩、冀、沧之境宽立堤防，约拦水势，疏其壅积，遏其冲要，则此河虽不逮禹功，犹得比王景之所治，千年可以无患。而朝议纷纷，必欲回河使东。六塔既败，二股复兴，至元丰四年，河又北流，而神宗之意怠矣。

马颊河海口

山东济南府平原县北有笃马河，东北迳陵县、德平、商河、乐陵诸县界，其流或断或续，相传马颊河也。马颊河为九河之一，于清丰县西南首受大河，东北流至安德，南合笃马河。又东北至邹平县有新旧二道：旧道东北迳蒲台县南，又东北入海；新道唐昭宗景福后自厌次县界决而东北，流迳渤海县西北，又东北至无棣县东南，而东注于海。《寰宇记》云：黄河在渤海县西北六十里。景福二年后，河水移道。又云：黄河在无棣县东南六十里，东北流迳马谷小山而东入海。马谷大山在今海丰县北六十里，小山在县东南。此唐历五代以及宋初黄河之所行也。欧阳修谓之京东故道。自宋仁宗景祐元年有横陇之决，庆历八年有商胡之决，河不入马颊者二十七年。

宋仁宗嘉祐五年，北流复决为二股，河自魏、恩东之德、沧入海，是为东流。其后屡经决溢，元符二年北流势盛，东流乃绝。

宋马颊河于商胡上流地名六塔集者，称为六塔河。河流〔北〕❶派决于魏之第六埽者，称为二股河。自魏、恩东至德、沧入于海，又谓之东流。至魏、恩、博、德之境，谓之四界首河。中合笃马，亦谓之笃马河，其东北入海也。《庆云县志》云：马颊河自乐陵流入，至城东南注鬲津河，则马颊势连鬲津矣。《海丰新志》云：钩盘北派在县西北三十里，自庆云流入，又东北迳马谷山前，抵土河口入海。按：此即古笃马河，亦名陷河。《齐乘》曰：东无棣县北有陷河，阔数里，西通德棣，东入海是也。则马颊河又连钩盘矣。要之，九河本不甚远，则与鬲津、钩盘往复迳通势也。

利津海口

利津本漯川之所经，汉置漯沃县，亦谓之千乘海口。昔禹厮二渠经流由碣石入海，余波入漯川，由利津入海。汉武元光三年，河徙，从顿丘东南流入渤海。《禹贡锥指》以为夺漯川之道，东北至千乘入海者也。漯川狭小不能容，故其夏又自长寿津溢而东，以决于濮阳，则东南注巨野通淮、泗，而北渎之流微，漯川之水涸矣。及武帝塞宣房，道河北行二渠，则经流仍从徒骇之直沽入海，余波乃由漯川之利津入海。

成帝建始四年，河决馆陶，入平原、济南、千乘。河平三年，又决平原，入济南、千乘。王莽时，河决魏郡，泛平原以东数郡，亦即济南、千乘，河盖势趋利津也。后六十年，王景修塞，自荥阳东至千乘海口千有余里，因水势所趋，放河从利津入海。昔武帝时，漯川狭小不能容。至是，景凿山阜，截沟涧，防遏冲要，疏决壅滞，十里立一水门，更相回注，有非昔

---

❶ 底本缺字，当作"北"。

日之狭小者。自东汉及唐，入海之口皆在蒲台、利津之界。自景福改流，始迳渤海县西北，又东北至无棣而注于海。

金明昌五年，河决阳武故堤，灌封丘而东，注梁山泺，分为二派。北派由北清河入海，仍经行利津海口。

元世祖至元二十六年，会通河成，北派渐微。凡九十六岁，及明弘治中，河决张秋，刘大夏筑大行堤以御之，而利津之河遂绝。

马常坑海口

东汉以后，大河之所行，至利县城北又东分为二水。枝水东迳甲下城南，东南历马常坑注济。《济水注》云：济水东北至甲下邑南，东历琅槐县故城北，又东北河水枝津注之。《㴽水注》云：㴽水迳千乘县二城间，又东北为马常坑乱河枝流，而入于海。盖㴽在鬲津之南，济又在㴽之南，马常坑则在济、㴽之间者也。

斗口淀海口

蒲台、利津之界有斗口淀。《元和志》云：黄河西南去县七十三里，海在县东一百四十里。海畔有一沙阜，高一丈，周二里，俗呼为斗口淀，乃济水入海之处，因海潮与济相触，故名。考济水旧迳高苑县南，至博昌县东北入海，不知何时从高苑县东至蒲台县东斗口淀合黄河入海。及河徙而北，济水自达于海。

大海自日照县东与徐分界，北历诸城县东，折而东北，历胶州、即墨、莱阳、栖霞、文登诸县南，又东北出而西折，历宁海州及福山、蓬莱二县北，又西历招远、掖县、昌邑、潍县北与兖分界。

大海自江南山阳县东折而西,北为淮水入海之口。其北岸则安东县也,是为徐域。海自县东而北,历海州东,中有郁林山,又北历赣榆县东,又东北历山东日照县东,又东北历诸城县东,至琅邪台,过此则为青域矣。

扬州之地,东南际海。今江南于古扬州之域得三之一,而东北得古徐州之界,其东境皆濒海也。起海州,<small>海去州治二十里。</small>历安东县东,为淮水会黄入海之口,<small>海去县治二百五十里。</small>其南岸则阜宁县,<small>海去县治九十里。</small>自阜宁县东北折而东南,至盐城县东,<small>海口去县治一百二十里。</small>又东南至兴化县东,<small>海去县治一百二十里。</small>又东南至泰州东,<small>海去州治东二百四十里。刘庄场海口去州治东北一百九十三里,为兴化、盐城二县界。</small>又南至如皋东,<small>海岸掘港场,去县治一百三十里。</small>又东南至通州东,为江水入海之口,<small>海去州治一百八十里。</small>其南岸则太仓州,<small>海去州治九十里。</small>又东南至宝山县东,<small>海去县治三里。</small>又东南至上海县东,<small>海去县治五十四里。</small>又南至南汇县东,<small>海去县治三里。</small>又南至奉贤县东,<small>海去县治三里。</small>又南至金山县东。<small>海去县治二里。</small>

云梯关海口

《安东县志》云:黄、淮过县南,东流五十里,又东北过云梯关折旋入海。按:云梯关在县东北一百里,又东北一百二十里为海岸墩台,又东北六十里为大海。

《淮南水利考》云:海道自兖而北以至于冀,自扬而南以至于广,其海口内外皆有山有岛,惟淮口独有沙。潮落微露其形,潮来则翻腾其上,势若排天也。又云:海口本自无淤,近日之淤以黄沙而然。正口减半入旁口,旁口数十道不啻也。盖海水潮汐日二至,每入也以二时,其出也亦二时;二时之出系淮水,二时之入则海水,海水遏淮水不得流者,每日有八时,黄沙能无停乎？又闻诸海滨之夫曰：海之深不知其几千万丈，而沙出其上，人工所去每日不能尺寸，而潮汐一至，顷刻而平，况未可施功耶！由是观之，云梯关海口渐淤亦由旁口之太多。苟非借水攻沙，而恃人力以通之，则海口终不能开也。大海自金山卫东，又南历浙江镇海、象山县，折而西历宁海县东，又西南历黄岩、太平、乐清、瑞安、平阳县东，又南历福建福宁州东，又西南历罗源、连江、长乐、福清县东，又西南历莆田、惠安、同安县南，又西南历海澄、漳浦、诏安县东南，又西历广东澄海县南，又西至潮阳县南，扬州之海于斯极矣。

河漕考

自元人开会通河，明成祖浚之，至今以为永利。南极江口，北尽大通桥，运道三千余里。综而计之，自昌平神山泉诸水汇，贯都城，过大通桥，东至通州入白河者，大通河也。自通州而南，至直沽会卫河入海者，白河也。自临清而北，至直沽会白河入海者，卫水也。自汶上南旺分流，北经张秋，至临清会卫河，南至济宁天井闸会泗、沂、洸三水者，汶水也。自济宁出天井闸与汶合流，至南阳新河，旧出茶城会黄、沁，后出夏镇循泇河，达直口入黄济运者，泗、洸、小沂河及山东泉水也。自茶城秦沟南历徐、吕，浮邳，会大沂河，至清河县入淮，后从直河口抵清口者，黄河水也。自清口而南，至于瓜、仪者，淮、扬诸湖水也。过此则长江矣。长江以南则苏、松、浙江运道也。淮扬至京口以南之河，通谓之转运河；而出瓜、仪达淮安者，又谓之南河；由黄河达丰、沛曰中河；由山东达天津曰北河；由天津达张家湾曰通济河，而总名曰漕河。其逾京师而东若蓟州，西北若昌平，明时皆尝有河通，转漕饷军。

漕河之别曰白漕、卫漕、闸漕、河漕、湖漕、江漕、浙漕，因地为号，流俗所通称也。淮、扬诸水所汇，徐、兖河流所经，疏瀹决排，繄分是赖，故闸、河、湖于转漕尤急。

闸漕者，即会通河，北至临清与卫河会，南出茶城口与黄河会，资汶、洸、泗水及山东泉源。泉源之派有五：曰分水者，汶水派也，泉百四十有五；曰天井者，济河派也，泉九十有六；曰鲁桥者，泗河派也，泉二十有六；曰沙河者，新河派也，泉二十八；曰邳州者，沂河派也，泉十有六。诸泉所汇为湖，共浸十五：曰南旺东西二湖，周百五十余里，运渠贯其中。北曰马踏。南曰蜀山，曰苏鲁。又南曰马场。又南八十里曰南阳，亦曰独山，周七十余里。北曰安山，周八十三里。南曰大小昭阳，大湖袤十八里，小湖杀三之一，周八十余里。由马家桥留城闸而南曰武家，曰赤山，曰徵山❶，曰吕孟，曰张王，诸湖连注八十里，引薛河由地滨沟出，会于赤龙潭，并趋茶城。自南旺分水北至临清三百里，地降九十尺，为闸二十有一；南至镇口三百九十里，地降百十有六尺，为闸二十有七；其外又有积水、进水、减水、平水之闸五十有四。又为坝二十有一，所以防运河之泄，佐闸以为用者也。其后开泇河二百六十里，为闸十一，为坝四，运舟不出镇口，与黄河会于董沟。

河漕者，即黄河，上自茶城与会通河会，下至清口与淮河会。其道有三：中路曰浊河，北路曰银河，南路曰符离河。南近陵，北近运，惟中路去陵远，于运有济，而河流迁徙不常，上流苦溃，下流苦淤。运道自南而北，出清口，经桃、宿，溯二洪，入镇口，防险五百余里。自二洪以上，河与漕不相涉也。

---

❶ 徵山　当作"微山"。

至泇河开而二洪避，董沟辟而直河淤，运道之资河者二百六十里而止，董沟以上河又无病于漕也。

湖漕者，由淮安抵扬州三百七十里，地卑积水，汇为泽国。山阳则有管家、射阳，宝应则有白马、氾光，高邮则有石臼、甓社、武安、邵伯诸湖。仰受上流之水，傍接诸山之源，巨浸连亘，由五塘以达于江。虑淮东浸，筑高家堰拒其上流，筑王简、张福二堤御其分泄。虑淮侵而败漕，开淮安永济、高邮康济、宝应洪济三月河以通舟。至杨子湾东则分二道：一由仪真通江口，以漕上江湖广、江西；一由瓜洲通西江嘴，以漕下江两浙。本非河道，专取诸湖之水，故曰湖漕。此元明运道之大概也。

我朝辟清江，开中河，浚皂河，运道大利。皂河者，接泇河之尾，避黄河六十里之险。又于清河县缕、遥二堤之中开中河一道，由仲庄闸入中河，历拦马河直达张庄运口。其逾黄者止七里，尽避黄河二百里之险，尤古所未有。

《江南通志》曰：古者粟米之赋近出畿甸，而川陆贡道远达荒服。其后，郑白之渠远引淮海之粟，武牢之仓就纳江南之米。大率转输之利，莫如水漕，陆运之费几于百倍。然则穿漕渠，置堰闸，可不究悉欤？今江南之地自禹时，贡道北则浮泗以达河，南则由江、海以达淮、泗。至吴开邗沟，通江、淮，隋益广之，遂为转漕长利矣。然宋熙宁间，复以避淮险开复河。元江淮岁漕什一，令海运。明初，犹海运、河运并行。当时熟计利害，岂得云淮险于海？抑亦黄河南徙之后，淮水入海之故道为浊流所淤，是以南常患于冲奔，北常虞于浅涩，遂为漕梗欤。然宋元诸臣言漕事者不及河患，前明嘉靖初河益徙而南，不得不议治河济运，而河之为漕梗者亦屡矣。我朝辟清江，开中河，资黄之利，复避黄之害。而于南北运河灌输捍护之宜，虽极于枝洴涧沟，经途区别，无不审黄、淮、江、海及诸湖水之全局而治之。尽人之力，实顺水自然之性，所以安澜告庆，飞挽应时，间阎之间不复知有雇载赁驮，鞍瘃重跰之苦。此由圣谟睿虑，超越万古，实我国家之本计在焉。天庾岁入数百万石，禄廪所出亦动盈万计，度支取给，悉东南惟正之供。舳舻衔尾，北向沂流，自中河入洳河，过济浮卫，直抵天津，实惟山东、河南二省运道在江南之北。其余漕运，涉江者会瓜仪四闸，涉淮者会清江，是江南为运道纲络，而瓜仪、清江尤江南运道门户也。故江、淮、河之攸关漕运者为详载焉。

江南运河一自浙江之嘉兴府王江泾北入江南苏州府吴江县境，凡三十里。迳平望镇，曰南塘河。一自湖州府南浔镇而东入莺脰湖，凡五十里出平望，与南塘河合，曰〔西塘河〕❶。二河合而西北，凡四十里迳吴江县城东，又引而西北，曰北塘河，亦曰古塘河。凡二十里入夹浦，为长洲县境。又三十里迳府城西阊门。

昆山、新阳二县漕运自县西二十里至巴城巡司，十里至唯亭，又三十里至府城娄门，又十里至阊门。

松江府华亭、奉贤、娄、金山、上海、南汇、青浦、福泉八县漕运俱经青浦县北大盈浦出吴淞江，入娄江，绕昆山县南。而太仓州镇洋县漕运自东四十里来会，又西七十里并达于阊门。又西北三十里迳浒墅关，又十五里迳望亭。

常熟、昭文二县漕运自县五十里至吴塔，二十里为长洲县之冶长泾，又十里为漕湖，又十里至望亭。

望亭北为常（洲）〔州〕府无锡境，又北二十里曰新安，又

---

❶ 底本缺字，乾隆《江南通志》卷五八《河渠志》作"西塘河"。

北三十里迳县城南，引而西北，十里至高桥。

江阴县漕运自县南十里迳蔡泾闸，又南二十七里至青阳镇，又南三十里为五泻河，出高桥合无锡县运河。又北二十里迳洛社，又北二十里迳横林，为武进县境。又引而东北，十里迳戚墅堰，十里迳丁堰，二十里达常州府城。

宜兴县漕运自县北三里桥，五十里至钟溪，过五洞桥入府城南运河。

镇江府溧阳县漕运由氿湖绕宜兴县之荆溪，出西蠡河来会。

又北三十三里为奔牛闸，又引而东北，三十里迳吕城，为镇江府丹阳县境。又稍迤西北，二十里迳陵口，十三里至七里桥。

金坛县运河自荆城港出珥渎河，至七里桥合。

又北十里迳县城南，四十里迳新丰，又二十七里迳丹徒镇，又引而西北达镇江府城。又稍迤东北，五里出京口闸，涉大江入瓜洲口，为扬州府江都县境。

按：《左传》：吴城邗，沟通江、淮。注云：于邗江筑城，穿沟东北通射阳湖，西北至宋口宋，一作末。入淮，通粮道也。今广陵韩江是。《禹贡锥指》云：《吴越春秋》：吴将伐齐，自广陵阙江通淮，曰渠水。《汉志》：江都县有渠水，首受江，北至射阳入湖是也，又名中渎水。《水经注》：中渎水首受江于江都县。县城临江，昔吴将伐齐，北霸中国，自广陵城东南筑邗城，城下掘深沟，谓之韩江，亦曰邗溟沟。自广陵出山阳白马湖，迳山阳城西又东，谓之山阳浦。又东入淮，谓之山阳口是也。汉吴王濞开邗沟。三国魏正始四年秋九月，大兴屯守，广开淮扬、百尺二渠。晋永和中，江都水断，乃于欧阳引江入埭，六十里至广陵城，而北出白马湖，合中渎入淮，则更在故道之西矣。隋开皇七年四月，于扬州开山阳渎以通运漕。炀帝大业元年，发淮南诸州丁夫十余万开邗沟，自山阳至扬子江三百余里，水面阔四十步，以通战舰，由晋永和之道也。唐开元二十二年，刺史齐浣又开伊娄河二十五里，即达扬子，复与邗沟相近。

自江都县境十五里迳八里铺，又十里为三汊河口，有扬子桥，其西为瓜仪运河。瓜仪运河为江、安等诸府州县及湖广、江西二省通江入运总河之要路。

江之南岸江宁府上元、江宁二县漕运，自石城桥三十里至观音山，渡江而北，至六合县瓜步镇会江浦、六合运船，自江北开行十里至樊山，三十五里至青山。而句容运船自龙潭渡江，会于扬州府仪征县治。又东七十二里出三汊河口。

太平府漕运。当涂县北出采石河，二十五里入江。芜湖县西七里入江。繁昌县出鲁港入江，五十里至东梁山，又四十里至采石镇，又五十里至江宁府之江宁镇。

宁国府宣城、宁国、南陵、泾、旌德、太平六县漕运，并会于府北湾沚河，北出扬清口，合黄池下流，出水阳河入江。江口即太平府之东梁山。

池州府漕运。贵池县自广济河入江。建德县自尧城渡迳东流县入江。青阳县自大通镇入江。铜陵县西距江一里，而近自东流县西江行一百三十五里至池口驲，八十五里至铜陵县，六十里至太平府繁昌县荻港驲。

江之北岸庐州府合肥、舒城、巢三县漕运并是巢湖一水贯注，迳运漕镇出和州之裕溪口入江。庐江县无为州由黄洛河迳运漕出裕溪口，又二十里至太平府西梁山，与东梁山对峙。

安庆府漕运。怀宁县濒江。潜山、太湖二县并自北至。府有水次仓在怀宁境。桐城县自枞阳河入江。望江县在府西南，距江才十五里。宿松县自西迳泊湖出望江县之吉水镇入江，自望江江口东北行九十里至府同安驷，十里至桑园，二十里趋南岸，为池州府贵池县之黄隘，又七十里至池口驿。

以上诸府州县江运漕舡随地远近，递续交会，俱由龙江关北二十里渡江，北至瓜步。又东北六十里至北新河，入仪征四闸，达三汊河，与苏、松、常、镇、太五府州漕船并会。

自扬子桥迤西折而东北，十五里达扬州府城。

泰州漕运自州治六十里至宣林，五十里至府城东门，又北十五里迳茱萸湾，又北三十里迳邵伯埭。《梦溪笔谈》：淮南漕渠筑埭以蓄水，不知始何时。旧传邵伯埭谢公所为。按：李翔《来南录》：唐时犹是流水，不应谢公时已作此埭。天圣中，监真州排岸司、右侍禁陶鉴始议复闸节水，以省漕舟过埭之劳。是时，工部郎中方仲荀、文思使张纶为发运副使❶，表行之。始为真州闸，筑漕河堤二百里于高邮北，旁锢巨石为碇，以泄横流。

又北三十里过露筋庙，又北三十里迤西而北为高邮州。

泗州天长县漕运自石梁河出邵伯湖，入通湖闸口，东直高邮城。而兴化县漕运自西出口直高邮之北二十里。

《川渎异同》曰：泗州与盱眙两城相距凡七里，自昔为淮流襟束之处。汴水自河南界流迳州城东而合于淮，谓之汴口。宋时以此为漕运要冲，今惟涓流可辨耳。《禹贡锥指》云：古汴水东流迳彭城县北，而东入于泗。唐贞元中，韩愈佐徐州幕，有诗云：汴水交流郡城角。可证也。不知何时改流，从夏邑、永城、宿州、灵璧、虹县至泗、盱两城间入淮。宋时，东南之漕

---

❶ 副使 当作"使、副"，互乙。

由此以达京师。元泰定初，河行故汴渠，仍于徐州合泗水，至清口入淮。而泗州之汴口乃废。又《宋史》：初，漕运迳泗州浮桥，舟多覆坏。至道中，王嗣宗为发运使，徙至城隅，遂获安济。又发运使李溥以高邮新开湖水散漫多风涛，令漕舟过泗州，载石输湖中，积为长堤，自是舟行无患。

宋太宗熙宁四年❶，开洪泽湖达于淮。神宗元丰六年，开龟山运河，长五十七里，阔十五丈，深一丈五尺。初，发运使许元自淮阴开新河，属之洪泽，避长淮之险，凡四十九里。久而浅涩。熙宁四年，发运使皮公弼修治之。至是，发运使罗拯复欲自洪泽而上，凿龟山里河以达于淮。会发运使蒋之奇入对，建言：上有清汴，下有洪泽，而风浪之险止百里，诸州转输覆败于此，良为可惜。宜自龟山蛇浦下属洪泽，凿肋为复河，可免风浪覆溺之患。从之。

又引而东北，二十五里迳清水潭，又北十五里为六漫闸。又引而东北，二十里迳界首驿，又东北二十里迳氾光湖口，又稍迤东北，折而西北，凡四十五里迳宝应县，又折而西北，二十里为黄浦双闸，入淮安府山阳县境。又西北十里为泾河闸，十里为平河桥，又折而东北五十里迳杨家庙，十里绕淮安府。

盐城县漕运自涧河迳淮安府北出口。

按：高家堰武家墩东西堤为明室行运新河，后因新河不复行运，河臣靳辅筑坝河上，以便往来。

又折而西北，稍迤东北，凡十五里为版闸，淮关在焉。

又迤东而北十五里为清江浦。

宋太宗雍熙中，转运使刘蟠议开沙河以避淮水之险，未完

---

❶ 宋太宗熙宁四年　据《宋史》卷一五《神宗本纪》，当作"宋神宗熙宁四年"。

而受代。乔维岳继之，开河自楚州至淮阴凡六十里，舟行便之。《宋史·乔维岳传》：维岳为淮南转运司。淮河西流三十里曰山阳湾，水势湍悍，运舟多覆溺。维岳规度开故沙河，自末口至淮阴磨盘口凡四十里。明永乐十四年，平江伯陈瑄疏浚故沙河，置闸通舟。《南河全考》：先是，漕至淮安，悉从府东北车坝入淮，逆水行六十里。至是，瑄因宋乔维岳所开沙河旧渠，益加疏治，逾年而功成。漕人德之，为立祠焉。

永乐十三年五月，开清江浦河。《明太宗实录》：漕舟至淮安，过坝渡淮以达清河口，挽运者不胜劳。平江伯陈瑄时总漕运，故老为瑄言，淮安城西有管家湖，自湖至淮河鸭陈口仅二十里，与清河口相直，宜凿河引湖水入淮，以通漕舟。瑄以闻。遂发军民开河，置四闸，曰移风、曰清江、曰福兴、曰新庄，以时启闭。人甚便之。潘季驯《疏略》云：平江伯陈瑄堤管家诸湖，通淮河以为运道，筑高堰堤以捍淮之东侵，堤新城北以捍黄之南侵。尤虑河水自闸冲入，不免泥淤，故严启闭之禁，止许漕艘鲜舡由闸出入，匙钥掌之都漕，五日发筹一放，而官民船只悉由五坝车盘。

是年建淮安五坝，运船经坝入淮。《南河全考》：仁字坝、义字坝在新城东门外，东北自城南引湖水抵坝口外，即淮河遇清江口淤塞，运船经此入淮。礼字坝、智字坝、信字坝在新城西门外，西北引湖水抵坝口外，即淮河遇清江口淤塞，则官民商船经此达于淮。

靳辅《治河书》：清江浦王公堤 明河臣王宗沐所筑，故名。一线石工，内捍运河，外抵黄、淮二渎之冲，为数百万国储咽喉地。其地形又不便开引河，惟有岁修石工，排桩固址，而于上流层次筑逼水坝二三重以护之。一则溜以御冲，一则回湍以聚沙，使石工外得沙滩二三十丈，则堤址固而无冲决之患矣。

又西北三十里为天妃闸，折而东出为清口之对岸，是为运口。清口即古泗水，今为淮、黄交会之所。淮水至清口大半入黄，小半入运，一水中分。

靳辅《治河书》：大江以南各省漕运自瓜、仪而北，凡四百余里至清江浦天妃闸入黄河，此平江伯陈瑄之所开也。万历间，河臣潘季驯以天妃闸直黄河不免内灌，因移运口于新庄闸，以纳清而避黄，亦以天妃名之，非其故矣。然其口距黄、淮交会不过二百丈，黄水仍复内灌，运河淤高，岁劳挑浚，重运出口，牵挽维艰。乃改建运口，于烂泥浅之上挑河一道，紧接淮水，远避黄流。自是黄不倒灌，挑浚亦省。

淮之北岸，淮安府之桃源县，徐州府之铜山、萧、砀山三县及邳州之睢宁县，凤阳府之怀远、〔虹〕❶、灵璧三县及宿州、颍州府之阜阳县、颍上县，亳州蒙城县、太和县、泗州之五河县。淮之南岸，凤阳府之定远、寿州凤台县、直隶六安州并英山、霍山二县，颍州府之霍邱县，直隶泗州及盱眙县。以上各州县漕运俱会入淮，出洪泽湖，由清河县帅家庄入黄河运道。

黄河自西横绝而东，淮自西南挟七十二溪之水奋涌出清口，汇河直注大海，势若建瓴，粮运越甘罗城，顺流过惠济祠，折而西北入杨庄运口。

粮运由帅家庄入黄河，不数里至杨家庄入运河，盖至此即中河也。河以中名，因在缕、遥二堤之中挑挖成河者也。初从仲家庄入口，后改从杨家庄入口。康熙二十五年，靳辅疏云：粮船自清河县运口以至宿迁县张庄运口，计程不过二百余里，而牵挽两月有奇，皆急溜阻滞之故也。今于清河县

---

❶ 底本缺一字，乾隆《江南通志》卷五八《河渠志》作"虹"。

西仲家庄地方改建三丈深之单金门石闸一座,以泄黄涨。于拦马河之西加挑运河二千余丈,筑成两岸堤工,直接张庄运口。并于缕、遥二堤之中开中河一道,上接张庄运口,并骆马湖之清水,下历桃源、清河、山阳、安东以达于海,使粮船出清口之后只行黄河数里,由仲庄闸入中河,历拦马河直达张庄运口北上。二十七年,中河工竣。其《治河书》云:议者以为治河即所以治漕,一似舍河无所谓漕者。然南北通运以来,浮黄河而达者凡百五里。有明一代治河莫善于迦河之绩,自开迦通运,已避黄河三百里之险,则重运行黄河者止七里矣。康熙四十四年,钦遵仁皇帝上谕:黄河之水往往倒灌清口者,皆由仲庄闸与清口相对,骆马湖水势湍急,遂逼黄流灌入清口。因移仲庄闸,改建于杨家庄出口,黄水畅流入海,无倒灌之虞矣。

杨庄运口西为御示闸,又西为盐河闸。海州并赣榆县运河即盐河也。

迳清河县北,又西北迳二岔,凡十七里入桃源县境,是为下中河。五里迳来安集,五里迳众兴集,八里迳悦来集,又西北入宿迁县境,为上中河。又三里迳仰化集。

海州之沭阳县❶漕运东由硕项湖,西迳盐河,南出仰化集,又四十里迳宋家庄,又北而西四十里迳宿迁县北西宁桥,又西迤南三十里为中河口,南为黄河,北为骆马湖,故俗谓之十字河也。

---

❶ 沐阳县　当作"沭阳县"。

下卷

贾鲁治绩考

北流治绩禹其尚矣，河之安澜者千六百余年。东流治绩推汉之王景，其治者凡九百七十七年。南流治绩推元之贾鲁，元明以来治河者皆不出鲁之区域，其治河以济运之法不出鲁之设施，则鲁功何可没也？禹河不以漕，王景用以漕。然东汉都洛阳，所急者止汴渠。故《汉诏》止曰汴渠决坏，《汉志》一曰修汴渠，再曰汴渠成。北不至燕京，南不至淮、泗，景犹可以展股肱，施智巧也。贾鲁河在南流，南则欲纳东南之粟，北则欲供帝都之需，既欲抑河以护运，又欲资河以溉运，治河兼以治运。南北二千余里之贯输，实惟司河者是问，鲁又安得以展股肱，施智巧，为一劳永逸之计？然漕上关天庾，不可斯须缓，而鲁兼全无患，不可谓非救时之才臣。宜其治绩为后人所详求也欤。

《元史·河渠志》：先是，贾鲁为河堤使者，诣河相视，验状为图，以二策进献：一议修筑北堤，以制横溃；一议疏塞并举，挽河使东行，以复故道。丞相脱脱韪其后策，荐于帝。称旨。至正十一年四月，命鲁为总治河防使，便宜兴缮。是月鸠工，十一月水土工毕，诸埽诸堤成，河乃复故道，南汇于淮，又东入于海。按：献策称，挽河东行以复故道，似当于王景治河，从蒲台、利津入海，如宋时所称京东故道者矣。乃云南汇于淮，何哉？盖泰定元年，河始行汴渠，至徐州城东北合泗入淮，贾鲁所指为故道者也。至正四年六月，河决金堤，砀山、丰、沛皆罹水患。九年五月，白茅河东注，沛县成巨浸，萧、丰、沛、砀之间河益南溃，当时所谓失其故道者也。《河防一览》云：黄河故道自虞城以下，萧县以上，夏邑以北，砀山以南，由新集历丁家道口、马牧集、韩家道口、司家道口、牛黄堌、赵家圈，至萧县蓟门出小浮桥北，贾鲁所复故道。据此，则当时之故道可知。而贾鲁施功不出虞城、夏邑、萧、砀之中，所谓东流，仍南流者矣。

《河渠书》言：禹功之后，有于荥阳下引河为鸿沟，以与汝、颍、淮、泗会。鸿沟，即汴渠也，一曰阴沟，一曰梁沟，一曰蒗荡渠，一曰官渡。似河与淮、泗会久矣。然淮、泗可以通河者，赖有汳、睢、沙、涡诸支派上属于汴渠耳，实则河不行汴渠，亦不入淮、泗。故自禹功告成之年，下逮周定王五年己未，凡一千六百六十余年，河道东徙在黎阳山东长寿津以上，而汴渠则如故也。自周定王五年，下逮王莽始建国三年辛未，凡六百七十二年，河改从千乘入海，而北渎遂空，亦在黎阳山长寿津之地改入济南府界，不合漳水入海，而汴渠又如故也。自后汉明帝永平十三年王景治河功成，下逮宋仁宗景祐元年甲戌，有横陇之决；又十四年为庆历八年戊子，复决于商胡，凡九百七十七年。横陇、商胡皆在澶、濮之境，而汴渠又如故也。自仁宗庆历八年戊子，下逮金章宗明昌五年甲寅，河决阳武，出胙城南，遂渐与汴渠近，而河犹未行汴渠。至泰定元年，河

始行汴渠，至徐州东北合泗入淮，此元明以来至今之河也，亦贾鲁所复故道之河也。盖至是而鸿沟之开二三千年，隐隐欲通者今始为大河经由之坦道矣。

自泰定元年而逆溯之延祐三年，颍州太和县河溢，则河虽入淮，由颍不由汴。又上为皇庆二年六月，河决陈、亳、睢三州，则河之入淮由睢不由汴。又上为大德元年三月，徐州、邳州、宿迁、睢宁等县河水大溢，则河入淮入睢而不由汴❶。自泰定元年而下推之明洪武八年，大河南决，挟颍入淮，则河欲就颍而舍泗。二十四年，河决原武之黑阳山，经颍州颍上，东至寿阳关入淮，又欲就颍而舍汴舍泗。正统十二年秋七月，河决荥泽入淮，又欲舍汴舍泗。十三年，河决荥阳县，东经项城达太和，又西南达颍州注于淮，河又欲就涡就颍而舍汴舍泗。七月，又决荥阳，东南经陈留，自亳入涡口，又经蒙城至怀远界入淮，河又欲就涡舍泗。弘治中，白昂奏云：今河分为数支，一合颍水下涂山入于淮；一合涡河下荆山入于淮；一自归德通亳州；一合涡河入淮，则河又欲日就颍就涡而舍泗；一入金龙口至曹州，冲入张秋，并为一大支，由祥符之翟家口合沁水，出丁家道口下徐州，则又欲就沁而舍泗。由是观之，河何尝必行汴渠，舍泗入淮哉？而贾鲁治之，必欲挽之使就；后人因鲁功，竟亦挽之使就；则今日之治河大都为运也。贾鲁之功不敢使河稍入于西南，自刘大夏筑断黄陵冈，又不敢使河稍出于东北，而今日治河情形亦大略可睹矣。

《江南通志》：按：贾鲁河道自徐州府北门外小浮桥以上，至河南考城县西之白茅河，当时施功在江南之地者什五六，第今河道久堙，故《河防记》所载地名多不可晓耳。自贾鲁之复

---

❶ 则河入淮入睢而不由汴　据上下文推测，当作"则河入淮由睢而不由汴"。

河故道，至明嘉靖三十六年北徙，中间二百余岁虽漫溢靡常，未尝迁改。其后自万历六年，议复河故道，以工巨寝之。司河者每以为言，又其治法为后世所用，或互有损益，或名异实同，其有造于河不为小补也。故详考备录，无复拘文多不载之例云。

欧阳元❶《至正河防记》：治河一也，有疏有浚有塞，三者异焉。酾河之流，因而导之，谓之疏。去河之淤，因而深之，谓之浚。抑河之暴，因而扼之，谓之塞。疏浚之别有四：曰生地，曰故道，曰河身，曰减水河。生地有直有纡，因直而凿之，可就故道。故道有高有卑，高者平之以趋卑，高卑相就，则高不壅，卑不潴，虑夫壅生溃，潴生堙也。河身者，水虽通行，身有广狭。狭难受水，水益悍，故狭者以计辟之；广难为岸，岸善溃，广者以计御之。减水河者，水放旷则以制其狂，水隳突则以杀其怒。

治堤一也，有创筑、修筑、补筑之名，有刺水堤，有截河堤，有护岸堤，有缕水堤，有石船堤。

治埽一也。有岸埽、水埽，有龙尾、栏头、马头等埽。其为埽台，及推卷牵制埋挂之法，有用土、用石、用铁、用草、用木、用杙、用緪之方。

塞河一也，有缺口，有豁口，有龙口。缺口者，已成川；豁口者，旧常为水所豁，水退则口下于堤，水涨则溢出于口；龙口者，水之所会，自新河入故道之潨也。

其浚故道，深广不等，通长二百八十里百五十四步。而强功始自白茅，长百八十二里。继自黄陵冈至南白茅，辟生地十里。口初受广百八十步，深二丈有二尺已下。停广百步，高下不等，相折深二丈。及泉曰停、曰折者，用古算法，因此推彼，

---

❶ 欧阳元　即欧阳玄，避清圣祖康熙讳。

知其势之低昂，相准折而取匀停也。南白茅至刘庄村接入故道十里，通折垦广八十步，深九尺。刘庄至专固百有二里二百八十步，通折停广六十步，深五尺。专固至黄堌垦生地八里，面广百步，底广九十步，高下相折，深丈有五尺。黄堌至哈只口长五十一里八十步，相折停广，垦六十步，深五尺。又浚凹里减水河，通长九十八里百五十四步。凹里村缺河口生地长三里四十步，面广六十步，底广四十步，深一丈四尺。自凹里生地以下旧河身至张赞店，长八十二里五十四步，上三十六里，垦广二十步，深五尺；中三十五里，垦广二十八步，深五尺；下十里二百四十步，垦广二十六步，深五尺。张赞店至杨青村接入故道，垦生地十有三里六十步，面广六十步，底广四十步，深一丈四尺。其塞专固缺口，修堤三重，并补筑凹里减水河南岸豁口，通长二十里三百十有七步。其创筑河口前第一重西堤，南北长三百三十步，面广二十五步，底广三十三步。树置桩、橛，实以土牛，草苇、杂梢相兼，高丈有三尺。堤前置龙尾大埽，言龙尾者，伐大树，连梢系之堤旁，随水上下，以破啮岸浪者也。筑第二重正堤，并补两端旧堤，通长十有一里三百步。缺口正堤长四里，两堤相接。旧堤置桩堵闭河身，长百四十五步，用土牛、草苇、梢土相兼修筑，底广三十步，修高二丈。其岸上土工修筑者长三里二百十有五步有奇，高广不等，通高一丈五尺。补筑旧堤者通三里七百步，表里培薄七步，增卑六尺，计高一丈。筑第三重东后堤，并接修旧堤，高广不等，通长八里。补筑凹里减水河南岸豁口四处，置桩木，草、土相兼，长四十七步。于是塞黄陵全河，水中及岸上修堤长三十六里百三十六步。其修大堤刺水者二，长十有四里七十步。其西复作大堤刺水者一，长十有二里百三十步。内创筑岸上土堤，西北起李八宅西堤，东南至旧河岸，长十里百五十步，颠广四步，趾广三尺，高丈有五尺。仍筑旧河岸至入水堤，长四百三十步，趾广二十步，颠杀其六之一。接修入水两岸埽堤并行，其法以竹络实以小石，每埽不等，以蒲苇绵腰索径寸许者从铺，广可一二十步，长可二三十步。又以曳埽索绚径三寸或四寸，长二百余尺者，衡铺之相间。复以竹苇麻荕大絭，长三百尺者为管心索，就系绵腰索之端。于其上以草数千束，多至万余，匀布厚铺于绵腰索之上，橐而纳之，丁夫数千以足踏实。推卷稍高，即以水工二人立其上而号于众，众声力举，用小大推梯推卷成埽。高下长短不等，大者高二丈，小者不下丈余。又用大索或互为腰索，转致河滨，选健丁管心索，顺埽台立踏；或挂之台中铁猫大橛之上，以渐縋之下水。埽后掘地为渠，陷管心索渠中，以散草厚覆，筑之以土。其上复以土牛、杂草、小埽梢土，多寡、厚薄、先后随宜，修叠为埽台。务使牵制上下，缜密坚壮，互为犄角，埽不动摇。日力不足，火以继之，积累既毕，复施前法，卷埽以压先下之埽，量水浅深，制埽厚薄，叠之多至四埽而止。两埽之间置竹络，高二丈或三丈，围四丈、五丈，实以小石、土牛。既满，系以竹缆，其两旁并埽密下大桩，就以竹络上大竹腰索系于桩上。东西两埽及其中竹络之上，以草、土等物筑为埽台，约长五十步或百步。再下埽即以竹索或麻索长八百尺或五百尺者一二，杂厕其余管心索之间。俟埽入水之后，其余管心索如前埋挂，随以管心长索远置五七十步之外，或铁猫，或大桩，曳而系之，通管束累日所下之埽。再以草、土等物通修成堤。又以龙尾大埽密挂于护堤大桩，分析水势。其堤长二百七十步，北广四十二步，中广五十五步，南广四十二步，自颠至趾通高三丈八尺。其截河大堤高广不等，长十有九里百七十七步。其在黄陵北岸者长十里四十一步。筑岸上土堤，西北起东西故堤，东南至河口，长七里九十七步，颠广六步，趾倍之而强二步，高丈有五尺。接修入水，施土牛、小埽梢草、杂土，多寡厚薄，随宜修叠。及下竹络，安大桩，系龙尾埽，如前两堤法。唯修叠埽台增用白阑、小石。并埽上及前洿修埽堤一，长百余步，直抵龙口。稍北拦头三埽并行埽大堤，广与刺水二堤不同。通前列四埽，间以竹络，成一大堤，长二百八十步，北广百一十步，其颠至水面高丈有五尺，水面至泽腹高二丈五尺，通高三丈五尺；中流广八十步，其颠至水面高丈有五尺，水面至泽腹高五丈五尺，通高七丈。并创筑缕水横堤一，东起北截河大堤，西抵西刺水大堤。又一堤东起中刺水大堤，西抵西刺水大堤，通长二里四十二步，亦颠广四步，趾三之，高丈有二尺。修黄陵南岸，长九里百六十步。内创岸土堤，东北起新补白茅故堤，西南至旧河口，高广不等，长八里二百五十步。乃入水作石船大堤，盖由是秋八月二十九日乙巳导故河流，先所修北岸西中刺水及截河三堤犹短，约水尚少，力未足恃。决河势大，南北广四百余步，中流深三丈余，益以秋涨，水多故河十之八。两河争流，近故河口水刷岸北行，洄漩湍激，难以下埽。且埽行或迟，恐水尽涌入决河，因淤故河，前功遂隳。鲁乃精思障水入故河之方。以九月七日癸丑，逆流排大船二十七艘，前后连以大桅或长桩，用大麻索、竹絚绞缚，缀为方舟。又用大麻索、竹絚用船身缴绕上下，令牢不可破。乃以铁猫于上流碇之水中，又以竹絚绝长七八百尺者系两岸大橛上，每絚或碇二舟，或三舟，使不得下。船腹略铺散草，满贮小石，以合子板钉合之，复以埽密布合子板上，或二重，或三重，以大麻索缚之急。复缚横木三道于头桅，皆以索维之，用竹编笆，夹以草石，立之桅前，约长丈余，名曰水帘桅。复以木楷柱使帘不偃仆。然后选水工便者，每船各二人，执斧凿立船首尾，岸上槌鼓为号，鼓鸣一时齐凿，须臾舟穴水入，舟沉遏决河，水怒溢，故河水暴增。即重树水帘，令后复布小埽、土牛、白阑、长梢，杂以草土等物，随宜填垛以继之。石舡下诣实地出水，基址渐高，复卷大埽以压之。前船势略定，寻用前法沉余船以竟后功。昏晓百刻，役夫分番任劳，无少间断。船堤之后，草埽三道并举，中置竹络盛石，并埽置桩，系缆四埽及络，一如修北截水堤之法。第以中流水深数丈，用物之多，施功之大，数倍他堤。船堤距北岸才四十五步，势迫东流，峻若大降，深浅叵测。于是先卷下大埽约高二丈者，或四或五，始出水面。修至河口一二十步，用功尤艰。薄龙口喧豗猛疾，势撼埽基，陷裂欹倾，俄远故所，观者股弁，众议腾沸，以为难合。然势不容已，鲁神色不动，机解捷出，进官吏工徒，日加奖谕，辞指恳切，众皆感激赴工。十一月十一日丁巳，龙口遂合，决河绝流，故道复通。又于堤前通卷阑头埽各一道，多者或三或四。前埽出水，管心大索系前埽，碇后阑头埽之后，后埽管心大索亦系小埽，碇前阑头埽之前，后先羁縻，以锢其势。又于所交索上及两埽之间压以小石、白阑、土牛，草土相半，厚薄多寡，相势措置。埽堤之后，自南岸复修一堤，抵已闭之龙口，长二百七十步。船堤四道成堤，用农家场圃之具曰辘轴者，穴石立木如比栉，埋前埽之旁，每置一辘轴，以横木贯其后；又穴石，以径二寸余麻索贯之，系横木上，密挂龙尾大埽，使夏秋潦水、冬春凌，不得肆力于岸。鲁常有言：水工之功视土工之功为难，中流之功视河滨之功为难，决河口视中流又难，北岸之功视南岸又难。用物之效，草虽至柔，柔能狎

水，水渍之生泥，泥与草并，力重如碇。然维持夹辅，缆索之功实多。盖由鲁习知河事，故其功之所就如此。

靳辅《治河书》：昔贾鲁治河用沉舟之法，人皆称之。窃尝疑河底浅深坦陷不一，唯草柳性柔，一经压挤，则周遭充满，故塞决必用埽。今以至平之舟底而沉之浅深坦陷不一之湍流，则埽根透溜之患必有不俟终日而见者。然以鲁之才，其成功如此，必非孟浪。寻绎《至正河防记》，知鲁之沉舟以之代坝而逼水，非以之塞决而合龙也。盖彼时故河业通流，但决河势大，水流多于故河十之八；又适当秋涨，洄漩湍急，埽不能下；又其上逼水，三堤短弱而势不支，恐埽行一迟，水尽涌入决河，则故河复淤，前功尽隳。因急沉舟为坝以逼之，所谓舍救也。迨至船埽四堤并就，河势南流，然后塞决耳。不然鲁于九月七日沉舟，而龙口之合何直至十一月十一日耶？

高家堰考

高家堰者，汉建安五年广陵太守陈登所筑，以障淮者也。《禹贡锥指》云：考《三国志》，登尝为兴农校尉，巡土田之宜，尽凿溉之利。登固精于水利者，又尝为广陵太守，其为登筑无疑。由是观之，汉世河未合淮，亦未借运，尚不能听其南奔。况河、淮混合为一，又为运道所关，乃天下之至计，不独淮扬屏蔽已也。我圣祖仁皇帝有高堰第一要紧之训旨。世宗宪皇帝特发帑金百万，大修高堰石堤，期于巩固，利赖无穷，诚得本计者矣。

《河渠考》云：隆庆四年，淮决于高堰，河亦决于崔镇，漕抚王宗沐修塞之。万历三年，高堰复决于是，山、盐、高、宝、兴、泰诸处悉为巨浸。黄水蹑淮之后，浊流西溢，浸及凤、泗，清口填淤，海口亦复阻塞，而漕、黄交病矣。河臣潘季驯以为，高堰者，淮扬之门户，而黄、淮之关键也。于是修平江伯之功，筑高堰长八十里，起自武家墩，经大小涧，历阜陵湖、周家桥、翟坝，以捍淮之东侵。又以淮水北岸有王简、张福二口，淮水每从此泄入黄河，致淮水力分而清口淤浅；且黄水泛涨，亦往往由此倒灌入淮。于是并筑堤捍之，使淮无所出，黄无所入，全淮毕趋清口，会黄以入海，而河与漕俱治。盖高堰之筑始于汉末之陈登，修治于明初之陈瑄，而复于季驯云。二十一年，淮复决于高良涧，凡二十二口，旋筑塞之。二十三年，淮复决高堰、高良涧诸处，寻筑塞之。明年，河臣杨一魁以黄、淮冲溢，乃议分黄导淮，辟清口沙七里，达淮之经流，建武家墩泾河闸以泄淮之旁溢；又建高良涧减水石闸、子婴沟周家桥减水石闸，一自坌❶河下泾河，一自草子湖、宝应湖下子婴沟，俱通广洋湖及射阳湖入海。犹虑淮水宣泄不及，南注各湖为患，又开高邮西南之茆塘港通邵伯湖，开金家湾下芒稻河入江，以杀淮涨。自是，淮患渐平，虽时有决溢，而培固高堰、增置坝闸之外，无所谓治河长策矣。季驯《两河议》曰：高堰去宝应高丈八尺有奇，去高邮高二丈二尺有奇。高应❷堤去兴化、泰州田高丈许，或八九尺，其去堰不啻卑三丈有奇矣。淮一南下，因三丈余之地势，灌千里之平原，安得有淮南数郡俨然一都会耶？万历二十一年，淮漫高堰堤上且数尺，周家桥口原自通行，且加决焉，决高良涧至七十余丈，南奔之势若倒海，高、宝、邵伯诸湖堤一日崩者百十余处。于是泗城亦复灌溢，而所减之水

---

❶ 坌　乾隆《江南通志》卷五八《河渠志》作"岔"。
❷ 高应　当作"高、宝"，指高邮、宝应。

不过尺许。则以淮南之地自高、宝而东则下，由邵伯而南则又昂，自兴、盐以东滨海诸盐场比内地亦复昂也。泗州之地比高堰为下，与高、宝诸州县皆若釜底然，安能克淮之浸哉？今高堰一带修守不严，奸商盐贩之徒无日不为盗决计。泗州之人未究利害之源，但见高堰增筑，势必遏淮以入泗，惟恐堰之不速溃也。且淮之旁流日多，则正流日弱，于是刷沙无力，而黄水益横，清口就淤，势不得不倒灌淮南，决堤堰而败城郭，委运道于漫无畔岸中矣。

又潘季驯《两河议》云：高家堰，今《淮安府志》称高加堰。注云：高加者，为护运道、邑井，宜加高而名之，盖益加而益高耳。

《河防一览》云：汉陈登筑堰御淮，至我朝平江伯陈瑄复大葺之，淮、扬恃以为安者二百余年。又按：《潜邱札记》云：高家堰自建安五年至明永乐时平江伯陈瑄修治，中间凡一千二百十五六年，并无人言及高堰者。岂堰止受洪泽诸湖，黄、淮尚未合，不闻其有溃决之患欤？《宋史·李孟传》：为楚州司户参军，复修陈公塘，有灌溉之利。陈公塘即高堰也。堰固不乏修治，第史文不备耳。又按：《通鉴纪事本末》❶：陈瑄于永乐十三年凿清江浦，引管家湖水入淮通漕。其修复高堰并应在此时。

万历八年，工科给事中尹瑾疏云：高家堰近已筑塞成堤，体制高厚，既有桩板以护其外，复设官府以严其防，终不若石堤更为永恃，宜于中间二十里低洼处用石包砌。命潘季驯行之。

十六年，季驯条奏云：淮水发源桐柏，挟七十二溪之水经凤、泗入海。而基运山横截河中，涌涨时作，仅恃石堤一带为

---

❶ 《通鉴纪事本末》　书名错误。《通鉴纪事本末》为南宋袁枢所著。此处所述为明永乐时期事件，应为《明史纪事本末》卷二四。

捍御。而石内之土多系浮沙，一遇霖雨，辄至坍损。土既圮矣，石将安附？宜觅取真土，帮筑完固，以捍汹涌。从之。

《河防一览》云：或有问于驯曰：高家堰之筑，淮、扬甚以为便，而泗州人苦其停蓄淮水，何也？曰：此非知水之言也。高堰居淮安之西南隅，去郡城四十里。而近堰东为山阳县之西北乡，地称膏腴；堰西为阜陵、泥墩❶、范家诸湖；西南为洪泽湖，淮水自凤、泗来合。诸湖之水出清口会黄河，经安东县出云梯关以达于海，此自禹迄今故道然也。堰距湖尚存陆地里许，而淮水盛发辄及堰。私贩者利其直达，以免关津盘诘，往往盗决之。至隆庆四年，大溃，淮、湖之水泽洞东出，合白马、氾光诸湖，决黄浦八浅，而山阳、泰州、高、宝、兴、盐诸邑汇为巨浸。淮既东，黄水亦蹑其后，浊流西溯，清口遂埋。而决水行地面，宣泄不及清口之半，不免停注上源，而凤阳、寿、泗间亦成巨浸矣。故此堰为两河关键，不止为淮河堤防也。且询之泗人曰：凤、泗之水蓄于高堰未决之前乎？抑既决之后也？佥曰：高堰决而后蓄也。清口塞于高堰未决之前乎？抑既决之后也？曰：高堰决而后塞也。余曰：堰决而塞，筑则必通；堰决而蓄，筑则必达。堰成而清口自利，清口利而凤、泗水下矣。

季驯条议又云：高家堰当湖之处，中段原镶石堤，足当风浪。其石堤南北俱系土堤，岁修无已，议照中段一概砌石。从之。

季驯之筑高家堰也，北起武家墩十余里，又南十三里为大涧。大涧口为冲决要处，筑石堤以护之，长数百丈。又南五里为小涧，又西南二十余里为阜陵湖，又南四十余里为周家桥，又南二十余里为翟坝。翟坝为山阳、盱眙接界，或曰周桥。翟坝长二十五里，与高邮南北金门两闸及西堤四十里石工相对，

---

❶ 泥墩　当作"泥墪"。

周桥、翟坝决，则高邮南北冲溢无时矣。自万历二十年至二十二年，以淮为泗患，中外诸臣议论纷错。勘河科臣张贞观进辟海口，治鲍、王二口之议；科臣黄运泰、主事樊兆程陈浚五港口之策；或谓腰铺可开；或谓老黄河可复；而台臣高举请筑周家桥滚水石坝；夏之臣遂请决高家堰。其大指归于疏淮以安泗，疏黄以导淮，必尽芟筑堤防运之成说，效凿空访寻之心计。至杨一魁、张企程条议出所谓分黄导淮者，仍导淮出清口，合黄入海，实固潘季驯旧迹而稍分河淮之势云。

御史王明疏云：使周家桥遂开，则六州县生灵为鱼，四百万漕粮俱梗，而三十六盐场其沼矣。宜令河臣上寻旧支而杀其势，下瀹旧口而广其途。分司郎中黄日谨疏云：高家堰与周家桥相接一堤也，堰以内与桥以内之水相连一淮也，使周家桥可开，则高堰何所事守？高堰必守，则周桥断不可开，故开周桥者，乃开堰之别名也。周桥地形与高、宝诸湖高下势甚相越，诚开之，是导以建瓴之势，一泻千里，孰得而禁之？故谓周家桥开而淮不尽东，淮尽东而黄不复蹙，必无之理也。高、宝诸湖四时弥望连天，所恃一线漕堤为之保障。若引淮入湖，则淮水之浩荡无涯，湖面之容受有限，不至决裂湖堤而奔溃四出不止也。又淮之入湖也易，湖之入江也难，何也？湖堤以外地形洼下，与江面不甚昂。故今通江之路昼夜宣泄，而湖水不见大消。使复益之以淮，源源不竭，则七州县不胥而为沼乎？

王乾清《周桥闸说》：万历二十五年，淮水大涨，总河杨公一魁建闸以泄一时暴流，稍平即闭，从未常开。前贤亦云：东去最宜开海口，西来切莫放周桥。盖周桥开而海口塞，黄遏淮也；周桥闭而海口通，淮刷黄也。淮出清口，刷黄济运，则涓滴皆为利益；淮入湖内，溃堤病民，则涓滴皆为害源。若内湖增一分溃堤病民之淮，则清口便减一分刷黄济运之淮，故周桥启闭利害不可不察。

顾云凤议云：武墩诸闸之水，夏秋则流，冬春则涸。高、宝湖堤犹得乘其稍涸之时而施其补葺之计。今施家沟当水涸之时，已与武墩诸闸同其用矣。若更从而辟之，是使淮、泗无余蓄，而高、宝无余地矣。水无时不满，湖无时不涨，堤之坍卸，即欲修筑，无所措手。况高、宝诸湖不过盈溢而止耳，平时先已盈溢，又何以容暴发之水乎？好事者倡为浚辟武家墩、高良涧、周家桥诸闸之议，先实诸湖之腹，水无所受，故一雨而即盈耳。犹未也，此一淮水耳，入湖之分数多，则入海之分数少，而淮弱矣；淮弱则黄蹑其后，而清口淤矣。异日者入湖而湖不能容，入海而海不能入，将漭洄泛滥，合盱、泗、高、宝而为一，此其滔天之势，为害不更烈乎？

崇祯四年，黄、淮交涨，河臣朱光祚议开高堰三闸，大理寺丞吴甡、编修夏曰湖❶等合疏争之，事遂寝。吴甡等疏云：高堰北当淮、泗之冲，南扼漕、湖之吭，地形最为高峻。而淮、扬两郡及高、宝、兴、泰、山、盐各州县地居下流，所谓悬水数仞，建瓴之势也。三闸一开，势必以淮、扬为壑，行见淮、泗之水滔滔东注，将高、宝漕堤荡为湖海。运船纤挽无路，则数百万粮何由而达京师？各盐场尽被淹没，则百余万盐课其问诸水滨乎？数百万生灵悉为鱼鳖，则数百万粮税谁为供输乎？

归仁堤考

归仁堤者，明臣潘季驯筑于万历七年，与高堰相为表里者

---

❶ 夏曰湖　当作"夏曰瑚"。

也。其利有六：遏湖水，使不南侵淮流，一也；遏黄水泛涨，使不与湖汇为巨浸，二也；使湖水并力出黄冲沙，三也；分引黄水以助淮流，四也；为盱、泗保障，使无漂没，五也；减洪泽湖水以杀高堰水势，六也。起宿迁之归仁集，故名归仁堤。亘宿、虹二县之界，计长五十七里，共七千六百八十二丈八尺，俗名汰黄堤。其出水之口曰小河口，曰白洋河。其堤工紧要之处曰耿车时儿滩。其上流来源自徐溪口，历萧县、灵璧等处二百余里，合永堌、姬村湖水，由宿迁之符离沟，经邳之睢河而汇于埠子、白鹿等湖。《河防杂说》所谓上遏睢水、湖水以及砀、萧、徐、宿、灵、睢、宿迁等各州县雨水者也。

《泗州志》云：自黄水徙萧县义安山，合永堌湖水流入宿迁之符离沟，历邳州之睢河，与宿、虹白鹿、埠子、藕湖等水汇为巨浸，由拖犁沟南流入泗境安河，而堤且受黄患。迨靳辅治河，黄河南岸各闸坝减下之水必由归仁堤经过。又于砀山毛城铺起筑堤至王家山，以束徐州以西、砀山以东并十八里屯二闸之水，使悉由盐河归睢溪口入灵芝等湖，历归仁堤以汇于洪泽。虽使砀山以及清河县境七百里别无霪潦之虞，而堤受黄患且益甚矣。《河防杂说》所谓上遏毛城铺减下之水者，此也。

张兆元《归仁堤考》云：自灵璧县地方孟山、睢宁县地方庙湾口、宿迁县地方耿车至小河口俱三十里。小河口迤南有白鹿湖、邸家湖二湖，虽系潴水，湖面阔远，一遇北风，则怒涛奔逸，势必南侵淮流。故作归仁堤以捍之。此堤一坏，则湖水东下，中阻淮水北行之道；此堤一修，则兜睢、湖诸水，使不得冲入淮流，以阻其势。复南借周桥、翟坝遏淮水下湖之便，安得不怒激以取路清口耶？淮水全出清口，而两河治、运道通矣。故曰遏湖水使不南侵淮流，其利一也。

张鹏翮《河防志》云：归仁堤在宿迁县黄河南十六里。康熙九年，御史徐越疏云：近黄河者有睢水、埠子湖水，其势甚大，且遇黄河一涨，则能与此水相连。倘无堤以挡之，直下而东，则中阻淮水北行之道。淮水半趋而南，其北趋者无全力，而黄且乘虚南注，汇诸湖之水，为高、宝各邑患。《泗州志》又谓：一遇伏秋，黄水倒灌小河口、白洋河，由归仁集迤东横阔四十里奔泓而下。嗣后积年冲决，经萧、砀、宿、睢、灵、虹，滨河州县田庐淹没弥甚，此皆黄水汇湖之为害者也。堤防坚固，则黄不汇湖，而倒灌无虑。故曰遏黄水泛涨，使不与湖汇为巨浸，其利二也。

史奭云：遏水从白洋河东西两沟入黄河，河之泥沙得此而汰，故俗亦名汰黄堤。御史徐越疏云：从白洋河出口以刷董口一带之沙淤，而为益于运道。向者漕运走徐、邳，则为漕护堤，岁勤修筑；自直河改运，而急漕者视此堤为缓，而董口一带之沙淤不知冲刷矣。靳辅《河道修治疏略》云：归仁堤原以障睢水并永堌、邸家、白鹿诸湖之水不使侵淮，且令由小河口、白洋河二处入河，助黄刷沙者也。自顺治十六年归仁堤冲决之后，睢湖诸水悉由决口侵淮，不复入黄刷沙，以致黄水反从小河口、白洋河二处逆灌，停沙积渐，淤成陆地。至康熙六、七年间，各处水大，黄、淮并涨。黄涨而王家营、邢家口、二铺口等处冲决矣，淮涨而古沟、翟坝等处冲决矣。王家营、邢家口、二铺口等处冲决之后，黄河之水由决口四漫者多，而由云梯关外入海者少。古沟、翟坝等处冲决之后，淮河之水由高、宝诸湖直射运河，冲决清水潭，下淹高、江等七州县之田者多，而赴清口会黄入海者少。淮、黄两水俱从他处分泄，不复并力刷沙，以致流缓沙停，海口积垫，日渐淤高。从此，由远至近，由外至内，河沙无日不停，河底无日不垫，海口淤而云梯关亦淤，云梯关淤而清江浦、清口并淤矣。此合计淮、黄、漕、湖数百里之全局，而洞见其利害之所系。故曰使湖水并力出黄冲沙，其利三也。

黄强淮弱，昔人借水济运，必欲以湖助淮，使与黄争。故自宋时引洪泽湖达之于淮，淮已增翼夹之势。圣祖仁皇帝有"治河更有何善策"之咨询。河臣靳辅云：惟有分黄助淮之一法。故南岸各减水闸坝虽有引浊沙入湖之隐忧，而当淮流微弱之时，可借以分引黄水，由归仁堤下注洪泽湖，以助淮流。所谓其利四也。

《江南通志》：万历七年，河臣潘季驯虑黄河倒灌小河、白洋等口，挟诸湖水冲射盱、泗，作归仁堤为保障计。又按：《泗州志》：归仁堤去州治几二百里，去州境亦三十里许。自归仁集迤东至桃源之于家冈约长五十七里，此虽虹、宿、桃源等处地界，而实泗之脊背也。自黄水合永堌诸湖，至泗境安河会淮水为患。万历二十年，堤东转北接小土堤冲漫，自岳家庄入大桥口，由黄家堰过六师院接安河，凡七八十里俱被淹荡。巡按舒公题改石堤三千余丈。康熙十年，奉旨修砌。自是，泗患以弭。所谓为盱、泗保障，使无漂没，其利五也。

顺治十六年，归仁堤决。康熙元年，再决。时部司有开周家闸者。淮水大泄，而黄河逆入清口，又挟睢、湖等水从归仁堤决口入，与洪泽湖相连，直抵高堰，冲决翟坝，流成大涧九条，其水东注，悉归诸湖。淮扬自是岁以灾告。伏读康熙三十八年圣祖仁皇帝上谕：归仁堤人皆称系保护明季皇陵，此俱系妄诞。三四十里路之堤，如何护得明季皇陵？此堤之修，专因水涨之时，毛城铺等处发来之水至归仁堤，拦回仍归黄河之意，此堤亦应酌量修筑。今按：拦回仍归黄河者，不欲逆入洪泽湖，致伤高堰也。堤之五堡地方旧建减水坝一座，以泄异涨。康熙九年，建便民闸一座，以通行旅。至康熙二十二年伏秋时雨最大之时，五堡减水坝底之上过水二尺五寸有奇，三教堂便民闸底之上过水五尺七寸。及用水平将此清水与黄水较之，其黄水面尚高于清水六尺有奇。迨至隆冬，黄水已消七尺有奇，清水止有尺计，而清、黄始平。则毛城铺发来之黄水其泛涨何如也？康熙三十九年，河臣张鹏翮于五堡建矶心石闸，若遇黄水暴涨，则闭黄河堤之闸，将此五堡之闸开放以泄湖水。将便民闸底改深三尺，闸墙亦加高三尺，使上流清水由闸者多，而由五堡者少。又虑黄水消长靡常，于归仁堤建闸三座，于老堤头建闸二座。黄水大则闭老堤头闸，开归仁堤闸，以放水入淮；黄水小则闭归仁堤闸，开老堤闸，以引水刷黄河。再于黄河南岸大堤之内挑小河一万八千余丈，引水直至清河县出口，仍归黄河。又开引河，引诸湖水至桃源老堤头出，以达于黄。又于引河两岸筑束水堤，泄归仁堤之水出黄河，既以冲刷河身，又使此水不尽入洪泽湖，以减高堰水势，其利六也。

史奭考云：其橐籥在小河口之通塞。小河通，则睢、湖诸水尽入黄河，而归仁之水减半。今按：《贻麦堂记》云：堤受白鹿等湖水，由白洋河与黄水会。其越小河口者，乃上流之支分，而白洋河则其经流。其必使小河口、白洋河两入黄河者，既刷沙叠出，而又不使诸水尽出一口，宣泄不及，以至直趋高堰，鱼鳖淮扬也。至耿车、时滩一带之堤尤当岁加修守，使睢水不得漫入埠子等湖，而小河口常通矣。

防黄淮入江

《殷本纪》载：汤诰之言曰：东为江，北为济，西为河，南为淮，四渎已修，万民乃有居。四渎之由来尚矣。《尔雅》：江、淮、河、济为四渎。四渎者，发源注海者也。刘熙《释名》曰：渎，独也，各独出其所而入海也。自王莽时河徙，从千乘入海，而北去碣石远矣，然犹未离乎渤海也。自金明昌中河徙，而河半不入渤海矣。元至正中又徙，而河全不入渤海矣。今则与淮浑涛而入海，淮不得擅渎之名，四渎亡其二矣。万一清口不利，海口愈塞，加之以淫潦，而河、淮上流一时并决，挟阜陵、洪泽诸湖冲荡高堰，人力仓卒不能支，势必决入山、盐、高、宝诸湖。而淮南海口沙壅更甚于曩时，怒不得泄，则又必夺邗沟之路直趋瓜洲，南注于江，至通州入海。三渎并而为一，可不惧欤？

盖黄高于淮，淮高于湖；又高堰去宝应高丈八尺有奇，去高邮高二丈二尺有奇，高、宝堤去兴化、泰州田高丈许或八九尺，其去堰不啻卑三丈有奇矣。当黄、淮泛涨，辄与堰平，甚则且过之。水乘三丈余之地势，灌千里之平原，安得有淮南数郡俨然一都会耶？如明隆庆四年，淮决高堰，黄蹑淮后，迳趋大涧口，破宝应黄浦口入射阳湖。万历三年，复决高堰，淮挟湖水迤东，山阳、高、宝、兴、盐诸境悉为巨浸。万历二十一年，淮漫高堰堤上且数尺，周家桥口原自通行，又加决焉。决高良涧至七十余丈，南奔之势若倒海，高、宝、邵伯诸湖堤一日崩者四十余处，泗城亦复灌溢。天启四年六月，河决建义诸口，灌兴化、盐城。盖淮本易于南趋，自会黄之后，愈有迫以南趋之势。昔高家堰之筑，起于汉建安五年太守陈登。尔时河自北行，淮已为害，况黄河挟万里奔腾之势，其力足以遏淮。使淮稍弱，则将却流而东，溃高堰，决淮、扬，势所必至。淮既旁趋，浊流即内灌里河，淤塞运道。且黄乘淮后，并势南趋，黄、淮交横于淮、扬千里之间，而运道遂茫然不可问，而三十六串场又有存哉？

然则何以治之？亦曰以水治水而已。病淮而并以病运者，莫如河；则敌黄即所以利运者，莫如淮。故治淮乃治河、治运之先务，而治高家堰尤治淮之首图。永乐年间，平江伯陈瑄始堤管家诸湖为运道，然虑淮水涨溢，东侵淮郡也，故筑高家堰堤以捍之。起武家墩，经大小涧至阜宁湖，而淮水无东侵之患矣。又虑黄河涨溢南侵淮郡也，故堤新城之北以捍之。起清江浦，沿钵池山柳浦湾迤东，而黄水无南侵之患矣。平江伯之功，二百年无事。万历间，再修于潘季驯。其《河工告成疏》云：数年以来，黄、淮胥失故道。黄河北岸则决崔镇、季太等处，南岸则决龙窝、周营等处，共百余口。而又从小河口、白洋河灌入，挟永锢诸湖之水，越归仁集直射泗州。淮水又因高家堰年久圮坏，溃决东奔，破黄浦，决八浅，而山阳、高、宝、兴、盐悉成沮洳。迨筑高堰，堤归仁，塞决口，严五闸启闭，而后黄、淮悉会于清口，并趋入海。不特山阳、兴、盐等处积水尽去，顿成沃壤，即上而盱、泗、虹、灵亦无决溢。黄不侵淮，淮不侵湖，湖不侵江，其明效也。又按：明黄日瑾❶疏云：高、宝诸湖四时弥望连天，所恃一线漕堤为之保障。若引淮入湖，则淮水之浩荡无涯，湖面之容受有限，不至决裂湖堤而奔溃四出不止也。又淮之入湖也易，湖之入江也难，何也？湖堤以外

---

❶ 黄日瑾　当作"黄日谨"。

地形洼下，与江面不甚昂。故今通江之路昼夜宣泄，而湖水不见大消。使复益之以淮，源源不竭，则七州县不胥而为沼乎？又顾云凤《议略》云：东南滨江滨海之处曰广陵，曰海陵，曰蜀冈，又曰阜，曰岭，不可殚述，皆以高亢得名。水无所出，即有所出，而江潮海啸互为吞吐，亦可知淮非由清江、安东以入于海，别无可为归宿之地矣。况高、宝诸湖不过盈溢而止耳，平时先已盈溢，又何以容暴发之水乎？盖尝譬之，淮、泗百石之瓮也，高、宝诸湖升斗之罂也，芒稻河杯勺之斟也。以罂之腹而欲受瓮腹之所受，其数不胜也。以之口而欲出瓮口之所出，其数又不胜也。满则溢，溢则倾，倾则散漫旁流，不可收拾。即欲复归之瓮，而宣泄由我，不可得已。犹未也，此一淮水耳，入湖之分数多，则入海之分数少，而淮弱矣；淮弱则黄躏其后，而清口淤矣。异日者入湖而湖不能容，入海而海不能入，将漾回泛滥，合盱、泗、高、宝而为一，此其滔天之势，为害不更烈乎？

由是言之，率黄、淮而归之湖，湖不能容；由湖而达之江，江不能达；非特三渎会而为一，失天地之性，卒山川之纪。尤恐江、淮、河浑涛于东南，卒成滔天之势，其为害加烈于今者不知几何也！然则陈平江瑄、潘尚书季驯以堤束淮以敌黄，于修高堰、立湖闸之外，若无赫赫之功。而遏黄、淮使不入江者，于此焉赖！先哲之言曰：御黄如御敌，淮日退则黄日进。二公盖虑之熟矣。

防决

筑堤所以捍水，而水当怒涛奔浪之时，或决于堤所不设之处,或决于堤所密设之处。议者或谓河性善徙,非堤所能防;或谓桃伏秋时,非常泛涨,势不能以拳土危堤当万里顶冲之险。其言然,而不尽然也。司河者有岁修工程,有大修工程,非不防决于未然也。有抢救险工,有保护险工,非不防决于将然也。而决每出于意计之外,则亦防范之未精,而先事预图未能竭其心思智计以与河争胜负之数者。

夫决有受病之处,有所以受病之处。堤之决也,非卑薄不能支,即狭隘不能容,否则杂以浮沙,堤非真土,此受病之处也。蚁穴獾洞之不修,率致豁然洞开,田庐淹没,关厢陆沉,此受病之处也。城郭之当水冲者,终致溢漫为虞;土壤之涉松沙者,且致啮蚀为患,此皆受病之处也,而更有不止此者。

法当于对岸及上下求之。凡上流之管束太严,势必蓄其怒,厚其力,而下方决矣。何不使有宽展游荡之处,以泄其暴下,而恣其狂荡也哉?下流一有淤淀浅涩之处,其去也有限,其来也无穷,势必积水逆流,而上方亦溃。何不时时探测泥沙,一有垫高之处,亟用回溜冲沙之法,使河底日深乎。凡南岸之决,必北岸太强,以致逼溜冲射,力有偏注,即势有专攻。何不仿挑水坝法,造为方舟,连筏并进,逼水中流,使水势不致直射乎。昔人谓御黄如御敌,窃以为防决亦如防敌。吾备左,则彼攻右;吾备前,则彼攻后。一定之势,自然之理。平时竭心思智计,务与河争胜;争则得其所以受病之故,廖而去之,亦未必报决报塞纷纷焉,日盈于耳而不去也。若夫受病之处加谨防范,则嵇学士尽之矣,故并录之。

总河嵇曾筠《堤上走漏说》云:语云:千金之堤,溃于蚁穴。穴之不可不慎也。所贵乎平时巡查严密,有则填塞,斯汛水长发乃可无患。如堤内积水之区色泛微黄,必临水坦坡有进水之穴洞。查勘得实，即用铁锅扣住，勿使走气，周围用土填压，堆成高厚土址，切勿脚踹杵夯，致令泄气，恐有意外之虞。断水之后，或于堤顶，或于堤腰挖至患处，寻其过水之洞，层层填土，夯筑坚实，此截筑法也。又如河水漫滩，堤根渗漏，洞穴难寻。但见里堤过水，即令会水精细人在外坦逐细踹寻。凡过水之处，抽气必大，易于觉察。踹寻着实，万勿用碎石草把填塞，越塞越漏，恐成大患。须量洞口之大小，或塞以棉袄，或塞以棉被，便可堵住。或洞口宽大，必使一人赤体将洞口坐住，一面飞集人夫，于所坐之下周围塞土，离人二三尺，围绕成圈，筑成井样，宽七八尺，高出水面二三尺。俟外水不入，即令塞穴之人扶竿速起，立将井上填实。若恐顶冲汕刷，加以护扫防风，断不致溃裂。此外堵法也。

更有一种井穿獾洞，外面似无大坏，不知堤内已属空虚，一遇水长，忽然走漏，势如泉涌，不可复救。则非覆锅塞絮所能奏效者。须细看防外之水，如淹堤二三尺，堤内平地比外地低洼一二尺，过水不大。宜飞调人夫，即于堤内走漏处，紧接大堤买土急筑小月堤一道，拦定走漏之水，勿使伸腰透气。听其流满月堤，内外相抵，则不过水矣。然后从月堤两头挨次用土实填，筑成里戗一道，可资巩固。切勿先于漏处用土加帮，夫少则不能立成，夫多则蹂躏塌卸，反损大堤。此内堵法也。

倘或堤外水深五六尺，堤内之地又较外地卑矮，仓猝相乘，焉能筑此高厚月堤以资捍御？则宜星运软草于堤外坦坡下，挨次铺镶，细土层层加压，加至出水，则漏自断。俟汛水消落，当筑里月堤一道，内外兼治，方可永固。

大抵獾洞、鼠穴不在堤之外坦，而在里陡；不在人迹常经之地，而在幽僻荆棘之间。严饬各汛文武员弁修补于平时，自不贻误于仓猝。巡查之责,属之兵夫;催督之任,寄之官弁,实为闲中之当急,小中之最大者也。司河者幸毋忽视焉。

沙宜去

刷沙之名,古未之有也。自浊河会清淮,司河者不能离而二之,乃创为用清淮刷浊沙之说。于是筑堰以束淮,借以敌黄而冲沙,意谓沙随水去,汕刷日深,清口加辟,海口加深,即二渎并流一区可安然无恙也。自此说出,无时不坚筑高堰,慎守湖闸,乃清口板沙如门限然,善刷者复旧道止矣,未尝加辟也。自云梯关以至海口一百八十里,止有渐淤之说,而无深广之文,安在其加深也?然则黄大抵蹂躏于淮之道,淮仅能竭其全力,使泥沙不积足矣,安在其辟清口、辟海口也?盖尝以刷沙之意求之,禹时大河由大伾北折以来,合清、淇、荡、洹诸水,岂即借以冲大伾以前之沙欤?北过降水❶以前,合清漳、浊漳、滹沱、易、马巨❷诸水,岂即借以冲大陆以来九河逆河之沙欤?余波入漯川,即借漯川以冲余波之沙欤?宋时北流者即借永济渠、漳、泺以冲沙东流者,即借马颊以冲沙欤?是皆未可知。然四渎莫疾于济,何不闻借济冲沙,而济且为浊沙湮闭也?即以淮论,宋天禧三年、金明昌五年河两决梁山泺,南派半入于淮。尔时淮以全力冲黄之半,其刷沙当若何?元开会通河,北派未绝。明弘治以前,未筑黄陵冈,北派亦未绝。尔时淮以全力冲黄之强半,其刷沙又当若何?且王景治河,千年不变,两绝漯川,独由千乘入海。尔时无水以刷沙,又当若何?贾鲁

---

❶ 降水 当作"洚水"。
❷ 马巨 当作"巨马"。

治河，自虞城以下，萧县以上，夏邑以北，砀山以南，由新集历丁家道口、马牧集、韩家道口、司家道口、牛黄堌、赵家圈，至萧县蓟门出小浮桥，此贾鲁所复故道也。鲁巧慧绝伦，独不闻筑高堰，建湖闸，束淮以刷沙。昔宋范百禄谓：河行疾则自刷除成空而稍深。此格言也。自汉以来，王景知之，故两绝漯川而不堤漯以刷沙；贾鲁知之，故会淮而不恃淮以刷沙；亦汉丞相史孙禁知之，欲决平原金堤，间开通大河，令入故笃马河至海，五百余里水道浚利。惜哉，禁言时不见用，鲁丁元季阽危，景功历年已久，世遂无有知行疾则自刷除成空而稍深之旨，而束淮刷沙中于人心遂牢不可破也。窃意黄沙本以行疾而刷，初无与于淮也。特以浊流迳行河南五府，土松沙甚；又从安东入海，较入渤海者取道尤纡；且占据淮路，不无壅滞争竞之虞，以至多之泥沙经千百之道路，而又二渎并行，则其□❶缓沙滞，而不能迳直独出以入海者，当较之碣石、渤海为尤甚，不得已而借淮并行之势，挟掖前驱，庶几浊沙不长壅吾淮路耳。非黄必有待于淮，而淮必有功于黄也。然则高堰、湖闸原以捍淮，非以攻黄。故高堰筑于汉建安五年太守陈登，原非束淮以攻黄。而贾鲁治其上流，欲以行疾而刷空，亦不沾沾焉借淮也。明人束淮刷沙之说乃为会通所束，又才不逮贾鲁，故捍淮东侵，防黄南溢，而汲汲焉增卑倍薄，以汉之下策为今日之至计。若不察其故而执以为然，几何不以为黄沙必须于淮，淮水有功于黄，而以二渎合一为理势之当然也耶？又况淮即刷沙止在清口，既会以后，若自开、归以及徐、邳，虽合汴合泗而不加汴、泗以刷沙之名，固汴、泗较小于淮，实亦黄之浊流以行疾而刷，不以汴、泗刷，则亦不以淮刷。故黄行汴、泗之道而决，行淮之

---

❶ 底本漫漶不清，疑作"流"。

道而亦决，无分于汴、泗、淮也。行汴、泗不刷之地而沙淤，行淮水刷沙之地而亦淤，亦无分于汴、泗、淮也。治河无长策，而顾沾沾焉执刷沙之见，置二渎浑涛于不问哉？特自明以来，日言刷沙，而古今有大沙之未去者略不一及，何也？河自孟津以上，由底柱至五户滩，阏流一百二十里，沙碛三十六处，实碍河流。大河迄此阏流一百二十里、沙碛三十六处，抵触湍怒，不能畅然沛然，以遂其千里曲直之性，因暴怒而决于孟津之下矣。故自汉以降，决宿胥口，决白马津，决荥阳成皋，决曹，决滑，决濮，决澶，决汲、胙，决新乡，决原武，决武陟，皆在孟津之下。固山脉已尽，地平土松者致之；亦上流激沙，怒不得泄，暴下而致此耳。吾不知大禹治水时果有此阏流沙碛否，特就上流言之，此其致决之由。何以劳劳塞决，病至后医，不闻有效？朱旺口之大挑，使此沙决去无触河行者，此不可谓全局在胸，治之于根本之地者也。然此犹可诿曰工程浩大也。或有官亭民舍庐墓也，又历年已久，人皆恬安，毋独为创论惊人也。独不闻有小沙之最易去者乎？何不闻以河刷沙而顾以河避沙也？如徐州郭家觜直至沙觜，挺入河心二里许，大溜直射，列入险工，而后开引河。邳州戚字堡对河沙滩日长，逼溜顶冲，列入险工，而后开引河。萧县徐家庄对岸涨出沙觜，大溜直射，仅建楼崖埽保固险工。又如阜宁县北岸四套、五套地方，坐当黄汇❶汇归入海之区，竟听其南岸长出沙滩，溜势日渐北徙，以至势甚危险，人力难施，引河不能开，楼崖埽不能建，仅于抢筑月堤。凡此皆先后河臣题修之大者，此外沙滩尤难殚述。则何不札于毫末而待寻斧柯也？又何不斧以斯之而养痈待溃也？旧治黄河，浅者列方舟数百如墙，而以五齿爬、杏叶杓疏底淤，

---

❶ 黄汇　当作"黄淮"。

乘急流而冲去之，效莫睹也。则以扒捞挑浚之说仅可施之于闸河，若黄河河身广阔，捞浚何期？悍激湍流，器具难下；又上疏则下积，此深则彼淤，徒为纸上之观，前人屡试无效者。昔万恭治河，用虞城生员之策，欲深北则南其堤，而北自深；欲深南则北其堤，而南自深；欲深中则南北堤两束之冲中坚，而中自深。始也，借堤以使河之深；终也，河既深而任堤之毁，安用以治徐、邳之河无弗效者。载在《治水筌堤》❶中。抑又闻水工之言曰：柁之所向，水流如驶。若采旧制，列方舟数百如墙，各用一似柁非柁之木，长深着底，以之指地而疏沙，使水随柁向，冲刷日深，则亦变通贾鲁沉舟代坝之遗而合于旧制。庶此为活堤，尤为费省而用便者欤。

沙宜留

浊流之最可恶者莫如沙，而最可爱者亦莫如沙。听其淤上流、淤下流、淤漕河、淤清口、淤海口、淤湖内，致使扒捞淘浚之器俱无所施，壅水之流，东奔西决，小亦各处出沙觜，大溜顶冲，对岸危急，挑引河以冲之，筑对岸堤□❷以护之。司河官弁大都为沙所窘，其可恶孰如之。然诚熟究留沙之法，因祸而为福，转败而为功，无用之用为大有用，其可爱又孰如之。

盖留沙之利有四：地形卑洼，借以填高，利一；田畴荒瘠，借以肥美，利二；堤根埽址借以培固，利三；日淤日高，以沙代岸，利四。

《河防杂说》云：宿迁、桃源、清河、沭阳、海州五州县界

---

❶ 治水筌堤　当作《治水筌蹄》。
❷ 底本漫漶不清，疑作"埽"。

中地亩卑洼，每遇堤工溃决一次，则民地亦渐淤高。杨家庄未决之前，止有桃源北岸之地被新庄口、七里沟、黄家觜等各决口之水淤高。其自徐升坝迤西十里许起，历崔镇、古城、杨家庄、朱家堂、萧家渡以至宿迁，计程一百里。近堤一带全系水田，不可以耕，而远堤去处亦莫不低洼停水。自杨家庄溃决之后，大溜经行四载有余，朱家堂以下俱已垫高，朱家堂以上十余里尚属卑洼。迨萧家渡一决，而宿迁附近亦渐垫高。总之，前此水田今皆成高亢之区，此淤高之明验也。但其所载皆因溃决而成，非人力使然也。然溃决必于卑洼之处，若预择两岸滨河卑洼之区，乘伏秋大涨，引水沃之，俾沙随水入，则卑洼皆成隆阜，可无卑洼受水之虞。昔潘季驯《放水淤平内地条议》云：缕、遥二堤皆为防河善法，但宿迁以前有遥无缕，独直河以西地势卑洼，岁岁患水。宜将遥堤查阅坚固，却将缕堤相度地势，开缺放水，沙随水入，地随沙高，庶患消而费省。潘公题奏甚明，而后人未闻有推广于滨河。凡为卑洼之区者，则先事预防之术，疏知恶沙而不知爱沙之故。吾故谓地形洼下，借以填高，利一也。

滨河一带各州县田亩遇水之决，固有漂没昏垫之苦，及其涨落水消，泥沙肥渍，往往获数年倍收之利。从此水田亦皆可耕，瘠薄渐成膏沃。而宿、桃、邳、睢一带地方，凡滨河下湿之区，伏秋水涨，汪洋巨浸，霜降水消，种麦有数倍之获。故数州县以麦为大收，秋则听其宛在水中，不以为荒，而资其来岁麦秋之利，其明验也。

若讲求坚固遥堤之法，决缕堤以放水淤田较之穿渠灌溉事半功倍，所谓田畴荒瘠，借以肥美，利二也。

靳辅《治河书》云：岁修石工，排桩固址，而于上流层次筑逼水坝二三重以护之，使之回湍以聚沙，日渐淤垫。若石工之外得淤滩二三十丈，则堤址愈固，无冲决之虞。此亦善用沙者也。窃意淤滩非独可行于石堤，即土堤堰闸莫不可用，所谓堤根埽址借以培固，利三也。

又靳辅《河工八疏》内云：一南岸遥堤引黄入淤，岁久加高，即岸成堤，不烦再筑。盖水去必沙存，沙存则地高。故宿迁、海州、桃源、清河、沭阳五州县堤工若不甚高，而自民田望之，势若冈陵，此日受淤高之所致也。若于卑洼之岸远设遥堤，引水淤垫，久之亦势若冈陵，变洼为峻，而堤防并可不设。所谓日淤日高，以沙代岸，其利四也。

夫黄河来源万里，即以沙为万里之供输也。会千七百一川，即以千七百一川之沙泥辇载而遗我也。我听其滔滔入海已有舍掷之叹，而又听其堆而为碛，散而为滩，浅而为遏流，怒焉恶之，谓沙不速去。一旦溃决之后，又享沙之利。沙负人乎？人负沙乎？可以淤洼，可以肥田，可以固堤，可以代岸，而不能收大河自然之美宝，则亦责有所归也。潘季驯知之，故有淤平内地之疏；靳辅知之，故有即岸成堤之疏。二公实胚胎乎留沙而未尽其用。人固恶沙如仇，予则爱沙如宝。以不需辇运之劳，而不舍昼夜以输我天地自然之美利，亦在人善用之耳，何云浊沙为患乎？

安东海口宜辟

黄河之为患于中国也，小则决，大则徙。其徙且决者，非必河性无定也，中间积沙淤垫，而后溃决四出，散漫不可收拾。若海口一淤，万里来源无归壑之处，势必大决于上流而改道四突矣。故自禹以后，殷人迁亳、迁耿、迁相、迁邢，皆滨河之地，为河所决而然也。迨至九河淤其八枝，止以一徒骇受九河之水，狭隘不能容。故周定王时，邺东以上不循轨道，决夫伾山南，而东迳漯川矣。汉孝武时，漯川又不能容河，分为二：一由淮、泗以入海，一由济、漯以入海矣。王景治后，河患稍弭。《后汉书·五行志》：桓帝永兴元年秋，河水溢，漂害人物。而不言某郡。灵帝光和六年秋，金城河溢，水出二十余里。盖王景治河未久，荥阳以东至千乘海口皆安流如故也。魏晋迄隋，史无可考。《唐书·五行志》：荥阳之下有河灾，自长寿二年决棣州始。玄宗开元十年，博、棣二州河决。十四年，魏州河溢。十五年，冀州河溢。河患由是渐多。《唐会要》云：宪宗元和八年，河溢瓠子，泛滑州。则澶、滑之间祸自此始矣。其后岁月逾甚，而其所以治之者不过筑堤、置埽、开减水河而已。殊不知河之淤淀常先下流，下流既淤，则上流必决，徒治澶、滑无益也。分水愈多，经流愈缓，海沙日进，河沙不出。故文宗太和二年，棣州河决，至坏其城，则蒲台以东塞可知已。昭宗景福二年河徙，从渤海县北至无棣县入海，职是故也。迨宋时，沧州海口又淤。故真宗大中祥符三年，决于棣州。五年，大决，河势高民屋丈余，徙州于阳信界中，而澶、滑之间岁不得宁矣。盖自唐以来，治河者皆不知此理，故劳而罔功，终有横陇之决。然河虽改流，而京东故道犹未尽堙，苟疏其壅滞，先自海口讫于德、博，则故道可复，而澶、滑之患亦纾，王景千年之旧迹至今存可也。横陇既通，又不治其下流，而海口先淤，游、金、赤三河亦淤，故复有商胡之决。是时，纵欲回河，亦当先治其下流，则横陇故道复亦无难。而顾从事于六塔，北流一闭，当夕而败，李仲昌之罪所以不可逭也。欧阳公奏云：下流梗涩，终虞上流，为患无涯。此深得大禹治水之旨。迨河道南徙，黄、淮二渎并行，而海口之淤尤甚矣。元至正中受害尤甚，济宁、曹、郓间漂没千余里。贾鲁为总治河防使，观欧阳元功《至正河防》一记，鲁之挽河塞决称神勇焉。惜乎！其施功在虞城、夏镇间，未暇深通海口也。明洪武元年，决曹州。八年，决开封。十四年，决原武、祥符、中牟。十五年春，决朝邑。七月，决荥泽、阳武。十七年，决开封，又决杞县。二十二年，没仪封。二十三年，决归德州。秋，又决开封西华诸县。二十四年，决原武，由正阳镇入淮，而贾鲁河故道遂淤。又由旧曹州郓城两河口漫东平之安山，元会通河亦淤。二十五年，决阳武等十一州县。三十年八月，决开封。冬，蔡河徙。陈州史称：先是河决，由开封北东行，至是下流淤。又决而之南，盖有以窥其故也。永乐三年，决温县。八年，决开封。九年，决阳武。十四年，决开封州县十四，经怀远，由涡河入淮。宣德元年，溢开封州县。正统二年，决濮州范县。三年，决阳武及邳州。数年又决金龙口。十三年，决金村堤。十四年正月，决聊城。景泰二年六月，大雨浃旬，复决沙湾北岸，掣运河之水以东，近河地皆没。四年五月，复决沙湾北岸。七年夏，河决开封、河南、彰德。天顺五年七月，河决汴梁及襄城。成化十四年，河决开封。弘治二年，又决开封及金龙口，入张秋运河，郡邑多被害，汴梁尤甚。刘公大夏筑断黄陵冈。后十一年，河决归德。十八年，河忽北徙三百里至宿迁小河口。正德三年，又北徙三百里至徐州小浮桥。四年六月，又北徙一百二十里至沛县飞云桥，俱入漕河。明年九月，河复冲黄陵冈入贾鲁河，泛滥横溢，直抵丰、沛。八年六月，河复决黄陵冈。嘉靖八年秋，河决曹县。百余年间虽先后修治，亦止就决堵塞，竟无言及海口者。十三年正月，总河朱裳方云：往时淮水独流入海，而海口又有套流，安东上下又有涧河、马逻诸港以分水入海。今黄河汇入于淮水，势已非其旧，而诸港俱已堙塞，不能速泄，下壅上溢，梗塞运道。宜将港沟次第开浚，海口套河多置龙爪船，往来爬荡，以广入海之路。此所谓杀其下流者也。时已允行，未几以忧去。是岁，河决赵皮塞❶入淮，谷亭流绝，庙道口复淤。十九年，黄河南徙，决野鸡冈。二十六年秋，决曹县，水入城二尺，漫金乡鱼台、定陶、城武，冲谷亭。三十一年九月，河决徐州房村集，至邳州新安，运道淤阻五十里。四十四年七月，河决沛县，上下二百余里运道俱淤，全河逆流。隆庆三年七月，决沛县，自考城、虞城、曹、单、丰、沛抵徐州，俱受其害，茶城淤塞。四年秋，黄河暴至，茶城复淤。是时，淮水亦大溢，总河翁大立欲规复清河鱼沟，分河一道下草湾，以免冲激之患。未几受代。九月，河复决邳州。五年四月，河自灵璧、双沟而下，北决三口，南决八口，支流散溢。河道陈应荐于缮堤后挑挖海口新河，长十里有奇，阔五丈五尺，深一丈七尺。总河朱衡亦云：海口自隆庆三年海啸，壅水倒灌低洼之地，积潴难泄，宜时加疏浚，毋使积塞。至筑黄河两岸堤，第当缕水，不得以拦截为名。疏上，报闻而已。万历三年，河决房村。给事中郑岳言：自嘉靖四十四年河水大发，淮口出水之际，海沙渐淤，今且高与山等。自淮而上，河流不通，泥水愈淤，于是邳州浅，房村决，吕梁二洪平，茶城倒流，皆坐此也。今不治海口之沙，乃日筑徐、沛间堤岸，桃、宿而下听其所之，民之为鱼未有已时也。因献宋李公义、王令图浚川爬法，方命河臣勘奏。而明年八月，河决砀山而北，淮亦决高堰而东。四年二月，督漕侍郎吴桂芳言：淮扬洪潦奔冲，盖缘海滨汉港久堙，入海止云梯

---

❶ 赵皮塞　应为"赵皮寨"。

一径，致海壅横沙，河流泛溢，而盐、安、高、宝不可收拾。国家转运惟知急漕而不暇急民，故朝廷设官亦主治河而不知治海。请设水利佥事一员，专疏海道，审度地利，如草湾及老黄河皆可趋海，何必专事云梯哉？帝优诏报可。桂芳又言：近来云梯关口多壅，河流日浅，惟草湾地低下，黄河冲决。去岁，草湾以东自决一口，宜于决口之西开挑新口，以迎埽湾之溜，而于金城至五港岸筑堤束水，至安东一县众流汇围止。文庙、县署仅存椽瓦，其势垂陷，不如委之，以拯全淮。帝不欲弃安东，而命开草湾。乃开，长万一千一百余丈。桂芳以海口开浚受赉。未几，河决韦家楼，又决沛县。给事中刘铉请亟开通海口。给事中李涞请多浚海口。时潘季驯再领河事，建言：海口自云梯关四套以下阔七八里至十余里，深三四丈，欲别议开凿，必深阔相类方可注放，工力甚难。且未至海口干地犹可施工，其将入海之地，潮汐往来，与旧口等。旧口皆系积沙，人力虽不可浚，水力自能冲刷。海无可浚之理，惟当筑堤束河，导河归海，则沙随水去。此以水治水之法也。于是条上六议：曰塞决口以挽正河；曰筑堤坊❶以杜溃决；曰复闸坝以防外河；曰创滚水坝以固堤岸；曰止浚海工程以省縻费；曰寝阁老黄河之议以便利涉。帝悉从其请。未几，水患益甚。十七年六月，决兽医口月堤，漫李景高口新堤，冲入夏镇内河，坏田庐，没人民无算。十八年，大溢徐州，水积城中者逾年。十九年九月，泗州大水，州治淹三尺，民居沉溺十九，浸及祖陵。山阳复河决，江都、邵伯亦淹，乃放季驯归。季驯仍条上辨惑六事，又著书曰《河防一览》，大在筑堤障河，逼水冲沙，海口自辟而无待于开。且言泗州水势当自消。已而不验。于是，季驯言诎，而分

---

❶ 坊　当作"防"。

黄导淮之议起矣。及帝从其言，而二十一年、二十三年大水屡决泗州，祖陵亦淹。御史陈邦科言固堤束水未受刷沙之利而反致冲决，法当用浚。其方有三：冬春水涸，令沿河浅夫乘时捞浅，则沙不停而去，一也；官民船往来，船尾悉系钯犁，乘风搜涤，则沙不宁而去，二也；仿水磨、水碓之法，置为木机，乘水滚荡，则沙不留而去，三也。时给事中张企程亦言：有灌口者视诸口颇大，近日所决蒋家、鲍家、畀家三口直与相射，宜挑浚成河，宜由此入海。工部主事樊兆程亦议：当自鲍家营至五港口挑浚成河，令从灌口入海。给事中黄运泰亦言：不如浚五港口达灌口门以入于海之为得也。御史陈煌尝令宝应，亦欲多开入海之路，而百余年来究无有大辟海口者。今以季驯束水刷沙之义详之。沙泥淤土有新旧之不同：三年以内之新淤，外虽板土，而其中淤泥未干，冲刷为易；五年以前之久淤，其中淤泥已干，与板沙结成一块，冲刷甚难，则淮、黄虽极逼束之力，恐有不能尽刷者。如果刷沙有效，则下流既通，上流何为屡决乎？五港口、灌口之开，诚不得已之计，惜乎无身任其事，大奏其功者。靳辅《治河书》云：除近海二十里潮大土湿之处无容置议外，云梯关以外之八十里河身两旁近水之处，离水三尺各开一引河，面阔八丈，底阔二丈，深一丈二尺，以待黄、淮之下注。黄、淮旧道本有一二丈，加以左右又各八丈，三流并冲，板沙亦去。又《河工八疏》云：海口之高，皆因云梯关外原属散漫，故无力而沙停。请于两岸各筑堤以束之。此皆辟海口之下策，然犹愈于置而不讲者已。

分黄宜另辟海口

万历五年，河决崔镇而北，淮决高堰而东。潘季驯修平江

伯治绩，筑高堰堤六十余里、归仁集堤四十余里、柳蒲湾堤东西七十余里，塞崔镇等决口百三十，筑徐、睢、邳、宿、桃、清两岸遥堤五万六千余丈，砀、丰大坝各一道，徐、沛、丰、砀缕堤百四十余里，建崔镇、徐升、季泰、三义减水石坝四座，迁通济闸于甘罗城南，淮扬间堤坝无不修筑。功成受赉。自季驯之筑崔镇也，厚筑堤岸，束水归漕。嗣后水发，河臣辄加堤，而河身日高矣。万历十五年，封丘、偃师、东明、长垣屡被冲决。十七年六月，黄水暴涨，决兽医口月堤，漫李景高口新堤，冲入夏镇内河，坏田庐，没人民无算。十月，决口塞。十八年，大溢徐州，水积城中者逾年。十九年九月，泗州大水，州治淹三尺，居民沉溺十九，浸及祖陵。而山阳复河决，江都邵伯侵伤。二十一年，淮复决于高良涧，凡二十二口，河决单县之黄堌口。明年，黄水大涨，清口沙垫，阻遏淮水不能东下。科臣张企程、总河杨一魁乃进分黄导淮，疏浚海口之议。乃开挑桃源黄坝新河，自黄家觜起，至五港灌口止，分泄黄水入海，以抑黄强；导淮辟清口沙，七里达淮之经流，建武家墩泾河闸以泄淮之旁溢，由永济河达泾河，下射阳湖入海。又建高良涧减水石闸、子婴沟周家桥减水石闸泄淮水，一由岔河下泾河，一由草子湖、宝应湖下子婴沟，俱通广洋湖入海。又挑高邮西南之茆塘港通邵伯湖，开金家湾下芒稻河入江，以疏淮涨。

按：一由五港口入海者，黄也，而不闻疏五港口；一由广洋湖入海，一由射阳湖入海，皆淮也，而不闻疏广洋湖、疏射阳湖。岂五港海口独自来深辟，不为浊沙所淤，而广洋、射阳通海之道遇暴涨则滔滔汩汩，遇落漕仍深辟以待泄欤？果尔，何以万历二十四年分黄导淮功成？而三十一年河决苏庄，三十九年、四十三年、四十四年三决狼矢沟，而决徐州、决灵璧、决睢宁，岁岁见告，乃知分泄入海之道实未能广深通畅，以致宣泄不及，必决为虞也。此非减水坝闸之不善，而入海之口未辟也。靳辅治河，于桃源北岸建减水二坝，清河北岸二坝□东北岸四坝，俱由沭阳之沭河、海州之涟、潮二河入海。其于分黄导淮亦加详矣，而其《治河八疏》与《治河书》所载疏云梯关海口者甚详，未审沭河与涟、潮二河经浊流混淆之后，果毫无淤塞否也。暨查顺治十六年总河朱之锡疏云：云梯关之灌口固为黄、淮归海之处，每遇河流泛涨，无处分杀，必从清河上四十五里仍挑黄家觜，经清河至五港口长二百四十里，东流入海，分杀暴涨之势，诚为保运安民长策。又前明万历年间，曾于桃源县黄河北岸挑黄坝新河二百四十里，分黄一支由五港口入海，以杀南岸河患。此皆海口之昔通而今塞者也。然河形尚存，未至湮灭，若择一而通之，庶归海有路，不忧上流之溃决也矣。

助淮宜去沙

按：《河防杂说》云：自宿迁县城西北起，一带连山，约行九百里，至山东历城县始见平地；再西北二百里至德州城南，名黄河涯，宋以前老黄河故道也。黄河北行必过历城西北，南行必出宿迁东南，然后有归海之路。自宋神宗十四年，黄河南徙，由汴河东南夺淮入海，历今六百余载，北道壅塞，久已不可复问。今□求黄河之故道，即会淮入海之道也。但黄水源大，益以山、陕、河南万山之水合流而来，每至不可测量。潘季驯主束淮敌黄之说，务使黄、淮之水涓滴不至旁溢。当日之淮不东侵，黄不南侵者，此也；辟清口，辟海口者，亦此也。而究不免于决溢。于是总河杨一魁、给事张企程病其束水太迫，进分黄导淮之议，广建减水坝闸，以泄黄、淮泛涨之水，斯亦节宣之有道者矣。

然黄常患其强，淮常患其弱，终无以敌黄而刷沙也。我圣祖仁皇帝留心河道，亲为阅视。康熙十八年，銮舆至天妃闸，谕河臣靳辅云：今年黄水倒灌，运河不可为训，尔必须筹一至妥之策，使之永不倒灌方好。回奏云：臣再三筹画，别无他策，惟有分黄助淮之一法。于徐、睢黄河南岸再造减水坝几座，如遇黄、淮并强之时，启北岸减水坝，开泄黄水；如黄强淮弱，则南北两岸减坝并启，以北坝泄黄，以南坝引黄，助淮敌黄。上谕：此法甚好。

今按：靳辅建坝于砀山南岸，建坝一座以减豫、东二省骤来之水；其疏泄不及者，随于萧县南岸又建一坝以减之；更于徐州城北岸大名山，南岸于房山连建二坝以减之。其《善后事宜疏》称：又于黄河南岸砀山县毛城铺减水坝之上，再添建减水深底石坝一座；于徐州王家山、十八里屯二处，就山根开凿减水深底石闸三座；更于徐州北岸大谷山等处添凿减水深底石闸二座；又于睢宁县南岸峰山、龙虎山之旁添凿天然减水深底石闸四座；又于归仁堤五堡附近添建深底石闸一座、减水大石闸一座，并将便民闸再行改深五六尺，以资分泄；又拦马河先后共建减水坝六座，今再添建深底石闸一座，此皆其分黄助淮之事也。诸减水由洪泽湖合淮，并趋清口，则自清口以下淮、黄既会以后，淮不独弱，黄不独强，于以刷清口以至海口三百里之沙则亦善矣。然黄水既由减水坝而分，则由坝趋湖，势分力弱，其沙淤当若何？然此犹易淘而去之也。浊沙一入湖内，水去沙存，湖底日高，以致各州县山源骤发之水湖不能受，则自清口以上滨湖州县不又增一患乎？试就其原疏观之，云：砀山、萧县、徐州五坝内南岸二坝所减之水导归睢河，从姬村、永堌等湖而下，使沙停湖内，听水出白洋河，复入黄河。北岸州城迤上二坝所排之水排入微山、吕孟等湖而下，亦使沙停湖内，听清水出韩庄闸归运河，出骆马湖复入黄河。花山一坝所减之水引令从新决大口内而下，亦使沙停口内，听清水由猫儿窝归运河，亦出骆马湖复入黄河。此皆明言沙停湖内者也。又黄河南岸毛城铺添建减水深底石闸一座，徐州王家山、十八里屯就山开凿减水深底石闸三座，睢宁县南岸峰山、龙虎山之旁开凿天然减水深底石闸四座。计此南岸坝闸八座，必由归仁堤经过。并归仁堤附近五堡地方添建石闸二座，改深便民闸一座。又拦马河原坝六座，添建一座。共新旧闸十八座，并由归仁堤下注洪泽湖，使助淮流。此虽不言沙留湖中，而洪泽湖之水去沙存尤较著矣。凡此宿、睢、灵、虹、盱、泗一带之湖无一不受黄沙之垫，湖底日高，湖身日浅，每年雨水暴下，何以受之？其助淮敌黄固有灼然之迹，其淤湖四溢亦有隐然之祸。为清口以下计，或云得矣；为清口以上计，不几无策乎？窃意黄原不当入淮，即不得已而束于会通，不能挽河使入渤海。亦宜亟讲求五港口故道，疏浚深阔，专以待黄河泛涨时，减下之水，使之直趋入海。则黄不过强，淮自不过弱，必不得已而借黄以助淮，必使减水趋湖之地，中间多为月堤，使之洄漩留沙，以清水入湖，不以浊沙入湖，或犹不至各湖化为平陆，又生他变耳。

增植榆竹麻

殷室五迁皆为河所圮，未审尔时塞决之制云何。汉以后决愈甚，下埽塞决之制亦愈精。《元和志》：彭城导江县西南二十五里有李冰捲尾堰，作之以防江决。其制破竹为笼，圆径三尺，长十丈，以土实中，累而壅水，《汉书·武帝纪》：河决瓠子，帝自临决河，沉白马、玉璧。时东郡烧草，以故薪柴少，而下淇园之竹以为楗。如淳曰：树竹塞水决之口，稍稍布插按树之，水稍弱，补令密，谓之楗。以草塞其中，乃以土填之，有石以石为之。《瓠子歌》曰：林竹兮楗石菑。师古曰：谓臿石立之，然后以土就填塞之也。菑，亦臿耳。《成帝纪》：建始四年秋，大水，河决东郡金堤。河堤使者王延世塞以竹络，长四丈，大九围，盛以小石，两船夹载而下之，三十六日河堤成。欧阳元《至正河防记》云：贾鲁为（扫）〔埽〕台及推卷牵制埋挂之法，有用土、用石、用铁、用草、用木、用杙、用絙之方。其法以竹络实以小石，以蒲苇细腰索径寸许者从铺，广可一二十步，长可二三十步。又以曳埽索绹径三寸或四寸，长二百余尺者衡铺之相间，复以竹、苇、麻、苘大繂长三百尺者为管心索，就系绵腰索之端。于其上以草厚铺于绵腰索之上，橐而纳之，推卷成埽。又用大索或互为腰索，转致河滨。又排大船三十七艘，前后连以大桅或长桩，用大麻索、竹絙绞缚，缀为方舟。又用大麻索、竹絙长七八百尺者系两岸大橛上。由是观之，汉世以竹为干，木次之。贾鲁以竹为絙，麻次之，杂木则不可纪矣。近世埽制不闻用竹，止骆马河❶，其余埽索以芦缆为主，麻苘次之，以柳为骨，以草为肉，当亦古今之小异乎。然今制抑多取于所植，余则采买备用，窃尝心非之。谓地有遗利，人有余力，而鲜所植。又塞决仓猝，一时采买者不及应手，率多豁成大口。则何不于植柳之外增植榆苘竹艺麻也。康熙十六年，河臣朱之

---

❶ 骆马河　当作"骆马湖"，有竹络坝。

锡疏云：前河臣杨方兴题请，责成印官各于河干按汛栽柳，仍请于濒河处所各置柳园数区，或取之荒地，或价买民田，以时灌溉而备料物。世宗宪皇帝复严盗伐堤柳之禁。于是乎柳荫成林，其根可以固堤，其料可以备埽。然而山榆之性较柳更为绵硬，怒浪冲突不能折而断也。根之入土深而锐，入❶使与柳同植，其干之扬起竦上不啻过之。至于芦缆之柔，岂若竹绹之健，而麻之为用，尤每埽数十斤矣。使推广柳园之意，而亦有榆园、竹园、麻园，且与盗伐堤柳之禁同一科条。平时遥堤、格堤之间森森相望，一旦蚁穴獾洞透漏将溃，取料裕如，未必非河防之一助也。

附刘天和《问水集》植柳六法

一曰卧柳。凡春初筑堤，每用土一层，即于堤内外边厢各横铺如钱如指柳枝一层，每一小尺许一枝，毋太稀疏。土内横铺二小尺余，土面止留二小寸，毋过长。自堤根直栽至顶，不许间少。

二曰低柳。凡堤不系栽柳时月修筑者，俱候春初，用小引橛于堤内外自根至顶俱栽柳如钱如指，大者纵横各一，小尺许即栽一株，亦入土二小尺许，土面亦止留二小寸。

三曰编柳。凡近河数里紧要去处，不分新旧堤岸，俱用柳桩如鸡子大、四小尺长者，用引橛先从堤根密栽一层，六七寸一株，入土三小尺，土面留一尺许。却将小柳卧栽一层，亦内留二尺，外留二三寸。却用柳条将柳桩编高五寸，如编篱法，内用土筑实平满。又卧栽小柳条编高五寸，于内用土筑实平满。如此二次，即与先栽一尺柳桩平矣。却于上退四五寸，仍用引

---

❶ 入 疑衍字。

橛密栽柳桩一层，亦栽卧柳、编柳各二次，亦用土筑实平满。如堤高一丈，则依此栽十层即平矣。以上三法专为固护堤岸，将来内则根株固结，外则枝叶绸缪，名为活龙尾埽。虽风浪冲激，可保无虞，而枝梢之利亦不可胜用矣。

四曰深柳。前三法止可护堤以防涨溢之水，如倒岸冲堤之水亦难矣。凡近河及河势将冲之处，堤岸虽远，俱宜急栽深柳，将所造长四尺、长八尺、长一丈二尺数等铁裹引橛，自短而长，以次钉穴使深。然后将劲直带梢柳枝，如根梢俱大者为上，否则不拘大小，惟取长直，但下如鸡子，上尽枝梢，长如式者皆可用。连皮栽入，即用稀泥灌满穴道，毋令动摇，上尽枝梢，或数枝全留，切不可单少。其出土亦须二三尺以上，每纵横五尺即栽一株，仍视河势缓急，多栽则十余层，少则四五层。数年之后，下则根株固结，入土愈深，上则枝梢长茂。将来河水冲啮，亦可障御。或因之外编巨柳长桩，内实梢草、埽土，不犹愈于临水下埽，以绳系岸，以桩钉土，随下随冲，劳费无极者乎？尝观洪波急流中，周遭已成深渊，而柳树直立，略不为动，益信前法可行。

五曰漫柳。凡坡水漫流之处难以筑堤，惟沿河两岸密栽低小柽柳数十层，俗名随河柳。不畏淹没，每遇水涨既退，则泥沙委积即可高尺余或数寸许。随淤随长，每年数次，数年之后自成巨堤。如沿河居民各分地界，筑一二尺余缕水小堤，上栽柽柳，尤易淤积成高，一二年间堤内即可种麦。用工甚省，为效甚大。

六曰高柳。照常于堤内外用高大柳桩成行栽植，不可稀少。

提要

治河前策二卷、后策二卷，浙江巡抚采进本。

国朝冯祚泰撰。祚泰，字粹中，滁州人，乾隆十七年举人。是编乃其肄业中山书院所作，分前策、后策二集。前策三十篇，皆详述禹贡水道及历代迁徙之迹，而评其得失。后策十一篇，皆条析现在利病。前策大旨主复北派，放河使东入海，自不病会通。后策大旨主闭南崖减水坝，不引浊沙入湖，添建北崖减水坝，另辟海口以泄其泛涨。

整理人：姬明明，男，一九九〇年生，现为黄淮学院《天中学刊》编辑部社会学科室副主任，研究方向为明清社会史、明清灾害史。

〔清〕龚元玠 撰
鲁华峰 整理

黄淮安澜编

整理说明

龚元玠，字鸣玉，号畏斋，南昌（今江西省南昌市）人，生卒年不详，主要生活在清代雍正至乾隆年间。元玠少时家贫，好读书，天资聪颖，未尝从师学习，曾受欧阳修"计字日诵"读书法启发，毕诵群经注疏，从此博通群经，融会贯通。乾隆元年（1736年），元玠以诸生举博学鸿词，未第。江西巡抚阿思哈以其长于经学荐之朝廷，亦未获准。元玠于乾隆十九年（1754年）中进士，任贵州铜仁县知县，后因事降职，调抚州府教授。其后又以承审失实，罢职归乡。年八十二卒。元玠学问赅博，勤于著述，所著《十三经客难》，遍涉群经，包括《周易客难》二卷，《书经客难》四卷，《诗经客难》四卷，《三礼客难》十三卷，《春秋客难》二十四卷，《四书客难》七卷，《尔雅客难》一卷，《孝经客难》一卷（稿佚，不传于世），均系以客难方式，设为问答，以申其义。另有《畏斋文集》四卷，《经学策》一卷，《史学策》一卷。龚氏穷研经学之余，又留心河务，穷究源委，其参加乡试时，考官孙嘉淦见其《治河策》，深为叹赏。元玠曾冒险乘小船赴黄河入海口，勘测黄河去路，撰成《黄淮安澜编》二卷，行于世。

《黄淮安澜编》分上下两卷。卷上为治黄、淮之论，收录《黄河古今源流图说》《治河论》（上、中、下三篇）和《治淮论》等五篇文章。龚氏首先对黄河的古今源流进行了考察，其目的是探明河患产生的原因，厘清河道改徙的基本趋势和规律。他认为，黄河南徙是由北高南低的基本地形所决定的，所以让黄河北徙，经故道入海是不可能的。要减轻河患，唯有让黄河与淮河分别入海，同时在下游入海处尽力浚淤，使上游来水得以充分下泄。在《治河论》三篇中，上篇提出治河当以疏浚为主，靠修堤和堵塞行不通，并以禹疏九河，以及东汉王景、王吴使河播为八作立论的依据；中篇论黄河下游河道不限南北，驳"河宜北不宜南。禹之擅功，以导之归北，非徒以疏与浚也"之说；下篇论黄河应与淮水分离，从石㵰湖入海为佳；下篇为三篇《治河论》的归宿，集中体现了龚氏治河的基本思想。《治淮论》以黄淮兼治为基本思想，认为治淮最根本的方略是让黄河与淮河分开。龚氏在文中历数黄淮交汇之五大害，深切肯綮。

卷下为治河之策，收有《导河策》（上、中、下三篇）、《治河客难十三则》《书〈前汉书·沟洫志〉后》和《复沟洫论》等六篇文章。《导河策》立足于上卷提出的疏浚之论，讨论具体的疏浚之策。上篇提出，黄河下游应改流，使之与淮水分开，从石㵰湖入海，同时应增广河身，加深河床，使其入海顺畅；中篇上论大河可以容纳沂水，中论复古河之难，下论增广河身二法；下篇论"广河身、赋民工，无损于民"，末则兼论淮扬运河泄水故道。《治河客难十三则》主要就治河中的一些不同观点进行辨析申述。《书〈前汉书·沟洫志〉后》和《复沟洫论》两篇，则是作者为其复沟洫之法的观点服务的。

本次整理以清嘉庆二十三年（1818年）刻本为底本，由鲁华峰整理，不当之处，敬请批评指正。

整理者

目 录

整理说明	777
序	780
卷上	782
黄河古今源流图	782
黄河古今源流图说	784
治河论上	787
治河论中	788
治河论下	790
治淮论	791
卷下	793
导河策上	793
导河策中	795
导河策下	796
治河客难十三则	797
书《前汉书·沟洫志》后	803
复沟洫论	805

序

  《黄淮安澜编》者，予为沿河沿淮之居民作也。忆玠自成童稍知人事之时，借清刷黄之言久熟于耳。岁丙辰，乾隆改元，赴京应博学鸿词之试；辛未，赴京应经学之试；甲申，谒选；庚寅，引见；凡八渡黄河。庚申夏，由徐州顺河流至清口，入清江浦。辛酉夏，由颍州顺淮流至泗州。甲戌冬、庚寅夏，两由张湾买舟经南旺至扬州。三十余年中，每阅邸抄有关系黄淮及海口者，未尝不留心细玩。又尝涉猎傅氏《行水金鉴》，又每所经由近黄淮处，辄周览大势，以故徐州、颍州迤东，黄、淮二河分流合流形势，俱烂熟胸中。又于甲子年得河臣署所绘新图，邳、宿、安东、海州、沭阳、赣榆诸支河，脉络亦烂熟胸中。于是尽得黄淮分合之利弊，并得黄河东归之正道。于戊午年广平使院作《黄河古今源流图》一幅，《图说》一篇；己未作《治河三论》《治淮一论》，论祖禹之疏浚，以河别淮，由六塘河至海州入海为归结，浚则专用百龙搜沙法。甲子，又作《导河三策》，策以由六塘河南股、北股二河，经盐河东入五丈、义支等八河入海为归结。癸未，韩山书院，又作《治□❶客难十三条》。疏浚堤，随宜兼用，巩县以东至盐河，用潘季驯"河不两

---

❶ 底本漫漶，□处应为"河"字。

行"之说；盐河以东至海，则用夏禹九河，王景、王吴八河之遗法，以便河尾迅流无阻。堤则兼用蜃灰傅堤三面，以永免溃决之患。凡历代讲求河工切要处，似已无遗。颜之曰："《黄淮安澜编》虽类纸上谈兵，然甲戌南旋，舟子言高邮王宗伯与高总河议，欲改河从海州归海，则与《论》、《策》中改河之说合。"丁丑，恭读上谕及高堰有拆卸草坝之说，则与《治淮论》中决去大墩之说合。百龙搜沙、蜃灰傅堤之法之可行，不待言矣。

念罄数十年之心血，以成此编，以为沿河沿淮之民计，广询博访，佥云策属可行。因不忍秘之私箧，录以付梓，以质司河务者。倘不鄙刍荛，全用鄙计，功固可垂万载。即专用百龙搜沙、蜃灰傅堤二策，功亦无穷。幸今明良相庆，远迈千古，吾知二者必居一焉。爰状古述今，伸纸疾书而为之序。

南昌龚元玠书

卷上

黄河古今源流图

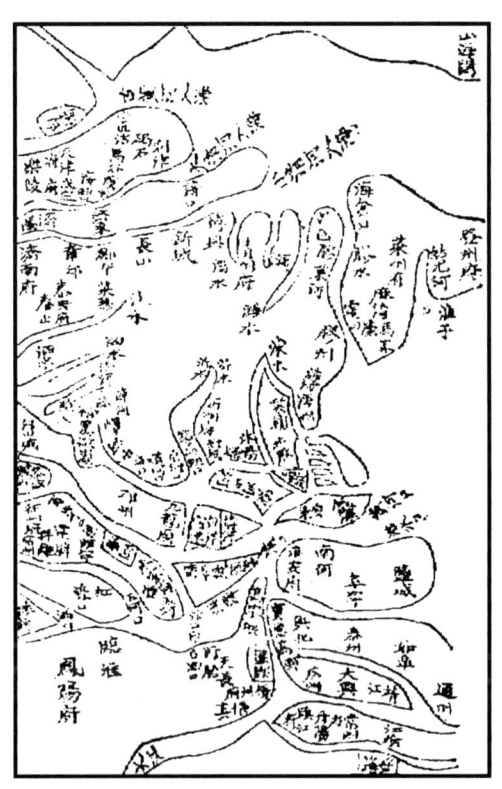

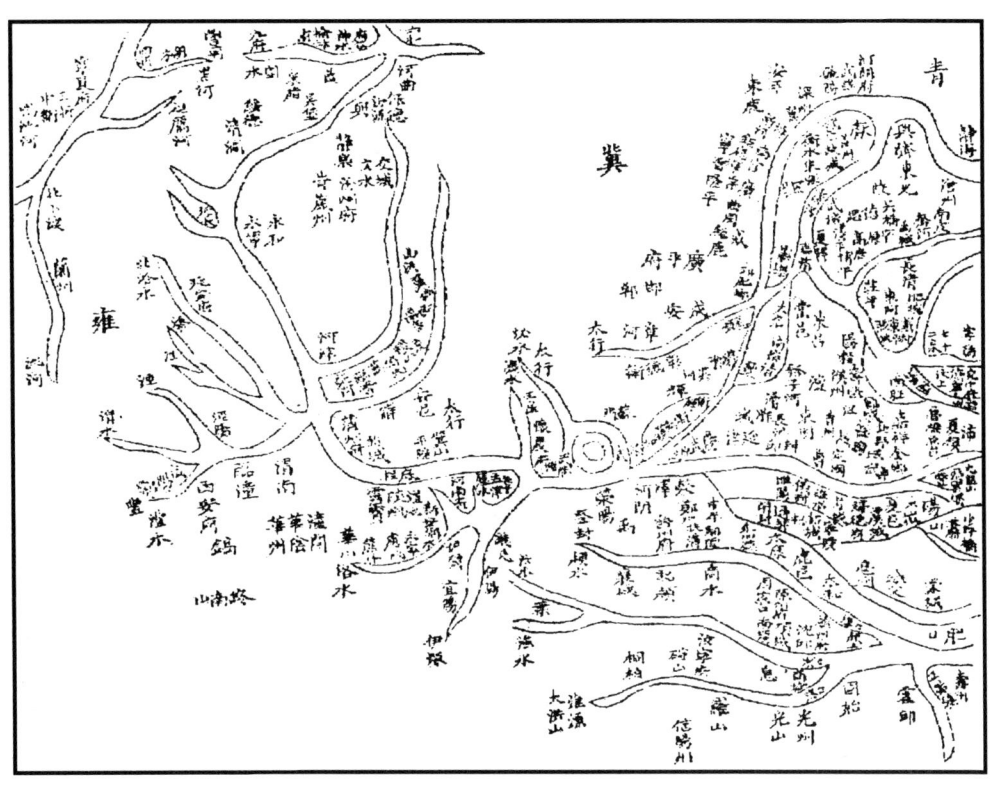

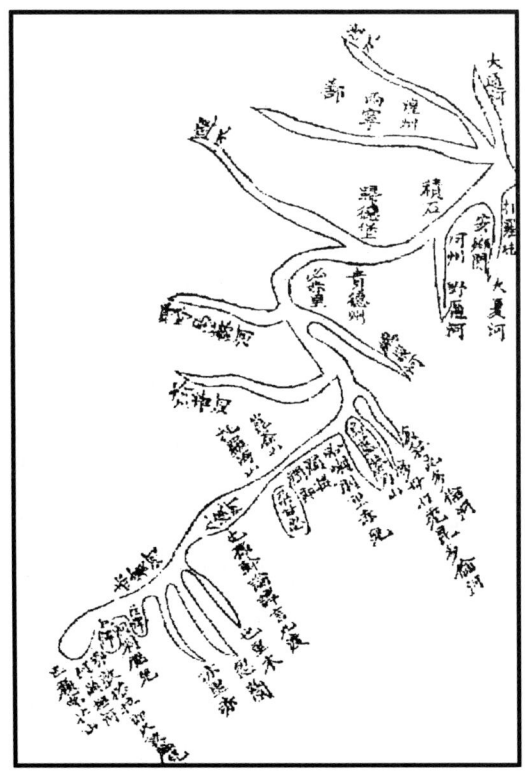

黄河古今源流图说

河源之在蕃界者,自汉张骞、唐刘元鼎得其略,至元招讨使都实始得其详。其流之入海者,自夏至北宋皆于兖,南渡以后始合淮而入海于扬之东北、徐之东南。尝按《地舆图》,考之《尔雅》,参之《元史·地理志·河源附录》及《地理今释》而图之,并为之说。

曰:河出今朵甘思西鄙、巴颜喀拉山东,曰阿尔坦河。东北流三百余里,合鄂敦塔拉诸泉,沮洳散涣,不可逼视;陟山瞰之,灿若列星,《元志》称火敦脑儿,火敦译言星宿,即今所谓星宿海也。东五七里,汇为查灵、鄂灵二海子,即《元志》阿刺、脑儿二巨泽,周各三百余里,东西相距五十余里,迤逦而东成川,号赤宾河。又东北有水曰亦里赤,自西南入之;又东北有水曰忽阑,自南入之;曰也里木,自东南入之,流浸大,然水清色白,人可涉。又东北歧为八九股,曰也孙干论,译言九渡也,广六七里,马可渡。又东北,水渐浊,土人抱革囊骑过之,或纠木干如舟,傅氂革以济。又东北,经蒙古托罗海山之南,两山峡束,广一二里或半里不等,深叵测。乃转东南,流千余里,过朵甘思东北、阿木你马勒产母孙大雪山之南,即唐《吐蕃传》闷摩黎山,《元志》亦耳麻不莫剌,译言腾乞里塔者,所谓昆仑者是也。又东北,至阔即及阔堤二地。又东北,经哈喇别里赤儿北境,地当四达之冲,多寇盗,元时有官兵镇之。昆仑以西,水散漫,山不穹峻,人简少,多处山阳。其东山高地下,岸狭隘处,狐或跃而越之。又东北,受数十小水,经乌蓝莽乃山下,有水曰多毋打秃昆多伦河,《元志》纳邻哈喇，译言细黄河，自西南入之；曰多拉昆多伦河，《元志》乞儿马出，自南入之。自此河始折而北，为一折。三百余里，过昆仑东，转西北；过昆仑阴。行百五十余里，齐普河、呼呼乌苏河自西入之，又西北鹏拶河自东入之。水浊色黄，始名黄河，《尔雅》所谓"所渠并千七百一川，色黄"是也。至贵德州必赤里，复折而东北，为二折。三百余里，会给克图衮俄罗济诸水，历归德堡，邈水自西北入之。自必赤里以南，皆梁州外之西境。又东北，始入雍州，经河州积石，野庞河自南入之。又东北，至安乡关及打罗坑，湟水、浩亹河自西北合流入之，大通河自北入之，大夏河自西南入之。又东北，洮河自南入之。又北东，至兰州，过北卜渡及鸣沙河，至中卫，祖属河自北东入之。复折而东，为三折。至宁夏府，黑水河自东入之。复折而北，为四折。出塞千余里，至九原丰州。复折而东，为五折。至东胜州，为榆林北境。复折而南，为六折。于延安府府谷县入塞，黑河自东入之，圁水自西南入之，水益浊。左冀右雍南流千余里，至龙门，汾、晋二水自北东入之，又南北，洛水自西北入之，沣、汭、泾、漆、沮合渭，自西入之，水大浊。至华阴、潼关，复折而东，为七折。北冀南豫，至巩县，伊、瀍、涧合洛，自西南入之，济自西北入之。又东，泌自西北入之。又东北，经冀之新乡，入兖之胙城，至浚县大伾，复折而北，为八折。洒为二渠，其一东北行，由朝城至高唐州，漯水自北会之。又东北，至蒲台利津入海。其正支由清丰而北，卫河自西入之。又北，过冀州之洚水，至大陆。复折而东北，为九折。播为九河，其本河则衡水、武邑、青、静海之河也。同为逆河入海，其天津迤东乎！此三代以前河流所经也。

自导河二百余年，至周定王五年，河始改徙，一作自尧八十六年辛丑。禹治水功成，每岁尽力沟洫。至禹崩后三年壬戌，凡八十二年，河不为患。启元年癸亥，至相二十八年乙丑，六十三年，遵行禹法，河亦不为患。寒浞篡后，不治沟洫。至少康十一年丙辰，以河患故，使商侯冥治河，至帝杼十三年，冥死于河。夏四百三十一年，原、老邱、西河、河南，凡四迁。商在夏之时三迁，有天下后，五百八年，嚣、相、耿、庇、奄、殷、河北、沫、淇，凡九迁，皆以避河患故。周公治沟洫，自武王至匡王二十世，皆遵行之，故四百四十八年无河患。定王五年，河始改徙，然犹知治沟洫。故自定王己未，至显王七年己未，二百四十年，仍无河患。自商鞅开阡陌，沟洫不复存，而河遂不可制。至汉武元光三年，河决濮阳瓠子，注巨野，通淮、泗，塞辄复坏，遂用田蚡天事之言，不塞，而河遂渐南。至东汉永平间，德棣间，河播为八。自此入宋初，河由千乘_{蒲台利津}入海，无大决溢之患。建、绍后，河决入巨野，溢泗入淮者曰南清河，由汶合济，至沧州入海者曰北清河，时淮仅受河之半。金之亡也，河自卫州决入涡河以入淮，元时决原武，明洪武二十四年复决原武之黑羊山，（田）〔由〕颍入淮。本朝雍正元年，决中牟，亦由颍入淮。又是正支由汴河经豫、兖、徐，自开封之原武、封邱，东至虞城、单县、砀山，而丰而沛，过徐州城北而东，南至下邳，又东，经宿迁、桃源，至清河之清口，而合于淮、泗及沂，会运河，自西北入之。分流南支，或由颍水经陈州、项城、太和、阜阳、颍上，会于淮。淠水自西南入之，安丰塘自南入之，淝水自西北入之。或由涡河经亳州、蒙城、怀远，会于淮。又东，濠水自南入之。又东，至五河县，浍、汴、潼、漴自西北合流入之，睢自西北入之，东经泗州、盱眙入洪泽湖，东北出清口而合于正支。由是淮黄合而东行，经安东之云梯关,至四木楼以入海焉。此宋元以后河流迁徙所经也。

天下之势,横观之,西高东下,而冀之东南、兖之东北,为下之极,故禹疏九河,导河由兖以归海焉。纵观之,北高南下,而徐、扬之东为尤下之极,故九河既堙,河日南徙,由徐、扬之东以归海焉。由兖归海者,禹顺其自然也。由徐、扬归海者,河自顺其自然也。自河之南七百余年,虽决溢不常,然能引于宿迁、清河、安东北境,经由至海州。复于近海多开支河,时浚其淤,庶别淮,永不为害,且不复别徙云。

治河论上

上篇提出疏浚,以禹九河、二王八河为立论之祖。庚申澄江使院。

四渎之为害者,莫如河;欲祛其害而害弥甚者,莫如治河。予以为河非能害人也,人害河也;河非难治也,治河者以难相嬗也。

人之言曰:"河决关天意。"又曰:"自古无不患之河。"然而禹导河归直沽入海,除商侯冥治河,及商五迁小患外,七百余年无大患。东汉永平中,导河从千乘入海,九百余年无大患。则河决未可以言天意。

河患未始不可以人力制也。《尚书·舜典·记功》曰:"浚川。"《孟子》称禹治水曰:"疏九河。"然则治河至策,疏与浚而已矣。疏,分也;浚,深也。河流黄浊,臀不深,则淤积难除。河性横而身窄,委不分,则上流必决,而议者不察,曰堤曰塞。呜呼!堤与塞不可废也,徒堤与塞安足恃也。垫其下而堤其上,激其怒而塞其决,独不思川壅而溃,伤人必多乎?且夫河之所以必疏且浚者，何也？曰：黄浊非江、汉、淮、济比也；性横身窄，非江比也。如使不浊、不横、不窄，何为必疏且浚也？盖尝统河之源流而详考之。

河自巴颜喀拉山东，经星宿海，至九渡河，千余里，源固清也。自九渡河东北五百余里，稍受浊流，而水渐浊。又经托罗海昆仑，而河州、宁夏、榆林，六十余里，受无数浊流，则又浊。又南行千余里，至华阴，受囤水及汾、泾等浊流，则又浊。合数千百浊流会于一，而浊又甚矣。然而雍之三面少冲溃之患，何也？龙门迤上，浊未甚多，高山大岭以障之。其下虽甚浊，而洪涛汛疾，挟泥沙以南奔焉。故虽有小患，不为害也。由华阴而孟津，太行底柱之间，河犹无恙。由巩、洛而东北，平原广野，河乃难制。何者？土质不坚，无山无湖，平地黄流宽缓，浊淖下积，积日久，臀日浅。及乎三汛水发，性加震荡，不能有数十里之身以容之，于是乎溢且溃。溢而堤之，溃而塞之，水无所泄，臀高出民屋，几何不尽，沿河之民鱼鳖之也。是故禹知其然，鉴父之失，而决而浚之。浚之犹未也，又必洒二渠，并疏为九，以入海焉。又加以尽力沟洫，此所以七百余年无大患也。东汉王景、王吴，引河归千乘，修渠，立水门。德、棣之间，亦播为八，合于禹迹，此所以九百余年无大患也，河流顺轨，田庐安固，国用不耗，施及无穷。故疏与浚为至策，而万世所不可易也。曰：贾让上策如何？曰：徒放河使北入海，日久淀高，仍逆行耳。惟合其中策，多穿漕渠，时清其淀，庶稍追禹功，而永保无大患，是亦疏浚兼施之意也。

治河论中

中篇论河道不限南北。庚申澄江使院。

天下有一定之法，可以定不定；无一定之法，不可以定有定。是故天象难定也，置闰与差而岁定；钟律难定也，有中秬黍而黄钟定；河之迁徙难定也，有大禹疏浚之法而河定。

议者曰："河宜北不宜南。禹之擅功，以导之归北，非徒以疏与浚也。"予曰："不然。"河虽浊，水性固就下也。可以北不必于北，可以南不必于南，奚以明其然也？自有天地即有河，陶唐以前，盖不知几千万年也，其北耶？南耶？不可得而知也。及九载之绩弗成，禹相度治之，适经于北，遂导于北。然而禹第疏之浚之而已，既不能必后人遵其法，即不能必后世之河之常北也。抑闻之郦道元云："禹塞淫水于荥阳，引河通淮、泗、济水，分河东南流。"则当时已不尽北。至商仲丁，河决商邱，则分睢入淮以归海矣。河亶甲决嚣，则又分颍以入淮矣。武乙汛偃师，则且分汝以入淮矣。然则自禹导河七百余年后，河且数南，不独周定王五年河始南徙也。议者弗深考，辄曰南归非性，岂不谬哉？

曰：河既不限南北，《图说》称由徐、扬归海，河自顺其自然，何也？曰：此以南北地势知之，非可以人力强也。且自禹迄今，河道之归海者四：北大陆，北之南渤海，东之北千乘，东之南安东。西汉及周、宋以来，河患剧矣，然溢而北者，不过信都而北。决而南者，北之南馆陶，又其南顿邱，又其南濮阳，又其南定陶。每决必南徙，然则河所欲趋可知矣。

禹之导河也，澶相以北有西山以障之，有九河以杀之，故河安于北。九河塞，而河乃南迁。今诚祖禹之法，河虽由南归海可也。违禹之法，合万余里之水，汇于一以委之，虽由北归海，患未已也。不求法之一定，而哓哓于南北之异道，亦见其暗于势而昧于理也。

治河论下

下篇言河宜别淮，由石䃟湖归海，为三论归宿。庚申澄江使院。

或曰：往年朱家海坍，淮、扬被害。议者欲通河入泌，合卫归北，以图复禹故道，此诚避灾良策也。而子以南归为可，毋乃贻讥于识者乎？予曰：然子以为河在南，淮、扬被害，则导之北，恩、冀等地被害，将又导之南乎？夫冀、兖土疏，河之淤垫易于南，河之冲决为害更甚于南。商、周无论已，西汉而后，决溢何可胜数。其甚者，如汉元光瓠子之决，泛郡十六，鸿嘉渤海等地之溢，灌县邑三十一，败官亭民舍四万余所。周显德，大决东平之杨刘。宋乾德，决东平之竹村，水被七州。熙宁澶州之决，灌郡县四十五。非其被害之尤惨者乎？且卫至德州东北，卑窄甚矣，自康熙年间引漳入卫，漳、汶合而卫不能容。议者谓鲍家嘴诸水所会，青县、静海、天津城社堪虞。若复益以河，吾见害之什百于汉、周、宋也。虽加宽深之功，无解暴决之患。非河独异于北，盖冀、兖之土使然也。

曰：然则河将永合淮以归海乎？曰：此正宋、元后河之大患也。河可南，不可合淮。岂惟清口不可合，虽上游分流于淮犹不可也。何以明之？河所经，必淤河，淤已难治矣，又兼治所经之淤，不重难乎？是故分于颍，则陈州、项城、太和、阜阳、颍上之民危；于涡，则亳州、蒙城、怀远之民危；于睢，则萧、宿、灵璧、睢宁、虹、泗、盱眙之民危。即今毛城铺河所经。或至洪泽溢，高堰决，则江北、淮南尽危。故曰：虽分流于淮，犹不可也，况合淮乎？盖尝熟筹而谛思之，安（束）〔东〕、海州、沭阳之境，有南北二股河焉，即昔之石䃟湖也。西距沭阳，东逼东海，约三万四千五百余顷。其黄河东归之正道乎？诚由宿迁、清河北境，导河达湖，由湖东盐河左，疏各支河，以播于海。上溯九河、八河之遗法，是所谓疏也。由是岁浚之以为常。又由下游而上游，辟徐、豫之河身，令十里至八九里不等，广其旁，使水涨有所容；深其中，使水落而流仍急，不至停沙。河其永定而无决溢之患乎？因湖而功力省，别淮而清浊分，虽使南不卑于北，河患永息，犹当为之。若乃蹈白圭以邻为壑之愆，犯贾让增卑倍薄之诮，及其近日之议开引河，仅救目前而遗久远者，均之未见其可也。

治淮论_{壬戌章门}

江北之水为患者，河为大，淮次之，故既治河即不可不治淮。虽然，河不治则淮无由治矣。河既治，则淮无事治矣。故治河即宜治淮，而治淮仍不外于治河，何以言之？

治淮之要，亦曰：无使河合淮而已矣。河合淮，不特沿河之地被其害，即沿淮之民亦无不被合之之害。别淮，不特沿河之地享其利，即沿淮之民亦无不享别之之利。

窃尝论黄淮合，其害不可胜言也，而其大者有五焉。何以言之？自清口至四木楼，淮身为河踞者十去其七。洪泽东南增加高堰，以防之溢，其东北筑大墩，直抵中流，又益之以草坝，以束淮敌河，而使之并持而东。夫黄淮水势无常也，三汛涨溢，叵测也。设两水并强，高堰冲决，天长、六合、高、宝、山、盐居民将化为鱼鳖。害一矣。凤阳虽土瘠，前古未闻屡灾，自清口为黄流所阻，西起颍、寿，东至泗州、盱眙，园田庐舍，频遭水淹，蠲赈无虚岁，流亡转徙不可胜计。害二矣。陈登筑高堰，本以御淮之害，今反束以刷黄，河涨则速之归海，淮涨则不肯合之竟去，虽遇寻常之涨，沿淮禾稼亦多损伤。害三矣。阳城之颍，天息之汝，浚仪之睢，扶沟之涡，皆以淮为尾闾，淮流既壅，则众水不行，归德、汝宁、陈、许诸郡邑，常为泽国。前年庚申，尝开挑大洪等河矣，然下无所泄，虽浚治，末如之何。水失其常，祸及邻省。害四矣。泗州东逼洪泽，每春月后，城陷水中，官署寄治盱眙。秋冬水落，州民输纳莫肯至，州牧于荒城中设柜督催，且数十年。害五矣。总此五害，迁延岁月，无有底止，得不思变计以为之所哉！且夫淮水本非有害也，而害且五，则清口束淮之故也。淮非有需于束也，而卒束之；使为害，则河合淮之故也。河合淮，因束淮敌河，而五害遂不可去。然则河淮分合利害之数，不待智者而知之矣。欲去五害，莫如使淮畅流。欲使淮畅流，莫如决去大墩，拆卸草坝，使河北徙宿迁北，而别于淮。故曰：治河即宜治淮，而治淮仍不外于治河也。

噫！予阅邸抄，江北迩年水灾数倍于前，而持节经理黄、淮二水者，卒未闻议及河、淮之分合。夫治病必于受病之源，御寇必于所经之地。今清口河、淮所经，固病源也。河淮不分，洪泽渐淤，河将趋江。虽使神禹处此，不知将何以苏民生之困，解圣主之忧也。

卷下

导河策上 甲子南山书室

上篇以由石濩湖归海为主，所谓改其流也。广其身，深其臀，皆本此发议。

河非可治也，亦顺其自然导之而已矣。今之河更无事治也，亦道之使由其应归之道而已矣。何者？河合淮非其所欲也。纵下流多疏支河以杀其势，而不使别淮，终为淮之害，而亦非河之利也。故今日之河，欲其永无患，惟在顺其自然以道之。而顺其自然，惟在使之别淮，寻其应归之道以东之。其策惟何？亦曰：改其流，广其身，深其臀，不与水争地而已。

所谓改其流，非别开河也。宿迁西境九龙庙东，旧有小河，北直骆马湖，西北为十字河。自十字河东南至刘老涧，固河别淮，由石濩湖东归之正道也。今将宿迁西南河身堵筑数丈，建石闸以为运河，傅以蜃灰，使入十字河达皂河，则运道之由黄河者，不过数十里。河之身，则自十字河至刘老涧，辟之使与大河等，以达于六塘河。又将六塘河下流旧石濩湖分为南北二股河者，开挑为一，以还湖之旧。其南股河口，直五丈河；北股河口，近义支河。又其北为六里，牛头、北项、三河、五河，各令疏通，分道归海。其最南者，归头图口，改挑直下入海。最北者，经芦伊山北，由黄家嘴归海。又其北，由车轴河达龙窝荡入海。又其北，由盐河经板浦三汊口入涟河，归海。如此，则河永别于淮矣。

至所谓广其身，深其臀，则无论河流改与未改，均不容已也。广其身，即不能如大江，要当视大江而差之。大江窄者八九里，宽者四五十里。今河身自清口以西，宽不及十里，窄或仅一二里，如徐州城北仅六十八丈，固宜水之泛溢不可制也。今欲辟而侈之，即应始于河委之石濩湖。夫石濩湖，三万四千五百余顷，固甚广也，自为南北二股河。其中因有民田，又间有民舍，夫禹导河必弃地，奈何于湖底为田与舍也？今应将田仍复为湖，而西自沭阳张将军庙，东至海州北魏庄等地民舍，并北股河北之龙沟庙，俱迁之北股河北。北皂沟之北，随加挑浚。近北股者，输其土于北皂沟北，并大伊山以为北堤。近南股者，输其土于南股河南之高家沟、沈家集等处以为南堤。堤内堤面，皆傅以蜃灰。如是，而湖身广，即河身广矣。其下流五丈、义支等河，即《禹贡》之九河也，合计之，应共得五六十里以达海。庶河委受全河，无迫隘之患。其自石濩湖以西，由宿迁、邳州以至河南巩县等处，凡河身窄者，皆辟之，俾有十里八九里之数。近河有湖，即圈湖于堤内。如是，而河身不大远于江，三汛不至横溢。所谓广其身，凡以游之云尔。

深之之法，本禹浚川遗制。禹法备于沟洫，不能遽复，今但用搜沙及挑淤之法而已，可奏功焉。近日有为百龙搜沙之论者。法用龙舟百艘，各于舵后置方五尺之版一，版底以铁叶为逆鳞，版面四隅，置环以系铁索。船尾二人守之，令高下提放，以搜积沙。其舟旁各安水轮，二人以足转之。舟行不论上下，帆风推轮，使逆鳞触沙，随流入海。又于海口搜之，使无阻塞。今更因而润泽之。其法每艘用狎水兵丁八人，百艘八百人，五艘一武弁督之。今请于春夏秋三时，督令为雁行者十，每日行舟搜沙，于冬春水落之时，即督令照土方法挑淤。又近河家，赋三工协挑，悉以其土加厚旧堤。如是岁行之以为常。水行地中，河身永不浅淤，此又深其臀以容之之策也。

三策相济为用，河流永奠。将千余里，田庐禾稼无伤，岁可免数百万蠲赈。且行之既效，每年无事抢修，沿河冗员冗役可裁。始虽繁费，而后之节省无算。上益帑，下利民生，真万世无疆之休也。

导河策中 癸酉都门

中篇始言大河可以纳沂水，中言复古河之难，末则申言广其身二意也。

河由六塘河，趋南北二股河以归海，信得其道矣。而六塘河受骆马湖下流，沂水发时，沭阳、海州、安东常被其害。今复合大河，恐为害弥甚，奈何？曰：如南北二股河石濩湖之旧，又兼广河身而深浚之，则沂水由大河归海，无阻无溢矣。一举三得，一劳永逸之至计也。

曰：大河固宜由南归海矣，必不得已而北，古河必择其一，将从何道可以无碍于运？曰：必不得已而思北归次策，由禹河故道引归天津，尚可无碍于运。但土疏易决，疏九河故道，费帑为更多耳。曰：由张秋至蒲台利津归海，何如？曰：此汉千乘故道也。明帝永平十三年，德、棣间河播为八，王景、王吴因以成功，历汉、唐至周，九百余年无患。但欲疏其故道，费帑之多，同于天津，而更不能无碍于运。盖运河由南而北，河从西南过张秋而东北，夺汶水归海。自张秋迤北，当引黄水济运。水平，难免每年挑淤之功；水涨，更恐为运大患，此策之又次者也。曰：河身广至十里，费帑不赀，虽捐项恐不足济。曰：广河身非必皆辟也。于两岸近河开挑之处，如南北二股河例，各输土于四五里外，以筑厚堤，如今之遥堤、缕堤，即以两堤内为河身。平地较现今河身为低，皆可作河。又遵靳辅离水三丈挑引河之法，两旁各开若干丈，深一丈二尺，则无俟皆辟，而河已十里、八九里不等矣。嗣后每当水落，水丁同所赋三工协挑之土，悉令各输堤外，并令遍植官柳杂木。堤上不得种木，恐树根坏堤。堤外则愈多愈妙。数年，堤外高厚如山阜，草树杂根，纵横盘结，虽有异涨，不能为患矣。夫战国时，齐与赵、魏堤皆去河二十五里，两堤内合五十里，今仅五之一，何可复狭。此法无论大河南归北归，皆为至要。不与水争地，变巩县迤东之河，为底柱迤西、龙门迤北之河，策莫良于此者。

导河策下 癸酉都门

下篇言广河身、赋民工，无损于民，末更兼及淮扬运河泄水故道。

河果改流，多分支河。自巩县迤东，河身十里、八九里不等，每年深而浚之，两堤高厚如山阜，永无决溢之患，虽与大禹、王景、王吴比绩，无多让。惟是堤内田园庐舍，将何以处之？

曰：欲成大功，虽圣人不能姑息以悦人干誉也，法在处之得其道耳。夫近河低洼，必非良田。水平，堤内无碍于耕种；

水涨，虽堤外不免淹没也。夫富民必无逼河居者；贫民所占寻丈之地，原非已有，令徙堤外，不为过也。如当开挑之处为民地，给其直，蠲其赋，亦事之可行者也。

曰：堤工稳固，虽不广河身，亦岂有溃决之患。曰：虽有坚厚石堤，傅以蜃灰，能保不决，不能保不溢也，故徒堤不足恃也。曰：近河居民岁赋三工，得毋怨乎？曰：河涨，近河先受其害，何爱三工也？至沿河沿堤居民，亦计地役之。乞丐免役。其地属官，不令出租，虽役之甘心也。

曰：洪泽湖、淮扬运河涨溢，若之何？曰：武墩及山阳，由泾、涧二河泄入射阳湖、虾须沟下海，周桥及宝应由子婴沟泄入广阳湖下海，周桥并可由邵伯之金湾、芒稻河入江，高邮由南关、车逻等坝泄入兴化之丁溪、白驹、草堰等场下海，江都人字河，通芒稻河，泄水入江。疏而浚之，蓄泄以时，运道生民两无害也。

若黄淮既分，诸水或由洪泽湖畅流而东，或分由诸道入海，虽万世无害可也。

治河客难十三则

问禹治河作堤否 甲戌都门

客曰：《洪范》称："鲧堙洪水。"谓筑堤也。然则禹治河果无堤乎？

曰：禹不必筑堤，而其堤非后世所及也。盖禹得力，首在疏九河，次则尽力沟洫。五沟自二尺之遂，递倍其数，以至于浍，深广丈六尺，而川则不可以丈尺限矣。五涂以深广为高广，自二尺之径，递倍其数，以至于道，高广丈六尺。而路则又倍之，为三丈二尺矣。然则凡川入河，两旁皆有三丈二尺之路，沿河与路相际，高广相等。所谓不必筑堤，而其堤非后世所及也。鲧无九河之疏，又不浚浍，沿河筑堤，不使水为民害，而河委不能泄，河身不能容，卒无成功，故当时咎其堙洪水。禹则使川浍洫沟遂相通，水涨则递相灌输，足以相容。而河委九河，又易于泄。水平则于川口关闸，蓄水灌溉。然则禹之旱潦无忧，以沟洫之利普，而三丈二尺之堤更不可决，非如后人无堤之说也。水盛涨，亦不过暂高平地一二尺，以五沟容之多，九河泄之速也，沟涂间皆有水，不至内饱外（讥）〔饥〕，故无堤决之患。曰：后世不能复沟洫，有可以与同功者否？曰：多穿大渠，其沟洫之次乎？曰：贾让谓堤近起战国，何也？曰：开州有鲧堤故址，贾氏盖未之见也。《国风》有"遵彼汝坟，防有鹊巢"之文，《周礼·稻人》亦有"以防止水"之文，贾氏更未之思也。

问黄河故道可复否

客曰：黄河故道有二，禹由直沽，汉唐由千乘，二道可复否？

曰：前《导河策中》言之详矣。由禹故道，自新乡、胙城而浚，而清丰，而衡水、武邑、青、静海、天津以归海，可以无碍于运。然欲复久堙之九河，功费较六塘河为数倍矣。若由张秋归千乘入海，复汉久堙之八河，功费不减禹河，而其碍运恐非可以人力争也。

问改河后运河

客曰：河改从六塘河归海，则骆马湖迤东南之运河，合引黄水，不虞淤乎？

曰：前《导河策上》言之详矣。于宿迁西南九龙庙东，河身转北之处，大建石闸。宿迁迤东，引清淮，由原河济运，漕至开闸。由黄河一二里许，仍入皂河，运固安然无恙也。

曰：原河身高，淮不能至也。

曰：康熙三十九年，淮水高河水七寸六分，淮何为不能至河也？如或偶高，则于原河之南为运河，因原河之南堤为北堤，于河身平地取土筑南堤，其费省于原河挑淤也。

曰：原连河将堙之乎？

曰：亦建石闸，傅蜃灰，以泄盛涨。年久淤高，不必复浚，开垦耕种，无不可也。

问改河碍盐河否

客曰：改河碍盐河否？

曰：盐河西纳南北二股河，东连五丈、义支等河。改河之后，盐河莫非黄河，即归海之处，附近或有场灶，亦须别迁以让黄河，何论盐河也。要当俟黄河大功告成，而后议盐河耳。

问筑堤及广河身活法

客曰：两堤内或十里，或八九里，倘更不能如数，若之何？且一一为新堤，工费不太繁乎？

曰：凡事不可泥，况河堤也。如二三里内有山阜，即因之。平原或阔一二里，山阜或狭一二里，或旧有遥堤，或旧堤踞高地，皆因之。固不得泥，亦不必一一新堤也。

曰：堤内尽辟为河身耶？

曰：《导河策中》言之详矣。平地低于河身，皆可作河，安事辟也。惟于堤外百五十步外取土，以筑新堤。每年水落，挑淤输土堤外，沿堤外种官柳杂木。所谓数年堤高厚如山阜，草树杂根纵横蟠结，虽有异涨，不能为患者也。战国时，堤去河各二十五里，若皆尽辟，倾国之资不足以供矣。

问目前应急要计

客曰：改河非一二年不能成功，迩年河、淮并涨，积水至冬末春初不能全消，将如何而可？

曰：此惟有疏通海口为急着耳。云梯关南，海口凡五：射阳湖虾须沟一，受山阳渔滨河、泾涧二河诸水；天妃口、石口二，受宝应之子婴沟诸水；斗龙港三，为兴盐诸河及兴化之白驹三闸，宣泄总汇；丁溪闸四，受高邮车逻大坝引河诸水；草堰闸五，受高邮南关大坝引河、五里中坝引河，及通湖桥头闸诸水。云梯关北，海口凡六：灌口一，受五港河、平望河诸水；五丈河二，龙窝荡三，五图河四，板浦河五，新坝连河六，皆受盐河以西诸水。并四木楼海口，共计十二所，一一疏浚。既宽深，后每年添入岁修工程内，虽有异涨，不患积而不消也。

曰：专疏四木楼海口，亦可以消积水否？

曰：南方江口阔至六十余里，故无积淹之苦。四木楼海口，仅五百丈，不及三里，安能消二大渎之横流也？且高宝诸湖，亦安能北流至四木楼归海也？

曰：疏浚之策将安出？

曰：以迩年积水观之，各海口皆已淤十之七八。沙泥或出水上，或入水数寸不等，长阔或数十丈，如所谓浚川杷、滚江龙、方船诸器无所用之。大约各海口应用船十艘，载米百余石者，艘十夫，督令挹沙于船。人十余石，船百余石，十船日千余石，回船委沙于两崖高地，即以为堤，计每海口一月可去淤沙三万余石。如海口阔，则递增其数。如是一二月，而海口悉宽深矣。此水未落时上策也。如水涸，用土方法挑之更易矣。如用明朱总河挑河之法，则更易矣。朱总河法见《行水金鉴》。

问切沙嘴逢湾取直之说

客曰：切沙嘴逢湾取直之说，何如？

曰：此欲使河流迅速耳。然使河底淤高，不加挑浚，虽直亦不能流，安能速也？又若河别于淮，则自清口至四木楼，淮水皆能自刷。沙嘴自切，湾者自直，无假人力也。

问支河与河不两行之说背

客曰：河不两行，治河要道，故议者多咎靳、齐二公之开毛城铺。今欲多支河，毋乃不可乎？

曰：河不两行，为上游流缓淤沙而言，非为河委言也。上游不可开支河，河委不可以不多支。河以支河多，则归海愈速也。禹九河，王景、王吴八河，效已在前矣。

问河合淮近六百年不久亦与七百九百之数相当矣

客曰：河由直沽归海，七百余年无患；由千乘归海，九百余年无患。今合淮，由云梯关归海，亦近六百年，何遽不如古也？

曰：直沽七百年，千乘九百年，年年无患者也；云梯关近六百年，年年有患者也，安得举以相例也？

曰：黄水须清水之刷，故淮水不旁泄，则并持而东，自保无患，今子何独昧于此也？

曰：淮水不旁泄，沿淮禾稼无不被伤，予曾亲见之矣。至黄淮并涨，大小决溢，更无论也。且黄水何尝借清水之刷？禹直沽，王景、王吴千乘，以九河八河而奏绩，非有淮水之刷也。

问九河八河不宜于今 癸未韩山书院

客曰：往年总河某，曾于近海支河，听河分流归海。比时河流顺畅，不一二年，支河及正身皆淤，翻成大患。然则九河、八河究纸上陈言耳。

曰：此病在各支河无专员司启闭耳。若各从正身分支处建闸、立水志，启闭以时，则水平时闭支河闸，俾从正身迅流，何至皆淤？且禹九河，王景、王吴八河，安能皆不淤也？惟于每年水落时，于未淤者行水，淤者挑之，则支河皆得其用矣。

曰：挑淤有捷法否？

曰：亦用明朱总河之法，详见《行水金鉴》。

问潘季驯之言 甲戌都门

客曰：潘季驯有言，黄河水分则流缓，流缓则沙停，而河身日饱。水合则流急，流急则沙刷，而河身日深，其说何如？

曰：此即河不两行之说也。近海不分支河，猝遇盛涨而溢出，则其说不足恃矣。况合淮之祸，虽水平无可解也。若河别于淮，近海多支河，每年疏浚以法，水平则原河身之流急，水涨则两缕堤、遥堤内之流无不急，亦所谓沙刷而河身日深者，非仅如潘云云也。

问塞决口之法

客曰：前世塞决口之法，以何人为善？

曰：汉成帝初，河决馆陶，王延世塞以竹络，长四丈，大九围，盛以小石，两船夹载而下之，三十六日河堤成，此一法也。明弘治七年，河决荆龙，溃张秋堤，刘大夏于张秋两岸东西筑台，立表贯索，纲联巨舰，穴而窒之，实以土至决口，去窒沉舰，压以大埽，此又一法也。二法皆易成功，而石络为尤善。相决口之阔狭，择其宜而用之可耳。巨舰不必另作，以破损粮船用之，一年可得数百艘。此外更有米包囊砂之法，为费亦廉，皆司河务者所宜知也。

问用蜃灰法 癸未韩山书院

客曰：蜃灰用以饰墙，未闻用于堤也。今云傅以蜃灰，果胜于柳枝、秫秸、芦苇乎？

曰：岂徒胜于柳枝、秫秸、芦苇，实胜于石也。盖石长不过一丈内外，蜃灰有血气之物，用三和土，灰、沙、土各等分。筑之数十百丈成一块，无隙可入，得水愈坚，所以可久也。

曰：费得毋不赀乎？

曰：价与石灰等耳。滨海之地无不有蜃。东莱饰墙用蛤，谓之义灰。东莱北滨海也。潮州人善用蜃，其堤数十里筑成一片，其坚如铁也。若每年将柳枝、秸苇等值，易蜃灰筑决口，于水落时，未溃之堤亦傅以蜃灰，一二年后，沿河两岸皆蜃堤。不特永省柳枝、秸苇等费，且实有如前策所云，沿河冗员冗役可裁者。再于海口及诸引河缕堤、遥堤，尽用蜃灰，则黄河虽有溢患，永无决患。诚本此道而行之，将见上益帑，下利民生，真万世无疆之休，固可操券而得也。噫！吾安得亲见之，以慰吾忧河南、河北、淮南、淮北数百万生灵之心也。

书《前汉书·沟洫志》后

班掾改史公《河渠书》，题为《沟洫志》，似矣。乃《志》

中所言，皆属河渠，无一字及于沟洫，何也？孔子称"禹尽力沟洫"，盖五沟，沟洫为多。《考工记·匠人》举中为言，孔子亦仍《匠人》举中为言也。

五沟、五涂创于黄帝，大治于禹，其详必见于《夏书·禹贡》之外，故孔子得知之。秦楚二炬后，久不可考矣。《周官·遂人》《考工记》详其制，盖祖黄帝及禹之法也。由深广二尺之遂，至深广三丈二尺之川，生成之川，不止此数。谓之五沟。由高广二尺之径，至高广三丈一尺之路，谓之五涂。

自尧七十五年庚寅禹治河，至八十六年辛丑成功。自成功后，至禹崩后三年壬戌，凡八十二年，每年尽力沟洫，定为岁修常功。启元年癸亥，至相二十八年乙丑，六十三年，皆遵禹法。上溯尧八十六年辛丑，一百四十五年，河不为患，则尽力沟洫之效大也。盖自积石至逆河，河南、河北、河东、河西，皆有不可胜计之沟洫。三汛水涨，容之有余，所以河不为患也。相弑之次年丙寅，寒浞逆贼令不行于民，沟洫不治。丙午少康元年以后，河与沟洫尽淤。至十一年丙辰，去寒浞行弑之年乙丑，五十二年，河益不可不治。乃使商侯冥治河，越二十六年，为帝杼之十三年辛巳，冥死于河，殆以不知治沟洫之故与。自后夏凡四迁，商在夏之时三迁，有天下后九迁，迁地俱见《图说》。皆以避河患故，皆以治沟洫不如禹故也。周公知其然，故详其法于《地官·遂人》《冬官·考工记·匠人》。自武王至匡王二十世，皆遵行之，故四百四十八年无河患。定王五年，河南徙，则亦以北行之河身淤，沟洫亦淤故也。然五沟、五涂之迹在，识水性者固可随时举行。故自定王己未，至显王七年己未，二百四十年间，河仍无患。至显王八年庚申，孙鞅入秦，辛未，废井田、开阡陌，东诸侯效之，五沟、五涂之迹俱泯，而河患遂不可制。赵魏作堤去河二十五里，以东邻为壑。齐亦作堤，去河二十五里，以西邻为壑。至汉武瓠子作歌，而患斯剧矣。贾让以放河北入海为上策，不及于沟洫。太史公作《河渠书》，专列河渠，故不及沟洫。班氏易其名曰《沟洫志》，理宜畅言禹之治河得力于治沟洫矣，乃仅抄袭太史公《河渠》，而无一字及于沟洫，又何为名之曰《沟洫志》也？以此知班氏不知沟洫之利胜于开渠，宜其文之不切题也。

复沟洫论

或谓自开阡陌，至今凡二千一百二十余年，沟洫尚可复否？

曰：古井田沟洫之地皆在官，今皆在民，复殊未易言也。然沟洫实为治河所深恃，亦北四省农民所深恃。有沟洫，则永无河决之患，河员可省十之七八，每年省帑数十万，沿河百姓岁获有秋，凶年永无饿莩载道之惨。故沟洫为治河与百姓所深恃也。天下无不可成之事，惟在悉其事者之志决耳。果欲复沟洫，亦不必尽天下皆沟洫也。惟于河所经之省，除陕西不必沟洫外，如河南省之巩县以东，阳武、胙城以北诸境，山东之曹、单、沂、兖、东昌、济宁诸境，江北之淮、徐、邳、宿、海州、沭阳、盐城、阜城、高宝诸境，皆令解事地方官，亲身相度，不必拘井田之制。应为沟洫者，明白晓喻，令其为四尺之沟，八尺之洫。如有应为浍者，即令其为丈六尺之浍。据实开报，弃地若干，永免其税。并令于沟洫中种莲，于畛涂上种桑，永为本户世业。既无水旱之忧，又非不毛可比，又无地税，民无不乐从矣。至于河所不经之地，百姓自欲复沟洫者，亦免其税。他省俱照此例。河有沟洫，又依古黄淮分流，兼用百龙搜沙、蜃灰傅堤二法，补神禹所未备，沿河百万生灵，永无河患，真万古之大利也。

曰：陕西何以不必复沟洫？

曰：关中地形高，河患颇少，公孙鞅之开阡陌以此。又，郑、白二渠为三代所未有，旱亦不为患。故可以不复沟洫也。

曾外祖畏斋公，穷经力学，洞贯古今。始膺鸿博经学，两试，继以名进士。出宰铜仁，德化所及，比于古循吏。又以不谐吏议，解组归，而好学益笃。行年八十，犹手不释卷，盖邃古若天性云。

家藏全集有《十三经客难》《安澜编》《纲鉴宗例合编》，文集若干卷。旧所刻者，《周礼客难》、文集数卷而已。基幸私淑有自，窃谓四子之书尤为学之急务，因请于舅氏，以《四书客难》先授诸梓，而《安澜编》附焉。

嗟乎！学贵通经，不通经无以适用。而汉儒专训诂，其弊也，拘牵名义而失其精。宋儒穷义理，其弊也，辨析微茫而忘其典。好古之士，或循汉而非宋，或宗宋而陋汉，究之于以经注经之旨，无当焉。曷不于曾外祖《客难》而一证乎？是刻也，拟于《全集》，殆扪星于汉，荧荧然。而一脔在御，且愿与嗜古者先味焉。

戊寅十一月长至日，曾外孙黎立基谨跋

整理人：鲁华峰，文学博士，安徽师范大学文学院中国古代文学专业副教授，硕士研究生导师。代表作：《中华经典诗话：木天禁语诗学禁脔》（评注本）。

〔清〕麟庆 撰

武强 整理

河工器具图说

整理说明

《河工器具图说》，清麟庆撰。

麟庆（1791—1846），姓完颜氏，字伯余、振祥，号见亭，满洲镶黄旗人。他是金世宗第二十四代后裔，顺治九年（1652年）进士阿什坦第六世嫡孙，其父廷路曾任泰安知府，其母恽珠是位女诗人，为清代画坛六大家之一恽寿平的后代。嘉庆十四年（1809年）进士，及第，授内阁中书，入翰林院任编修，迁兵部主事，后历任徽州知府、颍州知府、河南开归陈许道、河南按察使、贵州布政使、湖北巡抚。道光十三年（1833年），授江南河道总督。晚年被授予库伦办事大臣，未赴任，不久病卒。《清史稿》卷三八三有其传记。

道光十三年至道光二十二年（1842年），麟庆担任了十年的江南河道总督，主管今江苏、安徽境内的黄河与运河河道。因水情复杂，范围广袤，工程险要，每每须遵循先例，谨慎对待。麟庆任职期间对治理河道逐渐有了自己的见解，并很有建树，著有《河工器具图说》《黄运河口古今图说》《麟见亭奏稿》等。其中《麟见亭奏稿》收录麟庆于江南河道总督任内上书道光皇帝的秘奏，凡三百余件，反映其任不同职务期间的方方面面，无所不包，具有极为珍贵的史料价值，可与《河工器具图说》相互参看。另有诗集《凝香室诗集》及生平旅游记录《鸿雪姻缘图记》传世。

《河工器具图说》成书于道光十六年（1836年），分宣防、修浚、抢护、储备四卷。该书突破了治河典籍中重道轻器的思想，作者结合亲身参加治河工程的经历，从工程名目出发，依次介绍了各种河工器具。全书所列器具图共145帧，所收器具共有289种，其中宣防65种、修浚86种、抢护63种、储备75种，详述了治河工程施工器具的沿革并推究其原，条分缕析，纲举目张。《河工器具图说》为后人展示了清代水利工程的一个详实的侧面，是清代比较系统地总结和介绍河工器具的书籍，也是当时河防水利工程方面经验的科学总结，对后世水利史的研究甚至水利实践均有重要的参考价值。

《河工器具图说》完成之后，最早版本为南河节署道光十六年刻本。另据考证，有"苏州刊本"，书后有"姑苏阊门外洞泾桥西吴学圃局刻"等字，《四库未收书辑刊》（第十辑第四册）所收的即为这一版本。民间也有抄本流传，民国海宁张为霖藏本即为抄本。1926年，河南河务局依据张氏抄本，刻印了石印本。1937年，商务印书馆《万有文库》收录《河工器具图说》，此为万有文库本。这些版本基本相同，书中缺失的页码、图录也相同，此次点校整理的底本，为万有文库本。

因其深厚的家学渊源，麟庆博览群书，在《河工器具图说》一书中即有极充分的表现。该著作引书众多，对每一种器具名称的由来均作了深入的考据。本次整理过程中，针对书中的引文，除极少数特殊情况外，基本均采用加引号处理的方法。若引文与原文相符或属摘引，则不再出校勘记；若与原文出入较大，则通过校勘记加以说明。本单元由武强整理，由于引书众多，整理者亦未必能面面俱到，谬误之处，尚待方家批评指正。

整理者

目 录

整理说明	809
序	812
卷一　宣防器具	814
卷二　修浚器具	861
卷三　抢护器具	904
卷四　储备器具	950
跋	985

序

尝闻形上者道，形下者器。器非特各适其用而已，通乎器之为用，而道该焉；审乎道之所存，而器具焉。水、火、金、木、土、谷，日用行习之道，即日用行习之器，道离乎器则不行，器离乎道则不明，一物一名，何莫非至理之所寓哉！道光乙酉春，麟庆仰蒙恩擢，分巡梁、宋诸名郡，茧丝之政繁，而保障之责尤重。窃以为聪听祖彝，习闻庭训，近复历守新安、颍川二郡，于治谱尚有禀承，而于河防则茫无门径，恒惴惴焉，时惧勿克胜任。爰陈治河诸书，博观约取，周历工所，互证参稽，亲历十有五汛，安澜幸报。己丑冬，改官豫臬，寻晋黔藩，巡抚楚北。癸巳秋仲，奉命承乏南河洪湖运道，工险政繁，海口江防，地广任重，每莅一工，治一事，率循成案，谨慎宣防，凡遇幕僚将佐练达河务者，不惮虚衷延访。越今三载，而后知古今殊势，执陈说不足以图功也；南北异宜，就一隅不足以定论也。且夫古之治河者，大禹尚矣！厥后始于贾让，详于贾鲁，大备于潘季驯，至我朝靳文襄公，揽全河于在握，汇群策以成谋，笔之于书，陈之于牍，大言炎炎，百余年来宣防修守，罔有出其范围，于此而欲逞私智而掠美言，不几贻续貂之诮乎！顾孔子云："欲善其事，先利其器。"尝于祁寒暑雨，周历河壖，每遇一器，必详问而深考之，有专为乎工而别立主名者，有不专为乎工而修而兼用者，有类于古而实创自今者，有宜于今而无异乎古者，其称名也小，其利用也繁，日积月累，缉为一编。虽未能小物不遗，而于工需似已苟完粗备，于是绘图以尚其象，立说以推其原，庶使览者援古证今，循名责实，通乎器之为用而道于以该，审乎道之所存而器于以具。若以为补前人之所未逮，则吾岂敢！

　　道光十有六年，岁在丙申，春三月，长白麟庆自叙于南河节署行所无事之轩。

卷一　宣防器具

旗杆

志桩

相风乌

打水杆　试水坠

算盘

铜尺　秤

丈杆　五尺杆　围木尺　梅花尺

绳

夹杆　均高

旱平　地篁　云篁　响篁

水平

大小号旗

牌坊　挂牌　虎头牌

大小牌签

铜锣

钱柜

循环签

布棚

席抬棚

灯笼　壁灯

火把

雨伞

蓑衣

笠

打草镰

艾

拥杷　木推杷　竹搂杷

埽帚

大签子　杠子　抬土筐

鼠弓

铁叉　獾刀　獾沓　獾兜

挠钩　獾刺　搜子

狐柜

鸟枪　枪药角袋　枪子葫芦

闸版　闸耳　闸关　关翅

令箭　会牌

三升标旗

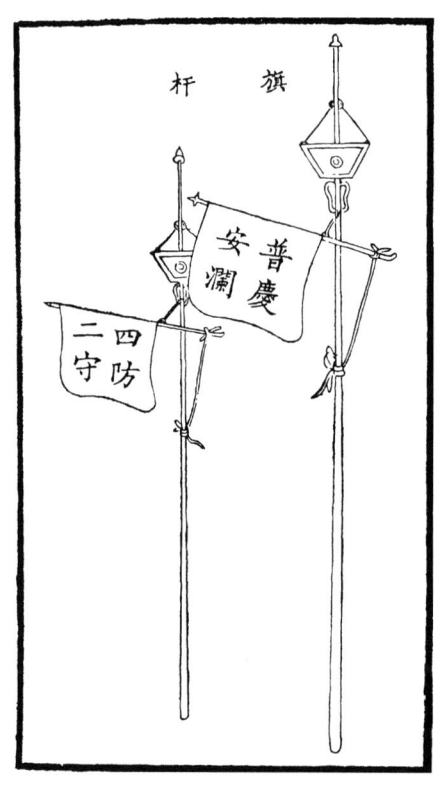

《释名》:"旗,期也,言与众期于下也。"[1] 以布为之,悬于堤上各堡及有工处所,大书"普庆安澜"四字,亦有书"四防二守"者,四防何谓?风、雨、昼、夜。风能刷水汕堤,宜护;雨则冲堤淋沟,宜修;昼恐水涨,宜御;夜防盗决,宜巡。二守何谓?官、民。官乃在官兵夫,非专指官员而言也;民乃近堤百姓,非统合境内而言也。兵夫只可修守于平时,若遇水涨工险,方下埽签桩之勿暇,故当伏秋大汛,例调民夫上堤协守,俗所谓"站堤夫"是也,迨水落工平,仍归兵夫修防。大书布旗,欲官民共相警勉,务保安澜耳。旗色尚黄,黄,中央色,属土,取以土制水之义。

---

[1] 引文出自《释名·释兵》:"熊虎为旗。旗,期也,言于众期于下。军将所建,象其猛如熊虎也。"此处引用作"言与众期于下也",疑为作者转引之故。

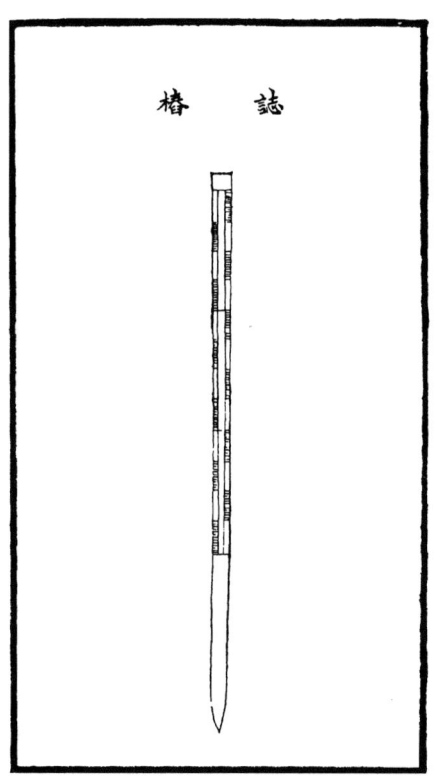

《说文》："桩，橛杙。""誌，记誌[1]"誌桩之制，刻划丈尺，所以测量河水之消长也。桩有大小之别：大者安设有工之处，约长三四丈，较准尺寸，注明入土出水丈尺；小者长丈余，设于各堡门前以备漫滩水抵堤根，兵夫查报尺寸。古人取诸身曰指尺，取诸物曰黍尺，隋时始用木尺，志桩所由昉乎！

---

[1] 引文出自《说文新附·木部》："桩，橛杙也。从木，春声。"誌，出自《说文新附·言部》："誌，记志也。从言，志声。"此处引用均有省略。

相风乌

刻木象乌形，尾插小旗，立于长竿之杪或屋头，四面可以旋转，如风自南来，则乌向南而旗即向北。《潜居录》："巴陵乌不畏人，除夕，妇女各取一只，以米果食之。明旦，各以五色缕系于鸦颈放之，相其方向，卜一岁吉凶，占验甚多。大略云：鸦子东，兴女红；鸦子西，喜事临；鸦子南，利桑蚕；鸦子北，织作息。"❶ 取以验风，盖亦相其方向也。不独工次为然，凡筑堤、厢埽、运料、挑河，皆须相度风色以占晴雨，则乌又可少哉！

---

❶ 《潜居录》，北宋无名氏著，已佚。引文实出自《说郛》。

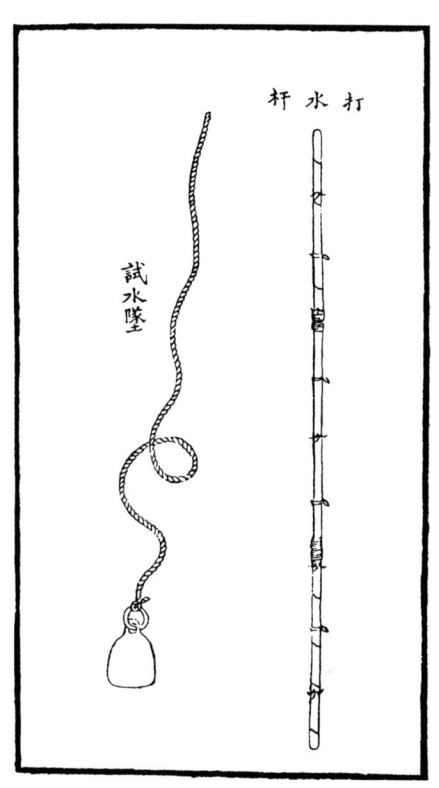

《正韵》[1]："杆，僵木也。"打水杆有长至六七丈者，东河两镶，上半用杉木，取其轻浮易举，下半用榆木，取其沉重落底；南河三镶，中用杂木，两头接束以竹，取携便利，然遇大溜，探试少迟，即难得底，质轻故耳。又有试水坠，其坠重十余斤，镕铅为之，上系水线棕绳为之，盖铅性善下，垂必及底，虽深百丈，只须放线，亦可探得。定例，有工处所，派目兵专司打水，每日具报三次。若遇水势陡长，埽前溜急淘深，更须随时测量，以备抢护。再杆底镶铁，则下触碎石，铮铮有声，亦验水底石工之法也。

---

[1] 《正韵》，即《洪武正韵》，明太祖洪武八年修成，是乐韶凤、宋濂等人奉诏编成的官方韵书，共十六卷。它继承了唐宋音韵体系，作为明太祖兴复华夏的重要举措，在明朝影响广泛。

算盘

《仪礼》❶："无算爵,无算乐。"注:"算,数也。"《物原》❷:"黄帝使隶首作算数,得下筹之法。周公作《九章》,详明算法,为制算盘之始。"《清异录》❸:"宣武刘钱民也,铸铁为算子。"今则削木为之,每盘算子上二下五,取象七政,用之乘除,亿万不爽,为会计所必需,而河工估核工料,尤为要具。

---

❶ 《仪礼》,儒家十三经之一,记载周代的各种礼仪,其中以记载士大夫的礼仪为主。秦代以前篇目不详,汉代初期高堂生传《仪礼》十七篇,另有古文《仪礼》五十六篇,已经遗失。现存《仪礼》的篇次,是郑玄采用刘向《别录》所定的次序。

❷ 《物原》,有《事物原始》《事物纪原》二书,此处引文出自《事物原始》,又称《新镌古今事物原始》,明代徐炬著,收入《四库全书存目丛书》。

❸ 《清异录》二卷,北宋陶谷著,借鉴类书的形式,分为三十七门,每门若干条,共六百六十一条。多记唐、五代时人称呼当时人、事、物的新奇名称,每一名称列为一条,而于其下记此名称之来历,这也是此书的价值体现。

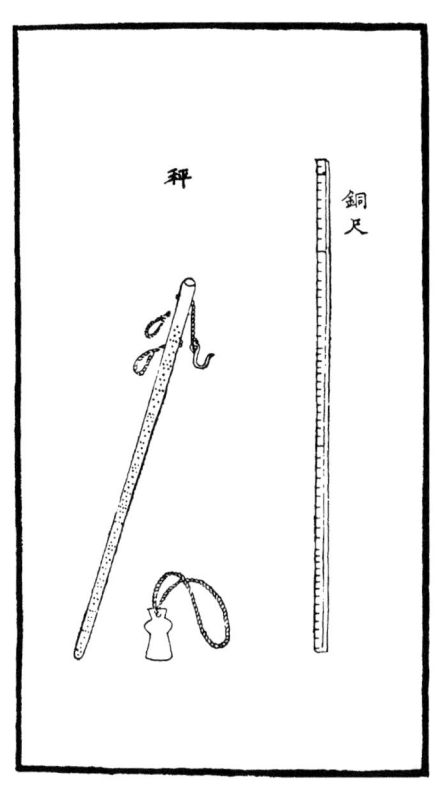

　　《孟子》曰："权，然后知轻重；度，然后知长短。"❶《汉·律历志》："权者，铢、两、斤、钧、石"，"度者，分、寸、尺、丈、引也。"❷司河防者，称物估工，乌能离此。然尺有夏、商、周之别，称有京、浙、广之分，今部颁铜尺，周尺也，其分寸与汉刘歆铜斛尺、后汉建武铜尺、晋祖冲铜尺并同，较诸晋玉尺、隋木尺、后周铁尺及现用之工尺、漕尺，均微短矣。至秤以二十四铢为两，十六两为斤，较诸京法稍增，广法稍减，合诸宋《皇祐新乐图》所载铢称无异，实浙法尔。

---

❶ 引文出自《孟子·梁惠王上》。
❷ 出自《汉书》卷二一上《律历志》："权者，铢、两、斤、钧、石也，所以称物平施，知轻重也。""度者，分、寸、尺、丈、引也，所以度长短也。"此处为摘引。

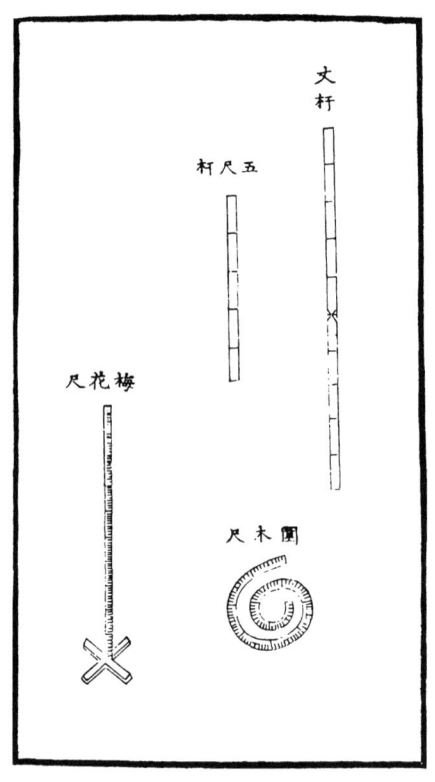

《传疑录》:"度起于黄钟之长,后世十寸谓之尺,十尺谓之丈,凡公私所度,皆以丈计矣。"丈杆、五尺杆为查量土埝、砖石工程,并收料垛石方必需之具。又有围木尺,其制每尺较铜尺大五分,较裁尺小三分,其质以竹篾、熟皮、藤条为之均可,专备围收木植之用。俗例,龙泉码离木鼻关口五尺围起,漕规码离木鼻关口三尺围起。又有梅花尺,刻木为尺,足用十字架托之。凡量河水深浅,估挑引渠,用此探试,不致陷入底淤,可以较准。

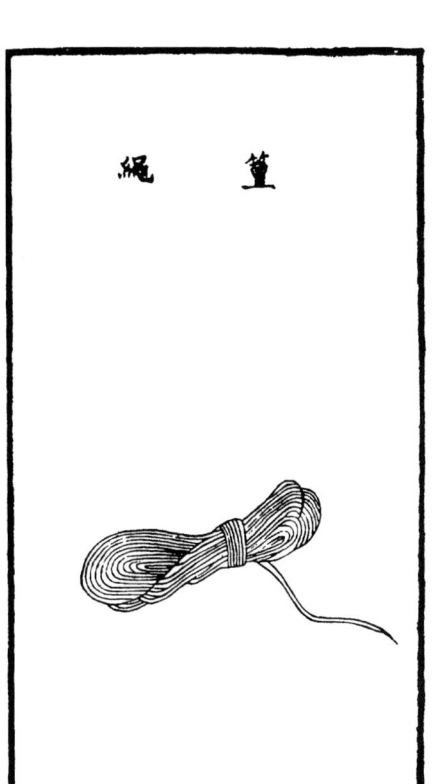

黄福《安南日记》❶："篷，纤索。"《演繁露》❷："杜诗舟行多用百丈，问之蜀人，云：水峻，岸石又多廉棱，若用索牵，遇石辄断，不耐久，故擘竹为大辫，以麻索连贯其际，以为牵具，是名百丈。"百丈，言其长也。近时多以绒线结成，而总名曰篷绳。凡量堤估工，必拉篷以视高卑长短，用时须随（大）〔夹〕杆❸、均高等具。

---

❶ 《安南日记》，明代黄福著，全名《奉使安南水程日记》，不分卷，记永乐四年七月出使安南（今越南）事。商务印书馆《丛书集成初编》收录，据《纪录汇编》本影印出版。

❷ 《演繁露》，宋程大昌著，十六卷，后有《续演繁露》六卷，又称为《程氏演繁录》。全书以"格物致知"为宗旨，记载了三代至宋朝的杂事四百八十八项。《四库全书·子部》有收录。百丈，指牵船的篾缆。"杜诗"指杜甫《十二月一日三首》之一："一声何处送书雁，百丈谁家上濑船。"（《全唐诗》卷二二九）。

❸ 据下文所列，此处之"大杆"当作"夹杆"。

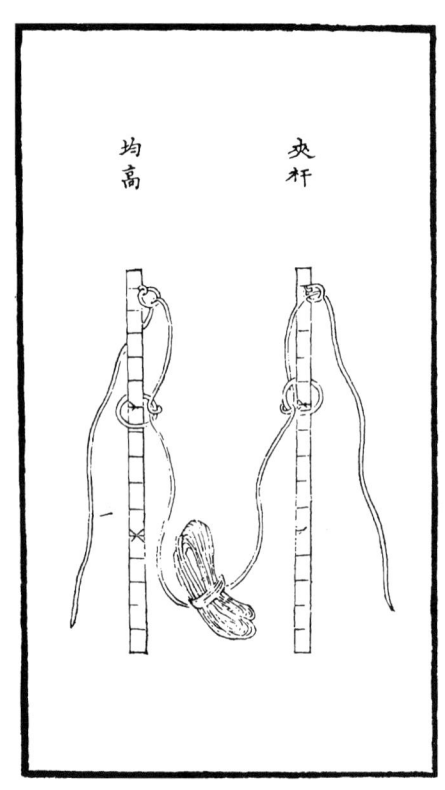

夹杆、均高，一物二名，对以峙之，故曰夹；齐以一之，故曰均。长二三丈，刻划尺寸，上钉铁圈，中有腰圈，量堤时将杆分列于南北两坦，若堤高一丈，将腰圈拉至一丈之处，堤上兵夫踏住簹绳，以视高矮。

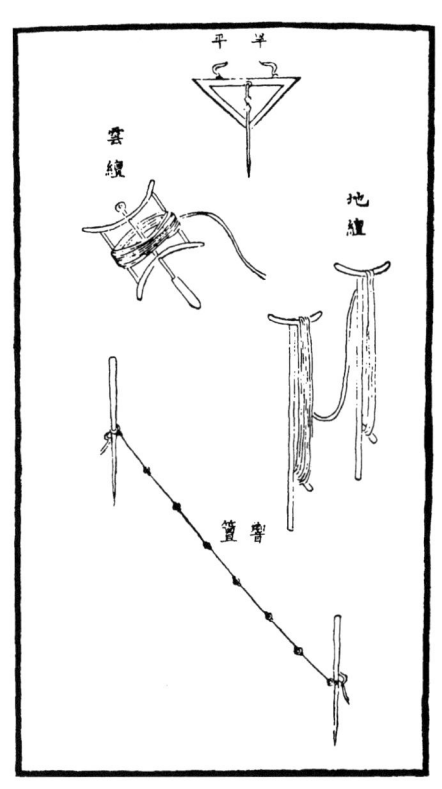

旱平,以木制成,三角式,或铜为之,长阔不满尺,上以二钩备挂,中有活铜针,用时平挂于簪绳,视针之斜正,知地面之高低、河底之平洼。《传疑录》:"衡起于黄钟之平,权与物钧而为衡,衡平而权钧矣。"衡以准曲直也,旱平类是。地簪,丈量堤之长短,每五尺用红绒为记,二人拉量,远观便知数目。云簪稍细,用亦略同。又有响簪,或藤或竹,连以铁圈,每节五尺,共二十节,计长十丈,较之麻簪、篾簪,质稍坚结,用则相同。

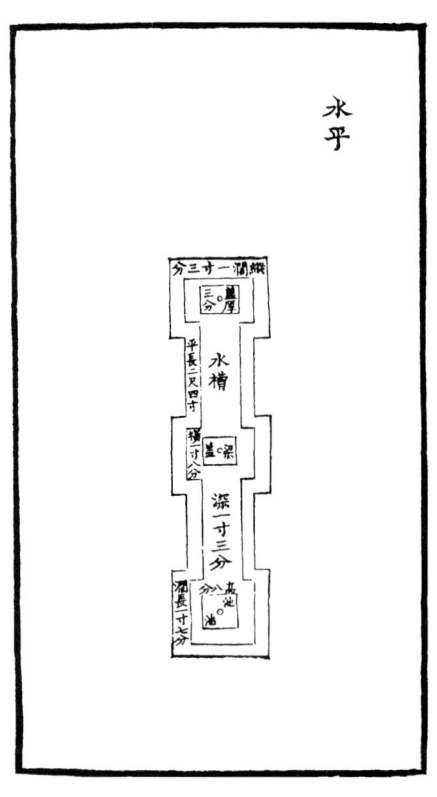

水平之制，用坚木长二尺四五寸，或长四五尺，厚五寸，宽六寸，中间留长三寸，两边凿槽各宽八分，余宽七分以作外框，两头各留长三寸，亦凿槽宽八分，通身槽深二寸，周围一律相通。再于中央凿池一方，宽长各二寸，深二寸，左右各添凿一槽，其宽深与通身槽同，便于放水通连。槽内须放浮子一个，浮子方长一寸五分，厚六分，面安小圆木柄一根，高出面五分，其两头亦各放浮子一个，宽长均与中央同，惟两头之槽仅宽八分，未免浮宽槽窄，必得于两头适中之处开二方池，照中央宽深尺寸，名曰三池。用时置清水于槽内，三浮自起，验浮柄顶平则地亦平，如有高下即不平矣。但用在五六丈之内尤准，若多贪丈尺，转属无益。

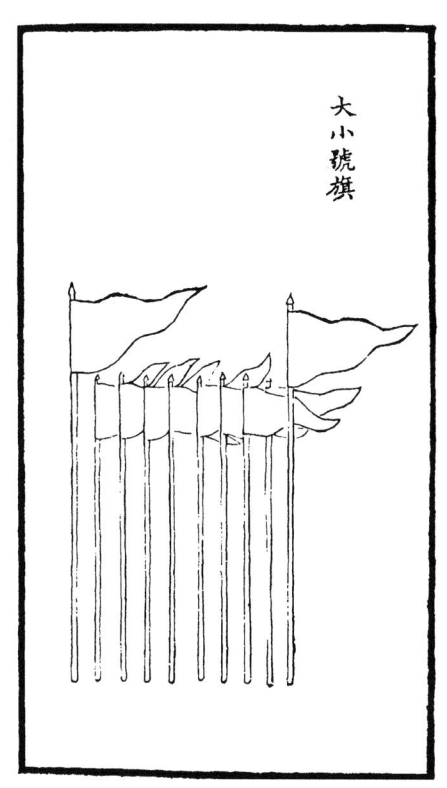

　　《世说》❶:"军中听号令,必至牙旗之下。"《山堂肆考》:"大将之旗曰牙,取其为国爪牙也。"❷《太白阴经》❸:"蚩尤建旗

---

❶ 《世说新语》,南朝宋刘义庆著,梁代刘峻作注。全书原八卷,注本分为十卷,今传本皆作三卷,分为三十六门。《世说》为《世说新语》之别名,据查并无此处引语,当为自别处误记。又,唐代封演《封氏闻见记》卷五,有此记载。

❷ 《山堂肆考》,二百二十八卷,补遗十二卷,明彭大翼撰。本句引文出自卷二百三十三补遗:"将军之旗曰牙,取其为国爪牙也。"与此处所引有出入。

❸ 《太白阴经》,又称《神机制敌太白阴经》,唐代李筌著,全书十卷。古人认为太白星主杀伐,因此多用来比喻军事,故名。现存《墨海金壶》、平津馆影宋抄本等。《太白阴经》无文中所引语句,惟卷四《器械篇第四十一》有"蚩尤之时,铄金为兵,割革为甲;始制五兵,建旗帜,树夔鼓,以佐军威"。此处应非直接引用。

帜。"《黄帝内传》:"帝制五彩旗,指顾向背。"❶ 防河等于防秋,非旗无以示号令,办工买料处所皆用之。又挑河筑堤,分段丈量,每十丈建一小旗,每百丈建一大旗,示兵夫有所遵守,自无舛错之患,故名曰号旗。

---

❶ 《黄帝内传》一卷,作者未详,成书年代当在唐代或更早,全书已佚。《秘书省续编到四库阙书目》传记类最早著录,后《通志》《玉海》《文献通考》等均有著录。北宋高承《事物纪原》引用此书佚文最多,此处所引即出自该书卷九"玄女请帝制五彩旗,指顾相背",稍有出入。

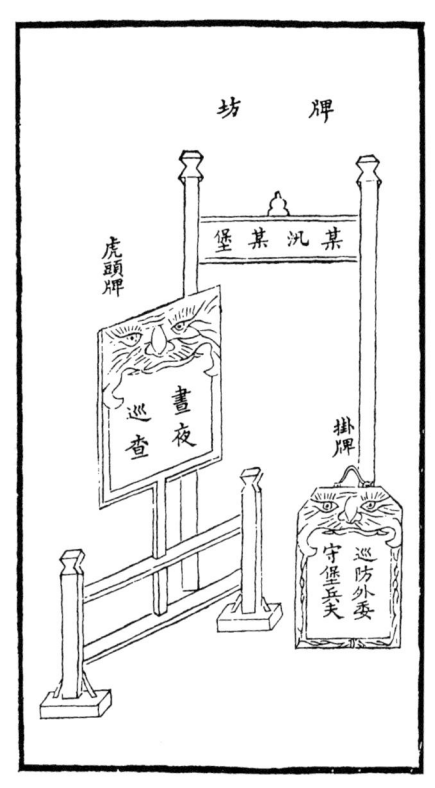

《周礼·天官·职币》："以书楬之。"疏云："谓府各为一牌，书知善恶价数多少，谓之楬。"❶ 然则牌坊之书"某汛某堡"，欲其段？落分也；挂牌之书巡防外委兵夫花名，欲其责成专也，亦即楬之意耳。至于虎头牌之书"昼夜巡查"，列于堡房之侧，又欲官弁兵夫触目警心，不敢稍有疏懈，谓徒设观瞻，失其本意矣。

---

❶ 《周礼》，儒家十三经之一，据传为周公所撰，现一般认为其成书于战国晚期，是一部通过官制来表达治国方案的著作。后世为之注疏者甚众，此处引文出自《周礼疏》卷一《天官》。

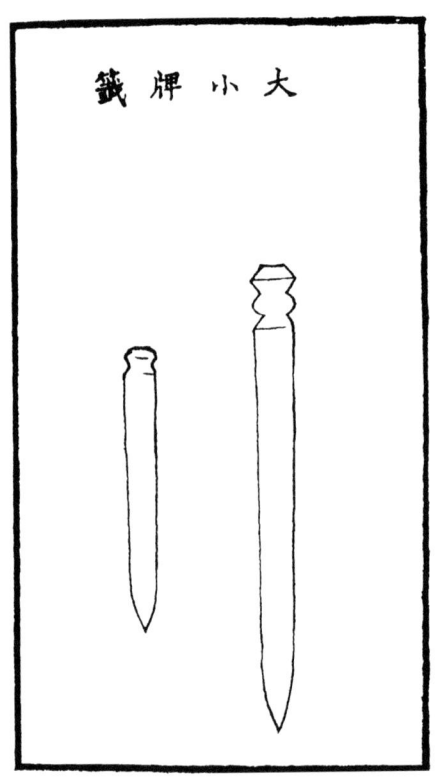

大小牌签

大小牌签，木板削成，尺寸不拘，上施白油粉，签头涂朱。有工之处，标写埽坝丈尺段落；无工之处，载明堤高滩面、滩高水面并堡房离河丈尺，即筑土工，亦可以签分工头、工尾，注写原估丈尺。《说文》："签，验也，锐也。"签之用与签之式皆备矣。

《正字通》："锣，筑铜为之，形如盆。大者声扬，小者声杀。乐书有铜锣，自后魏宣武以后，有铜钹、锣。《六书故》：'今之金声，用于军旅者'。"❶ 河上凡卷埽、厢工亦鸣此以齐人力，而夜间巡查揪头等绳埽上人夫，与夫巡更、堵漏，悉以此为号令。定例，每堡各设两面，有工之处不拘多寡。

---

❶ 《正字通》，明末张自烈撰，是一部按汉字形体分部编排的字书，十二卷，《康熙字典》即根据《正字通》而加详备。有中国工人出版社 1996 年影印本。引文出自卷十一："锣，郎何切，音罗，筑铜为之，形如盆，大者声扬，小者声杀。《乐书》有铜锣，自后魏宣武以后好胡音，铜钹、沙罗，沙罗即锣。《六书故》曰：'今之金声，用于军旅者，亦以为盥盆。'"引用稍有差异。

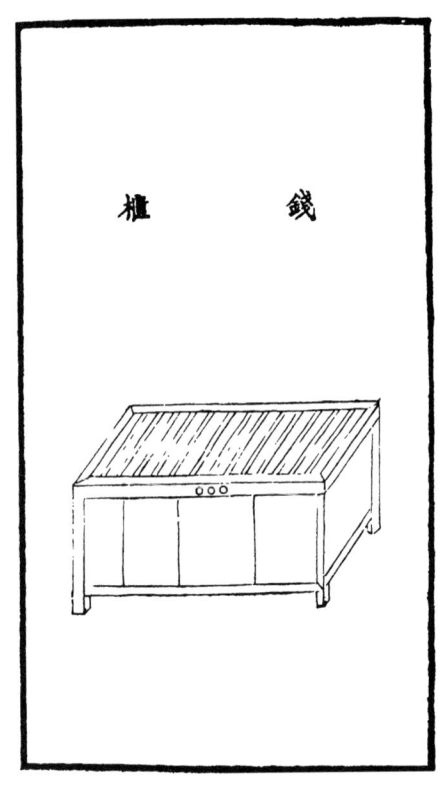

柜，即椟也。夏后谓之椟，周始谓之柜。《书》："纳册于金縢之匮。"❶《太史公自序》❷："䌷史记石室金匮之书。"韩于："楚人卖珠于郑，为木兰之柜。"❸《杜阳杂编》："唐武宗会昌初，渤海贡马脑柜。"❹《六书故》："今通以藏器之大者为匮，次为

---

❶ 《书》，即《尚书》，儒家十三经之一。此处引文出自《尚书·周书四·金縢第十三》："公归，乃纳册于金縢之匮中。"

❷ 指《史记·太史公自序》，为《史记》最后一篇。

❸ 此处疑有误，"韩于"似应为"韩子"，此典出自《韩非子·外储说左上》："楚人有卖其珠于郑者，为木兰之柜，熏以桂椒，缀以珠玉，饰以玫瑰，辑以羽翠，郑人买其椟而还其珠。此可谓善卖椟矣，未可谓善鬻珠也。"

❹ 《杜阳杂编》，唐代苏鹗撰，笔记小说，共三卷。《宋史·艺文志》作两卷。书中杂记代宗迄懿宗十朝事，尤多关于海外珍奇宝物的叙述。引文出自《杜阳杂编》卷下："会昌元年……渤海贡马脑柜、紫瓷盆。马脑柜方三尺，深色如茜所制，工巧无比，用贮神仙之书，置之帐侧。"

匣，小为椟。"❶ 伏秋大汛，堡房设柜，例贮防险钱十贯，以备堵漏等用。交兵夫收管，上有栅木，可以查验而不可以探取，于备防堤工之中，复寓慎重经费之意。

❶ 《六书故》，三十三卷，通释一卷，南宋文字学家戴侗撰，是一部用六书理论来分析汉字的字书。此书不沿袭《说文》五百四十部，而别立四百七十九目，称其中一百八十九目为文，又称四十五目不易解释的为疑文，又称其中二百四十五目为字。文为母，字为子。引文出自《六书故》卷二七："匮，求位切，藏器也。……别作柜、鐀。按：今通以藏器之大者为匮，次为匣，小为椟。"

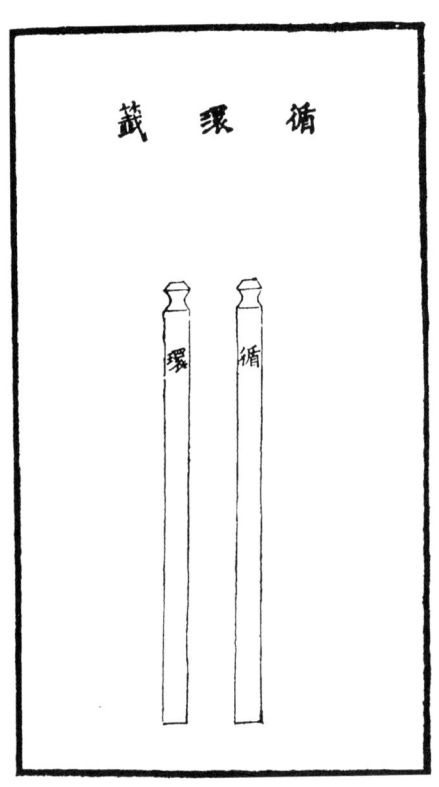

《韵会》:"循环,谓旋绕往来。"❶《史记·高帝纪》:"三王之道若循环,终而复始。"❷ 签之命名本此,与大小牌签不同:彼或标记段落,或载明高低丈尺,或做工时分别首尾,其用止而不迁。兹则环往循返,循去环来,梭织巡防,用加慎密,有周流无滞之义焉。

---

❶ 《韵会》,亦称《古今韵会举要》,元黄公绍、熊忠撰,三十卷,分为一百零七韵,收字以平上去入分类注释反切音读、汉前古字书经书中的字义,字体演变,经典文赋中的使用等。引文出自卷四《平声上》。

❷ 引文出自《史记》卷八《高祖本纪》。

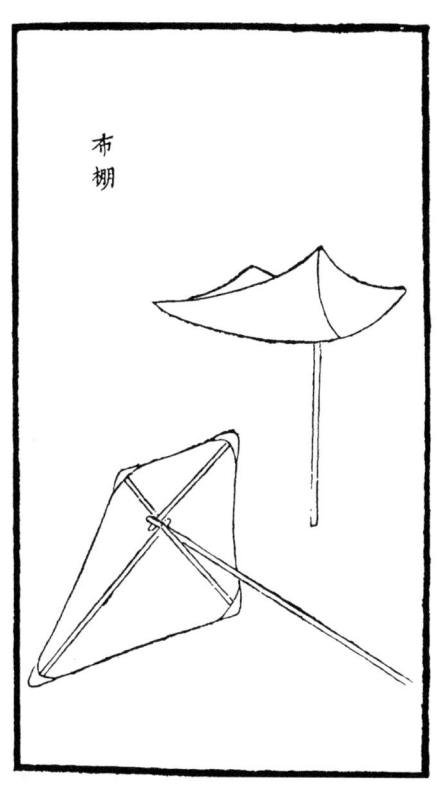

《开元遗事》："唐时长安富人于林亭间植画柱，结彩为凉棚，闲坐其下，名曰避暑会。"❶ 布棚即凉棚之意，于酷热之中厢修埽段，司事者用以遮阳逭暑，顾长堤无薄，日影时移，小则随处支撑，轻则便于携带，迥非林亭内之凉棚可比。

---

❶ 《开元遗事》，即《开元天宝遗事》，五代王仁裕撰，分为上下卷，主要记载宫中琐事及宫外风情习俗。引文出自卷下《结棚避暑》："长安富家子刘逸、李闲、卫旷，家世巨豪，而好接待四方之士，疏财重义，有难必救，真慷慨之士，人皆归仰焉。每至暑伏中，各于林亭内植画柱，以锦绮结为凉棚，设坐具，召长安名妓间坐，递相延请，为避暑之会，时人无不爱羡也。"

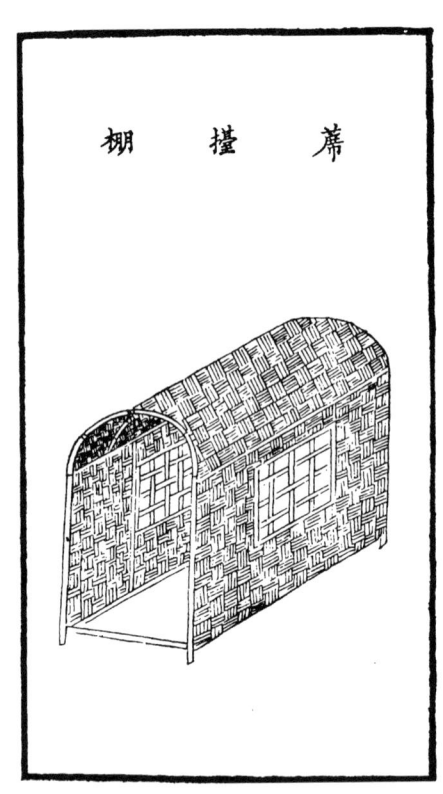

《集韵》:"园屋为庵。"❶ 抬棚,以席象其形而制之。风雨厢工堡房距远,借此聊以藏身。且厢埽迄无定所,抬棚可以随行。《虎苑》:"饶王徐知谔尝游秫山,除地为广场,编虎皮为大帷,率僚属会其下,号曰虎帐。"❷《天宝遗事》:"长安贵家子弟,每至春时,游宴供帐于园圃中,随行载以油幕,或遇阴雨,以幕覆之,尽欢而归。"❸ 二者可以类推。

---

❶ 《集韵》,宋仁宗景祐四年(1037年)由丁度等人奉命编写的官方韵书,宝元二年(1039年)完稿,是一部按照汉字字音分韵编排的工具书。原文为卷四《覃部》:"庵、萫,圜屋曰庵,或从草。"与引文稍异。

❷ 《虎苑》,明王稚登著,分上下两卷,内分德政、孝感、威猛、灵怪、人化、旁喻、杂志等十四类。全书取历代与虎有关的小故事,所选故事多精彩生动,堪称小说佳品。引文出自卷下:"梁王徐知谔尝游秫山,除地为广场,编虎皮为大帷,率僚属会其下,号曰虎帐。"引文与原文稍异。

❸ 引文出自《开元天宝遗事》卷下《油幕》。

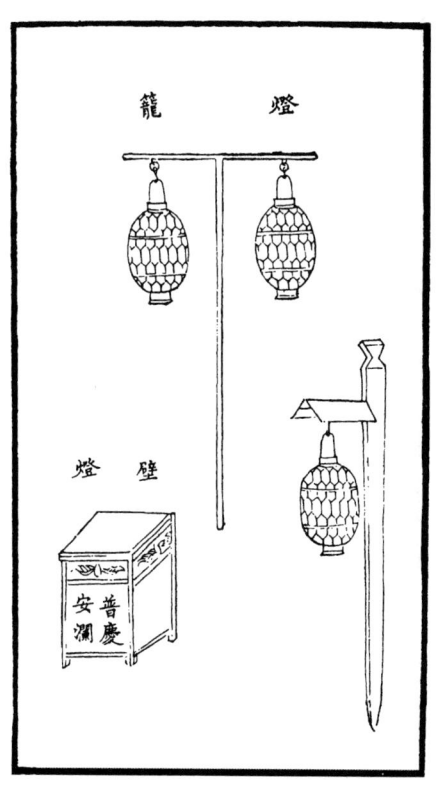

《物原》："徐广曰，灯笼，一名篝，烛燃于内，光映于外，以引人步，始于夏时。"沈约《宋书》："高祖有葛灯笼。"❶ 工次以丁字杆两旁，各悬灯笼于上，或独杆上有雨搭，下悬灯笼一盏。又有壁灯，上书"普庆安澜"，大汛时通宵不灭，皆备风雨黑夜，上下巡防之用。

---

❶ 引文出自沈约《宋书·高祖本纪》。

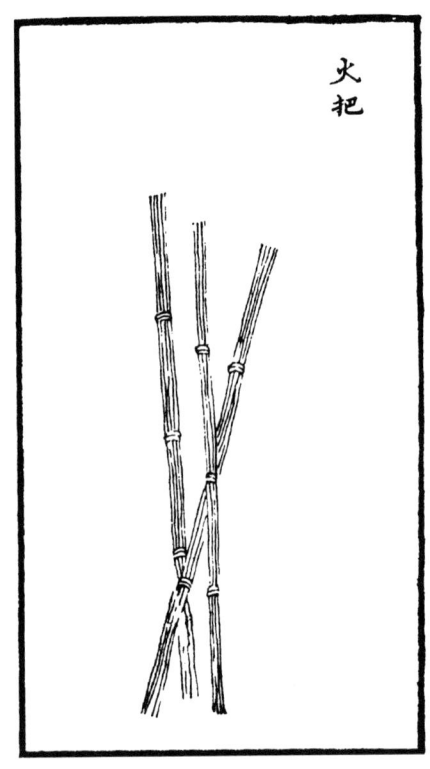

　　古无火把之名。《说文》："苣，束苇烧也。"又曰："苣，火祓也。"❶《荆楚岁时记》❷："正月未日夜，芦苣火照井厕中，百鬼走。"又吴中风俗，除夜，村落间以秃帚若麻、竹枝等燃火炬，缚于长竿之杪，以照旧烂然遍野，以祈丝谷。《庄子·逍遥游》："日月出矣，而爝火不息。"❸《吕氏春秋》："汤得伊尹，祓之于庙，爝以爟火，衅以牺豭。"❹ 即今之火把。南方以竹为之，北方多用秸束，黑夜厢工虽有灯笼，不及火把之光可以照远。

---

❶ 《说文解字·艸部》："苣，束苇烧。从艸，巨声。"又《说文解字·火部》："爝，苣火祓也。从火，爵声。吕不韦曰：汤得伊尹，爝以爟火，衅以牺豭。"引文疑似以"苣"为"火祓也"，当为理解有误。

❷ 《荆楚岁时记》，记录中国古代楚地岁时节令风物故事的笔记体文集。南朝梁宗懔撰。全书凡三十七篇，记载了自元日至除夕的二十四节令和时俗。有注，传为隋代杜公瞻作。

❸ 引文出自《庄子·逍遥游第一》。

❹ 引文出自《吕氏春秋》卷十四《孝行览第二》。

河工器具图说

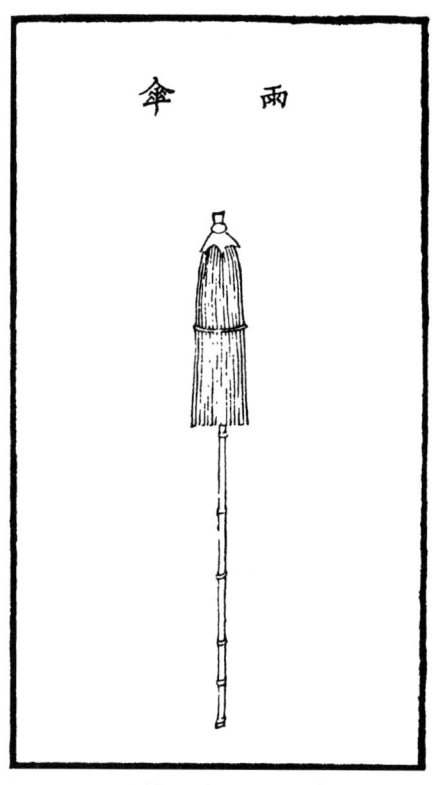

雨伞

《玉屑》："元魏之时，魏人以竹碎分，并油纸造成伞，便于步行。"又曰："鲁班之妻所造。"❶《清异录》："江南周则少贱，以造雨伞为业，其后戚连椒阃，后主戏封为高密候。"《事林广记》："《六韬》曰天雨不张盖幔。"❷《通俗文》曰："张帛避雨谓之伞。"❸ 当阴雨之时，堤身埽段尤当昼夜巡查，非此无以避雨，在工者所必需也。

---

❶ 《玉屑》，疑为《诗人玉屑》，但不见引文。此处姑存疑。

❷ 《事林广记》，日用百科全书型的古代民间类书。南宋末年建州崇安人陈元靓撰，经元代和明初人翻刻时增补。《六韬》又称《太公六韬》《太公兵法》，全书有六卷，六十篇，是中国古代的一部著名兵书。最早明确收录此书的是《隋书·经籍志》，题姜太公撰，据分析应为战国末年的作品。引文出自《六韬》卷三《励军二十三》："将冬不服裘，夏不操扇，雨不张盖，名曰礼将。将不身服礼，无以知士卒之寒暑。"

❸ 《通俗文》，东汉末服虔撰。这是我国第一部俗语词辞书，在小学史与辞书史上具有重要地位。全书已亡佚，不少类书中有辑录。此处引文在《天中记》等作"张帛避雨谓之伞盖"，可对比参看。

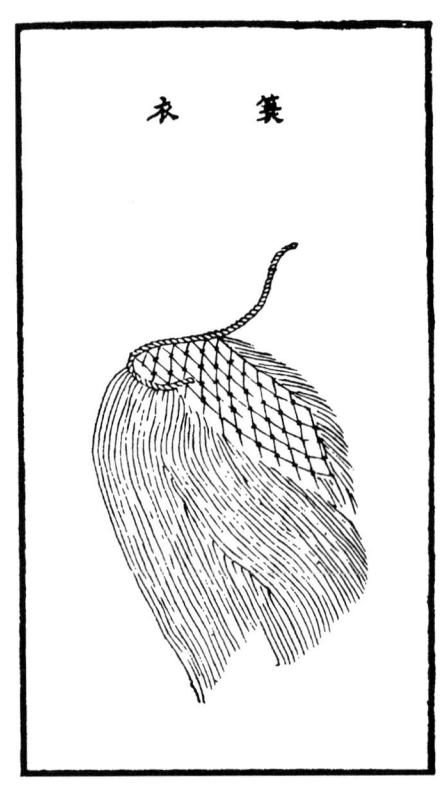

蓑衣

《说文》："蓑，草雨衣，秦谓之萆。"❶《广韵》："䙡䘸，雨衣也。"❷《庶物异名疏》："管子曰：农夫身穿袯襫，即蓑衣，一曰粗坚衣，可任苦❸。"《六韬·农器篇》："蓑、薜、簦、笠❹。"故又名薜，雨具中最为轻便者。《演繁露》："王章卧牛衣中，注：

---

❶ 《说文解字·衣部》："衰，艸雨衣。秦谓之萆。从衣象形。"《说文解字》中无"蓑"字，引文将"衰"作"蓑"。
❷ 《广韵》，全称《大宋重修广韵》，五卷，北宋官修的一部韵书，宋真宗大中祥符元年（1008年）由陈彭年、丘雍等奉旨在前代韵书的基础上编修而成，是我国历史上完整保存至今并广为流传的最重要的一部韵书。《广韵》中无此解释，未知作者从何处引用。此处存疑。
❸ 《庶物异名疏》，明代陈懋仁撰，三十卷。《四库全书总目提要》称其"汇辑物名之异者，为之笺疏"。共计二千四百五十二名，分为二十五部。
❹ 出自《六韬》卷三《龙韬·农器三十》："蓑、薜、簦、笠者，其甲胄干橹也。"

龙具也。盖亦蓑衣之类。"❶ 挑河厢埽，如遇阴雨，兵夫用以被体，非此不可。

---

❶ 出自《演繁露》卷二《牛衣》："王章卧牛衣中，注：龙具也。龙具之制，不知何若。案《食货志》董仲舒曰：贫民常衣牛马之衣，而食犬彘之食。然则牛衣者，编草使暖，以被牛体，盖蓑衣之类也。"

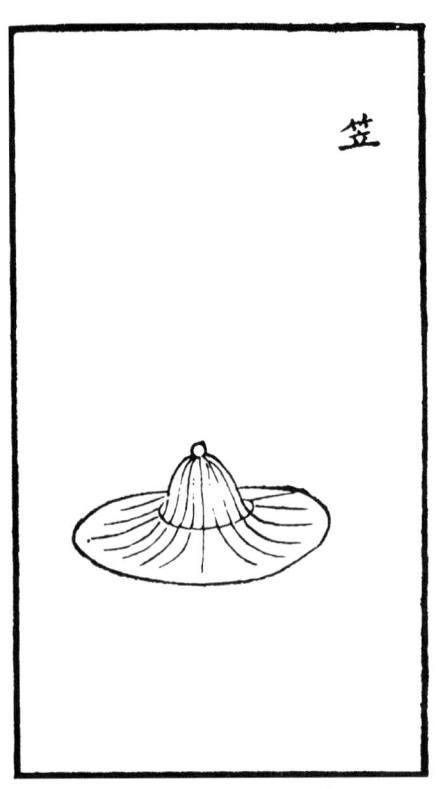

　　《篇海》："簦、笠,以竹为之,无柄曰笠,有柄曰簦。"❶《卓氏藻林》:"簦笠,备雨器也。《国语》:簦笠相望于安陵。"❷古以台皮为之,《诗》所谓"台笠缁撮❸是也。《庶物异名疏》:

---

　❶ 《篇海》是古代字书收字最多的字典,全书十五卷,收字54595个。最初编者是金代的王与秘,他将《玉篇》按笔画数序重新编排,故也是第一部按笔画数序排字的大型字典。金章宗明昌七年,韩孝彦又将《玉篇》的部首按五音四声排列而作《五音篇》。金章宗泰和八年,韩道昭等又对《五音篇》加以改编,称为《五音增改并类聚四声篇》,后又进一步简称为《五音类聚四声篇海》《四声篇海》《篇海》。

　❷ 《卓氏藻林》,明卓明卿辑,八卷。《四库全书总目提要》称其"捋撷类书,分门辑录,颇有简择而取材丰富",但后人亦有疑其剽掠《王氏藻林》者。引文出自卷四《衣饰类》:"簦笠,备雨器也。簦笠相望于安陵。"此处引文疑有误,"国语"一词为作者自行添加。

　❸ 出自《诗·小雅·都人士》:"彼都人士,台笠缁撮。"

"管子曰,农夫首载茅蒲。茅蒲,蒲笠也。"《名义考》[1]:"程晓《伏日诗》:今世褦襶子,触热到人家。"褦襶,凉笠也,或大或小,皆顶隆而口圆,可苫雨蔽日,以为蓑之配也。厢工防险,蓑衣仅能御雨,笠则兼可遮阳,尤为应备之物。

---

[1] 《名义考》,明代周祁著,全书十二卷,分天、地、人、物四部分,是一部探求古代文献中词语由来的专著。

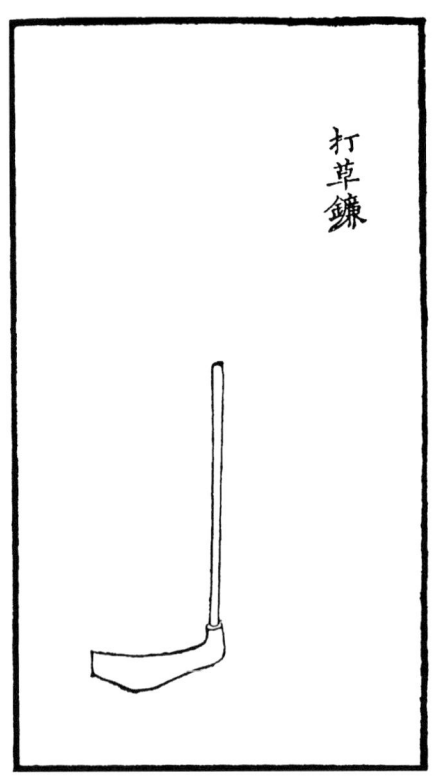

打草镰

《逸雅》:"镰,廉也,体廉薄也,其所刈稍稍取之,又似廉者也。"❶《周礼》:"薙氏掌杀草,夏日至而夷之。"郑注:"钩镰迫地,芟之也。"❷《农桑通诀》:"镰制不一,有佩镰,有两刃

---

❶ 《逸雅》,《释名》的别称。明代郎奎金曾把《释名》和《尔雅》《小尔雅》《广雅》《埤雅》刻在一起,称为《五雅》。因后四部书均以"雅"字命名,故改《释名》为《逸雅》。此处引文出自《释名·释用器》。

❷ 出自《周礼》卷十《秋官》:"薙氏掌杀草,春始生而萌之,夏日至而夷之,秋绳而芟之,冬日至而耜之。"郑注出自《周礼注疏》卷三十七:"玄谓萌之者以兹其斫,其生者夷之,以钩镰迫地,芟之也,若今取茭矣。"引文与原文稍异。

镰,有裤镰,有钩镰,有推镰。"❶《方言》:"刈钩,自关而东谓之镰,或谓之锲。"❷《说文》:"铚,获禾短镰也。"❸《集韵》:"钐,长镰也。"❹ 皆古今通用芟器,打草镰亦不外是。

❶ 《农桑通诀》是《王祯农书》的总论部分,对农业的重要性、农业生产起源与发展的历史、农业生产的经验与技术(包括林、牧、副、渔),都作了全面而系统的总结。引文出自卷十一《农器图谱》五《铚艾门》:"镰之制不一,有佩镰,有两刃镰,有裤镰,有钩镰,有镰柯镰柄,楔其刃也之镰,皆古今通用芟器也。"引文并非出自《农桑通诀》,系作者引用错误,且引文与原文亦有一定的差异。

❷ 《方言》,全称为《輶轩使者绝代语释别国方言》,西汉扬雄著,是训诂学一部重要的工具书,也是中国第一部汉语方言比较辞汇集。《方言》经东晋郭璞注释之后流传至今。今本《方言》计十三卷,所收的词条计有六百七十五条,被誉为中国方言学史上第一部"悬之日月而不刊"的著作,在世界的方言学史上也具有重要的地位。引文出自《卷五》:"刈钩,江淮陈楚之间谓之鉊,音召,或谓之鏝,音果。自关而西或谓之钩,或谓之镰,或谓之锲,音结。"与原文稍异。

❸ 引文出自《说文解字·金部》:"铚,获禾短镰也。从金,至声。"

❹ 《集韵》中无"钐"字条,此处暂未知出自何处。

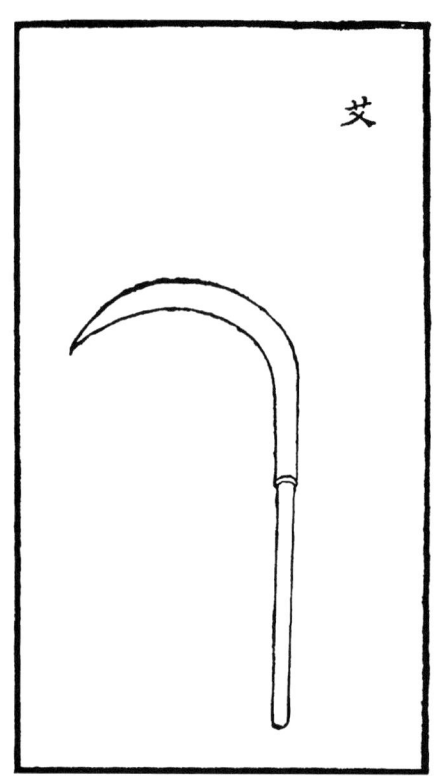

《诗》："奄观铚艾。"❶ 艾,殳也。《穀梁》:"一年不艾而百姓饥在。"❷ 艾,获也。《方言》:"刈钩,自关而东谓之镰,或谓之锲。"《三才图会》:"锲似刀而上弯,如镰而下直,其背指厚,刃长尺许,柄盈二握。""又谓之弯刀,以艾草禾或斫柴筱,农工使之。"❸ 春夏之交,堤顶两坦草长,芟除之用,与镰有同功焉。

---

❶ 引文出自《诗·周颂·臣工》:"命我众人,庤乃钱镈,奄观铚艾。"

❷ 《穀梁》,即《春秋穀梁传》,为儒家经典之一,与《左传》《公羊传》同为解说《春秋》的三传之一,以语录体和对话文体为主,是研究儒家思想从战国时期到汉朝演变的重要文献。引文出自《庄公》第三,与原文无异。

❸ 《三才图会》,又名《三才图说》,明代王圻及其子王思义撰,是一部百科式图录类书,共一百零八卷。"三才"是指"天""地""人"三界。该书现有万历刊本存世,1987年广陵古籍刻印社缩印出版。引文出自《器用》十一卷:"锲,古节切,似刀而上弯,如镰而下直,其背指厚,刃长尺许,柄盈二握,江淮之间恒用之。""又谓之弯刀,以刈草禾或斫柴筱,可代镰斧,一物兼用,农家便之。"引文与原文稍异。

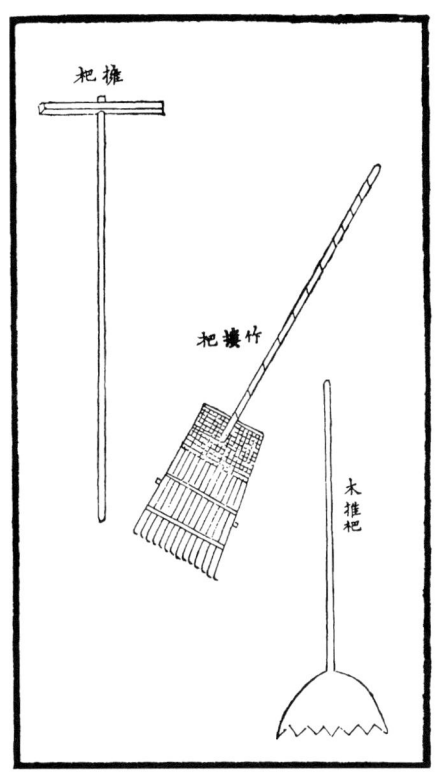

《物原》："叔均作耖杷。"《逸雅》："杷，播也，所以播除物也。"《说文》："杷，平田器。"❶ 大都铁为多，竹次之，木则罕见。木而无齿则莫如拥杷是。《前汉·高纪》："太公拥篲。"❷ 拥，持也。拥杷形如丁字，用以平堤，亦犹拥篲云尔。又推杷以木为之，前刻数齿，用以推埽面积雪，疏堤头块砾，最便。又竹搂杷，齿亦编竹为之，料厂工所搂聚碎秸，摊晒湿柴，非此不为功。

---

❶ 《说文解字·木部》："杷，收麦器。从木，巴声。"与引文不同，故此处存疑。
❷ 《汉书》卷一下《高帝纪》第一下："太公拥篲，迎门却行。"

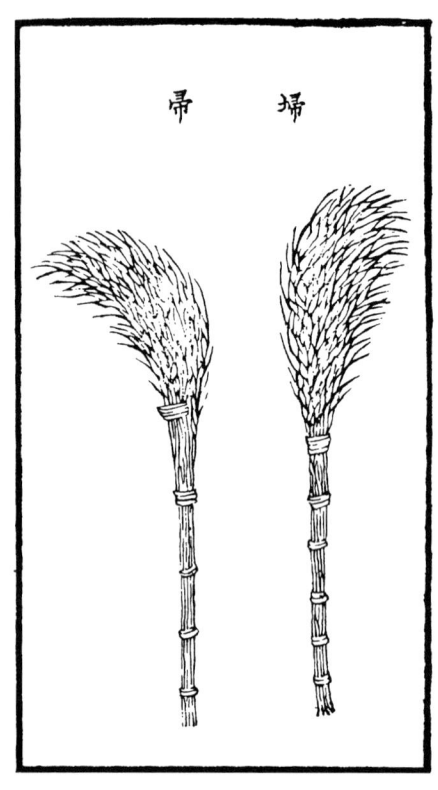

《古本》❶："夏少康作箕帚。"《周礼·夏官·戎右》："赞牛耳桃茢。"注："桃，鬼所畏也。茢，苕帚，所以埽不祥。"诸侯盟则用之。《曲礼》："凡为长者粪之礼，必加帚于箕上。"《尔雅·释草》："茾，马帚。"注："似蓍，可以为埽彗。"又："荝，王彗。"注："王帚也，似藜，其树可以为彗，江东呼之曰落帚。"❷《汉高纪》："太公拥彗。"凡洁除堤顶埽面，非埽帚不可，则其为用广矣。

---

❶ 《古本》，未知为何书。疑应为《世本》，此处姑存疑。
❷ 《尔雅》，儒家十三经之一，是我国最早的一部解释词义的专著，也是第一部按照词义系统和事物分类来编纂的词典。茾，出自《尔雅·释草》："茾，马帚。"郭璞注："茾，似蓍，可以为埽彗。""荝"，出自《尔雅·释草》："荝，王彗。"郭璞注："荝，王帚也，似藜，其树可以为埽彗，江东呼之曰落帚。"则"茾"当为"茾"，而两字的解释，引文与原文均有相当的差异。

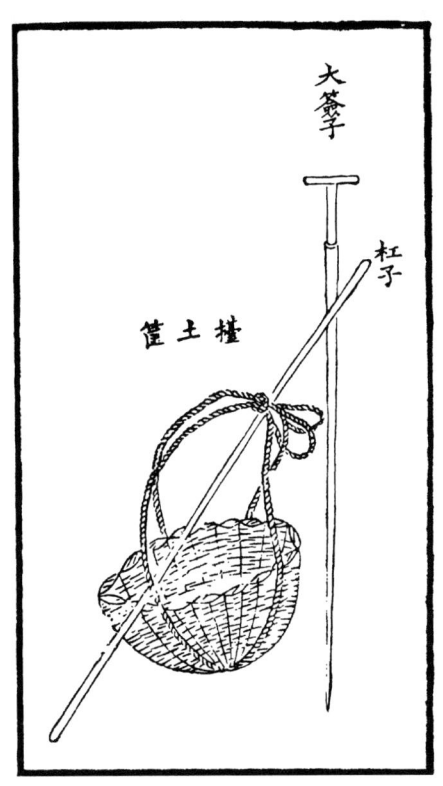

大签子，长四五尺，有类铁锥而木其柄。每年春初百虫起蛰之候，例饬文武汛员督率兵夫持签签堤，用榔头打签，深入土中，一经签出洞穴，即以铁枚刨挖到底，将筐杠抬土填垫，用木夯筑实。每堡皆须预备。《篇海》："筐，盛物竹器也。"北方竹少，多以柳筲编成，厢工抬土，亦有用筐以期迅速者。杠即荷筐之具。此数物皆签堤必备器具，缘一线单堤，年深日久，或有獾洞、鼠穴、水沟、浪窝之病，及树根朽烂、冰雪冻裂之处，一遇大汛漫滩，渗漏串水，最为隐患。其所以防患未然者，惟此签堤一法。

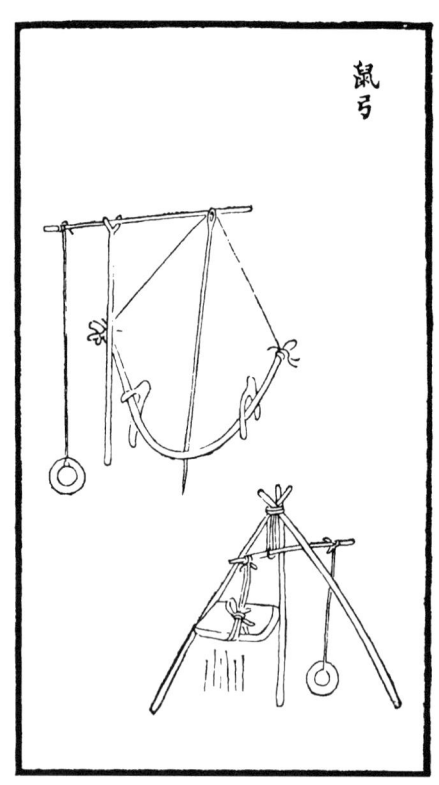

地鼠，俗名地羊，即《本草》❶"鼹鼠"，《尔雅》"鼢鼠"，《广雅》"犁鼠"。❷堤顶两坦均有之，但见虚土一堆，即此物也。爪铦牙利，顷刻穿堤，搜捕不可不净。捕法：趁其迎风开洞，用竹弓铁箭射之，百不失一。鼠弓有三，一用铁签，张于弓上，签直如矢；一用挑棍撑杆，悬以消息；又一式三叉其木，坠以巨砖，悬以消息，若今之取禽兽用罟获然。颜师古《汉书注》："弩以足踏者曰蹶张。"殆相类而不同者欤！

---

❶《本草》，指《本草纲目》，明李时珍撰，我国著名的药学著作。全书共一百九十多万字，载有药物一千八百九十二种，收集医方一万一千九十六个，绘制精美插图一千一百六十幅，分为十六部、六十类。本书也是一部具有世界性影响的博物学著作。

❷《广雅》，我国最早的一部百科词典。共收字一万八千一百五十个，是仿照《尔雅》体裁编纂的一部训诂学汇编，相当于《尔雅》的续篇。篇目也分为十九类，各篇的名称、顺序，说解的方式，以致全书的体例，都和《尔雅》相同。《广雅》中并无"犁鼠"一词。

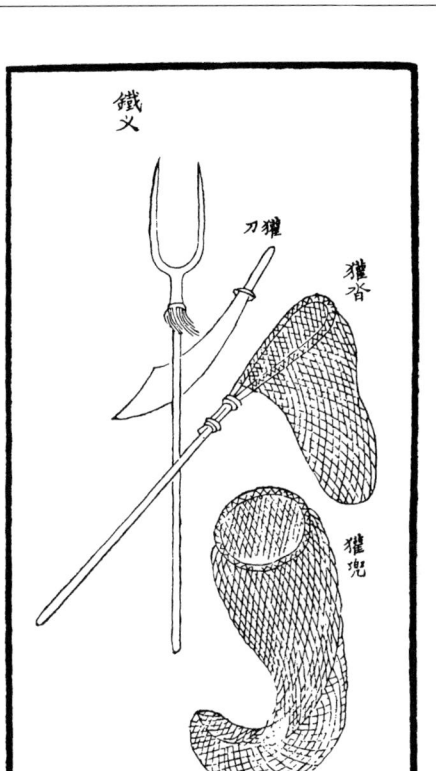

"沓",字义无可考,按《羽猎赋》:"出入日月,天与地沓。"注:"作相连合解,或取沓与洞合,勿使逃逸之义。"❶ 沓、兜,均以麻结成,上古伏羲作网,勾芒作罗,可以类推。獾有游住之分,游獾尚未伤及堤身,住獾洞穴多在堤根,既曲且深,口大如碗,有前门,离四五丈或七八丈,复有后门,最为堤工隐患。埽穴之法,水灌、火薰均足制胜,惟堵前窜后,堵后窜前,每易脱逸。但洞外有虚土一堆,是其出入之,且獾行每由熟路,寻踪搜捕,尚易见功。捕法,暗中守拿,宜用有柄之沓。施于平地,宜用无柄之兜。刀叉皆备用利器,此外尚须养猎犬捕之。

---

❶ 《羽猎赋》,西汉扬雄、东汉王粲有同名作品,此处引文为扬雄之作。该赋收入《昭明文选》卷八,应劭作注。

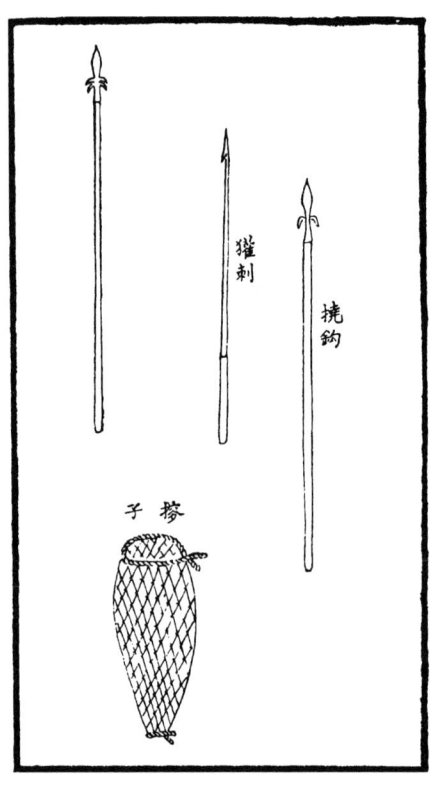

《广韵》:"搜,索也。"扬子《方言》:"就室曰搜,于路曰略。"❶《正韵》:"挠,抓也。"❷《韵会》:"刺,棘芒也。"今巡夜捕獾之具,有名刺者,锻铁为之,其锋铦利,上有倒钩以象棘芒。又有挠钩,直刃向上,倒钩双垂,并有四出者,受以木柲,其用甚便,殆即古之戈与!按《周礼·考工记·冶氏》:"戈广二寸,内倍之,胡三之,援四之。"郑注:"戈,今勾子戟也。

---

❶ 扬子《方言》,扬子即西汉扬雄,引文出自《方言》卷二:"搜,略求也,秦晋之间曰搜。就室曰搜,于道曰略。略,强取也。"与原文稍异。
❷ 出自《正韵》卷四《十三爻》:"挠,搔也。《晁错传》:匈奴之众挠乱也。"引文与原文有较大差别。

内谓胡以内援，直刃，胡，其子。"❶ 至搜子乃绳网，即古之罝护，制与兜同，而口穿活绳，易于束收，用时每张于獾狐洞口，俗称曰搜子，或有取就室之义乎！

❶ 出自《周礼注疏》卷四十："戈广二寸，内倍之，胡三之，援四之。"注："戈，今句子戟也，或谓之鸡鸣，或谓之拥颈，内谓胡以内接秘者也，长四寸，胡六寸，援八寸，郑司农云：援，直刃也，胡，其子。"引文与原文稍异，且谓"胡以内援直刃"，疑似遗漏一行之故。

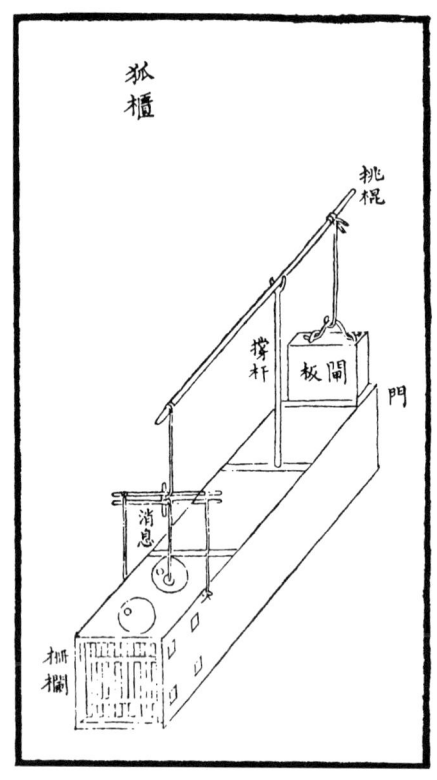

狐柜,以木制成,形如画箱,前以挑棍挑起闸板,以撑杆撑起挑棍,后悬绳于挑棍而系消息于柜中,以鸡肉为饵,安置近栅栏处,使狐见而入柜攫取,一碰消息,则绳松棍仰,杆落板下,而狐无可逃遁矣。《韵会》:"攫捕兽机槛。"《名物考》:"罟攫以肩罨禽兽,今之扣网也。"❶ 柜亦类是。

---

❶ 《名物考》,未知何书,但此处引文于《丹铅总录》卷八《罟获陷阱》条有载。

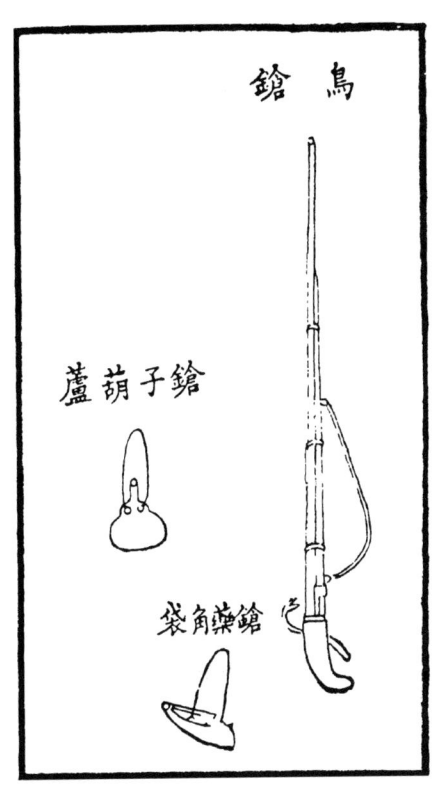

《物原》："轩辕作炮，吕望作铳，为制火器之始。"《金史》："飞火枪，守汴时用，以枪发火，实始于此。"❶ 《七修类稿》："鸟嘴木铳，明嘉靖间倭寇犯浙，得其器，遂传造焉。"❷ 则是鸟枪之名起于明矣。考"枪"音庚，铮铮声，枪字本从木，今俗从金，盖取声响之义。其制铸铁为管，镶木成杆，中设斗门，火机勾动，即可致远。外随葫芦，专贮铅子，角袋专贮火药，最为武备利器。今河工兵堡设此，一以巡夜支更，一以捕狐靖盗。

---

❶ 出自《金史》卷一一三《赤盏合喜传》。此处为间接引用。
❷ 《七修类稿》，明代郎瑛著，五十一卷（又《续稿》七卷）。全书按类编排，分天地、国事、义理、辩证、诗文、事物、奇谑等七类。现存明嘉靖刻本、清乾隆四十年耕烟草堂刊本等。引文出自卷四十五《事物类·倭国物》："鸟嘴木铳，嘉靖间日本犯浙，倭奴被擒，得其器，遂使传造焉。"引文与原文稍异。

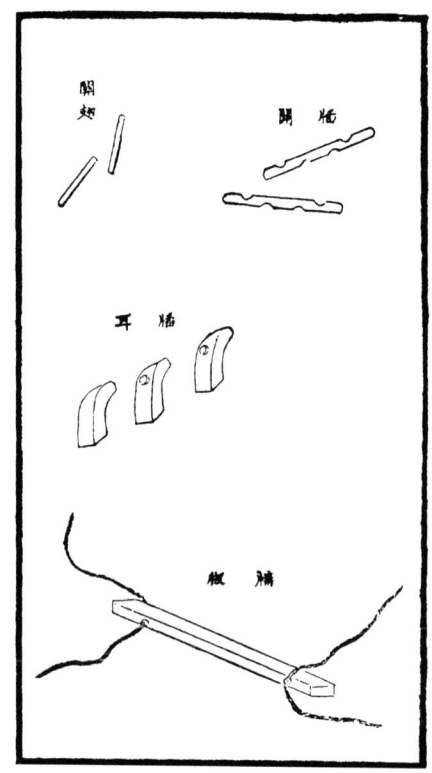

《玉篇》："版，片木也。"❶《集韵》："以版有所蔽曰闸。"❷《字典》："今漕艘往来，垒石左右如门，设版潴水，时启闭以通舟。水门容一舟，衔尾贯行，门曰闸门，设官司之。"❸ 按：启

---

❶ 《玉篇》，中国古代一部按汉字形体分部编排的字书。南朝梁顾野王撰。唐代孙强又有增字，宋陈彭年、吴锐、丘雍等重修。现存《大广益会玉篇》已非野王原本；另有《玉篇》残卷存于日本。引文出自《玉篇·片部》："版，判也。"《玉篇·木部》："板，补简切，片木也，与版同。"

❷ 《集韵》卷十："闸，闭城门具。二曰以版有所蔽。"引文与原文稍异。

❸ 《字典》，即《康熙字典》，清康熙年间由张玉书、陈廷敬主编，参考明代《字汇》《正字通》等编写，成书于康熙五十五年，故名。字典采用部首分类法，按笔划排列单字。字典全书分为十二集，每集又分为上、中、下三卷，并按韵母、声调以及音节分类排列韵母表及其对应汉字，共收录汉字四万七千零三十五个。引文为《康熙字典·门字部》："今漕艘往来，垒石左右如门，设版潴水，时启闭以通舟，水门容一舟，衔尾贯行，门曰闸门，河曰闸河。设闸官司之。"

闭器具有闸版，削木为之，宽厚各一尺，长二丈四尺，两头各凿一孔，以贯粗绳。闸耳以石为之，各有孔，每岸三枚，内中耳孔，两头俱通，以贯闸关。关以檀木为之，长六尺，围一尺八寸，中凿四孔，备运关翅，用时两端贯闸耳，孔内插翅运之。关翅亦用檀木，每根长丈许，横插关心，以备推绞之用。

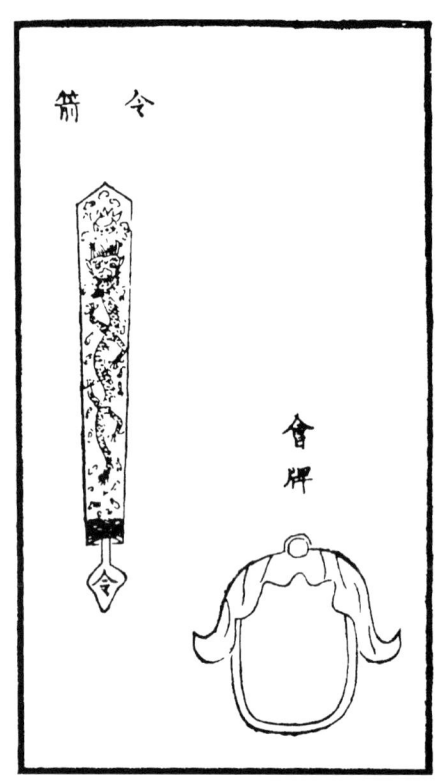

《集韵》:"令,律也,法也。"❶《书·囧命》:"发号施令。"❷《礼·月令》:"命相布德和令。"❸《汉纪》:"令有后先,有令甲、

---

❶ 该引文应出自《五音集韵》卷十二:"令,力政切,善也,命也,律也,法也。又力盈切,又历丁切。"《集韵·劲韵》:"令,官署之长。汉法:县万户以上为令,以下为长。"《集韵·梗韵》:"令,官署之长。"《五音集韵》,金韩道昭著,约崇庆元年前后成书,全书一百六十韵,分平、上、去、入四部分。与宋代成书的《集韵》为两部不同的韵书。此处引文与两部韵书的解释相差甚大,疑为作者将二书混淆之故。

❷ 出自《尚书·周书·囧命》:"发号施令,罔有不臧。"

❸ 《礼记》,儒家十三经之一。最早由西汉礼学家戴德及其侄子戴圣编定,分别称《大戴礼记》《小戴礼记》。前者在流传过程不断散佚,至唐代只剩下三十九篇;后者四十九篇,即今本《礼记》。东汉末年,著名学者郑玄为《小戴礼记》作注,并由解说经文的著作逐渐成为经典,唐代被列为"九经"之一,为士者必读之书。引文出自《礼记》卷四《月令》。

令乙、令丙。"❶ 国朝定制，总督令旗黄缎为之，斜幅，縿径一尺八寸，旒径二尺四寸，斜径三尺，贯以令箭，笴长三尺，髹朱皂羽，上括下镞，镞面錽❷银，令字罩以油䌷套，象绘云龙，取相应之义，河工提闸催船，持此为信。又有会牌，系上下两闸启闭，彼此知照凭据，缘运道水势，蓄泄机宜全在启闭，而欲上下相应，非会牌不为功。

---

❶ 出自《汉书》卷八《宣帝纪》"如淳注"。《汉纪》为东汉荀悦整理编撰，并无此处的引文，故文中《汉纪》应指《汉书·宣帝纪》。

❷ "錽"字，音万，一般写作"錽"。《集韵》卷六："錽，亡范切，马首饰。"此处又作动词用。

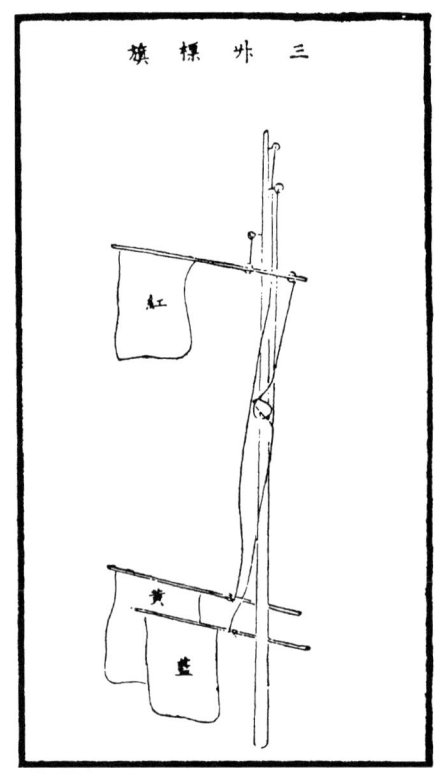

三升旗，即标旗也。凡大工向于坝头竖立长竿，上扣三镮，贯以长绳，系黄、红、蓝布旗三面，随用拉扯上下。派兵守之，如须土升黄旗，料升红旗，柳草升蓝旗。夜则易以三色灯笼，以为号令。

卷二　修浚器具

畚　臿

皮灰印　木灰印　信桩

铁锥　水壶

铁枕　长柄枕

片硪　束腰硪　墩子硪　灯台硪

木夯

圆石杵　方石杵

碌碡

竹灰筛　竹灰篮　灰箕　条帚

灰桶　水榜　灰舀

汁锅　汁缸　汁瓢　木爬

花鼓槌　木掀　木杵　拍板

铁销　铁锭　铁锔　过山鸟　铁片　旧锔铁片

铁钩　铁签　铁勺　竹把子

泥抹　方瓦刀　圆瓦刀

水基板

橇

柳斗　布兜

长柄泥合　麻布兜　泥合子　刮淤板

五齿钯　合子掀　空心掀　双齿锄

九齿钯　杏叶钯　十二齿钯

铁板　铁罱

吸笆

戽斗

水车　水轮车

木犁　牛犁

铁笆

铁篦子

混江龙

清河龙

挨牌　逼水板

铁鸭嘴　铁扳子　铁创　铁壮

石壮

油灰碾

铁桩箍　拐　檀木撬扛　锛

棕印　印桶　佩砚　角砚

槽桶

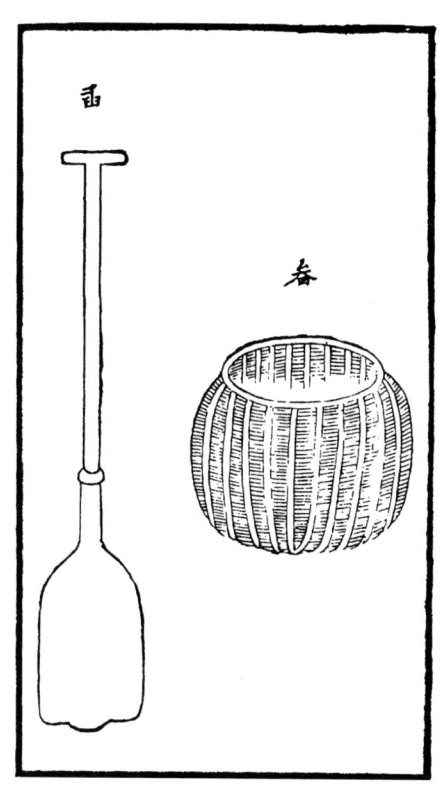

  《农书》:"畚,土笼也。《左传》:'乐喜陈畚挶。'注:'畚,簣笼。又称畚筑。'注:'畚,盛土器,以草索为之。'《说文》:'畚,䉛属。'南方以蒲竹,北方以荆柳。"王祯《咏畚诗》:"致用与簣均,联名为畚偶。"❶ 臿,颜师古曰:"锹也,所以开渠也。"❷《前汉·沟渠志》,《白渠歌》曰:"举臿为云,决渠为雨。"❸《淮

---

  ❶ 《王祯农书》,元王祯撰,共计三十七集,三百七十一目,约十三万字,完成于一三一三年。全书分《农桑通诀》《百谷谱》和《农器图谱》三大部分,最后所附《杂录》包括了两篇与农业生产关系不大的"法制长生屋"和"造活字印书法"。此书是我国农业史上最重要的著作之一。该两处引文,均出自《王祯农书》卷十四《农器图谱八》。引文为摘引,与原文有异。
  ❷ 引文出自《汉书》卷二十九《沟洫志》颜师古注。
  ❸ 《汉书》卷二十九《沟洫志》:"田于何所?池阳谷口。郑国在前,白渠起后。举臿为云,决渠为雨。泾水一石,其泥数斗。且溉且粪,长我禾黍。衣食京师,亿万之口。"原文并无《白渠歌》之名,此处当为引文中所添加。

南子》曰:"尧之时,天下大水,禹执畚臿以为民先"❶ 近时形制虽稍不同,而治水土之工者,必以此二物为本。扬子《方言》谓畚、臿为一物,误矣!

❶ 引文出自《淮南子》卷二十一《要略》:"禹之时,天下大水,禹身执蔂垂,以为民先,剔河而道九歧,凿江而通九路,辟五湖而定东海。"引文中"畚臿"与原文"蔂垂"有异,可参见《淮南子集释》(何宁撰,中华书局,一九九八年)第一四六〇页。

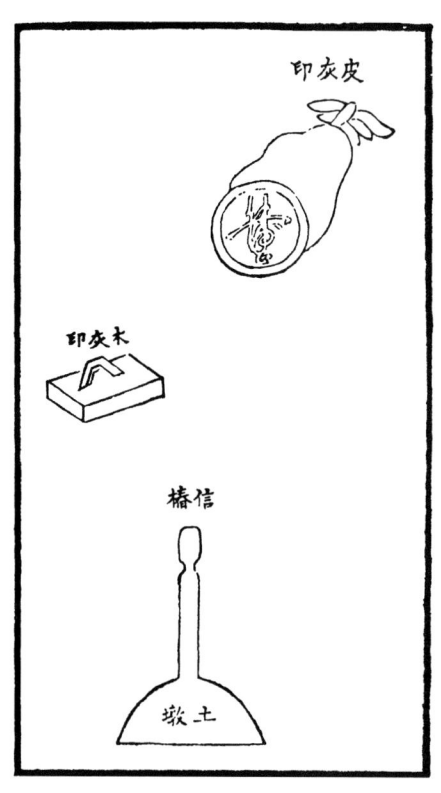

《说文》:"印,执政所持信也,从爪从卩。"❶ 象相合之形。《广韵》:"印,信也,因也,封物相因付也。"❷ 古人于图画书籍皆有印记。今估土工多有自镌木印,用石灰为印泥。又有皮印,以白布作袋,长八寸,牛皮作底,宽五寸,底上镂字篆押,各为密记,内贮细灰,用时缓缓印之。又有信桩,其法截木为桩,凡筑堤挑河,估定尺寸后,较准高深,签桩相平,用灰印于桩顶,裹以油纸,覆以磁碗,取土封培,俟工完启,验灰印完整,然后拉绳桩顶验收,可杜偷减等弊。

---

❶ 引文出自《说文解字·印部》:"印,执政所持信也。从爪从卩。凡印之属皆从印。于刃切。"是引文中"卩"当作"卪"。

❷ 引文出自《广韵·震韵》:"印,符印也,印信也。"又:"印,因也,封物相因付。"是引文中将两种释义合而为一,为间接引用。

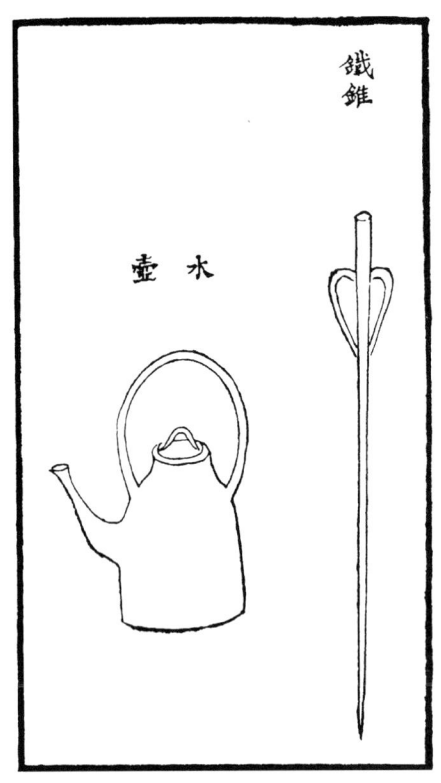

《说文》:"锥,锐器也。"❶《释名》:"锥,利也。"《淮南子·兵略训》:"疾如锥矢。"铁锥长四尺,上丰下尖,其丰处上有铁耳,便于手握。修筑堤工,每坯试锥一遍,用木榔头下打,拔起后,以水壶贮水灌入锥孔,不漏为度。若一灌即泻,名曰"漏锥";半存半泻,名曰"渗口";存而不泻,名曰"饱锥"。然试锥须直下,不可摇动,摇动则土填孔中,试亦不准。且闻验收土工时,有用鲇鱼涎、榆树皮汁和水灌下,即可饱锥者。其弊不可不知。

---

❶ 引文出自《说文解字·金部》:"锥,锐也。从金,隹声。"此处引文作"锐器也",似为失当。

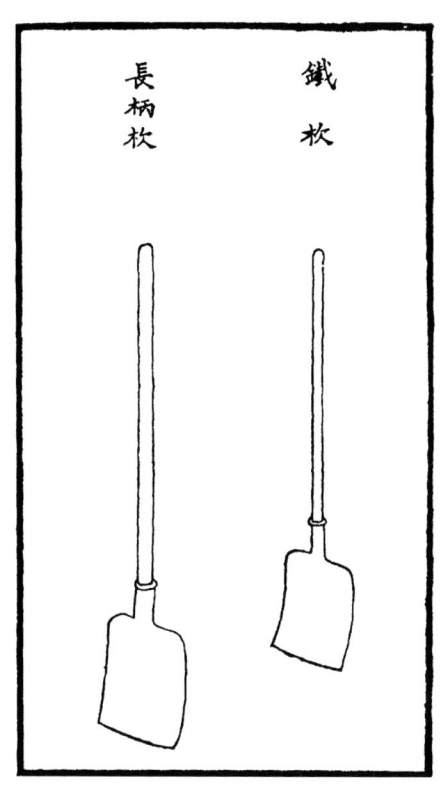

　　《玉篇》："杴，锹属。"《正韵》："杴，锸属。"但其首方阔，柄无短拐，与锹锸异。《事物原始》："杴或以铁或以木为之，用以取沙土。"《方言》："铁者名跳杴，木者名杴部。"❶《三才图会》："煅铁为首，谓之铁杴。"今土工利用之器，凡搜寻埽尾后裂缝余土，及平埽面之土，或十数把、一二十把不等，而兴办土工时所谓"边杴夫"者，即持此物。又有长柄杴，系挑河出淤之具，柄长则摔远，以便人立河槽洼处，摔淤于岸也。

---

　　❶　《方言》中并无此处引文，但《格致镜原》《授时通考》等书中均称《方言》，未知何据。此处姑存疑。

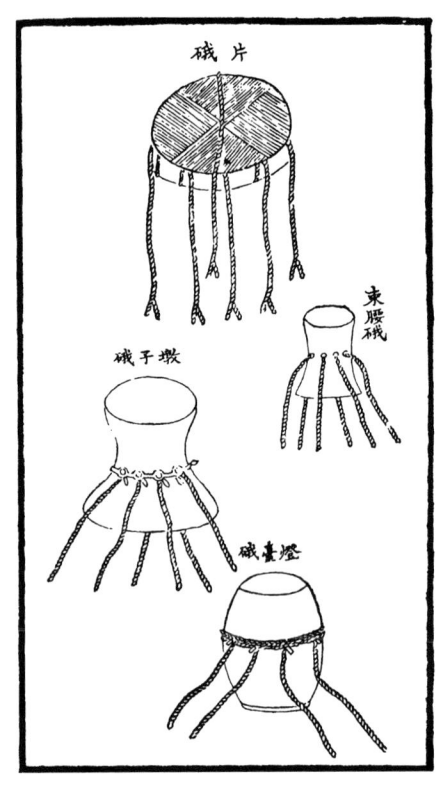

堤之坚实，全仗硪工。硪有墩子、束腰、灯台、片子等名。四者之中，墩子、束腰宜于平地，灯台、片子宜于坦坡，统名地硪，比云硪重二三十斤，下大上小。凡筑堤坝，用以连环套打，始得保锥。又墩硪最重，豫东用之；灯硪稍轻，淮、徐用之；腰硪、片硪最轻，高、宝用之，盖因人力不齐之故。至辫分长短，以长为佳，缘长则抛得起，落得重，自增坚固。再硪夫必须对手，倘十人中有一二不合式者，其筑打之迹，形如马蹄，硪虽重亦不保锥。办工者当随时更换也。至硪质，向专用石，近更有以铁铸者，取其沉重。又硪面平整，近有于一面凿起，状如五乳者，俗曰乳硪，名甚不雅，然用以敲拍灰礓，尤为得力。

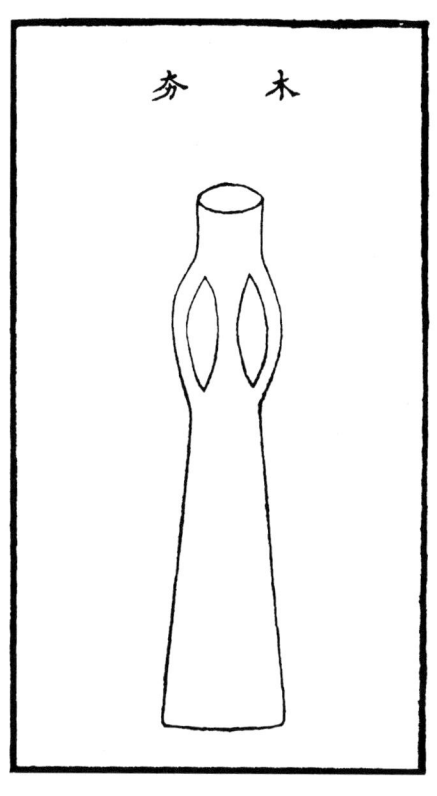

《字汇》:"夯,人用力以坚举物。"❶《禅林宝训》:"累及他人担夯。"❷ 亦用力之意。凡筑室必先平地,平地必须加夯,大者长七八尺,围二三尺不等,不独河工然也。工次木夯长四尺,旁凿两鼻,俾有把握,填垫獾洞、鼠穴,以夯夯之,可期坚实。又有四鼻者,形制较秀,俗名美人夯,然其用实逊耳。

---

❶ 《字汇》,明代梅膺祚编,共十四卷,收录三万三千一百七十九字,是明代至清初最为通行的字典。此书依据楷体,将《说文解字》部首简化为二百十四部,开创了全新的字典体例。引文出自《字汇·丑集·大部》:"夯,呼朗切,罋上声。大用力以肩举物。"是引文中将"大"误作"人"。

❷ 《禅林宝训》,又称《禅门宝训》《禅门宝训集》。四卷,南宋僧净善重集。收录宋代诸禅师之遗语教训,约三百篇,各篇末皆明记其出典。本书初由妙喜普觉、竹庵士珪二禅师于江西云门寺所辑录,后散佚。南宋淳熙年间,净善加以重集,即现行之《禅林宝训》。此书古来即盛行于禅林,每被列为初学沙弥的入门书。引文出自卷一:"黄龙南和尚曰:予昔同文悦游湖南,见衲子担笼行脚者,悦惊异蹙頞,已而呵曰:'自家闺阁中物不肯放下,返累及他人担夯,无乃太劳乎?'"辑自《林间录》。

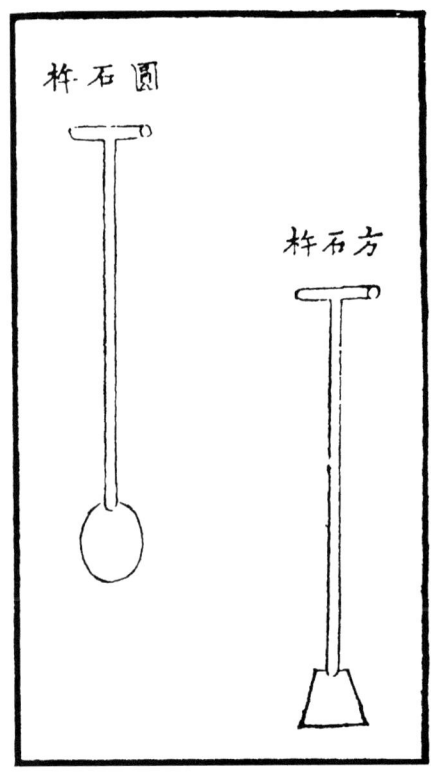

《易·系词》:"断木为杵。"《字林》:"直舂曰捣。"❶ 古人捣衣,两女对立,各执一杵,如舂米然,其韵丁东相答,后人易作卧杵,对坐捣之,取其便也。今工上有石杵,仍存古制,琢石为首,受以丁字木柄,俾一人可举,两手可按,用以平治土堤、填筑浪窝甚便。至方圆则各肖其形,各适其用耳。

---

❶ 《字林》,古代字书,晋吕忱著,收字一万二千八百二十四个,按《说文解字》五百四十部首排列,已佚。清乾隆间任大椿著有《字林考逸》八卷,光绪间陶方琦又有《字林考逸补本》,据隋代杜台卿《玉烛宝典》,唐代释玄应、释慧琳《一切经音义》等书补任书所未录。引文出自《补本·手部》。但麟庆为道光时人,何以引用光绪间人著作,姑存疑于此。

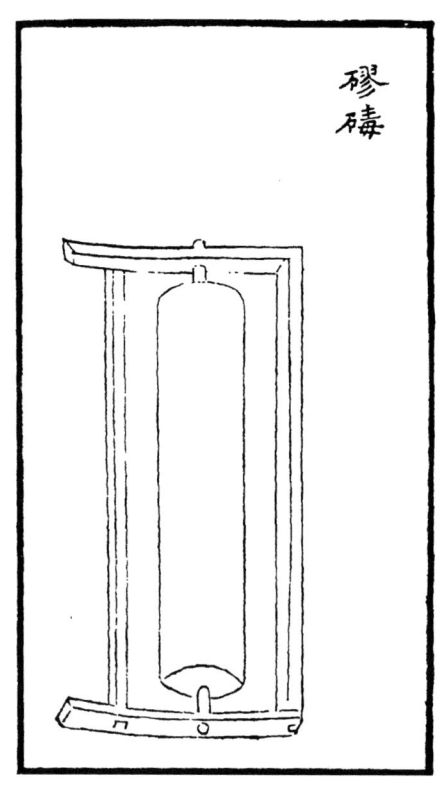

　　《正字通》："碌碡,石辊也,平田器。一作礰礋。"北方多以石,南人用木,其制可长三尺,或木或石,刊木括之,中受簨轴,以利旋转,农家借畜力挽行,以人牵之,碾打田畴块垡及碾捍场圃麦禾。工则用以平治堤顶,且豫备苇缆打成,用以砑压,可期软熟。

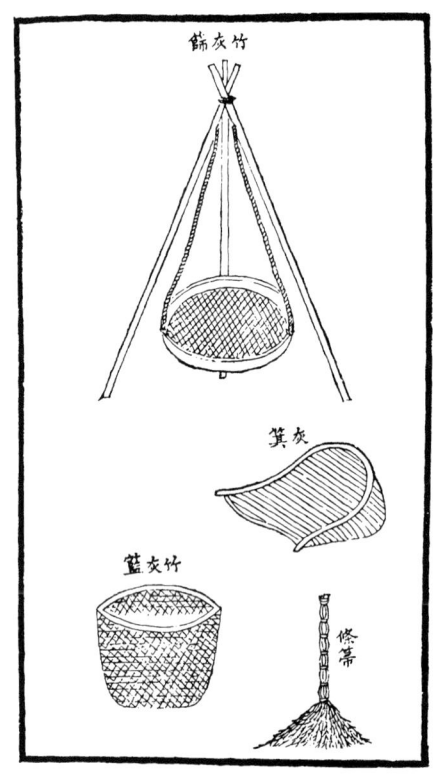

《事物原始》:"筛,竹器,留粗以出细者。"又去谷之糠秕者,名曰簸箕,自神农氏始。诗云"或簸或扬❶"是也。《农书》:"篮,竹器。"《周礼》:"桃茢。"注:"茢,苕帚。所以埽不祥。"凡治三合土,必须细石灰、黄土、沙土,而欲灰土之细,非此四器不为功。其用筛法,向取三竹竿鼎足支立,近上缚定,挂以长绳,贮灰土于中,从底眼筛下,承以竹篮,其遗于地者,以箕帚扫取,乃得净细。

---

❶ 《诗·大雅·生民》:"诞我祀如何,或舂或揄,或簸或蹂。"《世说新语·排调第二十五》:"王文度、范荣期俱为简文所要。范年大而位小,王年小而位大。将前,更相推在前,既移久,王遂在范后。王因谓曰:'簸之扬之,糠秕在前。'范曰:'洮之汰之,砂砾在后。'"是并无引文中所称"或簸或扬"一词。

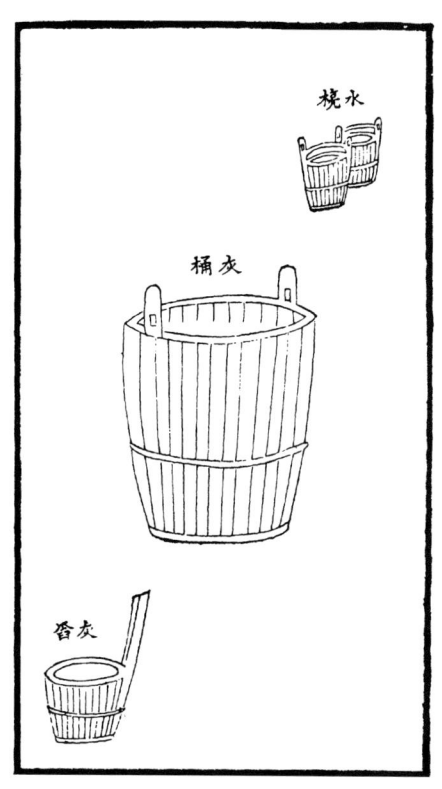

　　《事物原始》："夏臣昆吾作石灰。"《孔氏杂说》："俗以和泥灰为麻捣，出《唐六典》。"❶ 南河石工，后槽例用三合土，系以灰土及米汁捣成，其泡灰、和灰之具，有桶有桄。桄，小桶也。又有灰舀，为挹灰水用。《说文》："挹彼注此，谓之舀。"❷ 桄，俗字，无考。

---

　　❶ 《孔氏杂说》，又名《珩璜新论》，宋代孔平仲撰，四卷。该书考证古今旧闻，亦间有托古事以发议论者，其说多精核可取。有《学海类编》本、《墨海金壶》本。引文出自卷四："俗以和泥灰为麻刀，出《唐六典》：京兆岁岁送麦稍三万捆，麦麸二百车，麻捣二万斤。"是"麻刀"与引文"麻捣"有异。

　　❷ 《说文解字·臼部》："舀，抒也。从爪、臼。诗曰'或簸或舀'，以沼切。"是引文与原文不同。实则该引文出自朱骏声《说文通训定声》："凡舂毕，于臼中挹出之曰舀，今苏俗，凡挹彼注兹曰舀。"故作者引用不准确。

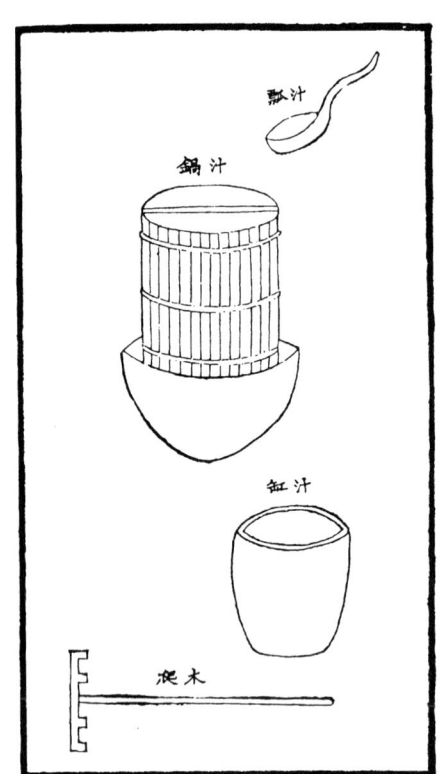

《说文》:"汁,液也。"又糯,稻之粘者,其汁为浆。《广韵》:"锅,温器。"《正字通》:"俗谓釜为锅。"《集韵》:"爬,搔也。"《农书》:"瓢,饮器。许由以一瓢自随,颜子以一瓢自乐。"❶汁锅、汁爬、汁瓢、汁缸皆取浆之器。其法,先以木桶加锅上接口熬炼糯米成汁,随时用爬推搅,不使停滞,用瓢酌取验视浓淡,候滴浆成丝为度,然后贮以瓦缸,备石工灌浆及拌和三合土之用。

---

❶ 《王祯农书》卷十七《农器图谱十一》:"瓢杯。判瓢为饮器,与匏樽相配。许由一瓢自随,颜子一瓢自乐。"引文与原文有异。

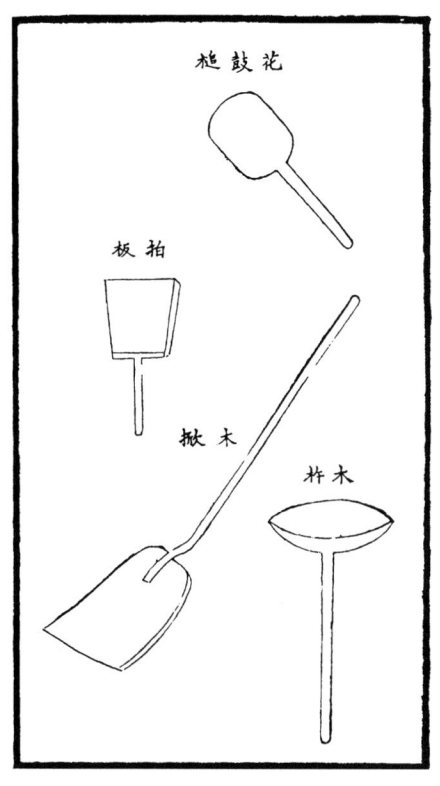

　　《集韵》:"捶,击也。"《唐书》:"捶一鼓为一严。"《释名》:"拍,搏也,以手搏其上也。"又:"掀,举出也。"又:"杵,捣筑也,舂也。"四器皆以木为之。木掀,为拌和地上散土碎灰用;木杵,为拌和桶内米汁与灰土用;花鼓槌、拍板均为捣筑三合土用。其法,先捶后拍,退步缓打,每坯以千百计,候土面露有水珠为度,俗名出汗,然后再加二坯,自臻坚实矣。

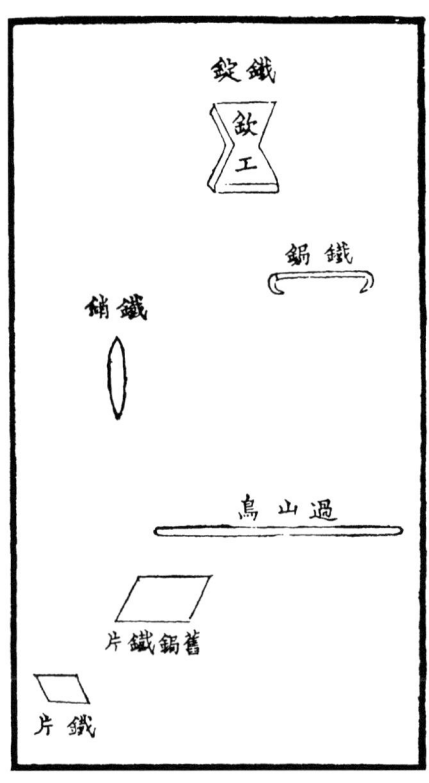

《通雅》："鋂，亦谓之笏，犹今之谓锭也。"❶《释名》："销，削也，能有所穿削也。"❷《玉篇》："锔，以铁缚物也。"河工成规：凡闸坝面石，例在对缝处用铁锭，转角处用铁销，横接处用铁锔，均凿眼安稳，以资联络。又有过山鸟，备砌工转角之用。旧锔片、铁片，备垫塞里石缝口之用。

---

❶ 《通雅》，明方以智撰，共五十二卷，全书二十四门，内容广泛，考证名物、象数、训诂、音声等，是一部百科全书式著作。引文出自卷四十："银谓之鋂，亦谓之笏，犹今之锭也。"是引文有断章之嫌，并不完全符合原文之义。

❷ 出自《释名》卷七《释用器第二十一》："锸，插也，插地起土也；或曰销，销，削也，能有所穿削也；或曰铧，铧，刳也，刳地为坎也，其板曰叶，象木叶也。"原文"销"字原为解释"锸"，与该处之"销"并非同义。

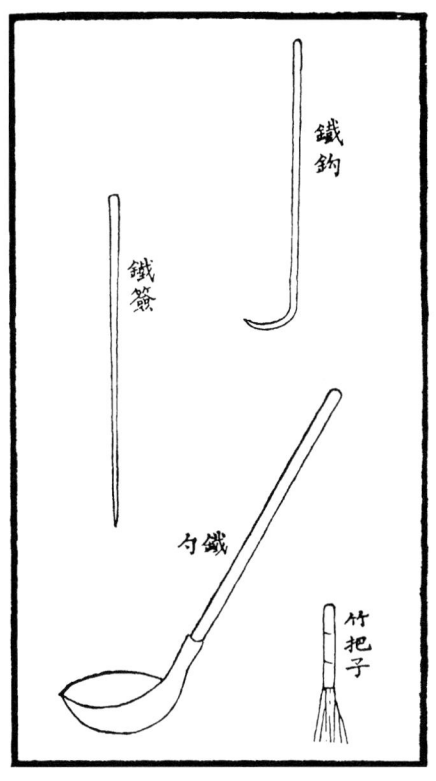

石工条石，例应錾凿六面见光，然一经排砌，不能无缝，且临湖石工，后用砖柜，设非灌浆，断难胶固。其具有四：曰勺、曰钩、曰签，皆以铁为之；曰把，以竹为之。按：《说文》："勺，挹取也。象形，中有实。"❶《周礼·考工记》："勺一升。"铁勺用以挹浆，灌时预核层路尺寸，酌定多寡，使浆无糜费。又《玉篇》："钩，致也，曲也。"《说文》："签，验也，锐也。"铁钩、铁签用以探试石缝、砖柜，使浆无沾滞。把，《汉书注》："手捔之也。"❷ 竹把，用以抿腻缝隙，使浆皆充满。

---

❶ 《说文解字·勺部》："勺，挹取也。象形。中有实，与包同意。凡勺之属皆从。"是引文与原文有异。

❷ 引文出自《汉书》卷七十二《贡禹传》颜师古注。

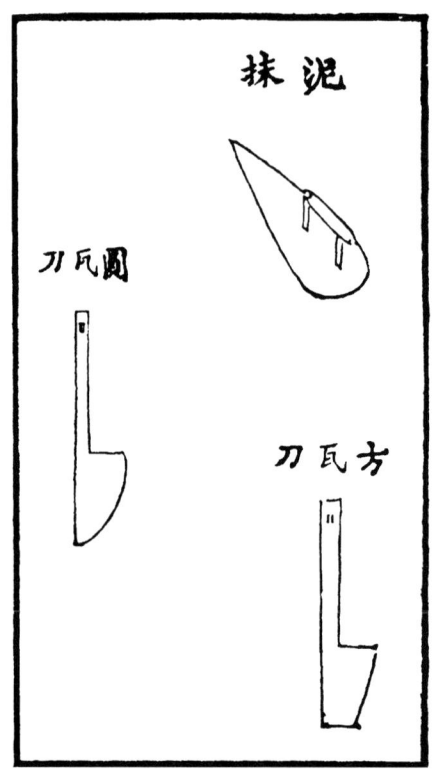

《古史考》❶："夏臣昆吾作瓦。"《尔雅·释宫》："镘谓之朽。"疏："镘者，泥镘，一名铴，涂工之作具也。"《增韵》："乱曰涂，长曰抹。"❷ 今匠人所用泥抹，系以薄铁为底，状如鞋，前尖后宽，上安木柄为套手，盖即古之镘尔。瓦刀，铸铁为之，长七寸，首长二寸，前窄后宽，余五寸为柄，其头南多圆、北多方，形制不同，均为削治砖瓦之用，俗名抹刀，一名挖刀，河工苫盖厂堡、修砌砖柜所必需也。

---

❶ 《古史考》，魏晋时期谯周撰，原书二十五卷，约当宋元之际散佚。今有清人章宗源辑本一卷。该书是谯周为考订司马迁《史记》所载周秦以上史事之误而作，故名《古史考》。内容上主要是对《史记》所记先秦人名、史事中出现的谬误作了一些必要的纠正与阐释。

❷ 《增韵》即《增修互注礼部韵略》，是书因《礼部韵略》收字太狭，乃搜采典籍，依韵增附。引文出自卷五："抹，摩也，涂抹也。乱曰涂，长曰抹。"

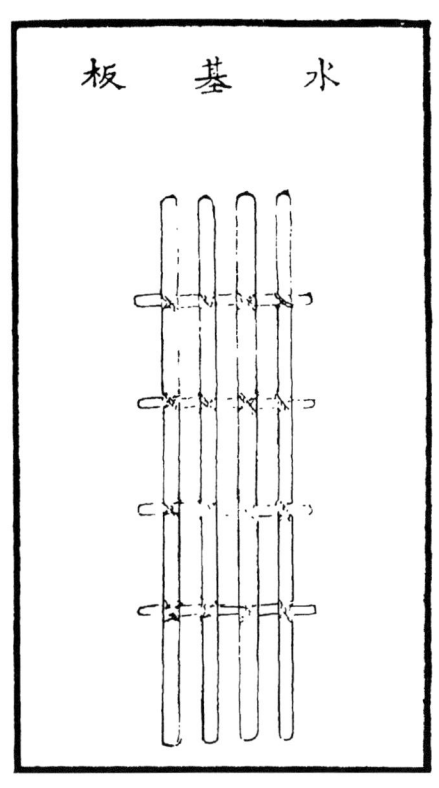

水基板，一名水基跳。河底泥泞，无从着脚，用木配成板，或用大竹，以谷草繜緪，排做如地平式，长一二丈。人立在上，如履平地，得以挑挖。扬子《方言》："基，据也，在下物所依据也。"❶ 人在泥中，板有所据，故曰水基。

---

❶ 《方言》中所无此引文。查《释名·释言语》中有原文，与引文完全相同。是该处似应出自《释名》，疑为作者误引。

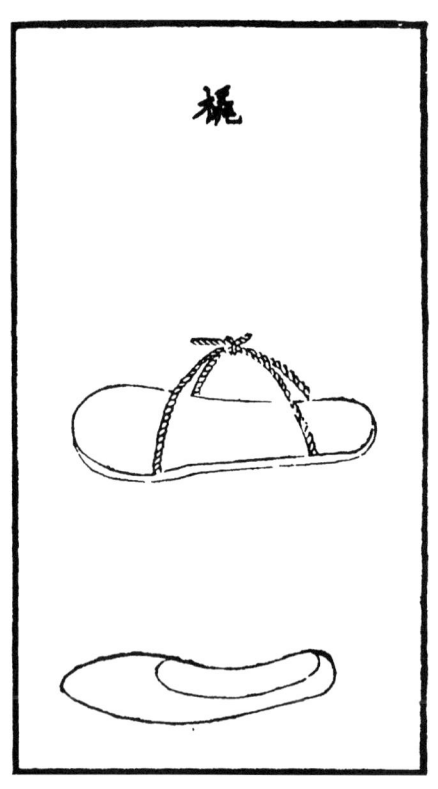

　　橇，泥行具也。《史记·夏本纪》："泥行乘橇。孟康曰：'橇，形如箕，摘行泥上。'"❶《农书》云："尝闻向时河水退滩淤地，农人欲就泥裂漫撒麦种，奈泥深恐没，故制木板以为屦，前头及两边高起如箕，中缀毛绳，前后系足底板，既阔则举步不陷。"❷今之退滩淤地，种麦者着履如木屐，犹泥行乘橇之遗欤！

---

❶ 引文出自《史记》卷二《夏本纪》："陆行乘车，水行乘船，泥行乘橇。……孟康曰：'橇形如箕，擿行泥上。'"是引文中"摘"字与原文"擿"字有异。

❷ 引文出自《王祯农书》卷十三《农器图谱七》，引文与原文无异。本节文字说明中，自"橇，泥行具也……"至"则举步不陷"，均为《农书》所载，作者未于前半部分说明，仅之后才提及。

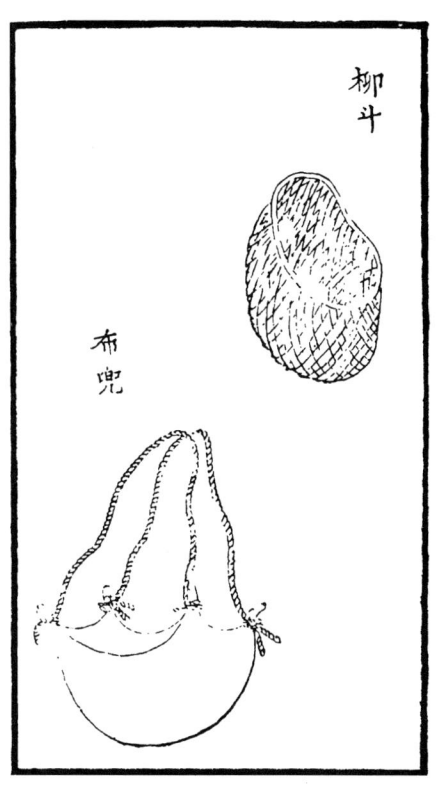

　　《汉·律历志》："量者，龠、合、升、斗、斛也。十龠为合，十合为升，十升为斗，十斗为斛。"柳斗，柳条编成，口扎竹片，其形似斗，挑河戽水用之。若挑河挑出稀泥，筐不能承，用布兜为佳。

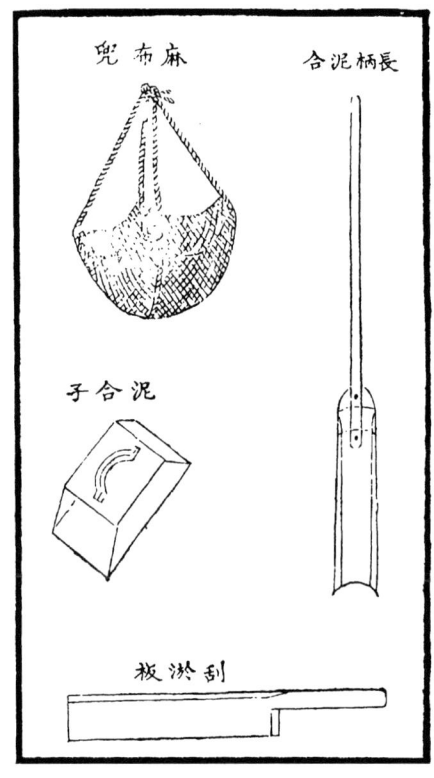

　　河工挑淤之具，布兜外尚有麻兜，长宽对方二尺四寸，口连四角，包系以绳，用之盛淤漏水。又泥合子，坚木为之，宽尺二，长尺八，高四寸，中安提把，用之戽淤转贮。又长柄泥合，坚木为柄，长四尺六寸，柳木为首，长一尺四寸，状如蒲锹，边高中凹，相接处加束铁箍、铁锔，用之摔淤于远。又刮板，剡木为之，连柄长三尺，宽六寸，用之刮淤入合。

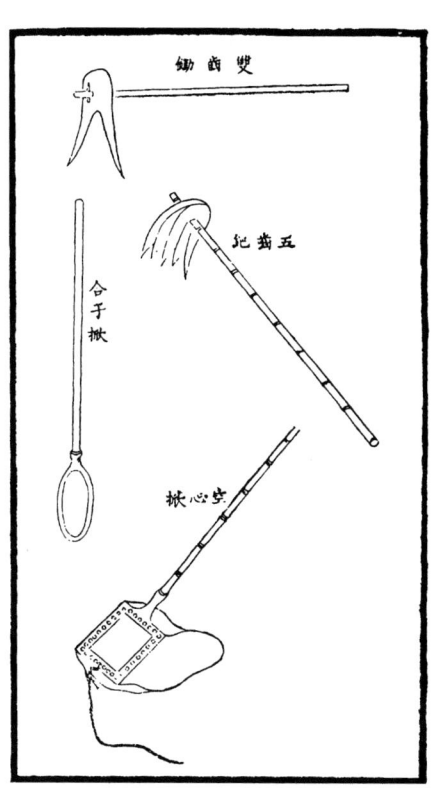

《正字通》："钯，锄属。"《玉篇》："掀，锹属。"❶ 合子掀，剡木为首，中凹如勺，四围镶铁，可盛稀淤；空心掀，刳木中空，四面凿眼，钉布袋于掀后，用长竹为柄，前系一绳，捞浚稀淤，一人引绳，一人扶柄；双齿锄，锻铁为首，形如燕尾，受以木柄，可破砂礓；五齿钯，锻铁为齿，形长而扁，受以竹柄，可除胶淤：皆为捞浚利器。

❶ 引文出自《玉篇·手部》："掀，举也。"《玉篇·木部》："枮，锹属。"引文疑将"掀""枮"二字混淆，又或二字相通之故。

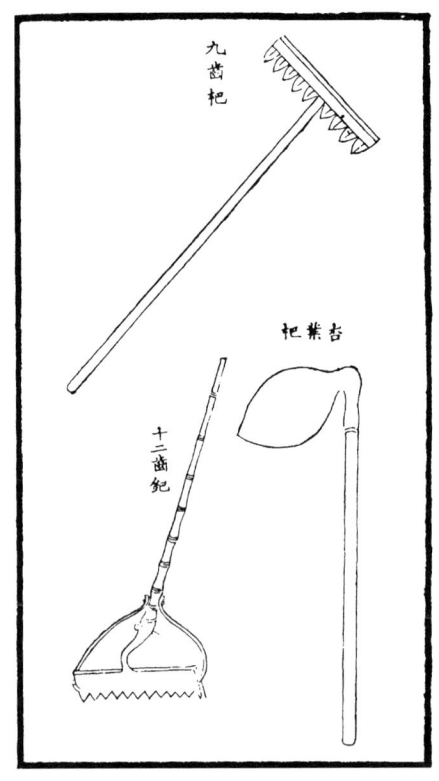

《释名》:"齐鲁谓四齿曰櫂。"❶ 郭璞《方言》注:"无齿为朳。"《急就章》注:"无齿为枌,有齿为杷。"❷《齐民要术》:"杷,谓之铁齿鎘鏒。"❸《方言》:"杷,宋、魏间谓之渠拿,或谓

---

❶ 引文出自《释名·释道》:"四达曰衢,齐鲁谓四齿杷为櫂,櫂杷地则有四处,此道似之也。"是引文与原文稍异。

❷ 《急就章》原名《急就篇》,西汉元帝命令黄门令史游为儿童识字编的课本,因篇首"急就"二字而得名。用不同的字组成三言、四言或七言的韵文,内容涉及姓名、组织、生物、礼乐、职官等各方面,如一部小型百科全书。该文从汉至唐一直是社会流传的主要识字教材,同时,抄写规范精雅的本子也有作为临书范本的功能。唐代以后,其主导蒙学教材的地位方为《千字文》《三字经》等所代替。原文为:"无齿为捌,有齿为杷,皆所以推引聚禾谷也。"与引文稍异。

❸ 《齐民要术》,北魏贾思勰著,是一部综合性农书,也是世界农学史上最早的专著之一,是中国现存的最完整的农书。全书十卷九十二篇,收录当时中国农艺、园艺等最先进的技术。书中援引古籍近二百种,包括《氾胜之书》《四民月令》等已失传的重要农书。引文出自《齐民要术》卷一《耕田第一》,此处并非直接引用,仅提及"杷"的解释。

之渠疏。"他如谷杷、耘杷、竹杷，又有齿曰秒，无齿曰耢，皆杷属也。厥名不一，其用不同。九齿杷，横木为首，锻铁为齿，每齿约长三寸，为破除块壤、搜剔瓦砾利器。杏叶杷，锻铁为首，形如杏叶，受以木柄，为捞浚河底淤柴之器。十二齿钯，铸铁为首，曲竹为柄，首长一尺五寸，宽四寸，厚三分，为捞拉浅水沙淤之器。

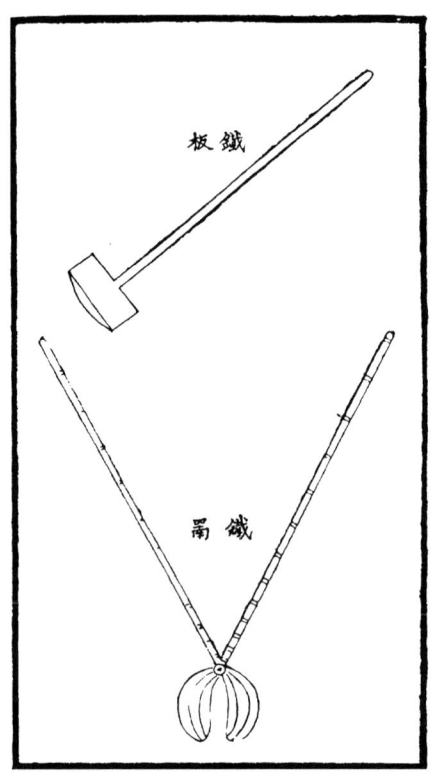

《玉篇》:"罱,夹鱼具。"《三才图会》:"铧阔而薄,翻覆可使。"今起土捞浅之具,有铁板,其首类铧,受以长木为柄。又有铁板,铸铁如勺,中贯以枢,双合无缝,柄用双竹。凡遇水淤,驾船捞取,以此探入水内,夹取稀淤,散置船舱,运行最便。

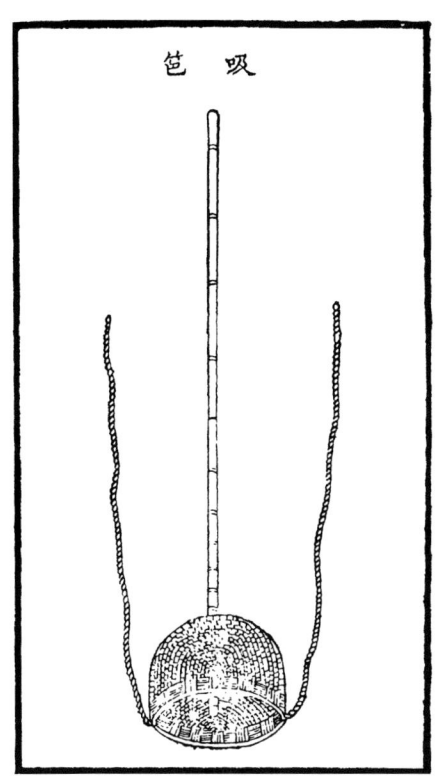

　　《说文》："吸，内息也。"《正字通》："吸，引也。"《六书故》："俗谓饮曰吸。"《篇海》："笆，竹有刺者。"《史记索隐》："江南谓苇篱曰笆。"有竹斗编眼如篱，因名笆斗。今治淤器有名吸笆者。其制，取斗口向下，两旁各系绳一，中贯竹竿，遇有沙淤积成土埂之处，用船排泊，人持一笆插入河底，时起时落，刻不停手，自得吸引之妙，历时既久，埂去河深矣。

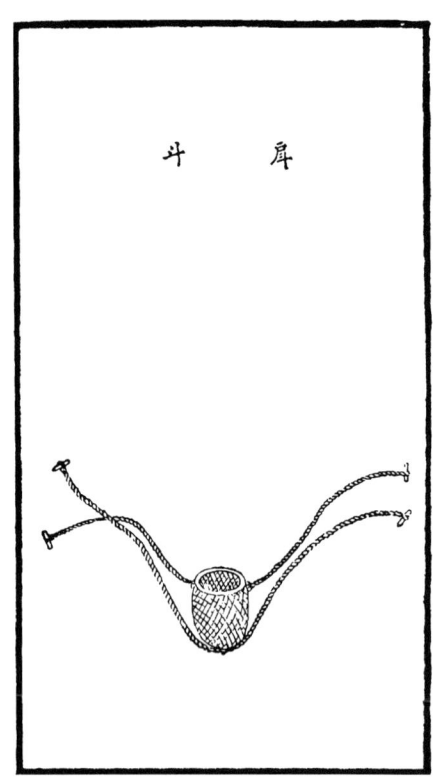

《广韵》:"戽,抒也。"《物原》:"公刘作戽斗。"又戽以木为小桶,桶旁尝系以绳,两人用以取水,名曰戽桶。如堤内陂塘潴蓄,地阔水深,宜用翻车;地狭水浅,宜用戽斗。南方多以木罂,北人多以柳筲,从所便也。

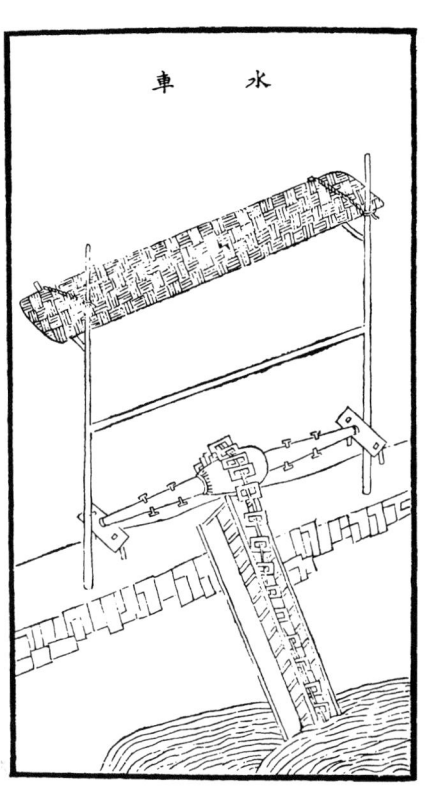

　　水车，农家所以灌溉田亩、取水之具也，今河工用以去水，又名翻车。《魏略》❶以为马钧所作。王凤梏《名物通》❷："江浙间目水车为龙骨车。"其制除压栏木及列槛桩外，车身用板作槽，长可二丈，阔四寸至七寸不等，高约一尺，槽中架行道板一条，随槽阔狭，比槽板两头俱短一尺，用置大小轮轴，同行道板上下通周以龙骨板叶，其在上大轴两端各带拐木四茎，置于岸上木架之间，人凭架上踏动拐木，则龙骨板随转循环，行道板刮水上岸。堤内积水无处疏通，日久不涸，当以此法治之。

---

　　❶ 《魏略》，共五十卷，魏郎中鱼豢编，为三国时代记载魏国的史书。《三国志注》多引《魏略》的内容来注释。此书久佚，现今只留有佚文。清代王仁俊、张鹏一分别作有辑佚，以张鹏一辑本为佳，辑有二十五卷并附遗文六条。
　　❷ 《名物通》，《四库全书》未载此书，然多有引用此书内容者，此处暂存疑。

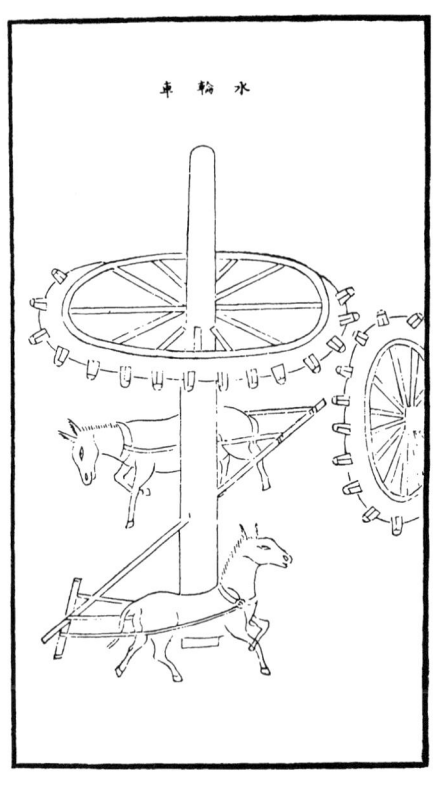

水轮车,其制与人踏翻车同,但于流水岸边掘一狭堑,置车于内,外作竖轮,岸上架木立轴,置一卧轮,其轮适与竖轮辐支相间,用卫拽转,轮轴旋翻,筒轮随转,比人踏功殆将倍之。元王祯诗云:"世间机械巧相因,水利居多用在人。可是要津难必遇,却将畜力转筒轮。"[1]

---

[1] 引文出自《王祯农书》卷十九《农器图谱十三》。

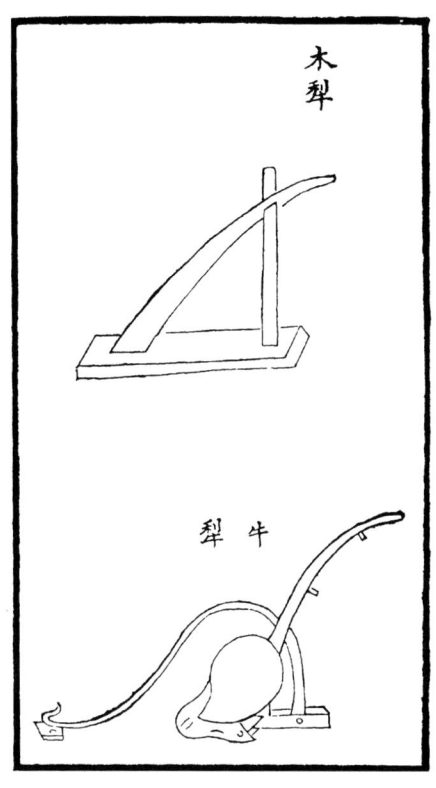

《广韵》:"犁,垦田器。"《释名》曰:"犁,利也。利则发土绝草根也❶。"利从牛,故曰犁。《山海经》曰:"后稷之孙叔钧所作。"《魏略》曰:"皇甫隆为敦煌太守,教民作耧犁。"《宋史》:"淳化五年,武允成献踏犁一具,不用牛,以人力运。"❷陆龟蒙《耒耜经》❸:"冶金而为之者曰犁镵、曰犁壁,斫木而为之者曰犁底、曰压镵、曰策额、曰犁箭、曰犁辕、曰犁梢、曰

---

❶ 引文出自《释名·释用器》:"犁,利也,利发土绝草根也。"《释名疏证》卷七:"今本发土上有'则'字,衍也,据《齐民要术》引删。"引文中之"则"字当系同一原因所衍。

❷ 《宋史》卷一百七十三《食货志》:"淳化五年,宋、亳数州牛疫,死者过半,官借钱令就江淮市牛,未至。属时雨沾足,帝虑其耕稼失时,太子中允武允成献踏犁,运以人力。"是引文为间接引用。

❸ 《耒耜经》,唐陆龟蒙撰,是中国历史上著名的农具专志。共记述农具四种,尤其是对唐代曲辕犁的描述,极具史料价值,历来受到国内外有关人士的重视。

犁评、曰犁建、曰犁槃"，凡十有一，皆指农具而言。他如巨舰行溜水中，舟人在岸，以木犁插土收勒绳缆，亦名犁。工次进埽，前推后卷，恐人力不齐，犁亦必用之物，但其制与农具不同，且斫木而不冶金耳。又疏浚引河有牛犁之法，所用犁即系农具，惟施之浅水则宜。

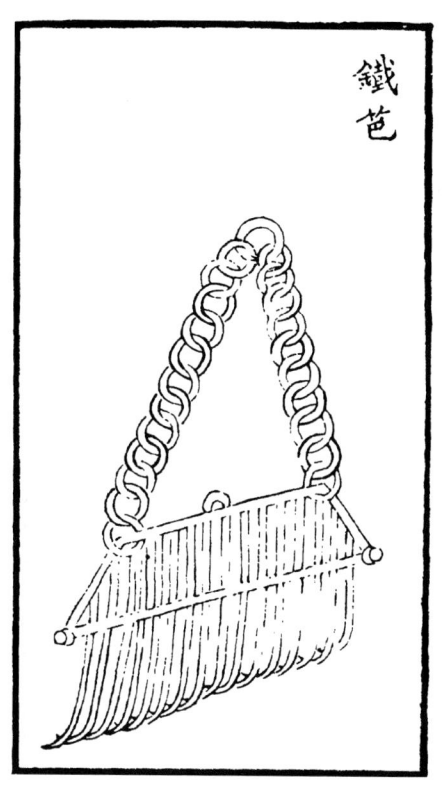

铁笆

《广韵》:"笆,竹名,出蜀郡,竹有刺者。"❶《竹谱》:"棘竹,骈深一丛为林,根若推轮,节若束针,亦曰笆竹❷。"铁笆,铸铁象形为之,亦挑河疏淤之具也。

---

❶ 《广韵·马韵》:"笆,竹名,出蜀。"《广韵·麻韵》:"笆,有刺竹篱。"引文应为此两项解释合并,稍异。

❷ 《竹谱》,一卷,晋戴凯之撰。《隋书·经籍志·谱录类》著录,无撰人姓名。《旧唐书·经籍志·农家类》收录,题戴凯之撰,但未注明作者时代。南宋晁公武《郡斋读书志》也有记载。宋以后流传很广,有《百川学海》《说郛》《汉魏丛书》《龙威秘书》等多种版本。

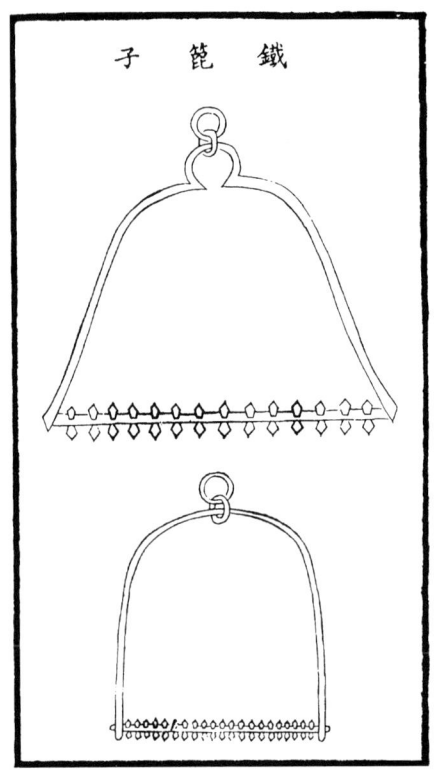

铁篦子

　　铁篦子，疏河之具。《物原》："神农作箆笓。"《诗·魏风》："佩其象揥。"❶ 揥，即今之篦子，取其疏利，铸铁以象形，故名。其制不一：大者如鹦鹉架，高六尺六寸，上嵌铁镮一，下排铁齿十四，每齿长七寸；小者形如箕，高二尺八寸，上嵌铁镮一，下排铁齿二十一，每齿长四寸五分。其用法，以大船一只，系铁篦子于船尾，往来急行，不使流沙停滞，但下水顺风张帆较快，若上水则两岸须用虾须缆，多人牵挽方可，倘船行稍缓，即无效矣，曾历试不爽。南河又有混江龙、虎牙梳等具，木质铁齿，稍为便捷，其用略同。

---

❶ 引文出自《诗·魏风·葛屦》："好人提提，宛然左辟，佩其象揥。"

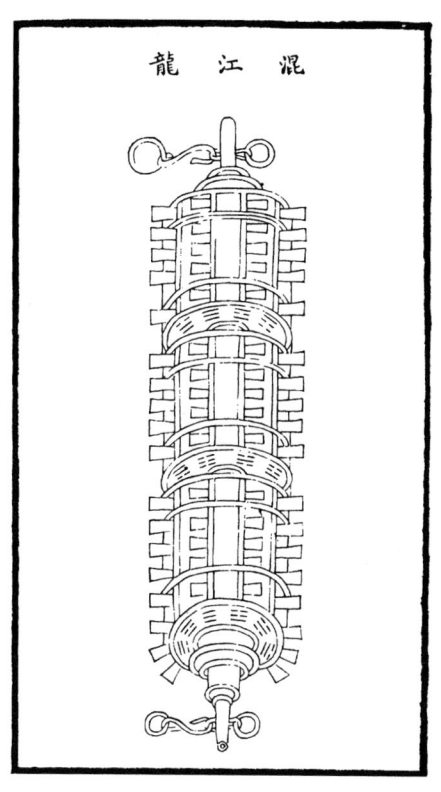

车以硬木为轴，长一丈一尺五寸，围一尺二寸，周身密排铁箭，两头凿孔，穿钩系绳。每车用轮三个，每轮排铁齿四十，每齿长五寸，轮身用铁箍四道，间钉铁机如八卦式，用船牵挽而行，泥可翻动。顾尝试之，于顺水尚可流行，逆水则船重难上，车亦无从置力。此外尚有泥犁等具，均备疏浚之用，大约重则沉滞，轻则浮漂，非利器也。姑存备考。

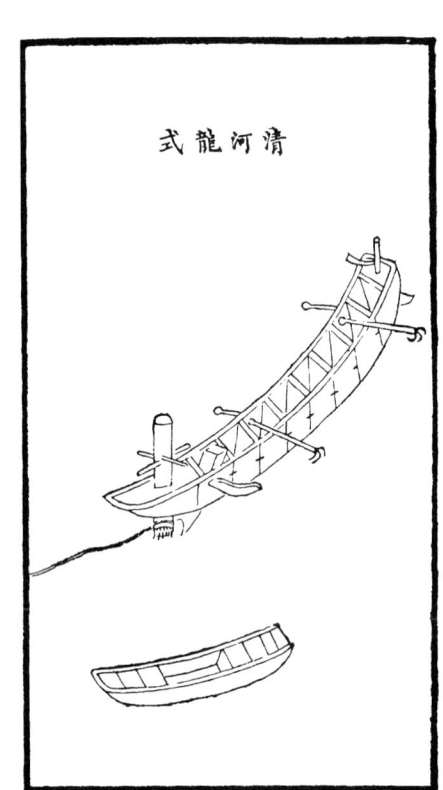

　　此具创自黄司马树榖,凡九舱,末一舱安舵为龙尾,其七为龙腹,每舱宽八尺,长九尺,高六尺,各自为体,联以铁钩,第一舱为龙头,长二丈,头上合二板,中安一柱,柱身即绞关也,柱下围以铁齿,柱后为龙口,口内之末用铁为龙舌,舌上为龙喉,内衬铁皮。其法,以人推关,船自前进,齿动泥松,从舌入口,逆喉而上,出口落舱,一舱满,就堤卸泥,以次更换,卸毕复联成一龙。再柱凡十眼,水渐深则柱渐下,口亦渐长。又龙口内有物曰探泥,一曰格水,使水不得入喉,喉之外有板曰批水,象龙颊也,用以分水。腹之外有把,曰剔泥,象龙爪也,用以梳泥。龙之外又有小船,备探水深浅、系绳解卸等用,名曰子龙,其用法,以两龙系绳对缴,中距二十丈,龙既对头,河底自深。前人曾如法试之运河,不无小效,黄河则随过随淤,竟属无用。姑存此图备考。

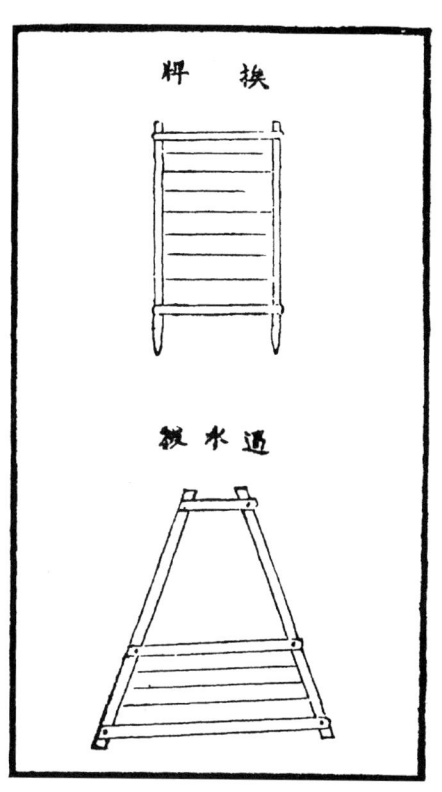

　　《六书故》："挨，旁排也。"扬子《方言》："强进曰挨。"❶《正字通》："凡物相近谓之挨。"挨牌、逼水板皆运河浅滞、纯用人力逼水行沙之具。其制，挨牌上下相同，逼水板上窄下宽，约高六七尺，宽三尺，中安横樑三道，两面横钉厚板，用人夫在背后擎托，立浅水处八字摆设，借以逼刷深通，然只能用于数丈之地，长则无益。

---

　　❶ 查《方言》中无此解释，按《通俗编》卷三十六："挨，《说文》'挨'训击背，读于骇切，与今音义全别。《六书故》引扬子《方言》：'强进曰挨。'检今本扬子，未见此语，盖今谓相抵者，其字实当作搱，书挨者误也。"是此处引文亦同此误。

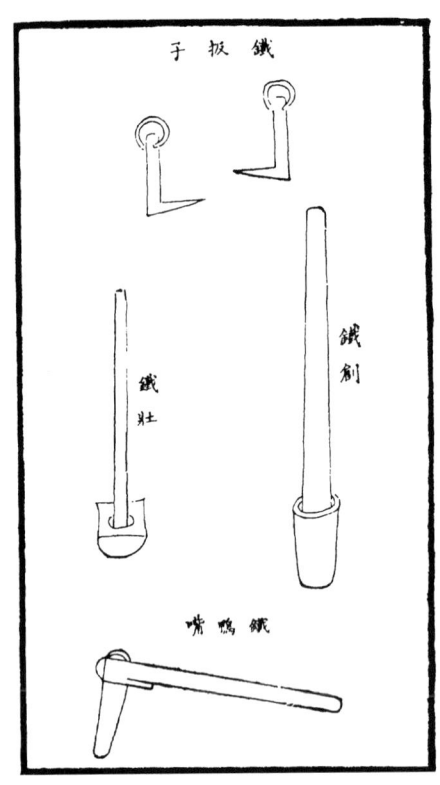

《释文》:"锄,助也,去秽助苗也。"❶ 首长而扁,一名鸭嘴,本田器,河工修筑土石工亦用之。又铁扳子,俗名狠虎,形如扁钩,宽厚二寸许,长连湾钩尺许,上有铁环。凡钓石,如石在水下,半陷土内,钓捞未能得力,即以扳子二个分扣钓竿千斤绳上,将扳子湾处栽入土下,紧贴石底,以便钓起。又铁创,长数寸至尺许,圆数寸至一尺,扁头,上以坚木为柄,凡补修石工,水下石缝参差,铁撬短细,非创不为功。又铁壮,方不及尺,厚数寸,上方下圆,中孔安木柄,凡筑打灰眉土用之,今则易以石硪。此具久不用,然尚存"壮夫"名目。

---

❶ 无《释文》一书,亦非《经典释文》《释文纪》等书。当出自《释名·释田器》:"锄,助也,去秽助苗长也。"

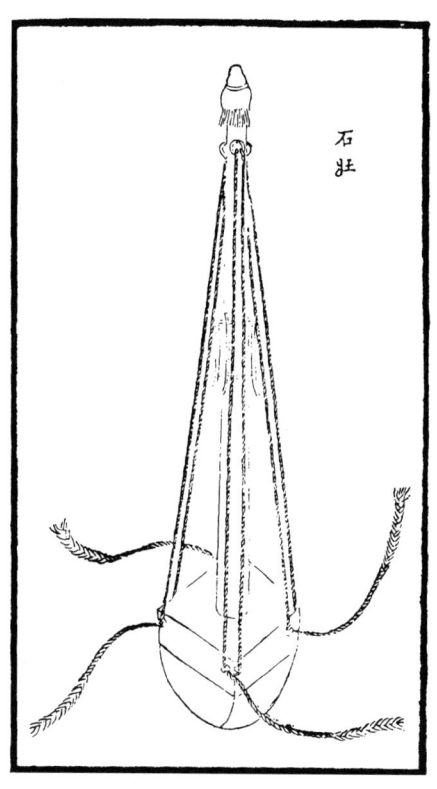

凡修建石工，石后砌砖柜，砖后筑灰土，以期坚实。但筑打灰土若用硪工，硪系抛打，未免震动砖石，是以旧时用壮。其制琢石为首，上方下圆，四隅有眼，各系麻辫，上安木柱长六尺，柱顶有四铁圈紧对壮隅，以绳绊紧，柱腰四面有木鼻，用时四人对立，各执其一，再以四人提辫，齐提齐落，然后用夯及木榔头扑打，则灰土成矣。

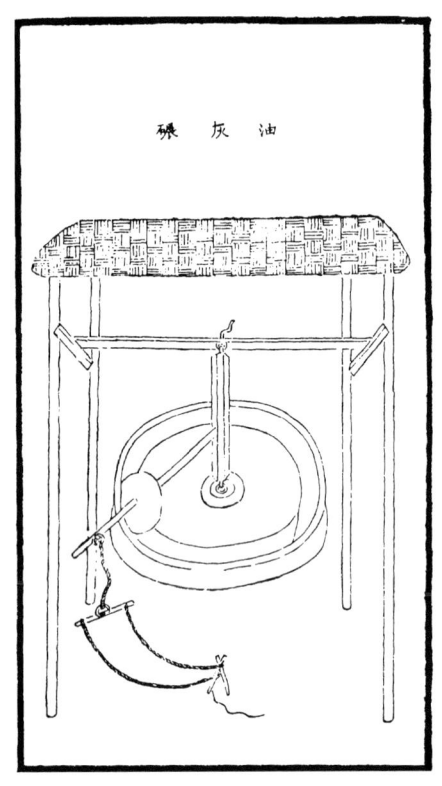

油灰碾

《集韵》："碾，水辗也，转轮治谷也。"❶ 凡修建闸坝，须用油灰，以资胶固。其合制之法，用石碾，石碾周围砌成石槽，碾盘中央安置碾心木，上下有轴，上置碾担，下置碾脐，槽内用石碾砣，形如钱，中安木柄，一头接碾心木，一头驾牛，俾资旋转，贮细石灰、净桐油于槽内，务使油灰成胶为度。

---

❶ 《集韵·狝韵》："碾、輾，所以轹物器也""辗，女箭切，转轮治谷也。"《五音集韵》卷十一："辗、碾、輾，女箭切，水碾。"是引文中的解释出自两部韵书，乃为摘引的组合。

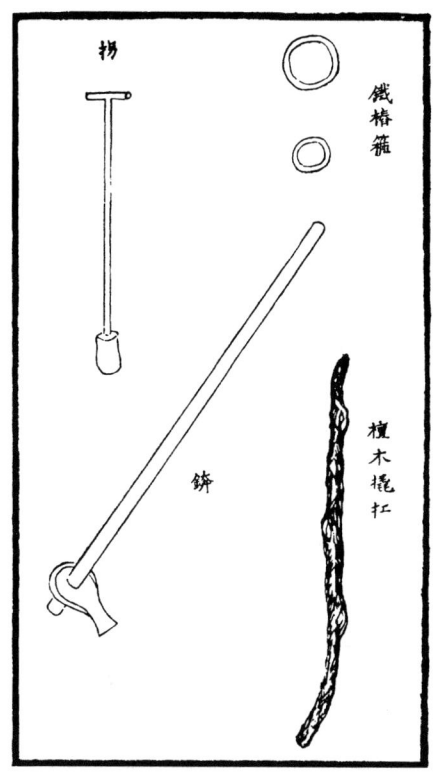

《集韵》："锛，平木器也。"铁首木柄，状如鱼尾，锋利，削桩比斧较易。《广韵》："箍，以篾束物也。"大小铁桩箍均厚五分。签桩时，验桩之粗细，用箍之大小，按顶套护，庶行硪时不损桩顶。拐，系铸铁为首，形如悬胆，重二斤，受以丁字木柄，长二尺二三寸，与铁杵仿佛，每逢两桩并缝，用拐捣筑，以期坚实。檀木撬扛，系钓捞时水下活石之具，长六七尺，取其便耳。

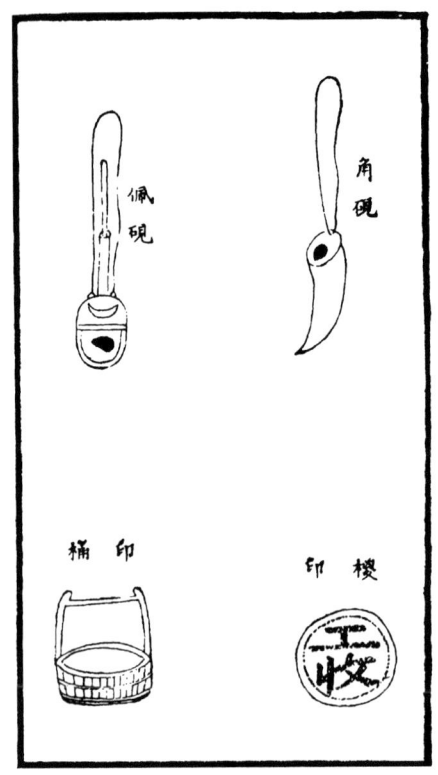

验工器具，除皮灰印、木灰印外，又有棕印，以数寸木板，不拘方圆，编棕作字。印桶，以木为之，身浅梁高，内贮薄荷、灰土、桐油，以便临工查收时盖印记识，即遇雨水不致涤去。又佩砚，或角或铜，均用新棉一小团，饱染墨水，填贮其中，同笔系带，为随时估收登记之用。

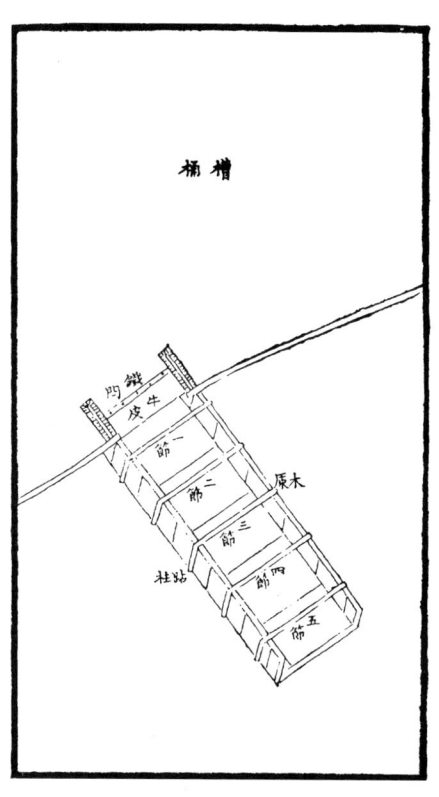

　　槽桶,以木为之,大桶五节,节长三丈,底宽一丈,墙高三尺。凡安槽桶,先用麻捣油灰舱缝,隔三尺一档,上用木原,下用底托,两墙各设站柱,排钉坚固,然后刷堤。先铺芦席,上加油布、牛皮,将桶安好,三面用淤土拥护,又取牛皮一张,钉桶口底,上拖出三四尺铺平,以铁闩压定,用大钉钉入土坡,两边筑钳口坝,方可放水。较量浅深,以次落低,如系积潦,核计水方,扣日可竣。再造槽桶,长短先量堤顶宽窄,庶启放时不致勾刷坡脚。

卷三　抢护器具

大埽

捆厢船

苇缆　麻缆

埽脑　钩绳扶　揪头绳扶

骑马扶　骑马

撞扶　齐板

太平棍　跳棍

木牮　钩牮

戗桩船

大桩　替桩　梯鞋

云梯　高凳

云碾

埽枕

木榔头　木斧　钺斧

月铲

抓钩　铁锚

铁橛头　铁杈

逼凌桩　搪凌把

打凌槌

铁穿　三棱橛

打凌船

铁锅

瓦盆

布口袋

棉被　棉袄

石磨

木筏

木龙全式

木龙一层编底二三层横梁

木龙四五层龙骨边骨六七层齐梁

木龙八层纵木九层面梁

水闸　天平架　地成障

眠车

大戗　直柱

股车　辘轳架

天戗　地犁

逼水木　冰滑

竹篓　荆篓

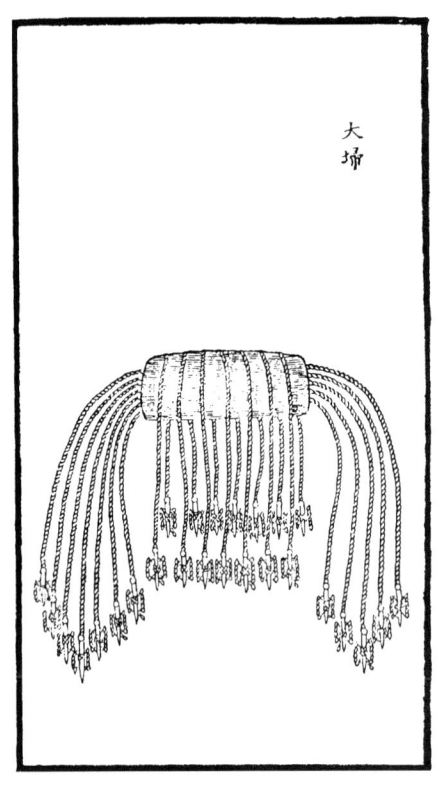

埽，即古之茨防。高自一尺至四尺曰由，自五尺至一丈曰埽。《史记·河渠书》"下淇园之竹以为楗"❶是也。其贯于埽中而两头余出甚长者，曰揪头；连埽两头所捆者，曰边战；连埽外通身皆捆，每离五尺一根者，曰底钩；埽中段用緭子捆扎者，曰滚肚：皆为系埽之绳。逐项有橛，橛长四五尺、五六尺不等。埽名不一，有等埽、迈埽、肚埽、面埽、套埽、护厓、磨盘、雁翅、鼠尾、萝卜之别。又有龙尾埽，伐大柳树，连梢系之长堤，根随水上下，破啮岸浪，俗名曰挂柳。从铺、衡铺，即俗谓丁厢；管心索，即俗谓揪头绳。其分上下水揪头者，凡埽下水头必高上水头二三尺不等，拉时须从下水头先拉两号，然后一齐叫号，两头自然平整。埽初下时，未曾得底，绳桄须时时派

---

❶ 引文出自《史记》卷二十九《河渠书》四。引文与原文无异。

兵看守，缘揪头过松则无力，钩战过紧则发橛。迨埽沉水即行加厢，每尺压土五寸，厢二尺用骑马一路，俟埽平水，签钉长桩，钉桩须靠山、迎上水，不宜陡直，否则防推埽离当。倘水深溜急，新做之埽身轻，难以下坠，每坯必高，厢料厚四五尺不等，再点花土，如已得底，方可用重土按坯盘压。但此论寻常厢做，设遇脱胎陡垫，即为抢厢，顾名思义，自当以速为主，而厢做之法，仍不外是。

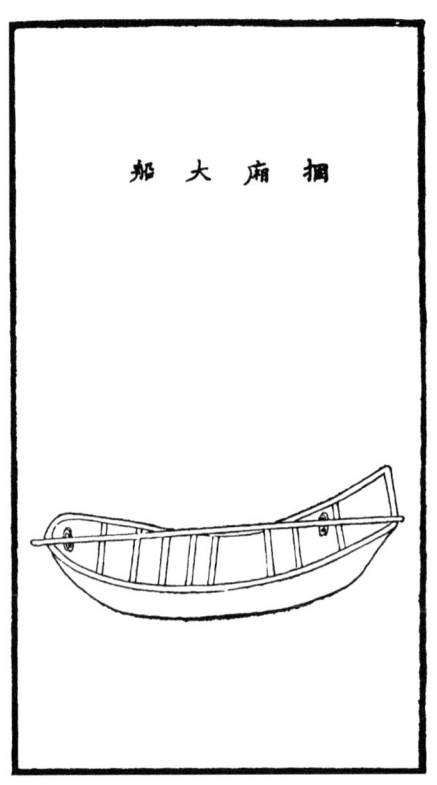

捆庙大船

《方言》："自关而西谓舟为船，自关而东或谓之舟。"❶ 刘熙《释名》："船，循也，循水而行也。"《至正河防记》："贾鲁下埽，先排大船二十余只，以麻竹束缚，连为方舟，用竹编笆，夹以草石，立之桅前，名曰水帘，桅复以木支住，使帘不偃仆。然后选水工便捷者，每船二人，各执斧凿，以鸣鼓为号，一时齐凿，须臾舟穴水入，舟沉遏决，河水怒溢。"❷ 今则用大船捆

---

❶《方言》卷十："舟，自关而西谓之船，自关而东或谓之舟，或谓之航。"引文属间接引用。

❷《至正河防记》，元欧阳玄著，不分卷，是根据至正十一年黄河大规模堵口工程所做的技术总结。至正四年，黄河在白茅及金堤决口北流。至正十一年四月，贾鲁开工堵口，十一月完成。欧阳玄向贾鲁访问堵口方略，并咨询有关人员，查阅施工档案创作而成。书中的工程实践代表了十四世纪中国水利科技的成就和水准。《元史·河渠志》等均转录全文，有中国水利工程学会《中国水利珍本丛书》本和《丛书集成》本。引文乃摘引，基本意义符合原文所载。

厢,船上扎秸捆二个,安置两头,名曰龙枕,上卧大木一根,名曰龙骨。厢埽时,将船泊于埽前,用上下水揪头绳缆系于龙骨两头,除埽徐徐推下而船仍如故。龙骨须大木,急切难购,多用船桅。但此系捆厢正法,近时东河多用兜缆软厢,较为便捷,如遇大汛溜急之时,仍非捆船不可。

《玉篇》:"缆,维舟索也。"❶《物原》:"轩辕作绵索,尧作维牵小。"《尔雅》:"大者谓之索,小者谓之绳。"❷《纂文❸》:

---

❶ 《玉篇·糸部》:"缆,维舟也。"又《昭明文选·谢灵运〈登临海峤诗〉》:"系缆临江楼。"李善注:"缆,维舟索也。"是引文与原文有异。

❷ 《尔雅》中无此条解释,又《小尔雅·广器》:"大者谓之索,小者谓之绳。"《小尔雅》,训诂学著作,仿《尔雅》之例,对古书中的词语进行解释。《汉书·艺文志》有《小尔雅》一篇,无撰人名氏。《隋书·经籍志》《唐书·艺文志》并载李轨注《小尔雅》一卷,其书久佚,今流传本为《孔丛子》第十一篇抄出者。引文当出自《小尔雅》,疑似作者混淆之故。

❸ 书名应作"纂文",全称《类纂古文字考》,五卷,明都俞撰。此书以古文为名,实则取《洪武正韵》之字,以偏旁分类编之,部首三百一十四个。每部之中,以字画多少分前后,较《说文》《玉篇》等便于检索。其后字书,多用其体例。

"竹索谓之筰。"《汉·沟洫志》云："搴长茭兮湛美玉。"❶注："臣瓒曰：'竹苇綑谓之茭，所以引置土石也。'师古曰：'綑，索也，茭字宜从竹'。"今河工所用麻缆即绵索，苇缆即苇綑，捆船厢埽，非此不为功。然维持得力，麻胜于苇，入水耐浸，苇胜于麻，若竹缆质硬而脆，用以维舟则宜。

---

❶ 《汉书》卷二十九《沟洫志》九："搴长茭兮湛美玉。"注："臣瓒曰：'竹苇綑谓之茭也，所以引置土石也。'师古曰：'瓒说是也。搴，拔也；綑，索也；湛，美玉者，以祭河也。茭字宜从竹'。"是引文为摘引，与原文有异。

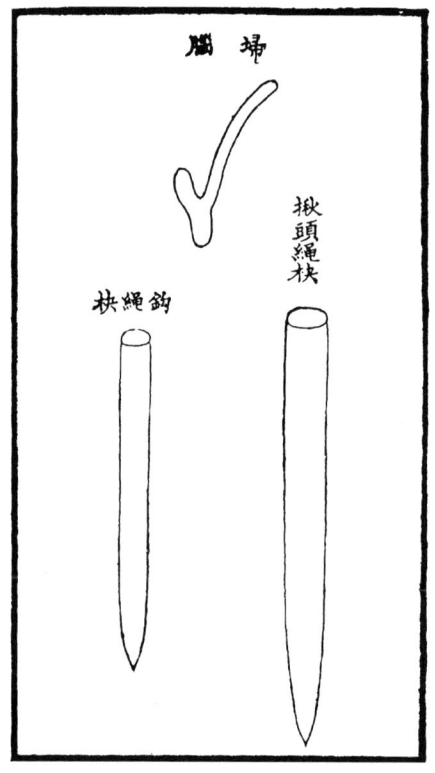

橛，《说文》："杙也。"❶《尔雅·释宫》："橜谓之杙。"注："橛也。"盖直一段之木也。《列子·黄帝篇》："若橛株驹。"注："断木。"❷《诗·小雅》："既备乃事"，疏引汉《农书》云："孟

---

❶ 《说文解字·木部》："橛，弋也。从木，厥声。一曰门梱也。"是引文与原文有异。

❷ 列子，战国前期思想家，是老、庄之外又一位道家代表人物。其学本于黄帝、老子，主张清静无为。《列子》又名《冲虚经》，是道家重要典籍。《汉书·艺文志·诸子略·道家类》录有八卷，已佚。今本《列子》八卷，为东晋人张湛所辑录增补，共载民间故事寓言、神话传说等一百三十四则。引文出自卷二《黄帝篇》："若橛株驹。"注："崔撰曰，橛株驹，断树也。"与原文有异。

春土长冒橛，陈根可拔，耕者急发。"❶ 如揪头绳、钩绳等枚，皆埽工所用，钩绳枚长四五尺，揪头枚长五六尺。又大埽沉水既已到底，将缳子头用小绳挽结紧实，再用柳橛有倒钩者钉绳头于埽内，名曰埽脑。

---

❶ 《诗·小雅·大田》："大田多稼，既种既戒，既备乃事。"下文所云《农书》，据郑玄注《礼记·月令》孟春之月"草木萌动"，又云："此阳气蒸达，可耕之候也。《农书》曰：'土长冒橛，陈根可拔，耕者急发。'"孔颖达疏谓："郑所引《农书》，先师以为《氾胜之书》也。"当是也。然据《氾胜之书·耕田》："立春后，土块散，上没橛，陈根可拔。"二者又异，因今所见《氾胜之书》为辑录，疑为据意义转录，姑皆备于此。

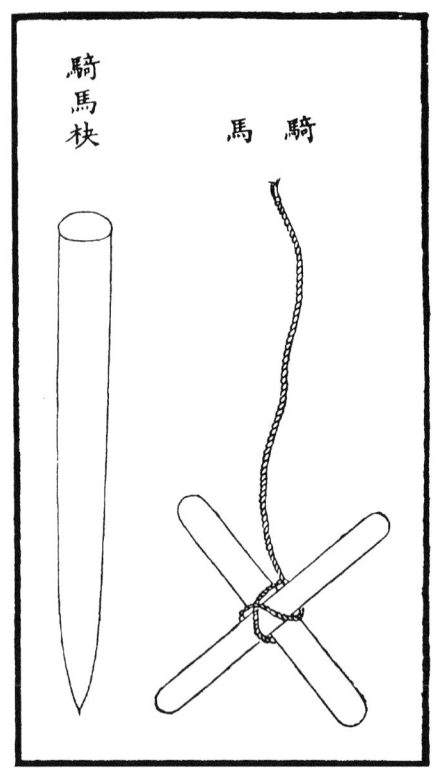

骑马，以二木钉成十字，长四五尺，有一骑马，必有一缆一桄，是以骑桄为一副。厢埽一坯，须用骑马一路，恐埽往前游，钉桄搂住则埽稳固矣。《说文》："骑，跨马也。"《逸雅》："骑，支也，两脚支别也。"❶ 以一木跨于一木之上，而脚支别，故曰骑马。

---

❶ 引文出自《释名·释姿容》："骑，支也，两脚枝别也。"引文"支别"与原文"枝别"为通用异体字。

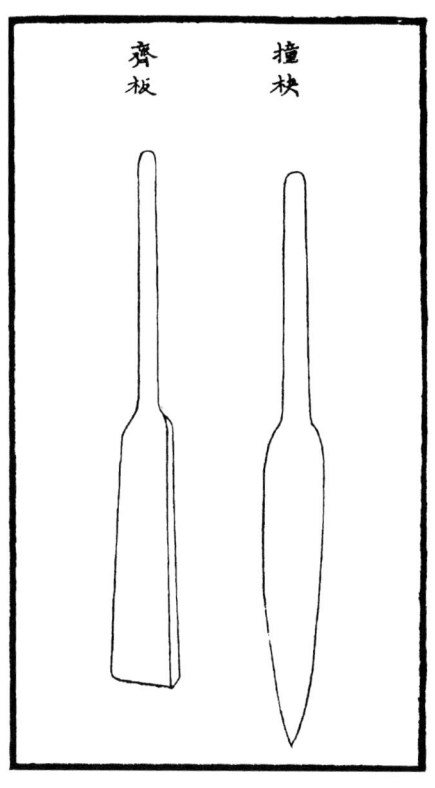

　　《说文》："撞，卂捣也。""卂，持也，象手有所卂据也，读若戟。"❶"捣，手椎也。"❷坝台土头结实，须用撞橛先撞成穴，则钩袂、揪头橛易于深入矣。齐板，一名边棍，厢工堆料所用，一恐埽眉参差不齐，一恐料垛凹凸不平，用此拍打，以期一律。《玉篇》："齐，整也。"故名之曰齐板。

---

❶ 引文出自《说文解字·手部》："撞，卂捣也。从手，童声。"引文"卂"字作"卂"。按《说文解字·卂部》："卂，持也，象手有所卂据也。凡卂之属皆从卂，读若戟。"《说文解字·卂部》："卂，疾飞也，从飞而羽不见。凡卂之属皆从卂。"由此，"卂捣""卂捣"二词似均可，二者之区别，姑备于此。

❷ 《说文解字·手部》："捣，手推也。一曰筑也。"又：《说文解字系传·手部》《玉篇·手部》引《说文》均作"捣，手椎也"，似"推""椎"二字可通用，姑备于此。

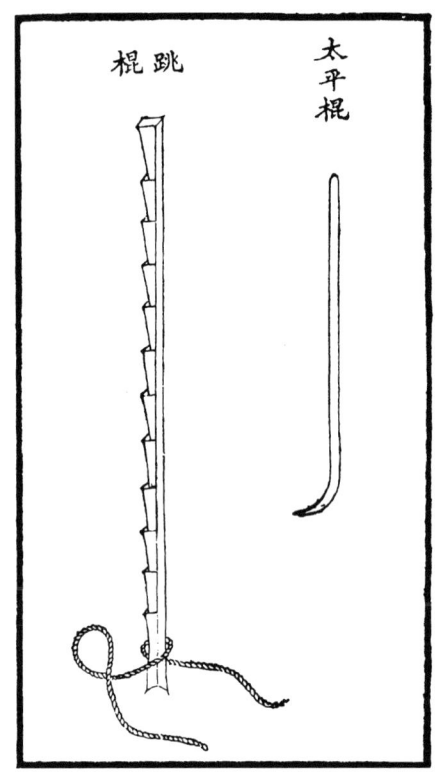

　　太平棍，约长三尺，下带弯拐。新做之埽，层柴层土，按坯加厢，每厢一坯，绳随埽下，拴橛之结徐徐松放，此棍用以挑松结缯，埽因之而得底。俗名曰开棍，因有避忌，以此名之。又有跳棍，一名挑杆，择坚劲之木为之，围圆一尺四五寸，长八九尺至一丈以外，面刻梯级，便于上下踩踏；梢刻月牙，便于加劲拴绳，起拧故橛。凡起橛均在埽段稳定以后，橛眼务填补坚实。《说文》："跳，跃也。"❶《六书故》："大为跃，小为踊。跃去其所，踊不离其所。"❷ 使故橛跃然以去其所，则非跳棍不为功。

---

❶ 《说文解字·足部》："跳，蹶也。从足，兆声。一曰跃也。"引文当系摘引。
❷ 《六书故》卷十六："跃，弋灼切，跳也。大为跃，小为踊，跃去其所，踊不离其所。"引文为摘引。

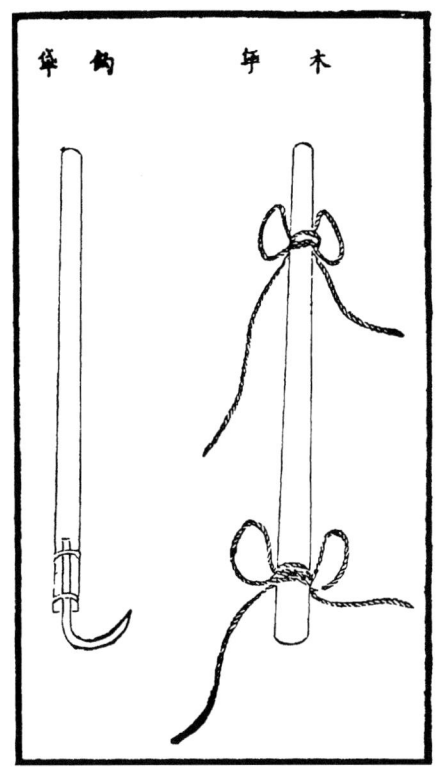

　　《字汇》:"屋斜用牮。又以木石遮水,亦曰牮。"木牮,一名牮杆,埽至河涯,人不得力,须用木牮。视埽长短,每埽档长一尺,用行绳一条,每行绳两条,中用牮木一根,前以绳拉,后以木牮,埽个方能卷紧行速,凡撑枕撑船皆须用之。木牮或用杨桩,或用长大杉木均可,近时购材为难,多以大船二桅代之。又有钩牮,专用以启闸板,每根长三丈六尺,围圆一尺二三寸,其下铁钩曲长二尺许,宽二寸,束以铁箍二道。

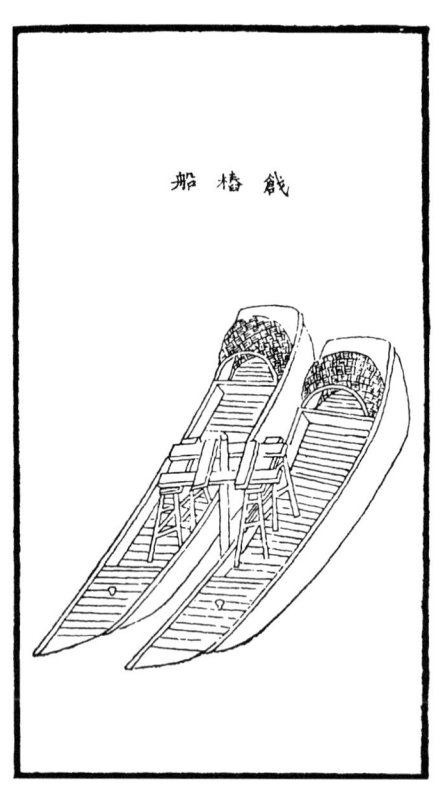

戗桩船

戗桩，为下埽栓系揪头缆之用，所关最重。黄河堤坝宽厚，地尚易择。惟洪湖下埽，两面皆水，必须选长大桩木签钉湖心，以为根本。而水深浪急，颠簸不定，签钉甚难。其法，用船二只，首尾联以铁炼，每船设高凳一具，上搭蹉板，中留空档安置戗桩，选桩手携硪登板，逐渐打下，较准水深，以入土丈余为度。

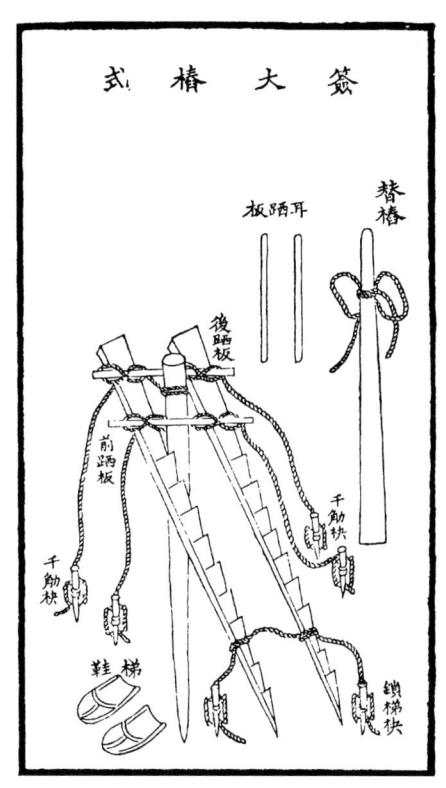

　　下埽稳固，应签大桩。若坝台铺柴多桩木撑起，兵在上面打桩，恐新埽易致落空，必用梯鞋方稳，否则梯尖插入埽台，急难复退，桩受伤人落河矣。软坝台尤其非此不可。桩维杨木可用，其性绵；杉木性脆，断乎不可。梯前后必用踩板，左右有耳，踩板可以容人足。管定桩木，四面用千斤䦆锁紧，桩木以锁梯䦆锁住梯脚。梯鞋剜木肖鞋形，以承梯脚。戴侗《六书故》："今人以履无踵，直曳之者为靸。"《中华古今注》："靸鞋，盖古之履也。秦始皇常靸望仙鞋，以对隐逸求神仙。"❶ 梯鞋，古之

---

❶ 《中华古今注》，三卷。作者五代马缟，唐末以明经及第，又举拔萃科，入五代在后梁为太常修撰、太常少卿等官。本书以考证名物制度为主，体例与崔豹《古今注》大致相同，部分内容重复。版本甚多，主要有《百川学海》《古今逸史》《说郛》《丛书集成初编》《古今逸史》诸本。《中华古今注》卷中："靸鞋。盖古之履也。秦始皇常靸望仙鞋，衣丛云短褐，以对隐逸求神仙。至梁天监年中，武帝解脱鞅鞋，以丝为之，今天子所履也。"引文为摘引。

靸鞋式也，但此系河工旧制，自乾隆三十六年以后概不签桩，缘桩木极长五六丈，大河埽前水深，每至四五丈，加以埽高水面二丈，计高深六七丈，埽心签桩断难入土，即或水浅之工，入土亦不过丈许，埽大桩浅，何能屹立？倘埽一蛰动，桩鲠于中，转难加厢抢压，实属无益。惟寻常浅水，河身形如锅底，埽工游蛰不止者，得此自臻稳固。

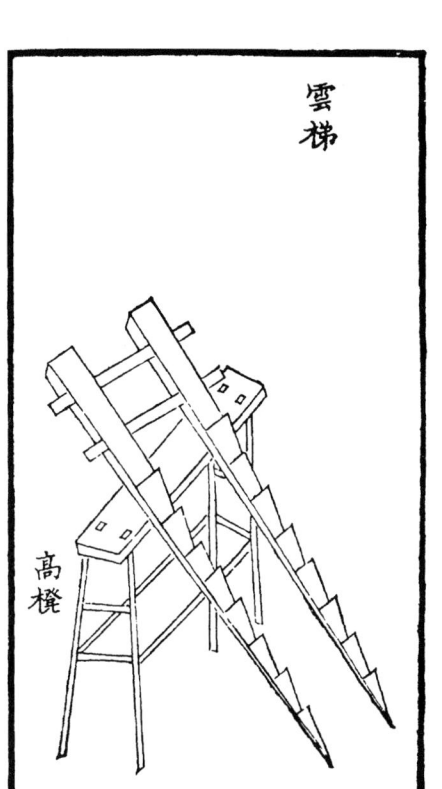

　　《事物绀珠》❶："梯，木阶，轩辕制。"《续事始》❷："云梯，鲁人公输般造。"毛诗注："钩援，钩梯也。所以钩引上城，即云梯也。"❸ 云梯，打桩所用。梯之高矮视桩之长短为率，约在三丈以外。梯用二木锯级，两人并上，谓之云梯。亦犹通天台上之通天梯，《太白阴经》之飞梯❹，言其高而已。凳，《正韵》：

---

　　❶ 《事物绀珠》，四十一卷，明黄一正编，成书于万历年间，《明史·艺文志》著录该书为四十六卷，实则为四十六目。《四库全书总目提要》称其"所录典故，率割裂饾钉，又概不著原书之名，是虽杜撰以盈卷帙亦莫得而稽矣"。

　　❷ 《续事始》，五代冯鉴撰。

　　❸ 《诗传大全》卷十六："钩援，钩梯也，所以钩引上城，所谓云梯者也。"此句引文在《诗经》的不少注释本中均有出现。

　　❹ 《太白阴经》卷四《战攻具篇·攻城具篇》中有"飞云梯"，似即引文中之"飞梯"。

"音凳，几属。"《晋书·王献之传》："魏凌云殿榜未题，匠人误钉不可下，使韦仲将悬凳书之。"❶ 云梯不用时以高凳架起，将草覆盖，恐日久朽烂，用时人夫受伤耳。

---

❶ 引文出自《晋书》卷八十《王献之传》。"凌云殿"原文中作"陵云殿"。

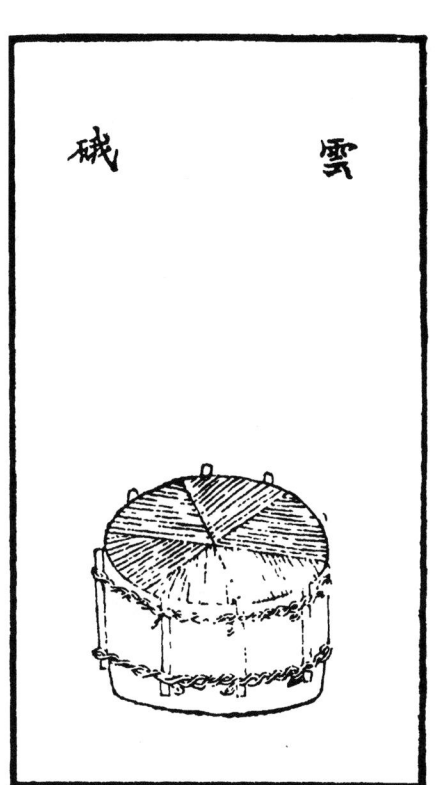

云硪，凿石如础，厚数寸，比地硪轻一二十斤，打硪兵夫用十二名，硪肘鸡腿俱用杂木，全恃盘硪之人盘得结实。硪夫在梯上用以签桩，桩高则硪自空而下，有似云落，故曰云。《说文》："硪，石岩也。"《玉篇》："砈硪，山高貌。"❶ 郭璞《江赋》："阳侯砈硪以岸起。"注："砈硪，摇动貌。"❷ 未闻用以名物，顾硪夫举硪，声扬则力齐，其音类莪，称之曰硪，殆六书所谓谐声者乎。

---

❶ 引文出自《玉篇·石部》："硪，砈硪，山高皃。""皃"即"貌"的通用异体字。

❷ 《江赋》，东晋著名学者、文学家郭璞的辞赋代表作品之一，收入《文选》（即《昭明文选》）卷十四。"注"指唐代李善为《文选》所做的注。李善开创了"文选学"，他对《文选》作的注，是文选学史上无与伦比的权威著作，征引繁富，多后人未见之书，于语源及典故之注释，极为详尽。

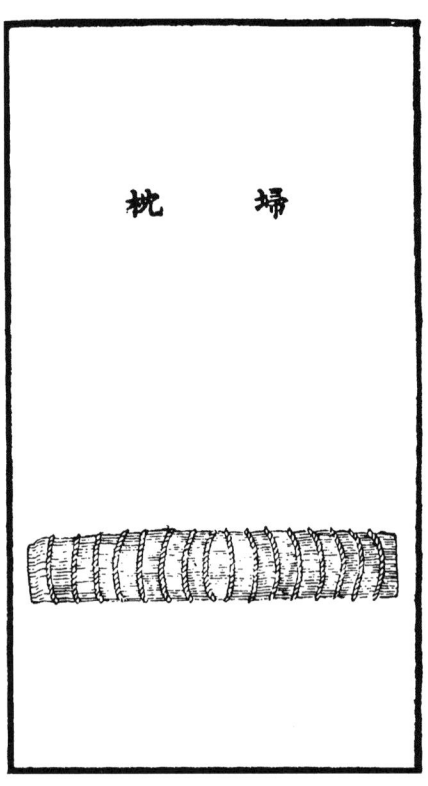

枕长数丈至十丈许不等，大埽上面所用，先用小绳挽住后尾，再用木签在枕上一路实钉，然后在里面加土，即遇大汛盛涨，水上埽面，能收淤闭之效。又漫滩水抵堤根，过于宽深，堤爪恐有风浪汕刷之虞，应先扎枕备防，临期将枕推入水中，用小木签钉住，使水流少缓，亦必停淤矣。《礼记·少仪篇》颖注："颖，警枕也。"谓之颖者，颖然警悟也。拦土而曰枕，其有先事预防之警欤！

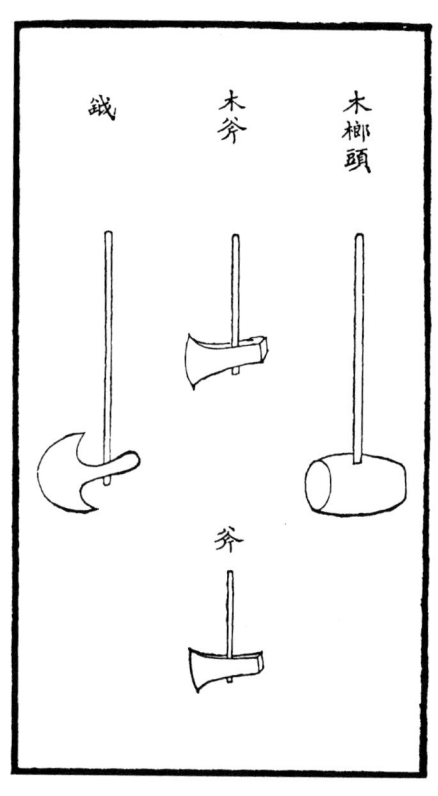

《逸雅》："斧，甫也；甫，始也。凡将制器，始用斧伐木，已乃制之也。"木斧者，锁桩之物，倘各绳松紧不一，用木斧在桩上捶打紧凑，恐用铁斧致伤各绳之故。木榔头，打埽上小木签、摆柣用之。斧，即铁斧。钺，即大柄斧。桩手均须预备，凡埽上绳缆有不妥之处，用以斩截甚利。

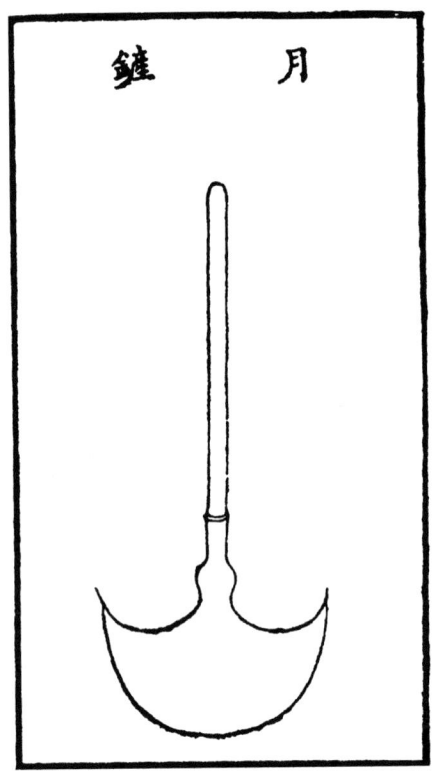

《古史考》："公输般作铲。"《说文》："铲，平铁。"❶《博雅》❷："签谓之铲。"木华《海赋》："铲临厓之阜陆。"❸ 杜甫诗："意欲铲叠嶂。"❹ 铁首木身，形如半月，凡旧埽、旧桩、树根盘踞、埽眉不齐，皆用之。

---

❶ 引文出自《说文解字·金部》："铲，鏶也。一曰平铁。从金，产声。"
❷ 《博雅》，即《广雅》，三国魏张揖撰。隋代避炀帝讳，改为《博雅》。
❸ 木华，字玄虚，广川人，《海赋》出自《昭明文选》卷十二："于是乎禹也，乃铲临崖之阜陆，决陂潢而相浚。"引文中"厓"同"崖"。
❹ 引文出自《全唐诗》卷二百十八杜甫《剑门》："吾将罪真宰，意欲铲叠嶂。"

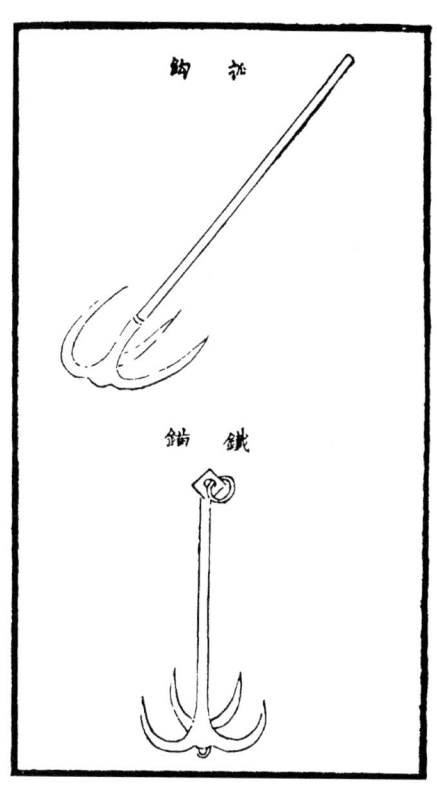

　　《韵会》:"古兵有钩有镶，皆剑属。引来曰钩，推去曰镶。"纯钩，剑也；吴钩，刀也；刈钩，镰也。钩之名不一，钩之用亦各不同。抓钩，系拆厢旧埽所用。《博雅》:"抓，搔也。又掬也。"三股内向，如搔手然，故名。《俗书刊误》:"船上铁猫曰锚。"❶ 其制尾叉四角向上，首戴镮，以铁索贯之，投入水中，使船不动。河工厢埽每遇水深溜急，提脑不得戗桩，用锚挂缆，谓之神仙提脑。

---

❶ 《俗书刊误》，十二卷，明焦竑撰。该书是一部旨在规范当时社会用字、辨正文字的字书，其内容包罗万象，具有较高的价值。《四库全书总目提要》称："其辨最详，而又非不可施用之僻论，愈于拘泥篆文，不分字体者多矣。"引文出自《俗书刊误》卷十一："船上拿泥铁器曰锚。"与原文稍有出入。

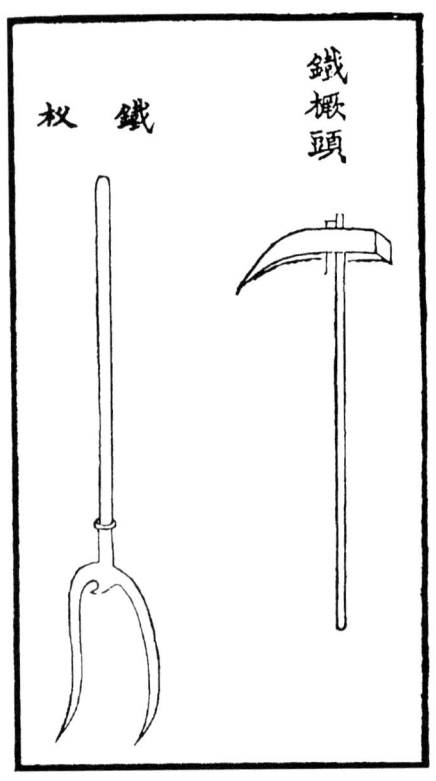

铁镢头，一名斫䥫，锄属，镢之为言，掘也，持以刨挖冻土。《物原》："神农作锄耨以垦草莽，然后五谷兴。"则锄盖神农造也。铁杈，《说文》："杈，枝也。"徐曰："岐枝木也。"❶ 木干铁首，二其股者，利如戈戟，叉软草、填塂眼、挑碎秸用之。

---

❶ 《说文解字·木部》："杈，枝也。从木，叉声。"又徐锴《说文解字系传》："杈，岐枝木，亦可以撑船，亦以刺鱼。"引文中"徐曰"即指徐锴。

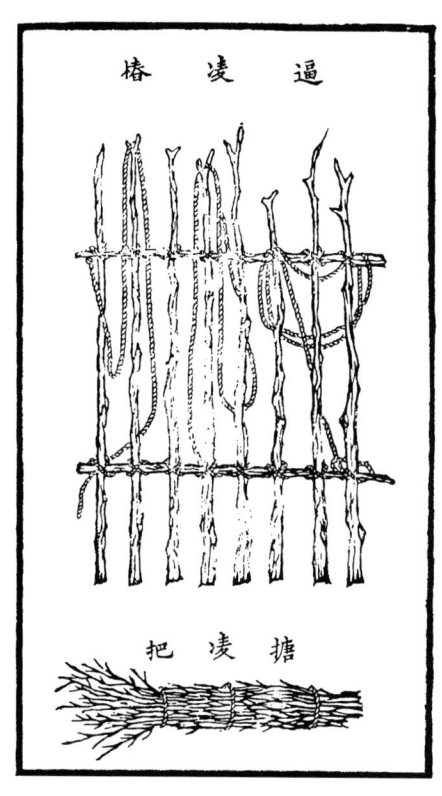

上游冰凌随水而下，谓之淌凌，或大如山，或小如盘。其性甚利，埽段遇之，最易擦损，则用丈余长木排护，迎溜埽前，名逼凌桩。又用细木二三根扎把排于拖溜埽前，名搪凌把。倘逢溜急凌大之时，桩把以外仍加大柳树，以粗铁炼系之，名卧桩，以作重卫。惟是排桩之法，必须先将下节用苏缆连镶扣住，然后入水，再于上埽生根用细炼扣紧，庶几冰凌过时不致挤动，仍擦埽眉。又凌锋利，能截木，必用毛竹片或铁片密钉桩木迎水一面，方免此患。

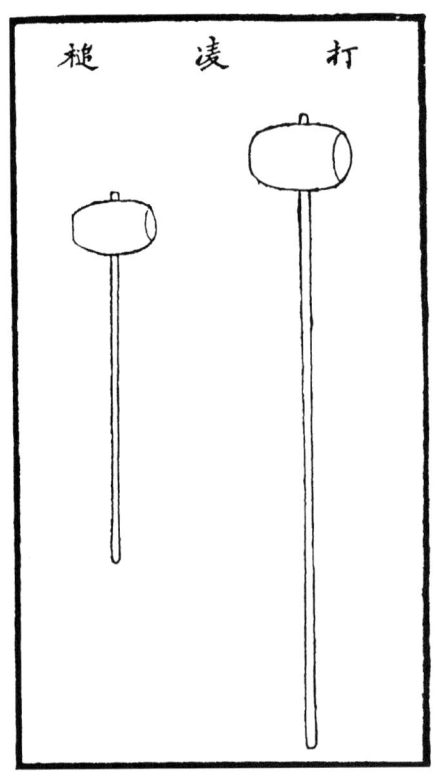

《礼记》:"孟冬之月,水始冰,地始冻。""仲冬之月,冰益壮。""季冬,冰方盛。水泽腹坚,命取冰,冰以入。"则凿冰宜急矣。锤,有石,有铁,有木。《说文》:"硾,捣也。"《吕氏春秋》:"硾之以石。"❶ 此石锤也。《抱朴子·仙药卷》:"以铁锤锻数千下。"❷ 此铁锤也。《魏书·宋崇传》:"双槌乱击。"此木锤也。皆可用以打凌者,而柳根尤佳,缘冰由寒结,非阳和不能疏其气,柳性暖,发荣最早,根大而重,用以凿冰,有相悦而解之义。

---

❶ 《吕氏春秋》卷四《孟夏纪第四》:"是拯溺而硾之以石也,是救病而饮之以堇也。"

❷ 《抱朴子·内篇》卷十一《仙药》:"〔风生兽〕以铁锤锻其头数十下乃死,死而张其口以向风,须臾便活而起走,以石上草蒲塞其鼻即死。"引文为摘引,其中"十"与"千"有异。

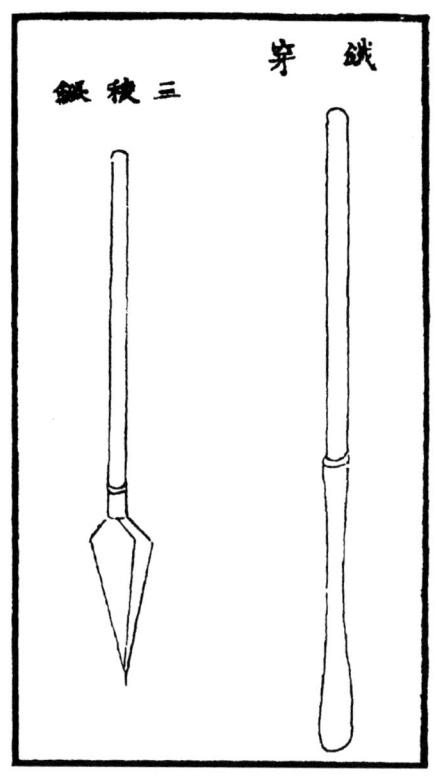

铁穿，其式两头似戈而宽大，中挺圆，又有橛形三棱，均以坚木为柄，约长七八尺至一丈，此船上用者。《易》曰："履霜坚冰，阴始凝也。驯致其道，至坚冰也。"大河水溜不易结冰，冰至于坚，非凿不可，苟器勿备，其何以"凿冰冲冲[1]？"故锤之外，又有穿。《说文》："穿，通也，穴也。"[2] 夫然后冰可以斩矣。

---

[1] 出自《诗·豳风·七月》："二之日凿冰冲冲，三之日纳于凌阴。"
[2] 《说文解字·穴部》："穿，通也。从牙在穴中。"《玉篇·穴部》："穿，穴也。"是《说文解字》中并无"穴也"之义，疑似作者混淆所致。

打凌船

《风俗通》:"积冰曰凌,冰壮曰冻,水流曰澌,冰解曰泮。"[1] 河工向有凌汛,当冬至前后,天气偶和,凌块满河,擦损埽眉,其病尚小,所虑忽值严寒,凡河身浅窄湾曲之处,冰凌壅积,竟至河流涓滴不能下注,水势陡长,急须抢筑,而地冻坚实,篓土难求,每易失事。所以必须多备打凌器具,分拨兵夫,驾浅如艑艓、小如舴艋之舟,各携器具,上下往来以凿之。但船底须用竹片钉满,凌遇竹格格不相入,庶几可以御之。

---

[1] 《风俗通》,全名《风俗通义》,汉唐人多引作《风俗通》,东汉应劭著。原书三十卷,附录一卷,今仅存十卷。该书考论典礼类《白虎通》,纠正流俗类《论衡》,记录了大量神话异闻,但作者加上了自己的评议,从而成为研究古代风俗和鬼神崇拜的重要文献。引文在《风俗通义》中未检索到,此处存疑。

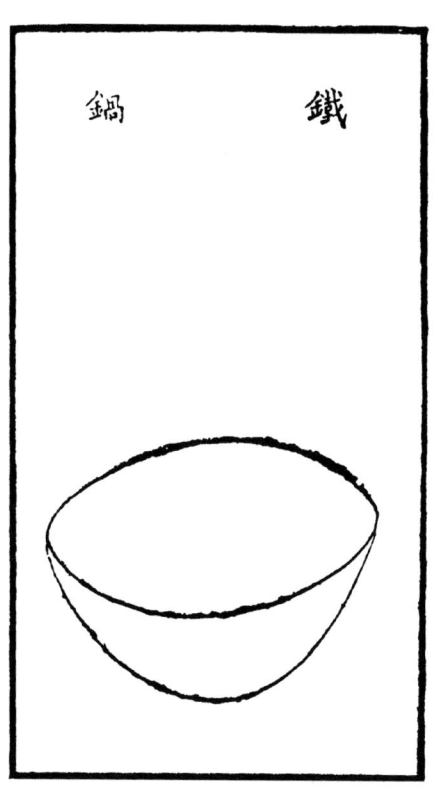

铁锅

《玉篇》："锅，盛膏器。"扬子《方言》："自关而西，盛膏者乃谓之锅。"《正字通》："俗谓釜为锅。"凡遇河水盛涨漫滩时，大堤里面忽然过水，名曰"走漏"，见有旋窝处，即是进水之穴。蛟龙畏铁，急以铁锅扣住，然后壅土，自可化险为平。

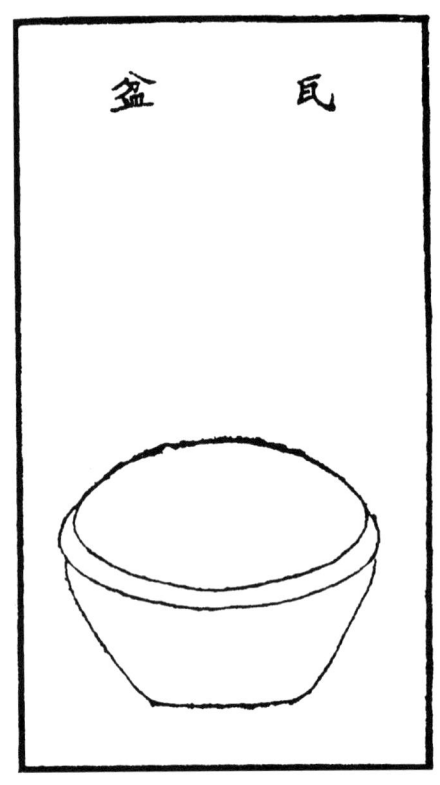

瓦盆

　　《考工记》："盆，实二鬴，厚半寸，唇寸。"《礼记》："灶者，老妇之祭也，盛于盆，尊于瓶。"然盆有金、有铜、有锡、有铁、有石、有瓷，至于瓦盆乃缶也。《易》："有孚盈缶。"《汉·五行志》："穿井得土缶。"师古注："缶，盎也，即今之盆。"《尔雅》："盎谓之缶。"郭璞注："盆也。"邢昺疏："缶是瓦器，可以节乐。"《地志》：广陵龙潭寺僧得古瓦盆，贮粟菽少许，经夕辄充牣其中，谓为水宫神物，仍投诸潭中云。❶ 今堡房例备二具，平时用以盛米、盛水，急时以之堵漏，其用与铁锅同。

---

　　❶ 此处引文中《地志》未知是何书，查《钱神志》卷六引《地理志》，与引文同，但亦未注明为何书。

　　《玉篇》："袋，囊属。"鱼袋、照袋、锦缥袋、藻豆袋、算袋，皆古人携贮什物之具。若今之布口袋，即古有底之囊也。凡遇漫滩走漏时，其进水之穴形势斜长，非锅盆所能扣住者，急将口袋装土，两人抬下，随势堵塞，即可闭气，然后从容齐集兵夫，夯硪填垫，自保无虞。但袋中土不可装满，以六分为度。

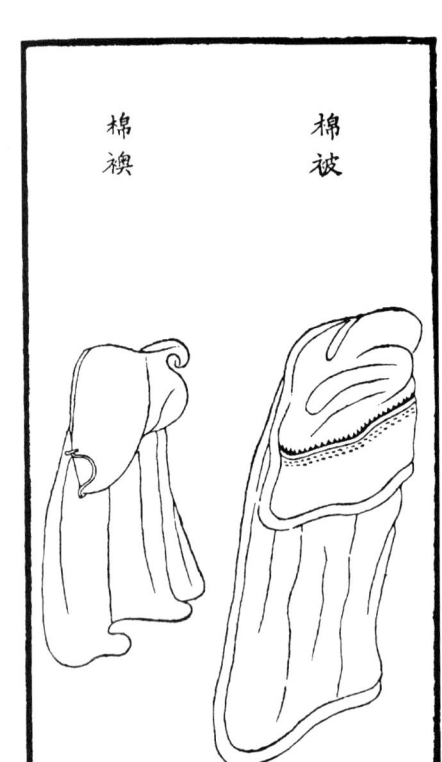

《物原》:"神农作被,伊尹作袄。"《释名》:"被,被也,被覆人也。"《身章撮要》:"大被曰衾,单被曰裯。"❶ 宋子京诗:"春寒到被池。"田艺衡《留青日札》❷:"今之色被,横其卧边缘,幅作异色,曰'当头',当,去声,即古之被池遗制。"《南史》:宋武帝微时,有衲衣布袄,既贵,与公主曰:"后有骄奢不节者,以此示之。"当大河盛涨时,大堤走漏,穴小用棉袄,如穴大且曲,必需棉被。堵塞之法,与布口袋同。

---

❶ 《身章撮要》,《四库全书》未载此书,然多有引用此书内容者,此处暂存疑。

❷ 《留青日札》,明田艺蘅撰,三十九卷,杂记明朝社会风俗、艺林掌故,零星记及政治经济、冠服饮食、豪富中官之贪渎、乡村农民之生活,以及刘六、刘七、白莲教马祖师之起事情形,颇有资料价值。

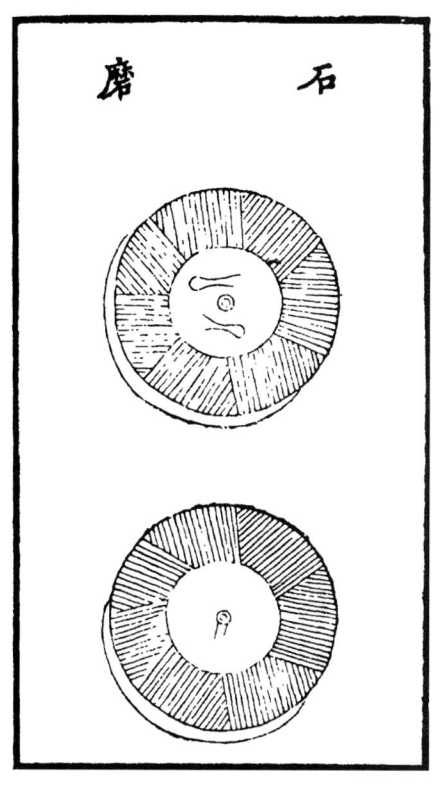

《说文》："磨，石磴也。"《僧园逸记》❶："都下寺院，每用岁除锻磨，是日作锻磨斋。"《稗史类编》：《后汉书》云，崔亮在雍州，读《杜预传》，见其为八磨，嘉其有济时用。❷ 凡遇大汛，水涨溜激，挂柳护堤，非石磨不足以坠柳株，久之上淤，磨沉泥内，掘出仍可用。再凌汛时水泽腹坚，一时难解，用绳系磨凿冰，亦以刚克刚之义也。

---

❶ 《僧园逸记》，出自《古今类传》，未知其详细情况，此处待考。
❷ 《稗史类编》，王圻著。此处引文并非出自《后汉书》，疑作者混淆所致。崔亮事见《魏书》或《北史》。

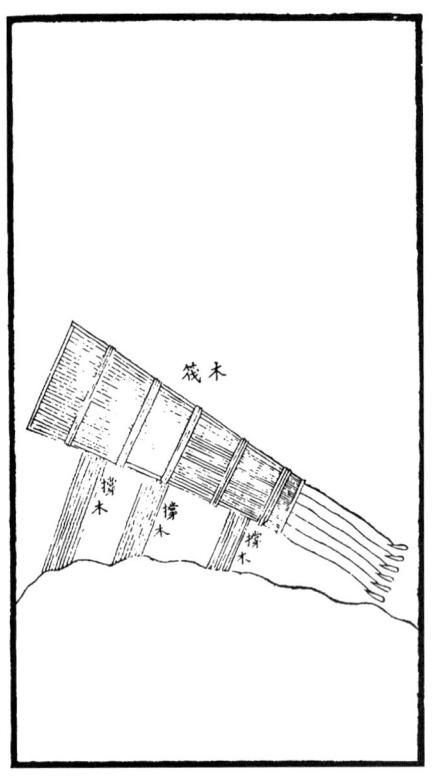

《方言》："桴谓之簰，簰谓之筏。"注："木曰簰，竹曰筏，小筏曰桴。"木筏又名木把，系扎杉木制成。凡工头工尾淤闭旧埽，忽尔溜到，筑坝不及，赶扎木筏挡护，后安撑木，以顺溜势。再漫水上滩，拦截串沟，及坝工搜后，均可用此。其扎法，每筏用木一二层，长宽丈尺随时酌定。

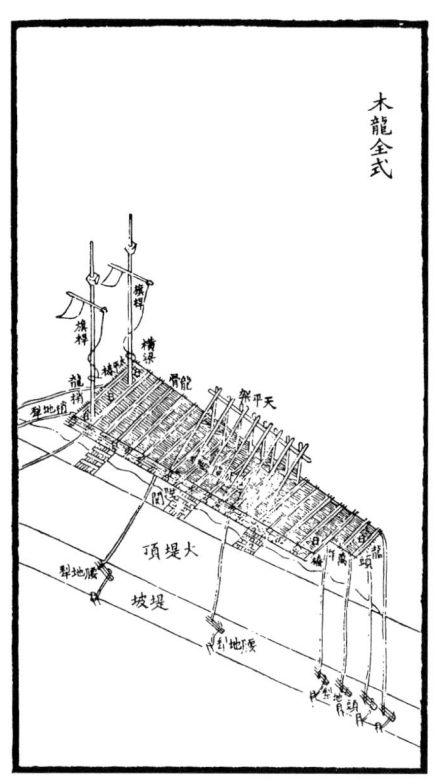

木龙之制，创始于宋。按史载，天禧五年，陈尧佐知滑州，以西北水坏，城无外御，筑堤叠埽于城北，复就凿横木，下垂木数条，置水旁以护岸，谓之木龙。元贾鲁塞北河口亦曾用之，而其法初不传。我朝乾隆初年，陶庄涨滩，屡挑不成，河督高文定公用州同李昞所献图议，照法试办，立见成效。高宗南巡阅视，制诗奖励。今南河有《木龙成规》一册，李昞所刊。❶ 又外南营额设钩手，专备编扎木龙之用。

---

❶ 《木龙成规》，收录于乾隆时编撰的《木龙书》，李昞刊刻。该书大约成书并刊刻于乾隆十六年南巡前后，包括"恭迎圣驾南巡诗""木龙颂""木龙图说""木龙成规""木龙纪略"，前有"乾隆御制木龙诗"，后有"题咏"及"跋"。其中《木龙图说》和《木龙成规》是该书的主体，对木龙各构件的尺寸、用料、编扎方式等都有详细的规定，是研究木龙形制的基础。

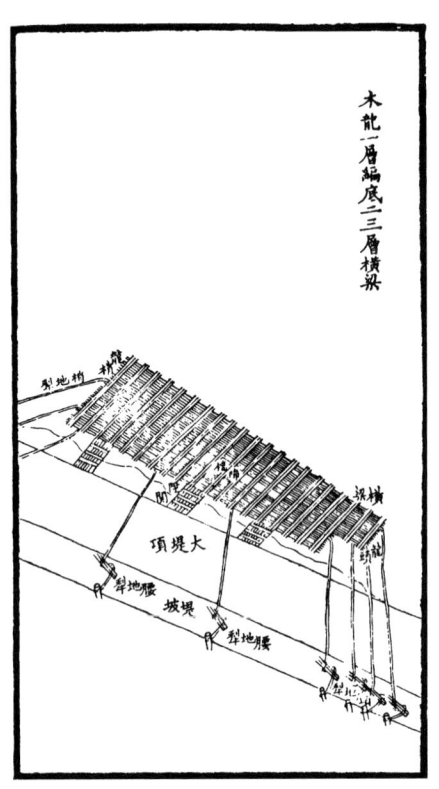

木龙，每长十丈，宽一丈，九层，得单长九十丈。其第一层密编纵木为底，每排用木十三根，共计七排，仍于中心酌留空档，以备插障安戗。其二三层横梁，每道用木六根，双层叠扎，均用犁头、竹缆兜绾，下层纵木每间二根，交股顺去叠回编扎。升关为牮龙挑溜之用。其第一层亦用纵木，每排十根，计五挑。二层亦用横梁，每道用木二段。三、四层各用直梁一，长十丈，亦用七节。扣缆等法则，均如扎龙式样，惟只四层耳。

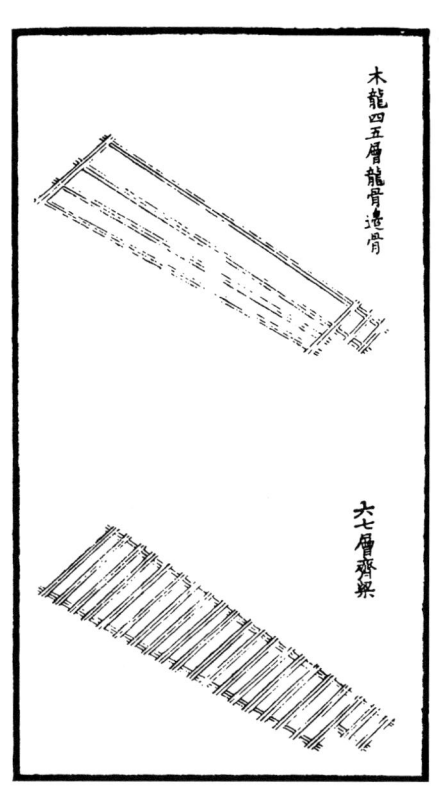

木龙第四、五层，曰龙骨，用木六根；曰边骨，用木四根。均叠作双层，每节长一丈五尺，计七节，余稍连搭，次节先用连半竹缆双行箍扎，又用缆兜绾下层横梁，其龙身宽长者，另用行江大竹缆绞三为一，名曰"龙筋"，每层各加二条，节节扣紧。其第六、七层仍用横梁，扎法如二、三层，一曰"齐梁"。

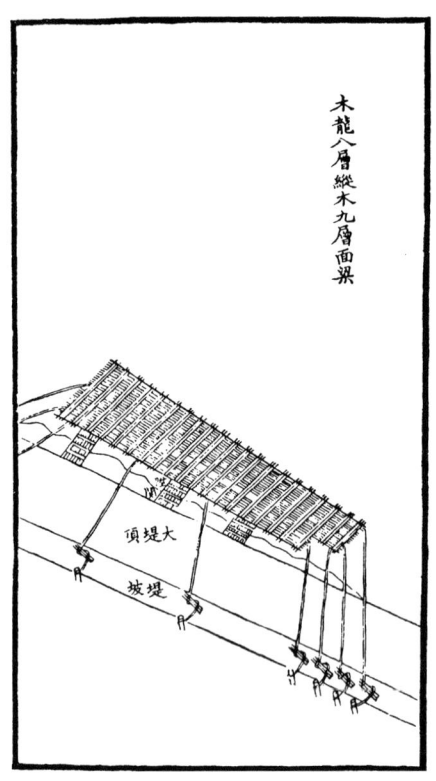

木龙第八层如第一层，用纵木，惟在水面不比底层搪溜，只须六排。第九层仍用横梁，一名"面梁"，每道用木二根，以操把竹缆贯过八层纵木，扣住六七层横梁，交股编扎。

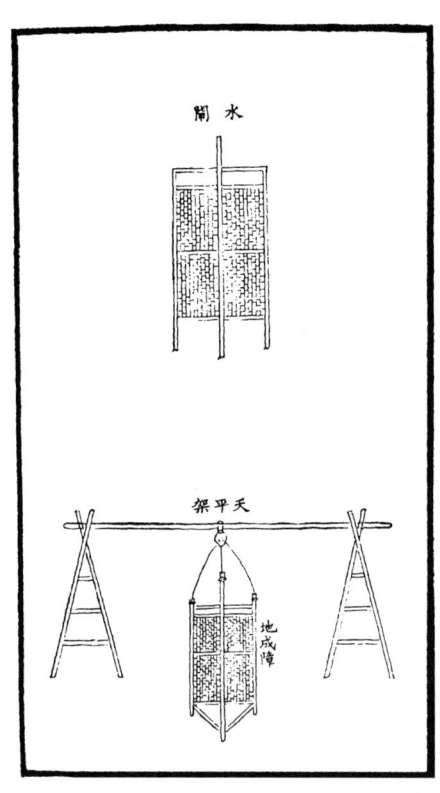

《类篇》："架，杙也，所以举物❶。"《说文》："障，隔也。"天平架，每座用直木二，横木一，左右架木仍各扎横担木三，以便人夫上下。地成障，中柄长二丈一尺，边木长一丈八尺，上、中、下横担木各长一丈，下用交叉小木，中编竹片，从龙身空档插下，用截河底之溜，所以溜缓沙淤，化险为平。又有水闸，一名水拦，其法与编障相仿，但直木俱用锐首。障则施于大溜，悬出龙底，使之不激；闸则用于余溜，插入河底，使之截流。用虽少异，功实相侔也。

---

❶ 引文出自《类篇》卷十七。《类篇》与《集韵》同时编成。此二书均由仁宗命丁度、宋祁等修纂，英宗治平四年同为司马光编定成书。《集韵》按韵编字，《类篇》按部首编字，两书相辅而行。《类篇》依据《说文解字》分为十四篇，又目录一篇，共十五篇。每篇又各分上、中、下，合为四十五卷。全书的部首为五百四十部，与《说文解字》相同，部首排列的次序变动也很少，是直接承接《说文解字》和《玉篇》的一部字书。所收字数三万一千三百十九字，比原本《玉篇》增多一倍。

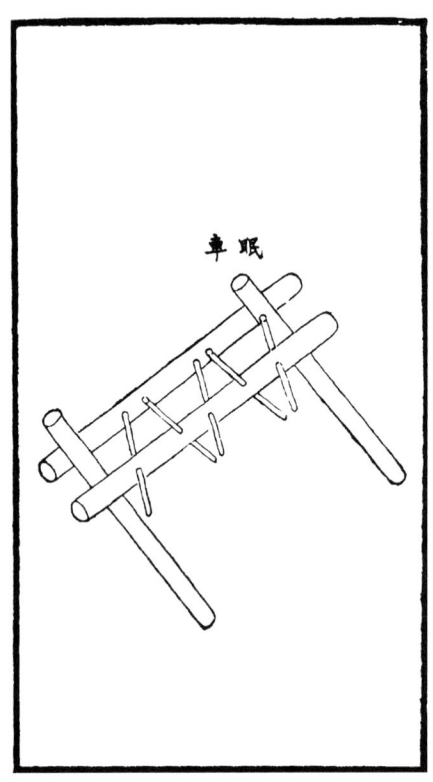

眠车

眠车，为升龙之用，每部长三丈，需用四尺四枫木，每间二尺凿通交叉圆孔，仍留空处系缆，扣紧牮木，顶住升关，两头用枕木二搁住，再用横木一根垫起枕木，使前高后低，然后用八尺长檀木棍绞车向前推转，加紧收缆，则龙身自出，挑溜用力较省。

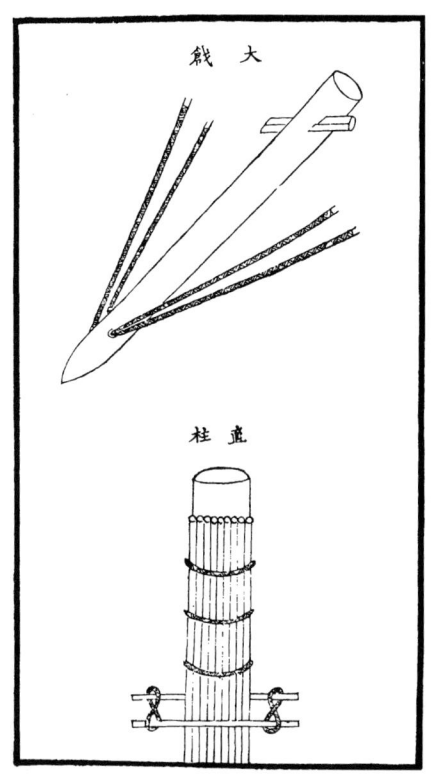

直柱，为龙身内系缆要具，需用三尺八松木，长二丈，下用蒻木二根扣紧两旁，用木九根围抱排挤，以竹缆三扣箍扎竖于龙身底层，仍于纵横各木层层挤紧，至出龙面，再用尺二抱木加缆箍定，用以扣系大缆，方能坚固。大戗，用四尺二松木，长四丈五尺，锐首象眼，贯以行江大竹缆二条楔紧，以便挽住股车，易于起下。其戗上方眼横木，系备安戗时系缆竖立之用。

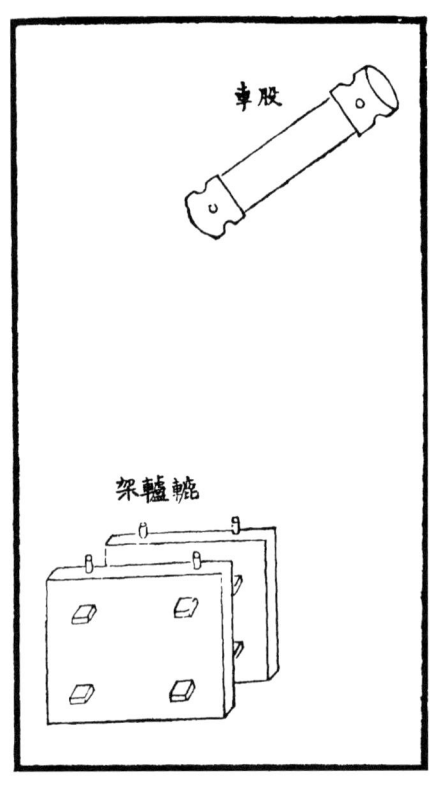

《周礼·考工记》："轮人叁分其股围。"注："股，近毂者也。"股车之制，长五尺五寸，两头各留七寸五分，凿交叉圆孔二，中四尺，细二寸，搁于辘轳架上稳子之内，将大戗所系之缆挽于车身，用人把住缆头，用檀棍插入圆孔，轮转戗随，缆起升举，定位纵缆，下戗直贯河底，稳住木龙，安戗后用以起下，殊省人力。至辘轳架，其式每架用松板二，长五尺，宽一尺三寸，厚三寸，两头上下各凿方眼二，另用五尺长松枋四根，插入眼内楔紧套住大戗，仍于架板边上两头各凿一寸二分圆孔，加檀木稳子夹住股车，使可旋转而不旁出。

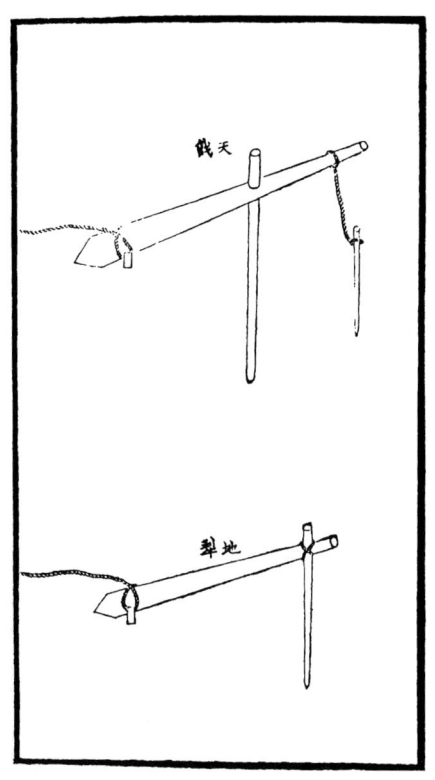

　　天戗、地犁，均为扣带系龙大缆之用。天戗，以二尺四木为之，长二丈，大头小尾锐首，旁加管楔，平斜入地五尺。地犁，以二尺一木为之，长一丈八尺，做法仿前，斜插入地四尺，犁尾钉青桩一，戗则腰尾各签一桩，用缆稳住，使不摇动。

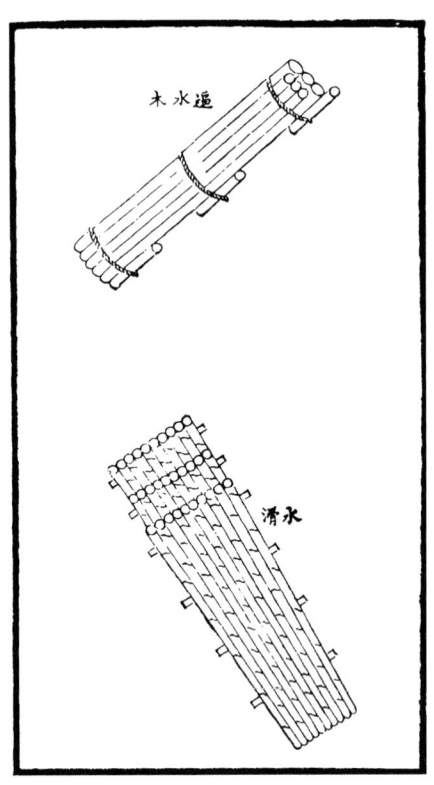

《周礼》疏:"滑,通利往来。"冰滑,每排以毛竹十,双层并叠,每三排以大竹劈片贯串编成。凡安木龙多在霜后,大河冰凌下注,簹缆最易擦损,置此龙旁,以为外护。又有逼水木,其制用尺二木六段,长一丈,叠扎三层,侧挡龙身外边,使大溜不能冲入,故名逼水。

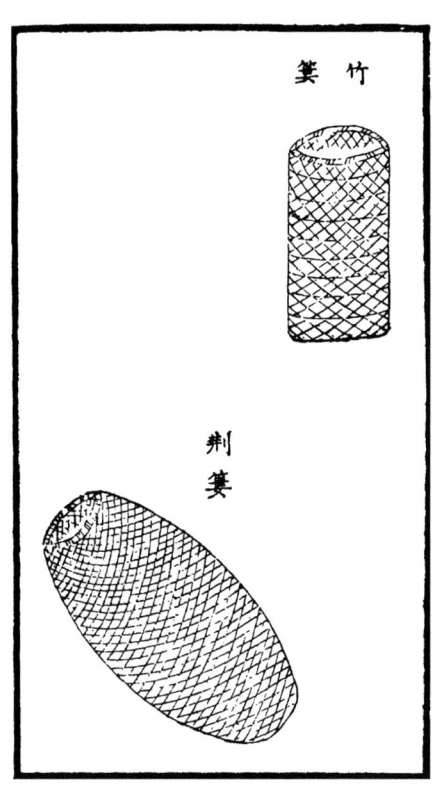

《集韵》:"篓,竹笼也。"《急就篇》注:"篓者,疏目之笼,言其孔楼楼然也。"或长或圆,形制不同,或竹或荆,质地不一。河工用以满贮碎石,为护埽壅水之用,排砌成坝者,亦名竹络坝。

卷四　储备器具

土簸箕

土车

条船

圆船

浚帮

柳船

篓　篓钩

水志　犁　关

搭爪

四轮车

箱

鮀　千斤鮀

刈刀　苎刮刀

绳车　纣绳架　绳床　滑子

簸箍头　手钩　拦脚板　皮皴

抽子　竹响板　铡刀　滑皮石磙

人字架　鮀架　抽子木

铁橇　铁鋠锤　小鋠锤

铁手锤　铁手錾　铁橃　铁檋

钓杆

麻龙头　麻小扣　石杠

拖　拖桩

大砖模　小砖模　竹荡刀　拐锹

浮梯　草叉　棍叉

锯　钻　凿　刨

墨斗　墨笔　曲尺　手锯

唤锥　唤针　笊篱

脚杷　拍板　刮刀

牌

蒲锹　砖架　木灰刀

水缸

水斗　麻搭　抓钩

太平桶

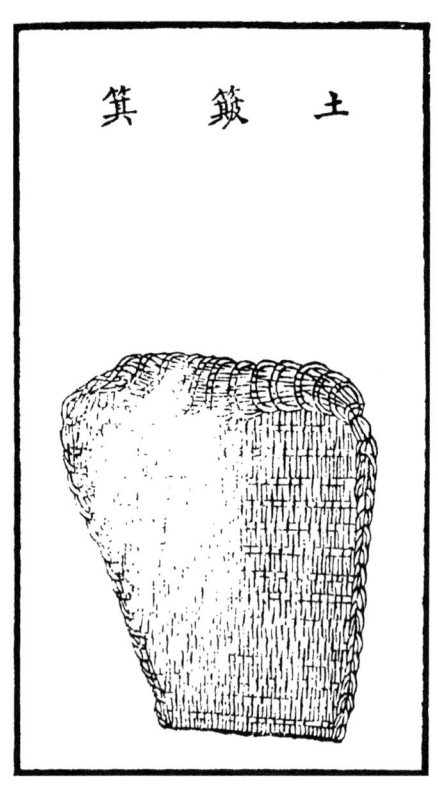

箕簸土

《篇海》："箕，簸箕，扬米去糠之具。"《方言》："陈、魏、宋、楚之间谓之箩，陈、宋、楚、魏之间谓筲、谓籦。"《诗》云："成是南箕。"箕四星，二为踵，二为舌，踵在上，舌在下，踵狭而舌广；又："维南有箕，载翕其舌。"❶ 故箕皆有舌，易播物也。谚云："箕星好风，谓主簸扬。"农家用以扬糠，工次则用以盛土，南竹北柳，其制不同，其用一也。

---

❶ 两处引文分别出自《诗经·小雅·巷伯》《诗经·小雅·大东》。

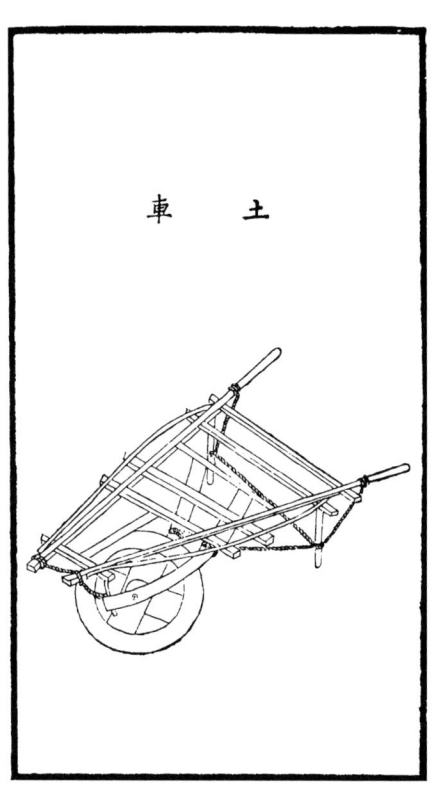

土车，独轮，料、土兼载。《稗编》❶："蜀相诸葛亮出征，始造木牛流马以运饷。"木牛，即今小车之有前辕者，流马，即今独推者是。《后山谈丛》："蜀中有小车，独推载八石，前如牛头。"❷ 今之土车独推，犹存诸葛遗制。

---

❶ 《稗编》，疑即《稗史类编》，明代王圻著。
❷ 《后山谈丛》，六卷，著者宋代陈师道，别号后山居士，彭城人。哲宗时，曾任徐州教授，后历任太学博士等。一生安贫乐道，是苏门六君子之一，江西诗派重要人物。该书杂载宋代政事、边防，朝野琐闻，文人轶事，略有失实，但可作研究宋代文学的参考资料。现有《宝颜堂秘笈》《学海类编》本等。引文出自卷四。

条船

《晋书》："天船九星，一曰舟星，所以济不通。"《易·系词》："伏羲氏刳木为舟。"《物原》："颛顼作桨、作篙，帝喾作橹、作柁，夏禹加以篷、碇、帆、樯，盖至是而行舟之具大备。"后世因之，制度不一，而工次转运料物，则以条船为最。

圆船

大河中又有圆船，效鲨制帆，象龟创橹，随中泓大溜旋转便利，惟宜于顺流而下，滞于溯流而上，且不任满载，终不若条船之适用也。

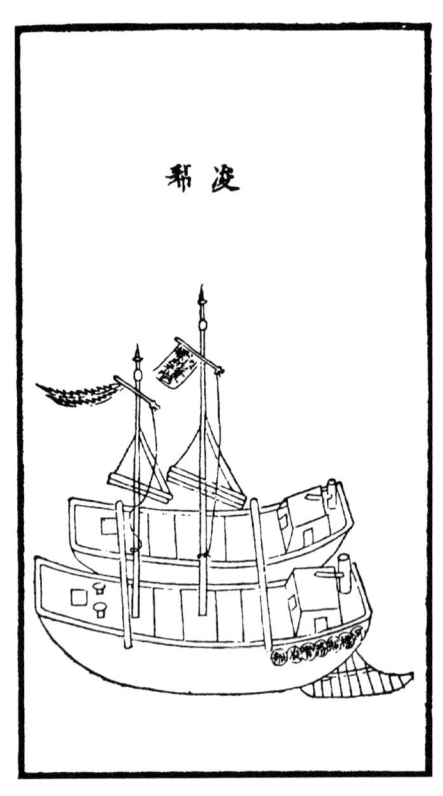

浚帮

浚船，康熙间靳文襄公为疏浚海口而设，旋因无效，拨给各厅运料。逮乾隆八年，白庄恪公请复试行，仍无效。二十四年，乃设船务营，统归管辖，装运荡柴。定制分大、中、小三号，大者长四丈二尺，中宽七尺六寸，舱深三尺二寸；中者长三丈九尺，中宽七尺，舱深三尺；小者长三丈六尺，中宽六尺五寸，舱深二尺七寸。其行以两只相并，俗谓一帮。按《尔雅》："维舟，方舟。"注："连四船曰维，并两船曰方。"帮与方音同，殆传讹尔。

柳船，定制长八丈，中宽一丈六尺，舱深五尺。按船务营原设浚石船七百三十二只，配成三百六十六帮，嗣因易于风损。道光八年，经张芥航河帅奏明，分年改四为一，应成一百八十三只，连旧额柳船十六只，添造一只，共成二百，分隶左、右两汛，计至十六年以后无浚船矣。至柳字之义，俗谓用以运柳，故名。按《汉书》服虔曰："东郡谓广辙车为柳。"又李奇曰："大牛车为柳。"则柳盖训大尔。

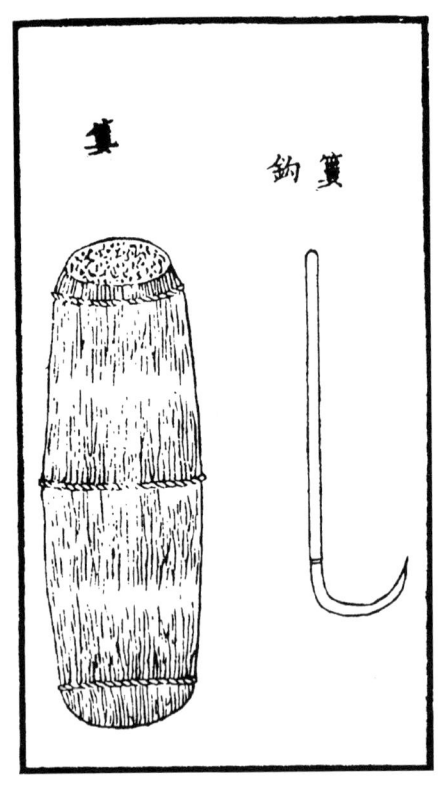

　　柴篓，为柳船承柴之用。篓钩，为捆扎柴篓之用。其法，先以上茂苇柴捆扎成篓，二人上船持钩钩定，贴紧船帮，用缆跨系，使两面相平，然后用柴层层勾搭，状比鱼鳞，堆积如山，虽遇风浪，船行稳重，不致脱卸。至用篓多寡，以柴长短为准，每边或六节、或八节俱可。篓钩则锻铁为首，湾长尺余，受以木柄，约长二尺。

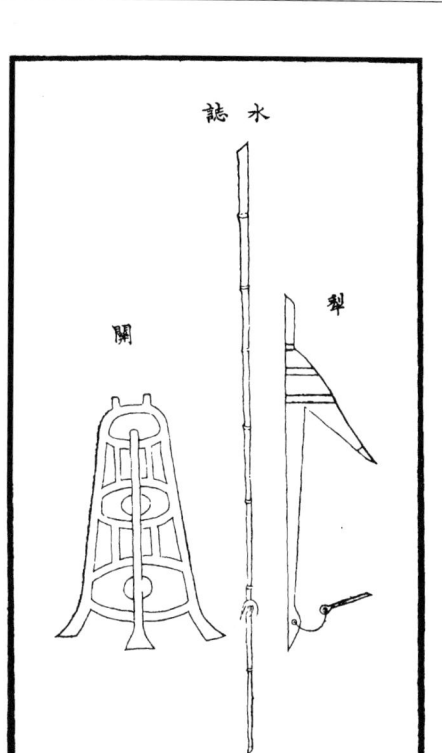

《物原》："遂人以匏济水，伏羲乘桴，轩辕作舟楫，颛顼作桨、作篙，帝喾作舵、作橹，尧作维牵，大禹加以篷、碇、帆、樯，行具大备。"后又增以铁锚、艞板、招杆等器，近时又增二具，曰犁、曰关。凡遇风逆溜激，牵挽不能得力，上水设关绞行，下水安犁留拽，甚便。至运关之木，人各一根，名曰关翅。安关之所用土坚筑，名曰关盘，一名升关坝。又水志，以竹为之，长二丈，凡军船入境勾水尺寸既定，则就其处扎棕为志，持以量船即知轻重，持以探水即知浅深，亦驾驶之要具也。

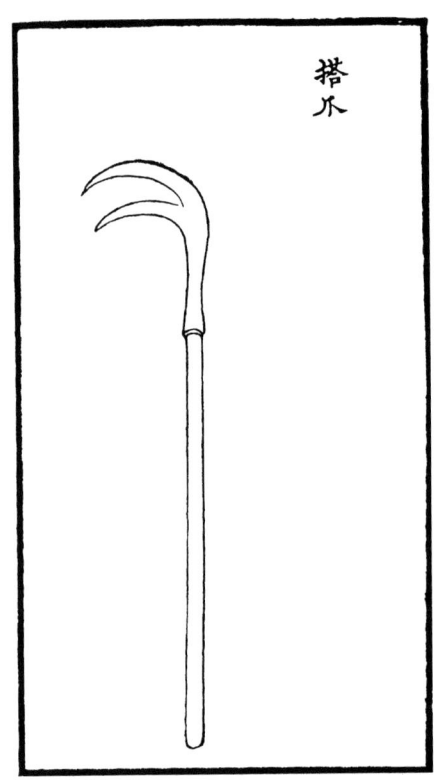

搭爪，煅铁如弯爪形，受以木柄，通长尺许，用如爪之搭物，故曰搭爪。料车到工，或掷以下车，或积以成垛，日以万计，速于手挈。

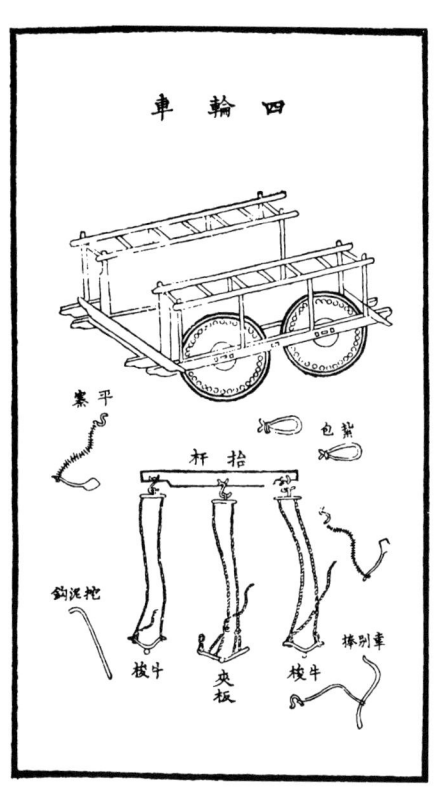

　　四轮车，即任载之牛车，缚轭以驾牛者，工次用以载秸料，俗谓之料车是也，而什物行李亦以此装运往来。《物原》："少昊制牛车，奚仲制马车。"《稗编》："汉初马少，天子且不能具纯驷，将相或乘牛车。"晋王导之短辕犊车，王济之八百里驳，石崇之牛疾奔，人不能追，皆牛车也。今惟四轮车驾牛，间有牛马兼用，若乘车则无驾牛者矣。

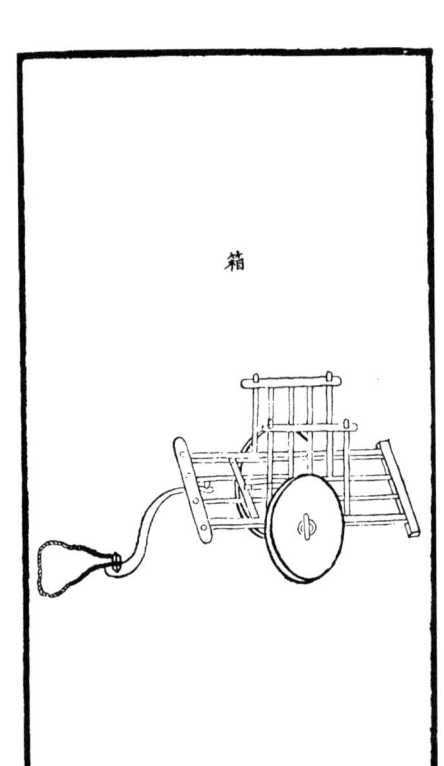

箱，俗名板毂车，即古之行泽车也。《诗》云："乃求万斯箱。"又云："睆彼牵牛，不以服箱。"❶《周礼·车人》："行泽者反輮。"又："行泽者欲短毂。"《农书》："板毂车，其轮用厚阔板木相嵌斫成圆象，就留短毂，无有辐也。泥淖中易于行转，了不沾塞。""独辕着地，如犁托之状，上有橛以擐牛挽縻索，上下坡坂，绝无轩轾之患。"王祯《咏箱诗》："下泽名车异尔辀，服箱原自有耕牛。双轮不辐还成毂，独木非辕类作辀。"今河滩农家尚有此车，为冲泥装运料石之用。

---

❶ 两处引文分别出自《诗经·小雅·甫田》《诗经·小雅·大东》。

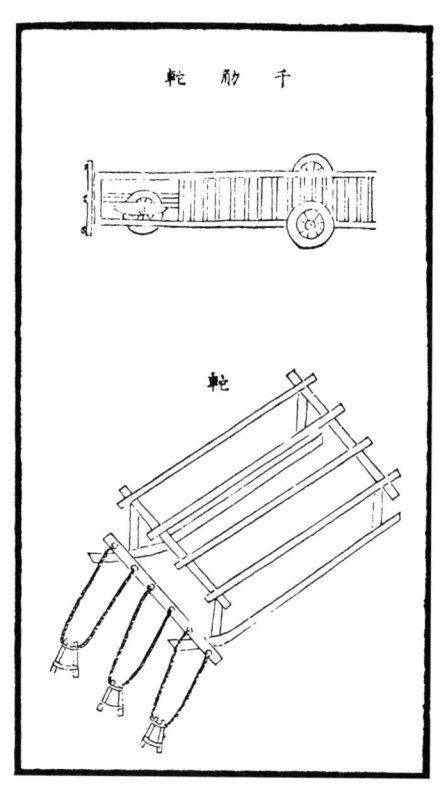

《玉篇》："駝，疾驰也。"今南河有车，状如车盘而无轮，其行颇速，专备淤地转运柴料之用。盖淤地有轮必陷，负重难行，此则以绳为辕，驾牛三头，车盘下用栏杆架起，只以二木贴地平拉，无前轩后轻之患，故易为力。又有千斤，其制三轮，坚木为之，每旱运大石料，多用此具。

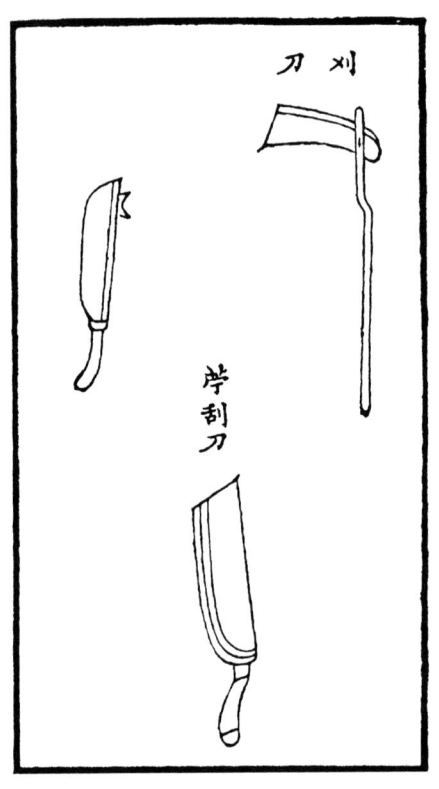

《农书》:"刈刀,获麻刃也,两刃但用镰桐旋插其刃,俯身控刈。""刮刀,刮苎皮刃也,锻铁为之,长三寸许,卷成槽,内插短柄,两刃向上,以钝为用,仰置手中,将苎皮横覆于上,以大指按而刮之,苎肤即蜕。"近有一式,刀首铸钩,形如偃月,亦刮苎用。按江南种麻,惟用拔取,颇费工力,河南西华一带种植遍野,获刈全用此刀。其治麻法,随刈即刊,沤之清水池中,寒暖得宜即可洁白柔韧,沤苎则因皮厚难软,必需用刀刮净。其治法,先用石灰拌和累日,抖净后用灰水煮,待冷,然后濯以清水,用芦帘摊晒,择细者绩布,粗者作绳缆用。

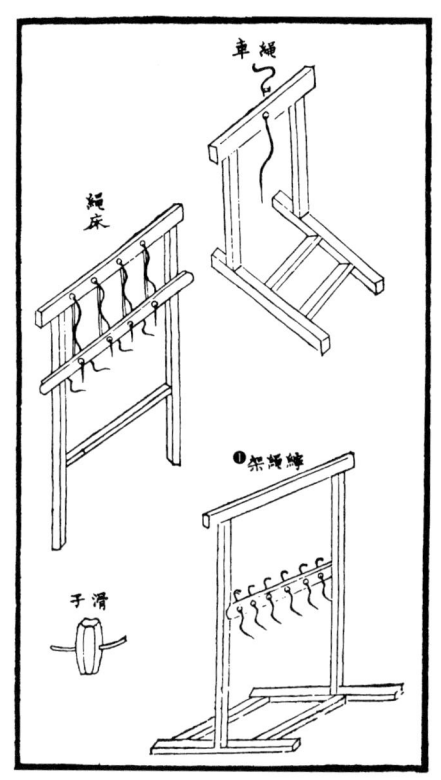

绳车，绞麻作绳也。元《王祯农书》："绳车，横板中间排凿八窍或六窍，各窍内置掉枝，或铁或木，皆弯如牛角。"此只一窍，且车式迥殊。绳床，上下各四窍，绳架则中排六窍，却与《农书》绳车相仿佛，而式亦不同，岂古今异制，抑南北各宜耶？掉枝，一名铁摇手，俗谓之吊子。又有爪木，置于所合麻股之首，或三或四，撮而为一，各结于掉枝，复搅紧成绳。爪木自行，绳尽乃止。所谓爪木者，即俗名滑子是也。

---

❶ 本页图中，"纻绳架"，按字书中无"纻"字。有"纻"字，意为"苎麻，或苎麻布"，并无绳架编织纻绳之说。此处疑为"拧"字，似作者所写之异体字。

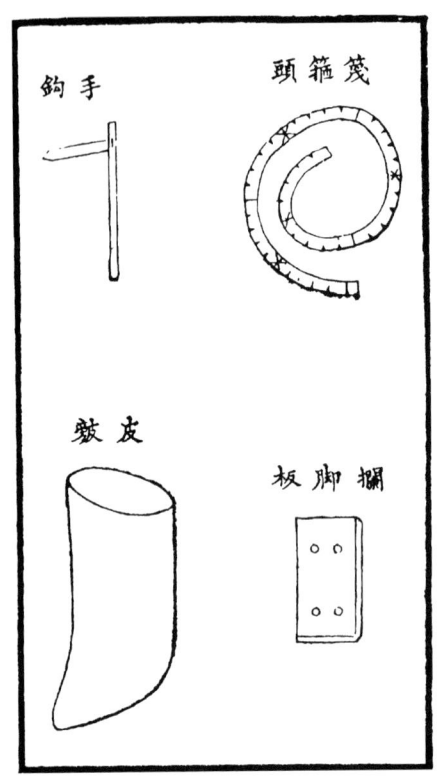

《集韵》:"箍,以篾束物也。"又:"皴,治履边也。"今围柴篾箍,熟竹皮为之,用漆分画尺寸。定例:苇营以铜尺二尺八寸为一束。手钩,叉细而长,约四五寸,横安木柄。凡柴由沟港筏运到厂,樵兵两手各持一钩,勾柴上滩晾晒堆垛,省力而速。拦脚板,状如屐,长一尺,厚一寸,宽五寸,前后凿孔,系绳于履,干地采柴,着之可御柴签。皮皴,状如袜,以牛皮为之,水地采柴,着之可冲泥淖,夜则浸以灰浆,经久不烂。右四器皆荡营樵采之具。

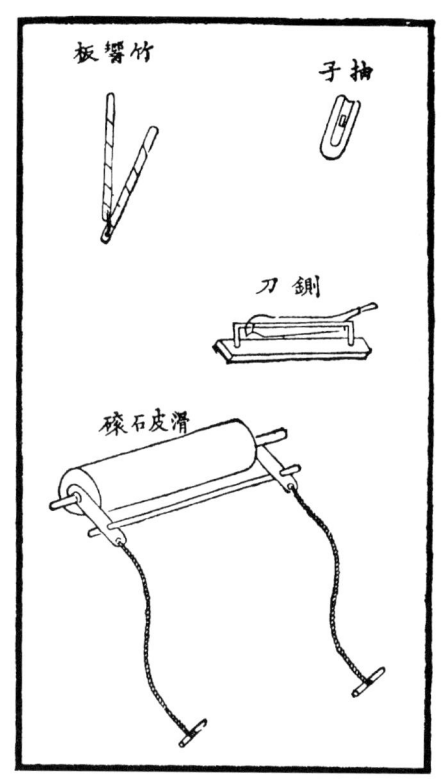

河工捆船镶埽，非缆不可，东河用麻，南河用苇，各取其宜，而制苇器具则与麻不同。一、鍘刀，锻铁为之，刃向下，承以木床，为切去根梢之用。一、抽子，一名梳子，截木一段，长盈握，中开一槽，广容指，内含钢片，为抽劈皮膜之用。一、响板，取竹片约长一尺，每二片联成一副，用时两手相搏有声，为划削碎叶之用。一、滑皮石滚，取石琢圆，径围三尺，两头各安木脐，上套木耳，系以长绳，用时置苇于地，往还拉曳，为压扁柴质之用。

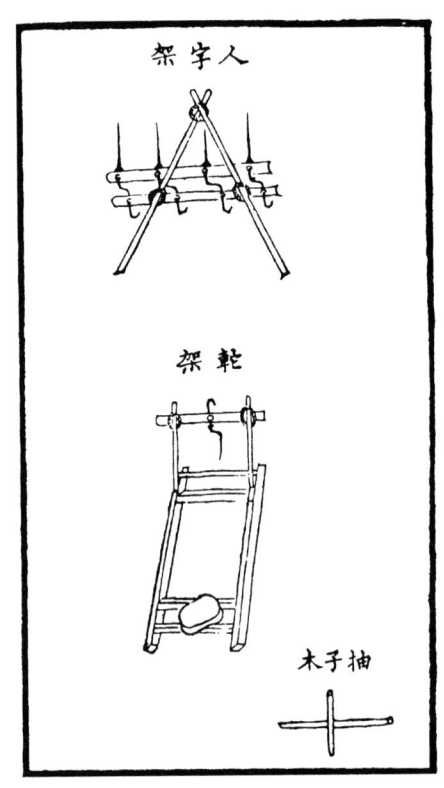

　　苇缆之架，与绳架不同，其式有二：一曰人字架，用木二根，其上缚成人字，其下分埋土内，中间横架竹片二，每片各凿四孔，每孔各安铁枝一枚；一曰鸵架，用木做成，竖高二尺六寸，横榇三尺二寸，均安框内，其架上亦横置竹片一，中凿一孔，孔内安一铁枝。凡打苇缆，先用绳抉绊定人字架，再用巨石压住鸵架，使不摇动，然后将缆一头分作四股，安人字架上，一头合做一股，安鸵架上，用人推递抽子，自然萦结成缆。抽子以木为之，竖长尺二，横长尺八，状如十字。打缆时将四股分摆其间，推之即合，用与梭同。铁枝俗名钓子，即摇手也。

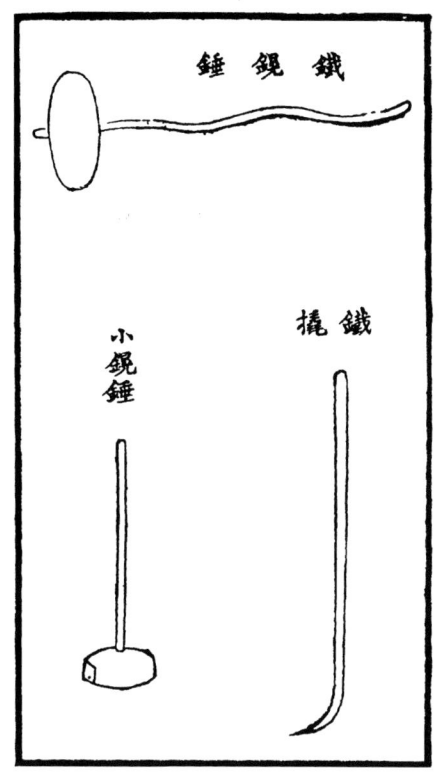

扬子《方言》："锤，重也。东齐曰錕，宋鲁曰锤。"《集韵》："撬，举也。"凡开山采石，山有土戴石、石戴土之分。见山面露有浮石，必先用錕锤击之，审定其下有石，然后刨土开采。錕锤之制，铸铁为首，大者形长而扁，两头皆可用，中贯藤条或竹片以为柄；小者两头一方一圆，以木为柄，约重十五六斤，均专备劈裁石料之用。又铁撬，以铁锻成，长一尺六寸，重十余斤，为撬起石块之用。

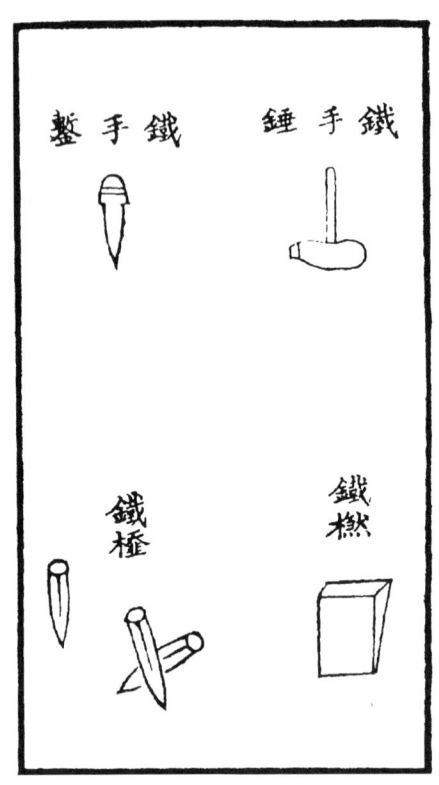

《说文》："錾，小凿也。"橄与樧同，侧击也。楎，见《字典》而无考。❶ 右四具皆采石所必需。手锤，尖头圆底，约重三斤。手錾，圆脑尖嘴。铁楎，圆脑扁嘴，长四、五、六寸不等。铁橄，上宽下窄，其用与楎同。凡开山，既见石矣，须审山之形势，顺石之脉络，度量所需石料长短厚薄，划定尺寸。先凿沟槽，约宽三寸，深二寸，每尺安铁楎三根，击以锒锤，用水浸灌刻许，然后用锤錾尽击开采。再楎名不同，在平处为劈楎，直处为錾楎，兜底横处为抬楎，抬楎得施以铁撬而石出矣。又黑麻、豆青等石皆用铁楎渐击渐入，匠人谓之含楎。独黄麻石用钢楎一击即起，匠人谓之跳楎，必须系以线索，不致跳远，则又石性之不同耳。

---

❶ 《说文·木部》："樧，似茱萸，出淮南。从木，杀声。""橄"，《康熙字典》："同樧。"此处释义与《说文》等不同，姑备于此。

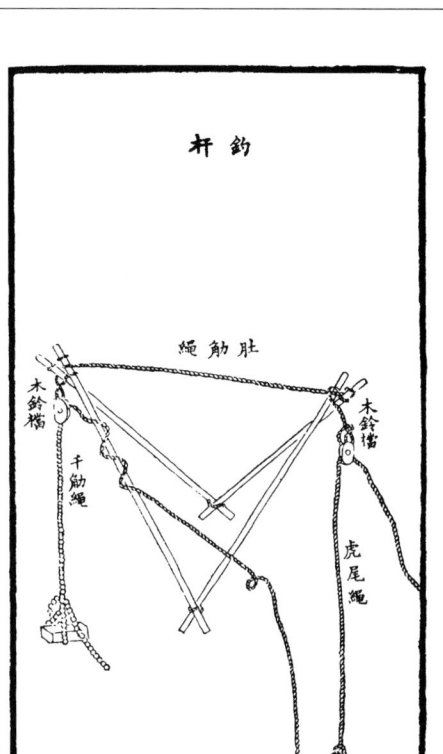

　　南河修补石工，例应选四添六，旧石塌卸，多沉水底，既深且重，人力难施，捞取之法，全仗钓杆。其制，用杉木四根，交叉对缚，仿架网式，安置岸边，前系铁炼，名曰千斤，后系极粗麻绳，名曰虎尾，承绳之处名木铃铛，然后遣水摸夫入水摸石，引绳扣系，集夫拉挽虎尾绳钓捞上岸。又采石装船行运，石重船浮，非跳板所能上下，装载之法，或于崖岸设立钓杆，或用本船大桅系索拉钓，卸亦如之。

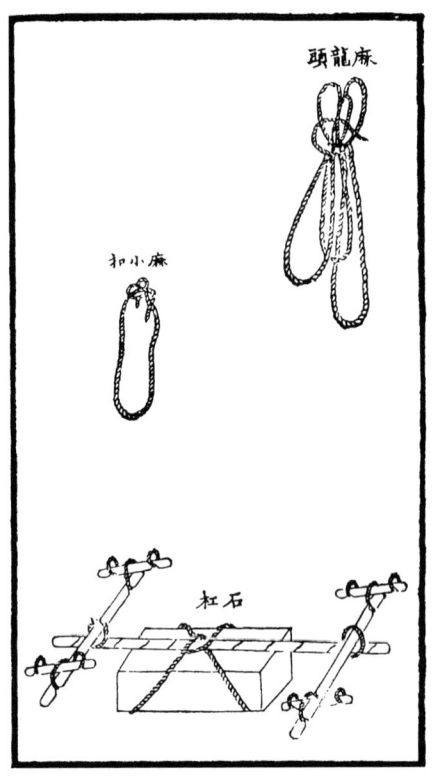

《说文》:"杠,横关对举也。"❶ 凡抬条石,人数或四或六或八,视石之轻重大小为准。其所用杠选大竹为之,俗名曰牛,中用麻绳打结,名麻笼头,系石四角,兜而悬之。竹杠两头用麻绳打结,名麻小扣。横穿短杠,俗名大木牛。两头再各用麻小扣穿小杠,俗名小木牛。

---

❶ 《说文·木部》:"杠,床前横木也。从木,工声。"《说文·手部》:"扛,横关对举也。从手,工声。"此处将"扛"作"杠",疑混淆。

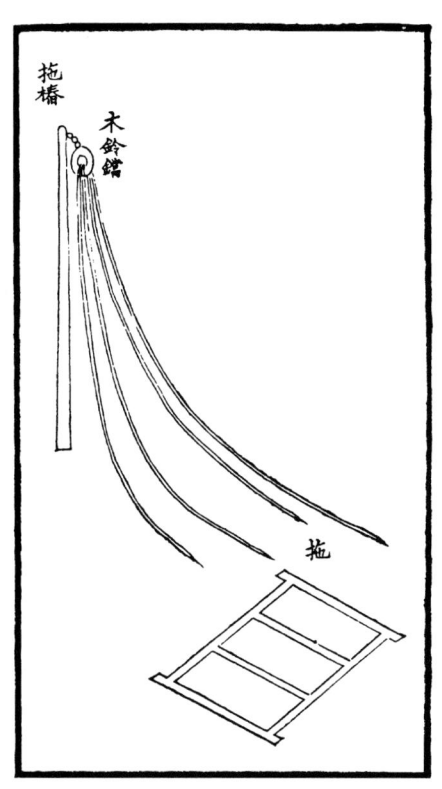

《礼·少仪》疏："拖，引也。"《集韵》："拖，牵车也。"拖，一名旱车，江南运石用之，北路石料长大者亦用此具。其法，于拖前远立长桩，桩头系以木铃，贯以长索，一头系住拖上石料，一头以人力倒挽，人退拖进，一拖不及，再立桩，如法行之。至拖之人数，则以石之大小轻重为准。

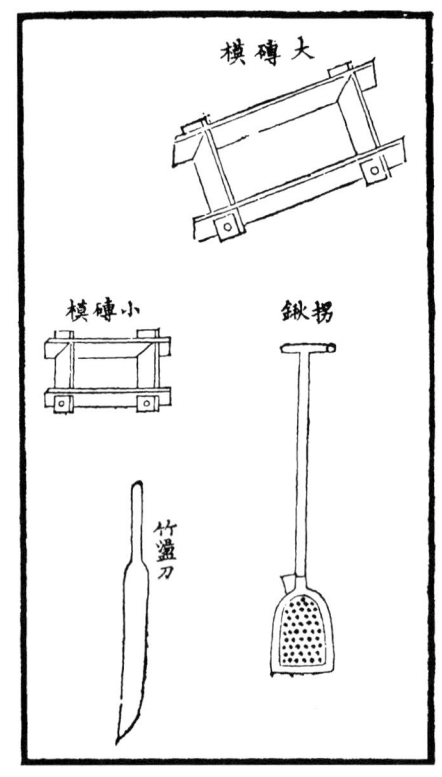

砖，即瓴甓。《古史考》："乌曹作砖。"《广韵》："模，形也。"左思《魏都赋》："受全模于梓匠。"《类篇》："荡，动也。"《说文》："荡，涤器。"又："锹，臿属。"《唐韵》："拐，物枝也。"❶ 治砖之具有模，大小均用坚木合成。荡刀，以竹为之。拐锹，剡木为首，以铁片包镶四边，中列钉头，受以丁字长柄，用之拌和熟泥，贮模成墼，俗谓之坯，再用竹刀荡平，脱下晒干，积有成数，然后入窑烧炼，计日成砖。

---

❶ 《唐韵》，唐代开元年间孙愐作。隋陆法言著《切韵》，是前代韵书的继承和总结，原本早佚，现仅存敦煌出土唐人抄本。《唐韵》是《切韵》的一个增修本，因其定名为《唐韵》，曾献给朝廷，故虽是私人著述，却带有官书性质。该书比起较它早出的王仁昫《刊谬补缺切韵》更著名，但原书已佚，仅有清末残卷两卷。又据《广韵》卷三："拐，手脚之物枝也。"此处"拐"字释义，似出自《广韵》，则《唐韵》应作《广韵》，疑为刻工之误。

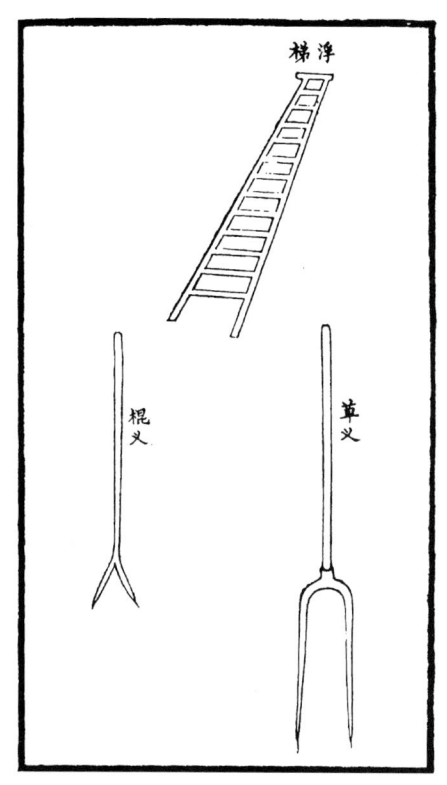

《正韵》："叉，两歧也。"《说文》："梯，木阶也。"《释名》："梯，如阶之有等差也。"草叉，削木为柄，锻铁为首，两齿铦利而长，备烧砖挑柴之用。棍叉，锻铁为之，柄圆齿扁，备烧窑拨火之用。浮梯，以木为之，修工匠人用以伫足，随等上下画线，俾得一律。

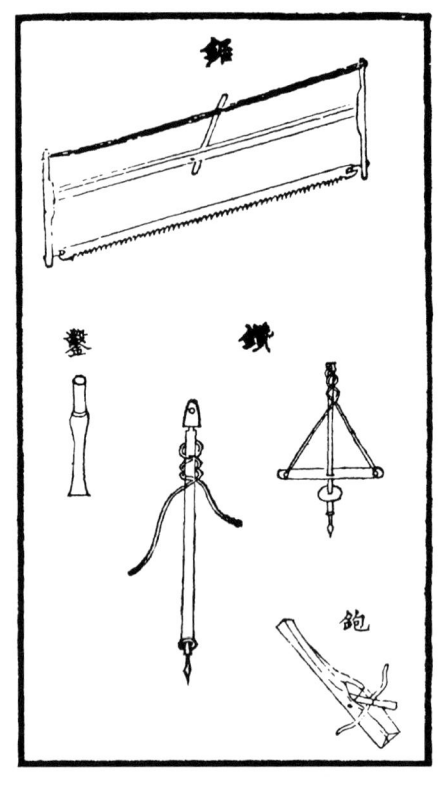

《物原》:"轩辕作锯,般作钻。"《古史考》:"孟庄子作锯,作凿。"《事物绀珠》:"推刨,平木器,鲁般作。"《说文》:"仓唐,锯也。"❶《正字通》:"锯,解器。铁叶为龃龉,其齿一左一右,以片解木石也。"刨,正木器,大小不一,其式用坚木一块,腰凿方匡,面宽底窄,匡面以铁针横嵌中央,针后竖铁刃,露出底口半分,上加木片,插紧不令移动,木匡两旁有小木柄,手握前推,则木皮从匡口出,用捷于铲。凡骑马桩橛之类,或有长短不齐、高低不平,非此数具乌能治之。

---

❶ 《说文·木部》:"枪,歫也。从木,仓声。一曰枪欀也。"又《说文·仓部》:"仓,谷藏也,仓黄取而藏之,故谓之仓。从食省,口像仓形。凡仓之属皆从仓。"又《说文·金部》:"锯,枪唐也。从金,居声。"是作者此处倒置《说文》的解释方式,且将"枪"作"仓",疑似认定二者为通假之故。

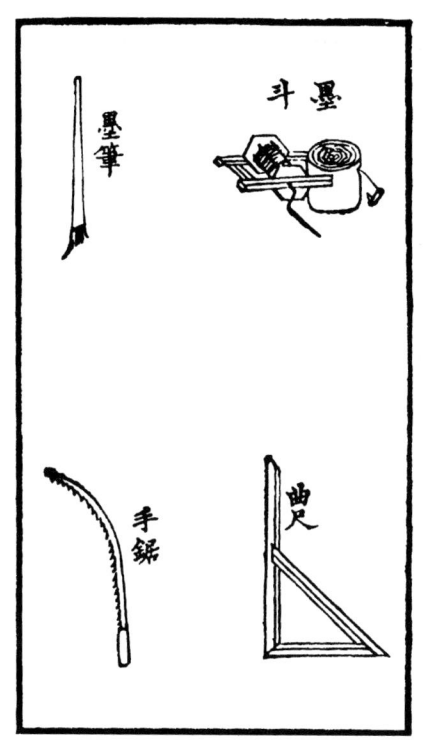

　　《广韵》《商君书》："赭绳束枉木。"注："赭绳，即墨斗也。"❶《甘泉赋》注："钩，曲尺也。"《正字通》："锯，解器也。"凡匠人断木分片，必先用墨线、墨笔弹画，方能正直。墨斗多以竹筒为之，高宽各三寸许，下留竹节作底，筒边各钉竹片长五寸，中安转轴，再用长棉线一条贮墨汁内，一头扣于轴上，一头由竹筒两孔引出，以小竹扣定，用时牵出一弹，用毕仍徐徐收斗内。墨笔，亦取竹片为之，其下削扁，用刀劈成细齿，以便蘸墨界画。曲尺，形如勾股弦式，惟股微长，便于手取，股长一尺五六，弦长尺四，勾长一尺，分寸注明勾上。凡制木器，合角对缝，非此不为功。手锯，系用铁叶一片，凿成龃龉，约长尺五，受以木柄，长三寸，为解析竹头、木片之具。

---

❶ 此处"广韵"疑似衍字。查《广韵》中，并无下文所引"赭绳束枉木"等语。下文据《商君书·农战第三》："若以情事上而求迁者，则如引诸绝绳而乘枉木也。"引文与此显然不同，未知出于何处，姑备于此。

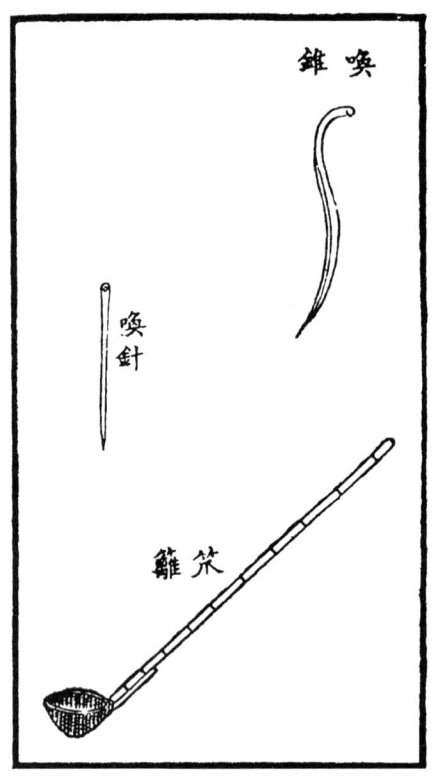

《史记》索隐："江南谓苇篱曰笆。"今南河编扎墙屋，多用苇竹，是以有笆匠之目。其编扎利器，唤锥、唤针，均锻铁为之。锥长一尺，凹心，式如半边破竹，孔引粗；针长五寸，孔引细绳。均名曰唤者，盖两人对编时，一内一外，彼此照会，应声后然后下锥穿针耳。又有笊篱，以竹丝编成，受以长竹柄，凡笆匠编扎既成，登高贯顶，须和稀泥苦草，以此为递送之具。

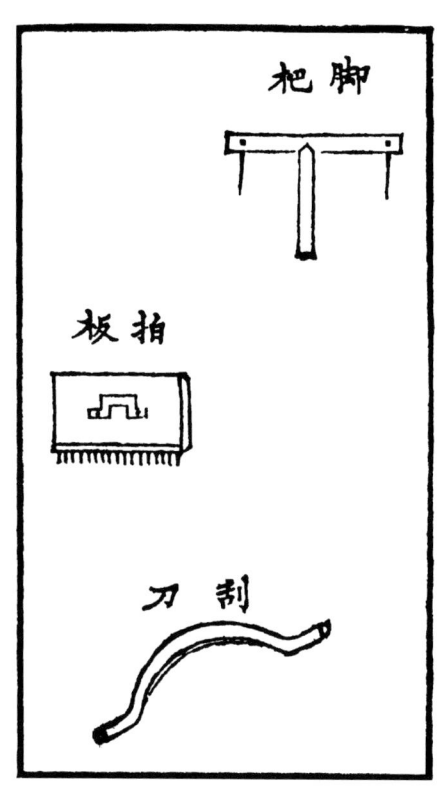

　　《玉篇》："以草覆屋曰苫。"❶《左传》："乃祖吾离被苫盖。"注："白茅苫也，江东呼为盖。"今工厂、馆舍、兵房、夫堡多用苫盖，其具有三：一曰刮刀，铸铁露刃，状如弓，以两骻为柄，凡未苫之先，上梁竖柱，用以刮垢摩光；一曰脚杷，断木为架，式如丁字，两端各签长铁钉一，携以升屋，随处可插，凡苫盖之时，铺顶压脊，用以接高立脚；一曰拍板，析木为片，面布齐头短铁钉，背安套手，凡既盖之后，删繁除冗，用以平治整齐。

---

❶ 《玉篇·艸部》："苦，苦菜也。"又："苫，舒盐切，茅苫也。""茨，疾资切，以茅覆屋也。""苫，舒盐切，苫犹苫也，草自借也。或作苫。"引文中"苦"字当为"苫"。至于其解释，与《玉篇》所载并不相同，疑为作者因词义相近混淆所致。

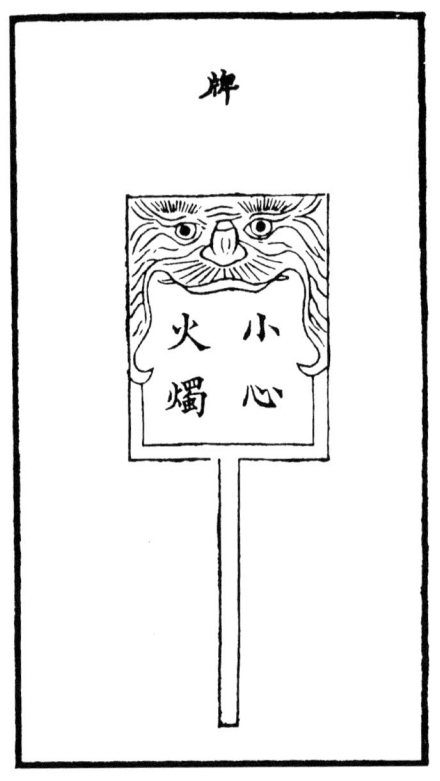

牌，首亦绘虎头，大书"小心火烛"四字，因料厂重地，当风日燥烈之时，诚恐遗漏火种，所关非细，立此示禁，令兵弁触目惊心，加意防维，庶几帑项工需，益昭慎重。

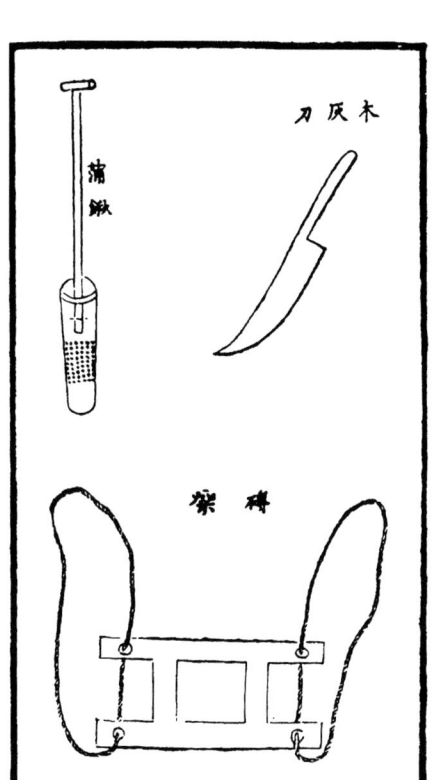

《玉篇》："锹，臿也。"《释名》："蒲，敷也。"《广韵》："架，举也。"蒲锹，以坚木为质，铁叶裹口，上安丁字木柄，利除沙土。砖架，以木为之，中方，两头凿孔，穿绳作系，便于抽动配平，工次用以抬转。木灰刀，形如瓦刀，斲木为之，石匠用以勾砌。

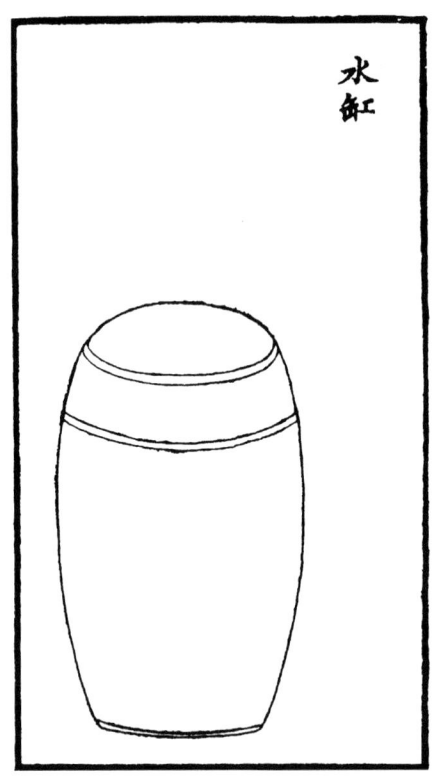

《玉篇》:"缸,与瓨同。"《说文》:"似罂长颈,受十升。"《汉书注》:"缸,长颈甆也。"唐诗:"花扑玉缸春酒香。"❶ 水缸设于料厂,以备火烛,平时贮水,更资利用。

---

❶ 引文出自岑参《韦员外家花树歌》。《全唐诗》卷一百九十九:"今年花似去年好,去年人到今年老。始知人老不如花,可惜落花君莫扫。君家兄弟不可当,列卿御史尚书郎。朝回花底恒会客,花扑玉缸春酒香。"

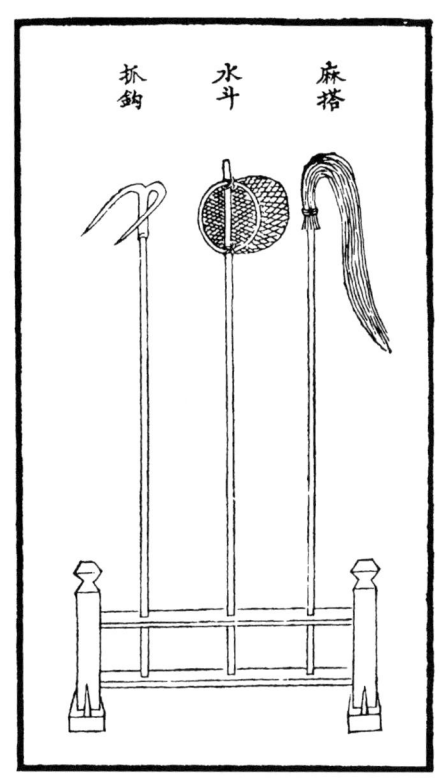

　　麻搭，以麻为之，形似尘尾。水斗，柳筲编成，即小戽斗。《广韵》："戽斗，舟中淒水器也。"搭，钩，《玉篇》："铁曲也。"❶ 二股内向，便于搭拉草料，与拆厢旧埽之三股抓钩差别，三者皆料厂备防火烛之用。

---

❶ 《玉篇·金部》："钩，古侯切，铁曲也。""搭，多蜡切，又他蜡切，摸搭。"此处解释仅对"钩"字而言，"搭"字出现甚是突兀。姑存疑于此。

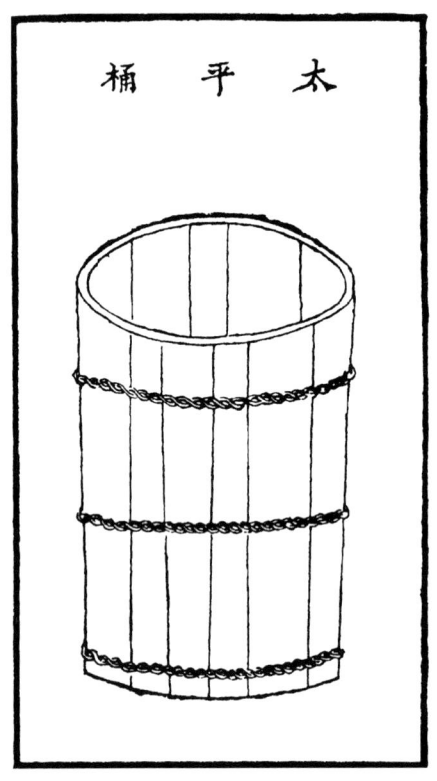

　　《事物绀珠》："桶，马钓作。"[1]《物原》："桶，木器，受六升。"《博雅》："方斛谓之桶。"今时用以挑水。《史记·商君传》："平斗桶，又作甬。"《礼·月令》："仲春，角斗甬。"料厂既设水缸，何以又设木桶？盖恐隆冬水冻，缸易裂缝，桶则贮水无患，故曰太平。

---

　　[1] 此处"钓"疑应为"钧"。马钧，三国时魏国人，其生平及发明可参见《三国志》卷二十九《魏书·杜夔传》裴松之注文。

跋

　　右《河工器具图说》四卷，河帅见亭先生所手辑也，分其目为四门，绘其象为一百四十有五帧，中有以类相从者，共得二百八十有九种，物物为之图，即物物为之说，目睹耳闻，口讲指画，事有繁简，制有损益，名有雅俗，用有古今，精且审矣，明且备矣！

　　昔宋吕大防撰《考古图》，王黼等撰《宣和博古图》，明吕震撰《宣德鼎彝谱》，是亦器具图也，而近于玩好，无论有说无说，皆与政治无关。至《奇器图说》，明邓玉函所著，其解木解石、转磨转碓之属，共三十九图，各系以说。《诸器图说》，王徵所著，凡十一图，皆徵自造具见思致，然专尚奇巧，终非日用行习之物，岂若是书为国家之要务、河渠之急需，其信今传后，大非浅鲜哉？且夫治河之道，历有成书，元沙克什《河防通议》分列六门，法则咸备；明姚文灏《浙西水利书》，归有光《三吴水利录》，张内蕴、周大韶《三吴水考》，俱就一隅而言；国朝张伯行之《居济一得》，靳辅之《治河方略》，傅泽洪之《行水金鉴》，齐召南之《水道提纲》，熟谙形势，总括机宜，得失利弊，详哉言之。然立其说者未尝制为图也，其有图而兼有说者，宋单锷作《吴中水利书》，苏轼尝为奏进状，称原本有图，今已从佚；元王喜《治河图略》，首列六图，末陈己说；明潘季驯《河防一览》，其图说在辨惑检要之前，谢肇淛《（比）〔北〕河纪❶》河道诸图之后，分河程、河源等八纪，陈应芳《敬止集》，有六图十三论，张国维《吴中水利书》，有东南七府水利总图；国朝薛凤祚《两河清汇》，将黄河、运河绘为二图，又著论四篇之数，书者览其图、诵其说，不愆不忘，率由旧章，何莫非效法之所在邪？

虽然，水道有变迁，人事有因革，非空言可以取验也，非徒手可以奏功也，且非亲历不能悉其形也，非周咨不能揆其宜也，非好学深思不能知其故也，《易》有之"备物致用，作成器以为天下利"，又云"以制器者尚其象。"甚矣器之足以载道，而即以行道也。善其器者贵乎便事，而尤贵乎因地随时，此《河工器具图说》一书，诚有不容稍缓者尔！

见亭河帅，巡视南河已阅三载，莅工综务，谨慎周详。其于治河诸书，早已遍观尽识，融会贯通，而又于所用器具，一一为之循名核实，积久成帙，条分缕析，纲举目张。即小以见大，由精以及粗，溯流以寻源，明体以达用。灿若列眉，燎如指掌，是真补前贤所未及，垂后世以共由。上为一人佐平成之绩，中为四渎奏安澜之效，下为百官著考镜之资，所谓太平之鸿猷、不朽之盛业，其在斯乎！其在斯乎！

国佐承乏下僚，素蒙训迪，今夏特出是编见示，是不以国

---

❶ 《比河纪》应为《北河纪》。《北河纪》八卷、《纪余》四卷，明谢肇淛撰，《明史·艺文志》有著录。首列河道诸图，次分八记，详述北河源委及历代治河利病，《纪余》为山川古迹及古今题咏之属。《北河纪》发凡起例，具有条理。清初阎廷谟曾作《北河续纪》四卷，其大致仍以此为蓝本。《四库全书总目提要》称，此为谢肇淛以工部郎中视河张秋时所作，具载河流原委及历代治河利病。《明史·文苑传》独载此书，其内容"必有以取之矣"。

佐为不才也。爰请任校勘之役，即付剞劂氏公诸天下，庶几哉河政有全书，河防有良法已。是为跋。

道光柔兆涒滩阳月❶，同知衔扬粮通判大兴王国佐拜撰。

整理人：武强，新疆大学历史学院（历代西北边疆治理研究中心）副教授、硕士生导师，历史地理学博士，人文地理学博士后。主要从事历史经济地理学与近代经济史、历史地理信息化等研究。

---

❶　此处为岁星纪年法。依干支纪年法为道光丙申年十月，即道光十六年（1836年）十月，即《河工器具图说》刻印的年份。

《中国黄河文化大典》编辑出版人员

总　编　辑　涂曙明

总责任编辑　营幼峰

总执行编辑　马爱梅　宋建娜

河工技术（古代部分）

责　任　编　辑　宋建娜　李慧君　韩莹琳

审　稿　编　辑　杨春霞　王　勤　宋建娜　韩莹琳

装　帧　设　计　芦　博　李　菲

责　任　排　版　吴建军　郭会东　孙　静

责　任　校　对　梁晓静　张伟娜

责　任　印　制　崔志强　焦　岩　冯　强